# JAVA
# 기반 객체지향 자료구조

## – 소프트웨어설계 중심 –

Object-oriented Data Structures Using Java(2/e)

NELL DALE · DANIEL T.JOYCE · CHIP WEEMS

박성한 · 이병욱 · 이복주 · 유관희 · 조완섭 · 허 신 공역

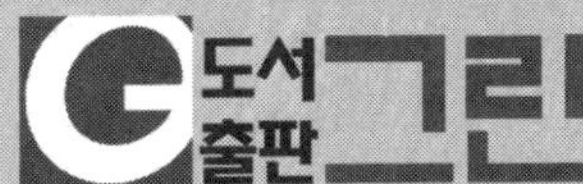

ORIGINAL ENGLISH LANGUAGE EDITION PUBLISHED
BY Jones and Bartlett Publishers, INC.
40 Tail Pine Drive • Sudbury, Massachusetts 01776



**OBJECT–ORIENTED
DATA STRUCTURES USING
JAVA (2/e)**

Nell Dale
Daniel T. Joyce
Chip Weems

# 머리말

자바를 이용한 객체지향 자료구조의 2판에 오신 것을 환영합니다. 이 책에서는 전통적인 자료구조 과목에서 취급하는 알고리즘, 프로그래밍 및 구조화 기술(structuring techniques)을 객체지향적 관점에서 기술한다. 학생들은 스택(stack), 큐(queue), 리스트(list), 트리(tree), 그래프(graph), 정렬(sorting), 탐색(searching), Big-O 복잡도 해석 및 재귀(recursion)와 같은 익숙한 주제들을 만나게 될 것이다. 이 모든 주제들은 자바를 사용하여 객체지향적 관점에서 다루어진다. 우리는 교재의 처음부터 끝까지 모듈화(modularization), 정보은닉(information hiding), 자료추상화(data abstraction), 단계적 세부화(step refinement), 시각적 도구(visual aids)의 사용, 알고리즘 해석 및 소프트웨어 검증방법(verification methods)을 포함한 소프트웨어 공학(software engineering) 원칙을 강조한다.

## 학생들에게

현재 여러분은 적어도 컴퓨터과학 과정의 한 학기를 이수하였다. 여러분은 알고리즘이 문제를 풀기 위한 일련의 명확한 명령들이라는 것을 알고 있다. 여러분은 적절한 복잡도를 가지는 문제를 선택하여 이 문제를 풀기 위해 필요한 소수의 클래스/객체들을 설계하고, 객체들이 동작하는데 필요한 메소드 알고리즘을 코딩한 다음 해답의 정확성을 보여줄 수 있다.

알고리즘은 실행을 설명한다. 이러한 실행들은 데이터를 처리한다. 컴퓨터를 사용하여 해답을 구하는 대부분의 흥미 있는 문제들에 대하여 자료구조는 데이터를 처리하기 위하여 사용되는 알고리즘의 구조만큼 중요하다. 이 교재를 사용하면서 여러분은 여러분이 데이터를 구조화하는 방법이 데이터를 효율적으로 사용하는데 영향을 미친다는 것을 알게 될 것이다.

또한 여러분은 풀려고 하는 문제의 본질이 여러분의 구조화를 결정하는데 어떻게 영향을 미친다는 것을 알게 될 것이다; 그리고 여러분은 컴퓨터과학자들이 문제를 푸는데 도움을 주기 위하여 오랜 시간에 걸쳐서 개발한 자료구조에 대하여 배우게 될 것이다.

## 추상 데이터 형(ADT)

지난 20년 동안 자료구조과목의 초점은 매우 광범위 해지고 있다. 자료구조의 주제는 추상데이터형(abstract data types ADTs)이라는 폭 넓은 주제, 즉 값(value)과 연산(operation)들의 집합에 의하여 논리적인 동작이 정의되는 객체들의 클래스의 학습의 범주에 속하였다. 추상데이터형은 값들의 도메인(domain)과 이 값들에 대한 독립적인 연산의 집합을 나타낸다. 컴퓨팅 교육에서 추상화는 더욱더 중요하게 인식되고 있다. 우리는 객체들이 프로그램에서 어떻게 표현되는가에 추가하여 데이터 객체들의 클래스의 추상화 속성에도 관심을 가지고 있다.

이 교재에서 자료구조 세 가지 서로 다른 레벨에서 조망된다: 자료구조의 명세서(specification), 응용 및 구현. 명세서는 논리적 혹은 추상화 레벨 즉 데이터요소들 사이의 논리적 관계가 무엇이며 자료구조에 어떤 연산들이 수행 될 수 있는가를 설명한다. 때때로 사용자 레벨이라고 불리는 응용 레벨은 문제를 풀기 위하여 자료구조가 어떻게 사용되는가 즉 연산들이 어떻게 주어진 일을 수행하는가에 관련이 있다. 구현 레벨은 구체적인 코딩 즉 자료구조와 연산들이 어떻게 구현되는가를 포함한다.

## 자바를 이용한 객체지향 프로그래밍

이 교재의 주 목적은 전통적인 자료구조 주제들을 문제 풀기와 소프트웨어 설계에 중점을 두어 설명하는 것이다. 여기서 문제 풀기를 위한 도구로써 자바 프로그래밍 언어를 사용하는 것은 학생들이 근대 프로그래밍 언어와 객체지향 파라다임(paradigm)에 더욱 친밀할 수 있는 기회를 제공한다. 자료구조의 내용이 점점 전개됨에 따라 이러한 주 목적들을 지원하는 적절한 자바 생성(construct)을 소개하고 사용한다. 교재의 초반에 시작하여 앞으로 나아가면서 우리는 클래스(class), 객체(object), 패키지(package), 인터페이스(interface), 라이브러리(library) 클래스, 상속(inheritance) 및 예외(exception)와 같은 여러 가지 자바가 갖는 기능들의 사용을 소개하고 확대해 간다. 우리의 사례 연구들은 후보 클래스들을 확인하고 필터링

(filtering)하는 방법과 주어진 문제를 풀기 위하여 모듈(module)로 된 해답들을 조직화 하는 방법을 설명한다. 클래스들과 그들의 상호 관련성을 모델화 하고 시각화하는데 도움을 주기 위하여 Universal Modeling Language (UML) 클래스 다이어그램이 사용된다.

## 제1판에 대한 중요한 변경

독자들의 의견에 따라 2판에서는 처음부터 교재의 주제로 곧장 들어간다. 자료구조가 1장에서 소개 된다. 또한 구조화 메커니즘(structuring mechanism)으로 참조(reference) (포인터(pointer), 고리(links))의 사용도 1장에서 소개 된다. 연결고리(linked list)는 완전히 새롭게 구성된 2장에서 일찍이 소개된다. 2장에서는 단순하지만 흥미 있는 한 개의 ADT (a StringLog)를 소개한다. 배열기반(array-based) 및 참조기반(reference-based) 구현을 포함하여 이 ADT를 소개하는 것은 교재의 나머지를 통해 더욱 복잡한 ADT들이 사용되는 방식들에 대한 적절한 소개가 될 것이다.

우리는 또한 간단한 스택 및 큐 구조에서 시작하여 복잡한 리스트, 트리 및 그래프로 나아가면서 전통적인 자료구조에서 다루어진 내용을 재구성하였다. 우리는 Stack ADT를 다룬 후 곧장 재귀를 소개한다 (7장 대신에 4장). 이러한 내용들의 재 구성의 결과로 6장에서의 리스트 ADT는 리스트 연산의 전통적인 구현과 재귀적 구현 두 가지를 포함한다. 우리는 또한 2판에서 새로운 ADT로 색인 리스트를 추가하였다.

중요한 구조적 변경에 추가하여 우리는 이 교재의 처음부터 끝까지 개념들을 간결하게 표현하였으며, 더 많은 연습문제를 포함하였고, 많은 응용 예를 추가하였다. 우리는 우리의 문제 풀이를 간단히 하기 위하여 오토박싱(autoboxing) 및 Scanner 클래스를 포함하여 자바 5.0가 제공하는 새 특징 몇 가지를 이용한다. 마지막으로 부록에서 자바 5.0의 새 포괄 메커니즘과 관련된 내용과 이 교재의 처음부터 끝까지 사용된 자바 라이브러리 클래스를 위한 Application Programmer Interfaces (APIs)를 제공하는 내용을 포함한다.

우리는 여러분들이 전통적인 자료구조 과목에 대한 이러한 최신의 방식을 즐기기를 희망한다.

### 선행 조건의 가정

이 책에서 우리는 독자들이 아래와 같은 자바 생성들에 익숙하다고 가정한다.

- 간단한 데이터 형 및 배열 형

- 제어 구조들, while, do, for, if, 및 switch
- 객체의 생성(creating) 및 인스턴트화(instantiating)
- 기본적인 사용자-정의 클래스들
- 변수(variables) 및 메소드 (method)
- 생성자(constructors), 메소드 파라메터 (parameter) 및 return 문
- 접근 수정자 (visibility modifiers)

이 책을 통하여 우리는 자바 클래스 라이브러리로부터 String, Scanner (자바5.0에 새롭게 정의된 것), System, Random 및 Math와 같은 몇 가지 지원 클래스를 사용한다. 새 부록 E는 이러한 클래스들에 대하여 소개를 한다.

## 입력/출력

자료구조 교재를 사용하는 학생들이 자바 I/O에서 어떤 기초지식을 갖고 있는지를 아는 것은 어렵다. 어떤 학생들은 자바 I/O 문들이 그들의 초보 교재에서 제공되는 패키지 내에 숨겨진 환경하에서 자바를 배웠다. 어떤 학생들은 그래프 형식의 입력/출력 기술을 배웠지만 파일 입력/출력을 하는 방법은 전혀 배우지 않았다. 다른 학생들은 자바 AWT를 사용하여 그래프 인터페이스를 만드는 방법을 배웠거나, Swing을 배웠거나 아니면 아무것도 배우지 않았다. 이 교재를 사용하는 모든 학생들이 자료구조의 중요한 내용에 주력하도록 하기 위하여 우리는 우리가 할 수 있는 가장 간단한 I/O 방식, 즉 콘솔 I/O를 사용한다. 입력에 대하여 우리는 입력 작업을 매우 단순하게 하는 자바 5.0에서 소개된 클래스인 Scanner 클래스를 사용한다. 출력은 간단한 System.out.print 명령을 사용하여 수행된다.

그래픽 사용자 인터페이스(GUIs)를 선호하는 강사와 학생들을 지원하기 위하여 우리는 사례연구의 많은 경우에 GUI를 제공한다. 이렇게 하여 여러분은 GUI를 사용하는 명령문과추가적인 작업을 지원하는 코드의 기초를 갖게 된다. 각 사례 연구의 결론에 우리는 GUI 기반 해답을 설명하고, 실행중인 프로그램의 스크린 샷(shot)을 포함하며 몇몇 관련된 연습문제를 제공한다.

## 내용 및 편성

1장은 조직화하기와 관련된 것이다. 이 장에서는 소프트웨어 개발과 소프트웨어 해답을 조직화 하는 방법들을 소개한다. 객체지향에 대하여 간단히 살펴봄으로써 객체의 클래스를 조직하기 위한 메커니즘과 객체들의 클래스를 설명한다. 자료구조의 중요한 주제로 먼저 전형적인 자료구조들과 이러한 자료구조들을 구현하는데 사용되는 두 가지 기본적인 언어 생성을 살펴본다: 배열 및 참조(고리/포인터). 이 장은 Big-O 해석 즉 우리의 자료구조에 엑세스를 제공하거나 이용하는 알고리즘을 평가하는 방법을 공부하는 것으로 끝난다.

2장은 추상자료형을 소개한다. 우리는 세 가지 상이한 단계에서 데이터를 개관한다: 논리적 단계, 응용단계 및 구현단계. 우리는 이러한 세 가지로 구성된 관점을 지지하는 수단으로 자바 interface를 소개한다. ADT의 한 예로서 우리는 여러 가지 문자열들을 소개하고 이 들이 세가지 단계에서 어떻게 처리되는가를 보여준다. 구현 단계에 대하여 우리는 배열기반과 참조기반의 두 가지 방식을 포함한다. 참조기반 방식을 지원하기 위하여 연결고리구조를 소개한다. 또한 우리가 하는 일에 대한 정확성을 증명하기 위한 방법들을 제시한다. 마지막으로 사례연구에서 추상화의 사용이 트리비아(Trivia) 게임시스템을 구현하는 일을 어떻게 단순화 하는 가를 살펴본다.

3장은 스택ADT를 설명한다. 스택은 먼저 추상화 관점에서 살펴본 다음 논리적인 추상화를 자바 인터페이스(interface)와 같은 ADT 명세서에 기록하는 아이디어를 설명한다. 부분 인터페이싱(Sub-interfacing)을 통하여 제한된 혹은 무제한의 두 가지 스택에 대한 추상화가 정의된다. 우리는 스택과 같은 컬렉션(Collection) ADT에 저장되는 요소들 중 어떤 것들이 재사용 가능한가를 알아본다. 또한 ADT를 사용할 때 일어날 수 있는 예외 상항을 처리하는 방법을 공부한다. 우리는 일련의 부호들의 집합이 잘 구성되어 있는가를 결정하고 수학 표현식을 계산하는데 스택이 어떻게 사용되는가를 보여준다. 우리는 이 교재에서 이미 소개된 두 가지 기본적인 구현 방식 즉 배열과 참조를 사용하여 스택을 구현하는 것을 알아본다. 또한 자바 라이브러리 클래스 Arraylist를 사용하는 방법을 알아본다.

4장은 재귀방법(recursion)을 설명한다. 이를 위하여 먼저 재귀의 직관적인 관점을 알아본 다음 재귀방법이 프로그래밍 문제를 풀기 위하여 어떻게 사용되는가를 보여준다. 많은 예를 통하여 재귀적 방법을 작성하는 지침들이 설명된다. 재귀적 루틴을 손으로 시뮬레이션 하는 것이 매우 지루할 수 있다는 것을 보여준 후 재귀방법의 정확성을 증명하기 위한 간단한 세가지 질문 방법이 소개된다. 재귀가 반복과 스택으로 어떻게 대치될 수 있는가에 대한 이

해를 통하여 재귀방법이 어떻게 동작하는가에 대한 자세하게 설명한다. 우리의 간단한 응용들은 고전적인 Tower of Hanoi 및 Blob Counting (영상 해석)을 포함한다.

5장은 큐 ADT에 관한 것이다. 스택과 같이 큐 ADT는 추상화 관점에서 먼저 취급되고 다음에 공식적 명세서가 설명되고 배열기반과 참조기반 방식 두 가지를 사용하여 구현된다. 우리는 무제한 큐를 구현하기 위하여 배열기반 방식을 소개한다. 큐에 대한 응용 예들은 팰린드롬 (palindrome)의 검사, 카드 게임 시뮬레이션, 실 세계 큐 시스템 시뮬레이션을 포함한다.

6장은 리스트 ADT를 설명한다. 리스트 관리는 직접 객체들을 비교하여야 하기 때문에 이 장은 비교를 살펴보는 것으로 시작한다. 그 다음에 리스트에 대한 일반적 검토가 있고 마지막으로 비정렬(unsorted), 정렬(sorted) 및 색인(indexed) 리스트를 지원하는 리스트 골격에 대한 일반적인 명세서가 주어진다. 우리는 배열기반리스트 및 참조기반리스트 두 가지 구현에서 공통되는 것들의 장점을 취하기 위하여 상속을 사용한다. 포커, 골프 및 음악을 포함하는 세 가지 흥미 있는 응용들은 리스트 가변성의 각각이 문제를 푸는데 어떻게 사용될 수 있는가를 보여준다. 이 장은 배열기반 정렬리스트에서 한 개의 요소를 찾을 때 유용한 이진탐색 알고리즘의 내용을 포함하고 있다. 마지막으로 파일을 사용하여 자료구조를 정렬하고 찾아내는 실질적인 내용이 주어진다.

7장은 더 많은 리스트를 살펴본다: 원형연결 리스트(circular list), 이중연결 리스트(doubly linked list) 및 머리(head)와 꼬리(trailer)를 갖는 리스트. 정적인 할당(노드들의 배열)을 사용하여 연결구조의 다른 표현이 설계된다. 사례연구는 큰 정수 값들의 구현을 지원하기 위하여 개발된 리스트 ADT를 사용한다.

8장에서는 효율적인 추가와 삭제시간을 갖는 연결구조의 유연성을 가지면서 데이터를 정리하는 방법인 이진탐색트리(binary search tree)에 관한 것이다. 우리는 많은 연산에 대하여 재귀적 알고리즘을 사용하여 이진트리(binary tree)가 갖는 고유한 재귀성질을 알아낸다. 또한 우리는 배열을 사용하여 이진탐색트리를 균형화 시키고 또 구현하는 문제들을 취급한다. 사례연구는 원고에서 색인을 만드는 과정을 설명하고 이 과정의 첫 번째 단계를 구현한다.

9장에서는 여러 가지 다른 ADT들, 즉 우선 큐, 힙(heap) 및 그래프에 대하여 설명한다. 그래프 알고리즘은 스택, 큐 및 우선 큐(priority queue)를 사용한다. 따라서 앞서 공부한 내용들을 다시 강조하고 이러한 자료구조들이 일반적으로 얼마나 사용가치가 있는가를 보여준다.

10장에서는 여러 가지 정렬 및 탐색 알고리즘이 주어진다. 기본적인 선택정렬(selection sort), 두 가지 버블 정렬(bubble sort), 삽입정렬(insertion sort), 퀵(quick) 정렬, 힙 정렬 및 병합(merge) 정렬 방법들의 알고리즘을 설명하고 구현하며, 각 알고리즘을 비교한다. 정렬알고리즘은 Big-O 부호를 사용하여 비교된다. 탐색과 관련하여도 알고리즘 해석이 주어진다. 앞서 설명된 탐색 알고리즘들을 다시 살펴보고 새로운 알고리즘을 설명한다. 해싱(hashing) 방법들이 얼마간 자세히 논의된다.

## 추가적인 특징

각 장의 목적 학생들이 무엇을 배웠는가를 평가하는데 도움을 주기 위하여 각 장의 처음에 일련의 지식적 목적과 기술적 목적들이 주어진다.

예제 프로그램 많은 예제 프로그램들과 프로그램 조각들은 교재 전체에 걸쳐서 추상적 개념을 설명한다.

예제 공부 다 섯개의 주요 사례연구들은 문제 설명, 문제 해석, 문제를 푸는데 사용될 일련의 지원 클래스(support class)들의 확인, 지원 클래스들 및 기초가 되는 응용에 대한 코드의 개발 및 해답 검사(solution test)에 대한 설명을 포함한다. 클래스 확인 단계에서는 필요에 따라 브레인스토밍(brainstorming), 필터링 및 시나리오 해석 방법을 포함한다.

장 요약 각 장의 마지막에 그 장의 가장 중요한 주제들을 다시 살펴보고 관련된 주제들을 서로 연결하는 요약 부분이 주어진다.

장 예제 각 장마다 평균 40개 이상의 연습문제가 주어진다. 예제들은 학생들이 쉽게 관리하도록 하기 위하여 각 절 별로 나누어져 있다. 예제들은 짧고 긴 프로그래밍 문제들( “프로그래밍이 요구됨” 아이콘), 알고리즘의 해석 및 추상화 개념의 이해를 테스트하는 문제를 포함하여 매우 다양한 난이도를 갖고 있다.

부록 부록들은 자바 예약 단어(Java reserved word) 집합, 연산자 우선관계(operator precedence), 원시데이터 형(primitive data type), Unicode의 ASCII 부분 집합, 교재에서 사용된 자바 라이브러리 클래스 및 자바 5.0 의 포괄적 요약(generics)이 포함된다.

Web Site computerscience.jbpub.com/catalog/0763737461/supplements.htm

위 web site는 교재의 소스 코드 파일, 각 장에 대한 발표 슬라이드 및 용어풀이를 제공한다. 등록된 강사들은 교재 연습문제 대부분에 대한 해답과 시험 문제 파일에 접근할 수 있다. 교재와 관련되어 여러분이 다른 사람과 공유하고자 하는 내용이 있으면 저자들에게 연락하기를 바란다.

## 감사의 글

우리는 제 2판을 감수하기 위해 시간을 내어준 아래 사람들에게 감사를 표한다.: University of Central Florida의 Mark Llewellyn, Cornell College의 Chenglie Hu, Univeristy of Pennsylvania의 Val Tannen, University of Minnesota의 Chris Dovolis, Plano Senior High School의 Mike Coe, Old Dominion University의 Mikel Petty, Georgia Perimeter College의 Gene Sheppard, University of South Carolina-Lancaster의 noni Bohonak, University of Lousinia-Monroe의 Josecordova, 및 Metropolitan State College of Denver의 Judy Gurka.

매우 많은 수고를 한 Jones and Bartlett 출판사 직원들, 특히 Tim Anderson, Amy Rose, Jenny Bagdigian 및 Kate Koch에게 진심으로 감사를 보낸다.

# 역자 머리말

자료구조는 컴퓨터를 이용하여 문제를 해결하는 모든 분야, 즉 컴퓨터과학과 공학, 전자 및 통신공학, 산업공학 등과 같은 컴퓨팅과 관련된 모든 분야에서 가장 기초적이며 필수과목으로 인정되고 있으며 모두들 가장 핵심과목이라고 이야기 한다. 따라서 컴퓨터과학/공학 학과에서는 자료구조가 필수과목으로 1학기 혹은 2학기에 걸쳐서 강의되고 있다.

그러나 실제 자료구조를 수강한 학생들에게서는 자료구조가 왜 컴퓨팅과 관련하여 가장 기초적이며 매우 중요한지를 이해하지 못한다. 그 가장 큰 이유는 자료구조가 다른 컴퓨팅분야와 연관성이 없이 자료구조 그 자체로 강의되고 공부하였기 때문이다. 본인이 20년간 한양대학교에서 자료구조를 강의하면서 항상 느낀 어려움은 이러한 문제를 학생들에게 어떻게 전달하는가 하는 것이다.

1989년 University of Texas에서 자료구조 강의를 들으면서 Dale의 "Pascal Plus Data Structures"가 이러한 문제를 해결하도록 매우 조직적으로 잘 쓰여진 것을 알고 수년간 이를 내 강의에 사용하였다. 최근 객체지향언어를 기반으로 하는 자료구조의 교재를 찾던 중 Dale 등이 새로운 자료구조 책을 발간한 것을 알고 주저 없이 내 강의에 교재로 사용하기로 결정하였다.

Dale 등의 "Object Oriented Data Structures using Java"는 다음과 같은 두 가지 점에서 다른 교재와 비교하여 특징을 가지고 있다 :

1. 이 교재는 객체지향적 관점에서 자료구조를 이해하고 자료구조의 중요성을 강조하고 있다.

2. 컴퓨터를 사용하여 문제를 푸는 방법 즉 알고리즘과 어떠한 관계에 있으며 자료구조가 왜 중요한가를 풍부한 실 예제를 통하여 학생들이 스스로 익숙해지도록 하고 있다. 또한 각각의 자료구조의 개념부터 응용까지 매우 자세하게 설명하여 주고 있어 학생들이 자료구조를 쉽게 이해하도록 하고 있다.

본 자료구조 책이 컴퓨팅과 관련된 분야를 전공하는 학생들에 자료구조의 중요성을 이해하고 실제 적용하는데 많은 도움을 줄 수 있으리라 생각한다.

이번 번역판은 주어진 시간이 부족하여 충분한 검토가 되지 않아 각 장별로 표현이나 내용 전개가 통일되지 못한 점 독자들의 너그러운 양해를 바란다. 가능한 빠른 시일에 개정판을 발간하도록 하겠다. 지구의 온난화로 점점 무더워지는 여름 날씨에 번역을 위하여 수고해 주신 모든 교수님들께 진심으로 감사드린다. 또한 이 책을 소개하고 번역본을 발간하는데 많은 고생을 하신 도서출판 그린 관계자들에게도 감사드린다.

2007년 7월<br>역자 대표 박 성 한

Java

# 목 차

# 01 조직화하기

이 장은 독자들이 아래와 같은 내용을 습득할 수 있도록 하는 것을 목표로 한다.

지식적 목표 (Knowledge Goals)

- 소프트웨어 생명주기 활동
- 소프트웨어개발의 고전적인 방법과 애자일(Agile) 방법과의 여러 가지 차이점.
- “질 좋은” 소프트웨어의 목적.
- 소프트웨어 공학, 소프트웨어 요구, 소프트웨어 명세서 및 방법론에 대한 정의.
- 객체지향 프로그램작업이 갖는 몇 가지 장점.
- Unified Method의 기원.
- 클래스, 객체 및 상속들의 연관성.
- 상속과 관련하여 메소드 호출들이 메소드 구현에 연관되는 방법.
- 높은 수준에서 배열, 연결 리스트, 스택, 큐, 리스트, 트리, 그래프들의 구조.
- 구현에 독립적인 구조와 구현에 종속적인 구조들의 식별.
- 참조/포인터를 사용하는 여러 가지 세부사항.
- 알고리즘이 요구하는 일의 양을 나타내기 위한 Big-O 표현의 사용.

기술적 목표 (Skill Goals)

- 기초적인 UML 다이어그램의 해석.
- 인스턴스 변수를 위하여 원시데이터 형을 사용하는 자바 클래스의 설계와 구현.
- 자바 클래스를 사용하는 자바 응용의 설계.
- 자바 컴파일단위들을 조직하기 위한 패키지의 사용.
- 별명(Aliasing) 작업을 나타내는 간단한 자바코드 조각들의 결과 예측.
- 원시형태의 배열과 객체들의 배열을 포함하여 자바에서 1차원 및 2차원 배열의 선언, 초기화 및 사용.
- 어떤 알고리즘이 주어진 경우, 적절한 규모 표현의 확인과 이의 Big-O 복잡도 계산.
- 코드의 일부분이 주어진 경우 이의 Big-O 복잡도 계산.

어떤 새로운 프로젝터를 시작하기 전에 매우 주의 깊게 준비하는 것 즉 잘 조직화하는 것은 좋은 아이디어이다. 우리가 이 책의 첫 장에서는 배우는 내용은 바로 이런 것이다. 이 장에 나오는 주제들을 잘 공부하면 이 책의 나머지 내용에서 취급하는 자료구조나 알고리즘과 관련된 내용들을 잘 이해하게 될 것이다. 이 장의 모든 주제들은 모두 조직과 관련된 것이다. 먼저 1.1절 "소프트웨어 공학"에서는 소프트웨어를 조직화하는 방법에 관하여 서술한다. 1.2절 "객체 지향"에서는 객체지향의 기본적인 장점에 관하여 간략하게 설명한다. 다음으로 프로그램을 조직하기 위하여 사용되는 자바의 객체지향을 지원하는 생성에 대하여는 1.3절 "클래스, 객체 및 응용"과 1.4절 "클래스 조직"에서 설명되고 있다. 컴퓨터 과학자들이 자료를 조직화하기 위하여 만든 구조가 1.5절 "자료구조"에서 소개 되고 있다. 1.6절 "기본적인 구조화 메커니즘"은 이 메커니즘을 구현하는데 사용되는 두 가지 기본적인 컴퓨터언어 생성을 고찰한다. 마지막으로 1.7절 "알고리즘 비교 : Big-O 분석"에서는 자료구조에 액세스하거나 혹은 이를 이용하는 알고리즘을 분석하는 방법을 설명하고 있다.

## 1.1 소프트웨어 공학

컴퓨터 프로그램작업을 생각할 때 우리는 가장 먼저 어떤 컴퓨터언어로 코드를 작성하는 것을 생각한다. 컴퓨터과학 공부를 처음 시작하는 학생들은 매우 단순한 문제들을 푸는 프로그램들을 작성하였다. 학생들의 노력의 대부분은 자바와 같은 프로그램작업 언어의 구문 즉 언어의 지정 단어, 이들의 데이터 형태, 이들의 모듈화 생성, 선택 및 반복 작업을 위한 생성 및 입출력 메커니즘 등을 배우는 것이었다.

우리는 어떤 문제를 자세하게 설명하는 것부터 시작하여 문제의 소프트웨어 해답에 까지 이르는 프로그램작업 방법론을 배웠다. 프로그램작업 방법론에는 질 좋은 소프트웨어를 개발하기 위하여 프로그래머들이 사용하는 여러 가지의 설계기술, 코딩 표준 및 검사작업 방법들이 포함된다. 왜 이러한 모든 방법론을 걱정하여야 하는가? 컴퓨터 앞에 앉아서 코드를 입력하면 왜 안 되는가? 우리가 "실제의" 일을 막 시작할 때 많은 시간과 노력을 낭비하고 있지 않은지?

우리 프로그램작업이 물건 값들의 합을 계산하거나 학점의 평균을 구하는 것과 같이 복잡도의 정도가 낮은 프로그램의 수준을 넘지 않는다면 우리는 코드-우선 방법을 택할 수 있다.

몇몇 초보 프로그래머들은 프로그램이 다소간 정확하게 동작할 때까지 (보통은 덜 정확함) 코드에 집착하면서 이러한 방법으로 일한다.

그러나 우리의 프로그램이 점점 커지고 복잡해지면 우리는 코딩에 추가하여 다른 소프트웨어 문제들에 관심을 가져야 한다. 우리가 소프트웨어 전문가가 되면 우리는 수 만줄 혹은 수 백만 줄의 규모를 갖는 시스템 소프트웨어를 개발하는 팀의 일원으로 일하게 될 것이다. 이러한 복잡한 프로그램의 성공적 작성은 조직화된 방법을 필요로 한다. 우리는 질 좋은 소프트웨어 시스템의 개발과 관련된 모든 분야를 총칭하여 소프트웨어 공학 이라는 용어를 사용한다. 이는 문서작성 및 팀 협력과 같은 보조적인 행위를 포함하여 소프트웨어 개발과정에서 사용되는 모든 분야의 기술을 포함한다.

**소프트웨어 공학** : 개발 될 소프트웨어 제품의 규모 및 복잡도를 다스리는데 도움이 되는 도구를 사용하여, 정해진 시간에 그리고 예측된 경비 범위 내에서 명세서를 만족하도록 개발된 컴퓨터 프로그램의 명세, 설계, 제작 및 유지를 총괄하는 분야

소프트웨어 공학은 광범위한 분야이다. 대부분의 컴퓨팅 교육 프로그램은 이와 같은 주제에 하나 혹은 여러 개의 과목을 개설하고 있다. 실제로 여러 대학들은 소프트웨어공학분야의 학위를 제공하고 있다. 이 절은 이러한 중요한 분야에 대한 간단한 소개를 한다.

## 소프트웨어 생명주기

"소프트웨어 공학" 이라는 용어는 소프트웨어를 개발할 때 공학적 규칙이 필요하다는 것을 강조하기 위하여 1960년대에 만들어졌다. 그 당시 소프트웨어 개발은 거의 구조화 되어있지 않은 적당한 방법에 의하여 이루어졌다. 초창기 소프트웨어공학이 가져다 준 기여는 성공적인 시스템을 개발하는데 포함되는 다양한 작업을 규명하고 이를 연구하는 것이었다. 이러한 작업들이 소프트웨어 프로젝터의 "생명주기"를 구축하였다.

- 문제 분석 : 해결하고자 하는 문제의 본질을 이해하는 것.
- 요구사항 추출 : 프로그램이 수행하여야 할 내용을 정확히 결정하는 것.
- 요구사항 명세서 : 프로그램이 수행하여야 할 사항 (기능적인 요구사항)과 해결방식에 대한 제한 사항(사용할 언어 등과 같은 비 기능적인 요구사항)을 명시하는 것
- 높은 수준 및 낮은 수준의 설계 : "큰 그림"의 개관부터 자세한 설계 까지 프로그램이 요구사항을 어떻게 만족하는가를 정리하는 것

• 설계의 구현 : 컴퓨터 언어로 프로그램을 코딩 하는 것
• 검사작업 및 검증 : 오류를 찾아내어 고치고 프로그램의 정확성을 확인하는 것
• 인도 : 테스터를 마친 프로그램을 고객이나 사용자(혹은 교수!)에게 전달하는 것.
• 동작 : 실질적으로 프로그램을 사용하는 것
• 유지보수 : 동작 중에 일어나는 오류를 고치거나 프로그램의 기능을 추가 또는 변경하기 위해 수정을 하는 것

전통적으로 소프트웨어 개발 행위들은 위에서 보여준 순서대로 이루어졌다. 각 단계는 체계화된 문서로 만들어지고, 이는 다음 단계를 수행하는 기반을 제공한다. 이러한 과정을 "폭포" 생명주기라고 한다. 그 이유는 이러한 과정이 그림 1.1(a)에서 보여준 바와 같이 그림진 계단 모양의 폭포를 닮았기 때문이다. 각 단계의 문서화된 결과는 강으로 흘러내리는 물과 같이 다음 단계로 전달될 것이다.

폭포방식은 수년 동안 광범위하게 사용되었으며 소프트웨어 개발을 조직하는데 유효한 수단이었다. 그러나 소프트웨어 프로젝터는 여러 가지 중요한 관점 즉 규모, 기간, 범위, 요구기간, 범위, 신뢰도 및 응용 영역 등에서 서로 상이하다. 따라서 동일한 생명주기 방법이 모든 프로젝터에 적합할 것으로 기대하는 것은 적절하지 않다. 폭포모델이 프로젝터를 여러 단계로 유연성 없이 분할하는 것과 문서를 지나치게 강조하는 것은 폭포모델이 일반성을 상실하게 되는 원인이 되었다. 그러나 요구사항이 잘 이해되고 쉽게 변하지 않는 경우에는 폭포모델은 유효하지만 이러한 경우는 현대 소프트웨어 개발에는 일반적인 경우가 아니다.

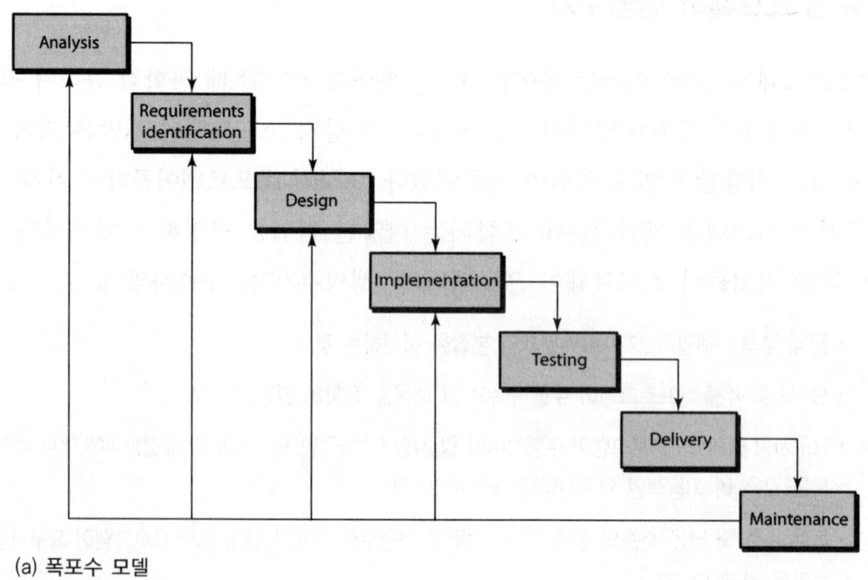

(a) 폭포수 모델

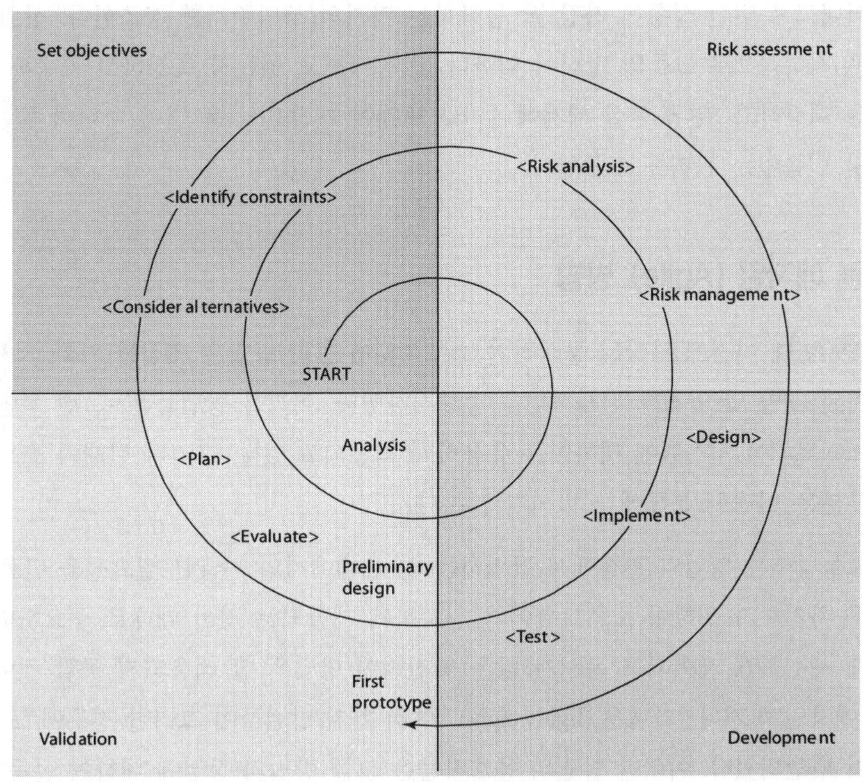


(a) 나선형 모델

[그림 1.1] 생명주기 모델

폭포주기에 정확하게 일치하지 않는 프로젝터를 위하여 다른 생명주기 방법이 개발되었다. 예를 들면 그림 1.1(b)에 보여진 나선형 모델은 소프트웨어의 개발에 흔히 일어날 수 있는 중요한 위험을 직접적으로 나타내고 있다. 여기서 고려하고 있는 중요한 위험은 요구되지 않은 제품을 만드는 위험, 불필요한 명세서를 포함하는 위험, 혼란스러운 인터페이스를 만드는 위험 등이다. 목표설정, 위험 평가, 개발 및 검증과 같은 중요한 일들은 프로젝터가 초기 개념으로부터 마지막 형태로 진행됨에 따라 나선형 모양으로 계속 반복된다. 따라서 마지막 단계가 도달할 때까지 개발이 맹목적으로 진행되는 폭포모델과 달리, 나선형 모델은 목표의 계속적인 평가 및 조정을 강조하고 있다.

소프트웨어 개발 과정에 대한 여러 가지 많은 다른 모델들이 정의되고 있다. 그 중에는 실시간 시스템 개발을 위한 모델인 모형작업을 중요시하는 모델과 창조적인 문제 해답을 강조하는 모델이 있다. 어느 의미에서 소프트웨어를 개발하는 단체만큼 많은 모델이 존재한다. 각 단체는 여러 가지 표준 방법 중에서 자기의 목적에 가장 잘 부합하는 아이디어를 끌

어내고 특별한 상황에 가장 잘 동작하는 자기의 생명주기를 창조한다. 상위계층의 조직들은 지속적으로 그들의 방식이 얼마나 잘 동작하고 있는지 측정하고 계속해서 그들의 과정을 계량하고 있다. 현실 세계에서 소프트웨어 개발은 쉬운 일이 아니며 좋은 조직, 유연성 및 빈틈없는 관리를 요구한다.

## 애자일 (Agile) 방법

1990년대 이전에 부각된 공식적인 소프트웨어 공학 방법은 세심한 기획, 자세한 명세서, 제어된 개발 및 엄격한 검사작업을 중요시하였다. 이러한 방법들은 수 년 동안 사용 될 대형 소프트웨어 시스템에 대하여는 유용하게 적용되고 있다. 그러나 현재의 소프트웨어의 많은 부분은 이러한 분류에 포함되지 않는다.

오늘날에는 영업의 관점에서 급변하는 실 세계에서의 긴급한 필요성을 만족시키거나 우위를 차지하기 위하여 소프트웨어가 신속하게 개발되는 것이 때때로 중요하다. 이러한 경우에 세심하게 제어되고 문서가 많은 고전적인 방법은 잘 적응되지 못할 것이다. 최근 소위 "애자일"하거나 "가벼운 (lightweight)" 여러 가지 방법들이 그러한 경우에 도움이 된다는 것이 확인되었다. 이러한 방법의 옹호자들은 그들 방법의 장점에 대하여 설득하는데 매우 열성적이다. 예를 들어 애자일 소프트웨어 개발에 대한 선언문(Manifesto for Agile Software Development)을 생각해보자.

우리는 소프트웨어 개발을 수행하고 다른 사람들이 소프트웨어 개발을 하는데 도움을 줌으로써 소프트웨어 개발의 더 좋은 방법을 알아가고 있다. 이러한 작업을 통하여

- 처리 및 툴보다는 개별적이고 상호대화
- 포괄적인 문서보다는 동작하는 소프트웨어
- 계약협상 보다는 고객과의 협력
- 계획의 추구보다는 변화에 대응함에 더 가치를 두게 된다.

즉 왼쪽에 있는 사항에도 가치가 있지만 우리는 오른쪽에 있는 사항들에 더 많은 가치를 둔다.

이 선언은 애자일 방법 즉 "문서를 위주로 하는 무게가 무거운 소프트웨어 개발 과정에 대한 다른 대안" 이 되는 방법의 선도적 옹호자 17명의 2001년 2월 회의에서 도출되었다.

구체적인 애자일 방법은 다음 사항을 포함한다. 그러나 이 사항에만 제한되지는 않는다.

- 프로젝터의 모든 단계에 고객의 강력한 참여 : 애자일 방법은 고객의 대표자가 개발 팀의 일원이 되는 것을 장려한다. 이 대표는 소프트웨어 제품의 개발에 중요한 역할을 맡는다. 이는 개발자와 고객들 사이의 대화의 통로가 프로젝터 개발 과정 전체를 통하여 열려있도록 보장한다.
- 제품의 점진적 인도 : 프로젝터의 최종단계에서 큰 패키지를 한 번에 고객에게 인도하는 대신에 애자일 방법은 점진적인 개발과 인도를 선호한다.
- 시스템의 명세서의 변경에 대한 열린 자세 : 요구사항이 아무리 세심하게 명시되었다 하더라도 프로젝터의 결과가 나오면 명세서는 변경되는 경향이 있다. 애자일 방법은 초기의 계획에 집착하지 않고 고객만족이 가장 우선의 목표를 강조하면서 변경을 기꺼이 받아들인다.
- 개발자들은 상호 지원적이며 협동적인 방법으로 짝을 지어 일한다. : 짝으로 개발하는 프로그램 작업은 두 프로그래머가 한 대의 워크스테이션에 가까이 앉아 설계하고 코딩하는 코딩의 한 방식이다. 많은 연구는 이러한 방식이 프로그래머들이 혼자서 작업하는 것보다 코드 결점이 적어진다는 것을 확인시키고 있다.

애자일 방법의 보편적 목적은 신속히 변경될 수 있는 소프트웨어를 만들고 개발팀의 도덕성을 증가시키는 것이다. 교수는 학생들이 자료구조를 공부할 때 이러한 방법들의 몇 가지를 경험하도록 할 것이다.

## 질 좋은 소프트웨어의 목적

어떠한 방법이 사용되더라도 우리의 목적은 질 좋은 소프트웨어를 만드는 것이다. 질 좋은 소프트웨어는 단순히 동작오류가 없거나 컴퓨터를 멈추게 하지 않는 그 이상의 것이다. 소프트웨어 시스템의 질에 대한 구체적인 목적은 프로젝터에 따라 차이가 있다. 각 프로젝터의 전반적인 목적은 기술자들이 특정된 목적 즉 효율성, 신뢰성 및 강인성과 관련된 목적을 추진할 수 있도록 전반적으로 도와주는 것일 것이다.

모든 소프트웨어가 충족하여야만 하는 4가지 품질의 목적은 다음과 같다.

1. 동작한다.
2. 과도한 시간이나 노력 없이 수정될 수 있다.
3. 재 사용 가능하다.
4. 주어진 시간에 정해진 예산 범위 내에서 완성된다.

소프트웨어 공학에 대한 간단하고 포괄적인 소개를 위하여 아래에 각각의 목적을 좀 더 자세히 살펴본다.

**목표 1 : 질 좋은 소프트웨어는 동작한다.**

프로그램은 자기의 일을 완수하여야만 하며 그것도 정확하게 또 완벽하게 처리하여야만 된다. 따라서 한 가지 중요한 임무는 프로그램의 요구사항을 결정하는 것이다. 학생들에게 요구사항은 간혹 교수들의 문제의 설명에 포함되기도 한다. 정부와 계약하는 프로그래머들에게 요구명세서는 수 백 쪽의 대 분량기도 하다. "애자일" 프로그래머들에게 이러한 요구사항은 고객 대표자에 의하여 만들어진다.

**요구사항 :** 요구사항들은 컴퓨터 시스템이나 소프트웨어 제품에 의하여 무엇이 제공될 것인가 하는 것을 포착한다.

**소프트웨어 명세서 :** 소프트웨어 제품의 기능, 입력, 처리, 출력 및 그 이외의 요구사항들의 구체적인 서술. 이는 소프트웨어 제품을 설계하고 구현하는데 필요한 구체적인 정보를 제공한다.

우리는 소프트웨어 명세서들을 완료함으로써 요구사항을 충족하는 프로그램을 개발한다. 소프트웨어 명세서는 입출력 형태, 처리에 관한 세부내용, 성능 평가 (처리 속도, 프로그램의 규모, 정확도), 오류가 일어난 경우 취할 동작, 등을 나타낸다. 명세서는 프로그램이 무엇을 하는가를 말하지만 그것이 어떻게 수행되어야 하는 것은 말하지 않는다. 때때로 교수들은 자세한 명세서를 제시하지만 간혹 학생들이 문제에 제시된 내용, 교수와의 대화나 직관 등에 기초하여 스스로 그 명세서를 결정하여야만 될 때도 있다.

프로그램이 잘 동작하는 때를 어떻게 인식하는가? 전형적인 프로그램은 아래와 같아야 된다.

- 완벽하다 : 프로그램은 필요한 "모든 일을 하여야" 된다.
- 정확하다 : 프로그램은 "올바르게 일을 하여야" 된다.
- 사용 가능하여야한다 : 프로그램의 사용자 인터페이스는 "사용하기가 쉬워야" 한다.
- 효율적이다 : 프로그램은 적어도 "세부사항들이 요구하는 정도로 효율적이어야" 한다.

**목표 2 : 질 좋은 소프트웨어는 수정될 수 있다.**

소프트웨어는 자기의 생명주기의 모든 과정에서 때대로 변한다. 이러한 사실을 인지하는 경험 많은 소프트웨어 공학자들은 수정이 용이한 프로그램을 개발하고자 노력한다. 프로그램에 대한 수정들은 처음 프로그램 작성자에 의하여 이루어지는 것보다 나중에 유지 프로그래머에 의하여 가끔 이루어진다. 어느 날 우리는 다른 사람의 프로그램에 대한 수정을 하는 사람이 될 수 있을 것이다.

무엇이 프로그램을 수정하는 것을 쉽게 만드는가? 첫 번째로, 프로그램은 다른 사람들에 의하여 읽혀질 수 있고 이해 될 수 있어야 한다. 프로그램이 수정될 수 있기 전에 프로그램은 이해되어야만 된다.

두 번째로, 프로그램은 잘 설계되어야 한다. 수정을 하기 위하여, 유지 프로그래머는 수정이 필요한 장소들을 찾아야 한다. 프로그램이 잘 설계되면 수정이 일어날 위치를 찾는 것이 쉽다.

마지막으로 프로그램은 적은 수정들에 대하여 쉽게 견뎌낼 수 있어야만 된다. 이를 위한 핵심이 되는 아이디어는 문제를 풀기 위해 서로 관련이 있지만 그러나 비교적 쉽게 처리할 수 있는 독립적인 조각들로 프로그램을 나누는 것이다.

**목표 3 : 질 좋은 소프트웨어는 재사용 가능하다.**

질 좋은 소프트웨어를 개발하기 위해서는 시간과 노력이 필요하다. 따라서 가능한 소프트웨어로부터 많은 가치를 얻어내는 것은 중요하다. 소프트웨어 해결을 구축할 때 시간과 노력을 절약하는 한 가지 방법은 이전의 프로젝터로 부터 프로그램, 클래스, 메소드 등등을 재사용하는 것이다. 이 전에 설계되고 테스트된 코드를 사용함으로써 당신은 더 빨리 그리고 더 적은 노력으로 당신의 개발을 할 수 있을 것이다.

재사용 가능한 소프트웨어를 만드는 것은 자동적으로 일어나는 것은 아니다. 그 것은 소프트웨어의 명세서와 설계 과정에서 별도의 노력을 요구한다. 재사용 가능한 소프트웨어는 잘 문서화 되어 있고 읽기도 쉽다. 그것은 일반적으로 다른 시스템으로 쉽게 접속될 수 있도록 단순한 인터페이스를 가지고 있다. 또한 새로운 시스템에 적응하기 위하여 적은 변경이 필요한 경우에 수정 가능하다(목표 2).

우리는 특정한 기능을 만족하는 작은 규모의 소프트웨어를 만들 때 최소한의 추가 노력을 들여 매우 일반적으로 사용 가능한 소프트웨어를 만들 수 있다. 예를 들면 우리가 정수들의 리스트를 정렬하는 루틴을 만드는 경우에 우리는 다른 형태의 데이터도 정렬할 수 있도록 그 루틴을 일반화 할 수 있다.

**목표 4 : 질 좋은 소프트웨어는 정해진 시간 및 제한된 예산 범위 내에서 완성된다.**

우리는 학교에서 늦게 프로그램을 제출하는 경우 어떤 일이 일어나는 가를 알고 있다. 게으름의 결과가 학교 사회에서는 자기 임의로 할 수는 있지만 직업사회에서는 매우 중요하다. 새로운 병원에 대한 환자 데이터베이스 시스템은 병원이 개원하기 이전에 설치되어야만 된다. 기능적 요구사항을 만족시키는 프로그램은 그 것이 필요할 때 준비되어 있지 않으면 아무 소용이 없다.

프로그램이 고객과의 계약의 일부분이라면 정해진 시간을 만족시키지 못한데 대하여는 금전적인 벌금이 있을 것이다. 만일 상업적인 판매를 위하여 개발되는 경우 제품이 지체되어 완성되면 경쟁자에 의하여 시장에서 기선을 제압당하거나 사업을 하지 못할 수도 있을 것이다.

## 1.2 객체 지향

초기에 소프트웨어 설계는 실행에 중점을 두어 추진되었다. 프로그램들은 프로그램을 부프로그램이나 절차들로 세분화하여 모듈화 된다. 부 프로그램은 어떤 계산을 하고 이 결과를 호출 프로그램으로 돌려보내지만 어떤 것도 "기억" 하지는 않는다. 이는 체중계에 올라가면 체중만 보여주는 구식의 목욕탕 체중계와 유사하다. 1960년 대 말기에 연구자들은 이러한 방법이 지나치게 제한적이며 복잡한 시스템을 구축하기에 필요한 생성들을 잘 나타낼 수 없게 한다고 주장하였다.

두 명의 노르웨이 사람인 Kristen Nygaard와 Ole-Johan Dahl은 1967년에 Simulation 을 개발하였다. 이것은 객체지향 프로그램작업을 지원하는 첫 번째 컴퓨터언어였다. 객체지향 언어는 객체를 가장 중요한 모듈화 메커니즘으로 격상한다. 객체들은 정보와 실행 두 가지를 나타내며 어떤 사용으로부터 다음 사용에 내부 정보를 "기억"한다. 그들은 몸무게를 보여주고 "당신의 몸무게가 3파운드 증가하였다"와 같은 즐거운 보고를 하는 현대 체중계와 같다. 이러한 중대한 차이는 객체를 여러 가지 다양한 방법으로 사용될 수 있도록 한다. 2001년에 Nygaard와 Dahl은 그들의 업적으로 컴퓨팅의 노벨상을 불리는 Turing 상을 수상하였다.

## 장점

객체지향 방식이 관심을 받게 된 것은 은 앞 절에서 설명한 목표들의 관점에서 설명될 수 있다. 객체지향방식은 모든 목표들에 긍정적으로 영향을 미친다.

정보 (객체는 "속성"을 가짐)와 행위 (객체는 "책임"을 가짐) 두 가지를 나타내는 객체는 객체들이 은행 구좌, 생물의 염색체나 취미 같은 다양한 "실세계"를 나타내는데 사용 될 수 있도록 한다. 객체의 독립적인 성질은 객체들을 구현하고, 수정하며, 정확도에 대한 검사를 용이하게 한다.

마지막으로 객체지향방식이 진정으로 빛나는 것은 재사용성의 관점에서이다. 객체지향클래스는 적절하게 설계되면 재사용이 매우 쉽다. 또한 객체지향방식의 중요한 한 면인 상속메커니즘은 클래스 정의의 점진적 변화를 용이하게 하여 그들이 새로운 환경에서도 재사용될 수 있게 한다.

## Unified Method

프로그램작업에 대한 객체지향방식은 실제(reality)의 모델을 구현하는데 기초를 두고 있다. 그러나 우리는 어떻게 이 일에 착수할 것인가? 어디에서 시작할 것인가? 어떻게 진행할 것인가? 이에 대한 가장 최선의 계획은 방법론이라는 조직화된 방식을 따르는 것이다.

**방법론** : 사용자의 필요성을 충족하기 위하여 소프트웨어를 만드는 특정한 절차들의 집합

1980년대 후반에 많은 사람들이 객체지향 방법론들을 제안하였다. 1990년대 중반까지 세 가지 제안이 존재하였다 : 객체모델링기술, 객체처리 및 Booch 방법. 1994년과 1997년 사이에 이 제안의 주 저자들이 함께 만나 그들의 아이디어를 통합하였다. 그 결과 얻어진 방법론은 Unified Method라는 명칭이 주어졌다. 이제까지 이는 객체지향시스템을 개발하기 위한 가장 잘 알려진 조직화된 방식이다.

Unified method는 세 가지 중요한 요소를 갖고 있다.

1. Unified method는 사용 사례에 의하여 수행된다. 사용 사례는 어떤 업무를 수행하기 위하여 시스템내의 한 사용자에 의하여 연속적으로 이행된 행위에 대한 기술이다. 여기서 "사용자"라는 용어는 광범위한 의미에서 해석되어야 하고 다른 시스템을 나타낼 수도 있다.

2. Unified method는 아키텍쳐 중심적이다. "구성형태"는 목적시스템의 전반적인 구조 즉 이의 구성요소들이 상호 영향을 주는 방법을 뜻한다.

3. Unified method는 반복적이고 점진적이다. 1.1절에서 설명한 나선형 생명주기와 같이 통일된 방법은 선행자에 의하여 구축된 토대 위에 각 주기가 만들어지는 일련의 주기를 포함한다.

Unified method의 중요한 장점의 하나는 프로젝터에 참가하는 사람들 사이에 대화의 향상이다. 이러한 목적을 위하여 Unified method는 Unified Modeling Language (UML) 이라는 다이어그램의 집합을 포함한다. UML 다이어그램은 소프트웨어 모델링에 대한 사실상의 산업표준이 되고 있다. 이 들은 소프트웨어 시스템의 요소들을 자세히 기술하고, 시각화 하고, 생성 및 문서화하는데 이용된다. 우리는 1.3장에서 시작하여 이 책 전체를 통하여 클래스와 그들의 상호관계를 모델 하기 위하여 UML 클래스 다이어그램을 사용한다.

# 1.3 클래스, 객체 및 응용

객체지향은 클래스와 객체에 바탕을 두고 있다. 객체들은 응용에 의하여 사용되는 기본적인 엔티티들이다. 한 개의 객체는 한 개의 클래스의 인스턴트화이다 또는 클래스는 클래스 객체의 구조를 정의한다고 한다. 이 절에서는 프로그램을 조직하는데 사용되는 이러한 객체지향 프로그램작업 생성을 살펴본다.

자바 지정단어(단어로 사용될 때), 사용자가 정의한 식별자, 클래스 및 파일 이름 등은 본 책을 통하여 this font의 글자체 로 표시된다.

## 클래스

클래스는 객체의 구조 혹은 한 세트의 객체들을 정의한다. 클래스 정의는 객체의 행위를 결정하는 변수 (데이터)와 메소드 (실행)을 포함한다. 아래의 자바 코드는 Date 객체 (예를 들면 대학 코스 일정 응용 내에서)를 생성하고 처리하기 위해 사용될 수 있는 Date 클래스를 정의한다. Date 클래스는 Date 객체를 생성하기 위해 사용될 수 있거나 어떤 특별한 Date 객체의 년도, 월, 일을 알기 위하여 사용 될 수 있다. 또한 클래스는 데이터의 릴리언 일 수 (Lilian Day Number, 자세한 코드는 생략되었음. 더 많은 정보를 위해서는 릴리언 일 수에 관한 특집 절을 참조하라)나 그 일자의 문자열 표현을 복귀해 주는 방법들을 제공한다. 주석에서 "this"라는 단어는 현재의 객체를 나타낸다.

```
// ----------------------------------------------------------------------
// Date.Java              by Dale/Joyce/Weems
//
// Supports date objects with year, month, and day attributes.
// ----------------------------------------------------------------------

Public class Date
{
       Protected int year;
       Protected int month;
       Protected int day;
       Protected static final int MINYEAR = 1583;

// Constructor
Public Date(int newMonth, int newDay, int newYear)
{
       month = newMonth;
       day = newDay;
       year = newYear;
}

// Observers
Public int getYear()
{
       return year;
}

Public int getMonth()
{
       return month;
}

Public int getDay()
{
       return day;
}

Public int lilian()
{
       // Returns the Lilian Day Number of this date.

       // Algorithm goes here.
       // See Lilian Day Numbers feature section for details.
```

```
}

Public String toString()
// Returns this date as a String.
{
        returns this date as a String.
        {
          return(month + "/" + day + "/" + year);
        }
}
```

데이터 클래스는 두 종류의 변수, 인스턴스 변수 및 클래스 변수를 설명 한다. 이 클래스의 인스턴스 변수는 year, month, 및 day이다. 그들의 값은 클래스의 객체의 다른 인스턴스에 따라 변한다. 인스턴스 변수는 객체의 속성을 나타낸다. MINYEAR는 그것이 static이라고 정의되기 때문에 클래스 변수이다. 그 것은 클래스의 객체와 관련되는 대신에 Date 클래스와 직접 관련된다. 클래스 변수의 단일 복사는 클래스의 모든 객체에 대하여 유지된다.

final 수정자는 변수가 최종 형태이며 수정될 수 없다는 것을 표명한다는 것을 기억하라 즉 MINYEAR는 상수이다. 관례에 따라 이 책에서는 상수를 나타낼 때 오직 대문자만을 사용한다. 상수를 클래스 변수로 선언하는 것은 표준절차이다. 변수의 값이 변경될 수 없기 때문에 한 클래스의 모든 객체가 그 값 자체의 버젼을 갖고 있도록 강요할 필요는 없다. 상수를 공유하고 있는 것에 추가하여 클래스 변수들은 이전 클래스에 공통인 정보를 유지하기 위하여 사용될 수 있다. 예를 들어 BankAccount 클래스는 현재 구좌의 수를 점유(hold) 하는 클래스 변수를 가질 수 있다.

Date 클래스 예에서 MINYEAR 상수는 광범위하게 사용된 그레고리안 (Gregorian) 달력이 효력이 있었던 첫 번째 만 일년을 나타낸다. 여기서 그 아이디어는 프로그래머들이 그 해보다 먼저 오는 일자들을 나타내기 위하여 클래스를 사용하지 않는다는 것이다. 우리는 예외적인 상황을 처리하는 방법을 논의하는 3.3절에서 이러한 규칙을 시행하는 방법들을 본다.

클래스의 메소드들은 Date, getYear, getMonth, getDay, lilian 및 toString이다. Date 메소드는 클래스와 똑 같은 이름을 가진다는 것을 주목하라. 이것은 constructor 클래스라 불리는 특별한 형태의 메소드라는 것을 뜻한다는 것을 상기하라. 생성자들은 클래스의 새로운 인스턴스 생성하기 위하여 즉 클래스의 객체를 인스턴트화 하기 위하여 사용 된다. 다른 다섯 가지 메소드들은 그들이 인스턴스 변수 값에 기반하여 "관찰" 하고 정보를 되돌려 주기 때문에 관찰자(observer) 메소드들로 분류된다. 관찰자 메소드들에 대한 다른 이름은 정보에 액세스나 획득에서와 같이 "accessor" 메소드 및 "getters" 이다. 생성자와 관측자에 추가하여 변환자(transformer)라는 또 다른 일반적인 범주의 메소드가 있다. 변환자는 객체를 어떻게 해서든 객체를 변화한다. 예를 들면 Date 객체의 년도를 변화시키는 메소드는 변환자이다

**생성자** : 클래스의 새로운 인스턴스를 생성하는 동작

**관찰자** : 객체를 변화시키지 않고 객체를 관찰할 수 있도록 하는 동작

**변환자** : 객체의 내부 상태를 변화시키는 동작

우리는 Date 클래스 내에서 액세스 수정자들인 protected 및 public의 사용을 아무런 의심 없이 받아 들였다. 지금 액세스 수정자들의 목적과 사용을 살펴보자. 이 설명은 상속과 패키지에 포함된 기본적 아이디어를 다시 생각하게 할 것이라고 가정한다. 상속은 슈퍼클래스라고 불리는 한 클래스를 서브클래스라고 불리는 다른 클래스로 확장하는 것이다. 서브클래스는 슈퍼클래스로부터 특성 (데이터 및 실행)을 "상속"받는다. 우리는 서브클래스가 슈퍼클래스에 기원을 두고 있다고 말한다. 패키지들은 우리가 관련된 클래스들을 한 개의 단위로 그룹화 하게한다. 상속과 패키지는 다음 절에서 더욱 상세하게 설명된다.

자바는 아래 표에 요약된 바와 같이 광범위한 액세스 제어를 제공한다.

[표 1.1] 자바 액세스 제어 수정자

액세스가 허락된다

| | 클래스 내에서 | 동일한 패키지의 서브클래스 내에서 | 다른 패키지의 서브클래스내에서 | 모든 곳에서 |
|---|---|---|---|---|
| public | x | x | x | x |
| protected | x | x | x | |
| package | x | x | x | |
| private | x | | | |

Date의 메소드들과 함께 사용된 public 액세스 수정자는 메소드들을 "공개적으로" 이용 가능하게 만든다 클래스의 객체를 "이해" 할 수 있는 코드는 그 클래스의 공개 메소드를 이용할 수 있다. 우리는 이러한 메소드들이 클래스로부터 수출되었다고 말한다. 추가적으로 상속을 사용하여 Date로부터 파생된 클래스는 Date의 공개 부분을 상속한다.

공개 액세스는 공개 액세스를 허락하면서 액세스 범위의 한 쪽 끝에 위치한다. 범위의 다른 끝에는 비공개 액세스가 있다. 우리가 클래스의 변수 및 메소드들을 private로 선언하면 그들은 오직 클래스 자체 내에서만 사용될 수 있으며 서브클래스에 의하여 상속되지 않는다. 우리는 클래스의 데이터를 은닉하기 위하여 우리의 클래스내에 비공개 액세스를 관례적으로 사용한다. 우리는 데이터 값들이 클래스 밖에 있는 코드에 의하여 변경 되는 것을 원하지 않는다. 그러나 우리가 상속을 사용하여 우리의 클래스들을 확장하고자 하면 우리는 대신에 protected나 public 액세스를 사용하기를 원한다.

클래스 내에 데이터를 은닉하는 이러한 지침에 대한 예외는 Date 예에서 보여진다. MINYEAR 상수는 공개적으로 액세스 가능하다는 것을 주목하라. 그것은 클라이언트 코드에 의하여 직접 액세스될 수 있다. 예를 들면 한 클라이언트는 다음과 같은 문을 포함할 수 있다.

```
If (myYear <= Date.MINYEAR)
```

MINYEAR은 최종 변수이기 때문에 그 값은 클라이언트에 의하여 변경될 수 없다. 그러므로 MINYEAR가 공개적으로 액세스 가능하더라도 다른 어떤 코드도 그 값을 변경시킬 수 없다. 그 것을 은닉하는 것은 필요하지 않다. 위의 클라이언트 코드는 또한 공개 클래스 변수가 클래스 외부로부터 어떻게 액세스하는 가를 보여주고 있다. MINYEAR가 클래스 변수이기 때문에 그것은 클래스의 객체를 통하는 것 보다 클래스 이름, Date를 통하여 액세스된다.

Date에서 사용된 protected 액세스 변경자는 비공개 액세스와 유사하지만 조금 덜 경직된 가시성을 제공한다. 이 변경자는 외부 클래스로부터 그것의 데이터를 "보호"하지만 데이터가 그 자신의 클래스 내부로부터 혹은 그 클래스로부터 파생된 어떤 클래스로부터 데이터가 액세스 되는 것을 허락한다. 그러므로 day, month 및 year 인스턴스 변수들은 MINYEAR 클래스 변수와 같이 클라이언트 코드로부터 직접 액세스될 수 없다.

나머지 액세스 형의 액세스는 패키지 액세스라고 한다. 다른 세 가지 변경자들 중 어느 것도 사용되지 않으면 클래스의 변수나 메소드는 자동적으로 패키지 액세스가 된다. 패키지 액세스는 변수나 메소드가 동일한 패키지 내의 어떤 다른 클래스에 액세스 가능하다는 것을 의미한다. 또한 변수나 메소드는 동일한 패키지 내에 있는 어떤 서브클래스에 의하여 상속된다.

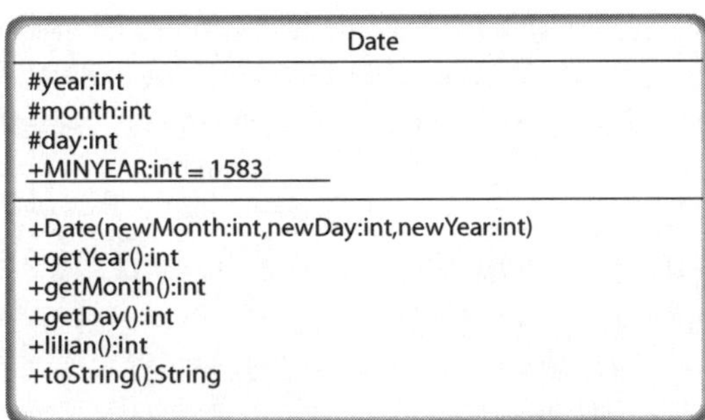


[그림 1.2] Date 클래스에 대한 클래스 다이어그램

Date 클래스를 나타내는 다이어그램이 그림 1.2에 보여 진다. 그 다이어그램은 표준 UML 클래스 표기방식을 따른다. 클래스의 이름이 다이어그램의 꼭대기 부분에 보여지고 있고, 변수 (속성)은 그 다음 부분에 나타나며 메소드 (연산)은 제일 마지막 부분에 나타난다. 이 다이어그램은 변수와 메소드 매개변수의 본질에 대한 정보를 포함한다. 예를 들면 year, month 및 day는 모두 정수형이라는 것을 금방 알 수 있다. 변수 MINYEAR에 밑줄이 그어진 것을 주목하라. 이는 MINYEAR가 인스턴스 변수가 아니라 클래스 변수임을 나타낸다. 또한 다이어그램은 가시성이나 보호가 클래스의 각 요소 (+ = public, # = protected)와 연관 되어 있다는 것을 의미한다.

### 릴리언 일 수 (Lilian Day Numbers)

일자에 번호를 부여하는 여러 가지 방법들이 제안되었다. 아이디어는 역사적으로 어떤 특정한 날을 제1일로 하고 그 다음에 연속적으로 오는 일자들을 제2일, 제3일 등등으로 번호를 부여하는 것이다. 릴리언 일 수(LDN) 시스템은 1582년 10월 15일을 제1 일 혹은 LDN 1로 사용한다.

우리의 현재 달력은 그레고리안(Gregorian) 달력이라고 한다. 그것은 교황 그레고리13세에 의하여 1582년에 시작되었다. 그 당시 수년 동안 축적된 적은 오류를 보완하기 위해서 10월로부터 10일을 제거하였다.

따라서 그레고리안 달력에서 1982년 10월 4일은 1582년 10월 15일이며 릴리안 날자 체계에서는 LDN 1로 알려졌다. 이 체계는 그레고리 교황의 조언자며 달력 개편을 앞장서 주장하는 사람들의 한 사람인 Aloysius Lilius 이름을 따서 명명 되었다.

유럽 가톨릭 국가들은 초기에는 그레고리안 달력을 채택하였다. 영국과 그 식민지 국가들과 같은 많은 개신교(프로테스탄트) 국가들은 그 들이 11일을 잃어버린 때인 1752년 까지 그레고리안 달력을 채택하지 않았다. 오늘날 대부분의 국가들은 적어도 국제적 상거래를 위하여 그레고리안 달력을 사용한다. 일자를 비교할 때 우리는 어떤 달력이 사용되고 있는가를 유의하여야 한다.

우리의 Date 클래스 구현에서, MINYEAR는 그레고리안 달력이 적용되는 첫 번째 해인 1583이다. 우리는 프로그래머들이 그 시간 이전에 일자를 나타내기 위하여 클래스에 의하여 강요되지는 않지만 Date 클래스를 사용하지 않을 것이라고 가정한다. 이러한 가정은 우리가 1582년 10월 유령의 10일을 걱정하지 않아도 되기 때문에 LDN의 계산을 간단하게 한다.

LDN을 계산하기 위하여 우리는 그레고리안 달력이 어떻게 동작하는가를 이해하여야만 된다. 1년은 보통 365일이다. 그러나 4의 배수가 되는 매 해는 윤년으로 366일을 갖는다. 이것은 천문학상의 현실에 근접하게 달력을 조정하는 것이다. 이 조정을 더욱 세밀하게 하기 위하여 100으로 나누어지는 년도는 윤년이 아니다. 그러나 400의 배수가 되는 해는 윤년이다. 따라서 2000년은 윤년이고 1900년은 윤년이 아니다.
어떤 일자가 주어진 경우 Date 클래스의 lilian 메소드는 그 날과 가설적 일자 1/1/0- 즉 0년1월1일 사이의 일자 수를 계산한다. 이 계산은 그레고리안 개편 내용이 그 기간의 전체에 걸쳐서 적용되고 있었다는 가정하에 이루어진다. 다시 말하면 이 계산은 위에서 설명한 규칙을 사용한다. 이 수를 상대적 일 수 (Relative Day Number, RDN)라 한다. 어떤 RDN이 주어진 경우에 해당하는 LDN으로 변환하기 위하여 우리는 RDN 값으로부터 1582년 10월 14일의 RDN 값을 빼면 된다. 예를 들면, 1776년 7월4일의 LDN을 계산하기 위하여 먼저 이의 RDN (648,856)을 계산하고 이 값에서 1582년 10월 14일의 RDN (578,100)을 빼면 된다. 결과 값은 70,7560이다.
여기에 lilian 메소드의 코드가 주어진다.

```
public int lilian()
{
  // Returns the Lilian Day Number of this date.
  // Precondition5: This Date is a valid date after 10/14/1582
  //
  // Computes the number of days between 1/1/0 and this date as if
  // no calendar reforms took place, then subtracts 578,100 so that
  // October 15, 1582, is day 1.
final int SUBDAYS = 578100;          // number of calculated days
                                     // from 1/1/0 to 10/14/1582
int numDays = 0;

// Add days in years.
numDays = year * 365;

// Add days in the months.
if (month <= 2)
  numDays = numDays + (month - 1) * 31;
else
  numDays = numDays + ((month - 1) * 31)
                    -((4 * (month-1) + 27) / 10);

// Add days in the days.
numDays = numDays + day;

// Take care of leap years.
numDays = numDays + (year / 4) - (year / 100) + (year / 400);

// Handle special case of leap year but not yet leap day.
if (month < 3)
{
```

```
    if ((year % 4) == 0) numDays = numDays - 1;
    if ((year % 100) == 0) numDays = numDays + 1;
    if ((year % 400) == 0) numDays = numDays - 1;
  }

  // Subtract extra days up to 10/14/1582.
  numDays = numDays - SUBDAYS;
  return numDays;
}
```

## 객체

객체들은 실행 시간에 클래스들로부터 생성된다. 객체들은 데이터를 포함하거나 처리할 수 있다. 다중 객체들은 동일한 클래스 정의로부터 생성될 수 있다. Date와 같은 클래스가 한번 정의되면 프로그램은 그 클래스로부터 객체를 생성하고 사용할 수 있다. 그 효과는 Date 형을 포함하기 위해서 표준형의 언어 집합을 확장하는 것과 같다.

```
Date myDate = new Date(6, 24, 1951);
Date yourDate = new Date(10, 11, 1953);
Date ourDate = new Date(6, 15, 1985);
```

우리는 변수 myDate, yourDate 및 ourDate가 Date 클래스의 객체들이나 단순히 Date 형의 객체들을 참조한다고 말한다. 또한 우리는 그러한 변수들을 "Date 객체"라고 부른다.

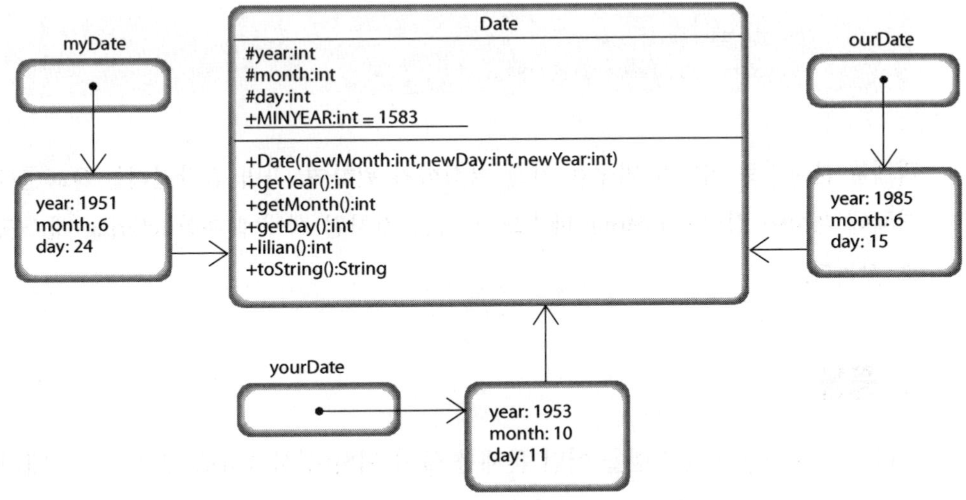


[그림 1.3] Date 객체들을 보여주는 클래스 다이어그램

그림 1.3에서 우리는 인스턴트화 된 Date 객체와 Date 클래스 사이의 관계를 보여주기 위하여 그림 1.2에서 보여준 이전의 다이어그램을 확장하였다. 우리가 알 수 있는 것과 같이 객체들은 그림의 화살표에 의하여 표시된 것과 같이 클래스의 견고한 인스턴트화이다. myDate, yourDate 및 ourDate 변수들은 객체가 아니고 객체에 대한 참조를 실제로 소유한다. 참조들은 변수 상자로부터 객체들에 대한 포인터들에 의하여 보여진다. 실제로 참조들은 메모리 주소들이다. 어떤 특별한 변수에 대하여 인스턴트화 되지 않는다면 그 메모리는 위치는 null 참조를 갖는다.

객체 메소드들은 그들이 작용하려는 객체를 통하여 호출된다. 예를 들면 정수 변수 theYear에 ourDate 객체의 year 속성 값을 할당하기 위하여 프로그래머는 다음과 같이 코드화 할 것이다.

```
theYear = ourDate.getYear();
```

toString 메소드는 어떤 특별한 방법으로 발동된다는 것을 상기하라. 자바가 getDay에 의하여 복귀된 것과 같은 정수 값을 아래 문의 문자열로 자동적으로 변경하는 것과 같이

```
System.out.println("The big day is " + ourDate.getDay());
```

toString 메소드는 ourDate와 같은 객체를 다음 문의 문자열로 변환한다.

```
System.out.println("The party will be on " + ourDate);
```

이러한 문들로부터 출력은 다음과 같을 것이다.

```
    The big day is 15
    The party will be on 6/15/1985
```

객체를 문자열로 어떻게 바꾸는 가를 결정하기 위하여, 자바 컴파일러는 Date클래스의 Date 객체에 대하여 정의된 toString 메소드가 하는 것처럼 객체에 대한 toString 메소드를 자동으로 찾는다.

## 응용

우리는 객체지향 프로그램을 어떤 문제를 풀기 위하여 서로서로 메시지를 보내며 협력하는 객체들의 집합으로 생각한다. 그러나 이 모든 것은 어디에서 시작하는가? 객체들은 애초에

어떻게 생성되는가?

자바 프로그램은 일반적으로 사용자가 자바가상머신(JVM) 을 실행하고 그 것을 프로그램에 전달할 때 시작한다. 우리는 우리의 환경에 종속되는 JVM의 실행을 어떻게 시작하는가? 우리가 명령 줄 환경에서 작업을 하고 있으면 우리는 단순히 명령 "java"를 사용한다. 혹은 우리가 통합된 개발 환경에서 작업을 하고 있으면 "run" 아이콘을 클릭한다. 어떤 경우에도 우리는 주 메소드를 포함하는 클래스의 이름을 나타낸다. JVM은 그 클래스를 적재하고 그 메소드를 실행한다. main 메소드를 포함하는 클래스를 자바 응용이라 부른다.

한 예를 생각해 보자. 우리가 두 날짜 사이의 일수에 대한 정보를 제공하는 DaysBetween이라는 프로그램을 작성한다고 하자. 아이디어는 프로그램이 사용자들에게 두 날짜를 알려주고, 그 들 사이의 일 수를 계산한 후 그 결과를 사용자에게 보고하는 것이다.

객체지향 프로그램에서 핵심적인 단계는 문제를 푸는데 도움을 주기 위하여 사용될 수 있는 클래스를 식별하는 것이다. 우리의 Date 클래스는 위의 날짜-사이 문제에 대하여 완벽하게 적합하다. 이와 더불어 이 클래스의 lilian 메소드는 두 날짜 사이의 일 수를 결정하는데 도움을 줄 수 있는 값을 돌려준다. 우리는 단순히 두 개의 LDN 값을 뺀다.

우리 응용의 설계는 다음과 같다.

```
명령어들을 표시하라
첫 번째 날짜를 prompt 하여 그 정보를 읽어라.
날짜 1 객체를 생성하라.
두 번째 날짜에 대하여 동일한 과정을 수행하라.
if 입력된 날짜들이 너무 빠르면
   오류 메시지를 인쇄하라.
else
      LDN을 얻기 위하여 date.lilian 메소드를 사용하라.
      두 날짜 사이의 일 수를 계산하여 인쇄하라.
```

이 응용 코드는 아래에 주어진다. 몇 가지 언급할 사항은 다음과 같다.

- 프로그램은 자바 클래스 라이브러리로부터 util 패키지를 수입한다. util 패키지는 프로그램이 입력을 위하여 사용하는 Scanner 클래스를 포함한다. 우리는 Scanner 객체 conIn을 호출한다. 그 이유는 이 객체가 콘솔 입력을 나타내기 때문이다.
- DayBetween 클래스는 단일의 메소드 즉 main 메소드를 포함한다. 한 응용 내에서 다른 메소들을 정의하는 것과 그

들을 main 메소드로부터 호출 하는 것이 가능하다. 그러한 함수적인 모듈화는 main 메소드가 길고 복잡한 경우에 사용될 수 있다. 그러나 우리는 객체지향 방식을 강조하고 있기 때문에 우리는 응용의 해를 그러한 방법으로 세분화 하는 것을 거의 하지 않는다. 오히려 우리는 우리의 문제를 푸는데 도움이 되는 객체를 인스턴스화 하는 main 메소드를 사용할 것이다. 클래스들과 객체들은 응용 방법이 아니라 우리의 주요한 모듈화 메커니즘이다.

- 비록 프로그램이 날짜의 입력된 년도가 "근대" 이다는 것을 입증하는 것을 검사하더라도 그 것은 어떤 다른 입력의 정확함을 검사하는 것은 아니다. 이 논쟁은 문제 2.4에서 언급된다.

```
//----------------------------------------------------------------------
// DaysBetween.java by Dale/Joyce/Weems Chapter 1
//
// Asks the user to enter two "modern" dates and then reports
// the number of days between the two dates.
//----------------------------------------------------------------------
import java.util.Scanner;

public class DaysBetween
{
  public static void main(String[] args)
  {
        Scanner conIn = new Scanner(System.in);
        int day, month, year;

        System.out.println("Enter two 'modern' dates: month day year");
        System.out.println("For example, January 12, 1954, would be: 1 12 1954");
        System.out.println();
        System.out.println("Modern dates occur after " + Date.MINYEAR + ".");
System.out.println();
        System.out.println("Enter the first date:");
        month = conIn.nextInt();
        day = conIn.nextInt(); year = conIn.nextInt();
        Date date1 = new Date(month, day, year);
        System.out.println("Enter the second date:");
        month = conIn.nextInt(); day = conIn.nextInt();
        year = conIn.nextInt(); Date date2 = new Date(month, day, year);
        if ((date1.getYear() <= Date.MINYEAR)
          ||
          (date2.getYear() <= Date.MINYEAR))
         System.out.println("You entered a 'pre-modern' date.");
        else
        {
        System.out.println("The number of days between");
```

```
        System.out.print(date1); System.out.print(" and ");
        System.out.print(date2);
        System.out.print(" is ");
        System.out.println(Math.abs(date1.lilian() - date2.lilian()));
    }
  }
}
```

다음은 응용의 표본 실행의 결과이다. 사용자 입력은 녹색으로 표시되어 있다. 우리는 친구의 생일과 이 장의 초안이 만들어 진 날짜를 사용한다.

```
        두 "근대" 날짜를 입력하라: 월 일 년도
        예를 들면 1월 12일 1954는 1 12 1954가 된다.
        "근대"날짜는 1583년 이후이다.

        첫 번째 날짜를 입력하라
        1 12 1954
        두 번째 날짜를 입력하라.
        11 27 2004
1/12/1954와 11/27/2004 사이의 일 수는 18582 이다.
```

# 1.4 클래스 조직화

객체지향 과정 동안에 한 시스템을 구축하는 것을 지원하기 위하여 수십 개 혹은 수백 개의 클래스들이 만들어 지거나 재사용될 수 있다. 이러한 모든 클래스를 추적하는 일은 어떤 형태의, 조직적인 구조 없이는 불가능하다.

이 절에서 우리는 자바 클래스를 조직화하는 두 가지 중요한 방법을 살펴 본다: 상속 과 패키지. 클래스들은 상속에 의하여 정의된 "is a" 계층 구조로 조직화 되어 있다. 객체의 행위의 정의는 많은 경우에 이 계층내의 위치에 좌우된다. 패키지는 우리로 하여금 관련된 클래스를 이름을 갖는 한 단위의 그룹으로 묶게 한다.

## 상속

상속은 단순히 구조적인 메커니즘 이상이다. 실제로 상속은 강력한 재사용 메커니즘이다. 상속은 프로그래머들이 존재하는 클래스의 특수화인 새로운 클래스를 생성할 수 있게 한다.

우리는 새로운 클래스가 존재하는 클래스의 서브클래스라고 한다. 다르게 이야기 하면 존재하는 클래스는 새로운 클래스의 슈퍼클래스이다.

서브클래스는 그것의 슈퍼클래스로부터 특징들을 "상속"한다. 서브클래스는 필요에 따라 그것의 특수화에 관련된 새로운 특징을 추가한다. 또한 상속된 특성들을 재 정의한다. "슈퍼" 및 "서브"는 계층적 구조에서 클래스들의 상대적인 위치를 나타낸다. 서브클래스는 그것의 슈퍼클래스 아래에 있으며 슈퍼클래스는 그것의 서브클래스 위에 있다.

우리가 이전에 정의된 것과 같은 Date 클래스를 이미 가지고 있고 Date 객체를 조작하기 위하여 새로운 응용을 만든다고 가정하자. 또한 새로운 응용에서 우리가 자주 Date 객체를 "증분" 하는 것 - 즉 Date 객체가 다음 날짜를 나타내도록 Date 객체를 변화하는 것이 요구된다고 가정하자. 예를 들면 Date 객체가 7/31/2001을 나타낸다면 증분된 후에는 8/1/2001을 나타낼 것이다. 날짜를 증분하는 알고리즘은 쉬운 문제는 아닐 것이다. 특별히 우리가 윤년 규칙을 고려할 때 사소한 일은 아니다. 그러나 알고리즘을 개발하는 것에 추가하여 언급되어야만 하는 다른 질문은 그 알고리즘을 어디에 적용할 것인가 하는 것이다. 거기에는 여러 가지 선택이 있다.

- 알고리즘을 새로운 응용 내에서 구현하라. 코드는 observer 메소드를 사용하여 Date 객체로부터 월, 일, 년을 얻고, 갱신된 월, 일, 년을 보존하기 위하여 새로운 Date 객체를 인스턴트화 하고, 현재 최초의 Date 객체를 참조하는 모든 변수들에게 새 객체를 할당하는 것이 필요하다. 이것은 복잡한 작업일 수도 있다. 반면에 미래의 응용들이 이러한 기능성을 필요하다면 그들의 프로그래머들은 그 응용들에 대한 해를 재 구현하여야만 될 것이다. 이러한 방식은 재사용성을 지원하지 않는다.
- increment라고 불리는 새로운 메소드를 Date 클래스에 추가하라. 이 방법은 현재의 객체 값을 갱신할 것이다. 그러한 방식은 향후 프로그램들이 새로운 기능성을 사용할 수 있게 한다. 그러나 어떤 경우에는 프로그래머가 클래스 객체에 대한 어떤 변경에 대한 방지를 갖는 Date 클래스를 원할 수 있다. 그러한 객체들은 불변이라고 불리어진다. Date 클래스에 increment를 추가하는 것은 이러한 방지를 훼손한다.
- 상속을 사용하라. 현 Date 클래스의 모든 특징을 상속하지만 또한 increment 메소드를 제공하는 IncDate라는 새로운 클래스를 생성하라. 이러한 방식은 이전의 두 방식의 단점들을 해결한다.

이제 우리의 문제를 해결하기 위하여 상속을 사용하는 마지막 방식이 어떻게 구현되는 가를 살펴보자. 우리는 흔히 상속 관계를 "is a" 관계라고 부른다. 이 경우에 우리는 IncDate 클래스의 객체 역시 Date 객체라고 말한다. 왜냐하면 IncDate 는 Date 객체가 할 수 있는 혹은 더 많은 것을 할 수 있기 때문이다. 이 아이디어는 상속은 대게 특수화를 의미한다는 것을 상기하면 명백해 질 수 있다. IncDate는 Date의 특별한 경우이나 그 반대는 아니다. 자바로 Incdate를 생성하기 위하여 다음과 같이 코딩한다:

```
public class IncDate extends Date
 {
   public IncDate(int newMonth, int newDay, int newYear)
   {
         super(newMonth, newDay, newYear);
 }
         public void increment()
         // Increments this IncDate to represent the next day.
         // For example, if this = 6/30/2005, then this becomes 7/1/2005.
 {
         // increment algorithm goes here
 }
}
```

이 책에서의 코딩 리스트들에서 현재 논의에 가장 관련이 있는 코드의 일부를 강조하기 위하여 그 코드에 가끔 밑 줄을 긋는다는 것을 주목하라.

상속은 키워드 extends에 의하여 표시된다. 그 것은 IncDate가 Date로부터 상속됨을 나타낸다. 자바에서는 생성자들을 상속하는 것이 불가능하다. 따라서 IncDate는 그 자신을 채워야 한다. (공급하여야 한다) 이 경우 IncDate 생성자는 단순히 월, 일, 년의 인수를 취하고 그들을 super 예약어를 사용하여 그 것의 슈퍼클래스의 생성자 (즉, Date 클래스 생성자)에 전달한다.

Incdate 클래스의 다른 부분은 새로운 increment 메소드이다. 이는 객체의 내부 상태가 변화기 때문에 변환자로 분류된다. Increment 메소드는 객체의 day, 혹은 month와 year 값을 변경한다. 메소드는 변화되려는 객체를 통하여 호출 된다. 예를 들어 아래 문

```
ourDate.increment () ;
```

은 ourDate 객체를 변환한다.

우리가 increment 메소드의 상세한 내용을 생략하고 있다는 것을 주목하라. 이는 우리의 현 논의에 중요하지 않다. (연습문제 27을 참조하라)

날짜 클래스의 각각에 액세스를 갖는 프로그램은 이제 Date와 IncDate 두 개의 객체를 선언하고 이용할 수 있다. 아래 프로그램 조각을 살펴보라.

```
Date myDate = new Date(6, 24, 1951);
IncDate aDate = new IncDate(1, 11, 2001);
System.out.println("mydate day is: " + myDate.getDay());
```

```
System.out.println("aDate day is: " + aDate.getDay());

aDate.increment();
System.out.println("the day after is: " + aDate.getDay());
```

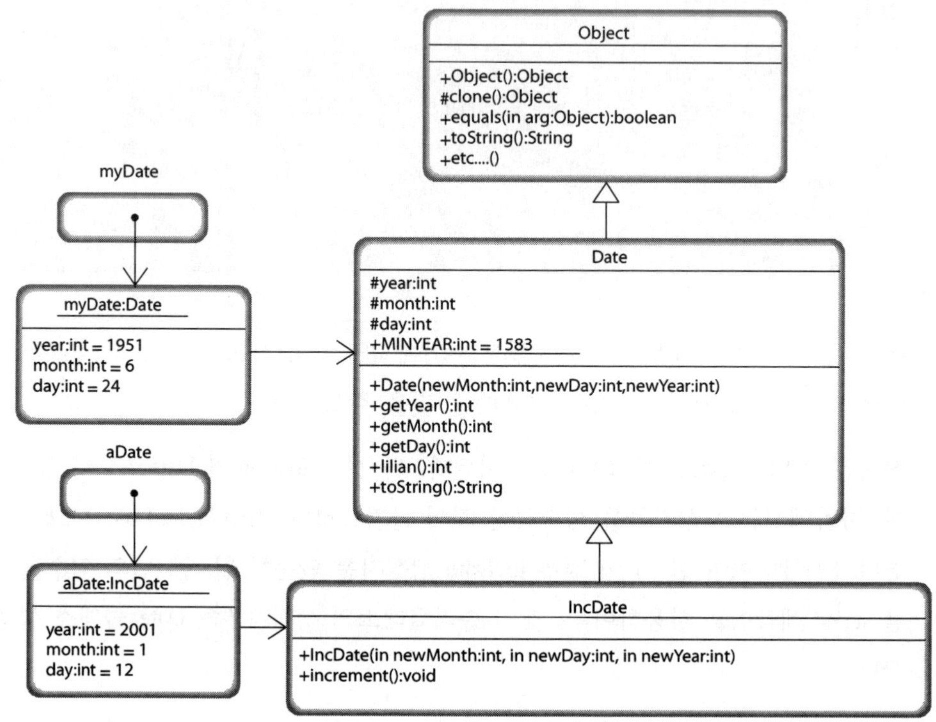


[그림 1.4] 상속을 보여주는 확장된 클래스 다이어그램

이 프로그램 조각은 myDate 와 aDate를 인스턴스화하고 초기화하며, 그들의 날짜 값을 출력하고 aDate를 증분하고 마지막으로 aDate의 새 날짜 값을 출력한다. 그러면 이 시스템은 getDate가 Date 클래스 내에서 정의될 때 IncDate 객체에 의하여 getDay 메소드의 사용을 어떻게 해결하는가? 자바에서 상속이 어떻게 지원되는가를 이해하는 것이 이 질문에 대한 답을 제공한다. 상속관계들을 보여주고 aDate 객체가 증가된 후 시스템의 상태를 포착하는 그림1.4의 확장된 클래스 다이어그램이 우리가 그 상황을 고찰하는데 도움을 준다. 표준 UML 클래스 다이어그램들과 같이 상속은 삼각형 머리를 갖는 실선화살표로 표시되어 있다. 화살은 서브클래스로부터 슈퍼클래스로 향한다.

컴파일러는 확장된 클래스 다이어그램에서 포착된 모든 선언 정보를 사용가능 하게 한다.

아래 선언문에서 getDay 메소드를 생각해 보자.

```
Syatemoutprintln("aDate day is:  " + aDate.getDay());
```

이 메소드를 해결 (resolve)하기 위하여 컴파일러는 aDate 변수로부터 IncDate 클래스로 참조를 따른다. IncDate 클래스에서는 getDay 메소드에 대한 정의를 찾지 못한다. 따라서 슈퍼클래스 Date로 상속 사슬고리를 따르게 한다. 거기서 getDay 메소드를 발견하고 이에 연결한다. 이 경우에 getDay 메소드는 aDate 객체의 day 값을 나타내는 int 값을 돌려준다. 실행 동안에 시스템은 int 값을 String으로 바꾸고 그것을 문자열 "aDate day is:"에 연결시키고 System.out로 인쇄한다.

### 상속 트리

자바는 단일 상속만을 지원한다. 이것은 한 개의 클래스가 단지 한 개의 다른 클래스만을 확장할 수 있다는 것을 의미한다. 그러므로 자바에서 상속관계는 한 개의 상속 트리를 정의한다.

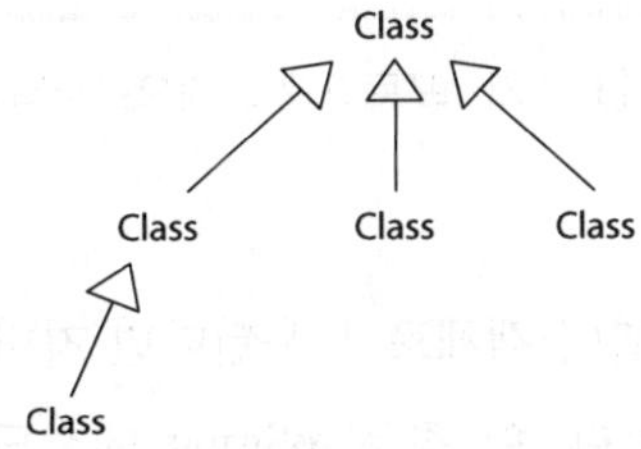


그림 1.4는 전체 시스템 상속 트리의 한 가지를 보여준다. 메소드 호출들이 상속 트리의 아래에서 위로 탐색하여 해결되는 방법 때문에 IncDate 클래스의 객체들만이 increment 메소드를 사용할 수 있다. myDate 객체와 같은 Date 클래스의 객체에 increment 메소드를 사용하려고 한다면 Date 클래스나 혹은 상속 트리에서 Date 위에 있는 어떤 클래스의 정의가 불가능하다. 이러한 경우에 컴파일러는 시스템 오류를 보고 할 것이다.

그림 1.4의 Object 클래스를 주목하라. 그 것은 어디에서 왔는가? 자바에서 다른 클래스를 명확하게 확장하지 않는 클래스는 미리 정의된 Object를 암시적으로 확장한다. Date는 어떤 다른 클래스를 명확하게 확장하지 않기 때문에 Object로부터 직접 상속한다. Date는 Object의 서브클래스이다. 삼각형 화살머리를 갖는 실선은 다이어그램에서 상속을 의미한다.

모든 자바 클래스들은 Object 클래스로 되돌아갈 수 있다. 우리는 Object 클래스가 상속 트리의 루트라고 말한다. Object 클래스는 여러 가지 기본적인 메소드들을 정의한다: 동일함을 위한 비교 (equals), 문자열로 변환 (toString), 등등. 그러므로 예를 들어 자바 프로그램의 어떤 객체도 toString 메소드를 지원한다. 이유는 toString 메소드가 Object 클래스로부터 상속되었기 때문이다. toString 예를 좀더 주의 깊게 살펴보자.

앞에서 논의 된 것처럼 자바가 아래의 명령문에서 어떤 정수 값을 문자열로 자동적으로 변경하는 것과 같이

```
Syatem.out.println("aDate day is:  " + aDate.getDay());
```

자바는 객체를 아래 문에서 문자열로 자동적으로 변경한다.

```
System.out.println("tomorrow: " + aDate);
```

| Object class toString Used | Date class toString Used |
|---|---|
| mydate:  Date@256a7c | mydate:  6/24/1951 |
| today:  IncDate@720eeb | today:  1/11/2001 |
| tomorrow: IncDate@720eeb | tomorrow: 1/12/2001 |

[표 1.2] 프로그램 조각으로부터의 출력

자바 프로그램에서 문자열이 객체로 사용된다면 자바 컴파일러는 자동적으로 그 객체에 대한 toString 메소드를 찾는다. 이 경우 toString 메소드는 IncDate 클래스에서 찾아지지 않고 IncDate의 슈퍼클래스인 Date 클래스에서 찾아진다. 그러나 toString 메소드가 Date 클래스에서 찾아지지 않으면 컴파일러는 상속 계층을 계속 찾아 올라가서 Object 클래스에서 toString 메소드를 찾을 것이다. 모든 클래스들이 그들의 뿌리를 Object까지 추적해간다면, 컴파일러는 toString 메소드를 궁극적으로 찾을 수 있다는 것을 항상 보증한다.

그러나 잠깐만. "객체를 문자열로 변경한다"는 것이 무엇을 뜻하는가? 그것은 객체와 관련된 toString의 정의에 좌우된다. Object 클래스의 toString 메소드는 객체에 대한 내부적인 시스템 구현의 상세한 내용의 일부분을 나타내는 문자열을 돌려보낸다. 이 정보는 얼마간 애매하며 일반적으로 우리에게 유용하지 않다. 이 상황은 상속된 메소드를 재 정의하는 것이 어디에 유용한 가에 대한 예이다. 우리는 더욱 적절한 문자열을 되돌려 주기 위하여 우리 자신의 클래스를 생성할 때 Date클래스에서 한 것처럼 디폴트 toString 메소드를 일반적으로 덮어쓴다.

표 1.2는 아래 프로그램 조각으로부터의 출력을 보여준다.

```
Date myDate = new Date(6, 24, 1951);
IncDate currDate = new IncDate(1, 11, 2001);

System.out.println("mydate:   " + myDate);
System.out.println("today:   " + currDate);

currDate.increment();
System.out.println("tomorrow: " + currDate);
```

왼쪽편의 결과는 Object 클래스의 toString 메소드가 디폴트에 의하여 사용될 때 얻어진 출력을 보여주고 있으며 오른편의 결과는 Date 클래스의 toString 메소드가 상용될 때의 결과를 나타낸다.

**마지막 주목 :** 서브클래스들은 상속 계층구조에서 그 들보다 위에 있는 슈퍼클래스와 호환되도록 할당되는 것을 기억하라. 그러므로 아래 문은 합법적이나

```
myDate = currDate;
```

다음 문은 "호환되지 않는 형"이라는 구문 오류를 일으킨다.

```
currDate = myDate;
```

## 패키지

자바는 우리가 관련된 클래스들을 패키지로 불리는 단위로 그룹화 한다. 패키지는 여러 가지 이점을 제공한다:

- 패키지는 우리가 우리의 파일을 조직하게 한다.
- 패키지는 개별적으로 컴파일 되어 우리의 프로그램에 임포트 될 수 있다.
- 패키지는 프로그램이 공통 클래스 파일의 사용을 쉽게 한다.
- 패키지는 이름 충돌을 피하게 한다 (두 개의 클래스가 그 들이 다른 패키지에 있으면 동일한 이름을 가질 수 있다).

### 패키지 구문

패키지에 대한 구문은 매우 간단하다. 우리가 하여야 할 유일한 것은 클래스를 포함하는 파일의 첫 부분에 패키지 이름을 지정하는 것이다. 파일의 첫 번째 비주석, 비 공백 행은 키워드를 포함하여야 된다. 이 키워드 다음에는 이름과 세미콜론이 따른다. 규정에 따라 자바 프로그래머들은 패키지 이름과 클래스 이름을 구분하기 위하여 패키지 이름을 소문자로 시작한다:

```
package someName;
```

파일내의 패키지 이름 명세 다음에 우리는 수입 선언을 할 수 있다. 이렇게 하면 우리가 정의하는 패키지 내부의 클래스들에게 다른 패키지들의 내용을 이용할 수 있다. 그 다음에 하나 혹은 여러 개의 클래스의 선언을 한다. 자바는 이 파일을 컴파일 단위라 한다. 파일 내에 정의 된 클래스들은 패키지의 멤버가 아니다.

컴파일단위를 포함하는 패키지의 이름은 그 단위 내에 있는 공개 클래스의 이름과 맞아야 된다. 그러나 우리가 한 개의 컴파일 단위 내에 여러 개의 클래스를 선언할 수 있을지라도 그 중에서 단지 한 개만 공개로 선언될 수 있다. 파일내의 모든 비공개 클래스들은 패키지 외부 세계로부터 감추어진다. 컴파일 단위가 최대로 한 개의 공개 클래스만을 가질 수 있다면 우리는 여러 개의 공개 클래스를 갖는 패키지를 어떻게 생성할 수 있는가? 우리는 다음에 설명된 것과 같이 다중 컴파일 단위를 사용하여야만 된다.

### 다중 컴파일단위를 갖는 패키지

각각의 자바 컴파일 단위는 그 자신의 파일 내에 저장된다. 자바 시스템은 패키지 이름과 컴파일단위에서의 공개 클래스 이름을 조합하여 파일을 식별한다. 자바는 파일 내에 단한 개의 공개클래스를 갖도록 제한하여 모든 공개 클래스들을 알아내기 위하여 파일 이름을 사용 할 수 있게 한다. 따라서 다중 공개 클래스를 갖는 패키지는 개별 파일마다 한 개의 컴파일단위를 갖는 다중 컴파일 단위를 가지고 구현되어야만 된다.

다중 컴파일단위를 사용하는 것은 패키지의 클래스들을 개발하는데 있어 보다 큰 유연성을 제공하는 이상의 이점을 제공한다. 자바가 여러 프로그래머들이 단일 패키지 파일을 공유하게 만들었다면 팀 프로그램작업 프로젝터는 매우 주체스러운 일이 되었을 것이다.

우리는 패키지의 멤버를 동일한 이름을 갖는 독립된 컴파일단위로 간주하여 한 개의 패키지를 여러 개의 파일로 분리한다. 예를 들면 우리는 아래 코드 를 포함하는 한 개의 파일을 생성할 수 있다 (괄호들 사이의 … 는 각 클래스에 대한 코드를 나타낸다) ;

```
package gamma;
public class One { … }
class Two { … }
```

두 번째 파일은 아래 코드를 포함한다:

```
package gamma;
class Three { … }
public class Four { … }
```

**결과 :** 패키지 gamma는네 개의 클래스를 포함한다. 그 클래스 중 두 개 One 및 Four는 공개고 따라서 응용 코드에 의하여 수입 될 수 있다. 다른 두 파일 이름은 두 개의 공개 클래스 이름에 정합 되어야만 한다 즉 파일들은 One.java 및 Four.java로 이름 지어져야만 된다.

많은 프로그래머들은 모든 클래스를 자신의 컴파일단위 내에 둔다. 다른 프로그래머들은 비공개 클래스들을 공개 클래스와는 분리된 한 개의단위로 모은다. 우리가 우리의 패키지를 어떻게 조직하는가 하는 것은 우리의 문제이지만 모든 파일들 중에서 패키지의 특정한 멤버를 쉽게 찾도록 하기 위하여 우리는 일관성을 가져야 한다.

자바 컴파일러는 어떻게 이러한 조각들을 찾는 것을 처리하고 그 들을 조합하는가? 그 해답은 한 패키지에 대한 모든 컴파일단위 파일들이 단일 목록이나 패키지의 이름과 정합되는 폴더에 보존되도록 요구하는 것이다. 앞의 예에 대하여 자바 시스템은 One.java 및 Four.java라 불리는 원시코드를 gamma라는 목록에 저장할 것이다.

## Import 문

한 프로그램으로부터 패키지의 내용을 액세스하기 위하여 우리는 우리의 프로그램으로부터 이를 수입하여야만 된다. 우리는 아래 수입문의 형태 중 어느 것을 사용하여도 무방하다.

```
Import packagename. *;
Import packagename.Classname;
```

Import 선언은 키워드 import, 패키지 이름 및 "." (dot) (period)로 시작한다. "." (dot) 다음에 패키지내의 클래스 이름이나 "*"을 쓸 수 있다. 선언은 세미콜론 (" ")으로 끝난다. 우리가 한 패키지 내에 정확히 한 개의 클래스를 사용하기를 원하면 우리는 단순히 import 선언에서 그 클래스의 이름만 주면 된다. 그러나 자주 우리는 한 패키지 내에서 한 개 이상의 클래스를 사용하기를 원한다. 이 경우 "*"는 이 패키지로부터 이 프로그램이 사용하는 어떤 클래스도 수입한다는 것을 뜻하는 컴파일러에 대한 약칭 표시이다.

### 패키지 및 부 목록

많은 컴퓨터 플렛폼은 계층적인 파일구조를 사용한다. 자바 패키지 규칙은 그러한 시스템들이 끊임없이 동작하도록 정의하는 것이다. 자바 패키지 이름들 역시 계층적일 수 있다 그들은 이름의 서로 다른 부분을 구분하는 "." 를 포함한다 예 ch03.stacks. 그러한 경우에 패키지 파일은 패키지 이름의 독립된 부분과 정합 되는 부 목록 아래에 놓여야만 된다. 동일한 예의 계속으로 패키지 파일은 ch03이라는 목록의 부 목록인 stack이라는 이름의 목록 내에 놓여야만 된다. 그 다음에 아래의 문으로 우리는 프로그램에 전 패키지를 수입한다.

```
Import ch03.stacks.*;
```

ch03 목록을 포함하는 목록이 우리 시스템의 ClassPath 상에 있는 한 컴파일러는 요구된 패키지를 찾을 수 있다. 컴파일러는 자동적으로ClassPath에 열거된 모든 목록을 조사한다. 대부분의 프로그램작업 환경은 ClassPath에 포함 될 목록들을 지정하는 명령을 제공한다. 우리의 특별한 시스템이 이를 어떻게 수행하는가를 알기 위하여 문서화된 내용을 참고한다. 앞의 예에서 컴파일러는 stacks라는 부 목록을 포함하는 ch03이라는 부 목록을 위하여 모든 ClassPath 목록들을 탐색할 것이다 그러한 부 목록을 발견하면 거기에 존재하는 ch03.stacks의 모든 멤버들을 임포트 할 것이다.

### 교과서 프로그램 파일

이 교재를 지원하기 위하여 개발된 파일들의 많은 부분이 패키지로 조직되어 있다. 그 들은 위에서 설명된 것과 똑같이 조직되어 있으며 이 교재의 Website, http://computerscience.jbpub.com/catalog/0763737461/supplements.html에 있다. 모든 파일은 bookFiles라는 목록에 있다. 이 목록은 각 장에 대한 별도의 부 목록을 포함한다: ch01, ch02, …. 또한 장 부목록 아래에 해당하는 부목록들이 있다. 예를 들면 ch03 부목록은 stack라는 부 목록을 포함하고 stack은 또한 Stack ADT와 관련된 자바 클래스를 정의하는 파일들을 포함한다. 각 클래스는 아래 문으로 시작한다.

```
package ch03.stacks;
```

따라서 파일들은 모두 ch03.stacks 패키지 내에 있다. 우리가 이 파일들을 사용하는 것이 필요한 프로그램을 작성한다면 우리는 단순히 우리 프로그램 내에 그 패키지를 임포트 하고 ch03 목록의 부모목록 (즉 bookFiles 목록)이 우리 컴퓨터의 ClassPath에 포함되어 있는가를 확인할 수 있다.

우리는 여러분이 여러분의 컴퓨터 하드 드라이브에 bookFiles 목록을 복사하기를 권고한다. 이는 이 교재의 모든 파일들을 쉽게 액세스하도록 하고 패키지에서 요구하는 중대한 부 목록 구조를 관리할 수 있게 한다. 또한 여러분의 새로운 bookFiles 목록을 포함하기 위하여 여러분 컴퓨터의 ClassPath를 확장하는 것을 명심하길 바란다.

## 1.5 자료구조

우리는 이미 데이터를 조직하는 여러 가지 방법에 익숙해 있다. 우리가 전화번호부에서 번호나 사전에서 단어를 검색할 때 우리는 단어들의 정렬리스트를 사용하고 있다. 우리가 제과점이나 이발소에서 번호를 받았다면 우리는 서비스를 기다리는 사람들의 대기선의 일부가 된다. 우리가 스포츠 토너먼트에서 대진표를 관찰하고 어느 팀 혹은 선수가 모든 예선을 통과하여 챔피언이 될 것인가를 예측하고자 할 때 우리는 예측된 결과들의 트리와 유사한 리스트를 생성한다.

우리가 일상의 문제들을 취급하기 위하여 데이터를 조직하는 많은 방법을 사용하는 것과 같이 프로그래머들은 컴퓨터를 이용하여 문제를 해결 할 때 데이터를 조직하는 다양한 방식을 사용한다. 프로그램작업 할 때 프로그램이 조작하는 데이터를 우리가 관찰하고 조직하는 방법이 우리의 성공에 크게 영향을 미친다. 원시형태의 언어 집합은(자바의 원시언어들은 byte, char, short, int, long, float, double 및 boolean 이다) 우리가 프로그램에서 계수기, 합 혹은 색인을 필요로 할 때 매우 유용할 수 있다. 그러나 일반적으로 우리는 여러 가지 부분으로 이루어진 데이터와 이 부분들 사이의 복잡한 상호관계를 취급하여야만 된다.

컴퓨터 과학자들은 데이터 관련성을 나타내기 위한 많은 조직적인 구조를 제안하였다. 이러한 구조들은 이 교재의 통합된 주제가 된다. 이 절에서 우리는 고전적인 방식들 몇 가지를 간단히 설명함으로써 간략하게 이 주제를 소개한다.

## 구현에 종속적인 구조

우리가 언급하는 첫 두 가지 구조의 기초가 되는 구현은 그 들의 정의에 내재되어 있는 부분이다. 이러한 구조들은 많은 다른 구조들에 대한 기본요소로 작용한다.

### 배열

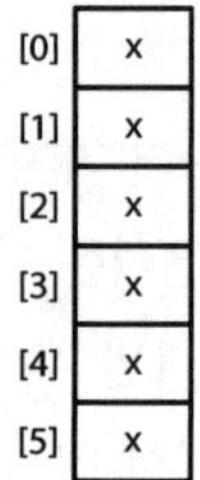


우리는 이전의 일에서 배열을 공부하고 사용하였다. 배열의 구성요소들은 구조내의 그 들의 위치를 사용하여 액세스된다. 배열은 가장 중요한 조직적인 구조의 하나이다. 배열은 대부분의 고급언어에서는 기본 언어 생성으로 사용 가능하다. 이에 더해 배열은 다른 구조를 구현하기 위한 기본적인 구성요소의 하나이다. 우리는 1.6절 "기본구조화 메커니즘"에서 좀 더 자세하게 다룬다.

### 연결 리스트

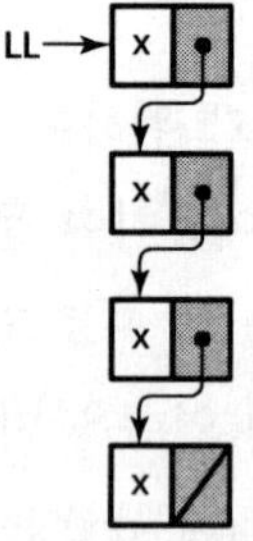


연결 리스트는 각 요소가 리스트내의 그 다음에 오는 요소와 연결된 개별적인 요소들의 집합이다. 우리는 연결 리스트를 요소들의 사슬로 생각할 수 있다. 연결고리는 융통성 있고 강력한 기본적인 구현 구조이며 배열과 같이 복잡한 구조에 대한 기본적인 구성요소의 하나이다. 연결과 연결 리스트를 사용하는 방법을 가리키는 것이 이 교재의 중요한 목적의 하나이다.

1.6절 "기본구조화 메커니즘"에서 자바의 연결 메커니즘을 살펴본다. 또한 이교재의 전체를 통하여 다른 구조를 구현하기 위하여 연결과 연결 리스트를 사용하는 방법을 공부한다.

## 구현에 독립적인 구조

배열이나 연결 리스트와 달리 이 부 절에서 설명되는 조직적인 구조는 특별한 구현 방식에 연관되어 있지 않다. 이들은 훨씬 추상적이다.

여기에 언급된 구조들은 그 들의 구성요소들 사이에 서로 다른 관계를 보여준다. 스택과 큐의 경우에 조직은 요소들이 구조에 들어오는 시간에 기초를 두고 있다. 정렬리스트의 경우에는 요소들의 값에 관련이 있으며 트리와 그래프의 경우에는 요소들의 상대적인 위치가 갖는 어떤 특징과 관련이 있다.

이러한 구조들의 각각은 이 책에서 앞으로 독립적으로 취급된다. 그때는 각각의 내용들이 좀 더 구체적으로 설명되고, 그들을 사용하는 방법을 연구하고 몇몇 가능한 구현들을 살펴본다.

### 스택

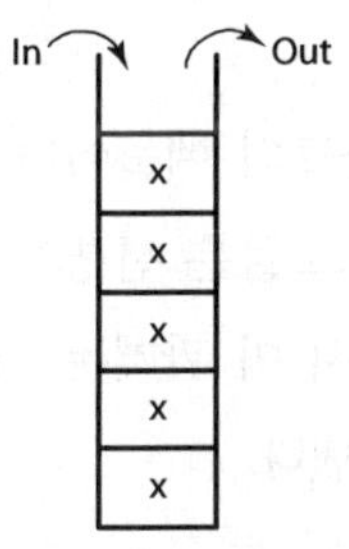


스택을 규정짓는 특징은 우리가 요소를 액세스하거나 삭제할 때마다 우리는 가장 최근에 들어온 요소를 취급한다는 것이다. 스택은 "last in, first out" (LIFO) 구조이다. 스택이 어떻게 동작하는가를 보기 위하여 접시나 트레이들이 쌓아 올려 진 것을 생각하라.

스택의 개념은 스택의 액세스하는 동작들 즉 스택에 어떤 것을 추가하거나 스택에서 어떤 것을 제거하는 동작들 사이의 관계에 의하여 완전히 정의된다. 구현의 근원이 무엇인가에 관계없이 LIFO 관계가 유지되는 한 우리는 스택을 갖는다.

### 큐

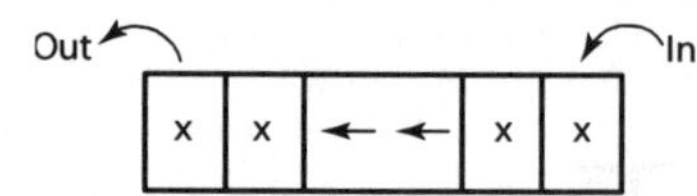


어떤 의미에서 큐는 스택의 반대이다. 큐는 "first in, first out" (FIFO) 구조이다. 큐를 규정하는 특징은 우리가 큐로부터 한 요소를 액세스 하거나 삭제할 때마다 우리는 가장 오랫동안 큐에 있었던 요소를 취급한다는 것이다. 버스를 타기 위하여 기다리는 사람들의 질서 있는 선이나 제과점에서 서비스 번호를 가지고 있는 사람들의 무리를 생각하라. 두 경우 모두 사람들은 그들이 도착한 순서에 따라 서비스를 받을 것이다. 실제 이것은 추상적 개념의 큐가 어떻게 한 가지 이상의 구현 방식을 가질 수 있는가에 대한 좋은 예이다.

### 정렬 리스트

George, John, Paul, Ringo

전화번호부나 사전은 정렬리스트의 예들이다. 정렬리스트의 요소들은 선형적인 관계를 나타낸다. 처음을 제외하고 각 요소들은 선행자를 갖고 있으며 또한 마지막을 제외하고 후속자를 갖고 있다. 정렬리스트에서 이 관계는 가장 적은 것으로부터 가장 큰 것까지 혹은 그 반대로 요소들의 순서를 나타낸다.

우리는 요소들이 정렬된 배열이 리스트라고 생각할 수도 있으며 이는 옳을 수도 있다. 앞에서 말한 것과 같이 배열은 다른 구조를 구현하기 위한 기본적인 구성요소들의 하나이다. 그러나 그것은 정렬리스트를 구현하는 유일한 방법은 아니다. 우리는 몇 가지 다른 방식을 배우게 될 것이다.

### 트리

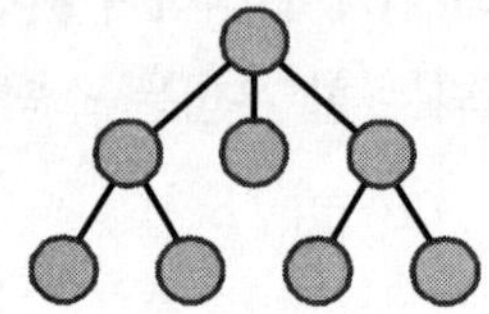

스택, 큐 및 리스트는 모두 선형구조이다. 그들의 요소들은 각 요소가 자기 앞 및 자기 다음에 많아야 한 개의 요소를 가지기 때문에 한 선으로 그려 질 수 있다.

트리나 그래프는 비선형구조이다. 트리의 각 요소는 자식이라 불리는 여러 개의 후속자를 가질 수 있다. 한 자식은 단지 한 개의 부모를 가질 수 있다. 그러므로 트리는 분기구조이다. 모든 트리는 루트라고 불리는 특별한 시작 요소를 가지고 있다. 루트는 부모를 갖지 않는 유일한 요소이다.

트리는 데이터 요소들 사이에 계층적 관계를 나타내는데 유용하다. 예를 들면 트리는 동물 왕국의 멤버를 구분하거나 일련의 작업과 부 작업들을 조직하는데 사용될 수 있다. 트리는 또한 자바 상속 메커니즘에 의하여 정의된 자바 클래스들 사이에 "is a" 관계를 나타내기 위해 사용될 수 있다.

**그래프**

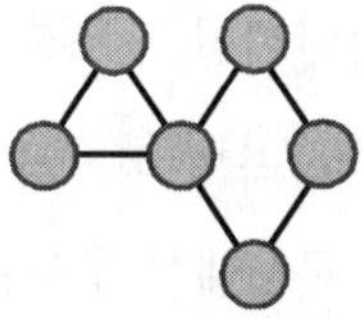

그래프는 노드 혹은 정점이라 불리는 요소들의 집합과 정점들을 연결하는 간선들의 집합으로 구성된다. 트리와 달리 요소들 사이의 연결에 대한 제한은 없다. 일반적으로 연결 혹은 간선은 정점들 사이의 관계를 기술한다. 어떤 경우에는 그 관계의 어떤 특징을 나타내기 위하여 가중치라고 불리는 값이 간선에 주어진다. 예를 들면 정점은 도시들을 나타내고 간선들은 비행경로에 의하여 연결된 두 도시의 짝을 나타낸다. 간선의 값은 두 도시 사이의 거리나 이동시간을 나타낼 수 있다.

오랜 기간을 통하여 데이터를 조직하는 많은 방법들이 정의되었으며 또한 이들에게 많은 변이가 있었다. 이 교재에서 우리는 이 절에서 소개된 것 모든 구조와 몇 가지 추가적 구조들을 탐구할 것이다. 이것은 여러분에게 컴퓨터를 가지고 문제를 해결하는데 도움을 주는 다양한 구조를 제공할 것이다. 또한 우리 스스로 여러 가지 유용한 고급의 구조를 계속하여 탐구하는데 배경이 되는 정보를 줄 것이다.

### 자료구조는 무엇인가?

우리는 구조의 예를 구현에 종속적인 것과 구현에 무관한 것의 두 범주로 구분하였다. 컴퓨팅의 유년기의 초창기에는 이러한 구분은 없었다. 그 당시에 구조의 연구에서 대부분의 중요성(중점)은 구조의 구현과 관련된 것이었다. "자료구조"라는 용어는 리스트, 스택, 트리 등등의 구체적인 코딩과 관련이 있었다. 문제를 푸는 방식들이 서서히 발전됨에 따라 우리는 구조의 연구를 추상적인 수준과 구현의 수준 두 수준으로 분리하는 것의 중요성을 인식하게 되었다.

컴퓨팅의 분야의 여러 가지 용어들과 같이 우리는 여러 문헌에서 "자료구조"라는 용어의 다양한 사용을 발견할 수 있을 것이다. 우리의 자료구조에 대한 접근은 자료구조가 조직화된 데이터의 구현이라고 말하는 것이다. 이러한 접근법에 의하면 이 절에서 설명된 구조 중 구현에 종속적인 구조 즉 배열과 연결 리스트만이 자료구조에 속한다. 다른 접근법은 데이터를 조직하는 어떠한 관점도 자료구조로 생각하는 것이다. 이러한 접근방식에 따르면 스택과 그래프와 같이 구현에 독립적인 구조도 자료구조로 간주된다.

우리가 자료구조를 어떻게 부르더라도 여기서 언급된 모든 구조는 프로그램과 함께 문제를 푸는데 중요한 도구들이다. 이 교재에서 우리는 여러 가지 관점에서 이러한 모든 자료구조 및 여러 추가적인 구조를 탐구할 것이다.

## 1.6 기본적인 구조화 메커니즘

1.5절에서 설명된 모든 구조들은 참조와 배열 두 가지 기본적인 구조화 메커니즘의 조합에 의하여 구현 될 수 있다. 가장 범용의 고급언어들은 이 두 가지 기법을 제공한다. 이 절에서 우리는 그 들의 자바 버전을 간단히 살펴본다. 2장에서 조직적인 구조를 구축하기 위한 참조와 배열을 사용하는 것을 시작할 것이다.

이 절의 개념을 설명하는 것을 도와주기 위하여 우리는 Circle 클래스에 액세스를 가정한다. Circle 클래스는 서로 다른 지름을 갖는 원 객체를 정의한다. 이것은 원의 지름을 나타내는 정수 값을 받아들이는 생성을 제공한다. Circle 클래스는 편리한 예를 제공한다. 이는 우리가 그림에서 객체를 그래프적으로 나타낼 수 있도록 하므로 우리는 Circle을 나타내기 위하여 여러 가지 지름의 실제 원을 간단히 사용할 수 있다.

## 참조

1.3절 "클래스, 객체 및 응용" 에서 설명된 바와 같이 객체 클래스의 변수는 객체에 대한 참조를 소유한다. 아래 자바 문의 효과를 생각해 보라.

```
Circle circleA;
Circle circleB = new Circle(8);
```

첫 문은 Circle 클래스의 변수를 위한 메모리 공간을 확보한다. 두 번째 문은 동일한 일을 하는 외에 Circle 클래스의 객체를 생성하고 circleB 변수 내에 그 객체에 대한 참조를 둔다.

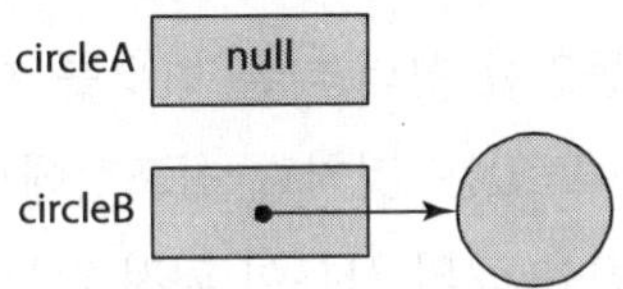


참조는 화살에 의하여 표시된다. 실제로 참조는 메모리 주소이다. 참조는 때때로 연결(links), 주소 혹은 포인터로 명칭이 주어진다. Circle 객체의 메모리 주소는 circleB 변수에 할당된 메모리 위치에 저장된다. 우리가 실제 원을 가지고 Circle 객체를 어떻게 나타내는 가를 생각해보자. 실제로 그 것은 객체에 할당된 메모리의 일부분으로 구성될 것이다.

어떤 객체가 circleB 변수에 인스턴트화 되거나 할당되어 있지 않았다면, 그 객체의 메모리 주조는 null 참조를 가지게 된다. 자바는 "참조가 없음"을 나타내기 위하여 예약어 null을 사용한다. 만일 참조변수가 인스턴트화 된 객체에 할당되지 않은 채 선언되었다면 이는 자동적으로 null 값으로 초기화 된다. 또한 우리는 어떤 변수에 null을 명시적으로 할당할 수 있다.

```
circleB = null;
```

이와 더불어 null을 비교문에 사용할 수 있다.

```
If (circleA = null)
      System.out.println("The Circle does not exist");
```

### 참조형 및 원시형

원시형 및 비원시형이 자바에서 어떻게 다루어지는 방법의 차이를 이해하는 것이 중요하다. int 형과 같은 원시형은 "값에 의하여" 취급된다. 배열과 클래스와 같은 비원시형은 "참조에 의하여" 취급된다. 원시형의 변수가 변수의 값을 가지고 있는 반면 비 원시형의 변수는 그 변수의 값에 대한 참조를 갖는다. 즉 이 변수는 시스템이 그 변수와 관련된 값을 찾을 수 있는 주소를 갖고 있다.

"값에 의하여"와 "참조에 의하여" 변수들이 취급되는 방법의 차이는 단순한 대입문의 결과에서 가장 극적으로 나타내어진다. 그림 1.5는 하나의 int 변수를 다른 int변수에 할당한 결과와 한 Circle 변수를 다른 Circle 변수에 지정한 결과를 보여준다.

우리가 원시형 변수에 동일한 형의 다른 변수를 지정할 때 후자는 전자의 사본이 된다. 그러나 그림 1.5에서 볼 수 있는 것처럼 참조형에서는 경우가 다르다. 우리가 Circle c2를 Circle c1에 할당 할 때 c1은 c2의 사본이 되지 않는다. 결과적으로 c1과c2는 모두 동일한 객체를 참조한다. 이 방식의 자세한 결과는 다음의 4개 부절에서 논의될 것이다.

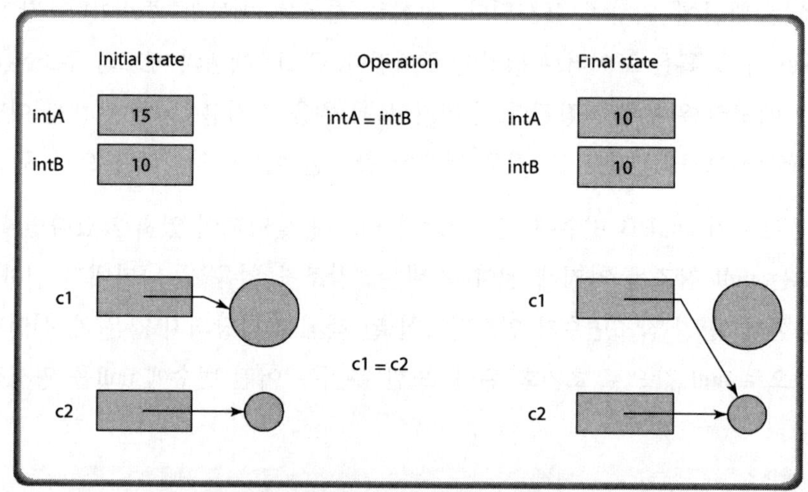


[그림 1.5] 지정문의 결과

### 별명

한 객체를 다른 객체에 지정하는 것은 그림 1.5에서 보여 진 것과 같이 두 객체 변수가 동일한 객체에 참조되는 결과를 낳는다. 따라서 우리는 동일한 객체에 대하여 두 개의 "이름"을 갖는다. 이 경우 우리는 객체의 "별명"을 갖는다. 별명들이 프로그램을 이해하는 것을 어렵게 하기 때문에 좋은 프로그래머들은 별명을 피한다. 객체가 별명을 통하여 액세스될 때 프로그램이 그 객체를 액세스 하지 않았더라도 그 객체의 상태는 변할 수 있다. 예를 들면 1.4 절에서 정의된 IncDate 클래스를 생각하자. date1 와 date2가 동일한 IncDate 객체에 대한 별명이라면 아래 코드

```
System.out.println(date1);
date2.increment();
System.out.println(date1);
```

은 얼핏 보기에 똑같은 날짜를 두 번 인쇄할 것처럼 보이지만 두 개의 다른 날짜를 인쇄할 것이다 (그림 1.6 참조). 이러한 동작은 유지보수 프로그래머들에게는 매우 혼란스러울 수 있으며 무익한 검사작업과 디버깅 오류수정작업을 위하여 많은 시간을 보내게 될 것이다.

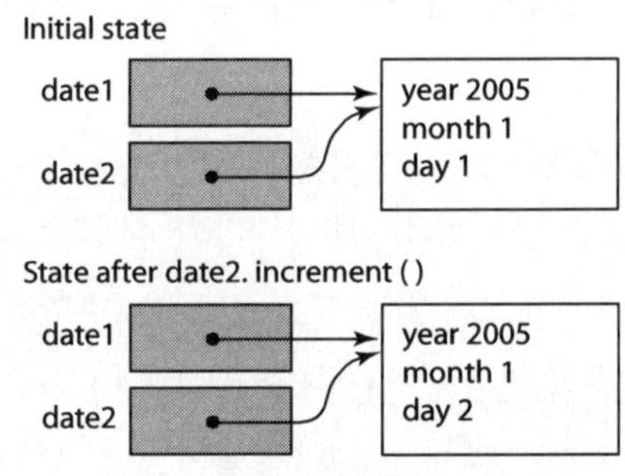


[그림 1.6] 별명은 혼란스러울 수 있다.

### 불필요정보

그림 1.5의 하반부에 그려진 상황에서 "큰 원에 의하여 사용되고 있는 공간에 무슨 일이 일어나는가?"라는 의문을 갖는 것은 적절하다. 지정문 다음에 프로그램은 큰 원에 대한 참조를 잃어버리기 때문에 더 이상 큰 원은 참조 될 수 없다. 프로그램에 의하여 할당되었지만 더 이상 프로그램에 의하여 액세스될 수 없게 되는 이런 종류의 메모리 공간을 불필요정보라 한다.

**불필요정보** : 현재 접근 될 수 없는 객체들의 집합

불필요정보는 자바프로그램에서 여러 가지 방법으로 생길 수 있다. 예를 들면 아래 코드는 Circle 클래스의 100개의 객체를 생성할 수 있지만 그 들 중 단 한 개만 루프가 실행을 마친 후 c1 변수를 통하여 액세스 될 수 있다.

```
Circle c1;
for (n = 1; n <= 100; n++)
{
   Circle c1 = new Circle();
   // Code to initialize and use c1 goes here.
}
```

나머지 99개의 객체들은 프로그램에 의하여 접근 될 수 없다. 그 들이 불필요정보이다. 한 객체가 접근될 수 없을 때 자바 실행시간 시스템은 이 객체를 불필요정보로 표시한다. 이 시스템은 정기적으로 불필요정보수집이라는 작업을 수행한다.

불필요정보 수집은 접근될 수 없는 객체를 찾아서 그 들에게 할당된 저장 공간을 해지하고 그 공간을 새 객체가 생성될 때 사용 할 수 있는 자유 저장소로 돌려보낸다.

자유 저장소 내에 공간을 할당하고 또는 해지 함에 의하여 응용에서 다른 곳에서 객체를 생성하고 파괴하는 이 방식을 동적 메모리관리라고 한다. 이러한 관리가 없으면 컴퓨터는 데이터를 위한 저장 공간이 부족해 질 가능성이 매우 높다.

**불필요정보 수집** : 모든 도달 불가능한 객체를 찾고 이들의 저장공간을 해지하는 과정

**해지 자유메모리** : 저장소에서 객체의 저장공간을 돌려보내어 새 객체들에게 재 할당하는 것

동적 메모리관리 응용이 실행될 때 저장공간의 할당과 해지

### 객체 비교

비원시형이 참조에 의하여 처리된다는 사실은 == 비교연산자에 의하여 되돌아오는 결과에 영향을 미친다. 두 가지 비원시형 변수는 그들이 서로서로 별명이라면 ==연산자의 관점에서 동일하다고 여겨진다. 이것은 우리가 시스템이 두 변수의 내용을 비교한다는 것 즉 두 변수가 포함하고 있는 두 참조를 비교한다는 것을 고려하면 의미가 있다.

따라서 Circle 형의 두 변수가 똑 같은 지름을 갖는 원을 참조하더라도 그 들은 비교연산자의 관점에서는 동일하지 않다. 그림 1.7은 여러 가지 상황에서 비교연산자를 사용하는 결과이다.

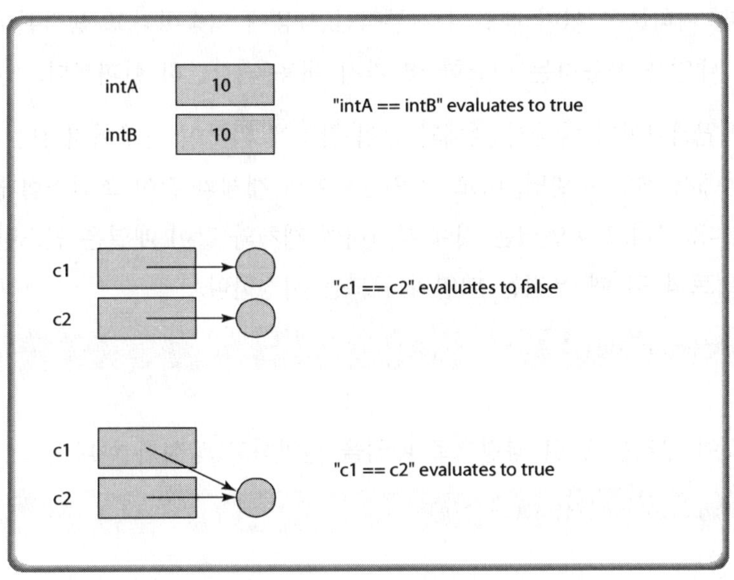


[그림 1.7] 원시변수와 비원시 변수의 비교

### 매개변수

메소드들이 호출 될 때 가끔 매개변수를 통하여 인수가 전달된다. 몇몇 프로그램작업 언어들은 프로그래머가 인수들이 값에 의하여 전달되든가(복사된 인수 값이 사용 됨) 혹은 참조에 의하여 전달(복사된 인수의 주소가 사용 됨)되는 것을 제어 할 수 있게 한다. 자바는 그러한 조정을 제공하지 않는다. 변수가 인수로써 전달될 때는 언제나 그 변수에 저장된 값이 메소드의 해당되는 매개변수 값으로 복사된다. 다시 말하면 모든 자바 인수는 값에 의하여 전달된다. 그러므로 인수가 원시형이면 실제 값 (int, double 등등)은 메소드로 전달된다. 그러나 인수가 참조형이면 (객체, 혹은 배열) 메소드에 전달된 값은 참조의 값 즉 객체나 배열의 주소이다.

결과적으로 객체변수를 인수로 전달하는 것은 받아들이는 방법으로 하여금 객체의 별명을 생성하도록 한다. 만일 메소드가 객체에 대한 변경을 하기 위하여 별명을 사용한다면 메소드가 되돌아 올 때 최초의 변수를 통한 액세스하는 수정된 상태의 객체를 찾게 된다.

## 배열

두 번째 기본적인 구조화 생성은 배열이다. 참조가 프로그래머에게 직접 액세스 메커니즘을 제공하는 반면 배열은 프로그래머가 색인을 사용하여 위치를 차례 차례로 액세스할 수 있게 한다. 여러분은 이미 배열의 기본적인 사용에 익숙하다고 생각된다. 이 부 절에서는 자바에서 배열을 사용하는 미묘한 몇 가지 내용을 간단히 살펴본다.

배열은 비원시형이며 따라서 객체와 같이 참조에 의하여 다루어져야만 된다. 그러므로 사용의 관점에서 배열은 별명, 비교 및 인수로써의 객체와 같이 조심스럽게 취급되어야만 될 필요가 있다. 그리고 선언되는 것에 부가하여 객체와 같이 배열은 인스턴트화 되어야만 된다. 인스턴트화 될 때 우리는 배열의 규모를 지정한다.

```
Number = new int[10];
```

객체와 같이 우리는 단일 명령으로 배열을 선언하고 생성화 한다.

```
int[ ] numbers = new int [10];
```

우리가 배열에 대항 가질 수 있는 몇 가지 질문을 논의하자.

- new를 사용하여 인스턴트화 된 배열의 초기 값은 무엇인가? 배열의 구성 요소들이 원시형 이라면 초기값은 디폴트 값으로 설정된다. 배열의 성분이 배열이나 클래스와 같은 참조형 이라면, 성분들은 null로 설정된다.

- 우리가 배열에 대한 초기 값을 제공할 수 있는가? 할 수 있다. 배열을 생성하는 다른 방법은 초기화 리스트에 의한 것이다. 예를 들면 아래 한 줄의 코드는 배열 numbers를 선언하고 인스턴트화하고 초기화한다.

  ```
  int numbers[ ] = {5, 32, -23, 57, 1, 0, 27, 13, 32, 32};
  ```

- n이 0 보다 적을 때 혹은 언제 n이 9 보다 클 때, 아래 문을 실행하면 어떤 일이 일어나는가

  ```
  numbers[n] = value;
  ```

배열 범위 밖의 메모리 위치가 액세스 될 것이고 이는 범위초과 오류를 일으킬 것이다. 몇몇 언어들은 - 예를 들면 C++ - 이러한 오류를 검사하지 않지만 자바는 검사한다. 우리의 프로그램이 배열의 범위 밖에 있는 색인을 사용하려고 하면 ArrayIndexOutOfBoundsException이 작동된다.

성분 선택에 추가하여 배열에 대하여 한 가지 다른 "연산"이 사용 가능하다. 자바에서 인스턴트화 된 각 배열은 length라는 공개 인스턴스 변수를 갖는다. 이 공개 변수는 배열내의 성분의 수를 포함하는 것과 연관이 있다. 우리는 객체 메소드들을 호출하기 위해 사용하는 것과 동일한 구문을 사용하여 이 변수를 액세스 한다 - 객체의 이름 다음에 "."가 오고 그 다

음에 인스턴스 변수의 이름이 온다. numbers 예에서 다음 표현

```
number.length
```

은 10의 값을 가질 것이다.

### 객체의 배열

원시형 성분을 가지는 배열이 매우 일반적이지만 많은 응용들은 객체의 집합을 요구한다. 이런 경우에 우리는 성분이 개체인 배열을 간단히 정의할 수 있다.

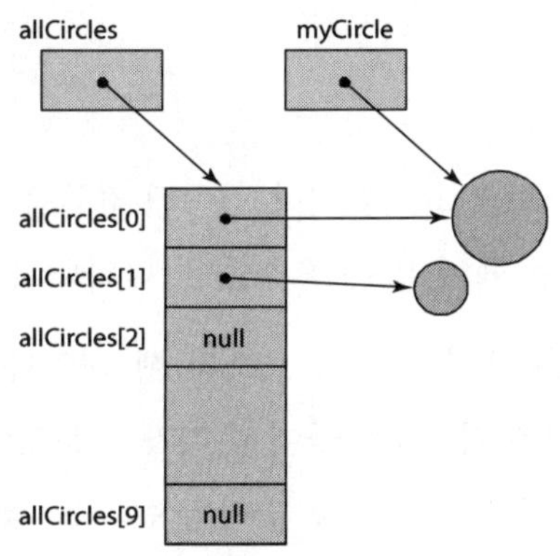


[그림 1.8] allCircles 배열

Circle 객체들의 배열을 정의해 보자. 객체들의 배열을 선언하고 생성하는 것은 성분이 원시형인 배열을 선언하고 생성하는 것과 똑 같다.

```
Circle[] allCircles = new Circle[10];
```

이것은 allCircles가 Circles 객체에 10개의 참조를 가질 수 있는 배열이라는 것을 의미한다. 원의 지름은 무엇인가? 우리는 아직 모른다. 원의 배열이 인스턴트화 되었다. 그러나 Circles 객체 자체는 아직 인스턴트화 되지 않았다. 다른 말로 표현하면 allCircles은 배열이 인스턴트화 될 때 null로 설정되는 Circle 객체에 대한 참조들의 배열이다. 객체들은 개별적으로 인스턴트화 되어야만 된다. 아래 코드 조각은 첫 번째 및 두 번째 원을 초기화한다. 우리는 Circle 객체 myCircle이 이미 인스턴트화 되었고 8의 지름을 갖도록 초기화 되었다고 가정한다.

```
Circle[] allCircles = new Circle[10];
```

```
allCircles[0] = myCircle;
allCircles[1] = new Circle[4]
```

보통 그러한 배열은 "for loop" 및 생성자 메소드를 사용하여 초기화 될 것이나 우리는 생성의 몇 가지 미묘한 점을 강조하기 위하여 위의 방법을 사용하였다. 그림 1.8은 배열의 시각적 표현을 보여준다.

그림 1.8과 함께 위의 코드를 생각해보라. 특별히 우리가 new 명령을 가지고 배열의 각 요소를 인스턴트화 하여야만 한다는 것을 주목하라. 또한 myCircle 및 allCircles[0]이 별명인 것도 주목하라.

### 2차원 배열

일 차원 배열은 리스트의 요소들이나 연속된 값들을 나타내기 위하여 사용되었다. 2차원 배열은 행과 열을 갖는 표에 있는 요소들을 나타내기 위하여 사용된다.

2차원 배열의 성분은 배열 내에서 요소의 행 색인과 열 색인을 명시함에 의하여 액세스된다. 이것은 익숙한 일이다. 예를 들어 우리가 지도상에서 도로의 좌표를 찾으려고 할 때 지도의 뒷면에 있는 도로 이름, 보통 숫자와 문자를 검색한다. 여기서 숫자는 열을 나타내고 문자는 행을 나타낸다. 그리고 열과 행이 만나는 도로를 찾는다.

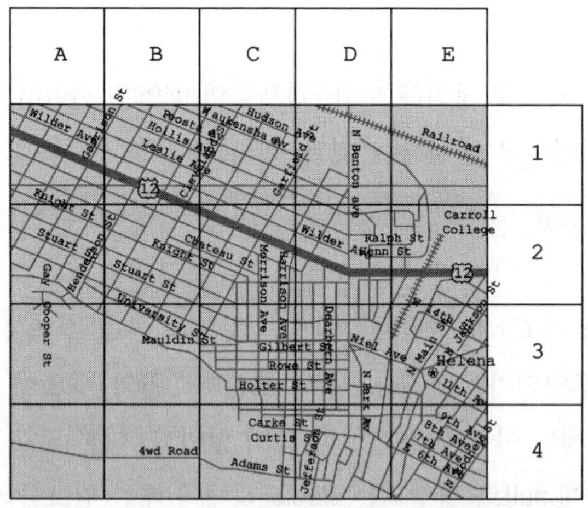


그림 1.9는 100개의 열과 9개의 행을 갖는 2차원 지도를 보여 준다. 열은 0 부터 99까지 범위의 정수에 의하여 액세스되며 행은 0 부터 8까지 범위의 정수에 의하여 액세스 된다. 각 성분은 열-행 짝 - 예로써 [0][5] - 에 의하여 액세스된다.

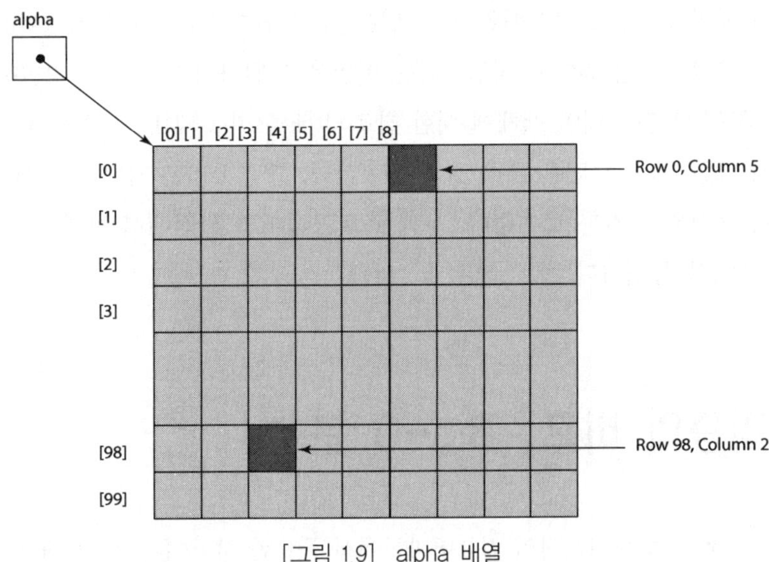


[그림 1.9] alpha 배열

2차원 배열 변수는 두 개의 각 괄호를 제외하고는 1차원 배열 변수와 정확히 동일한 방법으로 선언된다. 2차원 배열 객체는 규모가 2차원에 대하여 명시된다는 것을 제외하고는 똑 같은 방법으로 인스턴트화 된다.

아래 코드 조각은 그림 1.9에 보여진 배열을 생성한다. 표에서 데이터는 부동소수점 수이다.

```
double [][] alpha;
alpha = new double [100][9];
```

첫 번째 값은 열의 수를 나타내고 두 번째 값은 행의 수를 나타낸다.

**alpha** 배열의 개별 성분을 액세스 하기 위해서 두 개의 표시(각 치수에 대하여 하나씩)가 필요하다. 우리는 배열 이름 다음에 오는 두 개의 각괄호 안에 해당하는 값을 적는다.

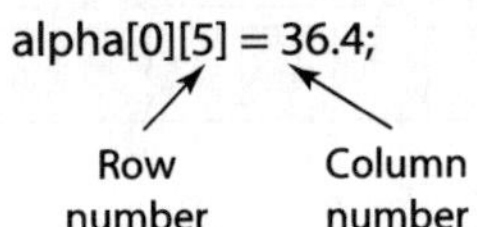


**alpha.length**가 배열의 열의 수를 나타낸 다는 것을 주목하라. 배열의 행의 수를 얻기 위하여는 우리는 특정한 열에 대한 **length** 항목을 액세스한다. 예를 들어 아래 문

```
rowLength = alpha[30].length;
```

는 배열 **alpha**의 열 30의 길이(= 9)를 **int** 변수 **rowLength**에 저장한다.

따라서 자바에서는 2차원 배열의 각 열은 그 자체적으로 1차원 배열이라는 것을 알수있다. 많은 프로그램작업 언어는 직접 2차원 배열을 지원하지만 자바는 지원하지 않는다. 자바에서는 2차원 배열은 배열 객체에 대한 참조의 배열이다. 자바가 2차원 배열을 취급하는 방법 때문에 그림 1.9의 그림은 매우 정확하지 않다. 그림 1.10은 자바가 실제적으로 배열 alpha를 어떻게 구현하는 가를 보여준다. 자바 프로그래머의 관점에서 보면 두 가지 시각은 대부분의 응용에서 동일하다.

## 1.7 알고리즘의 비교: Big-O 분석

알고리즘의 분석은 이론적인 컴퓨터과학에서 중요한 분야이다. 이 절에서 우리가 어떤 주어진 일을 수행하는 두 알고리즘 중 어떤 알고리즘이 더 적은 일을 필요로 하는가를 결정하게 것과 관련된 주제를 소개한다. 알고리즘의 효율성과 이를 구현하는 코드는 시간(수행 문의 수)와 공간(요구되는 메모리의 양)의 관점에서 생각해 볼 수 있다. 이 책에서 적절할 때 공간에 대한 고려를 지적할 것이다. 그러나 보통 우리는 시간의 관점 즉 알고리즘이 얼마나 많은 공간을 사용하는가에 반대하여 알고리즘이 얼마나 빠른가 하는 점에 관심을 집중한다.

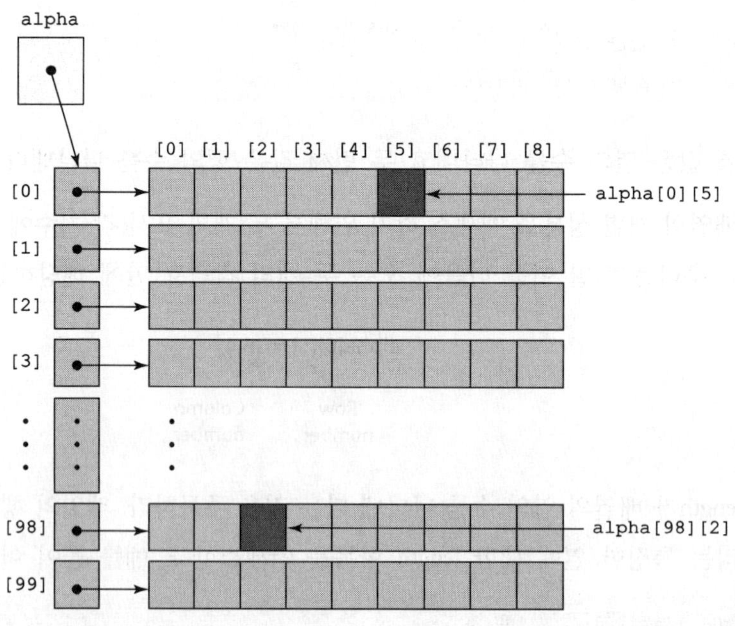


[그림 1.10] alpha 배열의 자바 구현

이미 알고 있는 것과 같이 문제들을 해결하기 위하여 한 가지 이상의 방법이 있다. 예를 들어 우리가 Joe의 식당에 (그림 1.11 참조) 가는 방향에 대하여 질문을 받았을 우리는 두 가지 똑 같은 정확한 답 중에서 하나를 말해준다.

1. "Big 고속도로를 따라 Y'all Come Inn까지 동쪽으로 간 다음 왼쪽으로 돌아가라."

2. "Winding Country Road를 따라 Honeysuckle Lodge까지 가서 오른쪽으로 돌아가라."

이 두 가지 답은 똑 같지 않다. 그러나 어느 길을 가던지 여행자는 Joe의 식당에 도착하기 때문에 두 답이 다르지만 기능적으로는 정확하다.

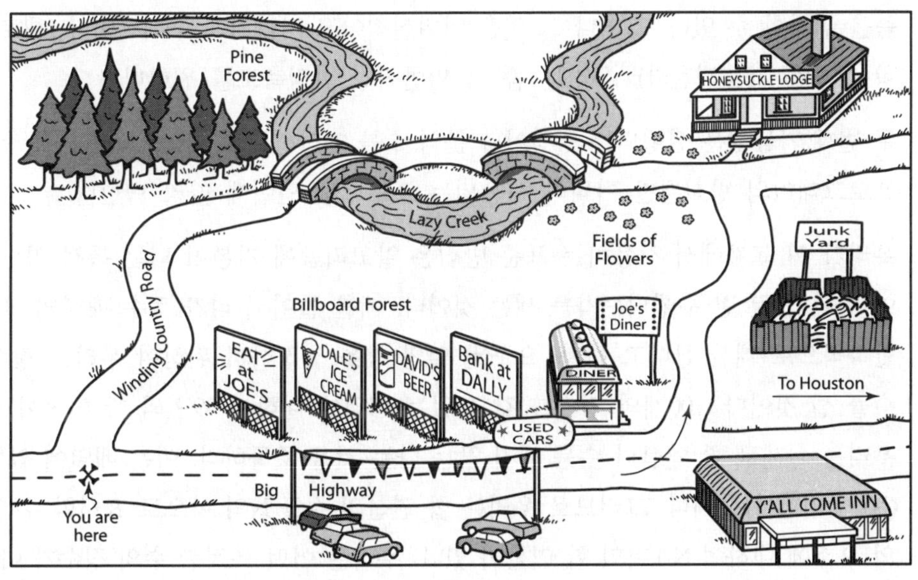


[그림 1.11] Joe의 식당에 이르는 지도

방향에 대한 요청이 특별한 요구사항을 포함하였다면 한 해답은 다른 것에 비하여 더 좋은 것일 수 있다. 예를 들어 "나는 저녁에 늦는다. Joe의 식당으로 가는 가장 빠른 길은 어느 것인가?"는 첫 번째 답을 요구하는 반면, "내가 Joe의 식당까지 갈 수 있는 경치가 좋은 길이 있는가?"는 두 번째 답을 암시한다. 어떤 특별한 요구사항이 알려지지 않으면 어느 길을 좋아하는가 하는 선택은 개인적인 선호의 문제이다.

운전 방향들은 알고리즘과 똑 같다. 동일한 일을 하는 두 개의 알고리즘을 어떻게 선택하는가 하는 것은 특별한 응용의 요구사항들이다. 선택은 가끔 효율성의 문제로 되기도 한다. 어느 알고리즘이 더 적은 양의 일로 주어진 임무를 수행 하는가?

프로그래머는 두 알고리즘이 수행하는 일을 어떻게 측정 하는가? 가장 먼저 생각나는 해답은 간단히 알고리즘을 코드하고 두 프로그램이 동작하는 실행시간을 비교하는 것이다. 더 짧은 실행시간을 갖는 알고리즘이 분명히 더 좋은 알고리즘이다. 정말 그 것이 사실인가?

프로그램A는 어떤 주어진 시간에 특별한 컴퓨터상에서 프로그램B 보다 더 효율적이다. 서로 다른 컴퓨터들은 상이한 속도를 가지므로 프로그램의 실행시간들은 특정한 컴퓨터에 독특한 성질을 가진다. 때때로 실행시간들은 컴퓨터가 눈에 띄지 않게 어떤 일을 하는가에 종속된다. 예를 들어 자바 실행시간 엔진이 불필요 수집을 수행하고 있으면 프로그램의 실행이 영향을 받는다. 물론 우리는 다양한 시간에 사용 가능한 여러 대의 컴퓨터상에서 알고리즘을 검사할 수 있다. 그러나 그 것은 비현실적이고 지나치게 구체적이다 (새로운 컴퓨터가 항상 사용 가능해진다). 우리는 좀 더 일반적인 판정측도를 원한다.

두 번째 가능성은 실행되는 명령이나 문의 수를 계산하는 것이다. 그러나 이 측도는 개인적 프로그래머의 방식뿐만 아니라 사용되는 프로그램 언어에 따라 변한다.

우리가 이 교재에서 사용하는 표준 방식은 알고리즘에 기본이 되는 특정 연산을 분리하고 이 연산이 몇 번 수행되는가를 세는 것이다. 예를 들어 우리가 정수 배열의 요소들의 합을 반복적으로 계산 한다고 하자. 요구된 일의 양을 측정하기 위하여 우리는 정수 합 연산의 수를 셀 것이다. 100개의 정수를 갖고 있는 배열에 대하여 99번의 합 연산이 있다. 그러나 우리는 실제로 합 연산의 수를 세지 않는 다는 것을 주목하라. 이는 배열에 있는 요소의 수(N)의 어떤 함수이다. 그러므로 우리는 합 연산의 수를 N의 항으로 표시할 수 있다. 즉 N개의 요소에 대하여 N-1번의 합 연산이 있다. 우리는 어떤 특정한 수의 정수가 아닌 일반적인 경우에 대하여 알고리즘을 비교한다.

## Big-O 표기

우리는 연산에 대한 입력의 규모의 함수로써 일에 대하여 논의하여왔다 (예로써 합해지는 배열내의 정수의 개수).

**Big-O 표기** : 문제의 규모에 비례하여 가장 빠르게 증가하는 함수의 한 항으로 계산 시간 (복잡도)를 표시하는 표기

우리는 크기차수 혹은 Big-O 표기로 불리는 수학적 부호를 사용하여 이 함수의 근사값을 표시한다. (여기서 O는 숫자 0이 아니고 문자 O이다.) 한 함수의 크기차수는 함수 입력의

규모에 비례하여 가장 빠르게 증가하는 항과 동일시 된다. 예를 들어

```
f(N) = N^4 + 100N^2 + 10N + 50
```

이면, f(N)은 $N^4$의 차수이다. 혹은 Big-O 표기로 $O(N^4)$이다. 즉 $N^4$ 혹은 $N^4$의 배수가 N의 매우 큰 값에 대하여 함수를 지배한다.

그러나 우리가 낮은 차수 항을 생략할 수 있다는 것은 어떤 이유인가? f(N)의 각 항들이 전체 값에 얼마나 기여하는 가를 보여주는 표 1.3을 고찰해보라.

우리가 볼 수 있는 것처럼 N의 큰 값에 대하여 N4는 50, 10N, 혹은 $100N^2$보다 너무 커서 우리는 f(N)의 값의 근사치를 구하면 다른 항을 무시할 수 있다. 이것은 다른 항들이 계산 시간에 기여하지 않는다는 것을 뜻하지 않고 단순히 이 항들이 N이 매우 "클" 때 우리의 근사값에 중요하지 않다는 뜻이다.

이 값 N은 무엇인가? N은 문제의 규모를 나타낸다. 이 교재에서 대부분의 문제들은 스택, 큐, 리스트, 트리 및 그래프와 같은 자료구조를 포함한다. 각 구조는 요소들로 이루어진다. 우리는 구조에 한 요소를 추가하거나 요소의 내용을 변경하거나 혹은 구조로부터 요소를 제거하는 알고리즘을 개발한다. 우리는 이러한 연산들에 의하여 행해진 일을 N의 항으로 표시한다. 여기서 N은 구조에 있는 요소의 개수다.

배열의 정수들을 합하는 앞의 예의 변경된 예를 살펴보자. 우리가 정수들로 가득 찬 Numbers이라는 배열을 가진다고 가정하자. 우리는 Numbers에 있는 정수의 합이 0 보다 크면 true를 돌려보내고 아니면 false를 돌려보내는 메소드를 만들기를 원한다. 그 답은 얼마나 많은 정수들이 배열에 있는가에 달려있다. 알고리즘은 다음과 같다.

```
Is Sum Greater Than Zero?
Set sum to zero                          // Initialization.

while more integers in the array        // SummingN values.
   Set sum to sum + next integer

if sum > 0                               // Compare and return result.
   Return true
else
   Return false
```

Table 1.3

| N | $N^4$ | | $100N^2$ | | $10N$ | | 50 | | f(N) |
|---|---|---|---|---|---|---|---|---|---|
| 1 | 1 | 00.62% | 100 | 62.11% | 10 | 06.21% | 50 | 31.06% | 161 |
| 10 | 10,000 | 49.63% | 10,000 | 49.63% | 100 | 00.50% | 50 | 00.25% | 20,150 |
| 100 | 100,000,000 | 99.01% | 1,000,000 | 00.99% | 1,000 | 00.00% | 50 | 00.00% | 101,001,050 |
| 1,000 | 1,000,000,000,000 | 99.99% | 100,000,000 | 00.01% | 10,000 | 00.00% | 50 | 00.00% | 1,000,100,010,050 |

N이 배열에 있는 정수의 수이라면 이 작업을 하기 위해 요구된 "시간"은 다음과 같다.

```
   time-to-set-sum-tozero
 + (N * time-to-do-addition)
 + time-to-compare-sum-to-zero
 + time-to-return-Boolean-value
```

이 일을 하기 위해 요구된 시간은 요소들의 수(N)에 비례하고 세트, 비교 및 결과를 돌려보내는 것은 적은 시간의 합이므로 이 알고리즘은 O(N)이다. 그러나 우리는 Big-O근사를 결정할 때 세트 비교 및 돌려주는 시간을 어떻게 무시하는가? 배열이 몇 개의 정수만을 가지고 있으면 세트, 비교 및 돌려보내는데 필요한 시간이 중요할 수 있을 것이다. 그러나 N이 매우 큰 경우 정수를 합하는 연산이 알고리즘의 시간 대부분을 차지하게 될 것이다.

## 크기의 일반적인 차수

O(1)은 허용된 하한시간이라고 불리어진다. 일의 양은 상수에 의하여 제한되고 문제의 규모에 무관하다. 합을 0으로 초기화 하는 것은 O(1)이다. 허용된 시간은 보통 상수시간 이라고 불리어 지지만 일의 양은 반드시 일정하지는 않다. 그러나 어떤 상수에 의하여 제한된다.

O($\log_2$N)은 대수시간이라고 한다. 일의 양은 문제 규모의 base 2의 대수 값이다. 각 단계에서 처리될 데이터의 양을 연속적으로 반으로 나누는 알고리즘들은 이 부류에 속한다. 컴퓨팅의 세계에서 $\log_2$N을 뜻할 때 우리는 가끔 "log N"이라고 말한다. 이때 base 2가 가정된다.

| N | $\log_2 N$ | $N \log_2 N$ | $N^2$ | $N^3$ | $2^N$ |
|---|---|---|---|---|---|
| 1 | 0 | 1 | 1 | 1 | 2 |
| 2 | 1 | 2 | 4 | 8 | 4 |
| 4 | 2 | 8 | 16 | 64 | 16 |
| 8 | 3 | 24 | 64 | 512 | 256 |
| 16 | 4 | 64 | 256 | 4,096 | 65,536 |
| 32 | 5 | 160 | 1,024 | 32,768 | 4,294,967,296 |
| 64 | 6 | 384 | 4,096 | 262,144 | About 1 month's worth of instructions on a supercomputer |
| 128 | 7 | 896 | 16,384 | 2,097,152 | About $10^{12}$ times greater than the age of the universe in nanoseconds (for a 6-billion-year estimate) |
| 256 | 8 | 2,048 | 65,536 | 16,777,216 | Don't ask! |

O(N)은 선형함수시간이라고 불리어 진다. 일의 양은 문제의 규모에 어떤 상수를 곱한 것이다. N개의 요소를 갖는 리스트의 모든 요소들을 인쇄하는 것은 O(N)이다.

O($Nlog_2N$)은 NlogN 시간이라 부른다 (더 좋은 명칭이 없어서). 이 형태의 알고리즘은 전형적으로 대수적 성격의 알고리즘을 N 번 적용하는 것이다. 10장에 나오는 Quick정렬, Heap정렬 및 merge 정렬과 같은 좋은 정렬 알고리즘들은 NlogN 복잡도를 갖는다. 즉 이러한 알고리즘들은 규모가 N인 정렬되지 않은 배열을 O(NlogN)시간에 정렬된 배열로 변환한다.

O($N^2$)은 2차함수시간이라고 불리어 진다. 이러한 형태의 알고리즘은 전형적으로 선형알고리즘을 N 번 사용하는 것을 포함한다. 가장 단순한 정렬알고리즘들은 O($N^2$) 알고리즘이다.

O($2^N$)은 지수함수시간이라고 한다. 이러한 알고리즘들은 매우 느리다. 지수적 해답을 가지는 가장 잘 알려진 문제의 예는 도시들의 집합과 이 도시들을 연결하는 길의 집합 및 길의 길이가 주어진 경우 모든 도시를 정확히 한번 방문하고 돌아다닌 거리를 최소화하는 외판원문제이다. 표 1.4에서 볼 수 있는 것과 같이 지수시간은 N의 규모에 따라 급격하게 증가한다.

## 예 1: 연속적인 정수들의 합

지금 1부터 N까지 정수들의 합을 계산하는 두 가지 서로 다른 알고리즘을 살펴보자. 알고리즘 1은 연속적으로 정수를 더하여 연속적으로 합을 구하는 단순한 for 루프이다.

```
Algorithm Sum1
sum = 0;
for(count = 1; count <= n; count++)
   sum = sum + count;
```

이 방법은 매우 단순하다. 두 번째 알고리즘은 어떤 공식을 사용하여 합을 구한다. 이 규칙을 이해하기 위하여 N=9일 때의 아래 계산을 생각해보자.

```
  1+  2+  3+  4+  5+  6+  7+  8+  9
 +9+  8+  7+  6+  5+  4+  3+  2+  1
------------------------------------
 10+10+10+10+10+10+10+10+10 = 10*9=90
```

우리는 1부터 9까지의 각 수를 한 쌍으로 만든다. 각 쌍의 합은 N+1이 된다. 여기에는 N 쌍이 있으므로 총 합계가 (N + 1)* N 이 된다. 여기서 각 수가 두 번 포함되므로 우리는 이 값을 2로 나눈다. 이 규칙을 사용하면 우리는 문제를 해결 할 수 있다: ((9+1)*9)/2 = 45. 아래에 두 번째 알고리즘을 보여 준다.

```
Algorithm Sum2
sum = ((n + 1) * n) / 2;
```

두 알고리즘에 대한 설명은 간단하다. Big-O 표기를 사용하여 두 알고리즘을 비교하자. 문제의 규모는 N이다. 이는 합계에 얼마나 많은 수들이 포함된 것인가를 나타낸다. Sum1에 의하여 수행된 기본적인 연산은 for 루프 내에서 행해지는 합 연산이다. 이 연산은 루프를 통하여 한 번씩 행해진다. 루프가 N번 실행된다는 것은 쉽게 알 수 있다. 따라서 Sum1 알고리즘은 O(N)이다. N이 증가함에 따라 일의 양은 이에 비례하여 증가할 것이다. N이 50이라면 Sum1은 N이 5일 때보다 10배 더 많이 일을 할 것이다.

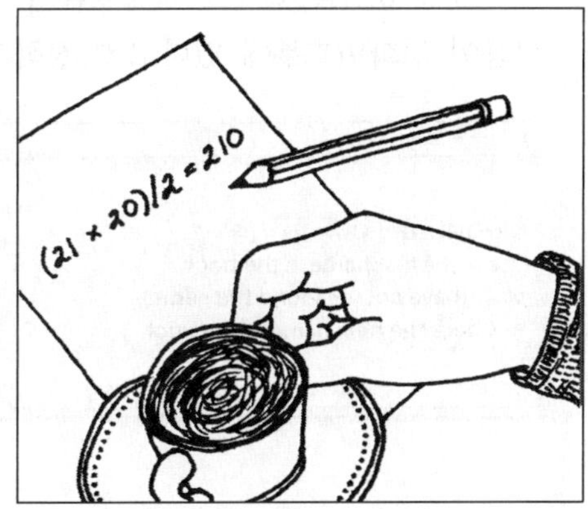


Sum2는 해석하기가 훨씬 용이하다. 그 것은 한 번의 합, 한 번의 곱 및 한 번의 나누기로 구성되어 있다. N=5 이든 N=50이든 관계없이 이 알고리즘은 단지 세 번의 연산을 요구한다. 실제로 우리가 N에 어떤 값을 주더라도 이 알고리즘은 문제를 해결하기 위해 똑 같은 양의 일을 한다. 그러므로 Sum2는 일정한 양의 시간을 필요로 한다. 즉 O(1)이다. Sum2는 Sum1 보다 매우 효율적이다.

이것이 Sum2가 항상 더 바르다는 것을 의미하는가? Sum1 보다 항상 더 좋은 선택인가? 그

것은 경우에 따라 다르다. Sum2은 그 규칙이 곱하기와 나누기를 포함하는 반면에 Sum1은 단순히 합을 구하는 것이기 때문에 더 많은 일을 한다고 여겨질 수 있다. 실제 매우 적은 N의 값에 대하여 Sum2가 Sum1보다 더 많은 일을 할 것이다. 따라서 알고리즘의 선택은 그들이 N의 큰 값에 사용되는지 아니면 적은 값에 사용되는지에 좌우된다.

다른 문제는 Sum2가 Sum1보다 덜 분명하다는 것이다. 따라서 프로그래머(인간)가 이해하는 것이 더 힘들다. 때때로 문제에 대한 더 효율적인 해답은 더 복잡하다 우리는 프로그래머의 시간을 지불하여 컴퓨터 시간을 절약한다.

따라서 무엇으로 판단할 것인가? 컴퓨터 프로그램의 설계에서 일반적인 것으로 판단에는 서로 타협이 있다. 우리는 프로그램의 요구사항을 보고 어느 해답이 더 좋은지를 결정하여야 된다.

## 예 2: 전화번호부에서 번호 찾기

우리가 전화번호부에서 친구의 번호를 찾는 것이 필요하다고 가정하자. 그리고 우리 친구는 우리 핸드폰의 저장된 리스트에 확실히 포함되어 있지 않다. 우리는 번호를 찾는 것을 시작하는 방법을 정확하게 설명할 수 있는가? 문제를 간단히 하기 위해 우리가 찾고자 하는 이름이 전화번호부에 있다고 가정하자- 헛수고를 하지는 않을 것이다.

```
Algorithm Lookup1
Check the first name in the book
while (have not yet found the name)
    Check the next name in the book
```

이 알고리즘이 비효율적이더라도 정확하게 작동한다.

이 알고리즘의 Big-O 효율성 수준은 무엇인가? 어떤 사람의 이름을 찾기 위하여 얼마나 많은 단계를 거쳐야 하는가? 이러한 질문들에 대한 대답은 전화번호부의 규모 및 우리가 찾고 있는 이름에 좌우된다. 우리가 친구Aaron Aardvark를 찾는다면 아마 한번 아니면 두 번의 단계를 필요로 할 것이다. 우리 친구의 이름이 Zina Zyne라면 우리는 별로 운수가 좋지 않다.

Lookup 1 알고리즘은 상이한 입력 조건하에서 서로 다른 효율성을 보인다. 그 것은 흔히 있는 것이다. 이러한 문제를 해결하기 위하여 해석은 세 가지 복잡한 경우를 정의한다: 최고의 경우, 최악의 경우 및 평균경우. 최고의 경우 복잡도는 우리가 매우 운이 좋을 때의 복잡도를 의미한다 그 것은 알고리즘이 필요로 하는 단계의 수 중 가장 적은 값을 보여 준다. 일반적으로 최고의 경우 복잡도는 복잡도 척도로써는 매우 유용하지 않다. 반대로 최악의 경우 복잡도는 알고리즘이 필요로 하는 단계의 가장 큰 값을 나타낸다. 평균경우 복잡도는 모든 가능한 입력을 고려하여 요구되는 단계의 평균값을 나타낸다.

**최고의 경우 복잡도** : 효율성의 관점에서 입력 값들의 이상적인 집합이 주어진 경우 알고리즘에 의하여 요구되는 최소단계 수와 관련 된 것

**최악의 경우 복잡도** : 효율성의 관점에서 입력 값들 중 가능한 최악의 집합이 주어진 경우 알고리즘에 의하여 요구되는 최대단계 수 와 관련된 것

**평균 경우 복잡도** : 모든 가능한 입력 값의 집합을 통하여 계산된 알고리즘에 의하여 요구된 평균단계 수와 관련 된 것

이러한 각 경우에 대하여 Lookup 1을 평가해 보자. 앞에서 한 관례에 따라 전화번호부의 규모를 N으로 나타낸다. 우리의 기본적인 연산은 "이름을 조사하는 것"이다.

- 최고의 경우: 우리가 찾는 이름이 전화번호부의 첫 이름이다. 따라서 이름을 찾는데 딱 한 단계만 필요하다. 알고리즘의 최고의 경우 Big-O 복잡도는 일정하던지 아니면 O(1)이다.
- 최악의 경우: 우리가 찾는 이름이 전화번호부의 맨 마지막 이름이다. 이 경우 이름을 찾기 위하여 N 번의 단계를 필요로 한다. 최악의 경우 Big-O 복잡도는 O(N)이다.
- 평균 경우: 전화번호부에 있는 개별 이름이 우리가 찾는 이름과 같을 확률이 모두 같다고 가정하면 요구되는 단계의 평균값은 N/2이다. 때때로 이름이 전화번호부의 앞 쪽에 있기도 하고 아니면 뒤 쪽에 있기도 하다, 평균적으로 그 것은 책의 중간에 있다- 따라서 N/2 단계. 알고리즘의 평균 경우 Big-O 복잡도 역시 O(N)이다.

평균 경우 분석은 보통 가장 힘들다. 따라서 이 예에서와 같이 보통은 최악의 경우와 같은 Big-O 복잡도로 평가한다.

전화번호부에서 이름을 찾는 좀 더 효율적인 알고리즘을 살펴보자.

```
Algorithm Lookup2
Set the search area to the entire book
Check the middle name in the search area
while(have not yet found the name)
    if the middle name is greater than the target name
        Set the search area to the first half of the search area
```

```
else
    Set the search area to the second half of the search area
Check the middle name in the search area
```

이 알고리즘에서 우리는 이름을 조사할 때 마다 아직 조사하지 않은 전화번호부의 반을 조사대상에서 제거한다. 최악의 경우 복잡도는 무엇인가? 이 질문에 대한 다른 방법은 "1에 도달하기 까지 N을 몇 번 반씩 줄일 수 있는가?" 라고 말하는 것이다. 이것은 당연히 $\log_2 N$이다. 이것은 Lookup1에 대한 최악의 경우 보다 대단히 좋다. 예를 들어 뉴욕시의 2천2백만 명의 주민들 모든 사람들이 우리 전화번호부에 들어있다면, Lookup1 의 최악의 경우는 22,000,000번의 단계를 필요로 하지만 Lookup2는 단지 25번의 단계를 필요로 한다.

Lookup2 알고리즘이 사용되기 위해서는 전화번호부에 있는 이름들이 알파벳 순으로 조직되어 있어야만 된다는 사실을 주목하라. 이것은 데이터가 구조화되고 조직화된 방법이 데이터 사용의 효율성에 영향을 미치는 경우의 좋은 예이다.

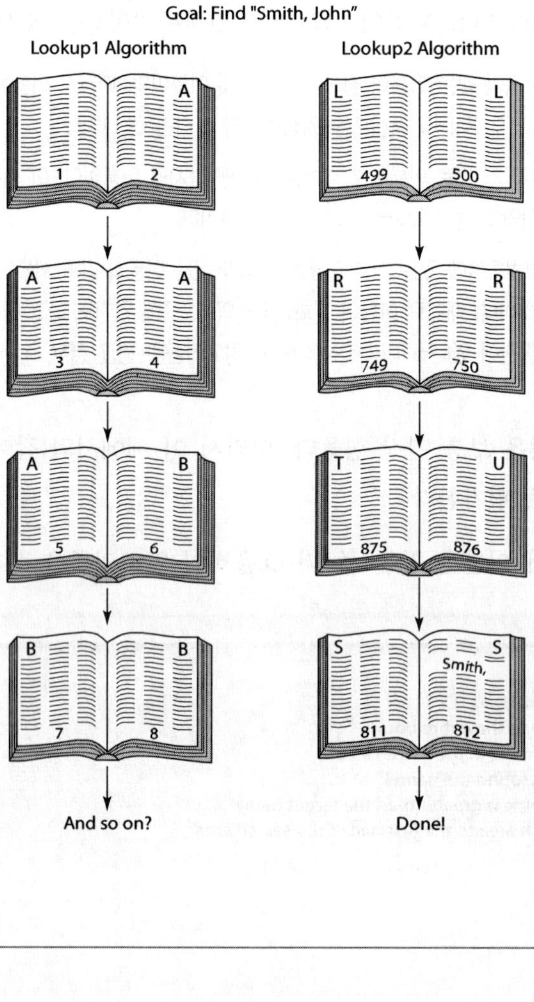

Goal: Find "Smith, John"

| Lookup1 Algorithm | Lookup2 Algorithm |
|---|---|
| A, 1, 2 | L, L, 499, 500 |
| A, A, 3, 4 | R, R, 749, 750 |
| A, B, 5, 6 | T, U, 875, 876 |
| B, B, 7, 8 | S, S, Smith, 811, 812 |
| And so on? | Done! |

## 결론

이 장의 내용은 조직에 관한 것이다.

우리가 이론적인 관점에서 자료구조를 말할 때 소프트웨어가 실제의 문제들을 해결하기 위하여 실제로 어떻게 개발되는가를 쉽게 잊어버린다. 복잡한 문제들은 가끔 협동 작업을 요구한다. 그리고 문제의 복잡성과 팀의 구성원들 사이의 복잡한 상호작용의 두 가지를 처리하기 위하여 조직적인 방식이 필요하다. 소프트웨어 공학은 전적으로 이러한 문제들과 관련된 분야이다. 우리는 소프트웨어 개발의 전반적인 구성에서 소프트웨어 공학의 중요성을 강조하기 위하여 이 분야에 대한 소개로 이 책을 시작한다.

객체지향은 소프트웨어 분석과 설계에 대한 한 방식이다. 이것은 소프트웨어 개발자들이 이해성, 재 사용가능성 및 유지보수성의 이점을 가지면서 현실성의 모델에 입각하여 그 들의 해답을 얻을 수 있게 한다. 이런 방식을 사용하여 시스템을 만들기 위한 가장 근본적인 생성은 클래스이다. 클래스들은 문제에 대한 해답을 주기 위하여 공동으로 일하는 객체들의 생성 사용된다. 자바의 상속 메커니즘 및 패키지는 생성이 우리의 클래스를 조직하는데 도움을 준다.

프로그램들이 데이터를 연산을 하기 때문에 데이터가 어떻게 조직되었는가는 가장 중요하다. 자료구조는 이러한 조직과 깊은 관련이 있다. 여러 가지 고전적인 조직적 구조는 오래 동안 프로그래머들이 문제에 대한 정확하고 효율적인 해답을 만드는데 도움을 준다고 인식하여 왔다. 자바 언어는 이러한 구조를 만들기 위한 기본적인 구조화 메커니즘 즉 배열과 참조 메커니즘을 제공한다. Big-O 표기는 자료구조를 구현하고 사용하기 위한 알고리즘을 공부할 때 알고리즘의 효율성을 분류하기 위한 하나의 길잡이 이다.

프로그래머들은 문제를 푸는 사람들이다. 소프트웨어 공학은 문제를 확인하고 해답을 설계하기 위하여 팀으로 일하는 증명된 방식을 제공한다. 객체지향은 문제 분석과 설계의 일관된 통합을 가능하게 하여 유지보수가 용이하고 재사용 가능한 문제 해답을 얻게 한다. 자료구조는 문제에 포함되는 데이터를 조직하여 정확하고 효율적인 해답을 얻을 수 있는 방법을 제공한다. 조직화 되도록 함은 어려운 문제를 풀기 위한 핵심이다.

## 연습 문제

### 1.1 소프트웨어 공학

1. 소프트웨어 공학이 무엇을 의미하는지 설명하라.

2. 아래 문장 중 항상 맞는 것은 어느 것인가?

   a. 모든 프로그램 요구사항들은 설계가 시작되기 전에 완전하게 정의되어야만 된다.

   b. 모든 프로그램 설계는 코딩이 시작되기 전에 완성되어야만 된다.

   c. 모든 코딩은 검사가 시작되기 전에 끝나야 한다.

   d. 서로 다른 개발 활동이 때때로 소프트웨어 생활주기에서 중복되면서 동시에 일어난다.

3. 학생 자신의 '프로세서"를 만들어라. 다른 말로 말하면 어떤 프로그램 프로젝터를 수행할 때 우리가 따르는 단계들의 설명서를 쓰라. 이것은 학생들이 작은 팀으로 서로 협동하는 좋은 훈련이다. 아마 가장 흥미 있는 처리를 만든 팀들은 수업시간에 그들의 결과를 발표할 것이다.

4. 탐구질문: 애자일 소프트웨어 개발 방법에 대한 정보를 찾아라. 학생들에게 흥미 있는 것으로 판단하는 어떤 특별한 애자일 방식을 확인하라. 그 방식을 설명하는 내용을 간단히 적고 그 방식의 어떤 점들이 학생들에게 관심을 가지게 하는지를 설명하라.

5. 탐구 질문: 웹 상에서 애자일 선언을 찾아라. 수 백 명의 가입자 리스트를 훑어보고 그들이 애자일 방식에 대하여 어떤 말을 하는지를 살펴보라. 학생들의 반 친구들과 공유할 두 가지 흥미 있는 선언문을 선택하라.

6. 이 절에서 설명된 좋은 소프트웨어를 위한 네 가지 목적을 열거하라. 이 것들은 광범위하고 일반적인 목적들이다. 학생 자신들의 좀 더 구체적인 목적들의 리스트를 만들어라. 이것은 학생들이 프로젝터 소프트웨어가 요구하는 세부적인 목적들의 리스트를 브레인스토밍 하면서 서로 협동하는 좋은 훈련이다.

7. 소프트웨어가 왜 수정되어야 하는 이유를 설명하라.

a. 설계단계에서
b. 코딩단계에서
c. 검사단계에서
d. 유지보수단계에서

8. 목적 4는 "질 좋은 소프트웨어는 정해진 시간에 예산 범위 내에서 완성되어야 한다"고 말한다.

a. 수업시간의 프로그래밍 숙제를 준비하고 있는 학생들에게 이 목적을 충족하지 못한 결과들의 몇 가지를 설명하라.
b. 매우 경쟁적인 새로운 소프트웨어 제품을 개발하는 팀에 대하여 이 목적을 만족하지 못했을 때의 결과의 몇 가지를 설명하라.

## 1.2 객체 지향

9. 탐구 질문: Turing 상은 1966년 이후 매년 컴퓨터 분야에 영속적이고 중대한 기술적으로 중요한 기여를 한 사람이나 사람들에게 시상되어 왔다. 웹 상에서 이 상에 대한 정보를 찾아라. 수상자의 목록과 그 들의 기여 내용을 공부하라. 프로그래밍과 직접 관련된 기여를 한 수상자를 확인하라. 그리고 객체지향과 직접 관련된 기여를 한 수상자들을 찾아라. 힌트: 무료 백과사전 Wikipedia가 수상자들의 자세한 목록과 그 들의 기여 분야를 제공한다.

10. 객체지향 방식들이 소프트웨어 질을 위한 4 가지 목적들의 각각을 어떻게 지원하는가를 설명하라.

11. 탐구질문: UML의 12개 주요한 다이어그램 작업 형태를 열거하고 간단히 설명하라.

## 1.3 클래스, 객체 및 응용

12. UML 클래스 다이어그램들을 생성하고 그림 1.2에 보여진 Date 클래스의 다이어그램을 재 생성하기 위하여 사용할 수 있는 도구를 찾아라.

13. 객체와 클래스 사이의 차이는 무엇인가? 몇 가지 예를 들어라.

14. 자바의 액세스 수정자에 의하여 제공되는 가시성의 4 가지 레벨을 간단히 설명하라.

15. 객체의 일반적인 사용은 무엇인가 흔적을 남기는 것이다. 객체는 그 것의 변환자 메소드를 통하여 데이터에 제공되고 그 것의 관찰자 메소드를 통하여 정보를 돌려준다. 아래 각 클래스에 대하여 인스턴스 변수, 클래스 변수 및 메소드들에 대한 적당한 집합을 정의하라. 각 생성에 대하여 액세스 레벨을 나타내어라. 이 것들은 각각 여러 개의 "정확한" 해답을 허락한다는 것을 유념하라.

    a. 시간 계수기 - 이것은 총 시간을 기록할 것이다; 이 시간은 이산시간 값 (분 과 초 혹은 단지 초의 값)으로 주어질 것이다; 계수기는 총 시간에 대한 정보를 여러 가지 "형태" 즉 이산 시간 단위 및 단위당 평균시간으로 제공할 것이다. 이러한 클래스를 각 노래의 시간이 주어진 경우에 음악 수집물에 대한 총 시간을 추적하는데 사용될 도구로써 생각하라.

    b. 농구 통계 기록가- 이 것은 농구 팀(개인 선수가 아니고 한 개의 단위로써 팀)에 대한 점수와 슈팅 통계를 추적할 것이다. 공을 던질 때 마다 데이터가 제공된다. 이 기록기는 요구될 때 슈팅 퍼센트와 총 점수에 대한 정보를 제공한다.

    c. Tic-tac-toe 게임 기록기 - 이 것은 tic-tac-toe 게임을 기록할 것이다. 움직임들이 제공되면 어떤 움직임이 정당한지에 대하여 지적해 준다. 요구될 때 게임의 상태 (게임이 끝났는지? 누가 이겼는지?)에 대한 정보를 제공할 것이다.

16. 위 문제에서 설명된 클래스들의 하나 혹은 여러 개에 대하여

    a. 클래스를 구현하라.

    b. 이 클래스를 이용하는 응용을 설계하고 구현하라.

    c. 이 응용의 도움을 받아 당신의 클래스 구현의 정확도를 입증하라.

17. 아래와 같이 되도록 Date 클래스를 수정하여라.

a. toString 메소드가 "월 수, 수" , 예를 들면 "May 13, 1919"의 형태의 문자열을 돌려준다.

b. 1858년 11월 17일 이후 일 수를 돌려주는 공개 클래스 mjd (Modified Julian Day를 뜻한다) 를 제공한다.

c. 1900년 1월1일 이후의 일 수를 돌려주는 공개 클래스 djd (Dublin Julian Day를 뜻함)을 제공한다.

18. 아래 코드는 Date 클래스의 lilian 메소드 코드의 일부분이다. 이 코드는 지정된 날의 달의 값에 돌려주어야 할 일 수를 합한다. 예를 들어 달이 1월이면 이것은 0을 더한다. 만일 달이 4월이면 이 것은 1월부터 3월까지 축적된 일 수를 더한다; 등등. 아래 코드가 1부터 12까지 가능한 legal 달의 각각에 대하여 일 수를 정확하게 합하는가를 손으로 입증하라. 윤일은 별도로 취급된다는 것을 유념하라. 따라서 우리는 2월이 단지 28일을 가진다고 가정할 수 있다. 그러므로 예상되는 값들은 0,31,59,90,120,151,181,212,243,273,304 및 334 이다.

```
// Add days in the numbers
If (month <= 2)
      numDays = numDays + (month - 1) * 31;
else
   numDays = numDays + ((month - 1) * 31) - ((4 * (month - 1) +27)/10);
```

19. DaysBetween 응용을 검사하는 방법에 대하여 생각해 보라. 어떤 입력 형태가 0의 결과를 얻게 될 것인가? 또한 1, 7, 365, 366의 결과를 위한 입력형태는 무엇인가? 학생이 확인한 검사 경우들을 실제로 시도해보라.

20. DaysBetween 응용에 따르면 1/1/1900과 1/1/2000 사이에 얼마나 많은 일수가 있는가? 이 두 날짜 사이에 몇 개의 윤년이 있는가? 1/1/2000 과 1/1/2100 사이에는 어떻게 되는가? 이들 답에서의 차이점을 설명하라.

21. DaysBetween 응용을 사용하여 아래 질문에 답하라.

a. 당신의 나이는 일 수로 얼마인가?

b. 미국이 1776년 7월 4일 독립선언을 채택한 후 몇 날이 지났는가?

c. Jean-Francois Pilatre de Rozier와 Francois Laurent가 1783년 11월 21일 열기구를 타고 10킬로미터를 비행하여 첫 번째 인간 조종사가 된 날짜와 Neil Armstrong이 1969년 7월 20일 달의 고요의 바다에 작은 발걸음을 내 디딘 날짜 사이에 얼마나 많은 일 수가 있는가?

22. 자바 int 형의 범위에 의하면 Date 클래스에 의하여 "취급될" 수 있는 가장 늦은 날짜는 무엇인가?

23. DaysBetween 응용이 두 날짜 사이의 일 수에 대한 정보를 나타낸 후 사용자들이 계속하기를 원하는지를 알기 위하여 사용자에 확인시켜 주도록 DaysBetween 응용을 수정하여라. 만일 답이 "예"이면 사용자와 연속적인 대화를 하고 다시 두 날짜에 대하여 확인 시켜주는 것을 계속하여 되풀이 할 것이다.

24. DaysBetween 응용은 매우 강인하지 않다. 즉 이 응용은 오류가 있는 입력을 세련되게 처리하지 못한다. 이 연습은 학생들에게 DaysBetween 응용이 더 강인하도록 수정을 요구하는 것이다.

a. 한 사용자가 어떤 데이터를 입력하고자 할 때, 프로그램은 사용자가 정수를 입력하였는지를 확인하지 않는다. 만일 사용자가 정수를 입력하지 않는다면 프로그램은 입력형식 비정합 오류에 의하여 "완전히 긴,ㅡㅇ으,ㄹ 멈추게" 될 것이다. 이 응용프로그램이 다음 입력 값을 읽기 전에 그 것이 정수인지를 검사하는 Scanner 클래스의 hasNextInt 메소드를 사용할 수 있도록 프로그램을 수정하라. 정수가 입력되지 않으면 프로그램은 "불법 입력이 들어왔다"라는 메시지를 보여주고 종료되어야 한다. 학생들이 자바의 return 문을 사용하여 프로그램을 종료할 수 있다는 것을 유념하라.

b. 사용자들은 날짜를 표시하기 위하여 세가지 정수의 어떤 조합도 입력할 수 있다. 그 조합은 아무런 뜻이 없을 수 있다. 예를 들어 15 37 2006은 2006년의 15번째 달의 37번째 날을 나타낸다. 이러한 잠재적인 문제를 해결하기 위하여 우리는 먼저 Date 클래스에 공개 인스턴스 메소드인 valid를 추가하여야 한다. valid 메소드는 객체에 의하여 주어지 날짜가 유효한 날짜이면 true를 돌려주고 아니면 false를 돌려준다. 유효한 날짜들은 1582년 10월 14일 이후에 일어나는 "실제" 날짜들이다. 윤년을 잊지 말라. valid 메소드를 생성하고 검사한 후 DaysBetween 프로그램 안에서 날짜들을 검사하기 위하여 valid 메소드를 사용하라. 잘못된 날짜가 입력되면 "이 날짜는 유효한 날짜가 아니다"라는 메시지를 보여주고 종료하라.

## 1.4 객체 클래스

25. 상속의 개념을 기술하고 객체지향 시스템에서 메소드 호출과 메소드 구현들을 하나로 속박하기 위해 상속 트리가 어떻게 순회 되는지를 설명하라.

26. 이 장에서 Date와 IncDate 클래스의 정의와 아래의 선언들이 주어진 경우

```
int temp;
Date date1 = new Date(10,2,1989);
Date date2 = new Date(4,2,1992);
IncDate date3 = new Date(12,25,2001);
```

아래 문들 중 어느 것이 적법하며 적법하지 않은 것은 어느 것인가?

a. temp = date1.getDay();

b. temp = date3.getDay();

c. date1.increment();

d. date3.increment();

e. date2 = date1;

f. date2 = date3;

g. date3 = date2;

27. 이 장에서 기술된 Date클래스와 IncDate 클래스를 만들어라. (혹은 웹사이트로부터 그들을 복사하라) IncDate 클래스에서 increment 메소드(를 위한 for ) 코드를 생성하라. 이것은 이 장에서 정의되지 않았다. 그레고리안 캘린더 규칙을 따르는 것을 기억하라: 어떤 해가 4에 의하여 나누어지거나 400에 의하여 나누어지면 그 해는 윤년이다. 이런 클래스들을 이용하는 응용을 만들어라.

28. 연습문제 27번에서 만들어진 IncDate가 int 형의 numDays 인수를 받아들이고 나중에 날짜가 numDays가 되도록 날짜를 수정하는 increment 메소드를 제공할 수 있도록 IncDate를 수정하라. 예를 들면 날짜가 2002년 12월31일을 나타내면, increment(3)의 invocation후에 그 날짜는 2003년 1월3일을 나타낼 것이다. 힌트: LDN값을 취해서 그 값을 이 문제를 푸는데 도움이 되는 날짜로 변환하는 "역" lilian 메소드를 만드는 것을 생각하라.

29. 패키지가 어떻게 자바 파일들을 조직하는데 사용되는가를 설명하라.

30. 파일 1과 파일2가 다음을 포함한다고 가정하자.

| 파일 1 | 파일2 |
|---|---|
| `package media.records;` | `package media.records;` |
| `public class Labels ( . . .)` | `public class Length (. . .)` |
| `class Check ( . . . )` | `class Review ( . . . )` |

a. Check 클래스와 Review 클래스는 같은 패키지에 있는가?

b. 파일1의 이름은 무엇인가?

c. 파일2의 이름은 무엇인가?

d. 두 파일을 포함하는 목록의 이름은 무엇인가?

e. 위 목록의 부 목록은 무엇인가?

31. 연습문제 27번에서 만든 파일들을 dates라는 패키지를 가지고 조직화하라.

### 1.5 자료구조

32. 아래 이야기 중에서 이 절에서 기술된 다양한 자료구조를 상기하는 사실들을 찾아라. 풍부한 상상력을 필요로 한다. 몇 개나 찾을 수 있는가? 그 들은 무엇인가? (주목 : 우리는 9개를 찾을 수 있다)

Sally는 수 분을 남겨두고 기차 정거장에 도착한다. 이번 주말은 재앙이 될 것으로 예상된다. 그 녀는 어리벙벙한 상태로 수 초 동안 벽에 있는 전자 지도를 살펴본다. 그리고 그녀는 오른쪽에 있는 버턴의 알파벳 목록으로부터 그녀의 목적지를 선택하는 것이 필요하다는 것을 인식한다. 그녀가 Gloucester을 눌렀을 때 지도상에 길이 밝아진다. 그래서 그녀는 Birmingham까지 푸른색 기차를 타고 거기서 Gloucester까지 가는 붉은색 기차를 갈아 탈수 있다. 표를 사기 위해 줄을 서서 기다리는데 많은 시간이 걸리지 않았다. 그녀는 승강장까지 서둘러 가서 기차의 네 번째 칸에 다가간다. 그녀의 표에 있는 "car 4"를 다시 한번 확인하고 그녀는 기차를 타고 자기 자리를 찾는다. 몇 초 후 기차는 역을 빠져나간다. 약 한 시간의 여정이 지난 후 Sally는 점심시간이 되었다고 생각한다. 그 녀는 5,6,7번 객차를 통과하여 식당칸인 8번 객차에 도착한다. 그녀는 위에 있는 트레이를 잡고 (트레이 건조기로부터 아직 따뜻하다) 캔디 기계로 가서 마음속으로 생각한다. 보통과 같이 먼저 디저트를 위하여 선택을 잘 하기를 바란다. 흠, 바로 슬롯 F4에 흥미 있는 Pez 디스펜서이다. 그녀는 만족해 하면서 그 버턴을 누르고 생각한다. "오늘은 역시 훌륭한 주말이 될 것 같다. 자료구조여 고마워라."

33. 아래 각각은 몇 가지 관점에서 그래프구조로 모델화 될 수 있다. 각 경우에 노드들과 간선들은 무엇을 나타내는가?

a. 항공회사를 통하여 가능한 여행 항로

b. 국가들과 그 들의 국경

c. 자료구조에 대한 연구논문들의 수집물

d. 연기자들 ("six degrees of Kevin Bacon"을 탐구하라)

e. 대학에 있는 컴퓨터들

f. 웹

## 1.6 기본적인 구조화 메커니즘

34. 별명은 무엇인가? 별명이 자바 프로그램에 의하여 어떻게 만들어지는 방법의 예를 들어라. 별명의 위험성을 설명하라.

35. date1 및 date2가 1.4절에서 정의된 IncDate 클래스의 객체들이라고 하자. 아래 코드의 결과는 무엇인가?

```
date1 = new IncDate(5, 5, 2000);
date2 = date1;
System.out.println(date1);
System.out.println(date2);
date1.increment();
System.out.println(date1);
System.out.println(date2);
```

36. 쓰레기는 무엇인가? 자바 프로그램에 의하여 쓰레기가 어떻게 만들어지는 방법의 예를 들어라.

37. date1과 date2가 1.4절에서 정의된 IncDate 클래스의 객체들이라고 가정하자. 아래 코드의 결과는 무엇이 되는가?

```
date1 = new IncDate(5, 5, 2000);
date2 = new IncDate(5, 5, 2000);
if (date1 == date2)
  System.out.println("equal");
else
  System.out.println("not equal");
date1 = date2;
if (date1 == date2)
  System.out.println("equal");
else
  System.out.println("not equal");
date1.increment();
if (date1 == date2)
  System.out.println("equal");
else
  System.out.println("not equal");
```

48. 정수형의 10개 요소를 갖는 배열을 선언하고 각 요소를 요소 색인의 자승으로 초기화 한 후 배열의 내용을 한 줄당 한 정수씩 인쇄하기 위하여 다른 루프를 사용하는 프로그램을 작성하라.

39. Date의 10개 요소를 갖는 배열을 선언하고 2005년 12월 1일부터 10일 까지 요소를 초기화 하고 배열의 내용을 한 줄당 한 날짜씩 인쇄하기 위하여 다른 루프를 사용하는 프로그램을 작성하라.

## 1.7 알고리즘의 비교 : Big-O 분석

40. Big-O 표기를 사용하여 아래 함수들의 각각에 대하여 크기의 차수를 기술하라.

a. $N^2 + 3N$

b. $3N^2 + N$

c. $N^5 + 100N^3 + 245$

d. $3N\log^2 N + N^2$

e. $1 + N + N^2 + N^3 + N^4$

f. $(N * (N 1)) / 2$

41. 아래와 같은 Big-O 함수를 갖는 예를 들어라. (이 장에서 논의된 예와 다른 예)

a. $O(1)$

b. $O(N)$

c. $O(N^2)$

42. Big-O 표기를 사용하여 아래 코드 각 부분의 크기의 차수를 기술하라.

a.
```
count = 0;
for (i = 1; i <= N; i++)
   count++;
```

b.
```
count = 0;
for (i = 1; i <= N; i++)
   for (j = 1; j <= N; j++)
      count++;
```

c.
```
value = N;
count = 0;
while (value > 1)
{
   value = value / 2;
   count++;
}
```

43. N개의 요소를 갖는 배열의 모든 요소들을 0으로 초기화 하는 두 알고리즘을 비교하라.

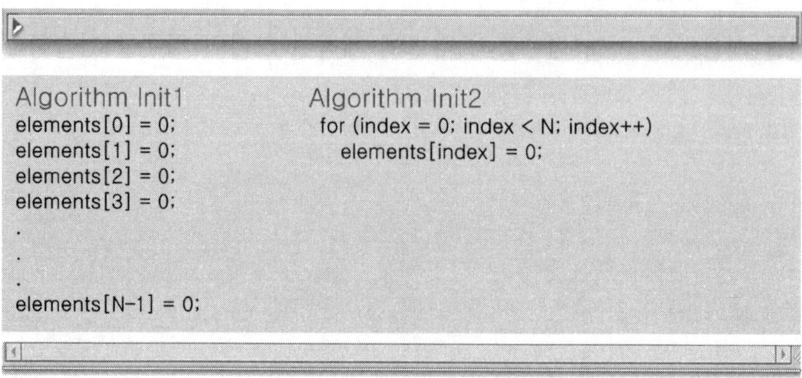

```
Algorithm Init1                Algorithm Init2
elements[0] = 0;               for (index = 0; index < N; index++)
elements[1] = 0;                  elements[index] = 0;
elements[2] = 0;
elements[3] = 0;
.
.
.
elements[N-1] = 0;
```

첫 번째 알고리즘의 Big-O 효율성은 얼마인가? 두 번째 알고리즘의 효율성은 얼마인가? 설명하라.

44. 알고리즘1은 $N^3$의 시간에 주어진 일을 완수한다. 여기서 N은 처리되는 요소들의 수이다. 알고리즘2는 3N+1000의 시간에 똑 같은 일을 한다.

a. 각 알고리즘의 Big-O 효율은 무엇인가?

b. Big-O 기준에 의하면 어느 알고리즘이 더 효율적인가?

c. 만일 가능하다면 어떤 조건하에서 "덜 효율적인" 알고리즘이 "더 효율적인" 알고리즘보다 더 빨리 일을 수행 할 것인가?

# 02 추상화 데이터형

이 장은 독자들이 아래와 같은 내용을 습득할 수 있도록 하는 것을 목표로 한다.

### 지식적 목표 (Knowledge Goals)

- explain the following terms and their relationships: abstraction, information hiding, data abstraction, data encapsulation, abstract data type (ADT)
- describe the benefits of using an abstract data type
- define, for the Java programming language, the meanings of abstract method and interface
- describe the benefits of using a Java interface to specify an ADT
- describe the StringLog ADT from three perspectives: logical level, application level, and implementation
- level classify StringLog operations into the categories of constructor, observer, and transformer
- describe two variations of stepwise refinement
- describe strategies to avoid software errors

### 기술적 목표 (Skill Goals)

- use the Java interface construct to formally specify an ADT
- use stepwise refinement to transform a high-level algorithm into code
- specify the preconditions and postconditions (effects) of a public method
- design a reasonable test plan for an ADT
- create a test driver for an ADT
- define and use a self-referential class to build a chain of objects (a linked structure)
- draw figures representing a sequence of operations on a linked list
- implement the StringLog ADT as an array-based structure
- implement the StringLog ADT as a linked structure
- determine the Big-O efficiency of each of the StringLog implementations' methods
- use the StringLog ADT as a component of a solution to an application problem

이 장은 프로그램 설계에서 추상화의 사용에 관해 중점적으로 설명한다. 추상화 기법을 사용하여 어떻게 복잡한 데이터를 다루는지를 살펴보고, 자바 언어에서 지원하는 데이터 추상화 기법을 알아본다.

먼저 추상화와 정보 은닉(information hiding)에 관련된 개념들을 살펴보고, 주어진 데이터를 바라보는 세가지 수준 – 응용수준, 논리수준, 구현수준 – 에 대하여 설명한다. 그리고 이들 세가지 수준을 지원하는 방편으로써 자바의 인터페이스 메커니즘을 살펴본다. 데이터 추상화에 관한 예제로 문자열 집합을 소개한 후, 이 문자열이 서로 다른 레벨에서 어떻게 처리되는지를 살펴 볼 것이다. 구현 레벨에서는 배열기반 방식과 참조기반 방식을 소개한다. 또한 참조기반 방식을 지원하기 위하여 연결 리스트 구조도 소개한다. 그리고 이 방식이 옳다는 것을 검증하는 방법도 제시한다. 마지막으로 사례소개로써 추상화가 간단한 퀴즈 게임 시스템의 구현을 어떻게 단순화시키는지 살펴본다.

## 2.1 추상화

우리가 사는 세상은 복잡한 시스템들로 가득 차 있다. 이러한 복잡한 시스템을 모델을 통해 이해하게 된다. 모델은 위성의 움직임을 예측하기 위한 수학적 모델일 수 있으며, 풍동 시험(wind-tunnel tests)을 하기 위한 모형 비행기 같은 물리적 객체가 될 수도 있다. 모델을 생성할 때 대상이 되는 시스템의 관심 있는 특징만을 고려하고 다른 세부 사항들은 모델에서 배제시킨다. 예를 들면, 기체 동력 연구를 위한 모형 비행기의 모델을 생성할 때 비행 중 영화 상영 관련 속성을 포함시킬 필요는 없다.

**추상화**(Abstraction) : 어떤 시스템에 관하여 관찰자 관점에서 필수적이라 생각되는 세부사항들만 표현한 모델

추상화란 관심의 대상이 되는 프로세스나 객체에 대하여 필수적인 특징만을 표현한 단순화된 모델이다. 추상화 기법이 소프트웨어 개발과 어떤 관련이 있을까? 소프트웨어 개발은 대상이 되는 시스템과 소프트웨어 개발 프로세스 둘 다 복잡하기 때문에 어려운 작업이다. 추상화 기법은 이러한 복잡성을 해결할 수 있는 가장 근본적인 방법이다. 이 책의 모든 장에서 복잡한 작업을 단순화시키기 위하여 추상화 기법을 사용한다.

## 정보 은닉

대부분의 소프트웨어 설계 방식은 복잡한 문제를 해결하기 위하여 그 문제를 모듈들로 분할한다. 여기서 “모듈”은 시스템의 일부 작업을 책임지고 수행하는 응집력 있는 부분 단위(sub-unit)이다. 자바에서 모듈화 메커니즘은 클래스이다. 복잡한 시스템을 모듈로 분할하면 그 복잡함을 해결할 수 있다.

정보 은닉 : 한 모듈의 세부 사항을 외부에서 접근하는 것을 통제하는 기법

모듈은 추상화를 하기 위한 도구로 사용된다. 한 모듈의 복잡한 세부 구현사항은 시스템의 다른 모듈에게 은닉된다. 결과적으로 한 모듈을 구현하기 위한 세부사항은 다른 모듈과는 독립적이다. 그렇다면 정보 은닉을 사용하는 이유는 무엇인가? 한 프로그래머가 복잡한 시스템의 모든 세부 사항을 알아야 한다면 우리는 시스템의 복잡성을 해결할 수 없다. 정보 은닉은 프로그래머가 한번에 하나의 모듈만 집중할 수 있으므로 시스템의 복잡성을 해결하는데 도움이 된다.

물론, 한 시스템의 여러 모듈들은 서로 연관 관계를 가지면서 주어진 문제를 해결한다. 모듈들은 서로 협력하기 위하여 명확히 정의된 인터페이스를 가지고 있다. 자바에서 이 인터페이스는 클래스의 공개메소드들에 의하여 제공된다. 한 모듈을 담당한 프로그래머는 그 모듈과 협력하는 다른 모듈의 인터페이스만 인식하면 되며, 세부 사항을 알 필요는 없다. 운전을 예로 들어보자. 운전자는 자동차 엔진에 실린더 수를 알 필요 없이 단지 그 차의 외부 인터페이스만을 알면 된다. 즉 시동 거는 방법이나 방향을 바꾸는 방법 등이 자동차의 인터페이스에 해당한다.

## 데이터 추상화

컴퓨터에서 처리되는 모든 데이터는 비트의 집합이다. 그런데, 사람은 데이터를 좀 더 추상적인 단위로 생각하는 경향이 있다. 즉 숫자, 리스트 등의 추상적인 단위로 데이터를 이해하고 컴퓨터가 데이터를 처리하는 불필요한 세부사항은 알려고 하지 않는다. 데이터 추상화는 컴퓨터가 바라보는 데이터에 대한 관점이 아니라 사람이 원하는 방식으로 데이터를 볼 수 있도록 지원한다.

프로그램을 작성할 때 사용되는 정수 데이터에 대해 세부적인 관점과 추상적인 관점을 비교해 보자. 정수가 무엇인가? 정수는 운영체제 마다 물리적인 표현이 다르다. 그러나, 고수준 프로그래밍 언어를 사용하는 경우 자신의 컴퓨터가 정수 데이터를 물리적으로 어떻게 표현하는지 알 필요가 없다. 즉, 고수준 언어를 사용하면 추상화된 정수를 사용하게 되는 것이다. 상위수준 언어라는 의미에 이러한 추상화 개념이 포함되어 있다.

자바는 정수 데이터를 캡슐화(Data encapsulation)한다. 데이터 캡슐화는 데이터의 물리적 표현을 숨기는 것이다. 그 결과 데이터를 사용하는 프로그래머는 데이터의 물리적 구현보다는 논리적 개념 (즉 추상화된 것)을 보는 것이다.

**데이터 추상화** : 데이터 형의 논리적 특성을 구현 방법으로부터 분리시키는 개념

**데이터 캡슐화** : 논리적 수준에서 특정 데이터를 이용하는 응용 프로그램으로부터 그 데이터의 표현을 분리시키는 것; 정보은닉의 개념을 지원하는 프로그래밍 언어의 특성

데이터가 캡슐화되어 있다면 어떻게 그 데이터를 사용할 수 있을까? 프로그래밍 언어는 그 데이터에 적용 가능한 연산자 (생성, 접근, 변경 등)를 사용하여 그 데이터에 사용할 수 있도록 지원한다. 예를 들면, 자바에서는 캡슐화된 정수 데이터형인 int를 제공한다. 사용자는 int 형 변수를 선언하고, 할당 연산자를 이용하여 값을 저장하며, 또한 산술연산자 +,-, *, /, %를 이용해서 연산을 할 수 있다. [그림 2.1]은 자바 언어에서 캡슐화된 int 데이터 형을 보여주고 있다.

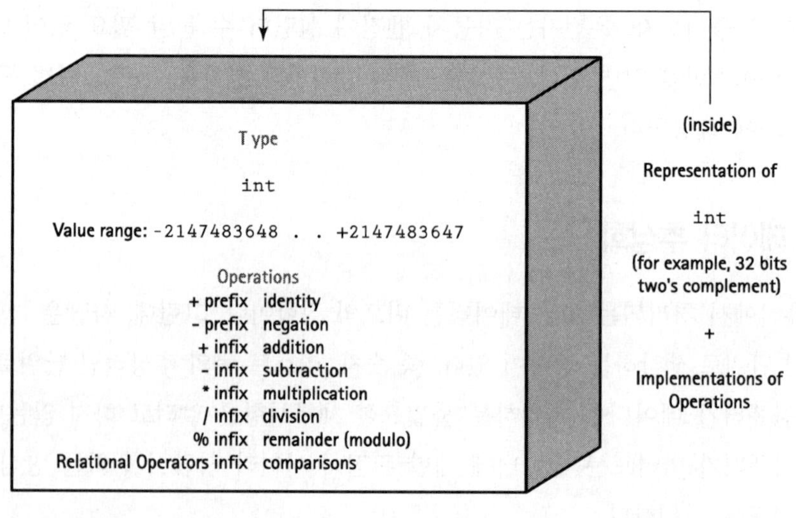


[그림 2.1] 정수를 표현한 블랙박스

우리는 이미 정수 데이터를 사용할 때 논리적 추상화 개념을 이용하고 있으며, 그 장점도 분명하다. 추상화 덕분에 정수가 어떻게 구현되었는지를 고민할 필요도 없이 논리적 관점에서 데이터와 그 연산자를 사용할 수 있다. 즉 하위 레벨의 구현 사항은 존재함에도 불구하고 숨겨져 있다.

**추상 데이터 형**(ADT) : 데이터 형의 특성 (도메인과 연산)을 구현과 독립적으로 명시한 데이터 형

캡슐화된 데이터 객체의 모든 값 집합(도메인)과 그 데이터를 조작하기 위한 연산자에 대한 명세를 그 데이터에 대한 추상 데이터형이라 부른다.

int와 같은 자바의 모든 기본 형 (built-in type)은 추상 데이터 형이다. 자바 프로그래머는 구현에 관한 자세한 사항을 알지 못해도 이러한 형에 대한 변수를 선언할 수 있다. 프로그래머는 주어지는 연산자를 사용하여 그 변수가 가지는 데이터를 초기화 하거나, 변경 또는 접근할 수 있다.

기본 ADT 뿐 아니라 자바 프로그래머는 클래스를 사용하여 자신만의 ADT를 생성해 나갈 수도 있다. 예를 들면 제 1장에서 정의된 Date 클래스는 ADT라고 볼 수 있다. 따라서 Date 클래스를 구현하는 프로그래머는 구현을 위한 세부사항을 알고 있어야 한다. 그러나 응용 프로그래머는 Date 클래스 구현에 관한 세부 사항을 알 필요 없이 단지 그 클래스의 객체를 만드는 방법과 생성된 객체에 대하여 메소드를 호출하는 방법만 알면 된다.

## 데이터 레벨

이 책에서는 ADT를 정의하고, 생성하고, 사용할 것이다. 이런 관점에서 ADT는 세가지 관점에서 바라볼 수 있다.

### 1. 응용 (사용자 혹은 클라이언트) 레벨

응용 프로그램 개발자는 문제 해결을 위하여 ADT를 사용한다. 이 수준에서 개발자는 단순히 ADT의 객체를 생성하고 메소드를 호출하는 방법만을 알면 된다. 따라서 응용 프로그램은 ADT의 클라이언트이다. 동일한 ADT를 많은 응용 프로그램에서 사용할 수도 있다.

### 2. 논리적 (추상적) 레벨

이 수준에서는 데이터 값과 해당 연산자들의 집합에 대한 추상화된 모습을 제공한다. 논리적 수준에서는 다음과 같은 "무엇(what)"에 관한 질문을 다루게 된다: ADT 가 무엇인가? ADT는 무엇을 모델링하는가? ADT의 책임은 무엇인가? 그것의 인터페이스는 무엇인가? 이 수준에서는 구현 방법과는 독립적으로 ADT의 논리적 특징에 대한 명세를 제공하는 단계이다.

### 3. 구현 (상세) 레벨

이 수준에서는 데이터를 담기 위한 구조체의 표현과 연산의 구현에 관하여 다룬다. 이 수준에서는 다음과 같은 "어떻게(how)"에 관한 질문을 다루게 된다: 데이터를 메모리에 어떻게 표현하는가? ADT에 관한 책임을 어떻게 다할 수 있는가? 구현 수준에서는 이러한 질문에 대하여 다양한 답이 존재할 수 있다.

프로그램을 작성할 때 이 세 수준에서의 데이터를 다룰 때가 있다. 이 절은 위 세 단계 중 논리적 수준에 대하여 중점적으로 설명한다. 한편으로 ADT는 논리 수준에 집중하게 된다. 논리적 수준은 응용 수준에서의 사용을 위해 구현 수준에 대한 추상화를 제공한다. ADT 명세서는 ADT 디자이너에 의해 생성된 계약서 역할을 하며, 구현 프로그래머나 응용 프로그래머는 이 계약서에 기반하여 ADT를 구현하거나 이용하게 된다.

논리적 수준은 대개 구현 수준이나 응용 수준과는 독립적이다. 그러나 효율성 측면에서 구현 사항은 응용에 영향을 미칠 수 있다. 데이터의 구조에 대한 결정은 그 데이터에 대한 다양한 연산을 구현할 때 효율성 측면에서 영향을 미치게 된다. 연산의 효율성은 그 데이터의 사용자에게 중요한 요소가 될 수 있다.

## 사전 조건과 사후 조건

서비스를 제공하기 위하여 ADT를 설계한다고 가정하자. ADT에 대한 접근은 공개 메소드를 통해서 제공된다. 응용 프로그램 단계에서 ADT를 사용할 수 있도록 하려면 이 메소드들을 어떻게 사용하는지에 관해 명확히 해야 한다. 메소드를 호출하기 위하여 응용 프로그래머는 정확한 인터페이스를 알아야 한다: 메소드 이름, 매개 변수의 데이터 형, 그리고 복귀 형. 하지만 이 정보만으로는 충분하지 않다. 프로그래머는 그 메소드가 올바르게 수행하기 위한 가정과 메소드 실행 후의 영향에 대해서도 알아야 한다.

메소드를 올바르게 호출하기 위한 가정을 사전 조건(precondition)이라 부른다.

**사전 조건** : 메소드 실행 전에 메소드가 올바르게 실행되기 위하여 만족되어야 할 가정

예를 들면, 제 1 장에서 소개한 IncDate 클래스의 increment메소드는 아래와 같은 사전조건을 가질 수 있다. 메소드의 사전조건은 메소드 시작 부분에 주석처럼 명시한다.

```
Public void increment()
// Precondition: values of day, month and year represent a valid
//        the value of year is not less than MINYEAR
```

메소드에 대한 사전 조건은 그 메소드를 구현한 프로그래머와 그 메소드를 사용하는 이용자와의 계약과 유사하다. 이 계약의 의미는 "사전조건이 만족되면 메소드는 명시된 방식대로 올바르게 수행된다"는 것이다. 이런 방법을 "계약에 의한 프로그래밍(programming by contract)"이라고 부른다.

사전조건 뿐만 아니라 그 메소드가 종료되었을 때 어느 조건이 참인가를 명시해야 한다. 사후조건(postconditions)은 메소드 실행 후의 영향을 명시한다. 사후조건은 "어떻게 그 메소드 실행 결과를 얻는지"를 설명하는 것이 아니라 "단지 실행결과가 무엇이어야 하는지"를 명시한다. 사후조건은 관례상 사전조건 다음에 명시한다. 다음 예는 사후조건을 보여준다.

**사후 조건** : 사전조건이 만족될 때 메소드 종료 시점에서 기대되는 결과

```
public void increment()
// Precondition: values of day, month and year represent a valid
//        the value of year is not less than MINYEAR
//
// Increment this IncDate to represent the next day.
```

## 자바 인터페이스

자바는 ADT에 대한 논리적 수준의 명세화를 위하여 인터페이스를 제공한다.

컴퓨터 사이언스에서 인터페이스는 두 시스템이 서로 상호작용하는 공통 경계를 의미한다. 예를 들면, 프로그램에서 사용자 인터페이스는 사용자와 프로그램과의 상호작용을 의미하며 객체 메소드의 인터페이스는 인자들의 집합과 복귀값이다.

자바에서 "interface"는 특별한 의미를 가지는 자바 언어 키워드이다. 자바 인터페이스는 프로그램 단위의 특정 형을 나타낸다. 자바 인터페이스는 자바 클래스와 비슷하다. 즉 인터페이스에 변수 선언과 메소드를 포함할 수 있다. 그러나 인터페이스에 선언된 모든 변수는 상수이며, 모든 메소드는 추상 메소드(abstract methods)가 된다. 추상 메소드는 메소드의 시그너쳐(메소드 이름, 복귀 형, 파라메터 형)만을 명시하고 메소드의 몸체가 없는 메소드이다. 즉, 구현되지 않은 메소드이다.

**추상 메소드** : 클래스나 자바 인터페이스에 포함된 몸체(body)가 정의되지 않은 메소드

클래스와는 달리 자바 인터페이스는 인스턴스화 (객체생성) 할 수 없다. 인터페이스가 단지 추상 메소드만 가지면서 인스턴스화 할 수 없다면 그것의 목적은 무엇인가? 자바의 인터페이스는 클래스의 템플릿(template)이다. 인터페이스가 유용하게 위해서는 별도의 클래스로 그것을 구현해야 한다. 인터페이스를 구현하는 클래스에서 그 인터페이스의 모든 추상 메소드들을 구현해야 한다. 즉, 자바 인터페이스는 클래스들에 대한 요구사항을 기술하는 용도로 사용되게 된다.

아래는 한 개의 상수(PI)와 4개의 추상 메소드(perimeter, area, setScale, weight)를 가진 자바 인터페이스이다.

```
public interface FigureGeometry
{
  final float PI = 3.14f;

  float perimeter();
  // Returns perimeter of this figure

  float area();
  // Returns area of this figure
```

```
  void setScale(int scale);
  // Scale of this figure is set to "scale".

  float weight();
  // Precondition: Scale of this figure has been set.
  //
  // Returns weight of this figure. Weight = area × scale.
}
```

자바에서 추상 메소드를 선언할 때 abstract 키워드를 사용하지만 인터페이스의 메소드를 정의할 때는 abstract 키워드를 사용하지 않는다. 자바의 인터페이스에 선언되는 모든 메소드는 추상 메소드이므로 abstract 키워드를 선언하는 것은 중복 선언일 뿐이다. 비슷하게 인터페이스의 모든 메소드는 자동으로 public 메소드 이므로 메소드 시스너쳐에 public 키워드를 생략한다. 따라서 자바 인터페이스에서 메소드를 정의할 때 불필요한 수정자(modifier)를 사용할 필요가 없다.

인터페이스 또한 클래스나, 응용 프로그램과 같이 컴파일 과정을 거쳐야 되며 또한 독립적인 파일에 저장된다. 인터페이스 파일명은 자바 인터페이스 이름과 동일해야 한다. 예를 들면, 위 인터페이스는 FigureGeometry.java라는 파일명으로 저장된 후 컴파일 해야 하며, 컴파일러는 에러 코드 유무를 검사하고 에러가 없으면 이 자바 인터페이스의 바이트코드를 생성한다. 여기서는 FigureGeometry.class 라는 바이트 코드 파일이 생성될 것이다.

이 인터페이스를 사용하려면 프로그래머는 예에서와 같이 FigureGeometry 인터페이스를 구현한 Circle 클래스를 생성해야 한다.

클래스가 자바 인터페이스를 구현할 때, 그 클래스는 자바 인터페이스에 정의된 모든 상수를 접근할 수 있으며, 또한 자바 인터페이스에 정의된 모든 추상 메소드를 구현해야 한다. 따라서 Circle 클래스는 FigureGeometry 인터페이스에 선언된 4개의 추상 메소드를 구현해야 할 것이다.

```
public class Circle implements FigureGeometry
{
  protected float radius;
  protected int scale;

  public Circle(float radius)
  {
```

```
    this.radius = radius;
  }

  public float perimeter()
  // return perimeter of this figure
  {
    return ( 2 * PI * radius );
  }

  public float area()
  //return area of this figure
  {
    return (PI * radius * radius);
  }

  public void setScale(int scale)
  // Scale of this figure is set to "scale"
  {
    this.scale = scale;
  }

  public float weight()
  // Precondition : Scale of this figure has been set.
  //
  // Returns weight of this figure. Weight = area  scale.
  {
    return (this.area() * scale);
  }
}
```

여러 클래스가 동일한 하나의 인터페이스를 구현할 수도 있다. 예를 들면, Rectangle, Square 또는 Parallelogram 등의 클래스가 FigureGeometry인터페이스를 구현할 수 있다. 프로그래머는 FigureGeometry를 구현한 모든 클래스에서 자바 인터페이스에 포함된 4가지 추상 메소드 perimeter, area, setScale, weight를 모두 구현했다고 확신할 수 있게 된다.

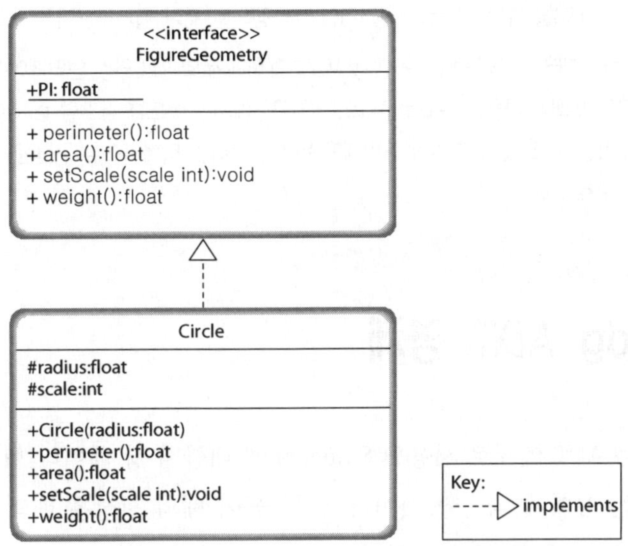


[그림 2.2] FigureGeometry 인터페이스를 구현한 Circle클래스

[그림 2.2] URL 다이어그램은 FigureGeometry 인터페이스와 Circle 클래스간의 관계를 보여주고 있다. [그림 2.2]에서 점선으로 표기된 화살표는 인터페이스를 구현하고 있는 클래스를 연결하고 있다. 물론, 한 인터페이스를 구현한 클래스는 그 인터페이스의 추상 메소드만을 구현해야 한다는 제약은 없다. 당연히 클래스는 자신만의 데이터 필드와 메소드를 추가할 수 있다.

인터페이스는 다양한 목적으로 사용되는 프로그래밍 도구이다. 인터페이스는 ADT의 논리적 관점을 명시하는 목적으로 사용될 수 있다. 인터페이스에서 추상 메소드를 정의할 수 있으며, 이는 ADT 구현에서 엑스포티드 메소드(exported method)에 해당한다. 당연히, 그 추상 메소드들은 공개 메소드이다. 또한 주석을 사용하여 각 추상 메소드의 사전조건 및 사후조건들을 명시할 수 있다. 이 자바 인터페이스를 구현하는 프로그래머는 인터페이스에 명시된 조건들을 충실히 따라야 한다. 이 ADT를 사용하고자 하는 응용 프로그래머는 단지 이 인터페이스를 구현한 클래스를 응용 프로그램에 이용하면 된다.

ADT 명세에 대한 이러한 방식의 자바 인터페이스 사용 방식은 다음과 같은 장점을 제공한다.

1. ADT 명세에 대한 구문 검사를 할 수 있다. 인터페이스를 컴파일 할 때 인터페이스의 메소드 정의에 대한 문법 에러를 자동으로 체크한다.
2. 구현이 인터페이스 계약을 잘 만족시키는지 확인할 수 있다. 인터페이스를 구현한 클래스를 컴파일하게 되면 메

소드 이름, 인자들, 복귀 형 등이 인터페이스에 정의된 것과 일치하는지 체크하게 된다.

3. ADT가 여러 형태로 구현되더라도 응용 프로그래머에게 일관성 있는 인터페이스를 제공할 수 있다. 어떤 구현에서는 메모리의 최적 사용을 목표로 하고, 다른 구현에서는 속도를 강조할 수 있다. 또한, 어떤 구현에서는 새로운 기능을 추가할 수도 있다. 이러한 상황에도 동일한 자바 인터페이스를 구현한 모든 클래스들은 명시된 인터페이스를 공통으로 가지게 된다.

# 2.2 StringLog ADT 명세

이 절에서는 ADT 예제로 사용될 StringLog에 대한 추상 데이터 형을 기술한다. 독자들은 이미 "log"라는 용어에 익숙할 것이다. 예를 들어 배의 선장은 배의 항해일지를 보관하고, 학생들은 실습일지를 작성하는 것이 log이다. 전자의 이름은 노틸러스(Nautilus) 라는 이름으로, 후자는 중간화학실습(Interemediate Chemistry Lab)이라는 이름으로 보관할 것이다.

여기서 "log"는 엔트리를 저장하고 이후에 그 엔트리에 접근할 수 있도록 하는 의미로 사용된다. 이 장에서 구현할 StringLog도 유사하다. 즉, 입력되는 모든 문자열을 기억하고 있으며, 임의의 문자영이 이미 로그에 저장되어 있는가를 확인할 수 있는 기능을 제공한다. 클리이언트 프로그램은 어떤 문자열을 저장하고 이 후에 그 문자열이 이미 저장되었던가를 확인하는데 이 StringLog을 이용할 수 있다.

이 절은 ADT의 논리적 수준에 대하여 설명한다. 따라서 원소가 StringLog에 어떻게 저장될지 또는 어떻게 검색될지 고려하지는 않는다. 단지 StringLog ADT가 제공하는 기능에만 관심이 있다.

## 생성자

생성자(constructor)는 ADT의 새로운 인스턴스를 생성한다. 자바의 인스턴스는 new 연산자를 이용하여 그 클래스의 생성자를 호출하고, 그 결과 인스턴스가 생성된다. 여기서 생성자의 개수와 생성자의 종류는 StringLog를 구현하는 사람이 결정한다.

모든 StringLog 인스턴스는 이름을 가져야 한다. StringLog를 구현할 때 인스턴스의 이름을 자동으로 초기화할 수도 있다. 그러나 이런 방법을 사용하면 모든 StringLog 인스턴스가 동일한 이름을 가지게 된다. 좀 더 유연한 방법은 생성자를 호출할 때 인스턴스의 이름을 파라메터로 넘겨주는 방식이다.

```
shipLog= new StringLogImplementation("The Nautilus");
```

이후에서는 이런 방법을 이용하여 인스턴스를 생성할 것이다.

StringLog를 구현할 때 고려해야 할 또 다른 문제는 얼마나 많은 문자열을 StringLog에 저장할 것인지 결정해야 한다. 여러 가지 대안이 있을 수 있다. 예를 들면, 크기를 제한하지 않는 무제한의StringLog, 고정 크기를 가지는 제한 StringLog , 또는 StringLog의 크기를 생성자의 파라메터로 받는 방법 등이 있을 수 있다. 이 중 세 번째 방법을 사용한다면 StringLog 인스턴스의 초기화는 아래 코드와 같을 것이다.

```
classLog = new StringLogImplementation("Physics", 100);
```

앞으로 제한된 크기의 StringLog와 무제한 크기의 StringLog 구현을 모두 다룰 것이다.

## 변환자

변환자(Transformers)는 StringLog의 내용을 변경시킨다. 여기서는 StringLog가 두 개의 변환자를 가지도록 구현한다.

- **insert** : 이 연산은 입력될 문자열을 파라메터로 받아 StringLog에 삽입한다. 이때 StringLog는 입력되는 문자열과 기존의 문자열과의 관계를 명시하지 않는다. 따라서 StringLog에는 원소간의 순서는 존재하지 않는다. 만약 StringLog가 꽉 차면 더 이상 원소를 입력시키지 않는다. 따라서 응용 프로그래머는 원소를 입력하기 전에 isFull 연산을 사용하여 StringLog에 여유 공간이 있는지 확인해야 한다.
- **clear** : 이 연산은 StringLog을 비어 있는 초기 상태로 만들고 이름은 유지한다.

## 관찰자

관찰자(Observers) 메소드는 StringLog 인스턴스의 상태를 관찰하고 그 관찰된 정보를 알려주는 메소드이다. StringLog는 다섯 개의 관찰자 연산을 가진다.

- **Contains** : 이 연산은 StringLog의 가장 중요한 기능이다. 검색할 문자열을 파라메터로 입력 받아 검색을 수행하고, 문자열의 존재 여부를 알려준다. 이때 대소 문자는 구별하지 않는다.
- **Size** : StringLog에 현재 저장된 문자열의 개수를 복귀한다.
- **isFull** : StringLog가 가득 차 있는지 검사한다. 만약 가득 차 있으면 사용자는 더 이상 insert 연산을 수행할 수 없다.
- **getName** : StringLog 인스턴스의 이름을 복귀한다.
- **toString** : StringLog의 모든 내용을 문자열로 복귀한다.

## StringLogInterface

StringLog에 대하여 다양한 연산을 명시할 수 있으나 여기서는 최소한의 연산자 만을 가정하고 설명을 진행하도록 한다.

지금까지 StringLog ADT에 대하여 비정형적으로 명시하였다. 아직까지 세부적인 인터페이스를 정의하지 않았고, 또한 사전 조건 과 사후 조건 그리고 연산 수행의 결과에 대한 자세한 정의를 하지 않았다. 이러한 자세한 정보는 StringLog를 구현하는 사람뿐만 아니라 StringLog 사용자도 필수적으로 알아야 하는 정보이다.

다음 단계는 지금까지의StringLog ADT 명세를 자바 인터페이스로 설계하는 것이다. 이를 위하여 모든 메소드 인터페이스는 자바 코드로 나열한다. 그 외 부분들은 주석으로 표시한다. 다음은 StringLog 에 대한 인터페이스이다.

```
//----------------------------------------------------------------------
// StringLogInterface.java  by Dale/Joyce/Weems       Chapter 2
//
// Interface for a class that implements a log of strings.
// A log "remember" the elements place into it.
//
// A log must have a "name".
//----------------------------------------------------------------------
package ch02.stringLogs;

public interface StringLogInterface
{
  void insert(String element);
  // Precondition: This StringLog is not full.
  //
  // Places element into this StringLog

  boolean isFull();
  // Return true if this StringLog is full. otherwise return false.

  int size();
  // Returns the number of strings in this StringLog


  boolean contains(String element);
  // Return true if element is in this StringLog
```

```
  // otherwise return false
  // Ignore case differences wen doing a string comparisons.

  void clear();
  // Makes this StringLog empty

  String getName();
  // Returns the name of this StringLog

  String toString();
  // Returns a nicely formatted string representing this StringLog
}
```

이 인터페이스를 StringLogInterface라고 부른다. 이는 package문을 포함한다. 이 인터페이스는 StringLogADT를 지정하고 구현하는 여러 단위 중 첫 번째이다. 위 코드에서 파일들을 조직화 하기 위하여 ch02.stringLogs 라는 이름의 패키지로 관련 파일들을 묶는다.

자바 인터페이스는 인스턴스를 직접 생성할 수 없기 때문에 생성자를 갖지 않는다. 따라서 자바 이 인터페이스를 구현하는 클래스에서 적절한 생성자를 정의해야 한다.

여기서 사전 조건을 명시한 메소드는 insert 뿐이다. 만약 insert의 사전 조건이 만족되지 않은 상황에서 이 메소드가 호출되면 어떻게 될까? 현재 StringLog ADT 명세에는 StringLog가 가득 찬 상태에서 insert 문을 호출했을 때의 결과를 명시하지 않고 있다. insert메소드를 호출하기 전에 사전 조건을 검사하는 것은 응용 프로그래머 책임이다. 정의된 메소드에 isFull 메소드를 제공하므로 사용자는 이 메소드를 미리 호출하여 insert 메소드의 사전 조건을 충족시켜야 한다.

이 장에서는 계약에 의한 프로그래밍 방식을 사용하므로 사용자는 StringLog 추상화와 그것을 지원하는 자바 기능에만 관심을 가지며, 잘못된 사용으로 인한 복잡성을 자세히 다루지는 않는다. 그 외 오류처리 기법은 이후의 장에서 다루게 된다.

## StringLogInterface 의 사용

아래 예제는 StringLogInterface를 이용하는 응용 프로그램이다. 이 프로그램에서 ch02.stringLogs 패키지를 포함시킴으로써 인터페이스와 관련 구현에 접근할 수 있게 된다.

```
//----------------------------------------------------------------
// UseStringLog.java    by Dale/Joyce/Weems         chapter 2
```

```
//
// Simple example of the user of a StringLog.
// ---------------------------------------------------------------

import ch02.stringLogs.*;

public class UseStringLog
{
  public static void main(String[] args)
  {
    StringLogInterface log;
    log = new ArrayStringLog("Example Use");

    log.insert("Elvis");
    log.insert("King Louis XII");
    log.insert("Captain Kirk");

    System.out.println(log);
    System.out.println("The size of the log is "+ log.size() );
    System.out.println("Elvis is in the log: "+log.contains("Elvis"));
    System.out.println("Santa is in the log: "+log.contains("Santa"));
  }
}
```

1)

이 프로그램에서 StringLogInterface를 사용하는 코드는 밑줄로 강조되어 있다. 강조된 코드에서 log인스턴스의 구현 클래스는 ArrayStringLog 이다. 이 클래스는 2.3절에서 StringLogInterface를 구현한 클래스이다. 이 때 클라이언트 프로그램에서 ADT를 가능한 추상적으로 선언하는 것이 중요하다. 이렇게 하면 이 후에 구현 클래스를 변경할 때 도움이 된다. 이러한 이유로 log 인스턴스의 데이터 형을 ArrayStringLog 대신에 StringLogInterface로 선언한 것이다.

이 프로그램의 출력 결과는 아래와 같다.

```
Log:Example Use
       Elvis
       2.king Louis XII
       Captain Kirtk
The size of the log is 3
  Elvis is in the log: true
Santa is in the log: false
```

1) StringLog와 관련된 파일들은 bookFiles/ch02/stringLogs/ 디렉토리에 저장되어 있다.

StringLog ADT에 대하여 세 가지 서로 다른 관점에서 바라볼 수 있다.

### 1. 응용 프로그램 수준(Application level)

UseStringLog는 응용 프로그램이다. 이 프로그램은 StringLogInterface 형의 인스턴스 log를 선언하고, 이 인터페이스의 구현 클래스인 ArrayStringLog를 이용하여 필요한 작업을 하고 있다.

### 2. 논리적 수준(Logical level)

자바 인터페이스 StringLogInterface는 StringLog ADT에 대한 추상 메소드를 정의한다. 이 인터페이스는 UseStringLog 응용 프로그램에서 사용되었고, ArrayStringLog 클래스에 의해 구현되었다.

### 3. 구현 수준(Implementation level)

ArrayStringLog 클래스는 StringLogInterface (StringADT)를 구체적으로 구현하였다. 이 클래스는 응용프로그램 UseStringLog에서 사용될 수 있다. 유사하게 LinkedStringLog 클래스 (2.6절 참고)도 하나의 구현된 예를 보여준다.

[그림 2.3]의 URL 다이어그램은 StringLogInterface, ArrayStringLog, LinkedStringLog, UseStringLog 사이의 관계를 표현하고 있다. 변수와 메소드는 편의상 생략하였다.

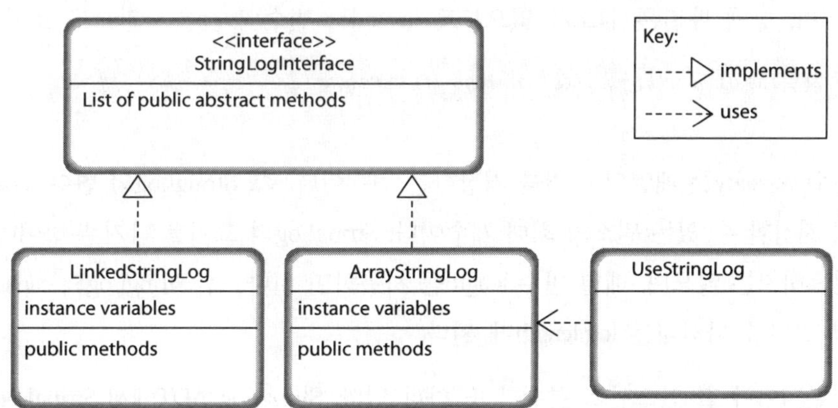


[그림 2.3] UML 다이어그램: StringLog 클래스들의 관계

# 2.3 배열기반의 StringLog ADT 구현

이 절에서 배열기반의 StringLog 구현에 대하여 알아본다. 배열기반 구현의 가장 큰 특징은 문자열이 배열의 이웃한 슬롯에 순차적으로 저장된다는 것이다. 이 절에서 구현될 클래스는 ArrayStrigLog 이다. 이 클래스는 StringLogInterface를 구현한 클래스이며, 또한 연결기반 구현과 구별된다. 이 클래스 또한 ch02.stringLogs 패키지에 저장된다. 이 클래스는 배열을 이용하기 때문에 고정 크기 StringLog 의 한 예이다.

## 인스턴스 변수

이번 구현에서 StringLog 의 원소들은 log라는 이름의 String 배열에 저장된다.

```
String[] log; // Array that holds strings
```

배열은 처음에는 비어있다. insert 메소드가 호출될 때 마다, 문자열이 배열에 저장된다. 배열에 저장된 마지막 원소의 색인을 저장하고 있으면 배열의 원소 삽입 문제는 쉬워진다. 배열의 색인을 이용하게 되면 삽입될 문자열의 삽입 위치를 미리 알 수 있게 되기 때문이다. 배열의 색인 값을 저장하는 변수는 lastIndex 이다. 자바에서 배열의 첫 번째 슬롯은 색인가 0이다. 공백 배열은 원소가 없으므로 lastIndex 변수의 값을 -1값으로 초기화한다.

```
int lastIndex= -1; // index of last string in array
```

변수 capacity는 배열의 크기를 저장하는 변수이다. 즉, StringLog의 변수 capacity는 StringLog에 저장할 수 있는 원소의 최대 개수이다. StringLog의 크기를 담기 위하여 인스턴스 변수가 필요하지는 않으며, 배열 변수 length를 사용하면 된다. 즉, StringLog의 capacity는 해당 배열의 길이를 나타내는 log.length가 된다.

선언되어야 할 인스턴스 변수가 또 하나 있다. StringLog ADT에서 StringLog의 이름을 저장할 인스턴스 변수를 선언하여야 한다. 다음에서 이름을 저장할 인스턴스 변수를 name으로 표시하였다.

```
String name;  // name of this log
```

아래 코드는 인스턴스 변수들의 선언을 포함하고 있는 클래스 파일의 시작 부분이다. 여기에는 패키지 문장과 소개 주석 및 각 변수에 대한 설명 주석도 포함된다.

```
// ----------------------------------------------------------------
// ArrayStringLog.java    by Dale/Joyce/Weems        chapter 2
//
// Implements StringLogInterface using an array to hold the log strings.
// ----------------------------------------------------------------

package ch02.stringLogs;

public class ArrayStringLog implements StringLogInterface
{
  protected String name;     // name of this log
  protected String[] log;     // array that hold log strings
  protected int lastIndex = -1;  // index of last index in array
  .
  .
  .
```

위 코드에서 볼 수 있듯이 변수의 접근 수정자(visibility modifier)를 protected로 선언하여 정보 은닉의 원칙을 따르고 있다. protected 접근 수정자로 선언된 변수들은 ArrayStringLog 클래스를 상속한 하위 클래스에서만 접근할 수 있다. 정보은닉의 원칙을 지키면서 클래스를 확장하고자 할 때 protected 수정자가 유용한 수단이 된다.

## 생성자

StringLog ADT에서 처음 살펴볼 연산은 StringLog 인스턴스를 생성하는 생성자(constructor)이다. 클래스의 생성자는 그 클래스의 이름과 동일하며 복귀 형이 없는 특별한 메소드이다. 생성자는 클래스의 인스턴스를 생성하고 필요하면 변수를 초기화하며, 생성되는 인스턴스에 메모리를 할당한다. 다른 메소드와 같이 생성자도 클래스 내의 변수와 메소드에 대한 접근이 가능하다.

ArraySringLog 클래스의 생성자는 두 개의 파라메터가 필요하다: StringLog의 이름을 저장할 변수, 최대 크기를 저장할 변수. 프로그램에서는 두 번째 파라메터 (maxSize)를 사용하여 배열을 생성하게 된다.

```
public ArrayStringLog(String name, int maxSize)
// Precondition: maxSize > 0
//
// Instantiates and return a reference to an empty StringLog
// object with name "name" and room for maxSize strings.
{
  log= new String[maxSize];
  this.name=name;
}
```

자바에서 배열을 생성할 때 배열의 크기(maxsize) 만큼의 공간을 확보하게 되고 배열의 각 슬롯을 null값으로 초기화 시키므로 위 생성자의 시간 복잡도는 O(N)이다.[2] 여기서 N은 maxSize이다.

위 코드에서 this는 인스턴스 변수 name과 파라메터 name이 이름이 동일하기 때문에 두 변수를 구별하기 위해 사용된다. 인스턴스 변수 name은 (this.name로 표시됨)은 파라메터 name으로 지정된다.

[그림 2.4]는 실행 단계별로 ArrayStringLog 의 내부 관점과 추상 관점을 보여주고 있다. [그림 2.4]에서 처음 두 번째 단계는 strLog라는 StringLog 인스턴스를 선언하고 위 생성자를 이용하여 인스턴스를 인스턴스시켰을 때의 모습이다.

아래 생성자는 ArrayStringLog의 두 번째 생성자이다. 이 생성자는 배열 크기를 파라메터로 입력 받지 않고 디폴트 크기(100)로 배열을 생성한다.

```
public ArrayStringLog(String name)
// Instantiates and returns a reference to an empty StringLog
// object with name "name" and room for 100 strings.
{
   log= new String[100];
   this.name=name;
}
```

**메소드 오버로딩 (Method OverLoading)**

이 프로그램은 두 개의 생성자를 가진다. 그런데, 두 생성자는 메소드 이름이 동일하다. 자바는 동일한 메소드 이름으로 생성된 여러 메소드를 파라메터 리스트 등을 활용하여 구별한다. 메소드의 시그너쳐는 메소드 이름, 매개 변수의 수, 매개 변수의 데이터 형이 조합된 형태로 구성된다. 따라서 동일한 메소드 이름을 가지더라고 메

2) ull 값은 자바 배열의 슬롯을 초기화시키는 작업은 자동으로 이루어지므로 코딩할 필요가 없다.

소드의 시그너쳐가 다르면 다른 메소드로 간주하여 가장 적합한 것을 구별하여 호출하게 된다. ArrayStringLog 클래스의 두 생성자 이름은 모두 ArrayStringLog 이다. 그러나 한 생성자는 정수와 문자열을 파라메터로 받고, 다른 생성자는 문자열만을 파라메터로 받기 때문에 자바는 동일 이름의 두 생성자를 구별하여 적합한 것을 호출할 수 있게 된다.

**시그네쳐**(signature) : 메소드 이름, 매개 변수의 수, 매개 변수의 데이터 형으로 조합된 메소드의 헤더 부분.

**오버 로딩**(overLoading) : 동일한 메소드 이름이지만시그네쳐가 다른 여러 버전의 메소드를 생성하는 기법

## 변환자

예제 프로그램은 두 개의 변환자(transfor) 연산을 가진다: insert, clear. StringLog를 사용하기 위해서 원소가 배열에 삽입되어야 한다. 이전에 설명한 것과 같이 새로운 원소의 삽입은 배열의 마지막 원소 다음에 삽입한다.

lastIndex 변수가 마지막 원소의 위치를 저장하고 있기 때문에 그곳에 저장한 후 lastIndex 변수의 값을 증가시켜 다음 삽입될 위치를 가리키면 된다.

```
public void insert(String element)
// Precondition: This StringLog is not full
//
// Places element into this StringLog.
{
        lastIndex++;
        log[lastIndex] = element;
}
```

위 메소드는 원소를 배열에 삽입할 때마다 lastIndex 값을 증가시키므로 이 변수의 값은 항상 배열의 마지막 슬롯을 가리키게 된다. 이 메소드에서 주의할 점은 사전 조건을 만족 시키기 위해서는 lastIndex 값이 배열의 범위를 벗어나면 안 된다는 것이다. insert 메소드는 오직 두 문장만을 수행하므로 시간 복잡도는 O(1)이다.

[그림 2.4]를 다시 살펴보자. StringLog 형의 strLog 객체가 생성된 후 새로운 원소를 삽입 시키기 위하여 insert 메소드가 호출된다.

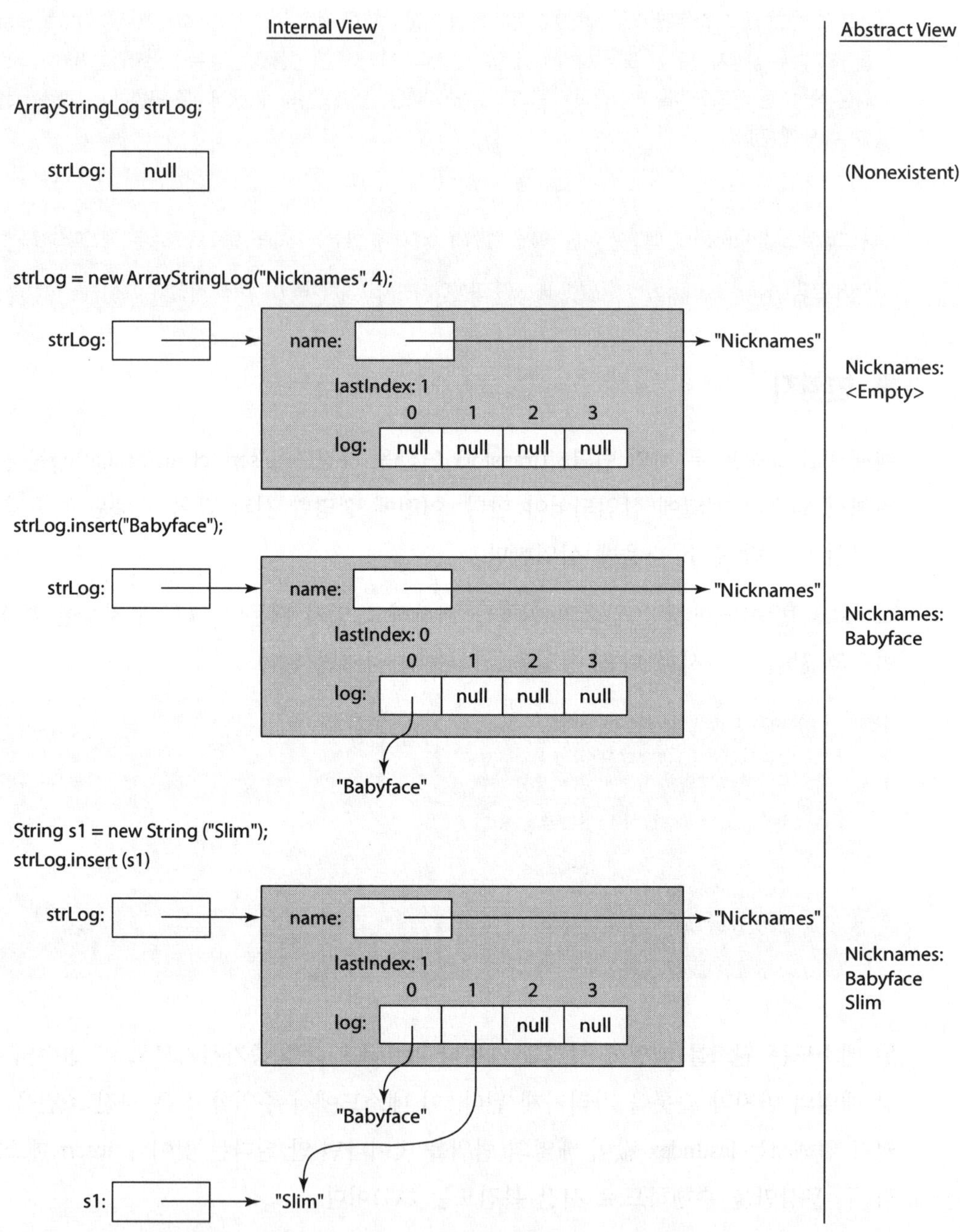


[그림 2.4] 배열 기반 구현된 StringLog 연산의 결과

첫 번째 호출 문장은 문자열 리터럴(literal)이 insert 메소드 파라메터로 넘겨지고, 두 번째 호출 문장은 문자열 형 변수가 넘겨지는 과정을 보여주고 있다. 아래는 [그림 2.4]의 코드이다.

```
ArrayStringLog strLog;
strLog = new ArrayStringLog("Nicknames",4);
strLog.insert("Babyface");
String s1 = new String("Slim");
strLog.insert(s1);
```

[그림 2.4]는 strLog 객체의 바깥에 존재하는 문자열들을 보여주고 있다. 이 문자열이 log 배열에서 참조되지만 strLog 객체와 독립적으로 존재하게 된다. 다른 변수 s1에서도 참조되는 문자열 "Slim"의 경우에서 이 사실이 극명하게 나타난다.

또 다른 변환자 메소드는 clear연산이다. 일견 이 메소드는 아주 간단해 보인다. 즉 lastIndex 변수의 값을 초기값인 -1로 할당하는 것이다. 그 결과 이전에 배열에 저장되었던 어떤 원소도 접근할 필요가 없음을 의미한다. 그런데 [그림 2.5 (a)]와 같이 lastIndex값은 -1이지만 배열은 여전히 기존의 문자열을 참조하고 있다. 만약 자바의 불필요정보 수집자(Garbage Collector)로 하여금 더 이상 사용할 필요가 없는 문자열의 메모리를 수거하도록 하려면 배열의 모든 슬롯을 null값으로 할당해야 한다[그림 2.5 (b)]. 그렇지 않으면 기존 문자열이 계속 참조되고 있기 때문에 불필요정보 수집자는 현재 사용중인 객체로 인식하여 메모리 회수 작업을 수행하지 않는다.

```
public void clear()
// Makes this StringLog empty
{
  for(int i=1; i<= lastIndex ; i++)
   log[i] = null ;
  lastIndex= -1;
}
```

[그림 2.5 (a)]를 이 책에서 lazy clear라고 부르고 [그림 2.5 (b)]는 thorough clear라 부르겠다. (a)의 경우 lastIndex에 -1값만 할당하면 되므로 O(1)의 시간 복잡도를 가진다. 그런데 (b)의 경우 위 clear코드에서 볼 수 있듯이 시간 복잡도가 O(N)이다. 결과적으로 (a)의 경우 시간만을 고려하면 (b)보다 빠르다. 그러나 (b)의 경우 더 이상 사용하지 않는 메모리를 시스템에 반환하여 시스템 자원을 효율적으로 사용할 수 있다. 따라서 두 방법 중 하나를 선택할 때 시간과 자원 효율성을 고려하면 된다.

## 관찰자

여기서는 간단한 관찰자(Observers) 연산들로 isFull, size, getName, toString을 소개한다. 시간 복잡도 분석을 위하여 strLog 가 N개의 원소를 가진다고 가정한다.

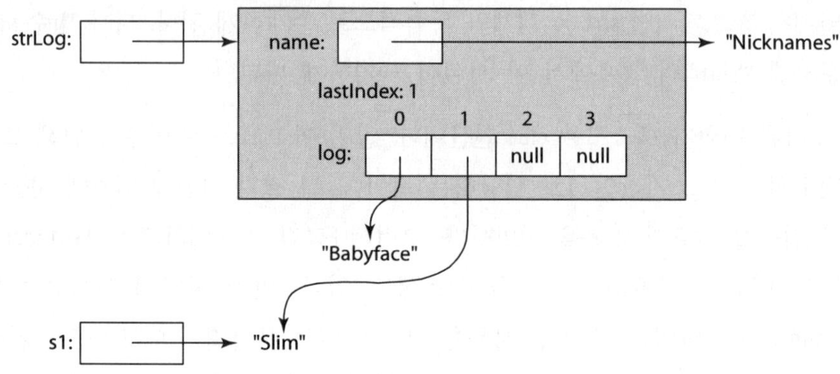


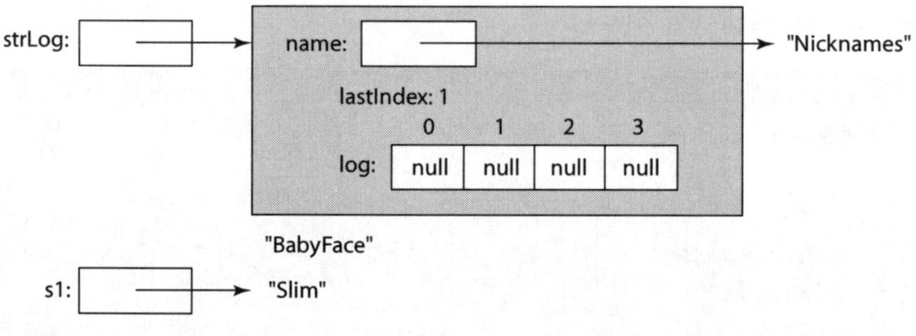


[그림 2.5] (a)lazy clear, (b)through clear

isFull 연산은 lastIndex와 배열의 크기와 비교하면 된다. 비교에서 배열의 색인가 -1에서 시작한다는 점을 고려해야 한다.

```
public boolean isFull()
// Returns true if this StringLog is full, otherwise return false.
{
  if( lastIndex == (log.length-1) )
    return true;
  else
```

```
    return false;
}
```

size메소드의 몸체에는 한 문장만을 수행하면 된다.

```
public int size()
// Return the number of strings in this StringLog.
{
  return (lastIndex+1);
}
```

getName 메소드도 StringLog 의 이름을 복귀하는 것으로 간단하게 구현된다.

```
public String getName()
// Return the name of this StringLog
{
  return name;
}
```

지금까지의 관찰자 메소드 isFull, size, getName 메소드는 시간 복잡도가 모두 O(1)이다.

toString메소드는 StringLog에 저장된 모든 원소의 문자열을 복귀한다. 이 메소드는 첫 줄에 StringLog의 이름을 출력한 후 저장된 모든 원소를 순서 번호를 붙여 출력한다. 아래는 toString메소드의 출력 예이다.

```
Log: Three Stooges
1. Larry
2. Moe
3. Curly joe
```

위와 같은 출력 결과를 얻기 위하여 toString메소드는 O(N)의 시간 복잡도가 필요하다.

```
public String toString()
// Returns a nicely formatted string representing this StringLog
{
  String logString = "Log: "+ name+ "\n\n";

  for(int i=0; i <= lastIndex; i++)
  {
   logString = logString + (i+1) +"." +log[i]+"\n";
  }
```

```
  return logString;
}
```

마지막 관찰자 메소드는 contains연산이다. 이 메소드는 문자열을 인자로 받아 그 문자열을 StringLog에 저장된 문자열과 비교하여 일치하면 true, 일치하지 않으면 false값을 복귀한다. ADT 명세에서 설명한 바와 같이 두 문자열을 비교할 때 대소문자를 구별하지 않는다. 따라서 대소문자 구별 없이 비교하기 위하여 자바 String 클래스의 equalIgnoreCase 메소드를 사용하면 된다.

아래 예제에서 Strring 객체name 이 "Rumplestiltskin"의 문자열을 가진다면 첫 번째 문장은 true이고 두 번째 문장은 false이다.

```
        name. equalIgnoreCase("rumplestiltskin");
        name. equalIgnoreCase("Rumplestiltskinny");
```

contains 메소드를 구현하는 방법은 검색 문자열을 배열의 시작 원소부터 일치하는 문자열이 존재할 때까지 비교하게 된다. 일치하는 문자열이 있으면 검색은 멈추지만 일치하는 문자열이 없으면 배열의 마지막 원소까지 검색해야 한다. 따라서 최악의 경우 시간복잡도는 O(N)이다.

지금까지 소개한 알고리즘을 구현하는 작업은 그리 어렵지는 않다. 그렇다고 아주 간단한 것 만은 아니다. 단계적 계선(stepwise refinement) 방법을 사용하면 알고리즘 구현에 도움이 된다. 이후 "단계적 계선" 절에서 이 방법을 소개하고 contains메소드를 이 방법을 적용하여 구현할 것이다.

아래는 지금까지 설명한 배열기반 StringLog 클래스의 코드이다. 물론 구현 프로그램에 대한 검사 과정을 거쳐야 한다. 다음 절에서 간단한 소프트웨어 검사에 대하여 알아보고 ArrayStringLog에 대하여 소프트웨어 검사를 수행할 것이다.

```
//----------------------------------------------------------------------
// ArrayStringLog.java    by Dale/Joyce/Weems         chapter 2
//
// Implements StringLogInterface using an array to hold the log strings.
//----------------------------------------------------------------------

package ch02.stringLogs;
public class ArrayStringLog implements StringLogInterface
```

```
{
  protected String name;              // name of this StringLog
  protected String[] log;             // array that holds strings
  protected int lastIndex = -1;       // index of last string in array

public ArrayStringLog(String name, int maxSize)
// Precondition: maxSize > 0
//
// Instantiates and returns a reference to an empty StringLog object
// with name "name" and room for maxSize strings.
{
  log = new String[maxSize];
  this.name = name;
}
public ArrayStringLog(String name)
// Instantiates and returns a reference to an empty StringLog object
// with name "name" and room for 100 strings.
{
  log = new String[100];
  this.name = name;
}
public void insert(String element)
// Precondition: This StringLog is not full.
//
// Places element into this StringLog.
{
  lastIndex++;
  log[lastIndex] = element;
}
public boolean isFull()
// Returns true if this StringLog is full, otherwise returns false.
{
  if (lastIndex == (log.length - 1))
   return true;
  else
   return false;
}
public int size()
// Returns the number of strings in this StringLog.
{
   return (lastIndex + 1);
}
```

```
public boolean contains(String element)
// Returns true if element is in this StringLog,
// otherwise returns false.
// Ignores case differences when doing string comparison.
{
  boolean moreToSearch;
  int location = 0;
boolean found = false;
moreToSearch = (location <= lastIndex);

while (moreToSearch && !found)
{
  if (element.equalsIgnoreCase(log[location])) // if they match
   found = true;
  else
  {
   location++;
   moreToSearch = (location <= lastIndex);
  }
}
  return found;
}

public void clear()
// Makes this StringLog empty.
{
  for (int i = 0; i <= lastIndex; i++)
   log[i] = null;
  lastIndex = -1;
}

public String getName()
// Returns the name of this StringLog.
{
   return name;
}
public String toString()
// Returns a nicely formatted string representing this StringLog.
{
  String logString = "Log: " + name + "\n\n";

  for (int i = 0; i <= lastIndex; i++)
```

```
    logString = logString + (i+1) + ". " + log[i] + "\n";

    return logString;
  }
}
```

## 단계적 계선(Stepwise Refinement)

데이터 추상화, 정보 은닉과 함께 시스템의 복잡성을 해결하는 실용적인 방법이 단계적 계선이다. 여러분은 이미 단계적 계선방법에 익숙해져 있다. 이 방법은 에세이나 논문 및 책을 쓸 때 사용되는 표준적인 방법이기 때문이다. 예를 들면, 책을 쓸 때 주요 주제를 정하고 각 주 주제에 해당되는 서브 주제를 선정한 다음 자세한 내용을 쓰는 방식이 단계적 계선이다.

- 하향식(Top-down): 해결할 문제를 여러 개의 부분으로 분해하고 그것들을 다시 낮은 레벨의 구성요소로 분해하여 원하는 수준에 도달할 때까지 반복적으로 분해하는 방법이다. 세부사항은 구체적인 해결책이 적용될 수 있는 단계까지 구현을 미루게 된다.
- 상향식(Bottom-up): 하향식 방법과는 반대로 구체적인 세부사항이 먼저 작성된다. 즉 시스템에서 사용되는 구체적인 구성요소들을 먼지 작성하고 이 요소들을 결합하여 더 큰 구성요소를 만들어내는 과정을 통해 큰 문제를 해결하는 방법이다. 요리책의 경우 저자는 각각의 요리에 대한 요리법을 작성할 것이고 이 후 요리법을 섹션이나 장으로 묶는 작업을 할 것이다. 프로그래밍에서도 상향식 방법은 매우 유용하다. 기존에 작성된 프로그램 컴포넌트들을 재 구성하여 더 큰 시스템을 구축할 수 있기 때문이다.

하향식 설계 방식은 대부분 복잡한 메소드를 설계할 때 사용된다. 이 하향식 설계방식을 ArrayStringLog 클래스의 contains 메소드 설계에 적용해보자. 우선, 문제 해결을 위한 추상적인 아이디어로 시작해서 단계를 거치면서 좀 더 구체적인고 세부적인 사항이 추가된다.

초기 단계에서 문제 해결을 위한 아이디어를 자바 코드와 자연어를 이용하여 추상적으로 기술한다. 이와 같이 컴퓨터 언어와 자연어를 동시에 사용하여 알고리즘을 표현한 것을 의사코드(pseudo code)라고 부른다. 단계별 개선을 거치면서 자연어 표현은 점점 사라지고 컴퓨터 코드로 변환되게 된다. 완전한 해결책이 존재하는 수준에 도달하면 모든 코드가 컴퓨터 코드로 되는 것이다.

전반적인 방법은 이미 소개하였다. 배열을 처음부터 순차적으로 순회하면서 검색 원소와 각 배열에 저장된 원소를 비교하여 동일한 원소를 발견하거나 배열의 마지막 원소에 도달할 때까지 이 연산을 계속한다. 이 과정은 아래와 같은 의사코드로 표현된다.

```
public boolean contains(String element)
{
  Set variables
  while(we still need to search)
  {
    Check the next value
  }
  return(whether we found the element)
}
```

위 의사코드는 단계를 거치면서 구체적인 자바 코드로 변환해 나가야 한다. 어떤 부분부터 변환해야 할까? 우선 "whether we found the element" 부분을 변환해 보자. 이 문장은 배열을 순회하면서 동일한 원소를 찾았는지 아닌지에 대한 유무를 알아낸다. 이 정보를 저장할 변수 "found"를 사용할 것이다. 이 변수는 false로 초기화 된다.

또한, "Check the next value"를 수행할 때 파라메터 element와 정합되는 원소가 발견되면 found변수에 true값을 할당하고 검색을 마친다. 검색을 마치고 루프를 벗어날 때 found변수의 값은 이 메소드가 복귀하고자 하는 정보(검색의 성공/실패)를 정확히 저장하고 있어야 한다.

```
public boolean contains(String element)
{
  boolean found = false;
  Set other variables;
  while(there are more values to search  && !found )
  {
    if (the next value equals element)
      found = true;
  }
return (found);
}
```

다음 해결한 문장은 "next value"이다. 이 문장의 의미는 배열의 현재 위치를 계속 추적하고 있으며, 현재 위치의 원소가 일치하지 않으면 배열의 다음 원소를 가리키도록 설정한다.

알고리즘에서 location변수를 사용하여 배열의 현재위치를 지정한다. 이 변수의 초기 값을 0으로 설정하면 배열의 시작 위치부터 검색할 수 있게 된다. 이 시점에서 자바 String클래스의 euqalsIgnoreCase메소드를 이용하여 문자열 비교 알고리즘을 자바 코드로 변환시킨다. 이러한 작업은 다음과 같이 표시된다.

```
public boolean contains(String element)
{
  int location = 0;
  boolean found = false;
  Set other variables;
  while(there are more values to search && !found)
  {
    if (element.equalsIgnoreCase(log[location]))
      found = true;
    else
      location++;
  }
  return (found);
}
```

이제 남은 있는 문제는 "there are more values to search"를 해결하는 것이다. 이 프로그램에서 lastIndex 는 배열의 마지막 원소를 가리키는 변수이다. 따라서 배열의 현재 위치를 가리키는 location변수 값이 lastIndex값 보다 같거나 작으면 검색을 계속해야 한다. 이 정보를 유지하기 위해 moreToSearch변수를 사용한다. 지금까지의 변경사항과 추가적인 주석을 덧붙여서 아래와 같은 contains메소드를 작성할 수 있다.

```
public boolean contains(String element)
{
 // Return tru if element is in this StringLog
 // otherwise returns false.
 // Ignores case differences when doing string comparisons.
boolean moreToSearch;
  boolean found = false;
 int location = 0;
 moreToSearch= (location <= lastIndex);

  while(moreToSearch && !found)
{
  if(element.equalsIgnoreCase(log[location]))
    found = true;
    else
     location++;
}
  return (found)
}
```

## 2.4 소프트웨어 검사

제 1장에서 좋은 소프트웨어의 특징에 대하여 알아보았다. 좋은 소프트웨어를 판단하는 가장 중요한 기준은 그 소프트웨어가 의도한 기능을 올바르게 수행하는지 여부이다. 그렇다면 우리의 프로그램이 그 목적을 올바르게 수행하는지 어떻게 알 수 있을까? 그 답은 소프트웨어를 검사해 보는 것이다.

**소프트웨어 검사작업** : 에러 검출을 목적으로 적절한 데이터를 이용하여 프로그램을 실행하는 과정

**단위검사작업**(unit testing) : 클래스나 메소드 그 자체를 검사하는 것

소프트웨어 검사작업은 소프트웨어 검증의 한 부분이다. 소프트웨어 검증은 프로그램이 완전히 구현되고 난 이후에 할 수 있는 것은 아니다. 즉, 검증과정은 요구사항 분석 단계부터 전체 소프트웨어 개발 과정에 포함될 수 있다. 검증 과정은 이후 절에서 다시 살펴본다.

소프트웨어 검사 과정에서 소프트웨어가 정확하게 수행되는지 검증하기 위하여 다양한 검사 사례를 만들어야 한다. 이 검사 사례의 목적은 특정 프로그램의 기능을 검증하는 것이다. 예를 들면, 특정 프로그램이 다양한 입력 오류에 적절히 대응하는지를 밝히기 위하여 검사사례를 설계할 수 있다.

각 검사사례에 대하여, 아래와 같은 과정을 수행해야 한다.

- 수행할 검사사례를 위한 입력 값을 확인한다.
- 주어진 입력 값에 대하여 프로그램의 동작과정을 확인한다.
- 프로그램을 수행한 후 수행 결과를 확인한다.
- 예측 결과와 실제 수행 결과를 비교한다.

이 책에서 사용하는 검사사례는 클래스나 메소드 레벨에 대한 것이다. 프로그램의 한 모듈을 검사하는 방식이 전체 프로그램을 동시에 검사하는 것 보다 쉽고, 간편하다. 클래스나 메소드 레벨에서 검사하는 과정을 단위 검사작업이라 부른다.

검사하기 위하여 어떤 종류의 단위 검사사례가 필요한지 혹은 몇 개의 단위검사사례가 필요한지 결정하는 작업 자체도 어려운 과정이다.

## 검사사례 확인

검사에서 검증 데이터 또는 기능적 도메인은 대개의 경우 매우 제한되어 있으므로 모든 가능한 경우에 대하여 검사 하는 것이 필요하다.

기능적 도메인(Functional Domain) : 프로그램이나 메소드에 대하여 검증된 데이터의 집합.

블랙박스 검사작업(Black-box Testing) : 코드를 블랙박스로 간주하고 가능한 입력 데이터를 기반으로 프로그램과 메소드를 검사함.

이러한 전수검사작업(exhaustive testing)을 통하여 소프트웨어가 요구사항을 만족시키는 지 검증할 수 있다. 그러나, 대부분의 경우 기능적 도메인은 매우 크기 때문에 위와 같은 전수검사작업은 비현실적이며 불가능하다.

또한, 우리는 매우 위험한 방법으로 프로그램을 검사하기도 한다. 즉, 프로그램 수행이 멈출 때까지 랜덤 데이터를 입력하는 방법이다. 이 방법은 결코 도움이 되지 않는다. 이 임의 접근방식은 프로그램에서 약간의 오류를 찾을 수는 있지만, 전체 오류를 찾을 수는 없다. 따라서 체계적인 방법으로 오류를 검출하는 전략이 필요하다.

데이터의 일반적인 차원을 포함하는 목적 지향적인 접근 방식이 사용되기도 한다. 각 차원 내에서 입력 데이터의 카테고리와 예상 결과를 찾아낸다. 그리고 나서 각 차원의 카테고리를 조합해서 다양한 검사 사례를 작성할 수 있다. 아래 예는 contains 메소드에 대한 차원과 각 차원의 카테고리들이다.

- 예상 결과: true, false
- StringLog의 크기: 비어있음, 꽉 차있음, 작음, 큼,
- 원소의 특징: 공백이 있음, 공백이 없음
- 일치 패턴: 완전한 일치, 대소 문자만 다른 불완전 일치
- 일치 위치: 첫 번째 문자열 일치, 마지막 문자열 일치, 중간 문자열 일치

위 리스트로부터 수 많은 검사사례를 만들 수 있다. 주목할 점은 차원의 조합에 의해 생성된 어떤 검사사례는 비논리적일 수도 있다. 예를 들면, 예상 결과가 false이고 정확한 일치 패턴을 조합한 검사사례는 존재할 수 없다. 따라서 신중하게 차원과 카테고리를 조합하여

의미 있는 검사사례들을 만들어야 한다.

데이터 적용범위(data coverage)를 기반으로 수행되는 이런 검사를 "블랙박스 검사"라 칭한다. 검사는 모듈에 대한 외부 인터페이스-입력 값과 예상 출력-를 정확히 이해해야 하지만 모듈 내부에서 수행되는 처리는 고려할 필요가 없다.

## 소프트웨어 유효성 검사 및 요구사항 검증(Validation and Verification)

소프트웨어 유효성 검사 및 요구사항 검증은 소프트웨어 생명 주기 전 과정에 걸쳐 수행되는 작업이다. 두 작업은 관련되어 있으나 독립된 주제를 다룬다. 유효성 검사는 소프트웨어가 사용자의 요구에 적합한지를 판별한다. 프로젝트를 마치고 프로그램을 인도할 때 가장 많이 듣는 말은 "그 소프트웨어는 우리가 요구했던 것이지만 우리가 필요한 소프트웨어는 아닙니다" 이다. 소프트웨어 요구사항 검증은 개발 단계마다 단계별 목표를 달성했는지를 확인할 수 있다. 유효성 검사는 "Are we doing the right job"과 관련되며 요구사항 검증은 "Are we doing the job right"와 관련된다.

### 검증 활동 설계 (Design Review Activities)

각 프로그래머가 프로그램을 디지인하고 개발할 때 많은 소프트웨어 에러를 발견하게 된다. 탁상검사라고 하는 설계 검사는 수작업으로 프로그램의 오류를 검사하는 방법이다. 프로그래머는 필수적인 데이터(변수, 입력 값, 파라메터 등)을 미리 적게 놓고 프로그램의 흐름을 따라가면서 변수 값 등의 변동 사항을 종이에 마킹한다. 설계나 코드에서 잘 알려진 에러(well-known trouble)는 재확인 과정을 거쳐야 한다. 또는 전형적인 에러에 대한 체크리스트를 사용하면 탁상검사 과정에서 유용하게 사용될 수 있다. 이런 탁상 검사를 위해 약간을 시간을 사용하면 나중에 발생할 수 있는 문제를 미연에 방지할 수 있다.

대부분의 프로그램은 팀 단위로 개발된다. 이 때 팀 단위에서 사용되는 탁상검사의 확장 방법이 워크스루와 점검이다. 두 방법 모두 프로그램의 오류를 검출하는 책임이 개인에서 팀 단위로 이전된 것이다. 테스팅은 매우 시간이 오래 걸리는 과정이며 또한 늦게 발견된 오류에 대한 비용은 더욱 증가된다. 따라서, 검사 이전에 오류를 검출하는 데 목적이 있다.

워크스루는 샘플 검사 입력을 사용하여 팀이 프로그램을 수동으로 시뮬레이션하면서 프로그램 데이터를 문서로 추적한다. 전수 검사와는 다르게, 워크스루는 모든 가능한 검사사례를 시뮬레이션 하지는 않는다. 대신, 프로그래머가 선택한 설계 방법이나 구현 방법에 대한 시뮬레이션이다.

점검에서는 검사관이 한 라인씩 코드를 읽으면서 요구사항, 설계, 및 코드의 오류를 검사하고 검사 도중 발견된 오류는 문서로 저장한다. 이 과정에서 많은 오류들이 검출될 수 있다. 하지만 프로그램을 수행하지 않으면 발견되지 않는 오류들도 존재한다.

워크스루와 같이 팀 멤버간에 오류에 대한 회의를 가지는 것은 오류 발견에 대한 많은 이점을 제공한다. 결론적으로 프로그래머, 테스터 및 팀 구성원간의 원활한 대화를 통해서 프로그램 검사가 시작되기 전에 많은 오류를 미리 발견할 수 있다.

**소프트웨어 유효성**(software validation) : 소프트웨어가 의도된 목적을 얼마만큼 수행하는지 검증하는 과정

**소프트웨어 검증**(software verification) : 소프트웨어가 요구사항 명세를 얼마만큼 충족시키는지 검증하는 과정

**탁상 검사**(Deskchecking) : 코드 문서상으로 프로그램이나 디자인의 실행 과정을 추적, 검사하는 과정

**워크스루**(Walk-through) : 오류 검증 팀이 프로그램을 수동으로 시뮬레이션하는 요구사항 검증 방법

**점검**(Inspection) : 공식적으로 오류를 검증하는 팀을 구성하고 팀 구성원이 프로그램을 읽으면, 다른 구성원들이 오류를 검사하는 요구사항 검증 방법

## 검사 계획

클래스나 시스템에 대한 모든 검사사례를 조직화한 것이 검사 계획(Test Plans)이다. 어떤 검사 계획은 비공식적이며, 검사사례의 리스트나 목적이 간단히 종이에 기술한다. 또 다른 검사 계획은 매우 공식적일 수 있다. 이 경우는 관리자나 고객에게 승인을 받기 위해 제출되며, 이 검사 계획은 각 검사사례에 대한 상세 사항을 표준적인 방식으로 표현한다.

프로그램 검사가 효율적이기 위해선 계획을 세워야 한다. 즉 모든 검사작업을 조직적인 방법으로 설계해야 하며, 또한 수립된 설계를 문서로 공식화해야 한다. 검사작업이 시작되기 전에 필요한 검사작업 레벨, 검사작업을 위한 일반적인 전략, 그리고 검사사례를 결정해야 한다. 사실, 코드을 작성하기 전에 검사작업을 위한 계획을 수립하는 것이 좋다.

**검사 계획**(Test Plan) : 프로그램이나 모듈을 검사하기 위해 계획된 검사사례에 대한 문서로써 각 검사사례에 필요한 입력 값, 예상 결과, 그리고 검사 성공 여부에 대한 기준이 정의되어 있다.

## ADT 구현에 대한 검사

이 책의 주요 핵심 내용은 데이터 구조이다. 즉 데이터 구조가 무엇이지, 어떻게 데이터 구조를 이용하는지, 또한 자바를 이용하여 데이터 구조의 ADT를 어떻게 구현하는지 이해하는 것이다. 따라서, 이 책에서 구현한 ADT를 어떻게 검사 하는지를 살펴보고 소프트웨어 검사에 대한 설명을 마친다.

## 일반적인 접근방법

각 ADT는 많은 연산을 지원한다. 각 ADT에 대하여 우리는 상호 대화식 검사 드라이버 프로그램을 작성할 수 있다. 이 드라이버는 ADT의 각 연산을 검사 할 수 있다.

> 검사 드라이버(Test driver) : 클래스의 연산을 호출하여 연산의 결과를 검사할 수 있는 프로그램

어떻게 수많은 연산의 순서에 대하여 검사할 수 있는 검사 드라이버를 작성하는가? 이 해결책은 ADT의 모든 연산자를 사용자가 반복적으로 선택할 수 있는 대화식 검사 드라이버를 만드는 것이다. 이 경우 검사하는 사람은 다양한 연산 순서를 선택하여 검사할 수 있다. 또한 파라메터가 필요한 연산을 선택하면 검사 드라이버는 프롬프트에서 그 연산에 필요한 인자 값을 외부에서 입력 받을 수 있다.

상호 대화식 검사 드라이버는 기본적으로 아래와 같은 알고리즘을 따른다.

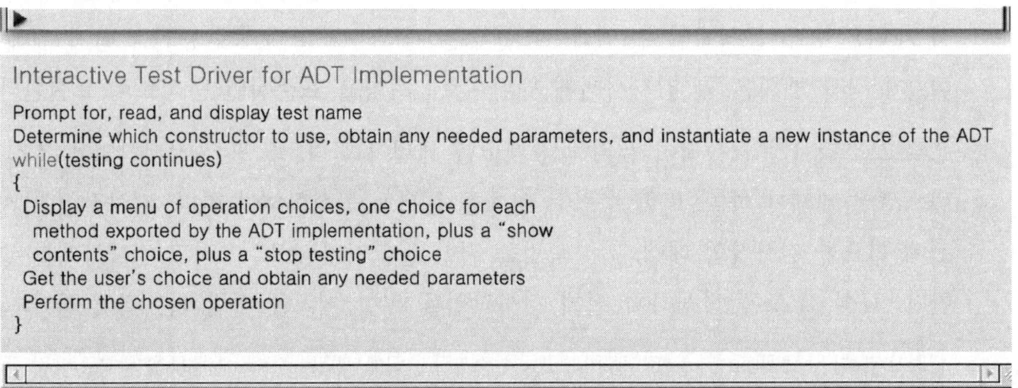

```
Interactive Test Driver for ADT Implementation
Prompt for, read, and display test name
Determine which constructor to use, obtain any needed parameters, and instantiate a new instance of the ADT
while(testing continues)
{
 Display a menu of operation choices, one choice for each
   method exported by the ADT implementation, plus a "show
   contents" choice, plus a "stop testing" choice
 Get the user's choice and obtain any needed parameters
 Perform the chosen operation
}
```

상호 대화식 검사 드라이버 프로그램은 사용자로부터 연산의 요구사항을 한번에 하나씩 받아서 검사되는 클래스의 메소드를 호출하는 방식으로 연산을 수행하고, 결과를 출력 스트림으로 보낸다. ADT 연산을 호출할 뿐 아니라 ADT 인스턴스의 내용을 디스플레이 요청하거나 검사를 종료할 수도 있다. 이 알고리즘은 ADT 검사를 실행할 때 테스터에게 최대한의 유연성을 제공한다.

첫 번째 단계에서는 검사사례의 이름을 읽고 디스플레이 하도록 재촉한다. 대화식 프로그램에서는 이름이 자동으로 사용자에게 주어질 수도 있으므로 이 단계가 불필요할 수도 있다. 그러나 검사를 수행하는 프로그래머는 이후의 연구를 위하여 상호 대화식 검사의 기록을 저장할 필요도 있으므로 이름을 지정하는 것이 유용할 수도 있다.

### ArrayStringLog 클래스에 대한 검사 드라이버

아래는 ArrayStringLog 클래스를 검사하기 위한 검사 드라이버이다. 이 프로그램은 검사 드라이버 알고리즘을 기반으로 간단히 작성되어 의사코드로 표시하였다. 프로그램 이름은 IDTArrayStringLog라 불리며, "ITD"는 "Interactive Test Driver"의 줄임 말이다.

```
//----------------------------------------------------------------------
// ITDArrayStringLog.java by Dale/Joyce/Weems Chapter 2
//
// Interactive Test Driver for the ArrayStringLog class.
//----------------------------------------------------------------------

import java.util.*;
import ch02.stringLogs.*;
public class ITDArrayStringLog
{

  public static void main(String[] args)
  {
ArrayStringLog log = new ArrayStringLog("Testing");
Scanner conIn = new Scanner(System.in);
String skip;                // skip end of line after reading an integer
boolean keepGoing;          // flag for "choose operation" loop
int constructor;            // indicates user's choice of constructor
int operation;              // indicates user's choice of operation

System.out.println("What is the name of this test?");
String testName = conIn.nextLine();
System.out.println("\nThis is test " + testName + "\n");

System.out.println("Choose a constructor:");
System.out.println("1: ArrayStringLog(String name)");
System.out.println("2: ArrayStringLog(String name, int maxSize)");
if (conIn.hasNextInt())
  constructor = conIn.nextInt();
else
{
  System.out.println("Error: you must enter an integer.");
  System.out.println("Terminating test.");
  return;
}
skip = conIn.nextLine();
```

```
switch (constructor)
{
   case 1:
   log = new ArrayStringLog(testName);
   break;
   case 2:
   System.out.println("Enter a maximum size:");
   int maxSize;
   if (conIn.hasNextInt())
     maxSize = conIn.nextInt();
   else
   {
     System.out.println("Error: you must enter an integer.");
     System.out.println("Terminating test.");
     return;
   }
   skip = conIn.nextLine();
   log = new ArrayStringLog(testName, maxSize);
   break;

   default:
   System.out.println("Error in constructor choice. Terminating test.");
   return;
}

keepGoing = true;
while (keepGoing)
{
   System.out.println("\nChoose an operation:");
   System.out.println("1: insert(String element)");
   System.out.println("2: clear()");
   System.out.println("3: contains(String element)");
   System.out.println("4: isFull()");
   System.out.println("5: size()");
   System.out.println("6: getName()");
   System.out.println("7: show contents");
   System.out.println("8: stop testing");
   if (conIn.hasNextInt())
     operation = conIn.nextInt();
   else
   {
    System.out.println("Error: you must enter an integer.");
```

```
  System.out.println("Terminating test.");
  return;
 }
 skip = conIn.nextLine();
 switch (operation)
 {
  case 1: // insert
  System.out.println("Enter string to insert:");
  String insertString = conIn.nextLine();
  log.insert(insertString);
  break;

  case 2: // clear
  log.clear();
  break;

  case 3: // contains
  System.out.println("Enter string to search for:");
  String searchString = conIn.nextLine();
  System.out.println("Result: " + log.contains(searchString));
  break;

      case 4: // isFull
  System.out.println("Result: " + log.isFull());
  break;

      case 5: // size
  System.out.println("Result: " + log.size());
  break;

  case 6: // getName
  System.out.println("Result: " + log.getName());
      break;

      case 7: // show contents
      System.out.println(log.toString());
      break;

      case 8: // stop testing
      keepGoing = false;
      break;
      default:
      System.out.println("Error in operation choice. Terminating test.");
```

```
            return;
        }
    }
    System.out.println("End of Interactive Test Driver");
  }
}
```

이 검사 드라이브를 공부해보자. 이 검사 드라이버 프로그램을 이해하기 위하여 사용된 제어 로직을 따라갈 수 있어야 하며, 앞에서 소개한 의사코드를 재정비한 것임을 알아야 한다. 프로그램 자체는 간단하지만 다음 두 가지 점를 잘 이해해야 한다.

- 프로그램은 ArraryStringLog 인스턴스를 new 연산자를 이용하여 초기화시키면서 시작된다. 그리고 사용자로부터 어떤 생성자를 이용하여 인스턴스를 생성할지 선택 받고 선택된 생성자를 이용하여 인스턴스를 생성한다. 그 결과 첫 번째 new 연산에 의한 인스턴스 생성은 중복 선언처럼 보인다. 그러나 이 프로그램과 같이 첫 번째 인스턴스를 생성하지 않으면 자바 컴파일러에 의해 "Variable log might not have been initialized "라는 에러가 발생할 수 있다. 그 이유는 컴파일러가 컴파일할 때는 두 번째 new 연산이 switch 블록에 위치하므로 첫 번째 new 연산을 사용하지 않으면 인스턴스 초기화가 안된 것으로 간주하기 때문이다.
- 이 검사 드라이버는 사용자 입력 값에 대한 유효성 검사를 하지만 완전한 것은 아니다. 예를 들면, 두 번째 생성자를 사용할 때 size 파라메터의 음의 정수 값 여부를 검사하지 않는다. 또한 StringLog에 입력되는 원소 개수를 제한하지 않는다. 이 두 경우는 ArrayStringLog ADT의 계약(사전조건)에 위반되지만 검사 드리이버 프로그램에서 이를 방지하지 못한다. 검사 드라이버 사용자는 사전조건이 만족되지 않으면 어떤 일이 발생하는지 알고 싶을 수 있으므로 ADT의 사전조건을 준수하지 않는 경우가 필요하게 된다.

### 검사 드라이버의 사용

이전의 "검사사례 확인" 절에서 contains 메소드에 대한 검사사례 예를 보였다. 실제 검사 드라이버에서는 다음과 같은 조건을 포함할 수 있다.

- 예상 결과는 true이다.
- StringLog의 크기가 full이다.
- 원소가 공백을 포함한다.
- 불완전 일치가 일어난다.
- 문자열의 중간에서 일치한다.

아래는 이 검사사례에 대한 검사 드라이버의 실행 결과이다. 사용자 입력 부분은 녹색으로 표시하였다. 반복되는 부분은 ...로 표시하였다.

```
What is the name of this test ?
```

```
Textbook Example

This is test Textbook Example
Choose a constructor:
1: ArrayStringLog(String name)
2: ArrayStringLog(String name, int maxSize)
2
Enter maximum size:
3

Choose an operaton:
1: insert(String element)
2: clear()
3: contains(String element)
4: isFull()
5: size()
6: getName()
7: show contents
8: stop testing
1
Enter string to insert:
Trouble in the fields

Choose an operation:
….
1
Enter string to insert:
Love at the five and dime

Choose an operation:
…
1
Enter string to insert:
Once in a very blue moon

Choose an operation:
…
4
Result: true

Choose an operation:
…
3
```

```
Enter string to search for:
Love at the five and dime
Result: true

Choose an operation:
...
8

End of Interactive Test Driver
```

ArrayStringLog 클래스는 검사를 통과하였다. 예에서 볼 수 있듯이 검사 드라이버 프로그램은 한 번 실행하면 여러 번의 검사를 수행할 수 있다. 중간부분에서의 완전 일치나 시작과 끝 부분에서의 일치 등에 관한 검사가 쉽게 이루어진다. 따라서, 정교하게 설계된 검사 계획은 실행 검사 횟수를 줄일 수 있다.

### 전문적인 검사작업(Professional Testing)

이 절에서 소개한 대화식 검사작업 방식은 아래와 같은 여러 가지 이점을 제공한다.

- 검사사례를 쉽게 변경할 수 있다 - 연산자 순서나 연산자에 대한 인자 값을 간단히 변경하면 된다.
- 검사 드라이버 자체가 검사할 ADT를 사용하는 예제이다 - 학생들은 ADT를 상호 대화식으로 경험할 수 있다.

그러나, 수 많은 검사사례가 필요한 실무 현장에서는 이런 대화식 방법은 현명한 선택이 아니다. 그 대신, 배치 모드로 수행되는 자동적인 검사 드라이버가 필요하다. 예를 들어, "검사 드라이버의 사용" 절에서 소개된 검사사례와 동일한 검사사례를 생성하는 소프트웨어 공학자는 다음과 같은 프로그램을 작성할 수 있다. 이것을 검사사례 번호 34라고 하자.

```
public class Test034
import ch02.strignLogs.*;
{
  public static void main(String[] args)
{
   ArrayStringLog log = new ArrayStringLog("Test 34");
   log.insert("trouble in the fields");
   log.insert("love at the five and dime");
   log.insert("once in a very blue moon");
```

```
    if(log.contains("Love at the Five and Dime")
      System.out.println("Test 34 passed");
    else
      System.out.println("Test 34 failed");
  }
}
```

이 프로그램은 검사하는 사람의 간섭 없이 검사를 수행하고 그 결과를 출력한다. 이런 방법으로 모든 검사사례를 작성하여 검사를 자동화시킬 수 있다. 또한 이 방법에 의해 모든 검사사례는 재사용이 가능하다. 자바 기반의 검사 기법은 www.junit.org에서 찾아볼 수 있다.

# 2.5 연결 리스트의 소개

1.5절에서 언급한 바와 같이 연결 리스트와 배열은 보다 복잡한 자료구조를 위한 가장 주요한 빌딩 블록이다. 이 절에서 연결 리스트에 대하여 자세히 소개하고, 자바를 이용하여 연결 리스트를 생성하는 방법과 연결 리스트와 관련된 연산들을 알아 볼 것이다. 또한 이장에서 소개한 StringLog ADT를 연결 리스트를 이용하여 구현할 것이다.

## 배열과 연결 리스트

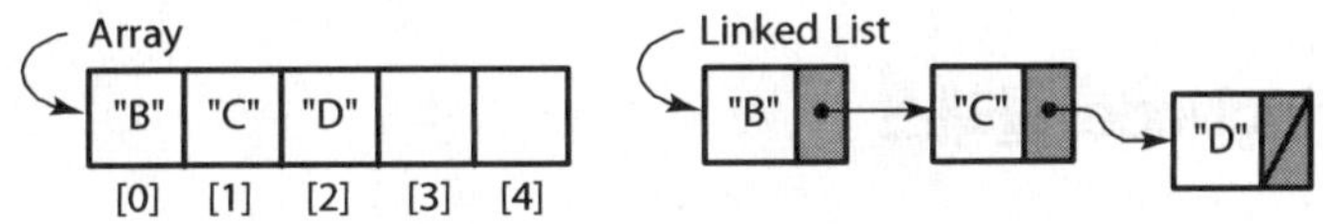


배열과 연결 리스트 비교 그림

위 그림은 배열과 연결 리스트의 차이점을 보여주고 있다. 두 자료구조의 가장 큰 차이점은 메모리 할당 방식과 각 원소를 접근하는 방법이다. 배열의 경우 모든 원소들이 한 메모리 블록에 그룹을 이루어 저장된다. 그러나 연결 리스트에서 각 원소는 각 메모리 블록에 독립된 형태로 저장된다. 이때 독립된 메모리 블록을 "노드" 라고 부른다.

다른 프로그래밍 언어뿐만 아니라 자바에서도 배열을 내장된 데이터 형으로 지원한다. 반면,

연결 리스트는 자바의 내장된 데이터 형이 아니므로 연결 리스트 클래스를 사용자가 직접 작성해야 한다. 다음 절에서 연결 리스트와 관련된 클래스 생성에 대하여 알아 볼 것이다.

배열의 원소는 색인을 이용하여 직접 접근할 수 있다. 연결 리스트는 시작 노드부터 마지막 노드까지 순차적인 링크를 통해 연결되어 있으므로 연결 리스트의 원소를 직접 접근할 수 없다. 이런 단점에도 불구하고 연결 리스트를 사용하면 여러 가지 유용한 측면이 있다.

- 배열의 크기는 고정되어 있다. 배열이 생성될 때 크기 정보가 new 연산자의 인자로 전달되어 사용될 수 있다. 반면에 연결 리스트의 크기는 가변적이다. 새로운 노드가 필요할 때 마다 메모리를 할당 받아 생성할 수 있다. 또한 기존의 노드가 필요 없으면 그 노드를 제거하고 메모리를 시스템에 반환할 수 있다.
- 일부 연산의 경우 연결 리스트에서 더욱 효율적으로 구현될 수 있다. 예를 들면, 새로운 원소를 시작 위치에 삽입할 때 배열은 이 연산을 위하여 모든 원소를 한 단계 뒤쪽으로 옮겨야 한다. 연결 리스트는 단지 새로운 노드를 생성하고 첫 번째 노드와 연결하면 된다.

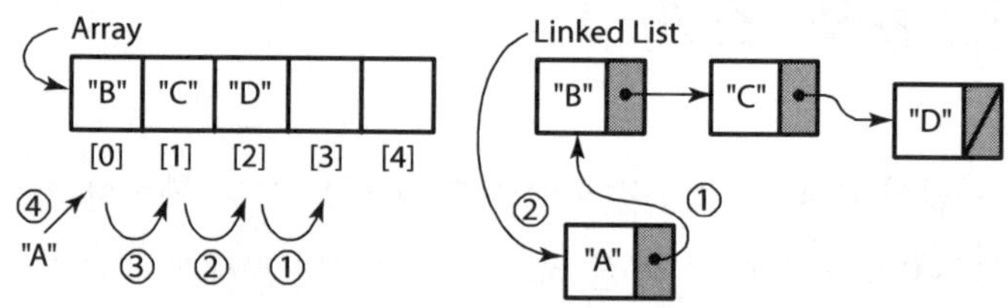


배열과 연결 리스트의 원소 삽입

- 응용 프로그램에서 원소를 직접 접근해선 안되며 처음부터 순차적으로 접근해야 한다면 연결 리스트에서의 순차 접근은 성능에 큰 영향을 주지는 않는다.

## LLStringNode 클래스

연결 리스트를 생성하기 위해서는 동적으로 메모리를 할당 받아 노드를 생성하는 방법과 생성된 노드와 기존의 노드를 링크 또는 참조하는 방법을 알아야 한다. 지금까지 인스턴스를 생성할 때 사용해 왔던 new 연산자가 자바의 동적 메모리 할당 연산자이다. 연결 리스트의 노드는 사용자의 데이터를 저장해야 하며 또한 동일 형의 인스턴스를 참조하는 링크를 가진다. 즉 동일 클래스의 인스턴스를 가리키는 참조변수를 가진다.

**자기 참조 클래스**(Self-referential class) : 자기 자신과 동일한 형의 객체를 참조하는 참조 변수를 가진 클래스

연결 리스트의 노드를 표현하는 클래스를 정의할 때 동일 형의 인스턴스를 참조할 수 있는 변수 (참조변수)를 포함하여야 한다. 이런 형태의 클래스를 자기 참조 클래스라고 부른다. 아래 LLStringNode 클래스는 두 개의 인스턴스 변수를 가진다. String 형의 변수 info는 각 노드의 정보를 저장하는 변수이다. 또한 LLStringNode 형의 참조변수 link는 동일 형인 LLStringNode 인스턴스의 메모리 주소를 가지는 참조변수이다. LLStringNode는 이 절에서 구현할 StringLog ADT의 연결기반 또는 참조기반 구현으로 사용하므로 인스턴스 변수를 private로 선언하였고, ch02.stringLogs 패키지에 위치시켰다.

package ch02.sringLogs;

```
public class LLStringNode
package ch02.stringLogs;
{
  private String info;              // information stored in list
  private LLStringNode link;        // reference to a node
```

LLStringNode 클래스에서 인스턴스 변수 info는 문자열 인스턴스를 참조하게 되고, link는 LLStringNode 형의 인스턴스를 참조한다. 두 번째 노드 또한 문자열 인스턴스에 대한 참조와 LLStringNode 형의 인스턴스에 대한 참조를 가진다. 이러한 과정이 반복되어 마지막으로 link의 값으로 null을 가지는 노드에서 끝나게 된다. 아래 예제는 3개의 노드로 구성된 연결 리스트이다. LLStringNode 형의 참조변수 letter는 첫 번째 노드를 참조하고 이 참조를 따라가면, 즉 각 노드의 link 참조를 따라가면, 마지막 노드까지 연결 된다.

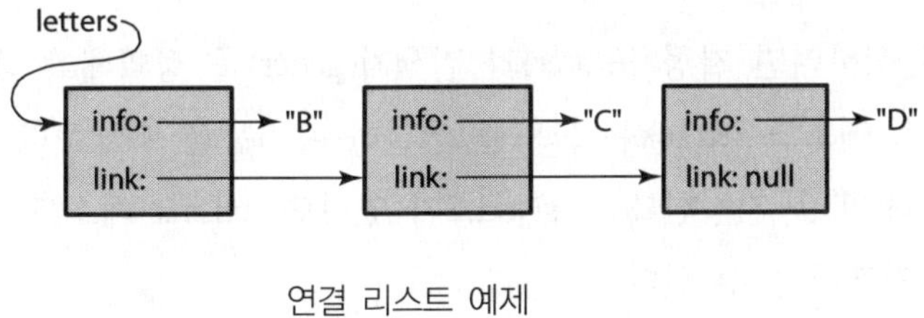


연결 리스트 예제

LLStringNode에 하나의 생성자를 추가해 보자.

```
public LLStringNode(String info)
{
  this.info = info;
  link = null;
}
```

생성자는 문자열을 파라메터로 받아 인스턴스 변수 info가 그 문자열 참조하도록 초기화 한다.

예를 들어,

```
LLStringNode sNode1 = new LLStringNode("basketball");
```

은 아래 그림과 같은 결과를 만들어 낸다.

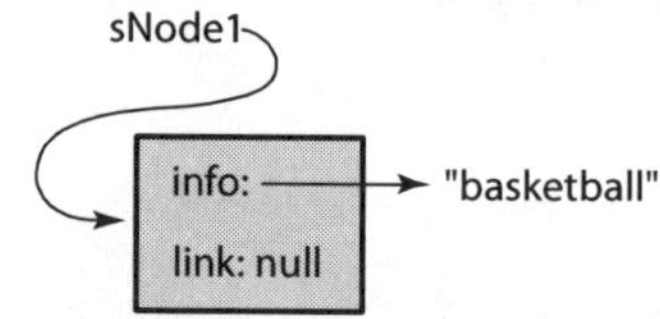


또 다른 생성자로 LLStringNode의 참조를 받아서 link 변수에 지정하는 것을 생각할 수 있다.

여기서 생성자는 하나의 원소를 가진 연결 리스트를 생성한다. 빈 연결 리스트는 어떻게 생성하는가? 단지 LLStringNode 형의 변수를 선언만 하고 new 연산자를 이용한 인스턴스 생성을 하지 않으면 된다. 이 경우 문자열 노드 변수에 널 값이 저장된다.

```
LLStringNode theList;
```

```
theList:null
```

클래스를 완성하려면 지정자(setter)와 검색자(getter)를 정의해야 하며, 이들의 구현은 표준화되어 있다. 메소드 setLink는 노드를 연결하는 기능을 수행한다. 예를 들면, sNode1 뿐만 아니라 "baseball"을 저장한 노드 sNode2가 있다면 setLink 메소드를 이용하여 두 노드를 다음과 같이 연결시킬 수 있다.

```
sNode1.setLink(sNode2);
```

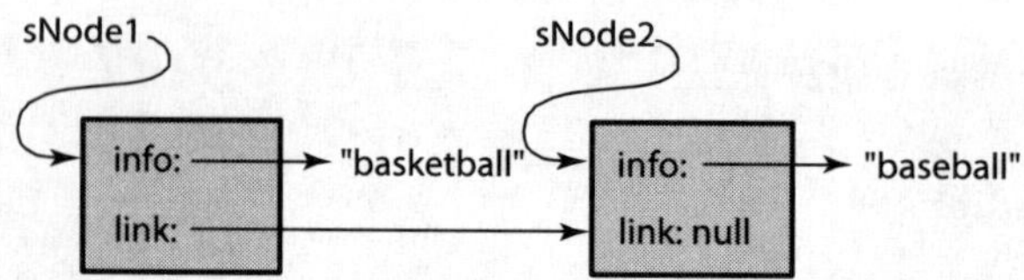

아래 코드는 LLStringNode 클래스의 완전한 모습이다. 이 클래스는 2.6절에서 StringLog ADT의 참조기반 구현에서 이용될 것이다. 그 전에 먼저 연결 리스트의 기본 연산을 소개한다.

```
//----------------------------------------------------------------
// LLStringNode.java   by Dale/Joyce/Weems       Chapter 2
//
// Implements String nodes for a Linked List.
//----------------------------------------------------------------
package ch02.sringLogs;
public class LLStringNode
{
  private String info;                  // information stored in list
  private LLStringNode link;            // reference to a node
  public LLStringNode(String info)
  {
   this.info = info;
   link = null;
  }
  public void setInfo(String info)
  // Sets info string of this LLStringNode
  {
   this.info=info;
  }
  public String getInfo()
  // Returns info string of this LLStringNode
  {
   return info;
  }
  public void setLink(LLStringNode link)
  // Sets link of this LLStringNode
  {
    this.link=link;
  }
  public LLStringNode getLink()
  // Returns link of this LLStringNode
  {
   return link;
  }
}
```

## 연결 리스트에 대한 연산자

LLStringNode와 같은 노드 클래스들은 연결 리스트에 대한 빌딩 블록으로 사용된다. 사용자는 이 빌딩블록을 사용하여 연결 리스트를 만들고 다룰 수 있다.

연결 리스트는 세 개의 기본 연산을 가진다. 먼저 연결 리스트를 순회하여 원소를 검색하는 연산이 필요하다. 다음으로는 연결 리스트에 새로운 노드를 삽입하는 연산도 필요하다. 마지막으로 연결 리스트에서 지정한 노드를 삭제하는 연산도 필요하다. 다음에서 이들 연산을 좀 더 자세하게 알아보자. 용이한 설명을 위하여 다음 그림과 같은 연결 리스트를 가정한다.

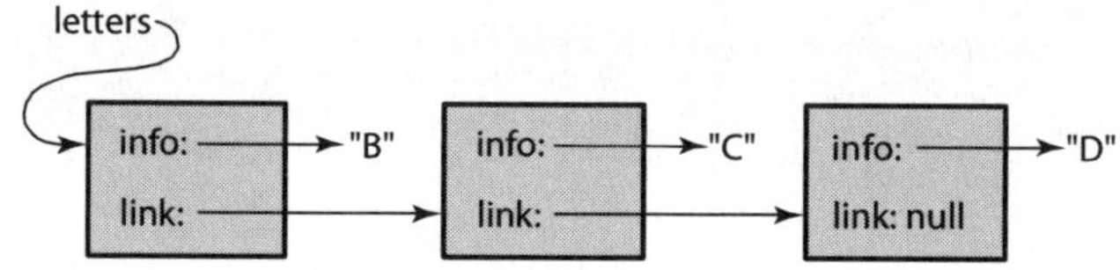


### 순회(Traversal)

연결 리스트에 저장된 데이터는 연결 리스트를 순회하면서 검색할 수 있다. 연결 리스트를 순회하는 목적은 다양하겠지만 여기서는 letters 연결 리스트에 저장된 데이터를 시작 노드부터 마지막 노드까지 순회하면서 각 노드의 데이터를 출력한다고 가정하자.

연결 리스트를 순회하기 위하여 리스트 내의 현재 위치 정보를 유지하는 방법이 필요하다. 배열의 경우 색인을 이용하면 되지만 연결 리스트는 색인가 없기 때문에 이 방법을 사용할 수 없다. 연결 리스트의 경우 리스트내의 현재 노드에 대한 참조를 저장하는 변수 currNode를 이용하면 된다. 연결 리스트의 순회 알고리즘은 아래와 같다.

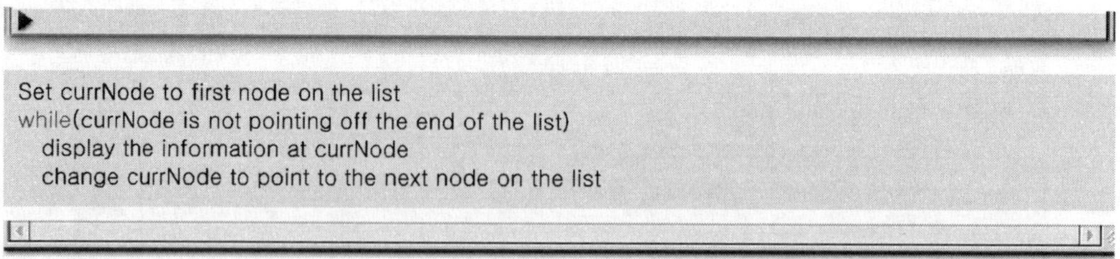

```
Set currNode to first node on the list
while(currNode is not pointing off the end of the list)
   display the information at currNode
   change currNode to point to the next node on the list
```

위 알고리즘을 자바 코드로 점차적으로 변환해야 한다. 예에서 letters는 LLStringNode 인스턴스의 연결 리스트이다. 따라서 currNode변수는 LLStringNode형이어야 한다. 아래 코드는 currNode가 연결 리스트의 시작 노드를 가리키도록 초기화 한 것이다.

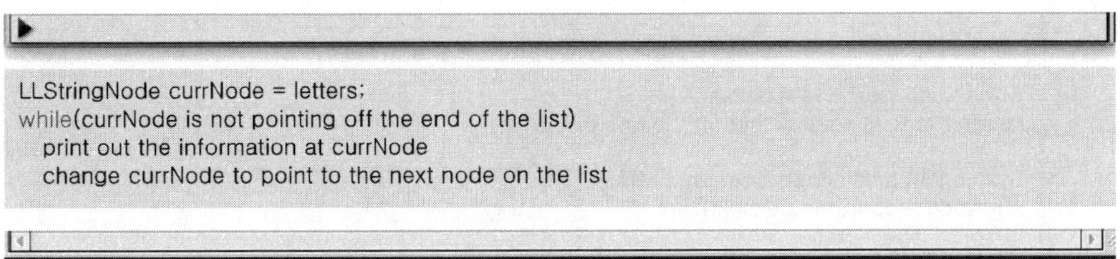

```
LLStringNode currNode = letters;
while(currNode is not pointing off the end of the list)
  print out the information at currNode
  change currNode to point to the next node on the list
```

다음, while 루프의 데이터 출력 부분을 보면 currNode 변수가 참조하는 노드의 데이터는 getInfo 메소드를 호출하여 출력할 수 있다.

```
System.out.println( currNode.getInfo() );
```

이제 어떻게 currNode가 리스트의 다음 노드를 참조하게 할 수 있을지 생각해야 한다. currNode가 연결 리스트의 시작 노드로 초기화 된 상황을 아래 그림에서 보여 주고 있다.

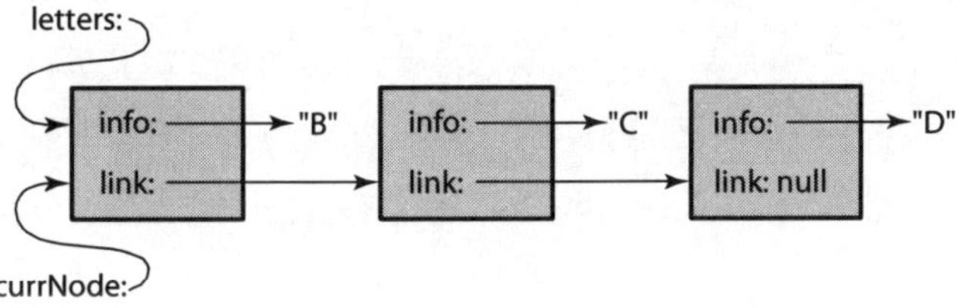


currNode가 시작 노드를 참조하고 있는 위 상황에서 currNode가 데이터 "C" 를 저장하고 있는 다음 노드를 참조하도록 currNode를 변경해야 한다. 현재 currNode가 참조하는 LLStringNode인스턴스 내의 참조변수 link는 다음 노드에 대한 참조 값을 저장하고 있다. 따라서 LLStringNode클래스의 getLink 메소드를 호출하면 다음 인스턴스를 참조하는 link값을 복귀 받아 currNode의 값으로 변경하면 된다.

```
currNode = currNode.getLink();
```

지금까지 논의한 내용을 고려하여 아래와 같은 의사 코드를 만들 수 있다.

```
LLStringNode currNode = letters;
while(currNode is not pointing off the end of the list)
{
  System.out.println(currNode.getInfo());
  currNode = currNode.getLink();
}
```

이제 남은 코드는 언제 currNode가 연결 리스트의 마지막 노드를 참조하는지 알아내는 것이다. currNode의 값은 루프를 돌면서 다음 노드의 link 값으로 계속 변경된다. 단 마지막 노드에 도착했을 때 마지막 노드의 link 변수의 값은 null이다. 따라서 currNode의 값이 null이 아니면 순회를 계속하면 된다.

```
LLStringNode currNode = letters;
while( currNode != null )
{
  System.out.println( currNode.getInfo() );
  currNode = currNode.getLink();
}
```

[그림 2.6]은 위 코드의 단계적 실행 결과를 그림으로 보여주고 있다.

이 예제에서 마지막으로 빈 연결 리스트를 어떻게 다루는지 확인할 필요가 있다. 빈 연결 리스트를 다루는 것은 중요한 문제이다. 연결 리스트를 다룰 때 항상 이러한 예외적인 경우를 검토하는 것이 중요하다.

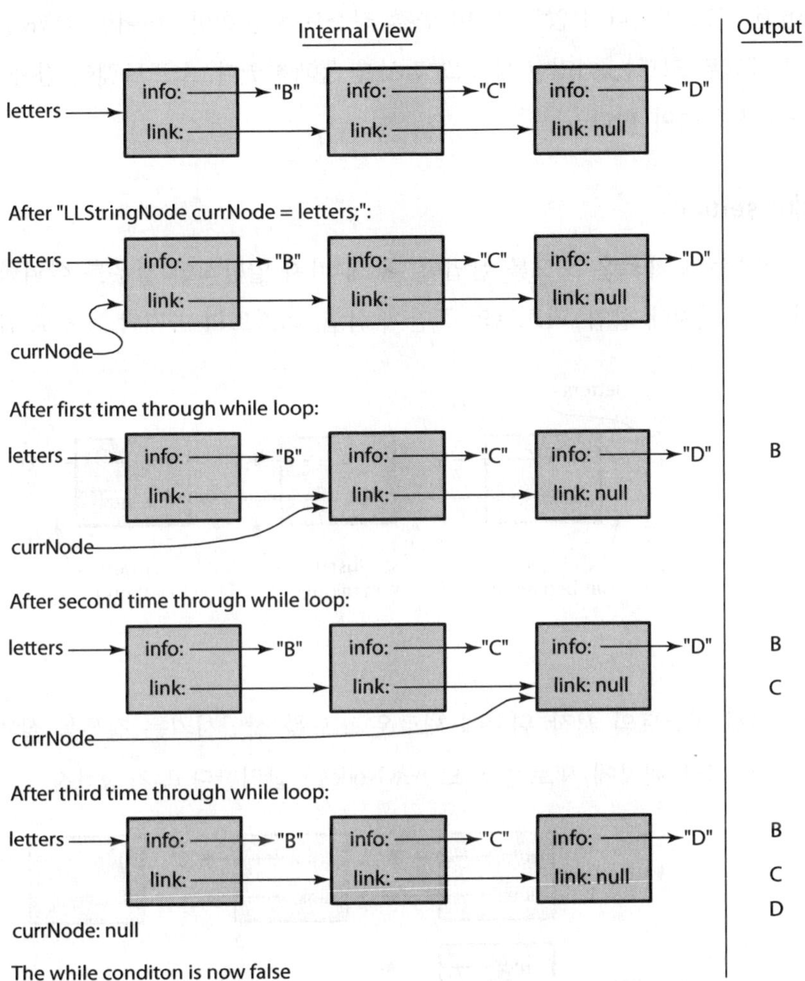


[그림 2.6] letter 연결 리스트 순회 코드 실행 결과

빈 연결 리스트는 null값을 가진다.

```
letter=null;
```

이 경우에 위 연결 리스트 순회 알고리즘의 수행 결과를 살펴봐야 한다. currNode는 letter변수 값으로 초기화 된다. 그런데 letter 변수의 값이 null이므로 currNode 또한 null 값을 가진다. 따라서 다음의 while 문의 조건은 바로 거짓이 되어 몸체가 수행되지 않는다.

```
while(currNode != null)
```

즉 어떤 일도 일어나지 않는다. 빈 연결 리스트를 순회할 때 어떤 결과가 발생되기를 원하는가! 제작된 코드는 이러한 데스크 검사를 통과하였다. 소프트웨어 검사 과정에서 이런 상황을 검사하여야 한다.

### 삽입(Insertion)

연결 리스트에 새로운 노드를 삽입할 때 세 가지 일반적인 경우를 살펴봐야 한다. 즉 리스트의 시작 위치에 삽입, 리스트의 중간에 삽입, 리스트의 마지막 노드로 삽입하는 경우이다.

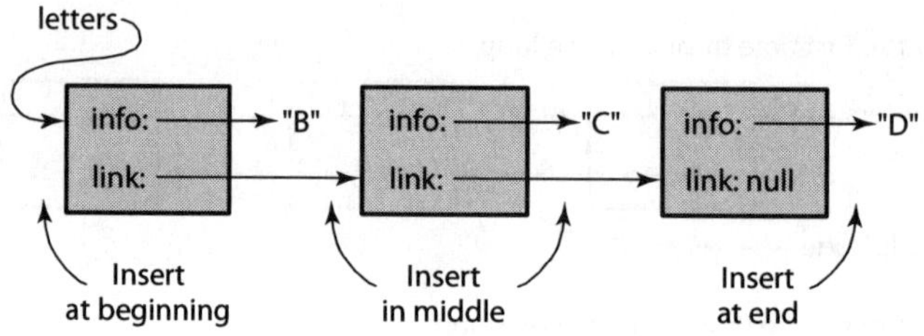


우선, 연결 리스트의 시작 위치에 새로운 노드를 삽입시키는 경우를 살펴보자. letter 연결 리스트의 시작 위치에 새로운 노드 newNode를 삽입한다고 가정하자.

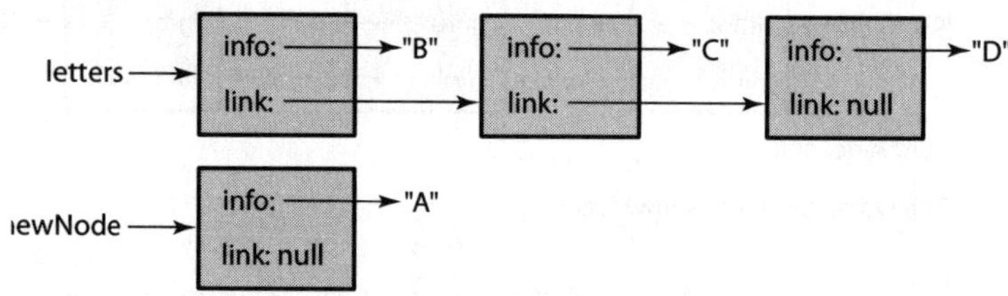


첫 번째 단계는 newNode의 link변수 값을 리스트의 시작 노드를 참조하게 만들어야 한다.

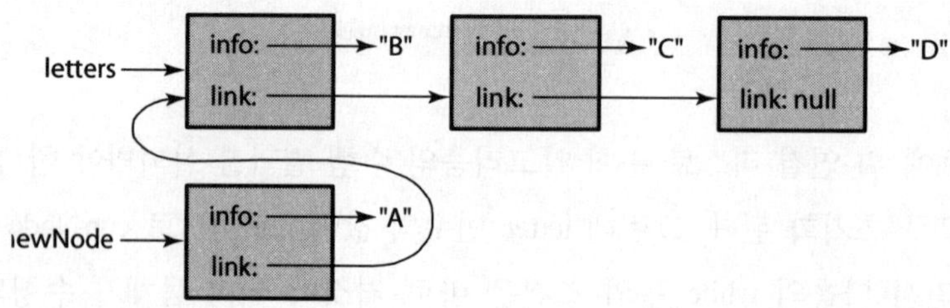

다음으로 letter변수가 newNode를 참조하게 만들어서 newNode가 연결 리스트의 시작 노드가 되게 한다.

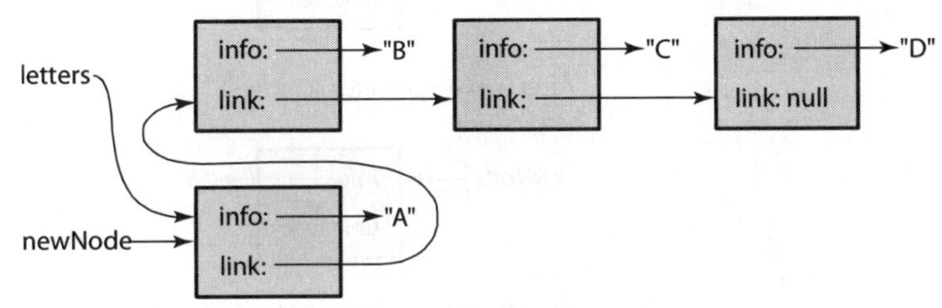


아래 코드는 위 두 단계에 대응되는 코드이다.

```
newNode.link(letters);
letter = newNode;
```

위 두 문장의 순서는 매우 중요하다. 만약, 두 문장의 순서가 바뀌면 아래 그림과 같이 원하지 않는 결과를 얻게 된다.

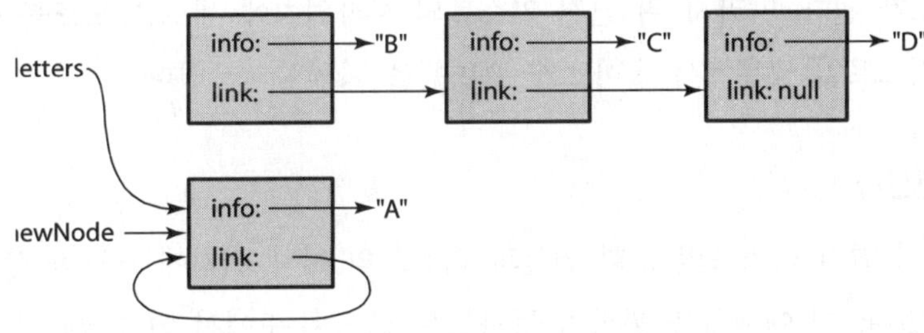


연결 리스트의 참조와 관련된 코드일 경우 이 책의 예와 같이 그림을 그리면 혼동을 막을 수 있다.

순회 연산과 마찬가지로 빈 연결 리스트인 상황에서 노드 삽입이 발생될 경우 발생되는 결과를 검사해야 한다. [그림 2.7]은 연결 리스트가 비어있을 때 발생되는 상황을 단계별로 도식화 한 것이다. 빈 연결 리스트이므로 letters는 null값을 가진다.

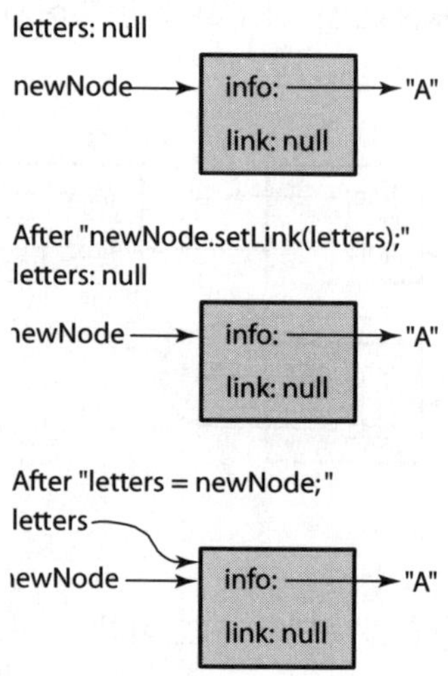


[그림 2.7] 빈 연결 리스트에 노드 추가 결과

[그림 2.7]에서 newNode의 link변수는 letters의 값 null을 가지고 letters는 newNode를 참조하게 된다. 그 결과 이 연결 리스트는 한 개의 노드만을 가지고 그 노드가 시작 노드이며 마지막 노드가 된다. 따라서 위 연결 리스트의 시작위치에 새로운 노드를 삽입하는 코드는 빈 연결 리스트일 경우에서 올바르게 수행됨을 확인할 수 있다.

### 기타 연산자

지금까지 연결 리스트의 순회 연산과 리스트의 시작 위치에 노드를 삽입하는 자바 코드를 알아보았다. 이 예제들을 통하여 독자들은 코드 수준에서 연결 리스트를 어떻게 다루는지 짐작할 수 있을 것이다.

이 장에서 연결 리스트를 소개한 이유는 이후에 ADT를 구현할 때 연결 리스트를 이용하기 위함이다. 이 장에서는 삭제 연산을 포함한 연결 리스트의 나머지 연산은 ADT구현에 필요할 때까지 미루기로 한다. 삽입 연산과 마찬가지로 삭제 연산도 세 가지 경우를 생각해야 한다. 시작 노드 삭제, 중간 노드 삭제, 마지막 노드 삭제가 그것이다. 아래 그림은 삭제의 세 가지 경우를 보여준다.

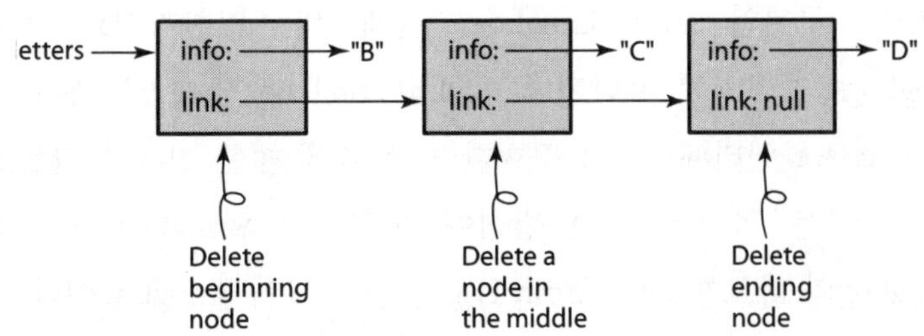


이 장에서 사용하는 예제는 StringLog ADT이다. 다음 절에서 연결 리스트를 이용한 StringLog ADT 구현에 대하여 자세히 설명할 것이다. StringLog ADT를 구현할 때는 이미 배운 연결 리스트 순회 연산과 시작 위치에 노드를 삽입시키는 연산만 필요하다. 이 책의 3장 스택, 5장 큐, 6장 리스트에서 전통적인 선형 데이터 구조를 포함하는 ADT를 만날 것이다. 아래 테이블은 각 데이터 구조를 구현할 때 필요한 연산들을 분류한 것이다. 따라서 6장까지 읽으면 모든 기본 연산을 만나게 될 것이다.

| | | | Insertion | | | Deletion | | |
|---|---|---|---|---|---|---|---|---|
| Chapt | Structure | Traversal | Beginning | Middle | End | Beginning | Middle | End |
| 2 | StringLog | ✔ | ✔ | | | | | |
| 3 | Stack | | ✔ | | | ✔ | | |
| 4 | Queue | | | | ✔ | ✔ | | |
| 6 | List | ✔ | ✔ | ✔ | ✔ | ✔ | ✔ | ✔ |

## 2.6 연결 리스트를 이용한 StringLog ADT 구현

독자들은 이미 배열을 이용하여 StringLog ADT를 구현하였다. 이 절에서는 연결 리스트를 이용한 StringLog ADT 구현에 대하여 알아볼 것이다. 이번 구현에서는 연결 리스트를 응용 프로그램에서 직접 사용하지는 않는다. 대신 ADT 구현 안에 연결 리스트 구현 정보를 숨길 것이다. StringLog 자체는 배열도 아니며 연결 리스트도 아닌 추상 엔티티 (abstract entity)이다: 문자열을 저장하고, 이름을 가지면서 여러 연산자(insert, isFull, size, contains, clear, getName, toString)를 제공하는 컨테이너(container)라고 볼 수 있다.

이 절에서 구현할 클래스는 LinkedStringLog이다. 이 클래스는 참조기반 방식이라 부르기도 한다. 클래스의 이름을 정하는 것은 생각보다 쉬운 일은 아니다. 클래스 이름에 대해서는 다음의 "이름 정하기(Naming Construct)" 에서 자세히 다룬다.

배열 기반 구현인 ArrayStringLog 클래스와 마찬가지로 LinkedStringLog클래스도 ch02.stringLogs 패키지에 포함된다. LinkedStringLog 클래스는 StringLog 명세를 준수하며 StringLogInterface 인터페이스를 구현한다. ADT에 대한 명세를 만들고 이에 대응되는 인터페이스를 만드는 목적은 구현 방식에 독립적인 StringLog ADT를 정의하는 데 있다. ArrayStringLog와 다르게 LinkedStringLog는 동적 크기 StringLog이다. 즉 저장되는 원소의 개수에 한계는 없다. 사실 연결 리스트를 이용한 구현방법은 연결 리스트의 성질에 의해 크기가 고정적이지 않다. 물론 연결 리스트를 이용한 구현에서도 고정 크기의 StringLog을 만들 수도 있지만 노력이 필요하다.

이 절에서 배열 기반의 구현에서와 유사하게 전개함으로써 두 가지 구현 방법이 서로 비교될 수 있도록 한다.

**명명 생성(Naming Constructs)**

프로그램 작성에서 개체에 대하여 적절한 이름을 정하는 일은 매우 중요하다. 자바는 사용자 정의 이름에 대하여 어느 정도 관대한 편이다. 이 책에서도 자바의 사용자 정의 이름에 대한 표준 관례를 준수하고 있다. 여기서 그 관례에 대하여 알아 본다.

클래스나 인터페이스 이름은 대문자로 시작한다.

예: ArrayStringLog나 StringLogInterface

메소드나 변수 이름은 소문자로 시작한다

예:insert(), log

단 한 이름이 여러 단어로 구성되면 각 단어의 시작문자는 대문자로 한다

예: getLink, lastIndex

상수이름은 모두 대문자로 구성한다.

예: MINYEAR

모든 이름은 목적이나 용도를 기반하여 정하며, 사용자에게 유용한 정보를 담고 있어야 한다.(클래스, 인터페이스,메소드, 변수 )

예: 가장 큰 값을 가지는 변수 이름은 x가 아닌 maxValue가 적당하다.

클래스는 객체를 표현하므로 명사를 사용하고 메소드는 동작을 표현하므로 동사로 명명한다.

예: 클래스명-ArrayStringLog, 메소드 명-insert(), contains()

ADT을 명세화하기 위해 인터페이스를 생성한다면 그 인터페이스 이름은 ADT 명과 interface붙여 명한다.

예: StringLogInterface ( StringLog + interface)

**구현기반 클래스 이름(Implementation-Based Class Names)**

이 책에서는 클래스 이름으로 ArrayStringLog, LinkedStringLog를 사용하였지만 이는 정보 은닉의 개념에 위배된다. 정보 은닉은 ADT의 구현 정보를 사용자에게 숨기는 것이다.

그런데, ArrayStringLog나 LinkedStringLog 클래스 이름은 구현 정보를 오히려 공개하고 있기 때문이다. 이 책에서 구현 클래스 이름을 밝히는 데는 몇 가지 이유가 있다.

1. 자바 라이브러리도 같은 방법을 사용한다. 예: ArrayList 클래스
2. 정보 은닉도 중요하지만 구현과 관련된 정보 또한 사용자에게 유용할 때가 있다. 즉 구현 방법에 따라 응용 프로그램의 메모리 및 시간 효율성이 영향을 받는다.
3. 인터페이스를 구현과 독립적인 이름을 사용하여 어느 정도 정보 은닉을 구현할 수 있다.
4. 한 ADT를 여러 방법으로 구현할 때 구현 클래스 이름은 클래스를 구별할 수 있는 좋은 방법이 된다.

## 인스턴스 변수

StringLog의 원소는 LLStringNode의 연결 리스트에 저장된다. LLStringNode 클래스는 2.5절에서 연결 리스트의 노드를 구현한 클래스이다. 인스턴스 변수 LLStringNode log는 이 연결 리스트의 시작 노드를 가리키는 참조변수이다.

배열기반 방식과 마찬가지로 문자열 변수 name은 StringLog의 이름을 저장하는 변수이다. 연결기반 구현에서는 배열 기반 구현처럼 색인을 저장하는 변수가 필요하지 않다. 클래스 정의의 시작 부분은 다음과 같다.

```
//----------------------------------------------------------------------
// LinkedStringLog.java by Dale/Joyce/Weems Chapter 2
//
// Implements StringLogInterface using a linked list
// of LLStringNodes to hold the log strings.
//----------------------------------------------------------------------

package ch02.stringLogs;

public class LinkedStringLog implements StringLogInterface
{
  protected LLStringNode log;          // reference to first node of linked
                                       // list that holds the StringLog strings
protected String name;                 // name of this StringLog
. . .
```

## 생성자 (Constructors)

배열기반 구현은 두 개의 생성자가 필요했다. 첫 번째 생성자는 배열의 크기를 매개 변수로 입력 받아 배열을 생성했고, 두 번째 생성자는 인자가 없는 생성자였다. 그러나, 연결 리스트는 원소가 삽입되면 자동적으로 연결 리스트의 크기가 증가하는 동적 구조이므로 크기를 인자로 받는 생성자는 필요 없다. 따라서 연결기반 구현은 한 개의 생성자로 충분하다.

생성자는 StringLog의 이름을 매개 변수로 받아서 인스턴스를 생성한다. 새로운 StringLog를 만들면 문자열이 하나도 없는 빈 StringLog가 된다. 그래서 클래스 LinkedStringLog 에서 인스턴스를 인스턴스화 할 때 log변수의 값을 null값으로 초기화한다. 이 생성자의 시간 복잡도는 O(1)이다.

```
public LinkedStringLog(String name)
// Instantiates and returns a reference to an empty StringLog object
// with name "name".
{
   log = null;
   this.name = name;
}
```

[그림 2.8]의 처음 두 단계는 생성자를 이용하여 선언되고 인스턴스화된 이후에 LinkedStringLog 형의 인스턴스 strLog의 내부/구현 뷰와 추상 뷰를 보여주고 있다.

## 변환자 (Transformers)

연결기반 구현 또한 insert, clear 두 개의 변환자 메소드가 필요하다. insert 메소드가 호출되면 새로운 원소가 연결 리스트에 추가된다. 이때 변수 log가 연결 리스트의 시작 노드를 참조하고 있으므로 연결 리스트의 시작 위치에 새로운 노드를 삽입시키는 방법이 가장 효율적이다. 연결 리스트 시작 위치에 새로운 노드를 삽입시키는 방법은 이미 2.5절에서 알아보았다. 아래 insert 메소드의 시간 효율성은 O(1)이다.

```
public void insert(String element)
  // Precondition: This StringLog is not full.
  //
  // Place element into this StringLog.
  {
```

```
    LLStringNode newNode = new LLStringNode(element);
    newNode.setLink(log);
    log = newNode;
  }
```

[그림 2.8]은 LinkedStringLog 형의 strLog 인스턴스가 생성된 후 아래와 같은 insert 메소드가 호출될 때의 과정을 보여준다

```
LinkedStringLog strLog;
strLog = new LinkedStringLog("Nicknames");
strLog.insert("Babyface");
String s1= new String("Slim");
strLog.insert(s1);
String s1 = new String("Slim");
strLog.insert(s1);
```

위 insert메소드 예에서 첫 번째는 String 리터럴을 파라메터로 하여 호출하고 두 번째는 String 변수를 파라메터로 전달했다. 배열의 insert연산 결과와 비교하려면 [그림 2.4]를 보면 된다.

배열기반 구현에서 clear 연산은 더 이상 사용되는 않는 배열의 슬롯에 null값을 할당하여 자바의 불필요정보수집자(Garbage Collector)가 배열에 할당된 메모리를 수거할 수 있게 한다. 연결기반 구현은 단지 리스트의 시작 노드를 참조하고 있는 log 변수의 값으로 null 값을 할당해 주면 된다. 그 결과 더 이상 사용하지 않는 노드의 메모리를 쓰레기 수집자가 회수할 수 있다.

```
public void clear()
//Makes this StringLog empty.
{
  log = null;
}
```

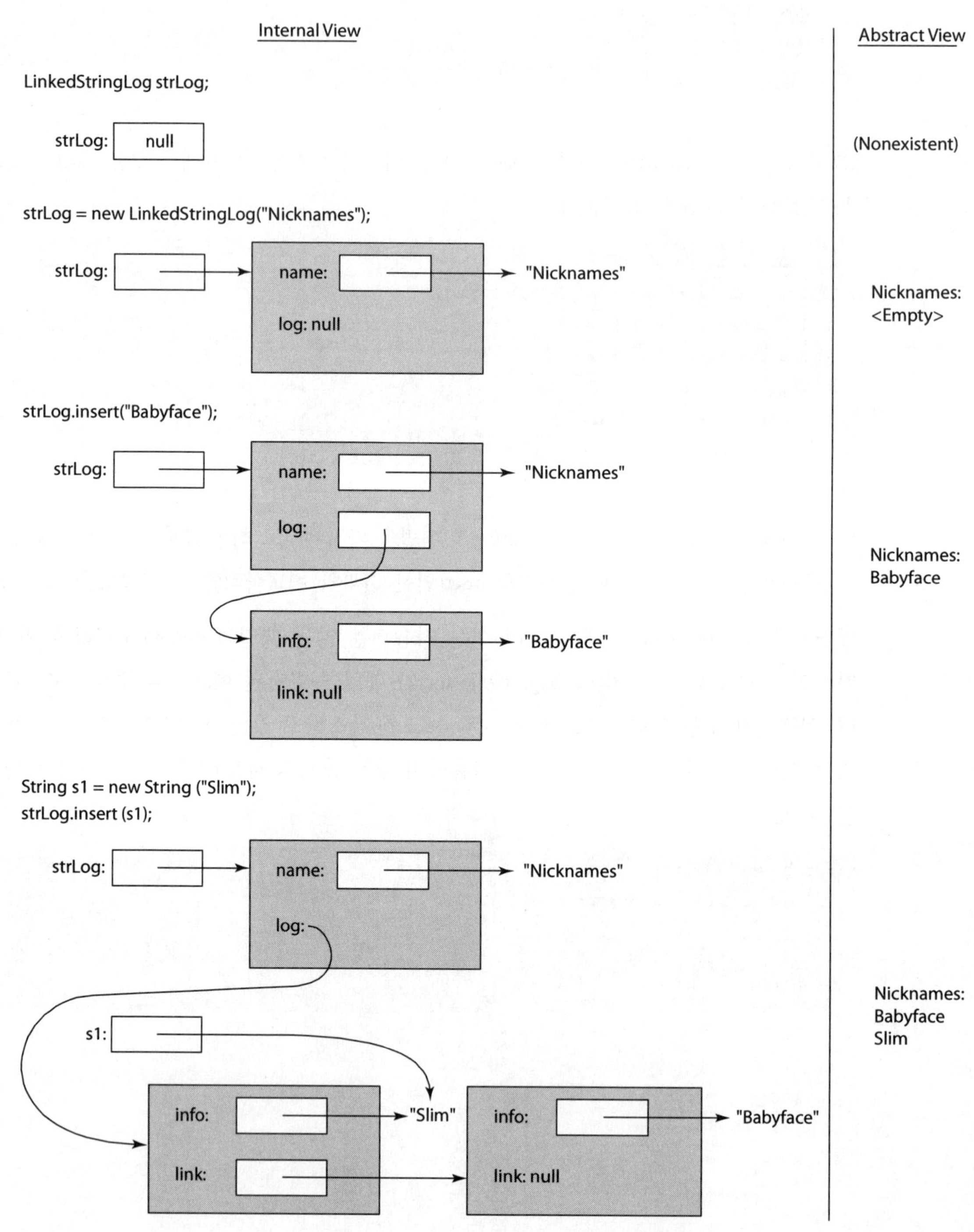


[그림 2.8] 연결기반 구현된 StringLog의 연산 결과

[그림 2.9]는 clear 메소드를 호출한 결과를 보여주고 있다

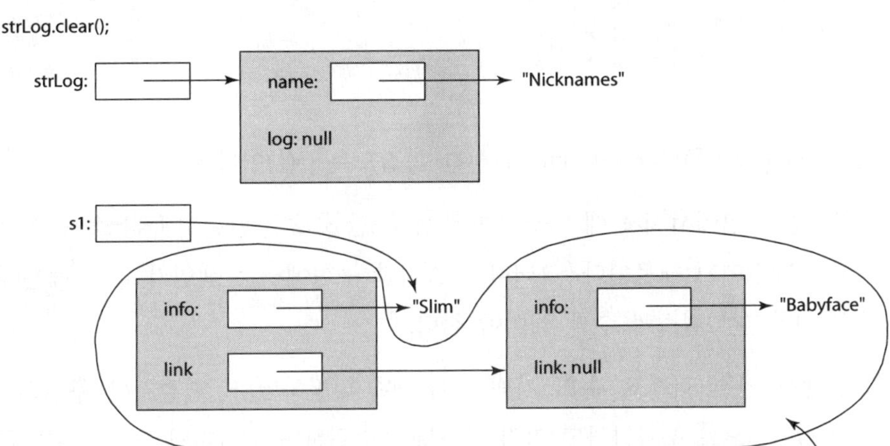


[그림 2.9] clear 연산 결과

[그림 2.9]와 같이 clear 연산의 시간 복잡도는 O(1)이다. 배열기반인 경우 루프를 이용하여 배열의 모든 슬롯에 null값을 할당하기 때문에 O(N)이다. 그러나, 엄밀히 말하면 연결기반 구현 방법도 쓰레기 수집자가 리스트의 모든 노드들을 수집하는데 N 단계를 거쳐야 하기 때문에 여전히 O(N)이다.

## 관찰자 (Observer)

관찰자 메소드로 우선 isFull 메소드를 알아 볼 것이다. 연결기반 구현은 동적 크기 StringLog이다. 즉, 원소 삽입 개수에 제한이 없다. 따라서, isFull 메소드는 항상 false를 복귀한다. 더 이상 원소를 삽입할 수 없을 때는 오직 out-of-memory 예외상황이 발생한 경우이다.

```
public boolean isFull()
// Return true if this StringLog is full. otherwise return false.
{
   return false;
}
```

getName 메소드도 간단하며, 배열기반 구현과 동일하다.

```
public String getName()
```

```
// Returns the name of this StringLog
{
   return name;
}
```

위 두 메소드 isFull과 getName의 시간 복잡도는 O(1)이다.

배열기반 구현에서 size 메소드 구현은 매우 간단하다. 단순히 lastIndex+1이 배열에 저장된 원소의 개수이기 때문이다. 그러나 연결기반 구현에서는 색인가 없기 때문에 연결 리스트를 순회하면서 원소의 수를 세어야 한다.

2.5절에서 연결 리스트 순회 기법에 대하여 설명하였다. 연결기반 구현의 size 메소드는 count 값을 0으로 초기화하고 연결 리스트를 순회하면서 마지막 노드에 도착할 때까지 count 변수의 값을 증가시켜 구한다.

```
public int size()
// Returns the number of strings in this StringLog
{
   int count = 0;
   LLStringNode node;
   node = log;

   while( node != null)
   {
     count++;
     node = node.getLink();
   }
   return count;
}
```

위 size 메소드의 시간 복잡도는 O(N)이다. 이 size 메소드에 대한 또 다른 대안은 정수형 변수를 선언한 후 insert 메소드가 호출 될 때 마다 그 변수를 값을 증가시켜 연결 리스트에 삽입된 원소 개수를 유지하는 방법이다.

toString 메소드도 연결 리스트 순회 알고리즘을 기반으로 구현된다. 연결 리스트의 순차적 순회기법은 size나 toString 메소드 구현에 공통으로 사용된다. 따라서, toString 메소드의 시간 복잡도는 O(N)이다.

```
public String toString()
```

```
// Returns a nicely formatted string representing this StringLog
{
   Sring logString = "Log: "+ name +"\n\n";
   LLStringNode node;
   node=log;
   int count=0;

   while( node != null)
   {
     count++;
     logString = logString + count + "." +node.getInfo() +"\n";
     node = node.getLink();
   }

   return logString;
}
```

연결기반 구현에서 insert 메소드는 새로운 노드를 연결 리스트 시작 위치에 삽입하기 때문에 toString 메소드의 출력결과는 원소의 삽입 순서와 반대이다. StringLog는 원소의 삽입 순서가 중요하지 않다고 가정하기 때문에 toString 호출 결과는 문제를 발생시키지 않는다.

마지막 관찰자 메소드는 contains이다. 이 메소드 또한 연결 리스트 순회 알고리즘을 기반으로 구현된다. 배열기반 구현에서도 contains 메소드를 구현하였다. 연결기반 구현에서는 동일한 알고리즘에 배열관련 문장을 리스트 관련 문장으로 대체하면 된다.

이 메소드의 실행 방식은 배열 방식과 동일하다: log을 순회하면서 검색할 원소와 비교하여 동일한 원소가 발견되면 검색을 멈추고 그렇지 않으면 마지막 원소까지 비교한다.

```
public boolean contains(String element)
{
  boolean found = false;
  Set other variables;
  while(there are more values to search&& !found)
  {
    if (the next value equals element)
    found = true;
  }
  return(found);
}
```

위 의사코드는 배열의 사용과는 무관하다. 이 절은 연결기반 구현을 목적으로 하므로 위 알고리즘을 연결 리스트를 사용하여 구현한다. 이 메소드의 시간 복잡도는 배열 기반의 경우와 마찬가지로 O(N)이다.

```
Public boolean contains(String element)
// Return true if element is in this StringLog
// otherwise return false.
// Ignore case differences when doing a string comparisons.
{
   LLStringNode node;
   node=log;
   boolean found=false;
   boolean moreToSearch;
   moreToSearch=(node != null );

   while(moreToSearch && !found)
   {
     if(element.equalsIgnoreCase(node.getInfo())) // if they match
     {
       found=true;
     }else{
       node=node.getLink();
       moreToSearch=(node != null);
     }
     return found;
  }
}
```

지금까지 LinkedStringLog의 구현을 완성했다. 아래는 LinkedStringLog 클래스의 완전한 구현코드이다. 연습문제 51에서 이 클래스에 대한 검사 드라이브를 생성하고 사용하는 것을 다룰 것이다.

```
//----------------------------------------------------------------
// LinkedStringLog.java   by Dale/Joyce/Weems    Chapter 2
//
// Implements StringLogInterface using a linked list
// of LLStringNode to hold the log string.
//----------------------------------------------------------------
package ch02.stringLogs;
public class LinkedStringLog implements StringLogInterface
{
```

```
protected LLStringNode log;  //reference to first node of linked
                   //list that holds the StringLog strings
protected String name;    //name of this StringLog

public LinkedStringLog(String name)
// Instantiates and returns a reference to an empty StringLog object
// with name "name".
{
  log = null;
  this.name = name;
}

public void insert(String element)
// Precondition: This StringLog is not full.
//
// Place element into this StringLog.
{
  LLStringNode newNode = new LLStringNode(element);
  newNode.setLink(log);
  log = newNode;
}

public boolean isFull()
// Return true if this StringLog is full. otherwise return false.
{
  return false;
}

public int size()
// Returns the number of strings in this StringLog
{
  int count = 0;
  LLStringNode node;
  node = log;

  while( node != null)
  {
    count++;
    node = node.getLink();
  }

  return count;
}
```

```
  boolean contains(String element)
  // Return true if element is in this StringLog
  // otherwise return false.
  // Ignore case differences wen doing a string comparisons.
  {
   LLStringNode node;
   node=log;
   boolean found=false;
   boolean moreToSearch;
   moreToSearch=(node != null );

   while(moreToSearch && !found)
   {
     if(element.equalsIgnoreCase(node.getInfo())) // if they match
     {
       found=true;
     }else{
       node=node.getLink();
       moreToSearch=(node != null);
     }
     return found;
   }
  }
}

public void clear()
// Makes this StringLog empty.
{
  log = null;
}
public String getName()
// Returns the name of this StringLog.
{
  return name;
}
public String toString()
// Returns a nicely formatted string representing this StringLog.
{
  String logString = "Log: " + name + "\n\n";
  LLStringNode node;
  node = log;
  int count = 0;
```

```
  while (node != null)
   {
       count++;
       logString = logString + count + ". " + node.getInfo() + "\n";
       node = node.getLink();
   }
   return logString;
  }
}
```

# 2.7 소프트웨어 설계: 클래스의 식별

이 절에서는 객체지향 설계기법에 대하여 알아보고, 이 기법을 2.8절의 Trivia 게임의 설계와 구현에 사용한다.

## 브레인스토밍(BrainStorming)

객체지향 방식으로 문제를 해결하는 가장 중요한 방법은 문제 해결을 위한 클래스를 찾아내는 것이다. 사실 클래스를 찾는 간단한 방법은 존재하지 않는다. 그 중 가장 범용적인 방법은 브레인스토밍이다. 보통 대규모 프로젝트는 팀 단위로 구축되게 되고 팀 구성원들이 브레인스토밍 과정을 거치게 된다. 이 때 멤버들은 문제 해결을 위한 객체들을 찾아내고, 그 객체들을 표현하는 클래스를 제안한다. 이 과정에서 어떤 아이디어도 거부되어선 안 된다.

## 필터

브레인 스토밍 과정을 거친 후, 이 과정에서 찾아진 클래스들을 여과(Filter)하는 과정이다. 우선, 제시된 클래스 중에 중복된 것이 있으면 제거한다. 중복된 클래스 중 객체를 가장 잘 표현하는 클래스를 선택하면 된다. 다음 과정은 관련되어 있는 클래스들을 찾아낸다. 즉 관련된 클래스들은 중복된 클래스는 아니지만 공통점을 많이 가지는 클래스들이다. 이런 관련된 클래스들은 아마도 한 클래스로 합병되거나 상속 관계로 조직화 될 수 있다. 동시에 이 과정을 거치면서 간과된 클래스들을 찾아 낼 수도 있다.

## 시나리오 분석

일반적으로 초기 클래스들을 찾아내는 것은 어렵지 않다. 많은 경우에 클래스 객체로 표현하고자 하는 엔티티들은 자연스럽게 발견된다. 예를 들면 예금 계좌를 관리하는 프로그램을 설계 한다고 가정하자. 우리는 아마도 이 프로그램에 필요한 객체를 알 수 있다. 계좌, 예금액, 계정 잔액, 계정 확인장 등이 그 예이다. 객체들은 특정 작업을 수행하기 위하여 서로 상호작용한다. 이 때 객체들간의 상호작용은 메시지를 통해 이루어진다. 객체지향에서 메시지 호출은 상대 객체의 메소드를 호출하는 것이다. 이 때 예금계좌 객체는 계정잔액 객체에게 메시지를 보내서 금액(amount) 객체만큼을 빼는 연산을 호출할 것이다. 초기에 금액 클래스를 생각하지 못했다면 시나리오 분석을 통해 다른 클래스를 찾아낸다.

위 예제는 객체지향 설계의 전형적인 예이다. 즉, 문제 해결에 가장 중요한 클래스들을 찾아내고, 이 후 시나리오를 고려한다. 시나리오에서 객체들은 특정 작업을 수행하기 위하여 서로 상호 작용할 것이다. 시나리오가 어떻게 진행되는 가에 따라 새로운 클래스, 객체, 메시지들을 찾을 수 있다. 따라서 해결하려는 문제가 요구하는 작업들을 수행하기에 충분한 클래스, 객체, 메시지를 찾을 때까지 시나리오 분석을 수행한다.

## 명사와 동사

클래스와 그 클래스의 속성 및 역할을 찾아내는 방법은 요구 명세서에서 객체를 확인하는 것이다. 이때, 객체나 속성들은 명세서에 대부분 명사로 표현된다. 예를 들어, 요구 명세서가 이런 문장을 포함한다고 가정하자. “학생의 평균점수는 내림차순으로 정렬한 후 출력되어야 한다. 또한 출력 결과에는 학생의 이름과 평균점수가 포함되어야 한다.”

여기서 가장 유력한 클래스는 학생이다. 또한 학생 클래스의 객체가 가지는 속성은 아마도 이름과 평균점수가 될 것이다. 이 클래스의 역할은 각 학생의 평균점수를 저장 관리하는 것이다. 아래 프로그램 요구 명세서에서 명사들은 모두 클래스의 후보가 된다. 이 후 그 후보 클래스를 필터링한다. 요구 명세서에서 동사들은 클래스의 역할이나 행동과 관련이 된다. 즉 동사들은 클래스의 메소드가 될 후보가 된다.

“학생의 평균점수는 내림차순으로 정렬한 후 출력되어야 한다. 출력 결과에는 학생의 이름과 평균점수가 포함되어야 한다.”

The student averages must be sorted from best to worst before being output . The output should list the names and averages of each student

## 응집력 있는 설계 (Cohesive Designs)

세련된 설계는 이해하기 쉽다. 세련된 설계를 구별하는 기준으로 클래스의 응집도가 사용된다. 응집력 있는 클래스는 일관된 하나의 목적을 가져야 한다. 클래스의 응집도를 확인하는 방법은 그 클래스의 중요 목적을 하나의 일관된 목적에 맞추어 기술해 보는 것이다. 기술된 목적에 일관성이 없으면 클래스 설계를 다시 한번 생각해 보아야 한다. 아래 예들은 응집도가 높은 경우이다.

- 정수 리스트를 유지한다.
- 파일 상호작용을 다룬다.
- 날짜를 표시한다.

아래 예들은 응집도가 낮은 경우이다.

- 정수들의 리스트를 유지하고, 특별한 정수 출력 루틴을 제공한다.
- 파일 상호작용을 다루고, 스크린에 그래프를 그린다.

## 방식에 대한 요약

지금까지의 내용을 요약하여 문제 해결을 위해 필요한 클래스를 찾아내는 알고리즘을 아래와 같이 제시한다.

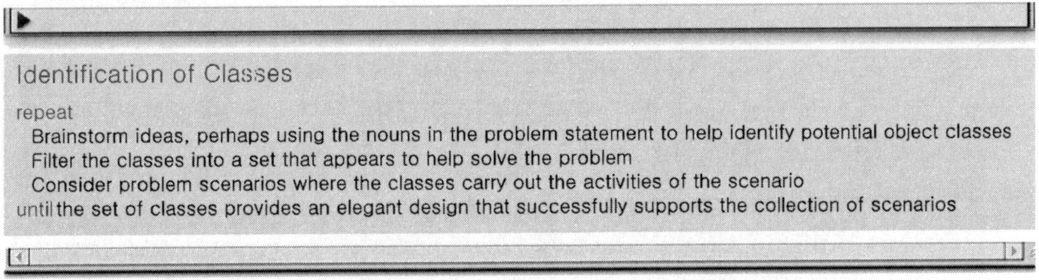
Identification of Classes

repeat
  Brainstorm ideas, perhaps using the nouns in the problem statement to help identify potential object classes
  Filter the classes into a set that appears to help solve the problem
  Consider problem scenarios where the classes carry out the activities of the scenario
until the set of classes provides an elegant design that successfully supports the collection of scenarios

이 간단한 알고리즘은 이 책에서 소개할 다양한 문제를 해결하기에 적당하다. 단 매우 복잡한 문제를 해결하기 위한 객체지향 해결 방법은 이 책의 범위를 벗어난다.

## Source for classes

자바 프로그램은 자바 기본 언어와 이미 존재하는 클래스들의 조합으로 구성된다. 이미 존재하는 클래스는 기본 언어의 확장으로 볼 수 있다. 이 확장된 자바 언어는 크고, 복잡하고, 견고하며, 강력하면서 지속적으로 변한다. 자바 프로그래머는 확장된 언어의 미묘한 차이를 늘 배워야 한다.

자바 기반 프로그램을 작성할 때 우선 필요한 클래스를 결정해야 한다. 다음 단계는 필요한 클래스들이 자바 라이브러리에 이 클래스가 존재하는지 확인한다. 만약 존재하지 않으면 필요한 클래스를 작성하기 위해 도움이 되는 클래스들을 찾는다. 어떤 경우에는 새로운 클래스를 생성할 필요도 있다.

클래스들은 어디서 왔는가 ? 세가지 소스가 있다.

1. 자바 클래스 라이브러리(Java Class Library): 자바 라이브러리는 자바 프로그램을 작성할 때 필요한 유용한 클래스들을 포함한다. 이 책에서 사용하는 라이브러리 클래스는 부록 E에 소개되어 있다.

2. 사용자 정의 클래스(build your own): 문제를 해결하기 위한 클래스가 필요한데 그 클래스가 존재하지 않으면 프로그래머가 직접 작성해야 한다. 이때 기존 클래스들을 이용하여 사용자 정의 클래스를 작성하면 된다. 이러한 사용자 정의 클래스는 자바 언어의 확장이며 재사용 할 수 있다. 이 책에서 모든 ADT 구축 예제들이 사용자 정의 클래스 작성 예이다.

3. 외부 컴포넌트(off the shelf): 외부(third-party)로부터 얻은 클래스나 패키지를 off-the-shelf 컴포넌트라고 한다. 이런 컴포넌트는 상업적으로 구입할 수 있으며 또는 웹에서 무료로 공급받을 수 있다. 이러한 경우 copyright를 위반하지 않는 것이 중요하다. 또한, 공짜로 얻은 컴포넌트의 경우 정확하게 동작한다는 점과 그들이 바이러스 등 문제를 야기하지 않는다는 점을 확인한 후에 사용하는 것이 좋다.

### 설계 선택

설계를 할 때 명심할 사항은 대부분의 문제는 다양한 해결책을 갖는다는 점이다. 프로그램 개발에서 우리가 사용하는 설계 테크닉은 컴퓨터가 요구하는 수준에 비하여 정밀하지 못하다. 따라서 완전하지 않은 정보를 가지고 문제 해결을 위한 설계를 선택하는 것은 인간의 능력이다. 다른 선택은 다른 해결책을 만들어 낼 것이다.

예를 들면, 비행 제어 시스템을 시뮬레이션하는 시스템을 구축할 때 비행기와 제어타워가 서로 상호작용하는 객체가 될 수 있다. 또 다른 대안으로 비행사와 제어타워를 객체로 선택할 수도 있다. 이러한 설계 선택의 문제는 결과적으로 문제를 바라보는 입장과 각 객체에 부여하는 역할에 따라 달라진다. 이 예에서 어떤 선택을 해도 실행 가능한 시스템이 개발될 것이다. 단 우리는 설계 선택의 문제에서 우리에게 익숙한 것을 선택하게 된다.

선택된 어떤 설계가 다른 것에 비교하여 다소 효율적일 수도 있다. 예를 들면 이름의 리스트를 순서에 따라 저장하면 임의로 저장한 경우보다 검색에서 효율적이다. 그러나 임의로 리스트를 유지하는 방법도 검색 속도는 느릴 수 있지만 궁극적으로 유효한 해결책이 되기도 한다. 특히 리스트를 검색하는 기능이 자주 일어나지는 않는다면 아마도 최선의 선택이 될 것이다.

결론은 문제 해결에 적극적인 자세로 임하라는 것이다. 완벽한 해결책으로 이끄는 번쩍이는 아이디어가 나올 때까지 혹은 그런 도움을 줄 수 있는 전문가가 나타날 때까지 기다리는 것은 현명하지 못하다. 먼저 문제 해결을 위해 뛰어들어 무언가를 하고, 뒤로 물러서서 결과를 확인하여 반영해 나가는 방법이 더욱 현명하다.

## 2.8 사례연구 : 퀴즈 게임

이 절에서는 사례 분석의 예로 한사람 사용자용 퀴즈 게임을 구축할 것이다. 사용자는 퀴즈 게임이 제공하는 정보(게임 이름, 문제의 개수 그리고 문제에 답변 할 기회 수)를 확인한 후 퀴즈 게임을 진행하게 된다. 전형적인 퀴즈게임과 같이 이 프로그램도 사용자에게 문제와 함께 그 문제가 속한 카테고리를 제시한다. 프로그램은 사용자가 문제를 다 맞추거나 더 이상 기회가 없을 때까지 계속된다.

프로그램은 사용자의 답변을 정답과 비교한 후 그 결과를 보여주게 된다. 다음은 프로그램 수행 결과이다. 여기서 그린 색깔의 단어는 사용자가 입력한 것이다.

```
Welcome to the General Trivia 1 trivia quiz.
You will have 6 chances to answer 4 questions.
Rock and Roll : Give the first name of one of The Beatles.
Pete
Incorrect

Math: What is 5 + 2?
7
Correct!

History: Who was the second president of the United States?
Ford
Incorrect

Vegetables: What color are carrots?
Orange
Correct!

Rock and Roll : Give the first name of one of The Beatles.
ringo
Correct

History: Who was the second president of the United States?
Smith
Incorrect

Game Over

Results:
        Chances used: 6  Number Correct: 3

Thank you.
```

## Trivia 게임 소스

퀴즈 게임을 개발하기 전에, 게임에 필요한 문제와 각 문제의 카테고리 정보 그리고 문제의 정답 등 퀴즈 게임 소스를 가져와야 한다. 이런 게임 정보는 다양한 곳으로부터 가져올 수 있다. 우리의 예제 게임은 다양한 방법 중 한 가지 방법만 구현하겠다. 이 예제에서 사용할 방법은 퀴즈 정보가 특정 형식을 가지고 텍스트 파일로 저장되고 저장된 파일을 읽어서 퀴즈 게임을 진행하는 것이다. 파일명은 game.txt이다. 프로그램은 파일로부터 퀴즈 정보를 읽어 들여 사용자에게 문제를 제시하게 된다. game.txt 파일의 정보는 아래와 같은 형식으로 저장되어야 한다.

- 라인 1: 퀴즈 이름
- 라인 2: 문제 개수
- 라인 3: 답변 기회 수
- 각 문제에 대하여
  - 라인 a: 문제의 카테고리
  - 라인 b: 문제
  - 라인 c: 문제의 가능한 정답 수
  - 각 가능한 정답 수
    - 가능한 정답

이 책의 퀴즈게임 예제는 아래와 같은 파일을 사용한 것이다.

```
General Trivia 1
4
6
Rock and Roll
Give the first name of The Beatles.
5
John
Paul
George
Ringo
Richard
Math
What is 5+2?
2
7
Seven
History
Who was the second president of United States?
```

```
2
Adams
John Adams
Vegetables
What color are carrots?
1
Orange
```

위와 같은 형식을 가지기 때문에 이 프로그램은 퀴즈를 만드는 사람에게 다양한 옵션을 줄 수 있다. 즉 문제 수, 답변 기회 및 수용 가능한 정답 등을 game.txt 파일에 다양하게 표현할 수 있다.

## Support 클래스 식별

이제 2.7절에서 소개했던 객체 지향 설계 방식을 이용하여 퀴즈게임을 개발한다.

### 브레인스토밍

프로그램 요구사항 명세서에서 명사는 잠재적인 클래스, 객체 혹은 속성이 될 수 있음을 알 수 있었다. 이제 퀴즈 게임 요구사항 명세서의 명사들을 확인하자

> 한 사람 사용자용 퀴즈 게임을 구축할 것이다. 사용자는 게임 이름, 문제의 개수 그리고 문제에 답할 기회 수에 대한 정보를 확인하고 게임을 진행한다. 전형적인 퀴즈게임과 같이 이 프로그램도 사용자에게 퀴즈 문제와 함께 그 문제가 속한 카테고리를 제시한다. 프로그램은 사용자에게 맞춘 정답 수와 남아있는 기회 수를 보여주고 퀴즈문제를 다 맞추거나 더 이상 기회가 없을 때까지 계속된다. 프로그램은 각 답변에 대하여 가능한 정답과 비교한 후 그 결과를 보여주게 된다. 사용자의 답변은 대소문자 구별 없이 가능한 정답과 비교한다.

위 요구 사항 명세서에서 명사는 퀴즈게임, 게임 이름, 문제 수, 기회 수, 퀴즈 문제, 카테고리, 맞춘 정답 수, 남은 기회 수, 답변, 가능한 정답이다. 이들 명사를 점검하고, 그들이 문제 해결이 어떤 통찰력을 주는지 살펴보자.

### 필터

브레인스토밍 과정에서 찾아진 명사들 중 서로 관련된 명사들을 그룹지어야 한다. 예를 들면 문제와 정답은 서로 밀접한 관계를 가지고 있다. 이 예제는 아래와 같이 명사들을 두 그룹으로 묶을 수 있다.

- 퀴즈 게임
  - 게임 이름
  - 문제 수
  - 기회 수
  - 정답을 맞춘 문제 수
  - 남은 기회
- 질문
  - 관련 카테고리
  - 정답
  - 가능한 정답들

지금까지 논의를 바탕으로 두 개의 후보 클래스를 식별해 낼 수 있다 : 퀴즈 게임과 퀴즈 질문이 그것이다. 나머지 명사들은 두 클래스의 속성 정보가 될 것이다. 앞으로 두 클래스를 TriviaGame과 TriviaQueation이라 명하겠다.

### 시나리오 분석

TriviaGame 클래스는 퀴즈게임에 대한 상태 정보를 저장하고 있어야 한다. 이 클래스는 초기에 텍스트 파일에 저장된 퀴즈 정보를 모두 읽어 들여 게임을 표현한다. 그러나 게임이 진행되면서 게임의 상태 정보는 계속해서 갱신되어야 한다. TriviaQuestion 객체는 퀴즈 게임에서 사용되는 퀴즈 문제를 표현한다. 우리의 퀴즈게임의 시나리오를 머리속에 그려보자. 초기에 게임 정보 파일에서 모든 게임 관련 정보를 읽어 TriviaGame 객체가 생성되고 프로그램은 연속적으로 TriviaQuestion 객체를 가져와서 사용자에게 문제를 낸다. 제시된 문제에 대한 사용자의 답이 정답인지 오답인지 검사하면서 TriviaGame 객체의 상태 정보가 갱신된다. 이 과정은 프로그램이 종료될 때까지 계속된다.

위와 같은 간단한 시나리오 분석을 기반으로 지금까지의 과정이 적당함을 확인할 수 있다. 이제 우리는 상향식 개발 방법론을 이용할 것이다. 우선 TriviaQuestion 클래스를 고려하자. 이 클래스의 주요 역할은 퀴즈 문제를 표현하는 것이다. 퀴즈 문제를 표현하기 위해 퀴즈문제, 문제의 카테고리 그리고 문제에 대한 가능한 정답을 저장하고 추출할 수 있어야 한다. 이 클래스의 부가적인 기능은 사용자의 답변이 그 문제에 대한 가능한 정답을 저장한 집합에 존재하는지 검사하는 것이다.

또한 문제에 대하여 정답을 맞추었는지에 대한 상태 정보를 유지하기 위하여 boolean 형의 인스턴스 변수를 false로 초기화 한 후 정답을 맞추면 true값을 할당한다. 그리고 관찰자 메소드를 이용하여 변수의 상태 정보를 출력할 수 있다. 그런데 문제에 대한 정답 여부 정보는 퀴즈 문제의 역할이 아니라 게임 객체의 역할이다. 따라서 위와 같은 상태 정보를 유지하는 역할을 TriviaGame 객체에 할당할 것이다.

[테이블 2.1]은 TriviaQueation 클래스에 대한 추상적인 관점을 보여주고 있다. 설계과정에서 클래스의 추상적인 관점을 표현한 표가 만들어지며, 시나리오 분석에 사용되고, 구현 단계에서 요구사항을 결정하는데 도움이 된다.

다음에는 TriviaGame 클래스를 살펴보자. 이 클래스의 객체는 전체 trivia 게임을 나타내는 것으로 질문 리스트와 같은 정적인 정보와 어떤 질문들이 정답으로 처리되었는지와 게임이 끝났는지의 여부 등과 같은 동적인 정보를 모두 포함한다.

[테이블 2.1] TriviaQuestion 클래스에 대한 추상적 관점

클래스 이름 : TiviaQuestion
주요 역할 : 퀴즈 게임에 사용되는 문제를 모델링
역할 : 게임 정보를 할당하는 방법을 제공
게임 정보를 제공하는 방법을 제공
사용자 답변의 정답 여부 확인 기능

[테이블 2.2] TriviaGame 클래스에 대한 추상적 관점

클래스 이름 : TiviaGame
주요 역할 : 퀴즈게임(Trivia Game)을 일관적인 상태로 표현하는 클래스
역할 :
- 게임 정보를 할당하는 방법을 제공
- 게임 정보를 제공하는 방법을 제공
- 각 문제에 대한 정답을 맞추었는지 상태정보 유지
- 게임 진행 중 현재 남아있는 문제 수, 정답을 맞춘 문제 수 및 정답을 맞추지 못한 문제 수에 대한 상태정보 유지
- 게임의 종료 결정

클래스는 게임정보를 보관할 뿐 아니라 고객에게 관련 정보를 필요할 때 접근하고 변경할 수 있도록 한다. TriviaGame 클래스에서는 게임의 현재 상태를 일관된 상태로 표현하도록 해야 한다. 반면에 클라이언트 프로그램은 게임이 시작될 때 TriviaGame 클래스에게 적절한 메시지를 보내도록 하여 사용자가 질문에 대한 답을 정확하게 했는지 알 수 있도록 한다.

이러한 것을 모두 통합하면 테이블 2.2에서 나타난 것과 같은 TriviaGame 클래스의 추상 관점에 도달하게 된다.

## Support 클래스 구현

이제 위 클래스들의 세부 설계 과정을 설명한다.

### TriviaQuestion 클래스

TriviaQuestion 클래스의 한 객체는 한 개의 퀴즈 문제를 표현한다. 이 클래스의 속성 정보는 카테고리, 문제에 대한 텍스트, 그리고 가능한 정답을 나타낸다. 카테고리와 문제 자체는 문자열 데이터 형으로 처리하면 된다. 그러나 각 문제의 답이 될 수 있는 가능한 정답들은 어떻게 다루어야 하는가 ?

각 문제에 대한 가능한 정답을 배열로 저장할 수 있다. 그러나 이런 상황에 더 적당한 데이터 구조가 있다. 즉, 파일로부터 가능한 정답들을 읽어 집합에 삽입시키는 기능을 가지며 또한 사용자의 답변이 그 집합에 존재하는지 확인하는 기능을 가진 데이터 구조가 필요하다. 이러한 기능을 제공하는 데이터 구조가 앞에서 구현한 StringLog ADT이다.

StringLog ADT는 배열기반 혹은 연결기반의 두 가지 방식으로 구현된다. 두 버전의 가장 큰 차이점은 전자는 고정 크기 StringLog 이고 후자는 동적 크기 StringLog이라는 점이다. 문제를 저장하고 있는 텍스트 파일은 문제마다 가능한 정답 수가 저장되어 있으므로 배열기반 구현인 ArrayStringLog 클래스를 사용할 수 있다.

아래 코드는 TriviaQueation 클래스이다. 이 클래스의 생성자는 파라메터로 문제, 문제의 카테고리, 그리고 가능한 정답 수를 파라메터로 입력 받는다. 가능한 정답 수를 이용하여 StringLog 객체를 초기화한다. storeAnswer 메소드는 한 문제에 대한 가능한 모든 정답을 저장하는 메소드이다. 또한 tryAnswer 메소드는 사용자의 답변이 정답인지 확인하는 메소드이다.

이 클래스의 복잡한 연산들은 대부분 StringLog 객체가 담당한다. answer객체는 인터페이스 StringLogInterface 형으로 선언되고, ArrayStringLog 객체로 초기화 되어 있다. 여기서는 String Log를 직접 포함하는 코드를 강조한다.

```
//----------------------------------------------------------------------
// TriviaQuestion.java   by Dale/Joyce/Weems    Chapter 2
//
// Provides trivia question objects
//----------------------------------------------------------------------
```

```
import ch02.stringLogs.*;

public class TriviaQuestion
{
  private String category;            // category of question
  private String question;            // the question
  private StringLogInterface answer;  // acceptable answers

  public TriviaQuestion(String category, String question, int maxNumAnswers)
  // Precondition: maxNumAnswers > 0
  {
    this.category = category;
    this.question = question;
    answer = new ArrayStringLog("trivia", maxNumAnswers);
  }

  public String getCategory()
  {
    return category;
  }

  public String getQuestion()
  {
    return question;
  }

  public boolean tryAnswer(String answer)
  {
    return answers.contains(answer);
  }

  public void storeAnswer(String answer)
  // Precondition: currNumAnswers < maxNumAnswers
  {
    answers.insert(answer);
  }
}
```

물론 다른 클래스들을 설계하기 전에 TriviaQuestion 클래스가 철저히 검사되어져야 한다. 이 클래스에 대한 검사 드라이버는 검사관으로 하여금 "퀴즈게임 소스" 부분에서 설명한 명세 기반의 trivia 질문 객체를 생성하고, 다양한 관찰자 메소드를 연습해 보아야 한다.

### TriviaGame 클래스

아래는 TriviaGame 클래스의 구현 코드이다. 코드에서 대부분의 게임 정보는 생성자에 의해 초기화된다. 객체 생성 후 insertQuestion 메소드를 이용하여 TriviaQuestion 객체를 게임에 저장하게 된다. TriviaQuestion 객체는 private questions 배열에 저장된다. 이 클래스는 제공되는 질문 번호를 배열 색인로 변환하게 된다.

TriviaGame클래스는 어떤 문제를 사용자가 맞추었는지에 대한 상태 정보를 저장하기 위하여 boolean 데이터 형의 배열 correct를 이용한다. insertQueston 메소드가 호출될 때마다 correct 배열의 대응되는 원소값이 false로 할당된다.

메소드 correctAnswer는 클라이언트 프로그램이 특정 문제를 맞추면 호출한다. 이 후에 correctAnswer 메소드는 정답을 맞춘 원소와 대응되는 correct 배열값을 true로 할당하고 numCorrect값을 증가시키고 remainingChances값을 감소시킨다. 비슷하게 incorrectAnswer메소드는 numIncorrect를 증가시키고 remainingChances를 감소시키다.

```
//----------------------------------------------------------------------
// TriviaGame.java          by Dale/Joyce/Weems                  Chapter 2
//
// Provides trivia game objects.
//----------------------------------------------------------------------

public class TriviaGame
{
private String quizName;
private int maxNumQuestions;
private int numChances;
private int remainingChances;
private int numCorrect = 0;
private int numIncorrect = 0;
private TriviaQuestion[] questions;            // the set of questions
private boolean[] correct;                     // true if corresponding
                                               // question answered correctly
private int currNumQuestions = 0;

public TriviaGame(String quizName, int maxNumQuestions, int numChances)
// Precondition: maxNumQuestions > 0 and numChances > 0
{
  this.quizName = quizName;
  this.maxNumQuestions = maxNumQuestions;
```

```
  this.numChances = numChances;
  remainingChances = numChances;
  questions = new TriviaQuestion[maxNumQuestions];
  correct = new boolean[maxNumQuestions];
}

public String getQuizName()
{
  return quizName;
}

public int getNumChances()
{
  return numChances;
}
{
  return remainingChances;
}

public int getNumCorrect()
{
  return numCorrect;
}

public int getNumIncorrect()
{
  return numIncorrect;
}

public int getCurrNumQuestions()
{
  return currNumQuestions;
}

public TriviaQuestion getTriviaQuestion(int questionNumber)
// Precondition: 0 < questionNumber <= currNumQuestions
{
  return questions[questionNumber - 1];
}

public boolean isAnswered(int questionNumber)
// Precondition: 0 < questionNumber <= currNumQuestions
{
```

```
  return correct[questionNumber - 1];
}

public boolean isOver()
// Returns true if this game is over, false otherwise.
{
  return (numCorrect == currNumQuestions)
          ||
          (remainingChances <= 0);
}

public void insertQuestion(TriviaQuestion question)
// Precondition: currNumQuestions < maxNumQuestions
//
// Adds question to this TriviaGame.
{
  questions[currNumQuestions] = question;
  correct[currNumQuestions] = false;
  currNumQuestions = currNumQuestions + 1;
}

public void correctAnswer(int questionNumber)
// Preconditions: 0 < questionNumber < maxNumQuestions
//
// Updates game status to indicate that question number
// questionNumber was answered correctly.
{
correct[questionNumber - 1] = true;
numCorrect = numCorrect + 1;
remainingChances = remainingChances - 1;
}

public void incorrectAnswer()
// Updates game status to indicate that a question
// was answered incorrectly.
{
  numIncorrect = numIncorrect + 1;
  remainingChances = remainingChances - 1;
 }
}
```

### GetTriviaGame 클래스

이제 TriviaGame 객체를 초기화해야 한다. 사실 게임 정보는 텍스트 파일에 저장되어 있기 때문에 저장된 정보를 게임 객체에 전달할 방법이 필요하다. 이 방법 중 하나는 TriviaGame 객체가 직접 텍스트 파일의 정보를 읽어 들여 초기화하는 것이다. 그러나 여기서는 시스템이 또 다른 정보 소스로부터 읽어들일 수 있도록 하기 위하여 이 기능을 TriviaGame 클래스로부터 분리한다. 따라서 별도의 GetTriviaGame 클래스를 만들고 이것이 소스로부터 게임 정보를 읽어서 TriviaGame 객체를 만들도록 한다. 퀴즈 게임 예제는 오직 한 개의 게임 소스(텍스트 파일)로부터 게임 정보를 읽어 들인다. 그러나 GetTriviaGame 클래스는 다른 소스로부터도 정보를 읽을 수 있도록 확장될 수 있다.

코드를 보면 파일 정보를 읽기 위하여 Scanner 객체를 사용한다. TriviaGame 객체가 생성된 후 소스 파일에서 각 퀴즈 정보를 읽어 들이고, 퀴즈 문제에 대응되는 TriviaQuestion 객체를 생성한 후, 퀴즈 게임에 삽입시킨다.

추상화가 이 작업을 얼마나 단순화하는지 알아보자. ArrayStringLog 객체를 이용하여 퀴즈 게임의 기능을 수행한다는 것을 알고 있지만 ArrayStringLog 객체의 세부 사항은 여전히 가려져 있는 것이다. 이 단계에서 세부 사항을 걱정할 필요가 없다. 개발자는 하위 레벨의 세부 사항을 걱정할 필요가 없이 퀴즈게임의 상위 레벨에 집중하면 된다.

```
//----------------------------------------------------------------
// GetTriviaGame.java  by Dale/Joyce/Weems       Chapter 2
//
// Provides methods that obtain information about a trivia game.
// create and return TriviaGame objects.
//
// Note: Currently only option is to obtain a game from a text file.
//    but other options could be added later
//----------------------------------------------------------------

import java.util.*;
import java.io.*;

public class GetTriviaGame
{
  public static TriviaGame useTextFile(String textfile) throws IOException
  // Precondition: The textfile exists and contains a correctly formatted game.
  {
    TriviaGame game;
```

```
    String quizNum;
    int numQuestions;
    int numChances;

    // for a specific trivia question
    TriviaQuestion tq;
    String category;
    String question;
    String answer;
    int numAnswers;

    FileReader fin = new FileReader(textfile);
    Scanner triviaIn = new Scanner(fin);
    String skip; // skip end of line after reading integer

    // Scan in basic trivia quiz information and set variables.
    quizNum = triviaIn.nextLine();
    numQuestions = triviaIn.nextInt();
    numChances = triviaIn.nextInt();
    skip = triviaIn.nextLine();

    // Instantiate the TriviaGame.
    game = new TriviaGame(quizNum, numQuestions, numChances);

    // Scan in and set up the questions and answers.
    for( int i = 1; i <= numQuestions ; i++)
    {
      category = triviaIn.getLine();
      question = triviaIn.getLine();
      numAnswers = triviaIn.getInt();
      skip = triviaIn.getLine();
      tq = new TriviaQuestion(category, question, numAnswers);
      for(int j=1; j <= numAnswers ; j++)
      {
       answer = triviaIn.nextLine();
       tq.storeAnswer(answer);
      }
      game.insertQuestion(tq);
    }
    return game;
  }
}
```

간단한 검사드라이버를 사용하여 TirviaGame 클래스와 GetTriviaGame 클래스가 검사되어야 한다. 그러나 이 클래스의 기능들은 퀴즈 게임 시스템의 기능과 밀접하게 결합되어 있으므로 전체 시스템이 구현되고 난 이후에 더 철저히 검사될 수 있을 것이다.

지금까지 퀴즈 문제와 퀴즈 게임에 대한 클래스를 개발하였다. 이 과정이 단순하진 않지만 매우 어려운 것은 아니다. 이 프로그램은 이미 개발된 클래스의 기능에 많은 도움을 받고 있기 때문이다. 우선 자바 라이브러리의 String 클래스와 이전 절에서 미리 생성된 ArrayStringLog을 이용하였다. 이 과정에서 데이터 추상화의 장점을 충분히 이용하였다. 즉 이러한 클래스들의 내부 세부사항은 알 필요 없이 외부 인터페이스만을 사용하여 프로그램에 이용하였다. 이 책에서는 앞으로 새로이 만들어진 두 클래스 TriviaQuestion과 TriviaGame을 동일한 방법으로 또 다른 응용 프로그램에 사용할 것이다.

## TriviaGame Application

프로그램 설계에 대한 이 책의 접근 방식은 사용자 인터페이스 코드를 프로그램의 나머지 부분과 분리하는데 특징이 있다. 클래스 TriviaQuestion과 TriviaGame은 StringLog ADT을 이용하여 문제를 해결하였다. 이제 사용자와의 인터페이스를 처리할 응용 클래스를 설계해야 하며, 여기서도 기 정의된 클래스를 활용해야 한다. 이 예제에서는 두 가지 버전의 사용자 인터페이스 처리 프로그램에 대하여 알아 볼 것이다. 첫 번째는 콘솔기반 프로그램이며 두 번째는 GUI기반 프로그램이다. 이 책에서는 콘솔 기반 프로그램에 대하여 자세히 다루고 GUI기반에 대해서는 간단한 소개만 하겠다.

### TriviaConsol 클래스

콘솔 기반 응용 프로그램의 기본 알고리즘은 아래와 같다.

```
TriviaConsole
Get the trivia game
Welcome the user
while(the game isn't over)
  Determine the number of the next unanswered question
  Display the question
  Obtain the user's answer
  Update the game status based on the correctness of the answer
Display the final results
```

기 구현된 클래스들을 이용하면 위 알고리즘의 구현은 간단하다. 이 알고리즘을 한 줄씩 살펴보자

- Get the trivia game : GetTriviaGame 클래스가 이 기능을 제공한다.
- Welcome the user: 자바의 println문장을 사용한다. TriviaGame 클래스의 다양한 get 메소드를 이용하여 게임정보에 접근할 수 있다.
- While (the game isn't over) : TriviaGame isOver 메소드를 사용한다.
- Determine the number of the next unanswered question : 대답하지 않은 문제가 적어도 한 개는 있다는 사실을 알고 있다. 그렇지 않으면 게임은 끝났을 것이다. 대답하지 않은 문제가 남아 있는 한 현재 문제 번호를 계속 증가시킨다. 문제 번호를 증가시킬 때 문제의 끝에 도착하면 문제 번호가 1로 되돌아 감을 유의한다.
- Display the question : TriviaGame 클래스의 getTriviaQuestion 메소드를 호출한 결과로 받은 TriviaQuestion 객체의 getQuestion 메소드를 호출하여 퀴즈를 println 문장으로 출력한다.
- Obtain the user's answer: Scanner 클래스의 nextLine 메소드를 사용한다.
- Update the game status based on the correctness of the answer: TriviaQuestiuon 클래스의 tryAnswer 메소드를 이용하여 문제의 정답을 맞추었는지 알 수 있다. 이 정보를 사용자에게 출력하고 TriviaGame 클래스의 correctAnswer 메소드나 incorrectAnswer 메소드를 호출하여 퀴즈 진행 정보를 갱신한다. TriviaGame 클래스는 어느 문제가 정확하게 맞추어졌는지 관리해야 하므로 correctAnswer를 호출하면 문제번호를 전달해야 한다.
- Display the final results: TriviaGame 클래스의 결과 출력 기능을 사용한다.

이 프로그램은 다양한 퀴즈 게임 프로그램을 이용하여 검사할 수 있다. 특히 문제가 한 개뿐인 프로그램이나 혹은 한 문제도 맞추지 못할 때 경계 검사를 명확히 하여 프로그램의 오류를 검출해야 한다. 아래 프로그램은 위 알고리즘을 자바 코드로 변환한 TriviaConsole 프로그램이다.

```
// ----------------------------------------------------------------
// TriviaConsole.java  by Dale/Joyce/Weems       Chapter 2
//
// Allows the user to play a trivia game.
// Uses a console interface.
// ----------------------------------------------------------------

import java.io.*;
import java.util.Scanner;

public class TriviaConsole
{
  public static void main(String[] args) throws IOException
```

```
{
 Scanner conIn = new Scanner(System.in);

 TriviaGame game;                  // the trivia game

 int questionNum;                  // current question number
 TriviaQuestion tq;                // current question
 String answer;            // answer provided by user

 // Initialize the game
 game = GetTriviaGame.useTextFile("game.txt");

 // Great the user
 System.out.println("Welcome to the "+game.getQuizName()+" trivia quiz.");
 System.out.println("You will have "+ game.getNumChances()+" chances");
 System.out.println("to answer "+game.getCurrNumQuestions()+" questions. \n");

 questNum = 0;

 while(!game.isOver())
 {
 // Get number of next unanswered question.
   do
   {
    if( questNum == game.getCurrNumQuestions())
      questNum = 1;
    else
      questNum = questNum + 1;
   }while(game.isAnswered(questNum));

 // Ask question and handle user`s response.
   tq = game.getTriviaQuestion(questNum);
   System.out.println(tq.getCategory() +" : "+tq.getQuestion() );
   answer.conIn.nextLine();

   if(tq.tryAnswer(answer))
   {
    System.out.println("Correct!\n");
    game.correctAnswer(questNum);
   }else{
    System.out.println("Incorrect\n");
    game.incorrectAnswer();
   }
```

```
        }
        System.out.println(" \n Game Over");
        System.out.println("\n Results");
        System.out.println(" Chances used: "+(game.getNumChances()
                     - game.getRemainingChances()));
        System.out.println(" Number Correct: "+ game.getNumCorrect());
        System.out.println("\n Thank you. \n");
    }
}
```

## GUI Approach

다음에는 GUI기반 사용자 인터페이스 구현을 설명한다. 첫 번째 그림은 퀴즈 프로그램의 시작 스크린 장면이다. 여기서 사용자는 7 문제에 대하여 9번의 기회가 주어진다. 이 GUI 기반 프로그램에서는 사용자가 다음 문제의 카테고리를 직접 선택할 수 있다.

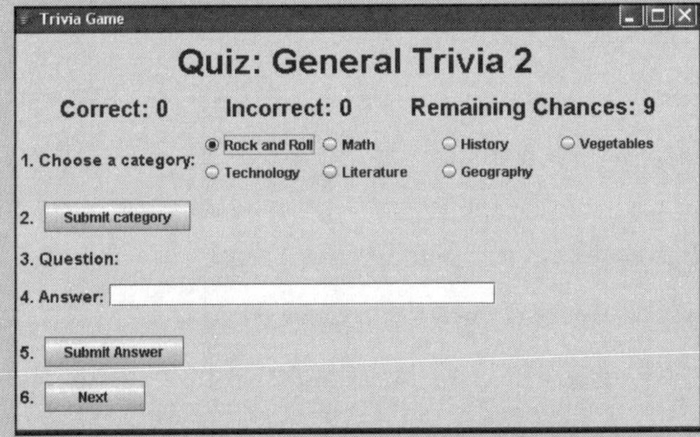


아래 그림은 프로그램 수행 장면을 캡쳐한 것이다. 그림에서 보는 것과 같이 사용자는 주어진 카테고리의 문제를 맞추면 그 카테고리는 더 이상 선택할 수 없다.

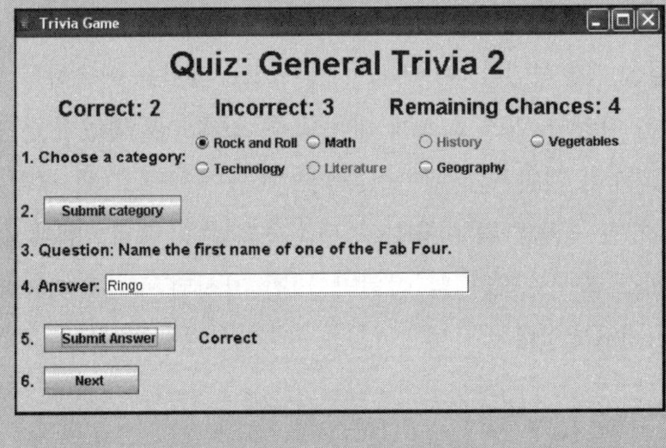

이 GUI 프로그램은 TriviaGUI 클래스에 포함되어있다. 이 클래스를 책에는 포함시키지 않았다. 이 프로그램의 코드는 이 책의 웹 사이트에서 다운 받을 수 있으며, 간단히 구현된다.

- 패널, 레이블, 버튼 그리고 텍스트 필드 컴포넌트는 전역 변수로 선언되어 다양한 메소드에서 접근하도록 하였다.
- 클래스의 독립된 섹션에서 다음과 같은 작업이 수행된다. 각 페널의 레이아웃이 세팅됨, 레이블 폰트가 정의되고 세팅됨, 레이블 텍스트가 세팅됨, 버튼이 초기화됨, 8개의 메인 패널에 생성자가 추가되고, 이 패널을 박스 레이아웃 스킴을 이용하여 인터페이스 구조에 하나씩 추가한다.
- setGameValues 메소드는 적절한 레이블과 버튼을 세팅하여 현재 퀴즈 게임의 상태가 인터페이스에 반영되도록 한다.
- 나머지 메소드는 사용자가 인터페이스를 클릭할 때 수행될 동작을 구현한 것이다.

연습문제

1. 게임이 진행되면 사용자가 별도의 카테고리를 선정하지 않는 한 첫 번째 가능한 카테고리 버튼이 항상 선택되도록 한다. 프로그램은 어디서 어떻게 첫 번째 가능한 카테고리 버튼을 선택하는지 설명하시오.
2. 프로그램의 selectedIndex 변수는 TriviaGame의 메소드에 전달되기 전에 항상 1을 더한다 그 이유는? 예를 들어 문장에서 submitButton 클래스의 actionPerformed 메소드이다.

```
game.correctAnswer(selectedIndex + 1)
```

3. 조별 프로젝트로 각 자의 GUI 프로그램을 개발하고 발표해보자. 그리고 각 조의 프로그램에 대하여 건설적인 비판을 해보자.

## 사례 연구 요약

지금까지 퀴즈게임 프로그램을 개발하였다. 이 책에서는 텍스트 파일을 이용하는 방법을 사용하고 있지만 이 프로그램은 다양한 퀴즈 소스에 대응할 수 있게 개발되었다. 사용자 인터페이스를 위한 콘솔기반과 그래픽 기반 인터페이스를 개발하였다. 프로그램 개발은 데이터 추상화 메커니즘과 상향식 개발 방법론을 이용하여 단순화되었다. 프로그램에서는 String, Scanner와 같은 자바의 클래스 라이브러리 뿐 아니라 직접 작성된 클래스(ArrayStringLog, TriviaQuestion,TriviaGame)도 사용되었다.

## 요약

데이터는 여러 관점에서 바라볼 수 있다. 살펴본 것과 같이 자바는 원시 데이터 형 뿐 아니라 사용자 정의 클래스도 캡슐화 할 수 있도록 지원한다.

이 장에서는 StringLog ADT를 명세화하고 자바 인터페이스를 이용하여 StringLog 개념을 구현하였다. StringLog ADT는 두 가지 버전으로 구현되었다: 배열기반 구현, 연결기반구현. 이 책에서는 연결기반 구현을 위하여 연결 리스트 생성과 조작법에 대하여 설명하였다. 또한 소프트웨어 유효성 검사에 대하여 알아 보았고, ADT 구현 클래스에 대한 검사 방법에 대하여 설명하였다. 마지막으로, StringLog ADT를 이용하는 응용 프로그램으로 퀴즈 게임을 개발하였다.

데이터 추상화를 이용할 때 세 가지 관점 혹은 레벨이 존재한다. 논리적 혹은 추상적 단계는 ADT가 어떤 기능을 제공하는지 기술한다. 이 단계는 ADT가 표현하는 데이터의 도메인을 포함하며 ADT의 외부 인터페이스를 이용하여 기능을 표현한다. 응용 프로그램 단계는 문제 해결을 위해 언제 ADT를 사용할 것인지 결정한다. 마지막으로, 구현 단계는 ADT를 구현 방법에 대하여 구체적으로 기술하고 연산에 대한 코드를 작성한다. 논리적 단계는 응용 프로그램 단계와 구현 단계간의 계약서 역할을 한다.

자료구조를 위와 같은 세 단계로 분리하면 여러 가지 이점이 있다. 첫째, 고수준의 설계 과정에서 복잡성을 감소시키고 클라이언트 프로그램 입장에서 쉽게 이해하고 사용할 수 있다. 둘째, 프로그램 수정이 용이해진다. 특정 자료구조를 사용하는 프로그램에 심각한 영향을 미치지 않고 구현 프로그램을 변경할 수 있다. 셋째, 재사용 가능한 소프트웨어를 개발할 수 있다. 구현 프로그램에서 ADT의 외부 인터페이스를 준수하는 한 비록 내부 구현이 변경되더라도 여러 응용프로그램에서 사용하는 것에는 영향을 미치지 않는다.

## 연습 문제

### 2.1 추상화

1. 여러분이 평소 생활에서 사용하는 추상화의 4가지 방법을 기술하시오.

2. 데이터 추상화를 설명하시오

3. 데이터 캡슐화은 무엇인가? 데이터 캡슐화를 이용하여 추상화된 데이터를 보호하는 목적은 무엇인가?

4. 데이터를 바라보는 세 가지 관점을 말하시오. 논리적 데이터 구조인 "학생부 기록 리스트"를 사용하여 각 관점에서 어떻게 그 데이터를 보는지 설명하시오.

5. 세부 구현사항이 ADT를 사용하는 응용 프로그램 (데이터 추상화를 준수함)에 영향을 미칠 수 있는 한가지 가능성을 설명하시오.

6. 추상 메소드는 무엇인가?

7. 자바 인터페이스에는 어떤 구성요소가 선언되는가?

아래와 같이 인터페이스를 구현한 클래스에서 해당 인터페이스의 추상 메소드와 다른 시그너쳐를 제공한다면 어떤 현상이 일어날지 확인하시오. 예를 들어 인터페이스가 다음과 같이 정의된다고 하자.

```
public interface SampleInterface
{
  public int sampleMethod();
}
```

다음으로 이를 구현한 클래스는 다음과 같다.

```
public class SampleClass implements SampleInterface
{
  public boolean sampleMethod()
  {
    return true;
  }
}
```

9. true/false로 답하고 그 이유를 설명하시오.

a. 자바 인터페이스에서 생성자를 정의할 수 있다.

b. 클래스는 인터페이스를 구현한다.

c. 클래스는 인터페이스를 확장(extend)한다.

d. 인터페이스를 구현한 클래스는 해당 인터페이스에 없는 메소드를 추가할 수 있다.

e. 인터페이스를 구현한 클래스는 인터페이스의 추상 메소드 구현을 생략할 수 있다.

f. 인터페이스의 객체를 생성할 수 있다.

g. 인터페이스는 구현된 메소드도 포함할 수 있다.

10. 이 장의 "자바 인터페이스" 절에서 설명한 FigureGemometry 인터페이스를 클래스 Circle과 Rectangle로 구현하시오. Circle의 생성자는 float 형의 파라메터로 반지름을 입력 받고, Rectangle 클래스는 생성자에서 사각형의 너비와 높이를 float 형의 파라메터로 받도록 설계하시오. 생성된 두 클래스를 이용하여 아래 응용 프로그램을 실행하여 동일한 결과를 얻으시오

```
public class UseFigs
{
  public static void main(String[] args)
  {
   Circle myCircle = new Circle(5);
   System.out.println(myCircle.perimeter());
   System.out.println(myCircle.area());

   Rectangle myRectangle = new Rectangle(7,8);
   System.out.println(myRectangle.perimeter());
   System.out.println(myRectangle.area());
  }
}
Output:
31.400002
78.5
30.0
56.0
```

11. SquareMatrix 라고 불리는 ADT를 생각하자. 이 때 n개의 행과 n개의 열로 구성된 2차원 행렬을 가정한다.

a. 자바 인터페이스로 SqureMatrix ADT의 명세서를 작성하시오. 이 인터페이스에 정의할 메소드는 다음과 같다. 처음 두 메소드는 인자가 명시되어 있다. 이 후의 메소드는 연습으로 필요한 인자를 직접 결정하시오.

MakeEmpty(n): n 행 n 열의 행렬을 생성하고 0으로 초기화

StoreValue(i, j, value) : i행 j열의 값으로 value 저장

Add: 두 행렬을 더하는 메소드

Substract: 한 행렬에서 다른 행렬을 빼는 메소드

Copy: 한 행렬을 복사하는 메소드

b. 이 인터페이스를 구현한 클래스를 작성하시오. 행과 열의 최대 크기는 50으로 한다.

c. 이 클래스를 이용하는 간단한 응용 프로그램을 만드시오.

## 2.2. StringLog ADT

12. StringLog 인터페이스는 구현 프로그래머와 응용 프로그래머가 StringLog ADT를 사용함에 있어서 일종의 계약(contract) 이다. 이 계약의 중요한 점을 나열하시오.

13. StringLogInterface는 7개의 추상메소드를 가지고 있다. 그 외 유용하다고 생각되는 4개 메소드를 더 추가하시오.

14. 문자열 대신에 int형 변수를 저장한 log라고 가정하고 IntLogInterface를 StringLogInterface와 유사하게 작성하시오.

15. 여러분의 친구가 StringLogInterface 형의 객체를 아래와 같이 생성할 때 어려움을 겪고 있다. 친구에게 해 줄 조언은 무엇인가?

```
StringLogInterface myLog = new StringLogInterface();
```

## 2.3 배열 기반 StringLog ADT 구현

16. name을 파라메터로 받지 않는 ArrayStringLog의 생성자를 생성하시오. 생성자는 생성된 StringLog에 이름을 지정해야 한다.

17. ArrayStringLog의 메소드(constructors, insert, isFull, size, contains, clearm getName, toString)을 생성자, 관찰자, 변환자로 형태로 구분하고 시간 복잡도를 big-O로 분석하시오.

18. 아래와 같이 ArrayStringLog 코드를 수정할 때 그 결과를 기술하시오.

a. 생성자: 두 생성자 중 한 생성자 내의 두 문장의 순서를 바꾼다.

b. insert: 이 메소드 내의 두 문장의 순서를 바꾼다.

c. isFull: (lastIndex == (log.length -1)) 문장을 (lastIndex > log.length)로 수정한다.

d. contains: int location = 0 문장을 int location = 1로 수정한다.

e. contains: (location <= lastIndex)문장을 (location < lastIndex)로 수정한다.

19. ArrayStringLog의 clear 메소드에 대하여 "lazy"와 "thorough" 방법의 차이점에 대하여 기술하시오.

20. 아래 두 코드 부분의 기능적 차이점은 무엇인가.

```
StringLogInterface log;
log = new ArrayStringLog("Exer 20");
log.insert("What is the difference");
log.clear();
StringLogInterface log;
log = new ArrayStringLog("Exer 20");
log.insert("What is the difference");
log = new ArrayStringLog(log.getName());
```

21. 아래 시그네쳐에 맞게 ArrayStringLog의 메소드 isEmpty()를 생성하시오.

```
public boolean isEmpty()
```

이 메소드는 StringLog가 비어 있으면 true를 복귀한다.

**연습 문제 22-25 case-insensitive 비교 문제이다.**

22. 아래 시그네쳐에 맞게 ArrayStringLog에 새로운 메소드 howMany를 생성하시오

```
public int howMany(String element)
```

이 메소드는 StringLog에서 element와 동일한 원소 수를 복귀한다.

23. 아래 시그네쳐에 맞게 ArrayStringLog에 새로운 메소드 uniqueInsert 생성하시오

```
public boolean uniqueInsert(String element)
```

이 메소드는 StringLog에 element와 동일한 원소가 없는 경우에만 원소를 삽입한다. 성공하면 true , 실패하면 false이다.

24. 아래 시그네쳐에 맞게 ArrayStringLog에 새로운 메소드 delete를 생성하시오

```
public boolean delete(String element)
```

이 메소드는 파라메터로 입력 받은 element와 일치하는 원소 중 첫 번째 원소를 삭제한다.

25. 아래 시그네쳐에 맞게 ArrayStringLog에 새로운 메소드 deleteAll 을 생성하시오

```
public boolean deleteAll(String element)
```

이 메소드는 파라메터로 입력 받은 문자열과 일치하는 문자열을 모두 삭제한다.

26. 아래 시그너쳐에 맞게 ArrayStringLog에 새로운 메소드 smallest를 생성하시오

```
public String smallest()
```

이 메소드는 StringLog에 저장된 원소 중 알파벳 순으로 비교하여 가장 작은 원소를 복귀한다. 단, 사전조건으로 StringLog는 비어 있지 않아야 한다.

27. StringLog ADT를 이 책과 같이 배열을 이용하지 않고 자바 라이브러리 클래스 ArrayList를 이용하여 구현하시오. 구현된 클래스 이름은 ALStringLog이다.

28. 연습문제 14의 IntLogInterface과 관련된 문제이다.

a. 이 책에서 ArrayStringLog를 구현한 방법과 같이 IntLogInterface를 ArrayIntLog 클래스로 구현하시오.

b. ArrayIntLog 클래스를 이용하여 TestLuck 응용 프로그램을 작성하시오. 이 프로그램은 1부터 10,000까지 랜덤 수를 생성한다. 프로그램은 동일한 랜덤 수를 생성하면 종료된다. 사용자에게 동일한 랜덤 수를 생성할 때까지 몇 개의 수를 생성했는지 출력해야 하며, store 메소드를 이용하여 생성된 랜덤 숫자를 배열에 저장하여야 한다.

c. 이 프로그램을 10번 실행하고, 결과를 저장하시오. 출력된 랜덤수는 평균 몇 개 인지를 확인한다.

## 2.4 소프트웨어 테스팅

29. 소프트웨어 유효성 검사와 요구사항 검증의 차이점은 무엇인가.

30. 소프트웨어 검사에서 탁상검사, walk-through, 검증의 공통점과 차이점을 기술하시오.

31. 아래 프로그램은 두 개의 에러가 있다. 이 에러에 의해 무한 루프가 실행된다. 에러를 찾아 수정하시오.

```
public class TryIncrement
{
  public static void main(String[] args) throws IOException
  {
     int count = 1;
     while(count< 10)
      System.out.println("The number start "+ count);
      count = count +1;
      output.println(" is "+count);
  }
}
```

32. 프로그램 테스팅을 시작하기에 적당한 시기는 언제인가

    a. 프로그램 설계 혹은 그 이전

    b. 코딩 과정

    c. 코딩이 끝날 때

33. 제 1장의 IncDate 클래스의 increment를 검사하기 위한 블랙박스 기반의 검사계획을 수립하시오.

34. sameSign 메소드는 두 정수를 파라메터로 받아 두 정수가 같은 기호이면 true를 복귀한다. 이 메소드를 검사 하기 위한 검사사례를 제시하시오.

35. 프로그램이 0부터 100까지의 점수를 읽어 들여 대응되는 학점(A, B, C, D, F)를 출력한다고 가정하자

    a. 이 프로그램의 기능적 도메인은 무엇인가 ?

    b. 이 프로그램을 위한 배타적 데이터 (exhaustive data coverage) 사용이 가능한가?

36. ArrayStringLog 클래스의 isFull 메소드를 검사하기 위한 블랙박스 검사 계획을 세우고 검사사례를 나열하시오. ITDArrayStringLog 프로그램에 검사 계획을 적용하시오

37. 연습문제 36의 검사 계획을 수행할 비 대화식 프로그램 TestFull을 작성하시오. 이 프로그램은 사용자의 입력 값이 없이 실행되며 모든 검사사례에 대한 수행 결과를 출력해야 한다. 만약 검사사례가 통과하지 못하면 그 사례의 번호를 출력한다.

## 2.5 Liked List

38. 자기 참조 클래스를 설명하시오

39. LLStringNode 클래스가 정수 리스트를 저장할 수 있도록 코드를 수정하시오.

40. 아래 코드의 실행 과정을 그림으로 표현하시오.

a.
```
LLStringNode node1 = new LLStringNode("alpha");
LLStringNode node2 = new LLStringNode("beta");
LLStringNode node3 = new LLStringNode("gamma");
node1.setLink(node3);
node2.setLink(node3);
```

b.
```
LLStringNode node1 = new LLStringNode("alpha");
LLStringNode node2 = new LLStringNode("beta");
LLStringNode node3 = new LLStringNode("gamma");
node1.setLink(node2);
node2.setLink(node3);
node3.setLink(node1);
```

c.
```
LLStringNode node1 = new LLStringNode("alpha");
LLStringNode node2 = new LLStringNode("beta");
LLStringNode node3 = new LLStringNode("gamma");
node1.setLink(node3);
node2.setLink(node1.getLink());
```

d.
```
LLStringNode nodeList = new LLStringNode("alpha");
LLStringNode node = new LLStringNode("beta");
node.setLink(nodeList)
nodeList = node;
LLStringNode node = new LLStringNode("gamma");
node.setLink(nodeList);
nodeList = node;
```

41. 아래와 같이 연결 리스트를 순회하는 코드에서 while 루프의 두 문장의 순서를 바꾸면 어떤 결과가 발생하는지 설명하시오.

```
LLStringNode currNode = letters;
while( currNode != null)
{
  currNode = currNode.getLink();
  System.out.println(currNode.getInfo());
}
```

2.6 연결 리스트 StringLog ADT 구현

42. 연결기반 StringLog와 배열기반 StringLog 구현에서 메모리 할당 방법의 차이점을 설명하시오

43. 연결기반 StringLog와 배열기반 StringLog 구현에서 각 메소드의 시간 복잡도를 비교하시오

44. 아래 코드의 실행 결과를 보이시오

```
StringLogInterface info1;
StringLogInterface info2;
Info1 = new ArrayStringLog("Information 1");
Info2 = new ArrayStringLog("Information 3");
Info1.insert("Tom");
Info2.insert("Tom");
Info1.insert("Julie");
Info2.insert("Julie");
System.out.println(info1.toString());
System.out.println(info2.toString());
```

45. LinkedStringLog 클래스 코드를 아래와 같이 변경할 때 그 결과를 기술하시오

a. 생성자의 처음 두 문장의 순서를 변경

b. insert 메소드의 마지막 두 문장의 순서를 변경

c. size 메소드의 count 변수의 초기값을 0에서 1로 변경하고 node=log.getLink()로 변경

d. contains 메소드의 else 블록의 두 문장의 순서 변경

e. toString 메소드의 count 변수 초기값을 0에서 1로 변경하고 이 변수의 증가 연산을 while루프의 마지막에서 실행

46. LinkedStringLog 클래스에 아래와 같은 시그너처로 새로운 메소드를 작성하시오. 이 메소드는 StirngLog가 비어있으면 true를 복귀한다.

```
public boolean isEmpty()
```

47. LinkedStringLog 클래스에 아래와 같은 시그너처로 새로운 메소드를 작성하시오. 이 메소드는 파라메터로 받은 element와 동일한 원소의 개수를 복귀하는 메소드이다.

```
public int howMany(String element)
```

48. LinkedStringLog클래스에 아래와 같은 시그너처로 새로운 메소드를 작성하시오. 이 메소드는 파라메터로 받은 element와 동일한 원소가 StirngLog에 존재하지 않으면 이 원소를 삽입하고 true값을 복귀한다.

```
public boolean uniqueInsert(String element)
```

49. LinkedStringLog 클래스에 아래와 같은 시그너처로 새로운 메소드를 작성하시오. 이 메소드는 StringLog에 저장된 원소 중 가장 작은 원소를 복귀한다. 사전조건은 StringLog가 비어있지 않아야 한다.

```
public String smallest()
```

50. StringLog에 저장된 원소의 수를 저장하기 위하여 인스턴스 변수 size를 사용한다고 가정하자

a. 이 방법으로 구현할 경우 이 책의 LinkedStringLog 클래스를 어떻게 수정해야 하는지 설명하시오.

b. 이와 같은 방법으로 구현된 LinkedStringLog2 클래스를 생성하시오

c, LinkedStringLog2 클래스를 검사 하시오

d. 프로그램을 수정했을 때 기존 StringLog ADT를 이용하는 응용 프로그램에 어떤 영향을 미치는가.

51. LinkedStringLog 클래스의 대화식 검사 드라이버를 설계, 코딩하시오.(힌트: 먼저 ITDArrayStringLog 클래스의 복사본을 만들어서 적절하게 변경하는 방식으로 사용하면 된다.)

## 2.7 소프트웨어 설계: 클래스 설계

52. 아래와 같은 프로그램을 작성하기 위하여 필요한 클래스를 생각해 보자

   a. 수족관을 표현한 스크린 세이버
   b. 카드게임 중 블랙잭의 대화식 게임
   c. 새로운 고속도로를 모델링하기 위한 교통 시뮬레이션
   d. 영화 반지의 제왕을 기반으로 하는 롤 플레잉 게임

53. 클래스와 메소드를 설계하기 위하여 프로그램 요구사항 기술서의 명사와 동사를 어떻게 사용하는지 설명하시오.

## 2.8 사례연구: Trivia Game

54. 여러분이 직접 퀴즈 game.txt 파일을 만들고 동료와 교환하여 누가 가장 좋은 답을 하는지 살펴보자.

55. StringLog ADT가 TriviaQuestion 클래스에 어떻게 또 왜 사용되었는지 설명하시오

56. StringLog ADT를 배열기반 구현이 아닌 연결기반구현을 사용하려면 TriviaQuestion 클래스를 어떻게 변경해야 하는지 기술하시오.

57. 아래와 같이 퀴즈 게임 코드가 변경되면 발생하는 결과를 기술하시오

   a. TriviaQuestion 클래스의 생성자에서 처음 두 문장의 순서가 바뀌면 어떤 결과가 발생하는가?
   b. TriviaQuestion 클래스의 storeAnswer 메소드의 처음 두 문장의 순서가 바뀌면 어떤 결과가 발생하는가?
   c. TriviaQuestion 클래스의 isOver 메소드의 연산자를 ||에서 &&으로 변경하면 어떤 결과가 발생하는가?

58. TriviaQuestion 클래스의 메소드들은 사전 조건을 가지고 있는데 이 사전 조건을 만족시키지 못하면 어떤 결과가 발생하는가?

59 TriviaGame 클래스에서 isOver 메소드를 사용하지 않고 인스턴스 변수를 이용하여 "game over" 상태를 유지하려면 어떤 코드가 변경되어야 하는가?

60. Trivia Game 프로그램을 사용자가 각 질문에 몇 번의 시도 만에 정답을 맞추었는지 보여주도록 프로그램을 수정하시오.

# 03 스택 ADT

이 장은 독자들이 아래와 같은 내용을 습득할 수 있도록 하는 것을 목표로 한다.

지식적 목표 (Knowledge Goals)

- 논리적 수준에서 스택과 스택의 동작을 기술할 수 있다
- 컬렉션 ADT를 사용 가능하게 하는 세 가지 선택(option)을 말할 수 있다
- ADT를 정의할 때의 예외적인 상황을 대처하는 세 가지 방법을 설명 할 수 있다
- 제한된 스택 (bounded stack)과 무제한의 스택 (unbounded stack)의 정의 상 차이를 설명할 수 있다
- 문자열 내 있는 그룹기호(grouping symbol, 예: 괄호)이 짝이 맞는지 알아내는 알고리즘을 스택을 이용해 기술할 수 있다
- 배열을 이용하여 스택 동작을 구현하는 알고리즘을 기술할 수 있다
- ArrayList를 이용하여 스택 동작을 구현하는 알고리즘을 기술할 수 있다
- 연결 리스트를 이용하여 스택 동작을 구현하는 알고리즘을 기술할 수 있다
- 여러 가지 자료구조 방식의 스택 동작을 구현할 때 알고리즘의 효율성을 비교하는데 큰 O 분석 방법을 사용할 수 있다
- 인터페이스의 상속과 인터페이스의 복합 상속을 정의할 수 있다
- 후위 표기식 (postfix expression)을 계산하는데 스택을 이용하는 알고리즘을 기술할 수 있다

기술적 목표 (Skill Goals)

- 배열을 이용하여 스택 ADT를 구현할 수 있다
- 자바 라이브러리의 ArrayList 클래스를 이용하여 스택 ADT를 구현할 수 있다
- 연결 리스트를 이용하여 스택 ADT를 구현할 수 있다
- 특정 스택 구현에 있어서 스택 동작의 효과를 보여주는 그림을 그릴 수 있다
- 자바 예외 클래스(exception class)를 생성할 수 있다
- ADT내에서 자바 예외를 발생시키고 그 ADT를 사용하는 응용 프로그램에서 예외를 감지할 수 있다
- 스택 ADT를 응용 프로그램에서 컴포넌트(component)로 사용할 수 있다
- 손으로 직접 후위 표기식(postfix expression)을 계산할 수 있다

본 장에서는 중요한 자료구조의 하나인 스택을 공부한다. 1장에서 기술한 바와 같이 스택은 "후입선출, 즉 나중에 들어온 것이 먼저 나가는 (last in, first out)" 자료구조이다. 스택을 ADT의 하나로서 공부할 것이고 논리적인 수준, 응용 프로그램적인 수준, 구현 수준에서 볼 것이다. 논리적인 수준에서는 자바 인터페이스를 이용한 스택 ADT를 공식적으로 정의한다. 스택에 관련된 많은 응용 프로그램을 볼 것이다. 특히 스택이 그룹기호들이 짝이 맞게 잘 들어가 있는지 알아보고 수학적 표기식을 계산하는 데 어떻게 사용되는 지를 설명한다. 스택을 배열과 연결 리스트 두 가지 기본 방식을 이용하여 구현하는 것을 공부한다. 또한 자바의 라이브러리인 ArrayList를 이용하여 스택을 구현하는 것도 공부한다.

본 장은 ADT에 대한 이해도와 자바 언어의 실용적 지식을 확장한다. 앞에서는 ADT를 더 유용하게 하는 방식과 예외적인 상황에 대한 선택을 배웠다. 본 장에서는 자바에서 예외 방식을 더 자세히 공부하고 인터페이스의 상속을 배운다.

## 3.1 스택

그림 3.1에 있는 물건들을 보자. 네 경우의 객체들이 비록 모두 다르지만 각각은 스택이라고 불리는 공통적인 개념을 보이고 있다. 논리적인 관점에서, 스택은 동질적인 항목들의 순서화된 그룹이다. 기존 항목의 삭제와 새로운 항목의 추가가 스택의 꼭대기(top)에서만 일어난다.

**스택** : 항목이 구조의 한쪽에서 추가되고 삭제되는 구조체로서 "후입선출 (LIFO)방식으로 돌아감.

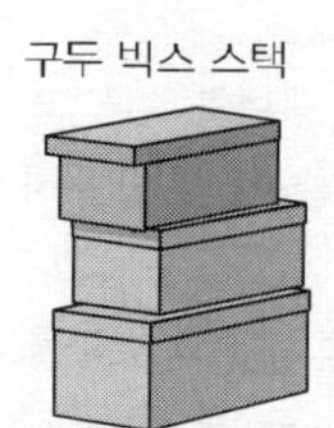

[그림 3.1] 실제 스택들

예를 들면, 셔츠 스택에서 여러분이 선택한 파란색 셔츠가 빨간색 셔츠 밑에 있다면 먼저 꼭대기(맨 위)의 빨간색 셔츠를 들어낼 것이다. 그 다음 이제는 꼭대기에 있는 파란색 셔츠를 들어낼 것이다. 빨간색 셔츠는 이제 다시 스택의 꼭대기로 가든지 아니면 아예 버려질 것이다.

스택은 항목들이 얼마나 오랫동안 스택에 있었느냐에 따라 차례대로 나타나기 때문에 "순서화"되어 있다고 말할 수 있다. 스택에 가장 오래 있었던 항목은 가장 밑바닥(bottom)에 있다. 반대로 가장 최근의 항목은 꼭대기에 있다. 어느 순간이든지 스택에서 두 항목을 생각하면 하나는 다른 하나보다 위에 있다. (빨간색 셔츠가 파란색 셔츠보다 위에 있던 것처럼).

항목들은 스택의 꼭대기에서만 추가되거나 삭제되기 때문에 가장 마지막에 추가된 항목이 가장 먼저 삭제될 항목이 된다. 이 스택 규칙을 간단하게 기억할 수 있는 방법은 스택이 "LIFO (last in, first out)" 구조, 즉 "후입선출, 마지막에 들어간 것이 먼저 나온다"라는 것이다.

## 스택의 동작들

어떤 구조체의 논리적 그림은 추상데이터 형 정의에서 반 정도를 차지할 뿐이다. 나머지 반은 그 구조체에 저장되어 있는 항목을 사용자가 접근하고 조작하는 여러 동작을 정의하는 것이다. 스택을 사용하는데 어떤 동작이 필요한가?

스택을 처음 사용할 때 스택은 공백 상태 (empty) 이다. 그러므로 스택을 공백 상태로 만드는 하나의 클라스 생성자가 있다고 가정한다.

스택의 꼭대기에 항목을 추가하는 동작을 푸쉬(push)라고 부른다. 스택의 꼭대기 항목을 삭제하는 동작을 팝(pop)이라고 부른다. 전통적으로 팝 동작은 꼭대기 항목을 삭제할 뿐만 아니라 동시에 그 항목을 호출하는 클라이언트 프로그램에 복귀한다. 요즈음의 구현에서는 이 두 개의 동작을 별개로 정의해서 사용하는 경향이 있다. "관찰(observation, 즉 복귀)"과 "변환(transformation, 즉 삭제)"를 결합한 동작이 혼동되는 결과를 낳을 수 있음을 소프트웨어 공학자들이 깨달았기 때문이다.

이 책에서는 요즈음의 구현을 따른다. 즉 팝은 스택에서 꼭대기 항목을 삭제하는 동작이고 톱(top)동작은 스택의 꼭대기 항목을 복귀하는 동작이다[3]. 푸시와 팝 동작은 순수하게 변화 동작이고 탑 동작은 순수하게 관찰 동작이다. 그림 3.2는 빌딩 블록으로 구현된 스택이 몇 번의 푸쉬와 팝으로 수정되는지 보인다.

3) 또 다른 방법은 팝 연산이 전통적인 방법에서처럼 삭제와 복귀, 그리고 픽(peek) 연산이 단순히 꼭대기 항목을 복귀를 하는 것이다.

## 스택 사용하기

스택은 매우 유용한 ADT이다. 특히 시스템 소프트웨어 분야에 유용하게 사용된다. 중첩 구조를 처리하는 상황에서 스택은 유용하게 사용된다.

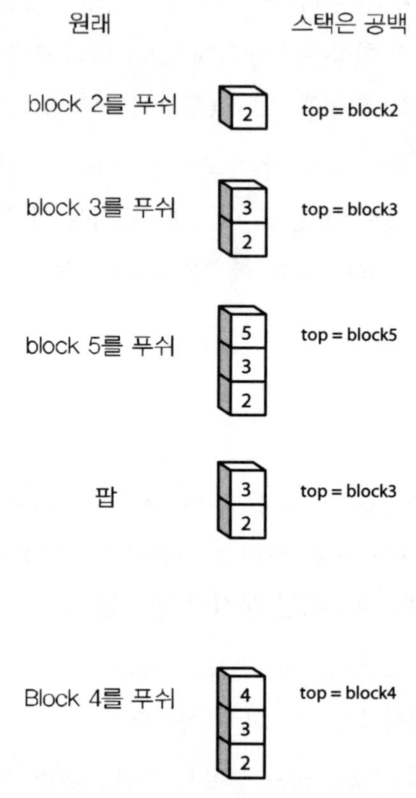


[그림 3.2] 푸쉬와 팝 동작의 효과

예를 들면 프로그래밍 언어 시스템에서 연속적인 호출을 따라갈 때 스택이 사용된다. 메인 프로그램이 A를 호출하고 그 다음 A가 B를 호출하고 그 다음 B가 C를 호출하는 상황을 생각해보자. C가 종료되었을 때 제어는 B로 복귀되고 B가 종료되었을 때 제어는 A로 복귀된다. 호출과 복귀의 과정은 본질적으로 "후입선출" 과정이다. 그림 3.3에서 보이는 것처럼 스택은 이 과정을 따라가는 완벽한 구조체이다.

| | Stack contains |
|---|---|
| 메인(main)이 수행 중 | Top: <empty> |
| 메인이 A를 호출<br>A가 수행 중 | Stack contains<br>Top: main |
| A가 B를 호출<br>B가 수행 중 | Stack contains<br>Top: A<br>main |
| B가 C를 호출<br>C가 수행 중 | Stack contains<br>Top: B<br>A<br>main |
| C가 복귀<br>B가 수행 중 | Stack contains<br>Top: A<br>main |
| B가 복귀<br>A가 수행 중 | Stack contains<br>Top: main |
| A가 복귀<br>메인이 수행 중 | Stack contains<br>Top: <empty> |

[그림 3.3] 호출 복귀 스택

여러분은 아마 자바 예외가 생성한 오류 메시지 "시스템 스택 추적"을 본 적이 있을 것이다. 이 추적은 자바에서 중첩된 메소드 호출의 추적이고 이러한 호출은 시스템 스택에 저장되는 것이다.

컴파일러 역시 프로그래밍 언어 문장을 분석하는 데 스택을 사용한다. 프로그램은 보통 중첩된 구조를 가지고 있다. 예를 들면 for 루프가 if-then 문장을 포함하고 그 안에 또 while 루프가 있는 경우이다. 이러한 중첩 구조를 만나가 되면 컴파일러는 현재 작업하고 있는 내용을 스택에 저장한다. 내부의 구조체에 대한 작업이 끝나면 이전 상태에 대한 정보를 스택으로부터 가져온다.

이와 비슷하게 운영체제도 현재 실행 중인 프로세스를 스택에 저장하고 더 우선 순위가 높은 인터럽트(interrupt)를 처리한다. 그 프로세스가 더 높은 우선 순위의 프로세스에 의해 인터럽트된다면 그 정보 역시 스택에 푸쉬된다. 운영체제는 현재 가장 높은 우선 순위 프로세스를 처리하고, 스택에 가장 최근에 쌓여있는 프로세스를 가져와서 계속적으로 작업을 수행한다.

# 3.2 컬렉션 요소

스택은 컬렉션 ADT의 하나의 예이다. 스택은 추후 사용을 위해 선입선출(first-in, first-out) 순서를 유지하면서 항목을 모은다. 스택에 대해 알아보기 전에 컬렉션에 어떤 종류의 항목이 저장될 수 있나 생각해 보자. 항목의 컬렉션을 구조화 할 때 가능한 여러 방법이 이 절에서 소개될 것이다. 여러 가지 방법들과 장단점을 이해하여 여러분의 특정 상황에 맞는 방법을 선택하는 것이 중요하다.

**컬렉션**(collection) : 다른 객체들을 보유하고 있는 객체. 항목을 삽입하거나 삭제하거나 컬렉션에 있는 모든 항목을 거쳐서 반복하는 동작이 있다.

## 일반적으로 사용되는 컬렉션

2장에서 구축되었던 StringLog ADT 역시 컬렉션 ADT의 하나이다. StringLog ADT는 문자열이라는 특정 형의 데이터를 보유하도록 제한되었다. 2장에서 사용되었던 방법에 기반하여 정수나 은행 계좌 같은 다른 형의 데이터를 보유하도록 하려면 추가적인 ADT를 설계하고 코딩해야 한다 (그림 3.4 (a)).

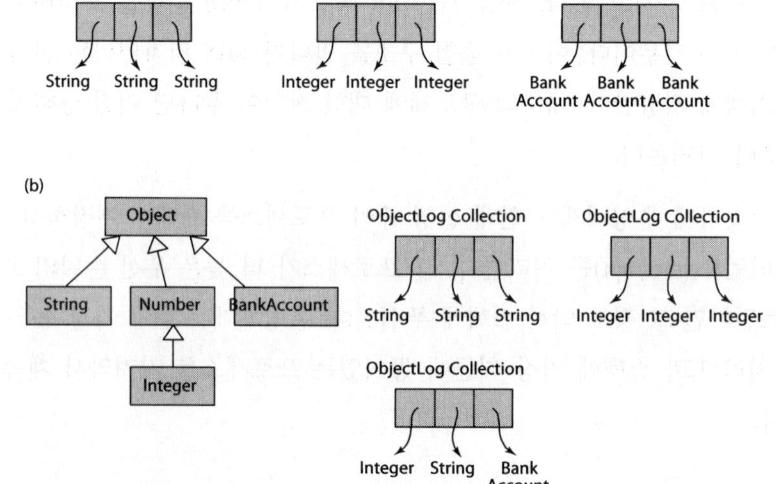

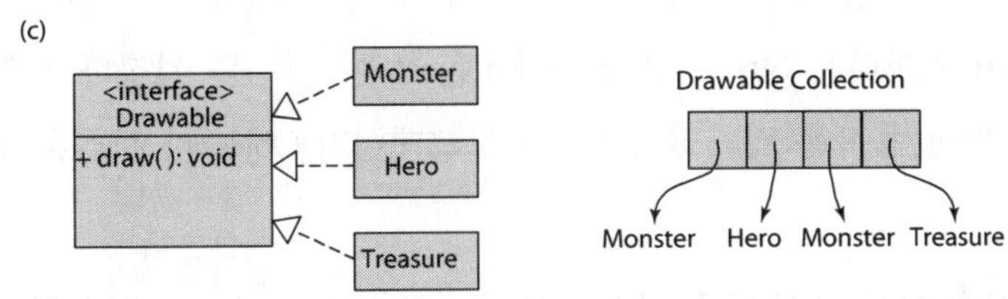


[그림 3.4] 컬렉션 항목의 가능한 형태

StringLog ADT가 유용하기도 하지만, Log ADT는 어떤 종류의 정보도 담을 수 있다면 더 유용하다. 2장에서는 간단한 예를 사용한 기본적인 ADT의 개념과 특정 형의 항목에 제한되는 ADT의 생성이 소개되었다. 이 절에서는 다른 형의 정보를 가지는 컬렉션을 설계하는 여러 방법과 이것을 일반적으로 사용하는 법을 배운다.

### 클래스 객체의 컬렉션

일반적으로 사용되는 컬렉션을 생성하는 방법 중 하나는 컬렉션 ADT가 Object 클래스의 변수를 가지게 하는 것이다. 자바의 모든 클래스는 궁극적으로 Object로부터 상속되므로 이 ADT는 어느 클래스의 변수도 담을 수 있다 (그림 3.4 (b)). 이 방식은 잘 동작한다. 특히 컬렉션의 항목이 특정 성질을 가지지 않을 때 잘 동작한다. 여기에서 특정 성질을 가지지 않을 때란 예를 들면 항목이 정렬될 필요가 없을 때를 말한다. 스택, 큐, 그리고 그래프 경우에 본 책에서는 Object 방식을 사용한다.

이러한 방식이 간단하기는 하지만 문제는 있다. 결점 중의 하나는 컬렉션에서 하나의 항목이 삭제될 때마다 Object로서 참조되어야 한다는 것이다. Object가 아닌 다른 것으로 사용하고자 할 때는 사용하고자 하는 형으로 형 변환(cast)되어야 한다. 예를 들면 문자열을 컬렉션에 저장하고 가져오는 경우를 가정하자. 가져온 객체를 String 객체로 사용하고자 할 경우에 형 변환을 다음과 같이 해야 한다 (밑줄 친 부분).

```
collection.push("E. E. Cummings");           // 문자열을 스택에 푸쉬
String poet = (String) collection.top();     // 꼭대기 항목을 문자열로 형 변환
System.out.println(poet.toLowerCase());      // 문자열을 사용
```

형 변환을 사용하지 않으면 컴파일 오류가 날 것이다. 왜냐하면 자바는 강하게 형 부여된 (strongly typed) 언어라서 String 형 변수에 Object 형 변수를 지정하는 것을 허용하지 않기 때문이다. 형 변환 동작은 컴파일러에게 프로그래머가 Object가 사실은 String임을 알려주는 역할을 한다.

이 Object 방식은 모든 객체의 클래스를 Object 클라스로 바꿈으로서 가능하다. 컬렉션의 사용자는 어떤 종류의 객체가 컬렉션에 들어 있는지 기억해야 한다. 그리고 컬렉션에서 객체가 삭제될 때마다 원 클래스로 명시적으로 형 변환을 해 주어야 한다.

그림 3.4 (b)의 세 번째 ObjectLog 컬렉션에서 보는 것처럼 이 방식은 하나의 컬렉션에 여러 형의 항목이 혼합되는 것을 허용한다. 이 컬렉션은 Integer, String, BankAccount를 가지고 있다. 일반적으로 이러한 혼합은 별로 좋은 방식은 아니고 주의 깊게 사용되어야 한다. 예를 들면 Integer로서 가져오고 그것을 String 형으로 형 변환하는 프로그램이 가능하다.

### 특정 인터페이스를 구현하는 클래스의 컬렉션

때로는 컬렉션의 모든 객체가 특정 연산을 지원하는 것을 원하는 때가 있다. 예를 들면 객체가 비디오 게임의 항목이라고 가정하자. 괴기 비디오, 영웅담 비디오, 모험 비디오 등 여러 종류의 항목이 존재할 것이다. 항목이 하나 컬렉션으로부터 삭제되어 스크린에 올라갈 때 draw 연산을 사용한다고 가정하자. 이 때 draw 연산을 지원하는 객체만을 컬렉션에 가지기를 원할 것이다.

2장에서 자바 인터페이스는 추상적 메소드, 즉 구현 몸통이 없는 메소드 만을 가진다고 했다. 인터페이스가 정의되면 그 비어 있는 메소드 몸통을 채우는 클래스를 생성하여 인터페이스를 구현할 수 있다. 비디오 게임 예에서 추상적 draw 메소드를 가지는 인터페이스를 생성할 수 있다. 이 경우 인터페이스의 이름은 Drawable이 적당할 것이다. 클래스는 꺼낼 수 있는 객체를 제공하는 인터페이스를 구현한다. 다양한 종류의 비디오 게임 항목들은 Drawable 인터페이스를 구현하는 방식으로 정의되어야 한다.

비디오 게임 컬렉션 예에서 항목들은 Drawable 객체의 컬렉션으로서 설계된다. 즉 Drawable 인터페이스를 구현하는 객체를 말한다. 이런 방식으로 darw 연산을 지원하는 객체 만이 컬렉션에 허용된다 (그림 3.4 (c)).

정렬리스트와 이진탐색트리 두 개의 자료구조가 나중에 소개된다. 이 자료구조에서 각 항목은 정렬된 순서로 유지된다. 이 컬렉션에 삽입되고자 하는 항목은 본 클래스의 다른 항목과 비교 가능한 연산을 제공해야 한다. 즉 컬렉션에 삽입되는 객체는 compareTo 연산을 지원해야 한다. 이 요구 조건을 만족시키기 위해 정렬리스트와 이진탐색트리 ADT는 Comparable 객체의 컬렉션으로서 정의된다. Comparable 인터페이스는 자바의 java.lang 패키지에 정의되어 있다. Comparable 인터페이스는 compareTo 단 하나의 메소드만이 정의되어 있다.

**포괄적 (generic) 컬렉션**

버전 5.0에서부터 자바 언어는 포괄을 지원한다. 포괄은 특정 클래스의 객체를 조작하는 연산을 허용하는데, 마지막 순간까지 조작 대상 객체의 클래스를 명세할 필요가 없다. 제너릭(generics)은 자바의 본 버전에서 가장 중요한 변화이다.

결론적으로 제너릭은 파라미터화된 형이다. 물론 여러분은 파라미터의 개념에 익숙할 것이다. 예를 들어 StringLog 클래스에서 insert 메소드는 element라는 String 파라미터를 가진다. Insert 메소드를 호출할 때 "Elvis" 같은 String 인자(argument)를 전달해야 한다.

```
log.insert("Elvis");
```

제너릭에서는 Integer, String, BankAccount 같은 형 이름을 인자로서 전달할 수 있다. 여기에서 미묘한 차이를 주목하라. 포괄에서는 "Elvis" 같은 특정 형의 값을 전달하는 대신에 String 같은 "형"을 실질적으로 전달하는 것이다.

이러한 기능 때문에 Log 같은 컬렉션 클래스를 정의하는 것이 가능하다. 이 경우 Log는 <T>가 형의 이름을 의미할 때 <T> 형의 항목들을 갖게 된다.

```
public class Log<T>
{
  private T[] log;                 // 클래스 T의 객체를 가지는 배열
  private int lastIndex = -1;      // 배열에서 마지막 T의 색인
...
```

추후 응용 프로그램에서 컬렉션이 인스턴트화 될 때 Integer, String, BankAccount 같은 실제 형이 제공된다.

```
Log<BankAccount> investments;
Log<String> answers;
```

만약 BankAccount가 인자로서 전달되면 BankAccount Log를 얻게 되는 것이고 String을 전달하면 String Log를 얻게 된다.

포괄은 일반적으로 사용되는 컬렉션을 설계하는 융통성을 제공하면서 자바의 강한 형 검사(strong type checking)의 이점을 동시에 가진다. 이 문제에 대한 거의 완벽한 해결책이라 할 수 있다.

자바의 새로운 포괄 방식이 일반적으로 사용되는 컬렉션 문제를 해결했지만, 이 교재에서는 사용하지 않았다. 그 이유로는

- 포괄 방식이 강력하기는 하지만 이해하거나 사용하기에 간단하지는 않다.
- 포괄이 유용하기는 하지만 자료구조의 공부라는 본 교재의 주 목표는 아니다.
- 자바 5.0에사 사용된 포괄이 잘 만들어졌기는 하지만 안정성은 떨어지는 상황이다. 조만간 포괄 부분에 방식에 변화가 있을 것으로 보인다.

종합하면 자바 포괄 방식이 강한 형 검사를 가지면서 일반적으로 사용되는 컬렉션의 생성을 허용하지만, 위에 열거한 이유로 포괄을 사용하지 않기로 결정하였다. 대신에 본 절에서 기술된 다른 방식을 사용한다. 스택, 큐, 비정렬 리스트, 그래프에서 Object 형의 항목을 사용한다. 정렬 리스트와 이분 검색 트리에서 Comparable 형의 항목을 사용한다. 부록 F에서는 스택 ADT를 포괄을 사용하여 구현하고 사용하는 것을 보인다.

# 3.3 예외상황

스택 ADT를 공식적으로 명세하기 전에 다루어야 할 주제가 있다. 이 절에서는 프로그램을 수행할 때 발생하는 예외상황(Exceptional Situations)을 다루는 여러 방법을 볼 것이다. 예를 들면 스택이 공백일 때 팝 연산이 호출되면 어떻게 할 것인가? 팝 할 항목이 없는데 말이다. 스택 또는 어떤 ADT를 공식적으로 명세하는 일부로서 그런 예외 상황을 어떻게 대처할 것인가를 결정해야 한다.

## 예외상황 다루기

**예외상황** : 소프트웨어 또는 하드웨어에 의해 감지되는 비정상적인 예측 불가능한 사건과 관련 있음. 특별한 처리가 필요함. 이러한 사건은 오류가 있을 수도 있고 없을 수도 있음.

프로그램이 수행될 때 여러 유형의 예외상황이 발생할 수 있다. 예외상황은 프로그램 제어의 흐름을 바꾸고 때로는 비정상적인 종료로 끝난다. 예를 들면

- 사용자가 잘못된 형의 입력 값을 입력하는 경우
- 파일로부터 정보를 읽어 들이다가 파일의 끝에 도달하는 경우
- 사용자가 키보드에서 제어 키를 입력하는 경우

- 0으로 나누는 등 비정상적인 수학적 연산이 발생하는 경우
- 어떤 ADT에 불가능한 연산을 요청하는 경우, 예를 들면 스택이 비어있는데 pop을 하는 경우

이러한 예외상황을 대처하기 위해서는 설계 단계부터 잘해야 한다. 이러한 질문을 스스로 할 수 있겠다. 프로그램이 인식해야 할 비정상적인 상황은 무엇인가? 프로그램의 어느 부분에서 이러한 상황이 감지될 수 있는가? 이러한 상황이 발생했을 때 어떻게 대처할 수 있나?

자바(다른 언어를 포함해서)는 이러한 예외 상황을 대처하는 내장된 (built-in) 방안을 가지고 있다. 자바에서는 이러한 예외 상황을 그냥 예외(exception)이라 부른다. 자바의 예외 방안에는 세가지 부분이 있다.

- 예외의 정의 보통 자바 Exception 클래스의 하위 클래스이다.
- 예외의 발생 예외 상황을 인식하고 자바의 throw 문장을 사용하여 예외가 발생함을 알린다
- 예외의 대처 자바의 try-catch 문을 사용하여 자바의 예외가 발생됨을 발견하고 적절한 행동을 한다

자바는 또한 어떤 상황에서 자동적으로 발생하는 많은 내장된 예외들을 가지고 있다. 이러한 관점에서 일반적인 용어인 예외 상황보다는 자바의 용어 “예외”를 사용한다. 예외를 사용하는데 일반적인 가이드라인은 다음과 같다.

- 예외는 소프트웨어 계층 구조의 어느 곳에서든 대처될 수 있다. 즉 예외가 감지된 그 모듈 또는 프로그램의 맨 꼭대기 계층에서 대처될 수 있다.
- 내장된 예외를 대처하지 않으면 프로그램이 종료될 수 있다.
- 응용 프로그램의 어느 부분에서 예외가 대처되느냐는 설계 단계에서 결정된다. 예외는 언제나 예외가 의미하는 바가 무엇인지 아는 단계에서 대처되어야 한다.
- 예외가 치명적이 되어서는 안 된다
- 치명적이지 않은 예외에 대해서 프로그램 실행은 계속된다. 그러나 실행은 예외로부터 복구되는 가장 낮은 단계에로부터 계속되어야 한다.

## 예외와 ADT: 사례

ADT를 생성할 때는 특별한 처리가 필요한 예외를 먼저 정의해야 한다. 만약 그 특별한 처리가 응용 프로그램에 관련된 것이면 그 문제를 ADT로부터 구출하기 위해 자바 예외 방식을 사용하여 응용 프로그래머가 예외를 대처하게 한다. 반대로 그 예외의 처리가 ADT 내에 숨겨진 것이라면 응용 프로그래머가 예외 대처를 부담할 필요는 없다.

프로그래머가 정의한 ADT에서의 예외를 보기 위해 1장의 Date 클래스를 다시 보기로 하자.

```
public class Date
{
        protected int year;
        protected int month;
        protected int day;
        public static final int MINYEAR = 1583;

        public Date(int newMonth, int newDay, int newYear)
        {
          month = newMonth;
          day = newDay;
          year = newYear;
        }

        public int getYear()
        {
          return year;
        }

        public int getMonth()
        {
          return month;
        }

        public int getDay()
        {
          return day;
        }

        public int lilian()
        {
          // 이 날짜의 릴리안 날짜를 복귀함
          // 알고리즘은 여기에 옴
          // 자세한 사항은 1장의 "릴리안 날짜"를 보기 바람
        }

        public String toString()
        {
          return(month + "/" + day + "/" + year);
        }
}
```

위에 정의에 따르면 대로 응용 프로그램은 2000년 25월 15일 같은 불가능한 날짜를 가지고 Date 생성자를 호출할 수 있다. 생성자에 전달되는 달 인자가 맞는지를 검사함으로써 이러한 날짜의 생성을 막을 수 있다. 그런데 이러한 부적절한 인자를 발견했을 때 생성자에서는 어떻게 해야 하는가? 가능한 방법은

- 경고 메시지를 출력한다. 이것은 응용 프로그램에서 기본 출력을 사용할지 Date ADT 내에서는 알 수 없기 때문에 좋은 방법이 아니다
- 예를 들면 0년 0월 0일 같은 기본 값을 갖는 Date 객체를 생성한다. 이 방법의 문제점은 응용 프로그램이 아무 문제도 일어나지 않았던 것처럼 계속되고 결국 오류가 있는 결과를 내게 된다는 것이다. 일반적으로 오류가 있는 결과를 내어 잘못된 의사 결정을 하느니 프로그램이 그냥 종료되는 것이 낫다.
- 예외를 발생한다. 이 방식으로 하면 정상적인 프로그램은 인터럽트되고 생성자는 새로운 객체를 복귀할 필요가 없다. 대신에 응용 프로그램은 그 문제를 알게 되고 그것을 해결하거나 다음 단계의 프로그램으로 넘기게 된다.

상황을 예외로써 풀기로 결정했으면 자바 라이브러리의 내장된 예외를 사용할 지 별도의 나름의 예외를 생성할 지를 결정해야 한다. 이 경우 라이브러리를 찾아보면 데이터 형식 오류를 알릴 때 사용하는 DateFormatException이라는 예외를 찾을 수 있다. 이 예외를 사용할 수도 있겠으나 이 상황에 정확히 맞지는 않다. 즉 문제는 데이터의 형식이 아니라 데이터의 값이기 때문이다. DateOutOfBounds라는 별도의 나름의 예외를 만들어 보자. MonthOutOfBounds라고 부를 수도 있겠으나 단지 달 값의 문제뿐만 아니라 날짜 전체의 문제를 나타내는 것으로 사용하기로 하자.

라이브러리의 Exception 클래스를 확장하여 DateOutOfBounds 예외를 생성한다. 예외 클래스를 생성하는데 Exception 클래스의 두 개의 생성자를 따르는 두 개의 생성자를 사용한다. 쉽게 하려면 그냥 상위 클래스의 해당 생성자를 호출하는 것이다.

```
public class DateOutOfBoundsException extends Exception
{
        public DateOutOfBoundsException()
        {
                super();
        }
        public DateOutOfBoundsException(String message)
        {
                super(message);
        }
}
```

첫 번째 생성자는 관련된 메시지 없이 예외를 생성한다. 두 번째 생성자는 생성자에 전달된 문자열 인자를 메시지로 하여 예외를 생성한다.

다음으로 Date ADT 내의 어느 곳에서 예외를 발생시킬 지 고려해야 한다. 날짜 값이 생성되고 수정되는 ADT 내의 모든 장소가 결과 값이 비정상적인 날짜인지 검사되어야 한다. 그렇다면 적절한 메시지를 가진 예외 클래스를 생성하고 예외를 발생시킨다.

여기에 정상적인 달과 년도를 검사하는 Date 생성자가 있다.

```
public Date(int newMonth, int newDay, int newYear)
                                        throws DateOutOfBoundsException
{
  if ((newMonth <= 0) || (newMonth > 12))
      throw new DateOutOfBoundsException("month " + newMonth + "out of range");
  else
      month = newMonth;

  day = newDay;

  if (newYear < MINYEAR)
      throw new DateOutOfBoundsException("year " + newYear + " is too early");
  else
      year = newYear;
}
```

각 throw 문장에서 정의된 메시지가 프로그램 코드에서 문제가 발견된 지점과 직접 관련되어 있는 점을 주의하라. 이렇게 함으로써 예외가 사용자 단계까지 전파되었을 때 프로그램의 사용자가 예외에 관련된 정보를 제공받게 된다.

마지막으로, 응용 프로그램이 수정된 Date 클래스를 어떻게 사용하는지 보자. UseDates라는 프로그램을 고려해 보자. 이 프로그램은 사용자에게 달, 날, 년도를 질의하고 사용자의 대답에 따라 Date 객체를 생성한다. 아래 코드에서는 질의와 대답이 어떻게 처리되는지는 무시하고 현재 고려하는 부분만 강조한다.

```
public class UseDates
{
  public static void main(String[] args)
                                        throws DateOutOfBoundsException
  {
      Date theDate;
```

```
        // 프로그램은 사용자에게 날짜를 질의한다.
        // M은 사용자가 입력한 달을 가진다.
        // D는 사용자가 입력한 날을 가진다.
        // Y는 사용자가 입력한 년도를 가진다.
          theDate = new Date(M, D, Y);
        // 프로그램이 계속됨
    }
}
```

프로그램이 수행되면 사용자가 비정상적인 값을 입력할 경우(예를 들면 1051년) DateOutofBoundsException이 Date 생성자에 의해 발생한다. 이 예외가 프로그램 내에서 감지되고 처리되는 것이 아니므로 throws 문장에서 강조되었듯이 인터프리터(interpreter)로 던져진다. 인터프리터는 프로그램을 중지시키고 아래와 같은 메시지를 출력한다.

```
Exception in thread "main" DateOutOfBoundsException: year 1051 is too
early
        at Date.<init>(Date.java:18)
        at UseDates.main(UseDates.java:57)
```

인터프리터의 메시지는 예외에 이르게 되는 호출의 추적뿐만 아니라 예외의 이름과 메시지 문자열도 포함한다 (시스템 스택 추적은 3.1절에 언급됨).

다른 방법으로서 UsDates 클래스는 인터프리터에 예외를 던지는 대신에 프로그램 내에서 예외를 감지하고 처리할 수 있다. 프로그램은 예외가 발생했을 때 새로운 날짜를 요청할 수 있다.

다음은 이런 방식의 UseDates가 작성된 결과이다 (사용자 인터페이스 부분은 무시하고 예외에 관련된 부분만 강조되었다).

```
public class UseDates
{
    public static void main(String[] args)
    {
        Date theDate;
        boolean DateOK = false;

        while (!DateOK)
        {
                // 프로그램은 사용자에게 날짜를 질의한다.
                // M은 사용자가 입력한 달을 가진다.
```

```
            // D는 사용자가 입력한 날을 가진다.
            // Y는 사용자가 입력한 년도를 가진다.
            try
            {
              theDate = new Date(M, D, Y);
              DateOK = true;
            }
            catch(DateOutOfBoundsException DateOBExcept)
            {
            output.println(DateOBExcept.getMessage());
        }
      }
      // 프로그램이 계속됨
  }
}
```

만약 new 문장이 문제 없이 수행된다면 즉 Date 생성자가 예외를 발생시키지 않았다면 DateOK 변수는 true로 설정되고 while 루프는 종료한다. 그러나 만약 DateOutofBounds 예외가 Date 생성자에 의해 발생되었다면 catch 문장에 의해 감지된다. 그리고 다시 예외로부터 발생된 메시지가 프린트되고 while 루프가 다시 실행되고 사용자에게 질의한다. main 메소드는 예외를 직접 처리하기 때문에 더 이상 DateOutOfBoundsException을 발생시키지 않는 점을 주의하라.

예외에 관련된 마지막 중요한 점은 Java.lang.RunTimeException 클래스는 자바 환경에 의해 유일하게 취급된다는 점이다. 이 클래스의 예외는 프로그램의 표준 실행 시간 오류가 나올 때 발생한다. 실행 시간 오류는 "0으로 나누기 오류", "색인 경계 밖 오류" 같은 것을 포함한다. 실행 시간 예외는 코드의 어느 메소드나 부분에서 일어날 수 있는 것이므로 명시적으로 이러한 예외를 처리할 필요는 없다. 그렇게 하지 않으면 프로그램은 수 많은 try, catch, throw 문 때문에 거의 읽는 게 불가능하게 될 것이다. 이러한 오류는 비 검사 예외(unchecked exception)로 분류된다. 스택 ADT를 지원하기 위해 본 장의 뒷부분에서 생성되는 예외는 자바 RunTimeException 클래스의 확장이고 비 검사 예외이다.

**비 검사 예외**(unchecked exception) : RunTimeException 클래스의 예외. 이 예외는 발생된 메소드 내에서 명시적으로 처리될 필요는 없다.

## 오류 상황과 ADT

ADT 메소드 내에서 오류 상황을 처리할 때 몇 가지 선택 사항이 있다.

첫째 메소드 내에서 오류를 감지하고 대처하는 방법이다. 오류가 내부 자체적으로 대처된다면 이것이 가장 좋은 방법이라고 할 수 있다. 다만 전체적인 설계를 너무 복잡하게 만들지 않아야 한다. 예를 들어 비정상적인 값이 메소드로 전달된다면 그 값을 기본값으로 대체할 수도 있다. 온라인 가게에서 종업원 할인을 결정하는 메소드를 가정해 보면 마이너스 숫자를 전달하게 되면 오류로 간주될 것이다. 이런 경우는 전달된 값을 0으로 간주하고 프로세스를 계속하는 것이 합리적이다. 이런 방식으로 내부적으로 문제를 해결할 경우 복귀 값을 통하여 호출자에게 이런 상황을 전달하는 것이 가능하다. 예를 들어 스택에서 푸쉬 연산을 설계하는데 연산이 성공적이고 인자가 스택에 제대로 푸쉬되었을 때 참 부울리언 값을 전달하도록 설계할 수 있다. 또는 예를 들어 스택이 포화일 때 등 연산이 실패할 때 false 값을 복귀하도록 한다. 다른 예로서 스택에서 꼭대기에 있는 객체를 복귀하는 톱 연산을 생각해 보자. 스택이 공백일 때 프로그램을 종료하는 대신에 연산이 실패했음을 나타내는 null을 복귀할 수 있다. 이 예에서 호출자는 복귀 값을 확인하고 실패가 났을 경우 적절한 조치를 해야 할 의무가 있다.

둘째 메소드 내에서 오류를 감지하여 오류에 관련된 예외를 발생시키는 방법인데 이는 호출자가 예외를 대처하게 하는 것이다. 특정 오류 상황에서 어떻게 대처하는 지가 불명확할 때 가장 좋은 방법이다. 즉 오류를 대처할 수 있는 단계가 하도록 오류를 미루는 것이다. 예를 들어 응용 프로그램이 Date 클래스 생성자에 비정상적인 날짜를 전달하는 경우 가장 좋은 방법은 예외를 발생시키는 것이다. 생성자는 비정상적인 날짜가 무엇인지 알 수 없으나 응용 프로그램은 알기 때문이다. 다른 예는 응용 프로그램이 공백 스택에서 무언가를 pop 하고자 할 때이다. 스택 ADT는 이 오류 상황이 무엇을 의미하는 지 모르나 응용 프로그램은 알고 있다. 물론 호출자가 오류를 감지하거나 대처하지 않으면 예외는 대처되는 시점까지 계속 발생된 상태로 있게 된다. 그러다가 인터프리터에까지 도달하면 프로그램은 종료하게 된다.

셋째 오류 상황을 그냥 무시하는 것이다. 2장에서 사전 조건에 대해 기술된 "계약에 의한 프로그래밍"을 상기하라. 이 방식에서는 어떤 메소드의 사전 조건이 만족되지 않는다면 그 메소드는 결과에 대해 책임이 없다는 것이다. 어떤 메소드의 인자가 소수(prime number)라고 가정하자. 메소드는 그 숫자가 소수인지 아닌지 검사하지 않는다. 숫자가 소수가 아니라면 결과는 정의될 수 없다. 사전 조건이 만족됨을 보증하는 것은 호출자 코드의 책임이다. 더 자세한 정보는 "계약에 의한 프로그래밍" 부분을 보라.

ADT를 정의할 때 오류 상황을 세 집합으로 나눈다. 내부적으로 처리되는 경우, 호출자로 던져지는 경우, 오류는 발생하지 않는다 라고 가정하는 경우이다. 세 번째 방식의 경우 메소드의 사전 조건에 이러한 부분이 기술된다. 전체적으로 둘 사이의 균형을 맞추어야 한다. 즉 모든 내부적 오류를 대처하기 위한 복잡도 그리고 계약에 의해 모든 것을 대처하는 데에서 오는 안정성 사이에 균형을 맞추어야 한다.

### 계약에 의한 프로그래밍

"계약에 의한 프로그래밍"을 다시 한번 살펴보자. 메소드 사전 조건을 대처하는 방식을 강조하고자 한다. 어떤 프로그래머는 다른 방식으로 이에 대처한다. 즉 메소드 내에서 사전 조건을 검사하고 사전 조건이 만족되지 않으면 예외를 발생시킨다. 만족되지 않은 사전 조건은 오류로 간주하는 것이다. 계약에 의한 프로그래밍에서는 다른 식이다.

만족되지 않은 사전 조건이란 없다. 메소드가 호출되었을 때 어떤 조건이 참이 아니라면 아예 사전 조건으로 나열되지 않아야 한다. 즉 오류 조건으로 나열되어야 한다. 사전 조건의 요점은 메소드의 코드를 간결하게 하고 효율적으로 하기 위함이다. 불필요한 검사로 문제를 복잡하게 하려 함이 아니다.

왜 계약에 의한 프로그래밍이 더 효과적인가? 사전 조건은 언제나 참이라고 가정된다. 그래서 메소드가 호출될 때 마다 이를 검사하는 것은 시간 낭비이다.

인자로서 소수를 요구하는 메소드의 예를 고려하자. methodA가 소수를 얻어서 methodB로 전달한다고 가정하자. 전달되는 숫자는 소수임이 보증된다. 만약 methodB가 숫자의 소수성을 검사하는 것이 요구된다면 불필요하게 methodB를 복잡하게 하고 프로그램을 느리게 만드는 것이다. 숫자의 소수성을 검사하는 것은 간단한 작업이 아니다. 대신 사전 조건에 인자가 소수이어야 함을 기술하고 신경을 쓰지 않으면 된다.

```
public void methodB ..
// 사전 조건: primenumber 는 소수임
...
```

한편으로 만약 methodB에 전달되는 숫자가 소수라고 보증할 수 없다면 이 가능성을 잠정적인 오류 조건으로 기술하고 검사하고 대처한다.

```
Public void …
// primenumber 가 소소가 아니면 NotPrimeException 을 발생시킴
// 그렇지 않으면 …
```

어떤 특정 조건에서 한쪽이나 다른 쪽의 방식을 사용한다. 그러나 양 쪽을 동시에 사용하지는 않는다.

# 3.4 형식 명세서

이 절에서 스택 ADT의 형식 명세서(Formal Specification)를 생성하기 위해 자바 인터페이스를 사용한다. 컬렉션 ADT를 명세하기 위해서 어떤 형의 항목들이 들어가는 지, 어떤 연산이 있는지, 예외 상황이 어떻게 대처되는지 결정해야 한다. 이러한 결정은 이미 기술되어 있다.

3.1 절에서 스택이 후입선출 구조를 갖고 세 주요 연산을 갖는다고 했다.

- 푸쉬 스택의 꼭대기에 항목을 추가함
- 팝 스택으로부터 꼭대기 항목을 삭제함
- 탑 스택의 꼭대기 항목을 복귀함

이러한 연산에 부가하여 공백 스택을 생성하는 생성자가 필요하다. 3.2절에서 나왔듯이 스택 ADT는 Object 클래스의 항목을 가져서 어떤 클래스의 변수도 가질 수 있다.

이제 예외 상황을 보자. 앞으로 보겠지만 이 과정 중에도 추가적인 연산이 정의될 수 있다.

## 예외 상황들

대처가 필요한 예외 상황은 어디에 있는가? 생성자는 단순히 새로운 공백 스택을 생성한다. 이 과정은 자체적으로는 오류를 발생시키지 않는다. 물론 코드가 정확하다는 가정하에서이다.

나머지 연산은 잠재적인 문제 상황을 보인다. 팝과 탑 연산은 둘 다 스택의 꼭대기 항목을 조작한다. 스택이 공백이면 어떻게 되나? 당연히 조작을 할 꼭대기 항목이 없는 것이 된다. 이 시나리오를 대처할 세 가지 방법이 있는 것을 안다. 메소드 내 자체적을 문제를 대처할 수 있나? 상황을 인식하여 예외를 발생시켜야 하는가? 스택이 공백이 아니라고 사전 조건을 정하는 게 합리적인가?

메소드 자체적으로 문제가 어떻게 대처되는가? 팝 연산이 변환자라고 가정하면 공백 스택에 대해 팝이 호출되었을 때 단순히 아무것도 하지 않을 수 있다. 사실상 아무것도 하지 않는 변환 작업이다. Object 참조를 복귀해야 하는 탑 연산에 대해 답은 null을 복귀하는 것이

될 수 있다. 어떤 응용 프로그램에서는 이 것은 합리적인 방식이나, 대부분의 경우에 이것은 응용 프로그램을 복잡하게 만든다.

top 이나 pop 을 호출하기 전에 스택이 공백이 되면 안된다 라고 사전 조건에 정하는 것은 어떤가? 이런 경우는 ADT 내에서 상황을 대처할 걱정을 하지 않아도 된다. 물론 모든 응용 프로그램에서 스택이 공백임을 알아서 추적한다고 기대할 수는 없으므로 이것은 스택 ADT 자체의 책임이 되어야 한다. 이 요구조건을 대처하기 위해 isEmpty라는 관찰자를 정의한다. 이는 스택이 공백일 때 참의 부울리언 값을 복귀한다. 그러면 응용 프로그램은 팝과 탑 연산을 잘못 사용하는 것을 막을 수 있다.

```
if !myStack.isEmpty()
  myObject = myStack.top();
```

이 방식은 잘될 것처럼 보이나 응용 프로그램에 불필요한 짐을 지우는 것이다. 응용 프로그램이 스택 연산을 수행할 때마다 매번 이러한 사전 검사를 하면 코드는 비효율적이고 읽기 어렵게 될 것이다.

공백 스택을 접근하는 데 관련된 예외를 제공하는 것도 좋은 아이디어이다. 어떤 코드의 부분에서 많은 스택 호출이 있는 상황을 생각하자. 스택이 비어 있을 때 팝 과 탑에 의해 발생되는 StackUnderflowException 예외를 정의한다면 그 코드의 부분은 isEmpty를 사용한 여러 번의 호출 대신에 하나의 try-catch 문장에 의해 둘러 쌓여 있을 것이다.

여기서는 마지막 방식을 사용한다. 즉 스택이 비어 있을 때 pop 과 top에 의해 발생되는 StackUnderflowException 예외를 정의한다. 응용 프로그래머에게 융통성을 부여하기 위해 ADT에 isEmpty 연산도 포함한다. 이제 응용 프로그래머는 isEmpty 연산을 사용하여 공백 스택으로부터 항목을 꺼내거나 접근하는 것을 막거나 연산을 시도해 보고 발생된 예외를 감지하고 대처하는 선택을 할 수 있다.

```
try
{
        myObject = myStack.top();
        myStack.pop();
        myOtherObject = myStack.top();
        myStack.pop();
}
catch (StackUnderflowException underflow)
{
```

```
        System.out.println("There was a problem in the ABC routine.");
        System.out.println("Please inform System Control.");
        System.out.println("Exception: " + underflow.getMessage());
        System.exit(1);
}
```

StackUnderflowException은 자바의 RuntimeException을 확장한 것이다. 이것은 스택을 적절히 사용함으로써 프로그래머가 피할 수 있는 상황을 표현한다. RuntimeException 클래스는 이러한 상황에서 대부분 사용된다. 이러한 예외는 검사되지 않음을 상기하자. 즉 프로그램에서 명시적으로 감지될 필요가 없다.

여기에 StackUnderflowException 클래스가 있다. package 문이 있음을 주의하자. 이 클래스는 본 책에서 개발하는 여러 클래스와 인터페이스 중 첫번째로서 스택 자료구조에 관련하여 개발할 클래스이다. 이러한 것을 모아서 하나의 페키지인 ch03.stacks로 만든다[4].

```
package ch03.stacks;
public class StackUnderflowException extends RuntimeException
{
  public StackUnderflowException()
  {
      super();
  }
  public StackUnderflowException(String message)
  {
      super(message);
  }
}
```

StackUnderflowException이 비 검사 예외이기 때문에 발생되고 감지되지 않으면 궁극적으로 실행 환경에 던져지게 되고 오류 메시지를 보이고 종료한다. 이런 메시지의 예로는

```
Exception in thread "main" ch03.stacks.StackUnderflowException: Top attempted on an
empty stack.
at ch03.stacks.ArrayStack.top(ArrayStack.java:78)
at MyTestStack.main(MyTestStack.java:25)
```

4) 파일은 교재에 따라 오는 프로그램 파일의 bookFiles 디렉토리 밑에 ch03 디렉토리 밑에 stacks 디렉토리에 있다.

한편으로 try-catch 예처럼 프로그래머가 명시적으로 오류를 감지하면 오류 메시지는 특정 문제 맞게 수정될 수 있다.

```
ABC 루틴에서 오류가 있었음.
시스템 제어에 알리시오.
예외 : 공백 스택에 top이 시도됨.
```

푸쉬 연산은 다른 잠재적 문제를 보인다. 스택에 어떤 항목을 삽입하려고 하는데 여유 공간이 없으면 어떻게 하나? 추상적 관점에서 스택은 절대 "포화" 일 수 없다. 그러나 때로는 스택의 크기에 제한을 두는 게 유용하다. 기억 장소가 부족할 수도 있고 어떤 제한 조건은 pop 연산을 하지 않고 할 수 있는 push 연산의 수에 제한을 둘 수도 있다. 스택 언더플로 (underflow)와 유사하게 문제를 정의할 수 있다. 첫째 추가적인 Boolean 관찰자인 isFull 을 둔다. 이것은 스택이 포화일 때 true를 복귀한다. 응용 프로그램은 이 것을 이용하여 푸쉬 연산을 잘 못 호출하는 것을 막을 수 있다. 둘째 스택이 포화일 때 푸쉬 연산에 의해 발생되는 StackOverflowException을 정의한다. 여기에 StackOverflowException 클래스의 코드가 있다.

```
package ch03.stacks;
public class StackOverflowException extends RuntimeException
{
   public StackOverflowException()
   {
        super();
   }
   public StackOverflowException(String message)
   {
        super(message);
   }
}
```

언더플로 상황에서처럼 isFull 연산을 사용하여 포화 스택에 항목을 추가하는 것을 막거나 연산을 시도하고 혹시 발생된 예외 상황을 감지하여 대처하거나 할 수 있다. StackUnderflowException 역시 비 검사 예외이다.

## 인터페이스

이제 스택 ADT를 공식적으로 정의할 준비가 되었다. 계획대로 자바의 인터페이스 구조체를 사용한다. 그런데 때로는 스택을 크기에 제한을 두고 사용하기를 원하고 때로는 제한이 없는 스택을 사용하기를 원하는 것을 어떻게 조절할 것인가?

2장에서 StringLog ADT를 정의할 때도 같은 상황에 직면했었다. 이런 경우에 StringLog의 어떤 구현에서는 의미가 없지만 isFull 연산을 단일 인터페이스의 일부로서 포함하기로 하였다. 연결 리스트 기반 구현에서는 isFull 연산은 언제나 false를 복귀했음을 상기하자. 스택 ADT에서는 다른 방식을 사용한다. 제한이 있는 스택과 제한이 없는 스택에 별도의 인터페이스를 정의한다. 사실 세개의 인터페이스를 정의한다.

스택 크기에 제한되어 있느냐는 단지 push 연산과 isFull 연산에 영향을 미친다. 이것은 pop, top, isEmpty 연산에는 영향이 없다. 첫째 이 세 연산의 정의를 포함하는 일반적인 스택 인터페이스를 정의한다.

```
//----------------------------------------------------------------------------
// StackInterface.java by Dale/Joyce/Weems Chapter 3
//
// 객체의 스택을 구현하는 클래스를 위한 인터페이스
// 스택은 후입선출 구조이다.
//----------------------------------------------------------------------------

package ch03.stacks;

public interface StackInterface

{
        void pop() throws StackUnderflowException3
        // 스택이 공백이면 StackUnderflowException을 발생
        // 그렇지 않으면 스택의 꼭대기 항목을 삭제함

        Object top() throws StackUnderflowException;
        // 스택이 공백이면 StackUnderflowException을 발생
        // 그렇지 않으면 스택으로부터 꼭대기 항목을 복귀함.

        boolean isEmpty();
        // 스택이 공백이면 참을, 그렇지 않으면 거짓을 복귀함.

}
```

연산의 효과와 사전 조건을 코멘트(comments)로 기술함을 주의하라. 이 ADT에서는 모든 오류 상황에서 예외를 발생시키므로 사전 조건은 없다.

다음으로 제한이 있는 스택으로 가서 두번째 인터페이스인 BoundedStackInterface를 생성한다. 크기에 제한이 있는 스택은 정규 스택의 모든 연산과 isFull 연산을 지원해야 한다. 스택이 포화일 때 푸쉬 연산이 호출되면 예외를 발생 시킬 수 있도록 푸쉬 연산을 지원해야 한다.

**인터페이스의 상속** : 자바 인터페이스는 다른 자바 인터페이스를 확장(extend) 하여 요구 사항을 상속받을 수 있다. 인터페이스 B가 인터페이스 A를 확장하면 인터페이스 B를 구현하는 클래스는 역시 인터페이스 A를 구현해야 한다. 보통 인터페이스 B는 인터페이스 A에 추상 메소드를 더한다.

**인터페이스의 다중 상속** : 자바 인터페이스는 둘 이상의 인터페이스를 확장할 수 있다.[5)]

인터페이스 C가 인터페이스 A와 B를 확장하면 인터페이스 C를 구현하는 클래스는 역시 인터페이스 A와 B를 구현해야 한다. 때로 인터페이스의 다중 상속은 추가적인 메소드 없이 단순히 두 인터페이스의 요구 사항을 합치기 위해 사용된다. 자바의 인터페이스의 상속을 지원한다. 즉 한 인터페이스가 다른 인터페이스를 확장할 수 있다. (사실상 자바는 인터페이스의 다중 상속(multiple inheritance)을 지원하여 하나의 인터페이스가 둘 이상의 인터페이스를 확장할 수 있다.) 새로운 인터페이스는 현재 StackInterface의 모든 연산을 가져야 한다는 사실이 여기에 상속을 사용하는 이유이다. StackInterface를 확장하여 isFull 과 푸쉬 연산을 추가하여 BoundedStackInterface를 정의한다. 여기에 새로운 인터페이스를 위한 코드가 있다. (extends를 주의 깊게 보라.)

```
//----------------------------------------------------------------------
// BoundedStackInterface.java by Dale/Joyce/Weems Chapter 3
//
// 스택의 크기에 제한이 있는 객체의 스택을 구현하는 클래스를 위한 인터페이스.
// 스택은 후입선출 구조이다.
//----------------------------------------------------------------------

package ch03.stacks;

public interface BoundedStackInterface extends StackInterface

{
        void push(Object element) throws StackOverflowException;
        // 스택이 포화이면 StackOverflowException을 발생시킴
```

5) 대조적으로 자바 클래스는 하나의 클래스만을 확장할 수 있다.

```
    // 그렇지 않으면 스택의 꼭대기에 항목을 위치시킨다.

    boolean isFull();
    // 스택에 포화이면 참을 복귀. 그렇지 않으면 거짓을 복귀.
}
```

마지막으로 제한이 없는 경우를 위한 인터페이스를 생성한다. 제한 없는 스택은 결코 포화가 되지 않기 때문에 isFull 연산을 지원할 필요가 없다[6]. 같은 이유로 push 연산은 예외를 발생할 필요가 없다.

```
//----------------------------------------------------------------------
// UnboundedStackInterface.java by Dale/Joyce/Weems Chapter 3
//
// 스택의 크기에 제한이 없는 객체의 스택을 구현하는 클래스를 위한 인터페이스.
// 스택은 후입선출 구조임.
//----------------------------------------------------------------------
package ch03.stacks;
public interface UnboundedStackInterface extends StackInterface
{
void push(Object element);
// 스택의 꼭대기에 항목을 위치시킴.
}
```

이제 세 개의 인터페이스와 두 개의 예외 클래스를 정의하였다. 그 관계는 그림 3.5에 UML 그림으로 나타나 있다. 스택의 실제 구현은 BoundedStackInterface나 UnboundedStackInterface를 구현한다. 인터페이스 상속 법칙에 따라 이것은 역시 StackInterface를 구현해야 한다.

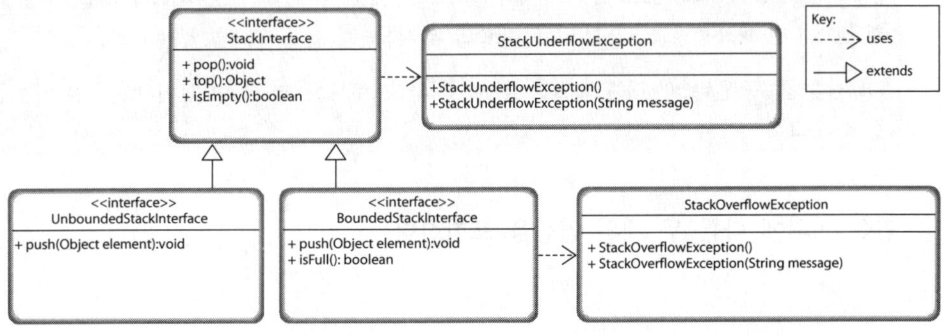


[그림 3.5] 스택 ADT 인터페이스의 UML 그림

6) 포화가 되는 경우는 시스템이 공간이 부족할 때이다. 이런 드문 경우에 자바 실행 시스템은 어쨌던 예외를 발생시킨다.

스택 ADT 인터페이스가 인터페이스의 다중 상속의 예가 아님을 주의하라. 다중 상속은 한 인터페이스가 두 개 이상의 인터페이스로부터 상속받을 때 발생한다. 여기서는 정상적인 클래스 계층처럼 하나의 같은 인터페이스로부터 상속받는 두 개의 인터페이스를 정의하였다. 이 절에서 다중 상속을 언급한 이유는 인터페이스 상속을 위한 자바 구문의 일부이기 때문이다.

### 자바 컬렉션 프레임워크

자바 라이브러리는 스택, 큐, 맵, 집합 같은 자료 구조에 기반한 ADT를 구현하는 클래스를 제공한다. 라이브러리의 Stack 클래스는 LIFO 구조를 제공한다는 점에서 이 장에서 개발한 Stack ADT와 유사하다. 그러나 push, top, isEmpty[7]

- 팝 스택으로부터 꼭대기 항목을 제거하고 복귀한다.
- Search(Object o) 스택에서 객체 o의 위치를 복귀한다.

라이브러리의 스택 클래스는 라이브러리의 Vector 클래스를 확장한 것이므로 Vector와 그 선조 클래스에서 상속된 많은 연산을 상속 받는다.

3.2 절에서 논의되었듯이 자료 구조의 다른 말은 컬렉션이다. 자바 개발자들은 자료 구조를 지원하는 스택 같은 라이브러리 클래스를 컬렉션 프레임워크라 부른다. 프레임워크는 인터페이스와 클래스를 포함한다. 자바 개발자들이 사용자들에게 사용을 설명하는 문서까지 포함한다. 자바 5.0 부터는 컬렉션 프레임워크의 모든 구조들은 포괄을 지원한다. (3.2 절의 포괄 기능을 보라.)

컬렉션 프레임워크는 광범위한 도구들을 포함한다. 그것은 단순히 자료 구조의 구현의 제공 이상의 일을 한다. 컬렉션을 가지고 작업하는 단일 구조를 제공하는 것이다. 이 책에서는 프레임워크를 자세히 다루지는 않는다. 자료 구조의 기본 성질을 가르치는 것과 자료 구조를 정의하고 구현하고 사용하는 것이 목적이다. 비슷한 구조의 라이브러리 특정 라이브러리 구조의 사용이 목적이 아니다. 전문적인 자바 프로그래머가 되면 컬렉션 프레임워크를 주의 깊게 공부하여 생산적으로 사용해야 한다. 이 책은 자바뿐만 아니라 다른 언어와 라이브러리를 준비하게 해 준다. 그럼에도 불구하고 자바 라이브러리에 해당 부분이 있는 자료 구조를 논의할 때 스택에서 한 것처럼 이 책의 방법과 라이브러리의 방법의 유사점과 차이점을 기술할 것이다.

자바 컬렉션 프레임워크에 대해 더 알고 싶으면 썬 마이크로시스템의 웹 사이트에서 얻을 수 있는 문서를 공부할 수 있다.

연산 이외에 다른 두 개의 연산을 포함한다.

7) 라이브러리에서는 isEmpty가 empty로 top이 peek으로 불린다.

# 3.5 응용: 잘 조직된 표현식

스택 ADT의 구현을 보기 전에 스택을 이용하는 작은 응용을 보기로 하자. 목표는, 구현이 되지 않은 상태에서도 스택의 사용을 보이고 인터페이스를 이용하여 응용 프로그램을 설계함을 보이는 것이다. 대규모 프로그래밍 프로젝트에서 팀의 팀원이 인터페이스를 위한 클래스의 구현을 하고 있는 도중 팀의 다른 일원은 인터페이스 명세를 이용하여 응용 프로그램의 일부분을 구현한다. 이런 식의 병렬 코딩은 개발 일정을 빠르게 한다.

스택은 "나중에 처리해야 할" 일을 "기억하는"데 아주 적합하다. 예시 응용 프로그램에서 많은 초보 프로그래머를 당황하게 만드는 문제를 다룬다. 코드를 작성하는데 대괄호, 중괄호를 짝짓기하는 문제이다.

그룹 기호를 짝짓기하는 문제는 계산의 세계에서 중요한 문제이다. 수학 방정식의 정당성, 컴퓨터 프로그램의 구문적인 정확성, 웹 페이지를 정의하기 위한 XHTML의 정당성에 관련되어 있다. 이 문제는 스택을 사용하는 전통적 문제이다. 왜냐하면 해당되는 끝 괄호 (예, ), ], })가 처리될 때까지 시작 괄호 (예, (, [, {)를 기억해야 하기 때문이다. 어떤 표현식의 그룹 기호가 잘 짝이 맞을 때 컴퓨터 과학자들은 표현식이 잘 조직되어 (well-formed) 있으며 그룹 기호가 균형이 되었다고 말한다. 그룹 기호가 주어졌을 때 이 문제는 각 시작 기호와 끝 기호가 짝이 맞는지 결정하는 문제이다.

(), [], {} 같이 많이 사용하는 짝에 초점을 맞춘다. 이론적으로 어떤 기호의 짝(예, <>, / \) 도 그룹 기호로서 정의할 수 있다. 그룹 기호의 짝의 전, 중간, 후에 어떤 문자도 올 수 있을 것이고 표현식은 중첩 그룹 기호를 가질 지도 모른다. 각 끝 기호는 최근 짝을 이루지 못한 시작 기호와 짝이 맞추어야 한다. 각 시작 기호는 짝이 맞는 끝 기호를 가져야 한다. 기호가 짝이 맞는 않는 경우는 끝 기호가 안 맞는 경우 (예, {]) 또는 끝 기호가 없는 경우(예, {{[]}) 이다. 그림 3.6은 잘 조직된 경우와 잘못 조직된 표현식의 예를 보인다.

| 잘 조직된 표현식(Well-Formed Expressions) | 잘못 조직된 표현식 |
|---|---|
| Well-Formed Expressions | Ill-Formed Expressions |
| ( xx ( xx ( ) ) xx ) | ( xx ( xx ( ) ) xxx ) xxx) |
| [](){} | ][ |
| ( [ ] { xxx } xxx ( ) )xxx | ( xx [ xxx ) xx ] |
| ( [ { [ ( ( [ { x } ] ) x ) ] })x ] | ( [ { [ ( ( [ { x } ] ) x ) ] } |
| xxxxxxxxxxxxxxxxxxxxxxxxx | xxxxxxxxxxxxxxxxxxxxxxx { |

[그림 3.6] 잘 조직된 표현식과 잘못 조직된 표현식

## 균형 클래스

이 문제를 풀기 위해 Balanced라는 클래스를 생성한다. 이 클래스의 유일한 메소드인 test는 표현식을 문자열 인자로 받아들여 표현식 내의 그룹 기호가 균형이 맞는지 검사한다. 표현식에 대한 균형 검사가 실패하는 두 가지 경우가 있으므로 세 개의 가능한 결과가 있다. 검사의 결과를 나타내는 정수를 사용한다.

0은 (([xx])xx) 처럼 기호가 균형이 맞음을 의미한다.

1은 (([xx}xx)) 처럼 균형 맞지 않은 기호가 있음을 의미한다.

2는 (([xxx])xx 처럼 미완성으로 끝나는 경우를 의미한다.

Balanced 클래스에는 단일 생성자가 있다. 클래스를 좀더 범용적으로 만들기 위해 응용 프로그램이 시작과 끝 기호를 명세하도록 한다. 사용자가 기호를 전달하도록 생성자를 위한 두 개의 문자열 인자 openSet, closeSet을 정의한다. 두 집합의 기호는 위치에 의해 짝을 맞춘다. 특정 문제에서 두 인자는 예를 들면 "([{" 와 "}]}"이다.

시작과 끝 집합에서 한 기호는 유일하고 두 집합은 같은 크기이어야 한다. 그렇지 않으면 짝 짓기 기준을 정할 수 없게 된다. 계약에 의한 프로그래밍을 사용하여 생성자의 사전 조건으로서 기술한다.

```
public Balanced(String openSet, String closeSet)
// 사전 조건: 한 문자는
// openSet과 closeSet에서 한번만 정의됨.
// openSet의 크기 = closeSet의 크기
{
      this.openSet = openSet;
      this.closeSet = closeSet;
}
```

이제 test 메소드로 가 보자. subject 인자를 문자열 인자로 받고 openSet과 closeSet에 기반하여 subject의 기호가 균형이 맞는지 검사한다. 메소드는 subject의 문자를 한번에 하나씩 처리한다. 각 문자에 대해 세 개의 작업을 수행한다.

- 문자가 시작 기호이면 스택에 삽입한다.
- 문자가 끝 기호이면 스택의 꼭대기로부터 얻을 수 있는 최근 시작 기호와 검사된다. 짝이 맞으면 다음 문자로 처리는 계속된다. 끝 기호가 스택의 꼭대기와 맞지 않거나 스택이 공백이면 그 표현식은 잘못 조직된 표현식이다.
- 문자가 특별한 기호가 아니면 다음의 넘어간다.

항상 가장 최근 기호를 검사하는 것이 필요하기 때문에 시작 기호를 저장하기 위해 스택을 사용하는 것은 적절하다. 모든 문자가 처리된 후에 스택을 공백이 되어야 한다. 그렇지 않다면 시작 기호가 남아 있는 것이다.

이제 검사를 위한 알고리즘을 작성할 준비가 되었다. BoundedStackInterface에 의해 정의된 스택 ADT를 가정한다. 스택의 크기가 표현식의 크기를 넘을 수 없으므로 제한이 있는 스택을 사용한다. stillBalanced라는 초기값이 참인 부울리언 변수를 선언한다. 이는 처리 도중 현재까지 표현식이 균형이 맞는지 기록한다.

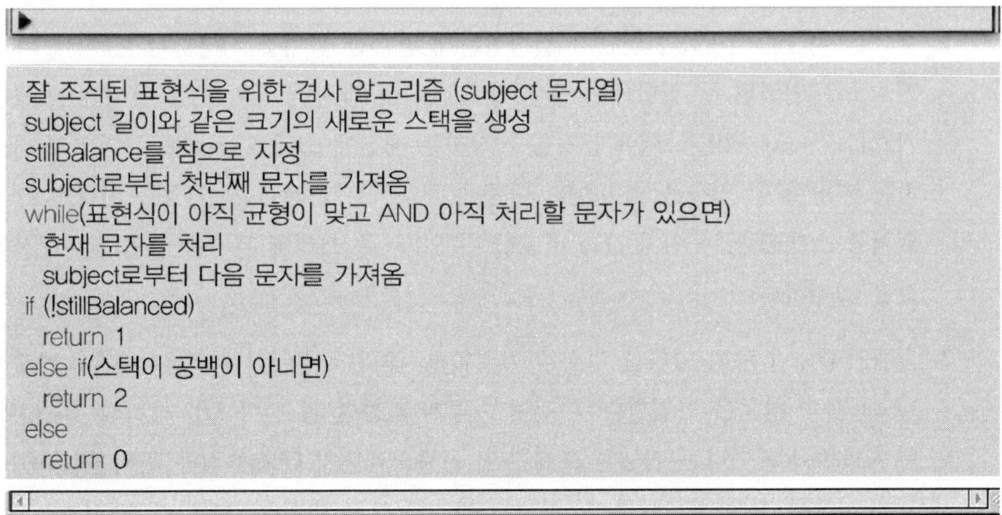

```
잘 조직된 표현식을 위한 검사 알고리즘 (subject 문자열)
subject 길이와 같은 크기의 새로운 스택을 생성
stillBalance를 참으로 지정
subject로부터 첫번째 문자를 가져옴
while(표현식이 아직 균형이 맞고 AND 아직 처리할 문자가 있으면)
  현재 문자를 처리
  subject로부터 다음 문자를 가져옴
if (!stillBalanced)
  return 1
else if(스택이 공백이 아니면)
  return 2
else
  return 0
```

코딩 단계로 가기 전에 확장이 필요한 부분은 "현재 문자를 처리" 부분이다. 이전에 각 문자를 어떻게 처리하는 지 기술하였다. 여기에 알고리즘 형태로 기술한 각 단계들이다.

```
if (문자가 시작 기호이면)
시작 문자를 스택에 push 한다
else if (문자가 끝 기호이면)
if (스택이 공백이면)
  stillBalanced를 거짓으로 지정
else
  시작 기호 문자를 스택의 꼭대기 값으로 지정
  스택에서 pop
  if 끝 기호 문자가 시작 기호 문자와 맞지 않으면
    stillBalanced를 거짓으로 지정
  else
    다음 문자로 감
```

Balanced 클래스의 코드는 다음에 나열되어 있다. ArrayStack 클래스가 BoundedStackInterface 인터페이스를 구현한다고 가정한다. ArrayStack 클래스는 3.6 절에 개발되어 있다. 이 장의 초점이 스택이므로 코드에서 스택의 연산을 강조하였다. Balanced 클래스에 대해 재미있는 사항이 몇 가지 있는데 다음과 같다.

1. 개발하는 스택은 BoundedStackInterface 형으로 선언되지만 ArrayStack으로 구현된다. 2.2 절의 "StringLogInterface 사용하기"의 방식을 따른다.

2. 끝 기호가 시작 기호와 맞는지 결정하는데 단순한 방법을 사용한다. 규칙에 따르면 그 기호들은 입력된 두 집합에서 같은 상대 위치를 가지면 짝이 맞는 것이다. 이것은 시작 기호를 만나게 되면 스택에 문자를 저장하는 대신에 스택에 openSet 문자열의 기호의 위치를 저장할 수 있음을 의미한다. 나중에 처리하는 과정에 끝 기호를 만나면 그 기호의 위치를 스택에 있는 위치 값과 비교할 수 있다. 즉 스택에 문자를 삽입하는 대신에 정수 값을 삽입한다.

3. 스택이 Object 형의 항목을 가짐을 기억하자. 그러나 언급한대로 test 메소드에서는 스택에 int 형의 항목을 삽입한다. 이것이 어떻게 가능한가? 자바 5.0 즉 가장 최근 버전에서는 Autoboxing 이라는 기능을 포함한다. 프로그래머가 Object 같은 원시형(primitive type) 값을 사용하면 해당되는 클래스로 객체를 자동으로 변환(box)한다. 그래서 test 메소드가 다음과 같이 하면

```
stack.push(openIndex);
```

openIndex 의 정수 값이 스택에 저장되기 전에 자동적으로 Integer 객체로 변환된다. 자바의 이전 버전에서는 변환을 명시적으로 했어야 했다.

```
Integer openIndexObject = new Integer(openIndex);
stack.push(openIndexObject);
```

4. 위와 대응되는 Unboxing이라 불리는 자바 5.0의 기능이 있다. 즉 오토박싱(Autoboxing)의 반대를 수행한다. 스택의 꼭대기를 다음과 같이 접근할 때

```
openIndex = (Integer)stack.top();
```

스택의 꼭대기의 Integer 객체가 자동적으로 정수값으로 변환된다. 여전히 Object 를Integer 클래스로 강제 변환해야 한다. 그러나 정수값을 명시적으로 추출할 필요는 없다. 자바의 이전 버전에서는 다음과 같이 작성해야 했다.

```
openIndex = ((Integer)stack.top()).intValue();
```

5. 끝 기호를 처리할 때 스택의 꼭대기가 대응되는 시작 기호인지 검사하기 위해 스택을 접근한다. 스택이 공백이면 균형이 맞지 않는 표현식임을 의미한다. 스택이 공백임을 검사하는 두 가지 방법이 있다. isEmpty 메소드를 사용하거나 스택을 접근하고 StackUnderflowException을 감지하는 것이다. 후자 방법을 선택한다. 시작 기호를 발견하고 스택이 공백임을 발견하는 것은 예외 상황이기 때문에 이 방법이 알고리즘의 기본 정신에 맞는 것 같다.
6. 대조적으로 표현식의 처리를 마치고는 공백 스택을 검사하는데 isEmpty를 사용한다. 이 상황에서는 스택으로부터 항목을 추출하는 것 보다는 그냥 스택이 공백인지 검사한다.

여기 전체 클래스를 위한 코드가 있다.

```
//----------------------------------------------------------------
// Balanced.java by Dale/Joyce/Weems Chapter 3
//
// 표준 규칙을 사용하여 균형된 표현식을 검사한다.
//
// Matching pairs of open and close symbols are provided to the
// constructor through two string parameters.
//----------------------------------------------------------------
```

```
import ch03.stacks.*;

public class Balanced
{
   private String openSet;
   private String closeSet;
   public Balanced(String openSet, String closeSet)
   // 짝이 맞는 시작과 끝 기호는 두 개의 문자열 인자를 통하여 생성자에 제공된다.
   // 사전 조건: 어느 문자도 openSet과 closeSet에 두 번 이상 나오지 않는다.
   // openSet의 크기 = closeSet의 크기
   {
        this.openSet = openSet;
        this.closeSet = closeSet;
   }
   public int test(String expression)
   // expression이 균형되어 있으면 0을 복귀
   // expression이 균형되지 않은 기호가 있으면 1을 복귀
   // expression이 처리되기 전에 미리 끝나면 2를 복귀
   {
        char currChar;                  // 조사되는 현재 표현식 문자
        int currCharIndex;  // 현재 문자의 색인
        int lastCharIndex;  // 표현식에서 마지막 문자의 색인
        int openIndex;                  // openSet에서의 현재 문자
        int closeIndex;                 // closeSet에서의 현재 문자
        boolean stillBalanced = true; // 표현식이 균형되어 있는 한 참
        // 짝이 맞지 않는 시작 기호를 가짐
        BoundedStackInterface stack;
        stack = new ArrayStack(expression.length());
        currCharIndex = 0;
        lastCharIndex = expression.length() - 1;

        while (stillBalanced && (currCharIndex <= lastCharIndex))
        // 표현식이 아직 균형되어 있고 표현식의 끝이 아닌 한
        {
          currChar = expression.charAt(currCharIndex);
          openIndex = openSet.indexOf(currChar);

          if(openIndex != -1) // 현재 문자가 openSet에 있으면
          {
                // 스택에 색인을 삽입
                stack.push(openIndex);
          }
                else
```

```
            {
        closeIndex = closeSet.indexOf(currChar);
        if(closeIndex != -1)          // 현재 문자가 closeSet에 있으면
        {
                try                   // 스택으로부터 색인을 pop 시도
                {
                  openIndex = (Integer)stack.top();
                  stack.pop();

                  if (openIndex != closeIndex) // pop된 색인가 짝이 맞지 않으면
                  {
                          stillBalanced = false; // 표현식은 균형되지 않은 것임
                  }
                }
                catch(StackUnderflowException e) // 스택이 공백이었으면
                {
                  stillBalanced = false; // 표현식은 균형되지 않은 것임
                }
        }
 }
 currCharIndex++;                     // 다음 문자를 처리하기 위해 준비
}

if (!stillBalanced)
  return 1; // 균형 맞지 않는 기호
else
if (!stack.isEmpty())
  return 2;                           // 표현식이 미리 끝나버림
else
  return 0;                           // 표현식이 균형됨
}
}
```

## 응용 프로그램

이제 Balanced 클래스를 가졌으므로 응용 프로그램을 끝내기가 어렵지 않다. 물론 클래스를 주의 깊게 검사해야 한다. 이 경우에 응용 프로그램을 검사 방법으로 사용할 수 있다.

Balanced 클래스가 그룹 기호가 균형이 맞는지 결정하는 일을 하므로 사용자의 입력과 출력을 구현하는 일만 남는다. 단지 하나의 표현식만 처리하기 보다는 사용자가 표현식의 나열

을 입력하고 각 결과를 보고 사용자가 계속할지 하게 한다. 표준 방식을 따라 표준 입출력 장치 기반으로 구현한다. 자바의 Swing 클래스를 안다면 이 응용 프로그램을 GUI로 바꾸는 것은 그리 어렵지 않다. 이 프로그램을 BalancedApp로 부른다. Balanced 클래스가 하나 발생될 때 생성자는 "({[" ")]}" 문자열을 받음을 주목하라.

```
//----------------------------------------------------------------------
// BalancedApp.java by Dale/Joyce/Weems Chapter 3
//
// 균형된 그룹 기호를 검사
// 입력은 한 줄에 하나의 표현식의 나열로 이루어짐.
// 특별한 기호 형은 (), [], {} 임
//----------------------------------------------------------------------

import java.util.Scanner;

  public class BalancedApp
  {
      public static void main(String[] args)
      {
        Scanner conIn = new Scanner(System.in);
        // 그룹 기호로 새로운 Balanced 클래스를 발생시킴
        Balanced bal = new Balanced("([{", ")]}");

        int result;                          // 0 = 균형됨, 1 = 균형되지 않음
                                             // 2 = 미리 끝나는 표현식
        String expression = null;   // 평가되는 표현식
        String more = null;                  // 처리를 중지할지 계속할지에 사용
        do
        {
              // 처리할 다음 표현식을 얻음
              System.out.println("Enter an expression to be evaluated: ");
              expression = conIn.nextLine();

              // 균형 검사의 결과를 얻고 출력
              result = bal.test(expression);
              if (result == 1)
                System.out.println("Unbalanced symbols ");
              else
              if (result == 2)
                System.out.println("Premature end of expression");
              else
                System.out.println("The symbols are balanced.");
```

```
                // 처리할 다른 표현식이 있는지 결정
                System.out.println();
                System.out.print("Evaluate another expression? (Y=Yes): ");
                more = conIn.nextLine();
                System.out.println();
            }
            while (more.equalsIgnoreCase("y"));
    }
}
```

여기에 예로써 수행한 출력이 있다.

```
Here is the output from a sample run:
    Enter an expression to be evaluated:
    (xx[yy]{ttt})
    The symbols are balanced.
    Evaluate another expression? (Y=Yes): Y
    Enter an expression to be evaluated:
    ((())
    Premature end of expression
    Evaluate another expression? (Y=Yes): Y
    Enter an expression to be evaluated:
    (tttttttt]
    Unbalanced symbols
    Evaluate another expression? (Y=Yes): Y
    Enter an expression to be evaluated:
    (){}[][({{[{({})}]}})]
    The symbols are balanced.

    Evaluate another expression? (Y=Yes): n
```

그림 3.7은 이 프로그램에서 사용된 인터페이스와 클래스의 관계를 보이는 UML 도식이다. 이 그림의 의도는 전체적인 일반적인 구조를 보이기 위함이라서 속성과 연산에 관한 자세한 사항은 포함하지 않는다.

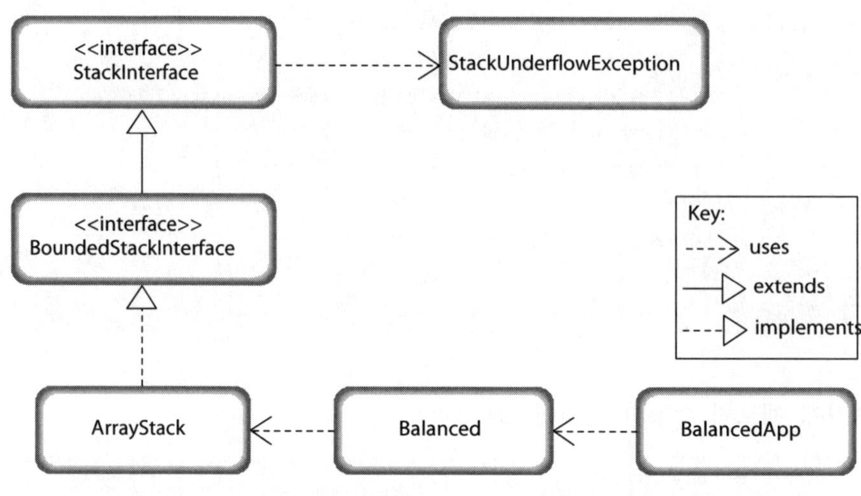


[그림 3.7] 프로그램 구조

# 3.6 배열 기반 구현

이 절에서 스택 ADT의 배열 기반 구현을 배운다. 부가적으로 별도 절에서 자바 라이브러리의 ArrayList를 사용하는 다른 구현을 본다.

223 페이지에 있는 요약의 그림 3.18에서 스택 ADT를 지원하기 위해 생성된 기본 클래스와 인터페이스 사이의 관계를 보이고 있는데 본 절에서 개발된 것들도 포함하고 있다.

## ArrayStack 클래스

첫째로 BoundedStackInterface를 구현하는 자바 클래스를 개발한다. 배열을 하부구조로 사용하기 때문에 ArrayStack 이라 부른다. 배열은 스택의 항목을 담기에 적당한 구조이다. 항목을 배열의 연속적인 슬롯에 저장할 수 있다. 첫 번째 항목을 첫 번째 배열 위치의 스택에, 두 번째 항목을 두 번째 배열 위치의 스택에, 이런 식으로 위치 시키는 것이다. 물위에 떠 있는 표시가 스택에서 꼭대기 항목을 의미한다. 스택은 한쪽 끝에서만 성장하고 축소하므로 배열에 이미 들어있는 항목들 중간에 새로운 항목을 삽입하는 것은 걱정할 필요가 없다.

구현에서 어떤 변수가 필요한가? 스택 항목들 자체와 스택의 꼭대기를 알리는 변수가 필요하다. 스택 항목들은 stack 이라 불리는 Object 변수의 보호된 (protected) 배열에 담는다. 어떤 항목이 꼭대기인지 나타내는 topIndex라 불리는 보호된 정수 변수도 사용한다. topIndex는 -1로 초기화하는데 스택이 처음 생성되면 아무것도 저장하고 있지 않기 때문이다.

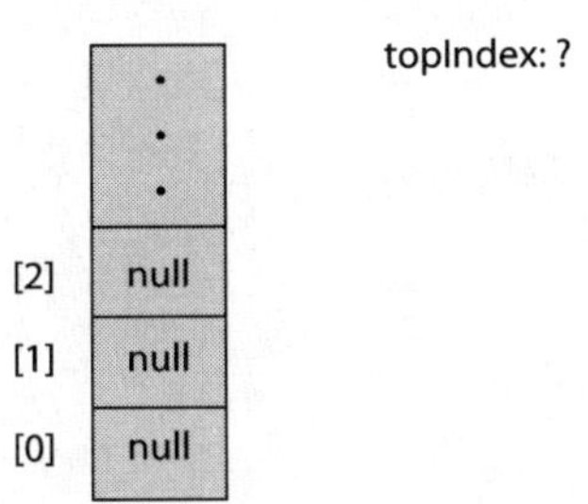


항목을 삽입, 삭제함에 따라 topIndex를 각각 증가시키거나 감소시킨다. 예를 들어 공백 스택에서 시작하여 "A", "B", "C"를 삽입하면 다음을 얻는다.

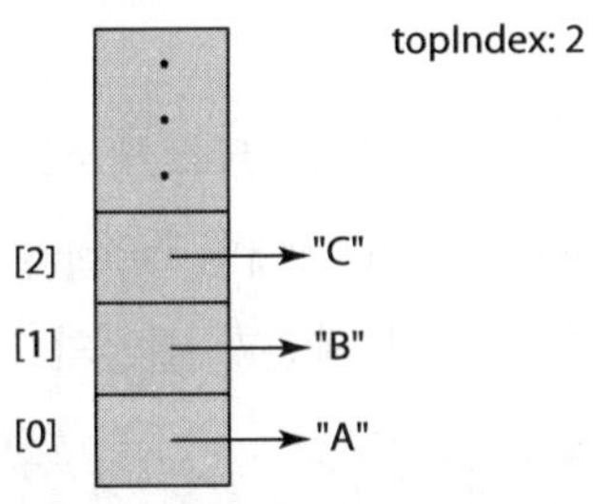


ArrayStack 클래스를 위한 두 개의 생성자를 제공한다. 하나는 사용자가 스택의 최대 크기를 명시할 수 있는 것이고 다른 하나는 기본적으로 100개의 최대 크기를 가정하는 것이다. 후자 생성자를 만들기 위해 DEFCAP (default capacity, 기본 용량) 상수를 100으로 정의한다. ArrayStack.java 파일의 시작이 여기에 있다.

```
//----------------------------------------------------------------
// ArrayStack.java          by Dale/Joyce/Weems          Chapter 3
//
// 스택 항목을 담기 위해 배열을 사용하는 BoundedStackInterface를 구현한다.
//
// 두 개의 생성자가 제공됨: 하나는 기본 크기의 배열을 생성,
// 다른 하나는 호출 프로그램이 크기를 명세 할 수 있음
//----------------------------------------------------------------

package ch03.stacks;

public class ArrayStack implements BoundedStackInterface
{
  protected final int DEFCAP = 100;  // 기본 용량
```

```
   protected Object[] stack;                    // 스택 항목을 보유
   protected int topIndex = -1;         // 스택의 꼭대기 항목의 색인

   public ArrayStack()
   {
        stack = new Object[DEFCAP];
   }

   public ArrayStack(int maxSize)
   {
        stack = new Object[maxSize];
   }
```

## 스택 연산의 정의

BoundedStackInterface를 구현함에 따라 isFull 메소드의 구체적인 구현을 제공해야 한다. 배열 기반의 방식에서는 isFull과 그의 상대인 isEmpty의 구현이 매우 간단하다. 꼭대기 색인가 -1이면 스택이 공백이다. 꼭대기 색인가 배열의 크기보다 하나 작으면 스택이 포화이다.

```
public boolean isEmpty()
// 스택이 공백이면 참을 복귀 그렇지 않으면 거짓을 복귀
{
   if (topIndex == -1)
        return true;
   else
        return false;
}

public boolean isFull()
// 스택이 포화이면 참을 복귀 그렇지 않으면 거짓을 복귀
{
   if (topIndex == (stack.length - 1))
        return true;
   else
        return false;
}
```

이제 스택의 꼭대기에 하나의 항목을 삽입하는 메소드를 작성하자. 푸쉬를 호출할 때 이미 스택이 포화이면 항목을 삽입할 장소가 없는 것이다. 이런 상황을 스택 오버플로(Overflow)

라고 부른다. 공식적인 명세에 따르면 이 경우에 StackOverflowException을 발생시켜야 한다. 스택이 포화가 아니면 push 연산은 topIndex를 증가시키고 새 항목을 stack[topIndex]에 저장한다. 이 구현은 쉽게 될 수 있다.

```
public void push(Object element)
// 스택이 포화이면 StackOverflowException 을 발생시킴.
// 그렇지 않으면 스택의 꼭대기에 항목을 위치시킴.
{
  if (!isFull())
  {
      topIndex++;
      stack[topIndex] = element;
  }
  else
      throw new StackOverflowException("Push attempted on a full stack.");
}
```

팝 연산은 본질적으로 푸쉬의 반대이다. 스택의 꼭대기에 항목을 넣는 대신에 topIndex를 하나 감소시킴으로써 스택으로부터 항목을 삭제한다. 실제적으로 현재의 꼭대기에 해당하는 배열의 위치를 null 로 만들어 없앤다. 배열의 값을 null로 만들면 물리적인 참조를 제거하는 것이다. 그림 3.은 팝을 구현하는 "게으른" 방법과 "적절한" 방법의 차이점을 보여준다.

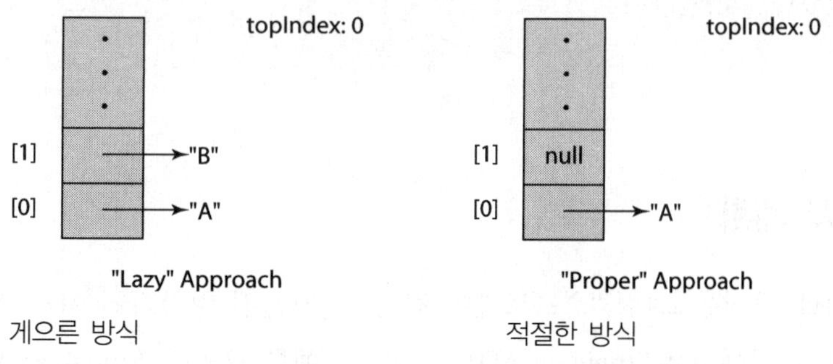


게으른 방식 적절한 방식

[그림 3.8] push("A"), push("B"), pop()을 수행했을 때 배열 기반 스택의 pop을 위한 게으른 방식과 적절한 방식의 차이

Pop을 호출할 때 스택이 공백이면 삭제할 꼭대기 항목이 없는 것이고 스택 언더플로(underflow)가 나는 것이다. Push 메소드에서처럼 명세는 예외를 발생시키는 것이다.

```
public void pop()
// 스택이 공백이면 StackUnderflowException 발생
```

```
// 그렇지 않으면 스택으로부터 꼭대기 항목 삭제
{
   if (!isEmpty())
   {
        stack[topIndex] = null;
        topIndex--;
   }
   else
        throw new StackUnderflowException("Pop attempted on an empty stack.");
}
```

마지막으로 탑 연산은 topIndex에 의해 가리켜지는 스택의 꼭대기 항목을 복귀한다. 탑 연산은 공백 스택에 대해 top 연산을 수행하고자 하면 스택 언더플로 결과를 낸다.

```
public Object top()
// 스택이 공백이면 StackUnderflowException을 발생
// 그렇지 않으면 스택의 꼭대기 항목을 복귀
{
   Object topOfStack = null;
   if (!isEmpty())
        topOfStack = stack[topIndex];
   else
        throw new StackUnderflowException("Top attempted on an empty stack.");
   return topOfStack;
}
```

## 검사 계획

ArrayStack 구현은 2.4절 "소프트웨어 검사"에 기술된 일반적인 ADT 검사 방식으로 검사될 수 있다. 거기에서는 StringLog ADT에 기반한 예를 보였다. StringLog ADT와는 다르게 스택 ADT는 toString 연산을 포함하지 않는다. 그래서 검사 중간에 스택의 내용을 확인하기가 쉽지 않다. 이를 해결하는 몇 가지 방법이 있다. toString 연산을 스택 구현에 추가할 수도 있겠다. (연습문제 29를 보라.) 다른 방법으로 스택을 전달받는 응용 프로그램을 생성하여 top, pop, push 를 사용하여 스택을 나누고 그 내용을 보이고 또 같은 연산을 사용하여 스택을 복구시킨다. 이 방식은 스택이 나누어지는 동안 원 스택의 내용을 보유하는 두번째 스택이 필요하다. (연습문제 30(d)를 보라.)

스택의 내용을 보는 문제가 해결된 후에는 2장의 ArrayStringLog에서 했던 것처럼 대화적 검사 프로그램을 생성할 수 있다. 이런 검사 프로그램은 검사 계획을 수행하는데 도움을 준다.

다음은 ArrayStack을 위한 간략한 검사 계획이다. 스택에 저장된 자료 형은 스택을 동작하는 연산에 어떤 영향도 없으므로 Integer 클래스의 객체를 사용할 수 있다. 스택 크기를 5로 하여 데스트 프로그램이 가능하도록 한다.

| 검사 연산과 행동 | 입력 값 | 기대되는 출력 |
|---|---|---|
| ArrayStack | 5 | |
| isEmpty를 즉시 적용 | | 스택은 공백 |
| push, pop, top | | |
| 4개 항목을 push, top/pop과 프린트 | 5,7,6,9 | 9,6,7,5 |
| 중복값을 가진 4개 항목을 push, top/pop과 프린트 | 2,3,3,4 | 4,3,3,2 |
| 연산을 엮어서 | | |
| push | 5 | |
| pop | | |
| push | 3 | |
| push | 7 | |
| pop | | |
| top과 프린트 | | 3 |
| isEmpty | | |
| 공백일 때 호출 | | 스택은 공백 |
| push 하고 호출 | | 스택은 공백이 아님 |
| pop하고 호출 | | 스택은 공백 |
| isFull | | |
| 4개의 항목을 push하고 호출 | | 스택은 포화가 아님 |
| 1개의 항목을 push하고 호출 | | 스택은 포화 |
| StackOverflowException 발생<br>5개의 항목을 push 하고<br>다른 항목을 push | | 출력 문자열:<br>"push가 포화 스택에 시도됨"<br>프로그램 종료 |
| StackUnderflowException 발생<br>스택이 공백일 때<br>pop을 시도 | | 출력 문자열:<br>"pop이 공백 스택에 시도됨"<br>프로그램 종료 |
| 스택이 공백일 때<br>top을 시도 | | 출력 문자열:<br>"top이 공백 스택에 시도됨"<br>프로그램 종료 |

스택을 구현하기 위해 배열을 사용하는데 마지막 주안점은 배열의 크기가 고정되어 있기 때문에 배열을 이용하여 BoundedStackInterface를 구현했다는 것이다. UnboundedStackInterface를 구현하는데 역시 배열을 사용할 수 있다. 이 방식은 처리되는 과정에서 필요한 만큼 점점 큰 배열을 생성하여 현재의 배열을 더 큰(새로 생성된) 배열에 복사하는 것이다. 5장에서 Queue ADT를 구현할 때 비 방식을 더 조사한다.

## ArrayList 스택 클래스

일반적으로 ADT를 구현하는 방법이 여러 가지가 있다. 스택 ADT를 위한 다른 구현 방법으로서 자바 클래스 라이브러리의 ArrayList[8]) ArrayList 클래스의 좋은 점은 프로그램의 필요에 따라 늘어나거나 작아질 수 있다는 것이다. 결과적으로 ArrayList 방식을 사용하게 되면 스택이 크기에 제한이 있는지 없는지 걱정할 필요가 없다. BoundedStackInterface 를 구현하는 대신에 UnboundedStackInterface를 구현한다.
생성자는 더 이상 스택 크기를 정할 필요가 없다. isFull 연산이나 스택 오버플로도 구현할 필요가 없다. 혹자는 프로그램 수행 중에 완전히 메모리가 고갈되면 스택을 포화라고 간주하여 StackOverflowException을 발생시켜야 한다고 주장할지 모른다.
그러나 그런 경우에 실행 환경은 "메모리 고갈" 예외를 어쨌던 발생시킨다. 이런 상황까지 알리지 않는 것을 걱정할 필요는 없다. 더구나 시스템 메모리의 고갈은 정말 심각한 (이상적으로는 드문) 문제이어서 스택 ADT 오버플로우 같은 방식으로 처리될 수 없다.
ArrayList가 자동적으로 필요한 만큼 늘어난다는 사실은 제한 없는 스택 ADT를 구현하는 좋은 선택이다. 더구나 size 메소드가 있어서 스택의 꼭대기를 추적하는데 사용할 수 있다. 스택의 꼭대기 색인는 항상 size-1 이다.

다음의 코드를 공부하자. 이 구현과 이전 구현을 비교하자. 비슷하지만 같지는 않다. 하나는 배열에 바로 기반했고 다른 하나는 ArrayList를 사용함으로써 배열을 간접적으로 사용했다.

```
//----------------------------------------------------------------------
// ArrayListStack.java by Dale/Joyce/Weems Chapter 3
//
// 스택 항목을 보유하기 위해 ArrayList를 사용하는
// UnboundedStackInterface를 구현
//----------------------------------------------------------------------

package ch03.stacks;
import java.util.*;
public class ArrayListStack implements UnboundedStackInterface
{
  protected ArrayList<Object> stack; // 스택 항목을 가지는 ArrayList

  public ArrayListStack()
  {
       stack = new ArrayList<Object>();
  }

  public void push(Object element)
  // 스택의 꼭대기에 항목을 위치시킴
  {
       stack.add(element);
  }
```

8) 부록 E는 자바 ArrayList 클래스에 관련된 정보를 보인다.

```
  public void pop()
  // 스택이 공백이면 StackUnderflowException을 발생시킴
  // 그렇지 않으면 스택으로부터 꼭대기 항목을 제거함.
  {
        if (!isEmpty())
        {
          stack.remove(stack.size() - 1);
        }
        else
          throw new StackUnderflowException("Pop attempted on an empty " +
          "stack.");
  }

  public Object top()
  // 스택이 공백이면 StackUnderflowException을 발생시킴
  // 그렇지 않으면 스택으로부터 꼭대기 항목을 복귀함.
  {
        Object topOfStack = null;
        if (!isEmpty())
          topOfStack = stack.get(stack.size() - 1);
        else
          throw new StackUnderflowException("Top attempted on an empty " +
                                                        "stack.");
        return topOfStack;
  }

  public boolean isEmpty()
  // 스택이 공백이면 참을 복귀, 그렇지 않으면 거짓을 복귀
  {
        if (stack.size() == 0)
          return true;
        else
          return false;
  }
}
```

클래스에 기반한 방법을 보인다.

# 3.7 연결 기반 구현

2장에서 연결 리스트가 소개되었고 컬렉션을 구현하는데 어떻게 배열 대신에 사용되는지를 설명이 있었다. 두 방식을 모두 배우는 것이 중요하다. "링크"가 "참조(reference)"와 같은 것임을 상기하자. 본 절에서 보이는 스택 ADT는 그래서 참조 또는 링크 기반 구현이라고 말한다.

본 장의 끝 요약에 있는 그림 3.18은 본 절에서 개발된 것을 포함하여 스택 ADT를 지원하기 위해 생성된 주요 클래스와 인터페이스의 관계를 보인다.

## LLObjectNode 클래스

2장에서 연결 리스트를 생성하기 위해서는 리스트의 노드 역할을 하는 자기 참조 (self-referential) 클래스를 정의할 필요가 있다고 했다. 문자열의 연결 리스트를 생성하기 위해 LLStringNode 클래스를 정의하였다. 단순히 문자열의 스택을 생성하기 위해서라면 LLStringNode 클래스를 재사용할 수도 있을 것이다. 그러나 여기서 스택은 문자열이 아닌 Object 클래스의 항목을 가져야 한다. 그래서 LLStringNode 클래스와 유사한 LLObjectNode 라고 불리는 클래스를 정의한다. 그림 3.9는 해당 UML 클래스 도식을 보인다. 자기 참조 성질은 LLObjectNode 클래스의 link 변수가 있는 점으로 보아 명확하다. 다른 여러 자료 구조를 개발하는데 이 클래스를 사용할 계획이므로 support[9]라는 페키지에 이 클래스를 위치시킨다.

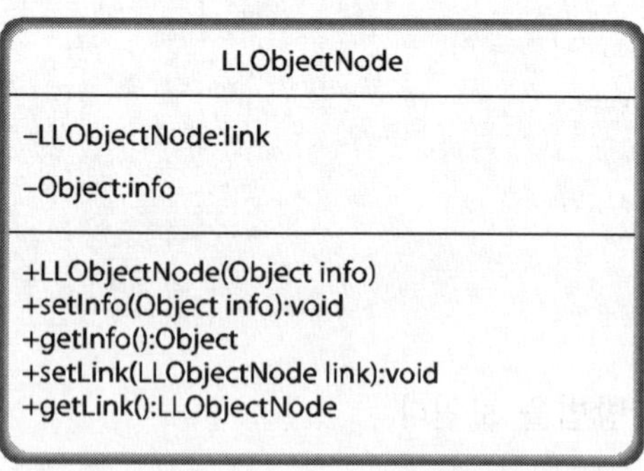


[그림 3.9] LLObjectNode의 UML 클래스 도식

9) 클래스 파일은 교재와 관련된 프로그램을 가지는 bookFiles 디렉토리 밑에 support 디렉토리에서 찾을 수 있다.

LLObjectNode 클래스의 구현은 LLStringNode 클래스의 구현과 본질적으로 같다. info 변수가 노드가 가지는 정보를 표현하는 Object의 참조를 가진다. link 변수는 리스트에서 다음 LLObjectNode 참조를 가진다. 코드는 생성자를 포함하는데 생성자는 Object를 인자로 받아 Object를 참조하는 노드를 구축한다. 그림 3.10에 하나의 LLObjectNode 의 추상적인 모습이 그려져 있다. 코드는 역시 info와 link 속성(attribute)에 대한 설정자(setter)와 판독자(getter)를 가지고 있어서 Object 노드의 연결 리스트를 생성하고 조작하고 순회(traverse) 할 수 있다.

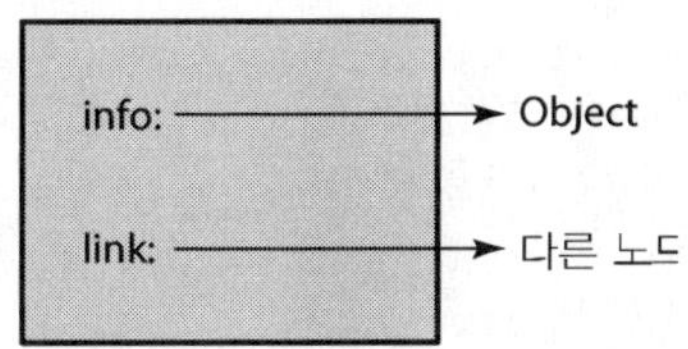


[그림 3.10] 단일 노드

```
//----------------------------------------------------------------------------
// LLObjectNode.java by Dale/Joyce/Weems Chapter 3
//
// 연결 리스트을 위한 Object 노드를 구현한다.
//----------------------------------------------------------------------------
package support;

public class LLObjectNode
{

        private LLObjectNode link;
        private Object info;

        public LLObjectNode(Object info)
        {
          this.info = info;
          link = null;
        }

        public void setInfo(Object info)
        // 이 LLObjectNode의 info Object를 설정
        {
          this.info = info;
        }

        public Object getInfo()
        // 이 LLObjectNode의 info Object를 복귀
```

```
      {
        return info;
      }

      public void setLink(LLObjectNode link)
      // 이 LLObjectNode의 link를 설정
      {
        this.link = link;
      }

      public LLObjectNode getLink()
      // 이 LLObjectNode의 link를 복귀
      {
        return link;
      }
}
```

## LinkedStack 클래스

이전 절의 배열 기반 클래스와 구별하기 위해 새로운 클래스를 LinkedStack이라 부른다. LinkedStack은 UnboundedStackInterface를 구현한다.

LinkedStack 클래스에 스택이 표현하는 객체의 연결 리스트에 대한 참조를 가지는 단 하나의 변수만을 선언할 필요가 있다. 스택의 꼭대기만을 참조할 필요가 있으므로, 스택에 삽입된 가장 최근의 항목을 나타내는 노드에 대한 참조를 유지한다. 그 노드는 다음 번 최근에 삽입된 항목을 표현하는 노드에 대한 참조를 가질 것이다. 이런 식으로 특정 노드가 link 에 null 참조(스택의 바닥임을 나타내는)를 가질 때까지 계속된다. 처음 참조 변수를 언제나 스택의 꼭대기를 가리키므로 top이라 부른다. 실제로 LLObjectNode를 가리키는 참조이다. LinkedStack 클래스의 객체를 생성할 때 꼭대기를 null 로 설정함으로써 공백 스택을 생성한다. 스택 클래스 정의의 시작 부분이 여기 있다. LLObjectNode 클래스의 사용을 가능하게 하는 import 문장을 주의하라.

```
//----------------------------------------------------------------
// LinkedStack.java by Dale/Joyce/Weems Chapter 3
//
// 스택 항목을 보유하는데 연결 리스트를
// 사용하는 UnboundedStackInterface를 구현.
//----------------------------------------------------------------
```

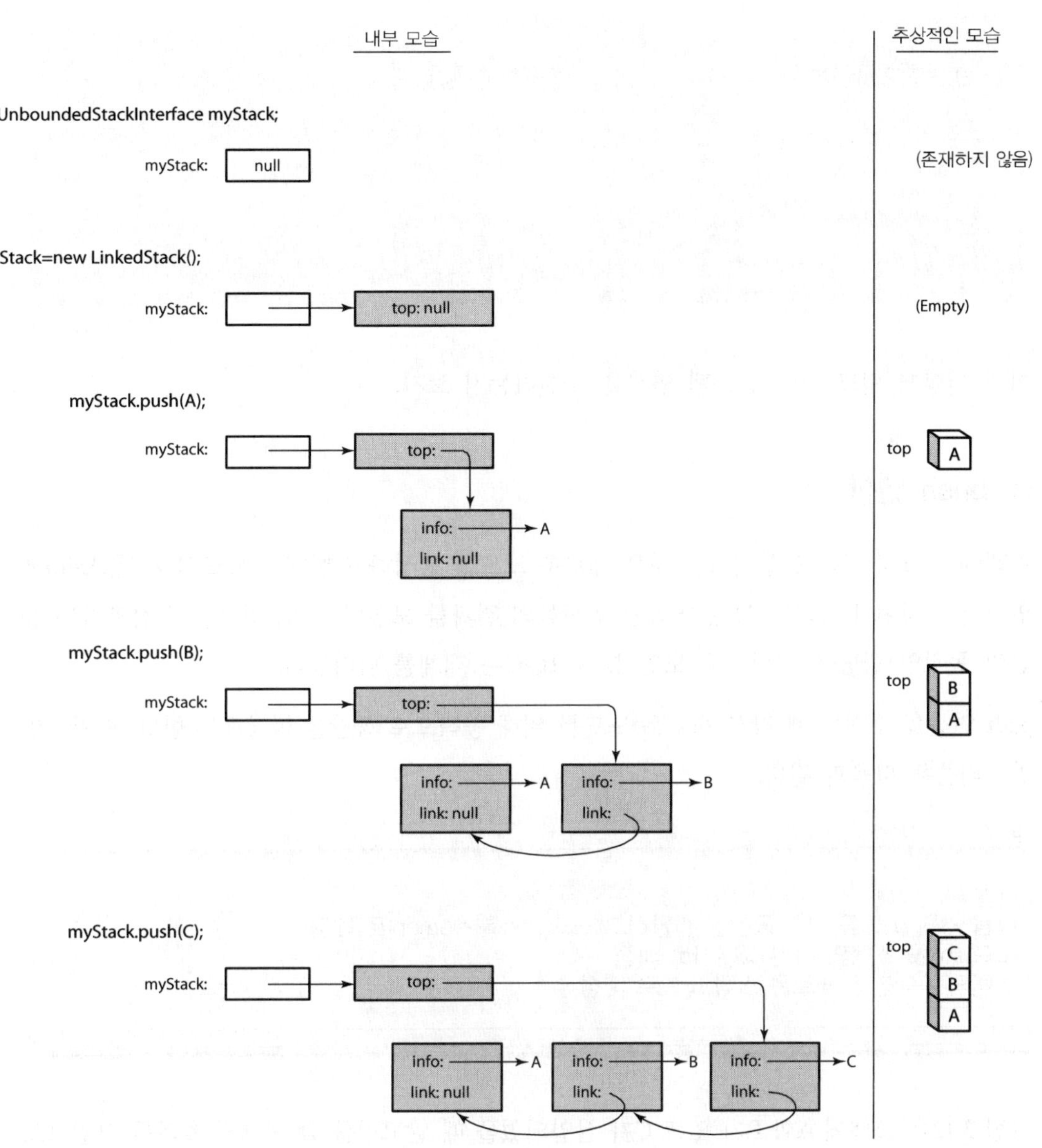


[그림 3.11] LLObjectNode를 사용한 스택 연산의 결과들

```
package ch03.stacks;

import support.LLObjectNode;

public class LinkedStack implements UnboundedStackInterface
```

```
{
   protected LLObjectNode top;          // 스택의 꼭대기를 참조

   public LinkedStack()
   {
       top = null;
   }
. . .
```

이제 어떻게 링크 기반의 스택 연산을 구현하는지 보자.

## push 연산

스택에 하나의 항목을 삽입하는 것은 새로운 노드를 생성하고 현재의 노드의 체인(chain)에 연결하는 것이다. 그림 3.11은 연속된 연산들의 결과를 보인다. 스택 항목들이 참조하는 공간의 동적인 할당을 그림으로 보인다. A, B, C는 객체를 나타낸다.

push 연산을 수행할 때 각각 새로운 노드를 위해 동적으로 공간을 할당해야 한다. 일반적인 알고리즘은 다음과 같다.

```
push(element)
다음 스택 노드를 위한 공간을 할당하고 노드 info를 element로 배정
노드 link를 스택의 이전 꼭대기로 배정
스택의 꼭대기를 새로운 스택 노드로 배정
```

그림 3.12는 스택에 A와 B가 있고 C가 삽입되었을 때 알고리즘 각 단계의 효과를 그림으로 보인다. 이것은 2.5절에서 공부한 연결 리스트의 시작에 삽입하는 알고리즘과 같다. 스택의 후입선출 특성을 강조하기 위해 시각적으로 노드 사각형을 배치하였다.

알고리즘을 한 줄, 한 줄 보도면서 코드를 생성하도록 하자. 논의 중간에 알고리즘과 그림 3.12를 통해서 진행 사항을 따라가 보자. 새로운 스택 노드를 할당하고 info 속성에 element를 지정함으로써 시작한다.

다음 스택 노드를 위한 공간을 할당하고 노드 info 속성에 항목을 지정

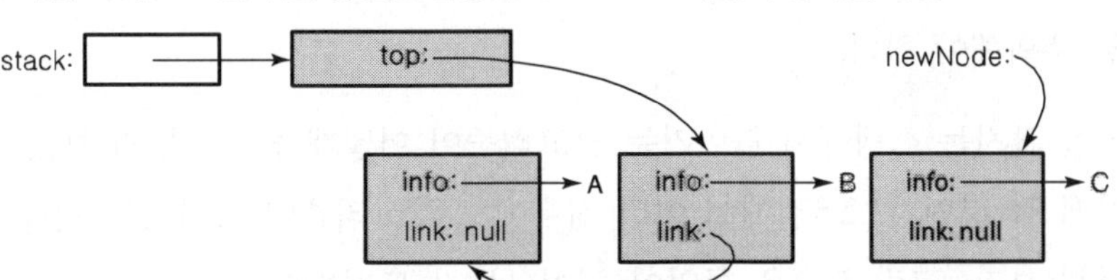


노드 link 속성에 스택의 이전 꼭대기를 지정

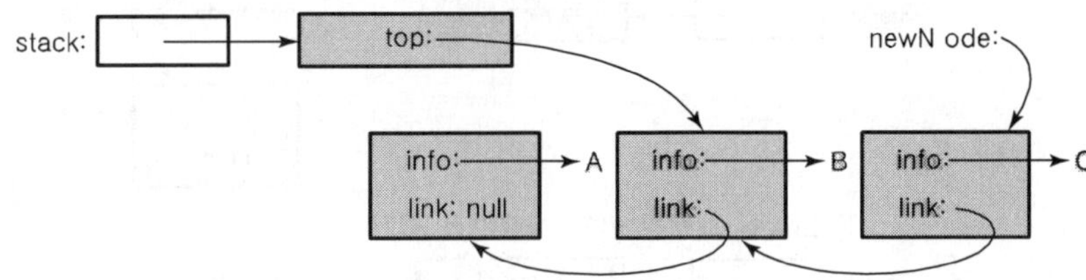


스택의 꼭대기에 새로운 스택 노드를 지정

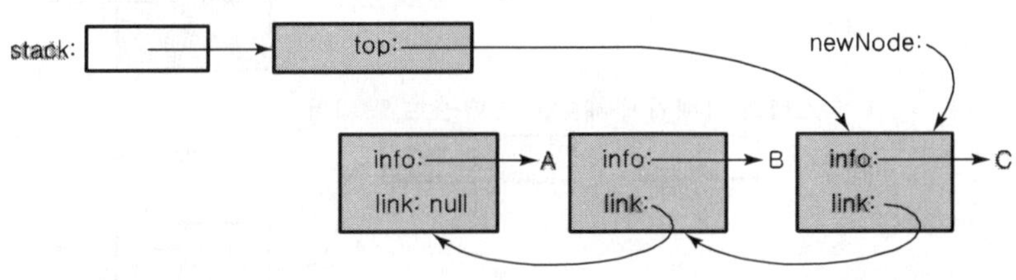


[그림 3.12] push 연산의 결과들

newNode는 Object 클래스의 info와 LLObjectNode 클래스의 link 를 가지는 객체를 참조한다. 생성자는 info 속성을 element 참조로 지정하였다. 다음으로 link 를 값을 지정한다. 모두 조합하면 push 연산을 위한 코드는

```
public void push(Object element)
// 스택의 꼭대기에 항목을 위치시킴
{
      LLObjectNode newNode = new LLObjectNode(element);
      newNode.setLink(top);
      top = newNode;
}
```

이 작업의 순서가 중요함을 주의하자. 새로운 노드의 link 속성을 지정하기 전에 top 변수를 리셋하면 스택 노드에 대한 접근을 잃어버릴 것이다! 이런 상황은 연결 구조를 다룰 때 일

반적으로 참이다. 참조를 변경하는데 순서를 지켜서 어떤 자료에 대한 접근도 잃지 않도록 매우 주의해야 한다.

항목을 가지는 스택에서 돌아가는 알고리즘이 어떻게 동작하는지 보았다. 스택이 공백이면 어떻게 될 것인가? 2.5절에서 이런 경우에도 알고리즘이 돌아가는 것을 확인하였으나 다시 추적해 보자. 그림 3.13은 무엇이 일어나는지 도식한다.

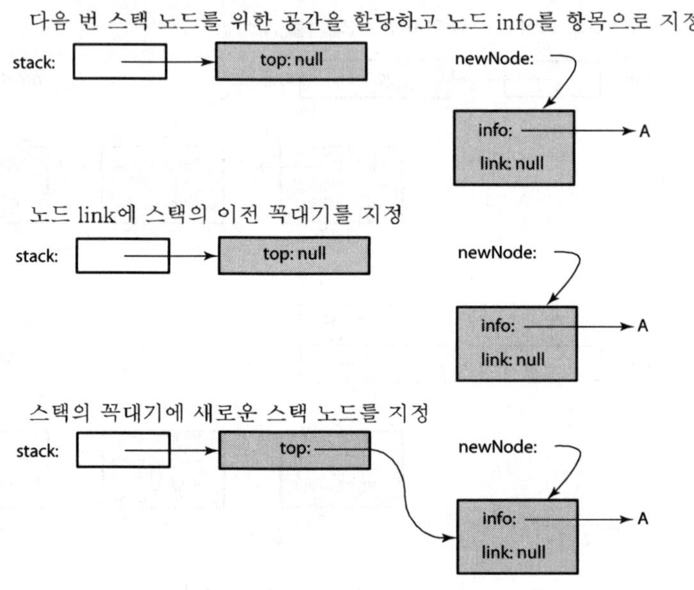


[그림 3.13] 공백 스택에 push 연산의 결과들

새로운 노드를 위한 공간이 할당되고 노드의 info 속성이 element 참조로 지정된다. 이제 여러 링크를 지정할 차례다. 새 노드의 link 속성은 꼭대기 값으로 지정된다. 스택이 공백일 때 이 값은 무엇인가? null 이다. 즉 연결 스택의 마지막 노드의 link에 넣기를 원하는 값이다. 그리고 top이 새로운 노드를 가리키도록 즉 새로운 노드가 스택의 꼭대기가 되도록 지정된다. 이 결과는 원래 의도했던 바와 일치한다. 새로운 노드는 연결 리스트에서 유일한 노드이고 스택의 현재 꼭대기가 된다.

## 팝 연산

pop 연산은 연결 리스트의 첫 번째 노드를 삭제하는 것과 동일하다. 팝 연산은 본질적으로 push 연산의 역이다.

삭제를 수행하기 위해서는 단순히 스택의 top 변수를 다음 번 노드를 나타내는 참조로 지정하면 된다. 이것이 전부이다. 다음 번 스택 노드로 top 변수를 지정하는 게 효과적으로 스택으로부터 꼭대기 항목을 삭제하는 것이다. 그림 3.14를 보라. 단순히 한 행의 코드가 필요할 뿐이다,

```
top = top.getLink();
```

이 지정문은 꼭대기 스택 노드의 link 로부터 참조를 복사하여 top 변수에 지정한다. 이 코드가 실행되면 top 은 스택의 이전 꼭대기 바로 아래 LLObjectNode 객체를 가리키게 된다. top 은 이미 다른 값을 가지고 있으므로 이전 꼭대기 객체는 더 이상 top으로 참조할 수 없다.

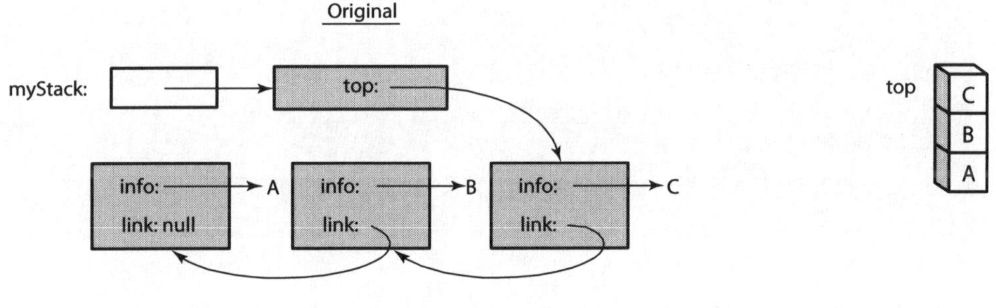


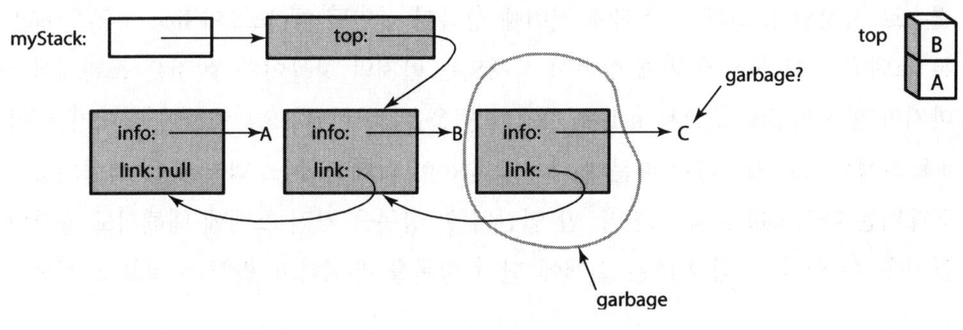


[그림 3.14] pop 연산의 결과들

그림 3.14에 나타난 바와 같이 스택의 이전 꼭대기는 불필요 정보(garbage)로 이름되어 있다. 시스템 불필요 정보 수집기(garbage collector)는 추후 궁극적으로 공간을 회수한다. 이 객체의 info 속성이 자료 객체에 대한 유일한 참조이면 (그림에서 C로 표시), 이것 역시 불필요 정보이고 그 공간은 회수된다.

고려해야 할 다른 경우가 있는가? 스택으로부터 항목을 삭제하는 상황에서 공백 스택 상황을 생각해야 한다. 공백 스택에서 pop을 시도하면 어떻게 되는가? 이 경우에 top 변수는 null을 가지고 있어서 "top = top.getLink();" 는 실행 시간 오류 Null-PointerException이 날 것이다. 문제를 자체적으로 해결하기 위해 이 지정문을 isEmpty 연산을 사용하여 보호한다. 팝연산을 위한 코드는 다음과 같다.

```
public void pop()
// 스택이 공백이면 StackUnderflowException 을 발생
// 그렇지 않으면 스택으로부터 꼭대기 항목을 제거
{
   if (!isEmpty())
   {
       top = top.getLink();
   }
   else
       throw new StackUnderflowException("Pop attempted on an empty stack.");
}
```

배열 기반 방식에서 사용했던 같은 StackUnderflowException을 사용한다.

특별한 경우가 또 하나 있다. 항목이 하나만 있는 경우에 pop을 하는 경우이다. 이 연산후에 공백 스택이 나와야 한다. 이렇게 되는지 살펴보자. 스택이 새로 생성되었을 때 꼭대기는 null로 되어 있다. 한 항목이 스택에 삽입될 때 그 항목을 나타내는 노드의 link는 현재의 top 변수로 지정된다. 그래서 스택에 첫번째 항목이 삽입될 때 노드의 link 부분은 null이다. 물론 스택에 들어가는 첫 번째 항목이 삭제되는 마지막 항목이다. 이것은 스택에서 삭제되는 마지막 항목이 link 값으로 null을 가지고 있음을 의미한다. 팝 연산이 꼭대기를 이 노드의 link 속성값으로 지정하기 때문에 마지막 항목이 삭제된 후 스택이 처음 생성되었을 때처럼 꼭대기는 다시 null 값을 가진다. 팝 연산이 한 항목을 가진 스택에 대해서도 동작함으로 결론지을 수 있다. 그림 3.15는 스택에 단일 항목을 푸쉬하고 팝하는 것을 도식하고 있다.

공백 스택

myStack: top: null

After myStack.push(A):

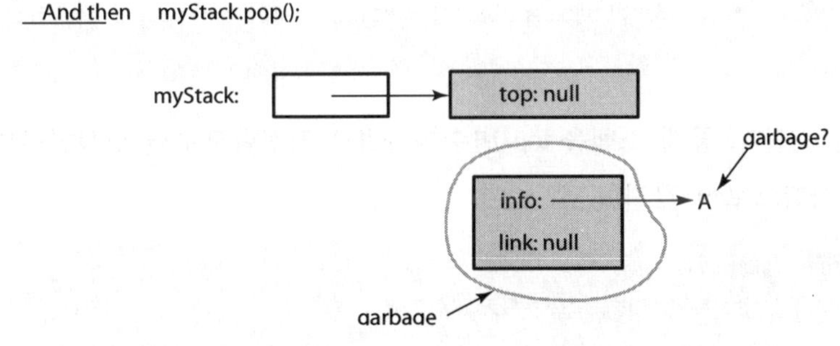


And then myStack.pop();

myStack: top: null

garbage?

info: A

link: null

garbage

[그림 3.15] 공백 스택에 push와 pop 결과

## 다른 스택 연산들

탑 연산이 스택의 꼭대기 항목에 대한 참조를 복귀함을 상기하자. 처음 볼 때에는 코드가매우 단순해 보인다. top이 스택의 꼭대기에 있는 항목을 참조하므로

```
return top;
```

이렇게 코드를 한다. 그러나 top이 LLObjectNode를 참조함을 기억하라. 프로그램이 무엇을 사용하든 스택 ADT는 LLObjectNode와는 관계가 없다. 클라이언트 프로그램 만이 LLObjectNode의 info 변수에 의해 참조되는 객체에 관심이 있을 뿐이다.

다시 시도해 보자. 꼭대기의 LLObjectNode 객체의 info를 복귀하기 위해 다음과 같이 코딩을 한다.

```
return top.getInfo();
```

위 보다는 더 낫다. 그러나 좀더 보완이 필요하다. 스택이 공백인 특별한 경우는 어떻게 되는가? 이 경우에는 객체를 복귀하는 대신에 예외를 발생시킬 필요가 있다. top 메소드에 대한 최종 코드는 다음과 같다.

```
public Object top()
// 스택이 공백이면 StackUnderflowException 을 발생시킴
// 그렇지 않으면 스택으로부터 꼭대기 항목을 복귀함
{
   if (!isEmpty())
        return top.getInfo();
   else
        throw new StackUnderflowException("Top attempted on an empty stack.");
}
```

isEmpty 연산도 쉽다. 공백 스택을 top 변수를 null로 지정함으로써 생성한다면 공백 스택을 null 값을 검사함으로써 감지할 수 있다.

```
public boolean isEmpty()
// 스택이 공백이면 참을 복귀. 그렇지 않으면 거짓을 복귀
{
   if (top == null)
        return true;
   else
        return false;
}
```

이것을 작성하는 좀 더 쉬운 방법이 있다.

```
return (top == null);
```

스택 ADT의 링크 구현은 배열 기반의 구현에서 나온 같은 검사 방법으로 검사 할 수 있다. 차이점은 isFull 연산은 검사 하지 않는다는 것이다.

## 스택 구현의 비교

기억 장소와 알고리즘의 효율성 면에서, 스택 ADT의 두 개의 구현 ArrayStack과 LinkedStack을 비교하자. 먼저 기억 장소 요구를 고려한다. 최대 크기에 맞게 생성된 배열은 배열의 슬롯(slot)이 몇 개가 사용이 되든 같은 기억 장소를 차지한다. 동적으로 할당되는 기억 장소를 갖는 링크 구현은 실행 중 스택에 실제 있는 항목의 개수만큼만 기억 장소가 필요하다. 그러나 사용자의 데이터에 대한 참조뿐만 아니라 다음 번 항목에 대한 참조도 저장해야 하기 때문에 기억 장소는 더 많다는 것을 생각하라.

두 구현의 상대적인 실행 효율성을 Big-O 표기를 이용하여 비교한다. isFull 과 isEmpty의 구현은 분명히 O(1)이다. 항상 상수 시간이 걸린다. push, pop, 그리고 top은 어떠한가? 스택에 있는 항목의 개수가 이 연산에 필요한 일의 양에 영향을 주는가? 그렇지 않다. 두 구현 모두에서 스택의 꼭대기를 직접 접근하므로 이 연산들 역시 상수 시간이 걸린다. 이것들도 역시 O(1) 복잡도이다.

클래스 생성자만이 Big-O 효율성에서 한 구현과 다른 구현이 다르다. 배열 기반 구현에서 배열이 생성되면 시스템은 배열 위치를 생성하고 초기화한다. 객체의 배열이므로 각 배열 슬롯은 null로 초기화된다. 배열 슬롯의 개수는 가능한 스택 항목의 최대 개수이다. 이 숫자를 N이라 부르고 배열 기반의 생성자가 O(M)이라 하자. 링크 방식에서는 생성자는 top 변수를 null로 지정하므로 단지 O(1)이다.

전체적으로 두 스택 구현은 일의 양으로 볼 때 비슷하다.

그래서 어떤 것이 좋은가? 상황에 따라 다르다. 링크 구현은 공간 제약이 없다. 스택 항목의 개수가 자주 변하는 응용 프로그램에서 링크 구현은 스택이 작을 때 적은 공간을 사용한다. 그럼 왜 배열 기반 구현을 사용하는가? 그것은 작고 간단하며 효율적이기 때문이다. 삽입이 자주 일어나면 배열 구현이 링크 구현보다 빠르다. new 연산을 반복적으로 호출하는데 드는 실행 오버헤드가 필요하지 않기 때문이다. 최대값이 작고 최대값을 사전에 안다면 배열 기반 구현이 좋은 선택이다.

## 3.8 사례 연구: 후위 표기식(Postfix Expression) 계산기

후위 표기[10]는 산술식을 적기 위한 표기 방법인데 피연산자(operand)가 연산자(operator) 뒤에 나온다. 예를 들어 다음과 같이 적는 대신에

```
(2 + 14) x 23
```

다음과 같이 적는다.

```
2 14 + 23 x
```

후위 표기에서는 배워야 할 우선 순위 규칙이 없고 괄호가 필요 없다. 이 단순성 때문에 어떤 유명한 휴대 계산기는 전통적인 수리 표기에서 요구하는 복수의 괄호의 복잡성을 피하기 위해 후위 표기를 사용한다(그림 3.16). 후위 표기는 또한 컴파일러(compiler)에서 모호하지 않은 수식을 생성하기 위해서 사용된다.

사례 연구에서 후위 표기를 계산하는 컴퓨터 프로그램을 생성한다.

[그림 3.16] 후위 표기식을 계산하는 계산기

10) 후위 표기는 이를 개발한 폴란드 논리학자 Jan Lukasiewicz(1875-1956)을 따라 역 폴란드 표기(RPN, Reverse Polish Notation)라고도 한다.

## 논의

초등학교에서 덧셈, 뺄셈, 곱셈, 나눗셈 같은 기본 이진 연산자 (binary operator)를 포함하는 간단한 수식을 계산하는 법을 배웠다. 이것들은 두 개의 피연산자에서 동작하기 때문에 이진 연산자라고 불린다. 어린이가 다음을 어떻게 푸는지 보는 것은 쉽다.

```
2 + 5 = ?
```

수식에 더 복잡해 지면 연필과 종이로 하는 작업은 더 많은 일을 필요로 한다. 여러 작업들이 다음 문제를 푸는데 수행되어야 한다.

```
((((13 - 1) / 2) × (3 + 5)) = ?
```

이러한 수식은 중위 표기라고 알려진 형식을 사용하여 작성되었다. 자바에서 사용하는 수식과 같은 표기이다. 중위 표기식의 연산자는 피연산자들 사이에 적힌다.
수식이 다음과 같은 여러 연산자를 포함하면

```
3 + 5 × 2
```

어떤 연산을 먼저 수행할 지 결정하는 규칙이 있어야 한다. 수학 시간에 곱셈이 덧셈 전에 수행된다고 배웠다. 자바 프로그래밍 과목의 처음에 자바의 연산자 우선 순위 규칙[11])을 배웠다. 이 정상적인 순서 규칙을 덮어쓰려면 괄호를 사용할 수 있다. 그래도 여전히 여러 연산을 포함하는 중위 표기식을 작성하거나 해석할 때 쉽게 실수할 수 있다.

## 후위 표기식의 계산

후위 표기는 산술 수식을 작성하는 또 다른 형식이다. 이 표기에서는 연산자가 두 피연산자 뒤에 적힌다. 여기 간단한 후위 표기식과 그 결과가 있다.

| 후위 표기식 | 결과 |
|---|---|
| 4 5 + | 9 |
| 9 3 / | 3 |
| 17 8 - | 9 |

11) 자바 연산자 우선순위는 첨부 B에 있다.

여러 연산자를 가진 후위 표기식을 계산하는 규칙은 중위 표기식을 계산하는 규칙보다 더 간단하다. 그냥 왼쪽에서 오른쪽으로 연산을 수행하면 된다. 이제 두 연산자를 포함하는 후위 수식을 보자.

```
6 2 / 5 +
```

수식을 왼쪽에서 오른쪽으로 봄으로써 계산한다. 첫번째 항목 6은 피연산자이므로 그냥계속한다. 두번째 항목 2 역시 피연산자이므로 계속한다. 세번째 항목은 나눗셈 연산자이다. 이제 두 이전 피연산자에 이 연산자를 적용한다. 두 피연산자 중 어떤 것이 제수(divisor)인가? 가장 최근에 본 것이다. 6을 2로 나누어 3을 수식에 대체한다. 즉 6 2 / 을 대체한다. 이제 수식은 다음과 같이 생겼다.

```
3 5 +
```

왼쪽에서 오른쪽으로 보는 것을 계속한다. 다음번 항목은 피연산자 5 이므로 그냥 계속한다. 다음 (마지막) 항목은 연산자 + 이다. 이 연산자를 최근 두 피연산자에 적용하여 결과 8을 얻는다.

다른 예가 여기 있다.

```
5 7 + 6 2 - ×
```

왼쪽에서 오른쪽으로 보는데 만나게 되는 첫 번째 연산자는 + 이다. 이를 이전 피연산자(5와 7)에 적용하여 다음 수식을 얻는다.

```
12 6 2 - ×
```

다음 번 만나게 되는 연산자는 – 이니 6에서 2는 뺀다. 다음을 얻는다.

```
12 4 ×
```

마지막 연산자 ×를 이전 피연산자에 적용하여 최종 답 48을 얻는다.

여기 여러 연산자를 포함하는 후위 표기식, 동등한 중위 표기식, 그리고 계산 결과의 예가 있다. 후위 표기식을 계산할 때도 같은 결과를 얻는지 보라.

| 후위 표기식 | 동등한 중위 표기식 | 결과 |
|---|---|---|
| 4 5 7 2 + − × | 4 × (5 − (7 + 2)) | −16 |
| 3 4 + 2 × 7 / | ((3 + 4)×2)/7 | 2 |
| 5 7 + 6 2 − × | (5 + 7)×(6 − 2) | 48 |
| 4 2 3 5 1 − + × + × | ?×(4 + (2×(3 +(5−1)))) | 피연산자가 충분하지 않음 |
| 4 2 + 3 5 1 − × + | (4 + 2) +(3×(5−1)) | 18 |

목표는 키보드로부터 대화적으로 입력된 후위 표기식을 계산하는 프로그램을 작성하는 것이다. 수식의 값을 계산하고 보여주는 것과 별도로 프로그램은 적절한 오류 메시지("피연산자가 불충분", "피연산자가 너무 많음", "틀린 기호")를 보여주어야 한다. 특별한 요구 조건을 기술하기 전에 후위 표기식의 계산에 관련된 자료 구조와 알고리즘을 보자.

## 후위 표기식 계산 알고리즘

지금까지 그래왔듯이 손으로 수행하는 알고리즘이 컴퓨터 알고리즘을 위한 가이드라인이 될 수 있다. 이전 논의에서 후위 표기식에 피연산자(숫자)와 연산자 두 가지 기본 항목이 있음을 보았다. 항목을 왼쪽에서 오른쪽으로 하나씩 접근한다. 만나는 항목이 연산자이면 이전 두개의 피연산자에 적용한다.

이전의 피연산자 항목들을 어떤 종류의 겔렉션에 저장해야 한다. 스택이 이전 피연산자를 저장하는 이상적인 장소이다. 왜냐하면 꼭대기 항목이 언제나 가장 최근 피연산자이고 스택에서 다음번 항목이 두번째 최근 항목, 즉 두 개의 피연산자이기 때문이다. 다음 알고리즘은 후위 표기식을 계산하는데 스택을 사용한다.

```
수식의 계산
while 항목이 존재함

  항목을 가져옴
  if 항목이 피연산자이면
    stack.push(항목)
  else
    operand2 = stack.top()
    stack.pop()
    operand1 = stack.top()
    stack.pop()
    Set result to (결과를 operand1과 operand2에 관련된 연산에 지정)
    stack.push(result)
result = stack.top()
stack.pop()
return result
```

while 루프의 각 반복은 수식에서 하나의 연산자나 피연산자를 처리한다. 피연산자가 발견되면 아무것도 할 게 없으므로 (아직 적용할 연산자를 발견한 것이 아니니까), 스택에 저장한다. 연산자가 발견되면 스택으로부터 두 개의 꼭대기 피연산자를 가져와서 연산을 수행하고 스택에 결과를 다시 넣는다. 결과는 추후 연산자를 위한 피연산자일 수 있다.

알고리즘을 추적해 보자. 루프에 들어가기 전에 입력과 스택은 다음과 같다.

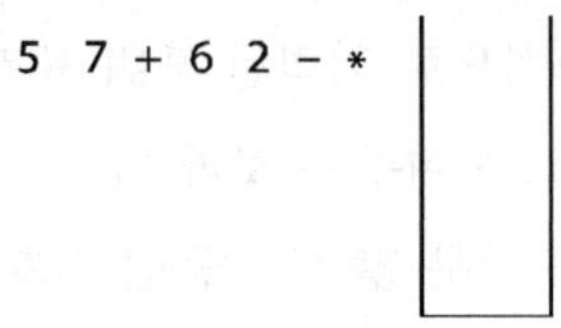

```
5 7 + 6 2 - *   |   |
                |   |
                |___|
```

루프의 한 반복 후에 첫번째 피연산사를 처리하여 스택에 삽입했다.

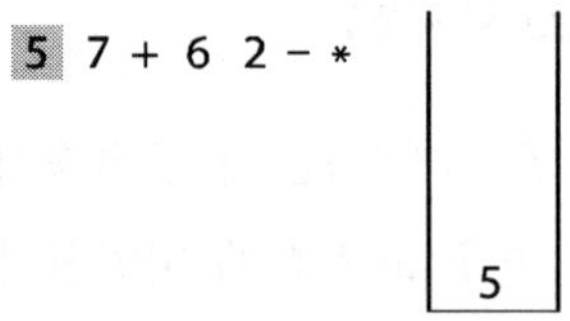

```
[5] 7 + 6 2 - *   |   |
                  |   |
                  |_5_|
```

루프의 두번째 반복 후에 스택은 두 피연산자를 포함한다.

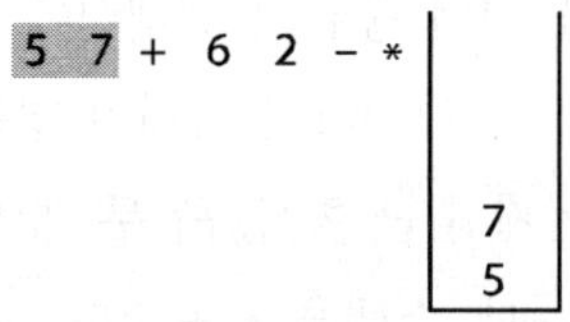

```
[5 7] + 6 2 - *   |   |
                  | 7 |
                  |_5_|
```

세번째 반복에서 + 연산자를 만난다. 스택에서 두 피연산자를 제거하고 연산을 수행하고 스택에 결과를 넣는다.

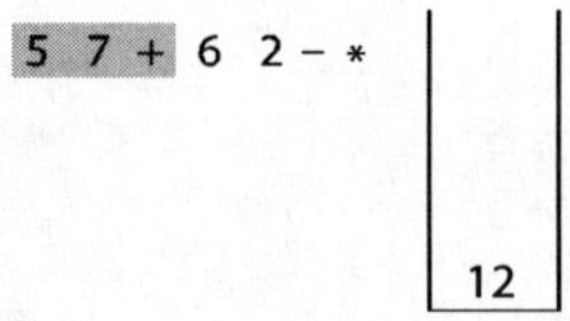

```
[5 7 +] 6 2 - *   |    |
                  |    |
                  |_12_|
```

루프의 다음 두 번의 반복에서 스택에 두 피연산자를 넣는다.

```
5 7 + 6 2 - *   |    |
                | 2  |
                | 6  |
                | 12 |
```

- 연산자를 발견할 때 두 개의 꼭대기 피연산자를 제거하고 빼서 스택에 결과를 넣는다.

```
5 7 + 6 2 - *   |    |
                | 4  |
                | 12 |
```

* 연산자를 발견할 때 두 개의 꼭대기 피연산자를 제거하고 곱해서 스택에 결과를 넣는다.

```
5 7 + 6 2 - *   |    |
                | 48 |
```

이제 입력의 모든 항목을 처리하였고 루프를 빠져 나온다. 결과 48을 스택에서 삭제한다.

```
5 7 + 6 2 - *   |    |
                |    |   Result
                |    |   48
```

물론 연산자를 인식하는 방법이나 입력의 처리가 끝났는지를 아는 법 등 중요하지 않은 상세는 좀 얼버무렸다. 이 예에서 모든 입력 값은 한자리 숫자였다. 명백히 이것은 너무 제한적이다. 비정상적인 입력도 처리해야 한다. 이 문제에 대한 해결책을 찾으면서 이러한 점들을 논의한다.

## 명세서: 프로그램 후위 계산

여기 이 문제에 대한 좀 더 공식적인 명세서가 있다.

### 기능

이 프로그램은 정수와 +, -, *, / 이진 연산자를 포함하는 후위 산술 연산식을 계산한다.

### 인터페이스

지금까지 해 왔던 대로 프로그램이 어떤 형의 인터페이스를 제공해야 하는지 명세하지 않는다. 화면 중심의 해결을 개발하지만 연구를 위해 GUI 해결도 제공한다. 어느 경우든 프로그램은 사용자로 하여금 후위 표기식을 입력하고 계산하게 하고 계산의 결과를 보는 것을 가능하게 해야 한다. 사용자는 추가적으로 수식을 입력하거나 프로그램을 끝내는 선택을 할 수 있다.

### 입력

입력은 키보드로부터 대화적으로 입력된 연속적인 산술 수식이다. 수식은 연산자(문자+,-, *, /)와 정수(피연산자)로 이루어져 있다. 연산자와 피연산자는 적어도 하나의 공백으로 분리되어야 한다.

### 자료

프로그램에 의해 입력되고 다루어지고 출력되는 모든 숫자는 정수이다.

### 출력

각 수식이 계산된 후에 결과는 다음과 같이 출력된다.

```
"결과 = 값"
```

### 오류 처리

프로그램은 비정상적인 후위 표기식을 인식해야 한다. 수식이 입력되었을 때 비정상적인경우에 정수 결과를 출력하는 대신에 다음과 같은 오류 메시지를 보여야 한다.

| 비정상적인 수식의 경우 | 오류 메시지 |
|---|---|
| 수식이 정수나 +, −, *, / 이 아닌 기호를 포함 | 비정상적인 기호 |
| 수식이 스택 항목 50개 이상을 필요 | 너무 많은 피연산자-스택 오버플로 |
| 수식이 처리된 후에 피연산자가 스택에 남음<br>예를 들면 수식 5 6 7 + 는 너무 많은 피연산자 | 너무 많은 피연산자-피연산자가 남음 |
| 연산을 수행할 때 피연산자의 수가 불충분<br>예를 들면 6 7 + + +, 또 다른 예 5 + 5 | 피연산자의 수가 불충분-스택 언더플로 |

### 가정

1. 실행 시간에 수식에서 연산은 합법적으로 한다. 예를 들면 0으로 나누는 것은 없다는 것을 의미한다. 자바 int 형의 범위를 넘는 숫자는 발생시키지 않는다.

2. 후위 표기식은 최대 50개의 피연산자를 갖는다.

## 브레인스토밍(brainstorming)과 필터링(filtering)

명세를 보면 다음의 명사들의 리스트를 제공하고 있는데 이것들이 클래스로 될 가능성이 있다. 후위 산술 표기식, 연산자, 결과, 피연산자, 오류 메시지이다. 각각을 차례로 보자.

- 후위 산술 표기식은 사용자에 의해 입력되고 숫자와 다른 문자로 구성된다. 수식은 문자열로 표현되어야 한다.
- 이것은 연산자도 문자열로 표현할 수 있다는 것을 의미한다. 이것 말고 다른 가능성은 ADT에서 문자의 "집합"을 제공하는 연산자를 가지는 것이다. 그러나 생각해보면 단지 필요한 것은 연산자 문자를 인식하는 것이고 이미 가지고 있는 내장 문자열과 문자 연산은 이를 충분히 가능하게 한다.
- 계산의 결과는 재미있는 경우이다. 결과가 어디서 오는가? 후위 표기식을 문자열로 받아서 수식의 값을 복귀하는 evaluate 메소드를 제공하는 별도 클래스 PostFixEvaluator의 생성을 제안한다.
- 피연산자는 정수이다.
- 발생시키려고 하는 오류 메시지는 모두 후위 표기식을 계산하는데 관련되어 있다. PostFixEvaluator 클래스가 후위 표기식을 계산하므로 오류를 발견할 것이다. 그러므로 PostFixEvaluator와 주 프로그램 간 오류 메시지를 통신하기 위해서는 PostFixException이라는 예외 클래스를 제안한다.

후위 표기식 계산 알고리즘에도 역시 스택이 필요하다는 것을 안다. 문제 서술에서 스택의 크기에 50의 상위 제한이 있으므로 BoundedStackInterface를 구현한 ArrayStack 클래스를 사용하기로 결정한다.

또한 표준 방식을 사용하여 사용자와의 대화를 제공하는 주 프로그램을 생성한다.

이러한 클래스들이 문제를 푸는데 어떻게 사용되는지 기술하는 짧은 시나리오를 보자. 주 프로그램은 사용자에게 수식을 입력하도록 해서 문자열 변수에 읽어 들인다. 그리고 PostFixEvaluator 클래스의 evaluate 메소드에게 이 문자열을 전달한다. PostFixEvaluator 클래스는 문자열이 정상이라고 가정하고 ArrayStack 객체를 수식의 값을 결정하는데 사용한다. evaluate 메소드는 try-catch 문장 내부에서 사용되는데 try-catch 문장은 주 프로그램이 PostFixException이 발생했는지 결정하도록 해 준다. 어느 경우든 사용자에게 결과를 보고하고 다른 수식을 입력하도록 한다. 이러한 클래스가 문제를 푸는데 충분하다고 확신을 가지고 진행한다.

이제 클래스의 설계, 구현, 검사로 이동한다. 클래스가 한번 생성되면 후위 표기식을 계산함으로써 클래스를 함께 검사할 수 있음을 주의하라.

### 프로그램의 진화

사례 연구를 이상적인 형태로 제시한다. 일반적인 문제 기술을 하고 논의를 하고 공식적인 명세를 정의하고 클래스를 정의하고 클래스를 설계하고 코딩하고 시스템을 검사한다. 그러나 실제적으로는 응용 프로그램은 작은 기본 검사를 수행해 가면서 점진적으로 변해 갈 것이다. 특히 설계와 코딩 단계에서는 모두 한꺼번에 생성하기 보다는 작은 단계로 프로그램을 조금씩 변화시키는 것이 유리하다. 예를 들어 이 사례 연구에서 다음과 같은 단계를 밟을 수 있다.

1. 단지 입출력 활동을 제공하는 주 프로그램의 프로토타입을 만든다. 주 프로그램은 어떤 처리도 하지 않는다. 이 용도는 사용자 인터페이스의 유용성을 검사하고 추후 개발을 위한 틀을 제공하는데 있다.
2. PostFixEvaluator의 작은 부분을 만들어 적절한 시간에 인터페이스로부터 문자열을 전달할 수 있는지 본다.
3. PostFixEvaluator로부터 주 프로그램으로 문자열 같은 정보를 전달하고 사용자 인터페이스에 보일 수 있는지 본다. 예를 들어 문자열에서 토큰의 개수를 보일 수 있을 것이다.
4. 피연산자를 인식하여 정수로 바꾸도록 PostFixEvaluator를 개선한다. 수식 문자열에서 피연산자를 얻어서 변환하고 정수를 스택에 넣고 가져오고 출력을 위해 다시 전달한다.
5. 연산자를 인식하여 더 복잡한 수식을 처리하도록 PostFixEvaluator를 개선한다. 오류 없는 수식을 검사한다.
6. 오류를 집어 넣고 그 부분을 프로그램이 보고하도록 한다. 비정상적인 수식을 검사한다.

프로그램 진화에 대한 좋은 계획은 성공적인 프로그래밍을 위한 열쇠이다.

## PostFixEvaluator 클래스

이 클래스의 목적은 후위 표기식을 문자열로 받아서 수식의 값을 복귀하는 evaluate 메소드를 제공하는 것이다. 클래스의 객체가 필요하지 않으므로 evaluate를 public static 메소드로서 구현한다. 메소드는 객체를 통해서가 아니고 클래스 자체를 통해서 호출된다.

evaluate 메소드는 후위 표기식을 문자열 인자로 취해야 하고 수식의 값을 복귀해야 한다. 이 클래스의 코드는 다음에 나열되어 있다. 피연산자를 가지는 ArrayStack 객체를 사용하는 이전에 개발된 기본적인 후위 표기식 알로리즘을 따른다. Scanner 객체를 생성하여 문자열 인자를 읽고 토큰으로 나누는 점을 주의하라.

오류 메시지 생성을 고려하자. PostFixException 예외를 발생시키는 행의 코드를 보자. 프로그램 명세에서 요구하는 모든 오류 조건을 포괄함을 볼 수 있다. 예상대로 스택 처리에 직접적으로 관련된 오류 메시지는 if 문장으로 보호되어 있다. 즉 스택이 공백인지 (피연산자가 불충분) 포화인지 (피연산자가 너무 많음) 검사한다. 유일한 다른 오류는 연산자에 저장된 문자열이 정상적인 연산자에 해당하지 않을 때이다. 이 경우에 "비정상적인 기호" 메시지를 가지는 예외를 발생한다.

```
//----------------------------------------------------------------------
// PostFixEvaluator.java by Dale/Joyce/Weems Chapter 3
//
// 후위 표기식 계산을 제공
//----------------------------------------------------------------------

package ch03.postfix;

import ch03.stacks.*;
import java.util.Scanner;

public class PostFixEvaluator
{

  public static int evaluate(String expression)
  {
      BoundedStackInterface stack = new ArrayStack(50);

      int value;
      String operator;
```

```
int operand1;
int operand2;

int result = 0;

Scanner tokenizer = new Scanner(expression);

while (tokenizer.hasNext())
{
  if (tokenizer.hasNextInt())
  {
        // 피연산자를 처리
        value = tokenizer.nextInt();
        if (stack.isFull())
        throw new PostFixException("Too many operands - stack overflow");
        stack.push(value);
  }
  else
  {
        // 연산자를 처리
        operator = tokenizer.next();

        // 스택으로부터 두번째 피연산자를 얻음
        if (stack.isEmpty())
         throw new PostFixException("Not enough operands - stack " +
                                                "underflow");
        operand2 = (Integer)stack.top();
        stack.pop();

        // 스택으로부터 첫번째 피연산자를 얻음
        if (stack.isEmpty())
          throw new PostFixException("Not enough operands - stack " +
                                                "underflow");
        operand1 = (Integer)stack.top();
        stack.pop();

        // 연산을 수행함
        if (operator.equals("/"))
          result = operand1 / operand2;
        else
        if(operator.equals("*"))
          result = operand1 * operand2;
```

```
            else
            if(operator.equals("+"))
              result = operand1 + operand2;
            else
            if(operator.equals("-"))
              result = operand1 - operand2;
            else
              throw new PostFixException("Illegal symbol: " + operator);
            // 스택에 연산의 결과를 삽입
            stack.push(result);
        }
      }

      // 스택으로부터 최종 결과를 얻음
      if (stack.isEmpty())
        throw new PostFixException("Not enough operands - stack underflow");
      result = (Integer)stack.top();
      stack.pop();
      // 스택을 이제 공백이어야 함
      if (!stack.isEmpty())
        throw new PostFixException("Too many operands - operands left over");

      // 최종 결과를 복귀
      return result;
  }
}
```

## PFixConsole 클래스

이 클래스는 화면 기반의 응용 프로그램에서 주요 클래스이다. PostFixEvaluator와 PostFixException 클래스를 사용하여 프로그램을 쉽게 설계할 수 있다. 이 장의 BalancedApp에서 사용한 같은 방식, 즉 사용자로 하여금 수식을 입력하게 하고 계산하고 결과를 사용자에게 복귀하여 사용자가 계속할지 묻는 방식으로 한다. 주 프로그램이 ArrayStack을 직접적으로 사용하지 않음을 주의하라. ArrayStack은 수식을 계산할 때는 PostFixEvaluator 클래스에 의해 사용된다.

```
//----------------------------------------------------------------------
// PFixConsole.java              by Dale/Joyce/Weems            Chapter 3
//
// Evaluates postfix expressions entered by the user.
```

```
// Uses a console interface.
//----------------------------------------------------------------------------

import java.util.Scanner;
import ch03.postfix.*;

  public class PFixConsole
  {
      public static void main(String[] args)
      {
        Scanner conIn = new Scanner(System.in);
        String line = null;           // 계산될 문자열
        String more = null;           // 처리를 중지할지 계속할지에 사용
        int result;                   // 계산의 결과
        do
        {

        // 처리할 다음 수식을 가져옴
        System.out.println("Enter a postfix expression to be evaluated: ");
        line = conIn.nextLine();

        // 수식 계산의 결과를 얻고 출력함
       try
        {
               result = PostFixEvaluator.evaluate(line);

               // 결과를 출력
               System.out.println();
               System.out.println("Result = " + result);
        }
        catch (PostFixException error)
        {
               // 오류 메시지를 출력
               System.out.println();
               System.out.println("Error in expression - " + error.getMessage());
        }

        // 처리할 다음 수식이 있는지 결정
        System.out.println();
        System.out.print("Evaluate another expression? (Y = Yes): ");
        more = conIn.nextLine();
        System.out.println();
      }
```

```
        while (more.equalsIgnoreCase("y"));

        System.out.println("Program completed.");
    }
}
```

여기에 화면 기반의 응용 프로그램의 실행 예가 있다.

```
Enter a postfix expression to be evaluated:
5 7 + 6 2 - *

Result = 48

Evaluate another expression? (Y = Yes): y

Enter a postfix expression to be evaluated:
4 2 3 5 1 - + * + *

Error in expression - Not enough operands - stack underflow

Evaluate another expression? (Y = Yes): n

Program completed.
```

## 후위 표기식 계산기 검사작업

설명한 바와 같이 후위 계산기 프로그램을 실행하고 후위 표기식을 입력함으로써 모든 클래스를 검사할 수 있다. 덧셈, 뺄셈, 곱셈, 나눗셈, 그리고 이것이 혼합된 수식만을 검사해야 한다. 연산자가 나중에 오고 연산자와 피연산자가 혼합된 수식을 검사해야 한다. 물론 모든 검사 수식을 손으로 계산하여 프로그램 계산 결과의 정확성을 확인해야 한다. 마지막으로 비정상적인 수식이 명세서에 있는 대로 제대로 처리되는지 검사해야 한다. 이는 스택 오버플로 검사까지 포함하는데 최소한 51개의 피연산자를 요구한다.

## GUI 방식

PFixConsole 프로그램의 코드는 사용자에게 화면 방식의 인터페이스의 제시를 요구한다. 프로그램이 PostFixEvaluator와 PostFixException클래스를 사용하여 주요 처리를 한 것처럼 GUI 기반의 프로그램도 그렇게 할 수 있다. PFixGUI 프로그램이 그것이다. 프로그램에 대한 코드는 여기에 나와 있지 않으나 관심 있는 독자는 웹사이트에서 본 교재의 나머지 부분에서 찾을 수 있다. 기본적으로 중첩된 컨테이너(container)를 가진 Border 레이아웃을 사용한다.

실행 프로그램의 스크린을 뜬 몇 개의 예를 보인다. 첫 번째는 사용자에게 제시되는 인터페이스를 보인다.

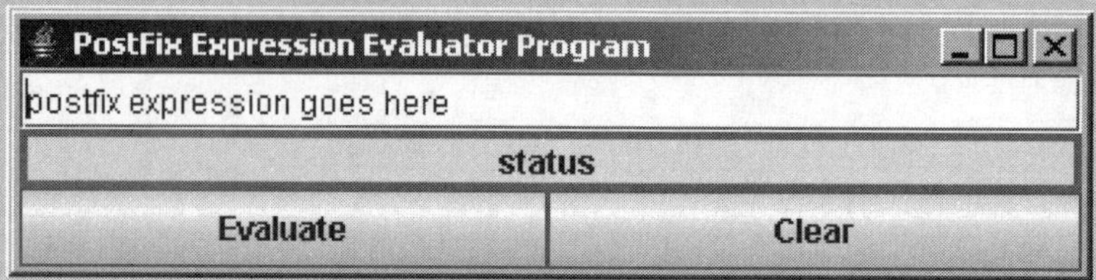


성공적인 계산의 결과가 보여진다.

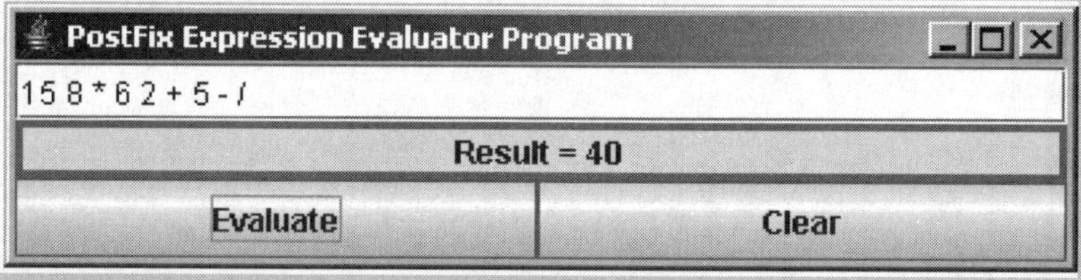


Clear 버튼이 클릭된 후이다.

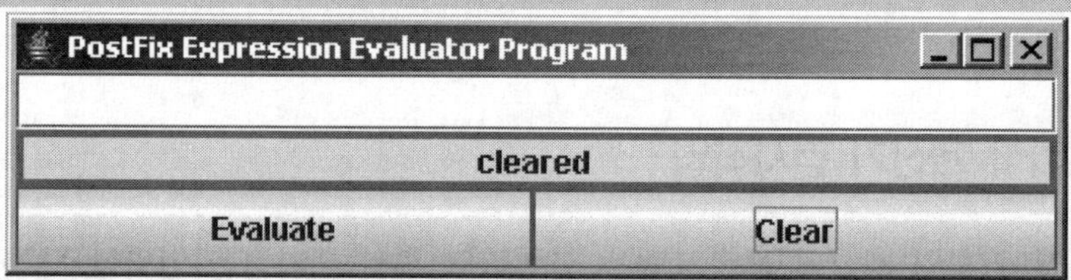


너무 많은 피연산자를 가진 수식을 입력했을 때 나타나는 결과이다.

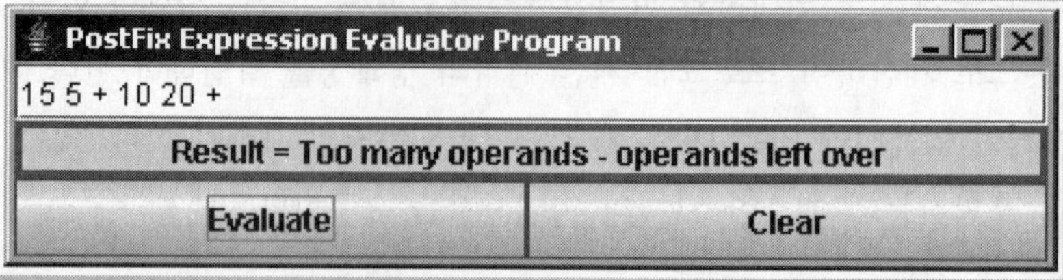

비정상적인 피연산자가 사용되었을 때 나타나는 결과이다.

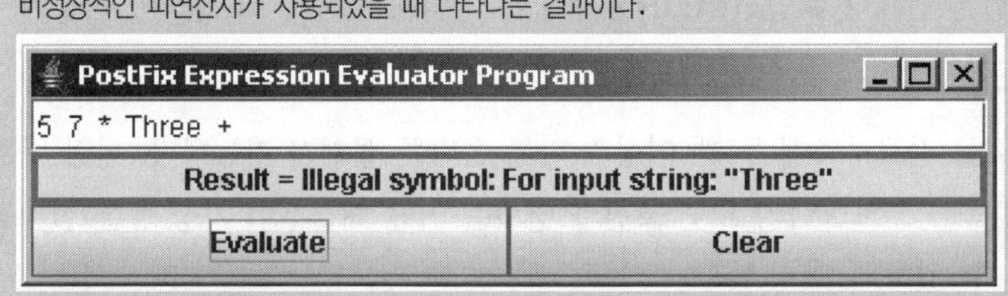


## 연습

1. PFixGUI 응용 프로그램을 다음의 명세를 만족시키도록 수정하고 검사하라.
   a. 전적으로 Flow 레이아웃을 사용하다.
   b. 수식의 계산 중에 스택에 삽입되는 숫자들에 대한 통계를 유지하라. 프로그램은 삽입되는 숫자들에 대한 최대, 최소, 평균, 몇 개가 삽입되었는지를 출력해야 한다.
2. PFixGUI 프로그램을 수정하고 검사하는데 후위 표기식의 계산 한 단계 한 단계를 중간결과와 함께 보인다. 인터페이스에 Step 버튼을 추가하여 사용자가 스텝이 언제 적용될지 제어하게 한다. 예를 들어 수식이 2 3 4 + + 5 - 일 때 Step을 한번 클릭하면 2 7 + 5 - 가 표시되고 한번 더 클릭하면 9 5 - 가 표시된다. 마지막으로 클릭하면 4가 보인다.
3. 이 문제에 대한 독자 나름의 GUI를 설계하고 구현하라. 교재에 나온 것 보다 독자의 인터페이스가 더 좋은 이유를 간략히 설명하라.

그림 3.17은 스택 구현 클래스, 후위 표기식 계산 클래스, 두 개의 주 클래스 (하나는 화면 기반, 하나는 GUI 기반)간의 사용 관계를 나타내는 UML 도식이다.

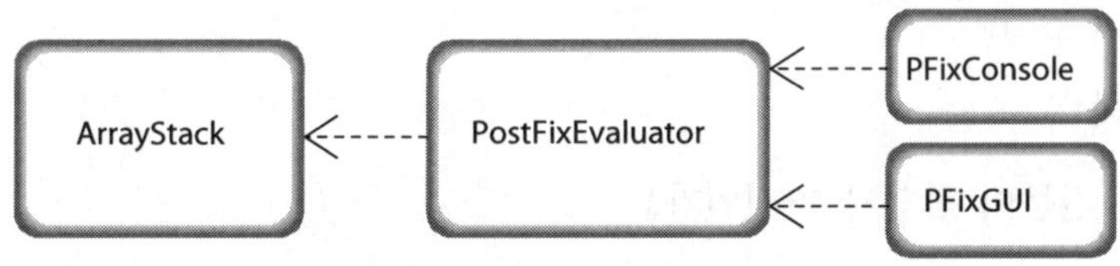


[그림 3.17] 후위 프로그램을 위한 UML 도식

## 요약

논리적인 단계에서 추상 데이터 형으로의 스택을 정의했고 두 응용 프로그램에서 스택을 사용하였고 세 개의 구현(배열 기반, 링크 기반, ArrayList 기반)을 제시하였다. 일반적인 사용을 가능하게 하기 위해 스택에 저장된 항목의 클래스로서 Object를 사용하였다.

스택의 논리적인 그림은 데이터 항목이 최신 항목이 한쪽 끝에 가장 오랜 항목이 또 다른 끝에 선형으로 연결된 것이지만, 스택 클래스의 물리적인 표현은 선형일 필요는 없다. 스택 클래스의 구현은 언제나 후입선출(LIFO) 성질을 지원해야 하나 이 성질이 어떻게 구현되는지는 별개의 문제이다.

일반적으로 같은 자료구조에 두 개 이상의 다른 올바른 설계가 가능하다. 여러 바른 해결책이 존재할 때 응용 프로그램의 요구 조건과 명세는 어떤 해결책이 가장 좋은 설계를 표현하는지 결정할 수 있다.

인터페이스 계층 구조가 자료 구조 ADT의 중요한 성질을 나타내는데 사용될 수 있음을 보았다. 크기에 제한이 있거나 없는 차이점은 그것을 확장함으로써 이루어졌다. 하나의 ADT 내에서 직면하는 예외 상황을 다루는 세가지 다른 방식을 보았다.

이 장에서 컴퓨터과학의 두 가지 스택의 중요한 응용 프로그램을 위한 알고리즘을 구현하였다. 어떤 문자열 내에서 그룹 기호가 짝이 맞는지를 검사하고 후위 산술 표기식을 계산할 수 있다.

그림 3.18은 다른 지원 클래스와 함께 이 장에서 개발된 스택 관련 인터페이스와 클래스, 그 관계를 보이는 UML 도식이다.

## 연습문제

### 3.1 스택

1. 아래 질문이 참인가 거짓인가?
   a. 스택은 처음 들어간 것이 처음 나오는 구조이다.
   b. 스택에 가장 오래 있었던 항목이 스택의 바닥에 있다.
   c. 공백 스택에 항목을 5개 푸쉬하고 팝을 5번 하면 스택은 다시 공백이 된다.
   d. 공백 스택에 항목을 5개 푸쉬하고 top 연산을 5번 하면 스택은 다시 공백이 된다.
   e. push 연산은 변환자로 분류되어야 한다.
   f. top 연산은 변환자로 분류되어야 한다.
   g. pop 연산은 관찰자로 분류되어야 한다.
   h. 먼저 스택에 push itemA 하고 다음에 push itemB 하면 스택의 top은 itemB이다.

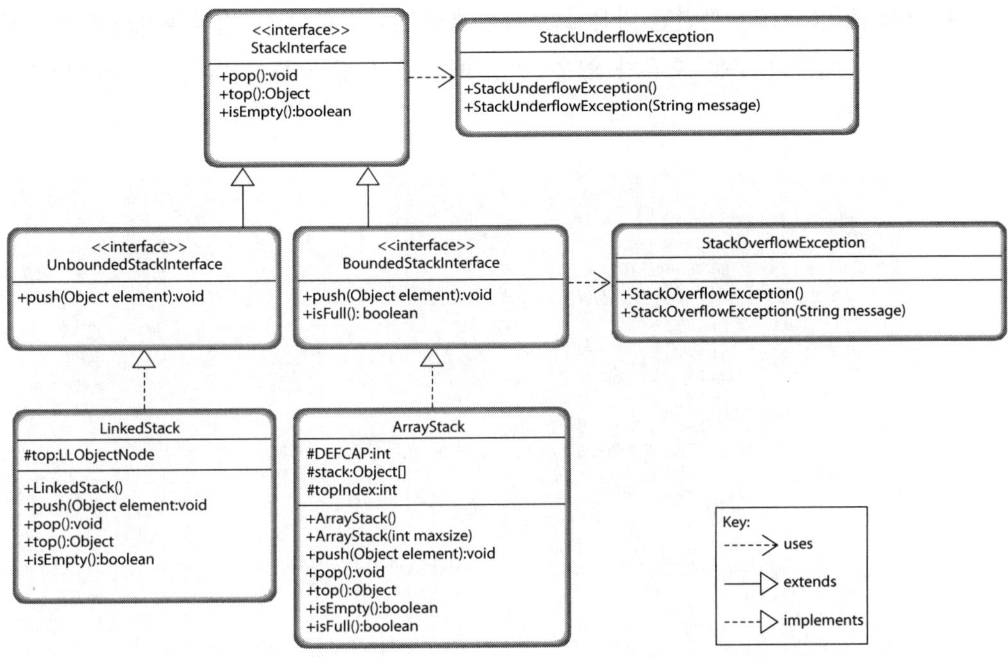


[그림 3.18] The stack-related interfaces and classes developed in Chapter 3

2. 그림 3.2의 스타일을 따라서 다음 스택 연산의 효과를 보여라. 스택은 공백에서 시작한다고 가정한다.

push block5

push block7

pop

pop

push block2

push block1

pop

push block8

## 3.2 컬렉션 항목

3. 3.2 절에서 컬렉션 ADT에서 가질 수 있는 항목의 형을 정의하는 세가지 방식을 보았다. 간략히 이 세가지 방식을 기술하라.

4. 강제 변환(cast)과 관련된 다음 프로그램에서 컴파일과 실행 결과를 예상하라. 가능한 답은 "… 때문에 구문 오류가 있음", "… 때문에 실행 오류가 있음", "프로그램의 출력은 …"이다.

```
a.
   public class test1
   {
     public static void main(String[] args)
     {
              String s1, s2;
              Object o1;
              s2 = "E. E. Cummings";
              o1 = s2;
              s1 = o1;
              System.out.println(s1.toLowerCase());
     }
}

b.
public class test2
{
   public static void main(String[] args)
   {
     String s1, s2;
     Object o1;
     s2 = "E. E. Cummings";
     o1 = s2;
     s1 = (String) o1;
     System.out.println(s1.toLowerCase());
   }
}
```

5. 2장에서 StringLog ADT를 정의했다. 이는 String 클래스의 객체를 가지는 로그를 나타낸다. 문자열에 제한하는 대신에 Object 형의 객체를 가지는 로그를 생성하기로 했다. 이러한 변화를 구현하기 위해 다음 클래스를 만드는데 해야 하는 변화를 기술하라.

   a. StringLogInterface를 ObjectLogInterface로 변경
   b. ArrayStringLog를 ArrayObjectLog로 변경
   c. ITDArrayStringLog를 ITDArrayObjectLog로 변경
   d. LLStringNode를 LLObjectNode로 변경
   e. LinkedStringLog를 LinkedObjectLog로 변경

### 3.3 예외 상황

6. 자바 Exception 클래스를 확장한 프로그래머 정의 예외와 자바 RunTimeException을 확장한 것과의 차이를 설명하라.

7. Data 클래스를 구현한 1장의 연습문제 27의 해답을 확장하라. 클래스 생성자에서 이 장에서 기술된 대로 DateOutOfBoundsException을 적절히 발생시키도록 하라. 달과 년도 이외에 날짜가 정당한지 검사하라.

8. 7번 문제에서 요구된 대로 Date 클래스를 정확히 구현했다고 가정하자. IncDate는 Date를 확장하여 increment라는 메소드를 추가한 것인데, 이는 Date 객체가 표현하는 날짜에 하루를 더하는 메소드다. increment 메소드에 관련된 예외 상황을 고려하자.

   a. increment 메소드는 날짜를 증가하기 전에 현재 날짜가 정당한지 확인해야 하는가?
   b. 날짜를 증가시키고 난 후는 어떠한가? increment 메소드가 새 날짜가 정당한지 검사하고 그렇지 않을 경우에 DateOutOfBoundsException을 발생시키는 게 좋은가?

9. ADT 명세와 구현 내에서 오류 상황을 처리하는 세 방식을 기술하라. 각 방식에서 어느 경우에 사용하면 가장 좋은지 간략히 기술하라.

10. 오류 상황을 처리해왔던 방식 관점으로 볼 때 다음 메소드에서 무엇이 잘못되었나?

```
public void method 10(int number)
// 사전 조건: number > 0
// number가 0보다 크지 않으면 NotPositiveException 을 발생
// 그렇지 않으면 …
```

11. 배열을 캡슐화하고 최대치를 확인 접근을 제공하는 Array 클래스를 작성하라. 비공개 인스턴스 변수는 int index와 int array[10]이어야 한다. 공개 멤버는 기본 생성자와 배열에 읽고 쓰기 접근을 하는 다음 메소드이어야 한다.

```
void insert(int location, int value);
int retrieve(int location);
```

배열에서 location이 맞는 범위 내에 있으면 insert 메소드는 배열의 그 위치를 value로 지정해야 한다. 같은 방식으로 location이 맞는 범위 내에 있으면 retrieve 메소드는 그 위치의 값을 복귀해야 한다. 이것은 자바 5.0 이전의 라이브러리가 했던 방식이다. 어느 경우든 location이 맞는 범위가 아니면 ArrayOutOfBoundsException 오류를 생성해야 한다. 구현의 검사를 돕는 응용 프로그램을 작성하라. 응용 프로그램은 insert 메소드를 사용함으로써 배열에 값을 지정해야 하고 retrieve 메소드를 사용하여 배열로부터 값을 읽어야 한다. 비정상적인 위치 값을 사용하여 두 메소드 호출을 시도해야 한다. 적절한 catch를 가진 try 블록에서 비정상적인 호출을 위치시킴으로써 발생되는 예외를 검사하라.

## 3.4 정형 명세

12. Stack ADT 명세에 기반하여 응용 프로그래머는 공백 스택을 검사하는 두 가지 방식이 있다. 이를 기술하고 하나의 방식이 다른 방식에 비해 어느 경우에 더 좋은지 기술하라.

13. item1, item2, item3, int 변수, 그리고 stack이 주어졌을 때 다음 코드에서 무엇이 출력되는지 보여라. stack은 이 절에서 기술된 대로 스택의 추상적인 기술에 맞는 객체이다. int와 stack 형의 변수를 저장하고 가져올 수 있다고 가정한다.

a.
```
item1 = 1;
item2 = 0;
item3 = 4;
stack.push(item2);
stack.push(item1);
stack.push(item1 + item3);
item2 = stack.top();
stack.push (item3*item3);
stack.push(item2);
stack.push(3);
item1 = stack.top();
stack.pop();
System.out.println(item1 + " " + item2 + " " + item3);
while (!stack.isEmpty())
{
  item1 = stack.top();
  stack.pop();
  System.out.println(item1);
}
```

b.
```
item1 = 4;
item3 = 0;
item2 = item1 + 1;
stack.push(item2);
stack.push(item2 + 1);
stack.push(item1);
item2 = stack.top();
stack.pop();
item1 = item2 + 1;
stack.push(item1);
stack.push(item3);
```

```
while (!stack.isEmpty())
{
  item3 = stack.top();
  stack.pop();
  System.out.println(item1);
}
System.out.println(item1 + " " + item2 + " " + item3);
```

14. 친구 Bill이 말한다. "푸쉬와 po팝 스택 연산은 각각 서로 반대야. 그래서 푸쉬 다음에 팝 을 하는 것은 언제나 팝 다음에 푸쉬를 수행하는 것과 같아. 같은 결과를 얻지!" 어떻게 반응하겠는가? 동의하는가?

15. 다음 코드는 카운트가 1에서 5까지 가는 루프이다. 각 반복에서 루프 카운터는 random 메소드에서 복귀되는 부울리언 결과에 따라 출력되거나 스택에 들어간다. (random은 true와 false를 임의로 복귀한다고 가정.) 루프의 끝에 스택에 들어있는 항목이 삭제되고 출력된다. 스택의 논리적인 성질 때문에 이 코드는 루프 카운터의 연속적인 값을 출력할 수 없다. 출력이 주어지고 이 코드가 이 출력을 하는 것이 가능한지 결정한다.

```
for (count = 1; count <= 5; count++)
{
   if (random())
     System.out.println(count);
   else
     stack.push(count);
}
while (!stack.isEmpty())
{
   number = stack.top();
   stack.pop();
   System.out.println(number);
}
```

a. The following output is possible: 1 3 5 2 4

i. 참 ii. 거짓 iii. 정보가 충분하지 않음

b. The following output is possible: 1 3 5 4 2

i. 참 ii. 거짓 iii. 정보가 충분하지 않음

c. The following output is possible: 1 2 3 4 5

i. 참 ii. 거짓 iii. 정보가 충분하지 않음

d. The following output is possible: 5 4 3 2 1

i. 참 ii. 거짓 iii. 정보가 충분하지 않음

16. 컴파일러 제작에서는 스택에서의 위치에 기반하여 스택 항목을 검사하는 관찰자 메소드가 필요하다(스택의 꼭대기는 위치 1, 꼭대기에서 두번째 항목은 위치 2 등). 이것은 때때로 "유리 스택" (구어체) 또는 "여행 가능한 스택" (공식적으로)로 불린다. 이 스택의 정의는 inspector 메소드를 추가한 것을 제외하고는 이 장에서 명세된 것과 같다. inspector 메소드는 복귀할 위치를 표시하는 int 인자를 받는다. 이 메소드는 인자가 사용되지 않는 위치를 표시할 경우 null을 복귀해야 한다. 이 메소드를 포함하기 위해 StackInterface 인터페이스에 무엇을 추가해야 하는지 기술하라.

17. 컴파일러 제작에서 한번에 두 개 이상의 항목을 pop할 필요가 있다. pop한 항목은 삭제된다. 이를 위해 popSome 메소드를 위한 int 형의 count 인자를 제공한다. popSome 는 스택으로부터 count 개의 항목을 제거한다. 이 새 메소드는 필요할 때 StackUnderflowException을 발생해야 한다. StackInterface의 연산을 사용하여 응용 프로그램 수준에서 popSome 메소드를 작성하라.

18. Pez 캔디의 각 플라스틱 컨테이너에서 색깔은 임의로 순서로 저장된다. 독자에게 동생 Phil이 있고 Phil은 오직 노란색만을 좋아한다. 그는 모든 캔디를 하나씩 수고를 아끼지 않고 골라서 노란색 캔디를 먹고 다른 색깔은 컨테이너에 원래 순서대로 넣을 수 있도록 순서를 유지해서 둔다. 이 과정을 시뮬레이션하는 알고리즘을 작성하라. (스택 ADT에 정의된 스택 연산을 사용할 수 있다. 스택의 구현은 어떨 것이라고 가정할 필요는 없다.)

19. 인터페이스의 상속을 기술하고 3.4 절에서 왜 사용되었는지 설명하라.

**문제 20-23은 교재 너머의 연구가 필요하다.**

20. 자바 라이브러리의 Vector와 ArrayList 클래스의 주요 차이점을 기술하라.

21. 자바 컬렉션 프레임워크에서 반복자가 어떻게 사용되는지 설명하라.

22. 자바 라이브러리의 Set 클래스를 정의하는 특징(defining feature)은 무엇인가?

23. 자바 라이브러리의 어떤 클래스가 컬렉션 인터페이스를 구현하는가?

## 3.5 응용: 잘 정의된 수식

24. 강제 형 변환(casting)과 자동 형 변환 (autoboxing)을 포함하는 다음 각 프로그램에서 컴파일과 실행 결과를 예측하라. 가능한 답은 "... 때문에 구문 오류가 있음", "... 때문에 실행 오류가 있음", "프로그램의 출력은 ..."

```
a.
   public class test3
   {
     public static void main(String[] args)
     {
           String s1;
           int i1;
           Object o1;
           i1 = 35;
           o1 = i1;
           s1 = (String) o1;
           System.out.println(s1.toLowerCase());
     }
}

b.
   public class test4
   {
     public static void main(String[] args)
```

```
    {
        Integer I1;
        int i1;
        Object o1;
        i1 = 35;
        o1 = i1;
        I1 = (Integer) o1;
        System.out.println(I1);
    }
}
```

25. Balanced 클래스에 관한 다음 질문에 답하라.

a. 다음 두 방식에서 생성되는 클래스 간에 기능적인 차이점이 있는가?

Balanced bal = new Balanced ("abc", "xyz");

Balanced bal = new Balanced ("cab", "zxy");...

b. 다음 두 방식에서 생성되는 클래스 간에 기능적인 차이점이 있는가?

Balanced bal = new Balanced ("abc", "xyz");

Balanced bal = new Balanced ("abc", "zxy");

c. 다음 두 방식에서 생성되는 클래스 간에 기능적인 차이점이 있는가?

Balanced bal = new Balanced ("abc", "xyz");

Balanced bal = new Balanced ("xyz", "abc");

d. 어떤 형이 stack에 푸쉬되는가? char, int, Integer 인지 설명하라.

e. 어떤 상황에서 스택에서 수행되는 첫번째 연산이 top 연산이 되는가?

f. 검사 메소드에 전달되는 문자열 s 가 공백 문자열일 경우 어떻게 되는가?

26. 응용 프로그램을 불균형 문자열에 관한 정보를 보고하도록 바꾸려고 한다고 가정하자. 즉 첫번째 불균형된 문자의 위치와 값을 보고한다고 가정하자. 사용자에게 문자 위치를 보고하기 위해 1로 시작하여 문자에 번호를 붙인다. 예를 들어 사용자가 "(xxx[x}]xx)x"

를 입력하면 출력은 "불균형 문자 }가 위치 7에 있음"이 된다.

a. 이 변화를 구현하기 위해 클래스를 어떻게 바꿀지 기술하라.

b. 응용 프로그램도 수정하고 결과를 검사하라.

## 3.6 배열 기반 구현

27. 최대치 제한이 있는 스택에 왜 배열이 좋은 구현 구조인지 설명하라.

28. 다음 변화가 ArrayStack 클래스에 주는 효과를 기술하라.

a. DEFCAP 인스턴스 변수로부터 final 애트리뷰트를 삭제

b. DEFCAP에 지정된 값을 10으로 수정

c. DEFCAP에 지정된 값을 -10으로 수정

d. 첫번째 생성자에서 문장을 stack = new Object[100]으로 수정

e. isEmpty에서 "topIndex == -1" 을 "topIndex < 0"로 수정

f. push 메소드의 if 절에서 두 문장의 순서를 바꿈

g. pop 메소드의 if 절에서 두 문장의 순서를 바꿈

h. top 메소드의 throws 문장에서 인자 문자열을 "공백 스택에서 top 이 시도됨"을 "공백 스택에서 pop이 시도됨"으로 변경

29. ArrayStack 클래스의 toString 메소드를 생성하라. 이 메소드는 현재 스택을 올바로 표현하는 문자열을 생성하고 복귀해야 한다. 이 메소드는 ArrayStack 클래스와 ArrayStack 클래스를 사용하는 응용 프로그램을 검사하고 디버깅하는데 유용할 수 있다.

30. 다음 동작을 수행하는 코드를 작성하라(응용 프로그램 수준에서). myStack이 ArrayStack 클래스의 객체라고 가정하라. ArrayStack의 어떤 공개 메소드도 호출할 수 있다. 부가적인 스택 객체를 선언할 수 있다.

a. secondElement를 myStack의 꼭대기로부터 두 번째 항목으로 지정하는데 myStack은 원래 두 항목이 없는 상태로 함.

b. myStack을 공백으로 하고 bottom 을 myStack 의 바닥 항목으로 지정하라.

c. myStack을 그대로 두고 bottom 을 myStack 의 바닥 항목으로 지정하라.

d. myStack을 그대로 두고 myStack의 내용을 출력하라.

31. 배열과 배열 리스트의 차이점을 설명하라.

32. ArrayListStack에서는 0과 비교하는데 반해서 왜 ArrayStack의 isEmpty 메소드에서는 -1과 비교를 하는가?

33. 16번 문제에서 스택을 위한 inspector 메소드를 기술했다.

a. ArrayStack 클래스를 위한 inspector 메소드를 구현하라.

b. ArrayListStack 클래스를 위한 inspector 메소드를 구현하라.

34. 17번 문제에서 스택을 위한 popSome 메소드를 기술했다.

a. ArrayStack 클래스를 위한 popSome 메소드를 구현하라.

b. ArrayListStack 클래스를 위한 popSome 메소드를 구현하라.

35. 양의 정수를 위한 두 개의 스택이 필요하다. 두 스택 모두 1000 이하의 값을 갖는 정수를 가진다. 하나의 스택은 짝수를 가지고 하나는 홀수를 갖는다. 두 스택 항목의 개수의 합은 200을 넘지 않는다. 그러나 각 스택에 몇 개의 항목이 있는지는 모른다. (한 스택에 모든 항목이 있을 수도 있고, 똑같이 나누어져 있을 수도 있고, 두 스택 모두 공백일 수도 있다.) 두 스택을 한 배열에 구현하는 방법을 생각할 수 있는가?

a. 스택이 어떻게 생겼는지 그림으로 그려라.

b. 이러한 이중 스택 구조를 위한 정의를 기술하라.

c. push 연산을 구현하라. 짝수냐 홀수냐에 따라 적절한 스택에 새로운 항목을 저장해야 한다.

### 3.7 링크 기반의 구현

36. 기억장소 배정 관점에서 배열 기반 스택과 참조 기반 스택의 주요 차이점은 무엇인가?

37. LinkedStack 클래스의 push 메소드를 위한 코드를 고려하자. 코드에 다음 변화를 주었을 때 효과는 무엇인가?

a. 첫 번째 두 번째 줄을 교환

b. 두 번째 세 번째 줄을 교환

38. 스택 항목에 대한 참조를 위한 기억 장소의 동적 할당을 보이는 내부 관점을 3.7 절에서 사용된 방식으로 일련의 그림을 그려라. A, B, C가 객체를 표현한다고 가정한다.

a.
```
UnboundedStackInterface myStack;
myStack = new LinkedStack();
myStack.push(A);
myStack.pop();
myStack.push(B);
myStack.push(C);
```

b.
```
UnboundedStackInterface myStack;
myStack = new LinkedStack();
myStack.push(A);
myStack.push(B);
myStack.push(A);
```

c.
```
UnboundedStackInterface myStack;
myStack = new LinkedStack();
myStack.push(A);
myStack.push(myStack);
myStack.push(B);
```

39. LinkedStack 클래스를 위한 toString 메소드를 생성하라. 이 메소드는 현재 스택을 제대로 표현하는 문자열을 생성하고 복귀해야 한다. 이러한 메소드는 LinkedStack 클래스와 LinkedStack 클래스를 사용하는 응용 프로그램을 검사하고 디버그하는데 유용하다.

40. 16번 문제는 스택을 위한 inspector 메소드를 기술했다. LinkedStack 클래스를 위한 inspector 메소드를 구현하라.

41. 17번 문제는 스택을 위한 popSome 메소드를 기술했다. LinkedStack 클래스를 위한 popSome 메소드를 구현하라.

42. 스택 ADT에 popTop 이라 불리는 새로운 연산을 추가하기로 했다. StackInterface 인터페이스에 다음의 코드를 추가한다.

```
// 스택이 공백이면 StackUnderflowException 을 발생시킴
// 그렇지 않으면 스택으로부터 꼭대기 항목을 삭제하고 복귀
```

이러한 연산은 대게 스택에 포함되어 있다. LinkedStack 클래스를 위한 popTop 메소드를 구현하라.

43. 스택 ADT에 sizeIs라는 새로운 연산을 추가하기로 결정했다. 스택의 항목의 개수를 int 형으로 복귀한다. sizeIs 를 위한 메소드 정의는

```
public int sizeIs()
```

a. ArrayStack 클래스를 위한 sizeIs 를 위한 코드를 작성하라.

b. LinkedStack 클래스를 위한 sizeIs 를 위한 코드를 작성하라. (클래스에 인스턴스 변수를 추가하지 말 것. 매번 sizeIs 를 호출할 때 마다 스택을 거치면서 노드의 갯수를 계산해야 함.)

c. LinkedStack 클래스를 스택의 현재 크기를 가지는 size 인스턴스 변수를 가지도록 확장하기로 결정했다고 가정하자. 이제 size 값을 복귀함으로써 sizeIs 연산을 구현할 수 있다. size 변수를 제대로 유지하기 위해 수정해야 할 LinkedStack의 모든 메소드를 찾아라. 그리고 어떻게 수정할 지 기술하라.

d. a, b, c에서 생성/변화된 메소드를 Big-O 효율성을 사용하여 분석하라.

44. LinkedStack 클래스를 온라인 경매의 상태를 추적하는 응용 프로그램을 지원하는데 사용하라. 비딩(bidding)은 1(달러, 파운드, 유로 등)에서 시작하여 적어도 1 이상으로 증가한다. 현재 비드보다 작은 비드가 들어오면 버린다. 현재 비드보다 크지만 현재 높은 비드자(bidder)에 의해 만들어진 최대 비드보다 작은 비드가 들어오면 현재 비드는 그것에 맞추어 증가하고 새로운 비드는 버려진다. 현재 높은 비드자의 최대 비드보다 큰 비드가 들어오면 새로운 비드자가 현재의 높은 비드자가 되는데 이전 높은 비드자의 최대보다 하나 크다. 경매가 끝나면 (즉 입력의 끝에 도달하면) 높은 비드에서 낮은 비드까지 실제 경매의 내력 (버려지지 않은 것)이 출력되어야 한다. 예를 들면:

| 새로운 비드 | 결과 | 높은 비드자 | 높은 비드 | 최대 비드 |
|---|---|---|---|---|
| 7 John | 새로운 높은 비드자 | John | 1 | 7 |
| 5 Hank | 높은 비드가 증가 | John | 5 | 7 |
| 10 Jill | 새로운 높은 비드자 | Jill | 8 | 10 |
| 8 Thad | 변화 없음 | Jill | 8 | 10 |
| 15 Joey | 새로운 높은 비드자 | Joey | 11 | 15 |

이 경매의 비드 내력은

```
Joey 11
Jill 8
John 5
John 1
```

입출력 상세는 독자 또는 독자의 선생님이 결정할 수 있다. 어떤 경우든 입력이 진행되면서 경매의 현재 상태가 출력되어야 한다. 최종 출력은 위에서 기술된 경매 내력을 포함하여야 한다.

### 3.8 사례 연구: 후위 표기식 계산기

45. 다음 후위 표기식을 계산하여라.

a. 5 7 8 * +

b. 5 7 8 + *

c. 5 7 + 8 *

d. 1 2 + 3 4 + 5 6 * 2 *

46. 다음 후위 표기식을 계산하여라. 어떤 것은 비정상적인 수식이다. 이런 경우는 적절한 오류 메시지를 보여라 (너무 많은 피연산자, 너무 적은 피연산자)

a. 1 2 3 4 5 + + +

b. 1 2 + + 5

c. 1 2 * 5 6 *

d. / 23 * 87

e. 4567 234 / 45372 231 * + 34526 342 / + 0 *

47. 아래 명세된 대로 후위 표기식 계산기 프로그램을 수정하고 검사하라.

a. ArrayStack 클래스 대신에 ArrayListStack 클래스를 사용하라. 스택 오버플로는 생각하지 말라.

b. 일어나지 않을 것으로 가정했던 0으로 나누는 상황을 감지하고 처리하라. 예를 들어 입력 수식이 5 3 3 - / 일 때 결과는 "비정상적인 0으로 나눔"이다.

c. 피연산자 중에서 큰 쪽을 복귀하는 "^"에 의해 표기되는 새로운 연산을 지원하라. 예를 들어 5 7 ^ = 7 이다.

d. 수식의 계산 중에 스택에 푸쉬되는 숫자들에 대한 통계를 추적하라. 프로그램은 푸쉬된 숫자들 중 최소, 최대, 푸쉬된 숫자의 개수, 숫자의 평균을 출력해야 한다.

Java™

# 04 재귀

이 장은 독자들이 아래와 같은 내용을 습득할 수 있도록 하는 것을 목표로 한다.

지식적 목표 (Knowledge Goals)

- 재귀를 정의할 수 있다.
- 문제 해결 기술로서의 재귀를 논의할 수 있다.
- 재귀 방식을 분석하는데 사용되는 세가지 질문을 기술할 수 있다.
- 재귀 방법이 주어지면 다음을 할 수 있다
  - 방법이 종료하는지 결정할 수 있다.
  - 기본 케이스를 결정할 수 있다.
  - 일반 케이스를 결정할 수 있다.
  - 방법이 무엇을 하는지 결정할 수 있다.
  - 방법이 옳은지 결정하고 그렇지 않으면 수정할 수 있다.
- 재귀를 사용하는데 관련 있는 동적 기억장소 배정과 정적 기억장소 배정을 비교할 수 있다.
- 실행 시간 스택의 내용을 보임으로써 재귀가 내부적으로 어떻게 작동하는지 설명할 수 있다.
- 문제의 해결을 구현하는데 재귀가 왜 좋은 선택일 수도 있고 그렇지 않을 수도 있는지 설명할 수 있다.

기술적 목표 (Skill Goals)

- 재귀 문제에 대한 설명이 있을 때 다음을 할 수 있다.
  - 기본 경우를 결정할 수 있다.
  - 일반 경우를 결정할 수 있다.
  - 재귀를 사용해서 해결을 설계하고 코딩 할 수 있다.
- 세 개의 질문 방식을 사용하여 재귀 방법을 검증할 수 있다.
- 재귀적 해결이 한 문제에 대한 적절한 것인지 결정할 수 있다.
- 하노이탑 문제를 재귀적으로 풀 수 있다.
- 격자(grid)에 있는 블롭(blob)의 개수를 재귀적 방식으로 셀 수 있다.
- 연결 리스트의 노드를 재귀를 사용하여 반대 순서로 방문할 수 있다.
- 꼬리 재귀 (tail recursion)을 사용하는 프로그램의 반복적 버전을 만들 수 있다.
- 스택에 기반한 해결책을 재귀 해결책으로 바꿀 수 있다.
- 문제에 대한 재귀 해결책을 설계하고 구현할 수 있다.

이 장은 재귀 즉 자바를 포함한 많은 프로그래밍 언어가 지원하는 독특한 알고리즘적 문제 해결 토픽을 소개한다. 재귀란 무엇인가? 먼저 시각적인 비유를 보자.

안쪽으로 서로 정확히 맞는 밝게 색칠해진 러시아 인형을 보았을 것이다. 첫 번째 인형 안쪽으로 작은 인형이 있다. 그 인형의 안쪽으로는 더 작은 인형이 있다. 계속적으로 이런 식이다. 재귀적으로 문제를 푸는 것은 이러한 여러 러시아 인형을 하나씩 분리하는 것과 같다. 처음에 같은 문제의 작은 버전을 만든 후 더 이상 나눌 수 없는 버전(그래서 쉽게 풀 수 있는)에 도달할 때까지 반복한다. 즉 가장 작은 인형에 도달할 때까지 반복한다. 전체적인 해결책을 결정하는 것은 대게 작은 해결책을 조립하는 것을 요구한다. 이것은 인형들을 다시 원래 자리로 돌리는 것과 유사하다.

재귀는 적절히 적용되면 매우 막강하고 유용한 문제 해결 도구이다. 이것을 앞으로 나올 장에서 자주 사용할 것이다.

# 4.1 재귀적 정의, 알고리즘, 프로그램

### 재귀적 정의

이미 독자는 재귀적 정의에 익숙하다. 컴퓨터에서 파일을 조직하기 위해서 사용하는 디렉토리 (카탈로그, 폴더)의 다음 정의를 고려하자.

디렉토리는 파일이나 다른 디렉토리의 그룹을 포함하는 개체이다.

이것이 재귀적 정의이다. 왜냐하면 디렉토리를 그 자신으로 표현하기 때문이다. 여기 다른 예가 있다.

복문(compound sentence)은 접합에 의해 같이 합쳐지는 두 복문으로 이루어진 문장이다.

**재귀적 정의** : 어떤 것이 그 자신의 더 작은 버전에 의해 정의되는 정의 방식

여기서 재귀가 보이는가? 이 정의의 재귀적 본질에 기반하여 어느 길이의 복문도 만들 수 있다.

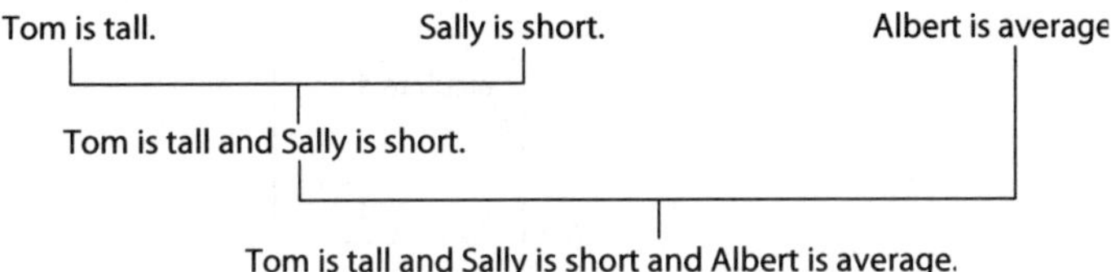


수학자들은 어떤 개념을 자기 자신을 이용해서 정의한다. 예를 들면 n! (n 팩토리알로 읽는다) n 항목의 순열의 개수를 계산하기 위해 사용된다. n!의 비재귀적 정의는

$$n! = \begin{cases} 1 & \text{if } n = 0 \\ n \times (n-1) \times (n-2) \times \cdots \times & \text{if } n > 0 \end{cases}$$

4! 의 경우를 고려하자. n > 0 이므로 정의의 두 번째 부분을 사용한다.

$$4! = 4 \times 3 \times 2 \times 1 = 24$$

n! 의 위 정의는 수학적으로 정확하지 않다. 이 정의는 중간 인수를 표시하기 위해 세 점을 사용하는데 이것은 조금 비공식적이다. 예를 들어 8! 의 정의는 8 × 7 × 6 × ... × 1 인데 ...는 이 경우에 5 × 4 × 3 × 2 를 표시한다.

n! 을 더 우아하게 표현할 수 있다. 세 점을 사용하지 않고 재귀를 사용하여

$$n! = \begin{cases} 1 & \text{if } n = 0 \\ n \times (n-1)! & \text{if } n > 0 \end{cases}$$

팩토리알 함수를 그 자신을 이용해서 정의했기 때문에 재귀적 정의라고 한다. 8!의 정의는 이제 8 × 7! 이다.

## 재귀 알고리즘

재귀 정의를 이용하여 4!의 계산을 따라가 보자. 색인 카드를 이 작업을 하는데 사용할 수 있다. 재귀 정의를 어떻게 사용하는지 설명할 뿐만 아니라 재귀 프로그램을 실행하는 컴퓨터 시스템의 행동을 모델링한다.

색인 카드를 가져와 다음과 같이 적는다.

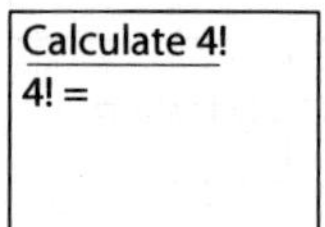


위에 정의된 재귀적 정의를 보고 4가 0보다 크므로 두 번째 부분을 사용하여 기입을 계속한다.

Calculate 4!
4! = 4□(4 -1)!
4! = 4□3!
4! = 4□□

물론 3!의 값을 모르기 때문에 세 번째 줄을 완성할 수 없다. 원래 문제 (4! 계산)을 계속하기 전에 새로운 문제 (3! 계산)을 풀어야 한다. 그래서 다른 색인 카드를 가져와서 원래 카드 위에 쌓고 새로운 문제를 기입한다.

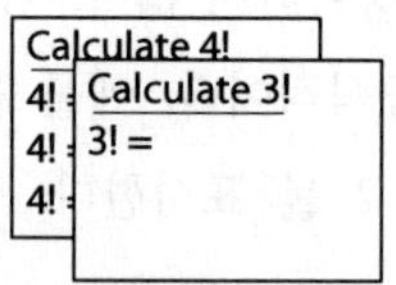


다시 재귀적 정의를 본다. 3이 0보다 크므로 정의의 두 번째 부분을 사용하여 기입을 계속한다.

Calculate 4!
4!
4!
4!
Calculate 3!
3! = 3□(3 -1)!
3! = 3□2!
3! = 3□□

이전처럼 2!의 값을 모르므로 세 번째 줄을 완성할 수 없다. 다른 새로운 색인 카드를 가져와서 새로운 문제를 적는다. 이런 식으로 계속하여 궁극적으로 책상 위에 5개의 카드가 있게 된다.

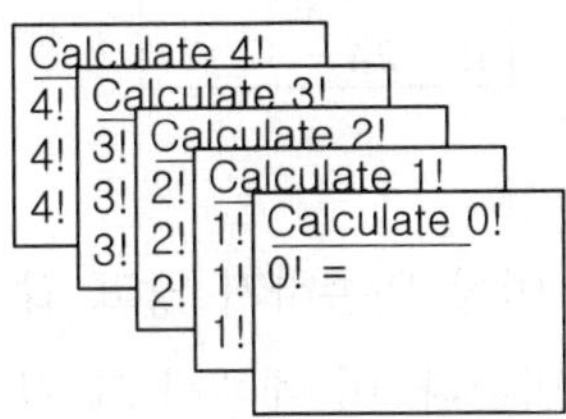


이 지점에서 0!의 계산에 재귀적 정의를 보면 정의의 첫 번째 부분을 사용할 수 있음을 발견한다. 즉 0!은 1이다.

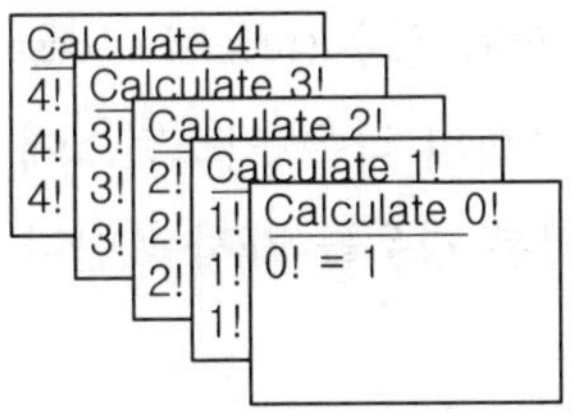


카드의 스택 꼭대기에 있는 문제를 풀었다. 그 결과는 1이다. 그 결과를 기억하면서 꼭대기 카드를 버리고 "1"을 이제는 꼭대기에 있는 카드(1! 계산 카드)의 빈 슬롯에 적고 그 문제에 대해 작업한다. 1 × 1을 어떻게 계산하는지 알므로 그 문제를 끝내고 결과를 입력한다.

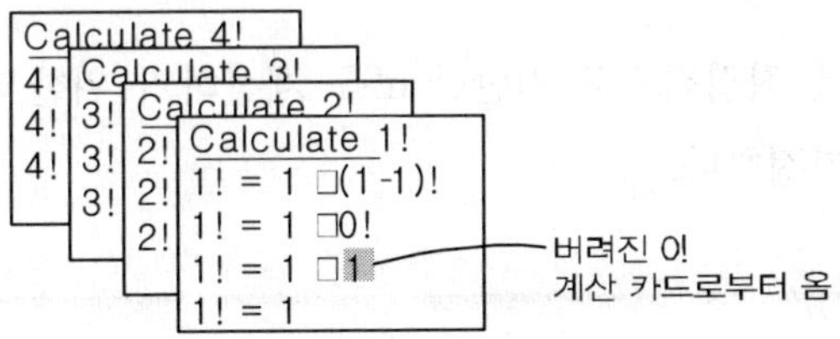


이전처럼 이 결과를 기억하고 꼭대기 카드를 버린다. 결과를 다음 번 카드(2! 계산 카드)에 입력하고 계속한다. 빠르게 다음을 계속하면

$$2! = 2 \times 1 = 2$$

$$3! = 3 \times 2 = 6$$

$$4! = 4 \times 6 = 24$$

원래 문제에 대한 해결과 함께 끝나게 된다.

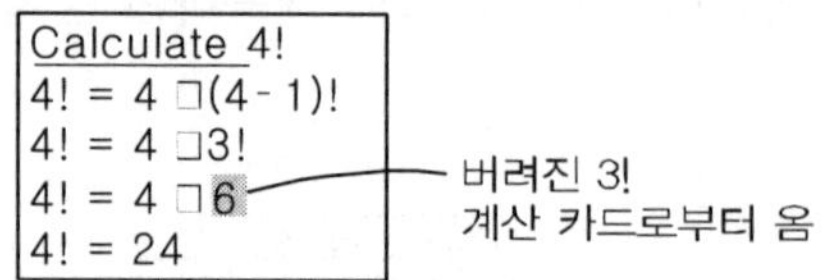


정의의 재귀적 부분에 더 이상 의존하지 않고 답을 알 수 있는 경우에 도달할 때 새로운 문제 카드를 만드는 것을 멈춘다. 이 예에서 그 지점은 0! 계산에 도달할 때 발생하였다. 그 값이 1인지 재귀에 의존할 필요 없이 정의로부터 바로 안다.

더 깊숙한 재귀를 요구하지 않고 어떤 경우에 대한 답을 바로 알 때를 기본 경우 (base case)라고 한다. 재귀적 정의는 하나 이상의 기본 경우가 있을 수 있다. 해답이 자신의 작은 버전에 의해 표현되는 경우는 재귀 경우 (recursive case) 또는 일반 경우 (general case)라고 한다. 재귀 알고리즘은 해답이 자신의 작은 인스턴스에 의해 표현되는 알고리즘이다. 재귀 알고리즘도 종료해야 하므로 기본 경우를 가져야 한다. 재귀 경우는 궁극적으로 기본 경우에 도달해야 한다.

**기본 경우** (base case) : 답이 비재귀적으로 얻어질 수 있는 경우

**일반 경우** (general case) : 또는 재귀 경우 (recursive case) 해답이 자신의 작은 버전에 의해 표현되는 경우

**재귀 알고리즘** : 해답이 자신의 작은 인스턴스와 기본 경우로 표현되는 해결책

여기 재귀 정의에 직접적으로 기반한 n!을 계산하기 위한 재귀 알고리즘이 있다. n이 0이 아닌 정수라고 가정한다.

```
Factorial (int n)
// Precondition: n >= 0
if (n == 0)
  return(1)
else
  return(n * Factorial (n - 1))
```

## 재귀 프로그램

자바에서는 하나의 메소드는 다른 메소드를 호출할 수 있다. 하나의 메소드는 심지어 자기 자신을 호출할 수 있다! 메소드가 자기 자신을 호출할 때 재귀 호출(recursive call)이라고 말한다. 재귀적 문제 해결을 위해 재귀 메소드 호출을 사용하는 것은 놀랄만한 일이 아니다.

**재귀 호출** (recursive call) : 호출되는 메소드가 호출을 하는 메소드와 같은 메소드 호출

여기 재귀 팩토리얼 알고리즘에 해당하는 자바 메소드가 있다. 이것은 정수 인자의 팩토리얼을 계산하기 위해 재귀 호출(밑줄로 강조됨)을 사용한다.

```
// 사전 조건: n이 0이 아님
//
// n!의 값을 복귀함
{
  if (n == 0)
       return 1; // 기본 경우
  else
       return (n * factorial(n - 1)); // 일반 경우
}
```

재귀 호출에서 인자 n-1은 원래 호출에서 인자 n과 다르다. 이것은 중요한 조건이고 필요조건이다. 그렇지 않으면 메소드는 자신을 무한정 호출할 것이다.

예에서 factorial 메소드는 자신을 호출한다. 이런 종류의 재귀를 때때로 직접 재귀 (direct recursion)이라고 하는데 그 이유는 직접적으로 자신을 호출하기 때문이다.

이 장에서 모든 예는 직접 재귀와 관련 있다. 간접 재귀 (indirect recursion)은 메소드 A가 메소드 B를 호출하고 메소드 B가 메소드 A를 호출할 때 일어난다. 메소드 호출의 체인은 더 길 수도 있기만 궁극적으로 메소드 A로 돌아온다면 그것은 간접적 재귀이다.

**직접 재귀** (direct recursion) : 메소드가 직접적으로 자신을 호출하는 재귀

**간접 재귀** (indirect recursion) : 두 개 이상의 메소드 호출의 연속이 원래의 메소드로 복귀되는 재귀

해결에 이르는 과정을 추적하는 문장을 가지게 재귀적 factorial 메소드를 확장하자. 메소드가 시작되는 지점에 메소드의 진입을 보이기 위해 그리고 메소드의 끝에 복귀되는 값을 보이기 위해 println 문장을 포함한다.

통계적으로 정의된 String 변수 indent 를 사용한다. 공백 스트링으로 초기화되며 모든 출력문을 preface한다. indent의 길이는 factorial 메소드에 들어올 때 마다 (떠날 때 마다) 둘씩 늘어난다 (줄어든다). 이런 형식은 각 호출에 대해 메소드로부터 복귀되는 값으로 메소드의 시작점을 시각적으로 매치시킨다.

메소드에서 복귀하기 전에 복귀 값을 출력하기를 원하기 때문에 이를 저장하기 위해 retValue라는 변수를 선언할 필요가 있다. 추적 관련 문장이 밑줄로 강조된 코드가 있다.

```
private static int factorial(int n)
// 사전 조건: n은 음이 아닌 정수
//
// n! 의 값을 복귀
{
  int retValue; // 복귀 값
  System.out.println(indent + "Enter factorial " + n);
  indent = indent + " ";
  if (n == 0)
       retValue = 1;
  else
       retValue = (n * factorial (n - 1));
  indent = indent.substring(2);
  System.out.println(indent + "Return " + retValue);
  return(retValue);
}
```

여기 인자 9을 가지고 확장된 factorial 메소드를 호출했을 때 출력이 있다. 최종 결과는 362,880이다. 팩토리얼 함수는 천천히 시작하지만 매우 빨리 증가한다.

```
Enter factorial 9
  Enter factorial 8
    Enter factorial 7
      Enter factorial 6
        Enter factorial 5
          Enter factorial 4
            Enter factorial 3
              Enter factorial 2
                Enter factorial 1
                  Enter factorial 0
                  Return 1
                Return 1
              Return 2
            Return 6
          Return 24
        Return 120
      Return 720
    Return 5040
  Return 40320
Return 362880
```

재귀는 강력한 프로그래밍 기술이지만 사용하는데 주의해야 한다. 재귀 해결책은 같은 문제에 대해 반복 (iterative) 해결책에 비해 덜 효율적일 수 있다. 사실 factorial을 포함하여 이 장에서 제시된 몇몇 예들은 반복적 방식이 더 맞다. 4.7절에서 이 주제를 더 논의한다.

### 팩토리얼의 반복적 해결책

팩토리얼은 일반적으로 익숙하고 시각화하기 좋기 때문에 팩토리얼 알고리즘을 재귀를 보이기 위해 사용했다. 실제적으로는 간단하고 더 효율적인 반복적 해결책이 존재하기 때문에, 이 문제를 재귀를 이용해서 풀지 않는다. 문제에 대한 반복적 해결책을 보도록 하자.

```
// 반복적 해결책
public static int factorial(int n)
{
int value = n;
int retValue = 1;                // 복귀 값
while (value != 0)
{
retValue = retValue * value;
value = value - 1;
}
return(retValue);
}
```

쉬운 비교를 위해 재귀 해결에 대한 코드를 반복한다.

```
// 재귀 해결책
public static int factorial(int n)
{
if (n == 0)
return 1; // 기본 경우
else
return (n * factorial (n - 1)); // 일반 경우
}
```

재귀 해결책이 선택 문장 (if 나 switch 문장)을 가지는 반면 반복적 방법은 루프를 사용하는 경향이 있다. 분기 구조가 재귀 메소드에서 대개 주요 제어 구조이다. 반복적 메소드에서는 루프 구조가 해당되는 제어 구조이다. 팩토리얼의 재귀 버전이 지역 변수를 가지지 않는 반면 반복적 버전은 두 개의 지역 변수(retValue, value)를 가진다. 반복적 메소드에 비해 재귀 메소드에 대개 지역 변수가 적다. 루프의 반복을 새로 시작하는 것은 메소드를 호출하는 것에 비해 빠른 작동이므로 반복적 방법이 더 효율적이다.

## 4.2 세 가지 질문

이 절에서는 재귀적 알고리즘 또는 프로그램에 대해 하게 되는 세 가지 질문을 제시한다. 이러한 질문을 사용하는 것은 문제에 대한 재귀 해결책을 검증하고 설계하고 디버그하는데 도움이 된다.

### 재귀 알고리즘의 검증

색인 카드를 사용해서 4.1 절에서 했던 방식은 재귀 과정을 이해하는데 유용하다. 그러나 이것은 재귀 알고리즘의 정확성을 검증하는 데는 충분하지 않다. 결국 factorial(4)의 실행을 시뮬레이션한 것은 인자가 4일 때 메소드가 작동함을 말해준다. 그러나 다른 인자에 대해 메소드가 정확함을 말하지는 않는다.

재귀 알고리즘을 검증하는데 세가지 질문 방식을 사용한다. 재귀 해결책이 작동함을 검증

하기 위해 이 세 질문에 대해 모두 예라고 대답할 수 있어야 한다.

1. 기본 경우 (Base-Case) 질문. 알고리즘에서 비재귀적 방법이 있고 알고리즘이 이 기본 경우에 대해 제대로 작동하는가?
2. 작은 호출자 (Smaller-Caller) 질문. 알고리즘에 각 재귀 호출이 원래 문제의 작은 경우를 포함하고 결국 기본 경우에 불가피하게 도달하는가?
3. 일반 경우 (General-Case) 질문. 작은 호출자로의 재귀 호출이 제대로 작동한다고 가정하고 알고리즘이 일반 경우에 잘 작동하는가?

factorial 알고리즘에 이 세 질문을 적용하자.

```
Factorial (int n)
// Precondition: n >= 0
if (n == 0)
  return(1)
else
  return(n * Factorial (n - 1))
```

1. 기본 경우 질문. n이 0일 때 기본 경우는 발생한다. factorial 알고리즘은 이때 1 즉 0!의맞는 값인 0을 복귀한다. 이 경우 Factorial 로의 더 깊숙한 호출은 일어나지 않는다. 답은 그래서 예이다.
2. 작은 호출자 질문. 인자는 n이고 재귀 호출은 인자 n-1을 전달한다. 그러므로 각 후속 재귀 호출은 결국 0이 될 때까지 더 작은 값을 보낸다. 이 지점에서 기본 경우 질문에서 검증했듯이 가장 작은 경우에 도달한 것이고 더 깊숙한 재귀 호출은 일어나지 않는다. 답은 예이다.
3. 일반 경우 호출. 재귀 호출 Factorial (n-1) 이 맞는 답 (n-1)!을 준다고 가정하면 return 문장은 n * (n-1)!을 계산한다. 이것이 팩토리얼의 정의이므로 알고리즘이 일반 경우에 작동함을 안다. 답은 예이다.

세 질문 모두 답이 예이므로 알고리즘이 작동한다고 결론 짓는다. 귀납적 정의에 익숙하다면 무엇이 이루어졌는지 인식해야 한다. 알고리즘이 더 작은 경우에 작동한다는 가정을 가지고 일반 경우에 작동함을 보였다. 알고리즘이 기본 경우 0에 대해 작동함을 보였으므로 0 이상인 모든 정수 인자에 대해 작동함을 귀납적으로 보였다.

팩토리얼 문제에서 n에 대한 원래 값이 0 이상이라고 가정했다. 이 가정 없이는 작은 호출자 질문을 우호적으로 답할 수 없다. 예를 들어 n = -5로 시작한다면 재귀 호출은 인자 -6을 전달할 것이다. 이것은 기본 경우로부터 가까워지는 것이 아니라 멀어지는 것이다.

이러한 종류의 제한은 재귀 알고리즘에서 정당한 입력 인자라도 존재한다. 세 가지 질문 분석을 이러한 제한을 결정하는데 사용한다. 단순히 어떤 시작 인자 값이 존재하는지 검사하는데, 그 인자에 대한 작은 호출을 했을 때 기본 경우에 가까워지는 새 인자를 생성하지 않는지 검사하라. 이러한 시작 값은 정당하지 않다. 이러한 값이 허용되지 않도록 제대로 된 입력 인자를 제한하라.

## 재귀 메소드의 작성

재귀 알고리즘을 검증하는데 사용되는 질문들이 재귀 메소드를 작성하는데 사용될 수 있다. 재귀 메소드를 작성하기 위해 다음 방식을 취할 수 있다.

1. 해결해야 할 문제의 정확한 정의를 얻는다. (이것은 물론 어떤 프로그래밍 문제를 푸는데 첫 번째 단계이다.)
2. 메소드에 대한 이 호출에서 해결해야 할 문제의 크기를 결정하라. 메소드에 대한 초기 호출에서 전체 문제에 대한 크기는 인자들의 값으로 표현된다.
3. 문제가 비재귀적으로 표현될 수 있는 기본 경우를 찾고 해결한다. 이것은 기본 경우 질문에 대한 예 답을 보증한다.
4. 같은 문제에 대한 작은 경우를 가지고 일반 경우를 제대로 찾고 해결한다. 이것은 작은 호출자와 일반 경우 질문에 대한 예 답을 보증한다.

팩토리얼 문제에서 문제의 정의는 팩토리얼 함수의 정의에 요약되어 있다. 문제의 크기는 곱해져야 할 값의 개수 n이다. 기본 경우는 n이 0일 때 즉 비재귀적 길을 택하는 경우이다. 일반 경우는 n > 0일 때 발생하는데 작은 경우 factorial(n-1) 을 위한 factorial에 대한 재귀 호출을 하게 된다. 이 정보를 아래처럼 표 형식으로 요약할 수 있다.

재귀적 factorial(int n) 메소드: int를 복귀

| | |
|---|---|
| 정의 : | n!를 계산하고 복귀 |
| 사전 정의 : | n은 0이 아닌 정수 |
| 크기 : | n의 값 |
| 기본 경우 : | n이 0이면 1을 복귀 |
| 일반 경우 : | n 〉 0이면 n*factorial(n-1)을 복귀 |

## 재귀 메소드를 디버그

재귀적 메소드의 자신들에 대한 중첩된(nested) 호출로 인하여 재귀 메소드는 디버그하는데 혼동스러울 수 있다. 발생할 수 있는 가장 심각한 문제는 메소드가 영원히 재귀되는 것이다. 이 문제의 전형적인 증상은 재귀 호출 때문에 시스템이 실행 시간 스택에서 공간을 소진했다고 알리는 오류 메시지이다. (4.6절에서 재귀가 어떻게 실행 시간 스택을 사용하는지 보았다.) 재귀 메소드를 검증하고 인자 제한을 결정하기 위해 세 가지 질문 방식을 사용하는 것은 이 문제를 피하는데 도움을 준다.

그러나 세 질문에 대해 성공했다고 해서 프로그램이 공간이 부족해서 실패하지 않으리라고 보증하기 않는다. 4.7에서 재귀 메소드 호출을 지원하기 위해 필요한 공간 오버헤드의 양을 논의한다. 재귀 메소드에 대한 호출은 자신에 대한 여러 수준의 메소드 호출을 발생시킬지 모르기 때문에 소비되는 공간은 시스템에 대처할 수 있는 것보다 많을 수 있다.

프로그래머가 처음 재귀 메소드를 작성하기 시작할 때 만드는 오류 하나는 분기 구조 대신에 루프 구조를 사용하는 것이다. 문제를 반복적인 행동으로 생각하는 경향이 있기 때문에 프로그래머는 부적절하게 if 문장 대신에 while 문장을 사용한다. 재귀 메소드의 본체는 기본 경우와 재귀 경우로 항상 쪼개져야 한다. 그래서 분기 문장을 사용한다. 재귀 메소드가 재귀 경우와 기본 경우를 선택하기 위해 if 나 switch 문장을 사용하였는지 확신하기 위해 재귀 메소드를 다시 점검하는 것을 좋은 생각이다.

재귀 메소드는 검사 동안 디버그 출력문을 넣을 좋은 장소이다. factorial에서 사용한 추적 문장과 비슷하다. 메소드의 시작과 끝에 인자와 지역변수를 출력하라. 재귀 호출에서 인자의 값을 출력하여 각 호출이 이전보다 더 작은 문제를 풀려 하는지 확인하는 것을 기억하라.

# 4.3 하노이 탑(Towers of Hannoi)

독자들의 첫 번째 장난감이 여러 가지 지름을 가진 색깔 있는 링을 넣는 기둥(peg)을 가진 플라스틱 기계이었는지 모르겠다. 그렇다면 아마 링들을 한 기둥에서 다른 기둥으로 옮기는데 많은 시간을 사용했을 것이다. 링을 움직이는 데 어떤 제한을 넣으면 어른용 게임인 하노이 탑을 얻는다. 게임이 시작하면 모든 링은 한 기둥에 크기 순으로 작은 것이 꼭대기에 있다. 게임의 목표는 링을 한번에 하나씩 세 번째 기둥으로 옮기는 것이다. 하나의 링은 그것보다 지름이 작은 링 위에 위치할 수 없다. 중간 기둥이 보조 기둥으로 사용될 수 있다. 중간 기둥은 게임의 시작과 끝에 공백이어야 한다. 링은 한번에 하나씩 이동할 수 있다.

## 알고리즘

이것이 어떻게 이루어지는지에 대한 감각을 얻기 위해 어떤 조립(configuration)이 어떤 지점에 가능한지에 대한 스케치를 보기로 하자. 네 개의 링을 사용한다. 초기 조립은 다음과 같다.

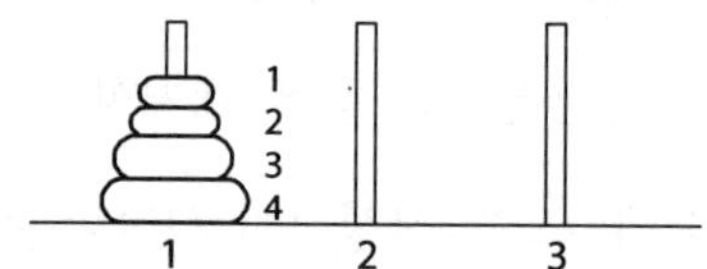


가장 큰 링 (링 4)를 기둥 3으로 이동시키기 위해 세 개의 더 작은 링들을 기둥 2로 이동시켜야 한다 (한번에 될 수는 없다). 이것이 된다고 가정하자. 그러면 링 4는 최종 장소로 이동할 수 있다.

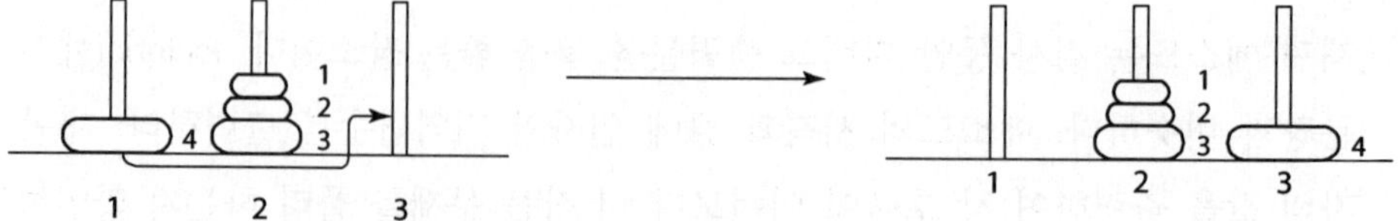


이제 다음 가장 큰 링 (링 3)을 이동시키기 위해 그 위에 있는 두 링을 보조 기둥 (기둥 1)로 이동시켜야 한다. 이것이 가능하다고 가정한다. 그러면 링 3이 최종 장소로 이동한다.

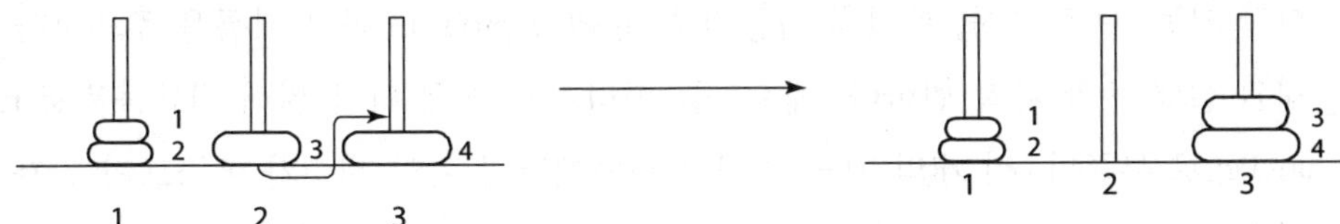


링 2를 위치로 보내기 위해 링 1을 다른 기둥으로 옮길 수 있다고 가정한다. (기둥 3에 최종적으로 옮겨진 링 2를 자유화 시킨다.) 이것은 만들기 간단한 가정이다.

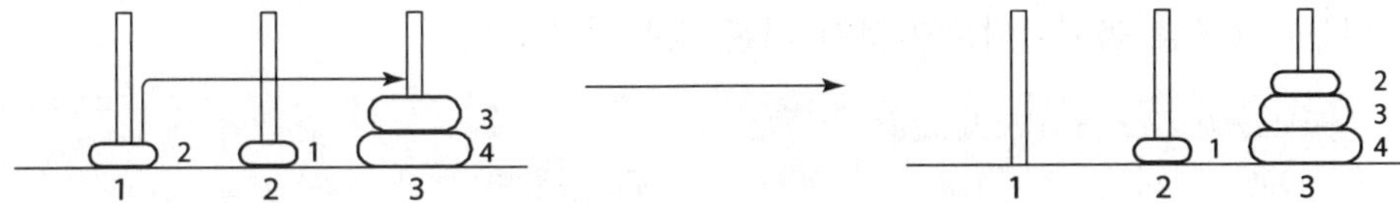


마지막 링 1이 마지막 장소에 이동되고 끝난다.

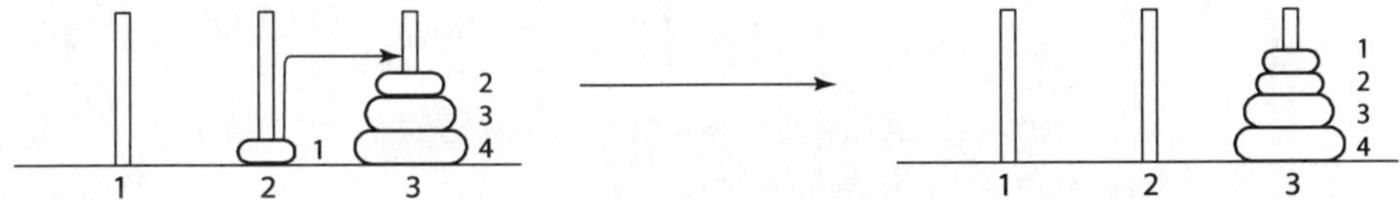


가정이 모두 옳다면 4개의 링에 대한 문제를 풀었다. 모든 가정이 문제의 작은 버전을 푸는데 연관되어 있음을 볼 수 있는가? 재귀를 사용해서 문제를 푼 것이다. n개의 링을 시작 기둥에서 목적지 기둥으로 옮기기 위한 일반적인 재귀 알고리즘은

```
시작 기둥에서 목적지 기둥으로 n개의 링을 옮기기
n-1 개의 링을 시작 기둥에서 보조 기둥으로 옮김
n번째 링을 시작 기둥에서 목적지 기둥으로 옮김
n-1 개의 링을 보조 기둥에서 목적지 기둥으로 옮김
```

## 메소드

알고리즘을 구현하는 알고리즘을 작성하자. 첫 번째와 세번째 단계가 전체적인 알고리즘을 반복하고 있기 때문에 적은 개수의 링에 대해서지만 재귀가 작동함을 알 수 있다. 그러나

시작 기둥, 보조 기둥, 목적지 기둥이 부문제(subproblem)마다 다름을 주의하라. 알고리즘의 재귀 실행 동안 계속 변한다. 메소드를 따라가기 쉽게 하기 위해 기둥들을 startPeg, endPeg, auxPeg로 부른다. 세 개의 기둥과 시작 기둥에서의 링의 개수가 메소드의 인자이다. 실제로 링을 움직이는 것이 아니라 이동을 기술하는 메시지를 출력한다.

알고리즘은 재귀나 일반 경우를 명확하게 정의하지만 기본 경우는 어떠한가? 재귀 과정을 언제 끝낼지 아는가? 실마리는 "n 링을 옮겨라" 표현에 있다. 이동시킬 링이 없다면 아무것도 없는 것이다. 그 단계에서는 완성한 것이다. 그러므로 링의 개수가 0이면 아무것도 하지 않는다 (그냥 복귀한다). 이것이 기본 경우이다.

```
public static void doTowers(
   int n,                              // 이동시킬 링의 개수
   int startPeg,           // 이동시킬 링을 가지는 기둥
   int auxPeg,             // 임시적으로 링을 가지는 기둥
   int endPeg )            // 이동시킬 링을 받는 기둥
{
   if (n > 0)
   {
      // n - 1 개의 링을 시작 기둥에서 보조 기둥으로 이동
      doTowers(n - 1, startPeg, endPeg, auxPeg);

      System.out.println("Move ring from peg " + startPeg
                        + " to peg " + endPeg);

      // n - 1 개의 링을 보조 기둥에서 목적지 기둥으로 이동
      doTowers(n - 1, auxPeg, startPeg, endPeg);
   }
}
```

이 간단한 알고리즘이 실제로 작동한다는 사실을 믿기 어렵지만 실제로 작동한다. 세 가지 질문을 사용하여 조사해 보기로 하자.

1. **기본 경우 질문.** 메소드에서 비재귀 경우가 있는가? 메소드가 기본 경우에 대해 제대로 작동하는가? doTowers 메소드가 링의 개수(인자 n)에 0을 전달받는다면 if 문장의 본체를 지나쳐 아무것도 하지 않을 것이다. 이동시킬 링이 없는 것이므로 이것은 맞다. 이 퇴보 경우는 확실한 확신을 가지고 만든 것은 아니다. 링의 개수가 1인 경우를 고려하자. 한 개의 링이면 startPeg에서 endPeg으로 바로 옮겨져야 한다. doTowers 메소드는 인자 n에 1을 가지고 호출된다. 이 경우는 if 문장의 본체로 들어간다. 두 개의 재귀 호출은 링 개

수 n-1 = 0이 전달된다. 그리고 0이므로 아무것도 하지 않는다. 그래서 출력문만 남겨진 상황이 된다. 출력문은 startPeg에서 endPeg으로 하나의 링을 옮기는 것을 제대로 기록한다. 기본 경우 질문에 대한 답은 예이다.

2. **작은 호출자 질문.** 메소드에 대한 재귀 호출이 원 문제의 작은 경우와 관련 있는가? 그리고 불가피하게 기본 경우에 도달하는가? 답은 예이다. 왜냐하면 메소드는 링 개수 인자 n을 받아서 재귀 호출은 링 개수 인자 n-1을 전달하기 때문이다. 후속적인 재귀 호출 역시 감소된 인자 값을 전달하고 최종적으로 값은 1이 된다.

3. **일반 경우 질문.** 재귀 호출이 제대로 작동한다고 가정하고 일반 경우에 작동하는가? 답은 예이다. 목표는 n개의 링을 시작 기둥에서 목적지 기둥으로 이동하는 것이다. 메소드 내에서 첫 번째 재귀 호출은 시작 기둥에서 보조 기둥으로 n-1 개의 링을 옮긴다. 이 과정이 제대로 작동한다고 가정하면 이제 시작 기둥에 하나가 남아있고 목적지 기둥은 비어있다. 그 링은 가장 큰 링임에 분명하다. 왜냐하면 모든 다른 링은 그 위에 있었기 때문이다. 시작 기둥에서 목적지 기둥으로 출력문에 기술된 대로 바로 이동시킬 수 있다. 두 번째 호출은 이제 보조 기둥에 있는 n-1 개의 링을 목적지 기둥의 방금 옮겨진 가장 큰 링 위로 옮긴다. 이 이동이 제대로 작동한다고 가정했으므로 이제 목적지 기둥에 n 개의 링이 있는 것이다.

세 질문에 긍정적으로 답을 한 상황이다.

## 프로그램

Towers 라 불리는 클래스에 doTowers 메소드를 포함한다. 링의 개수를 사용자로부터 입력받고 해결책을 보고하기 위해 dpTowers를 사용한다.

```
// Towers.java by Dale/Joyce/Weems Chapter 4
//
// 초기 값을 받고 메소드를 호출하는doTowers를
// 위한 드라이버 클래스
//----------------------------------------------------------------------
import java.util.Scanner;

public class Towers
{
  private static String indent = "";              // 추적을 위한 들여쓰기 (indentation)
  public static void main(String[] args)
```

```
{
    Scanner conIn = new Scanner(System.in);

    // 시작 펙에 있는 링의 개수
    int n;
    System.out.print("Input the number of rings: ");
    if (conIn.hasNextInt())
      n = conIn.nextInt();
    else
    {
      System.out.println("Error: you must enter an integer.");
      System.out.println("Terminating program.");
      return;
    }

    System.out.println("Towers of Hanoi with " + n + " rings\n");
    doTowers(n, 1, 2, 3);
}

public static void doTowers(
    int n,              // 이동시킬 링의 개수
    int startPeg,       // 이동시킬 링을 가진 기둥
    int auxPeg,         // 임시적으로 링을 가지는 기둥
    int endPeg )        // 이동시킬 링을 받는 기둥
{
  if (n > 0)
  {
    indent = indent + " ";
    System.out.println(indent + "Get " + n + " rings moved from peg "
                                  + startPeg + " to peg " + endPeg);

    // n - 1 개의 링을 시작 기둥에서 보조 기둥으로 이동
    doTowers(n - 1, startPeg, endPeg, auxPeg);

    // n 번째 링을 시작 기둥에서 목적지 기둥으로 이동
    System.out.println(indent + "Move ring " + n + " from peg "
                                  + startPeg + "to peg" + "endPeg"

    // n - 1 개의 링을 보조 기둥에서 목적지 기둥으로 이동
    doTowers(n - 1, auxPeg, startPeg, endPeg);

    indent = indent.substring(2);
  }
```

```
  }
}
```

doTowers 내에서 if 문장에 들어갈 때마다 현재의 부목표(subgoal)를 보이기 위한 출력 추적문을 추가하였다. 출력문의 들여쓰기는 각 메소드 호출의 깊이를 시각화하는데 도움을 준다. 여기 네 개의 기둥을 가진 실행으로부터의 출력이 있다.

```
Input the number of rings: 4
Towers of Hanoi with 4 rings
  Get 4 rings moved from peg 1 to peg 3
   Get 3 rings moved from peg 1 to peg 2
         Get 2 rings moved from peg 1 to peg 3
           Get 1 rings moved from peg 1 to peg 2
           Move ring 1 from peg 1 to peg 2
         Move ring 2 from peg 1 to peg 3
           Get 1 rings moved from peg 2 to peg 3
           Move ring 1 from peg 2 to peg 3
         Move ring 3 from peg 1 to peg 2
           Get 2 rings moved from peg 3 to peg 2
           Get 1 rings moved from peg 3 to peg 1
           Move ring 1 from peg 3 to peg 1
         Move ring 2 from peg 3 to peg 2
           Get 1 rings moved from peg 1 to peg 2
           Move ring 1 from peg 1 to peg 2
Move ring 4 from peg 1 to peg 3
  Get 3 rings moved from peg 2 to peg 3
   Get 2 rings moved from peg 2 to peg 1
         Get 1 rings moved from peg 2 to peg 3
         Move ring 1 from peg 2 to peg 3
   Move ring 2 from peg 2 to peg 1
         Get 1 rings moved from peg 3 to peg 1
         Move ring 1 from peg 3 to peg 1
Move ring 3 from peg 2 to peg 3
   Get 2 rings moved from peg 1 to peg 3
         Get 1 rings moved from peg 1 to peg 2
         Move ring 1 from peg 1 to peg 2
   Move ring 2 from peg 1 to peg 3
         Get 1 rings moved from peg 2 to peg 3
         Move ring 1 from peg 2 to peg 3
```

여기 추적 문장을 뺀 출력이 있다.

```
Input the number of rings: 4
Move ring 1 from peg 1 to peg 2
Move ring 2 from peg 1 to peg 3
Move ring 1 from peg 2 to peg 3
Move ring 3 from peg 1 to peg 2
Move ring 1 from peg 3 to peg 1
Move ring 2 from peg 3 to peg 2
Move ring 1 from peg 1 to peg 2
Move ring 4 from peg 1 to peg 3
Move ring 1 from peg 2 to peg 3
Move ring 2 from peg 2 to peg 1
Move ring 1 from peg 3 to peg 1
Move ring 3 from peg 2 to peg 3
Move ring 1 from peg 1 to peg 2
Move ring 2 from peg 1 to peg 3
Move ring 1 from peg 2 to peg 3
```

각자 자신의 프로그램을 시도해 보라. doTowers 메소드 내의 두 재귀 호출 때문에 프로그램에서 발생된 출력문이 매우 빨리 증가함에 주의하라. 사실상, 시작 기둥에 하나의 링을 추가할 때마다 프로그램의 출력은 두 배 이상 증가하게 된다. 저자의 시스템에서 Towers를 실행시켰을 때 16개의 링을 가진 인자를 가질 때 출력 파일은 10메가바이트 이상이 발생되었다.

## 4.4 블롭 세기

이 절에서 블롭(blob)에 대해 배울 것이다. 블롭이 무엇인지 블롭의 격자를 생성하는 법, 블롭을 세는 방법을 배운다. 이 명확히 재미있는 주제는 재귀의 힘의 좋은 예이다. 또한 다음 번에 다시 시도하지 않는 완성된 작업을 마크하는 중요한 계산 기술을 도입한다. 부가적으로 격자에서의 블롭 찾기는 연결 컴포넌트에 이름 붙이기(labeling)의 중요한 컴퓨터 영상 문제와 관련되어 있다. 영상이 주어졌을 때 영상 내에서 각 별도의 항목을 자동적으로 찾고 이름 붙이고 분류하고 세는 게 중요하다. 예를 들면 태양의 표면에서 흑점을 찾거나 위성 사진에서 농촌 지역과 도시 지역을 분류하거나 초원에서 화재를 찾는 것이다. 이러한 모든 문제는 연결된 컴포넌트를 찾는 것과 관련되어 있다. 이 절에서 블롭을 표시하는 문제에서 제시하는 방식은 영상 처리에서 연결된 컴포넌트를 찾는 데 사용될 수 있다.

블롭은 문자의 격자에서 발견된다. 블롭은 연속된 X의 모음이다. 두 개의 X는 수평적으로 또는 수직적으로 이웃해 있을 때 연속되어 있다고 한다. 예를 들어 왼쪽 격자는 5개의 블롭을 포함하는데 오른쪽 격자에 해당 블롭이 나타나 있다.

```
X-X--X--X--          X-X--X--X--
XXX--X-----          XXX--X-----
--XX-X-----          --XX-X-----
-----XX----          -----XX----
----X---XXX          ----X---XXX
```

목표는 블롭 문자를 임의로 배치한 격자를 생성하고 격자를 보이고 블롭을 계산하여 블롭의 개수를 보고하는 응용 프로그램을 생성하는 것이다.

## 블롭 생성

블롭을 임의로 생성할 것이다. 격자의 문자는 블롭 문자 "X"이거나 비블롭 문자 "–"이다. 좀더 재미있게 만들기 위해 응용 프로그램의 사용자가 블롭 문자의 백분율을 나타내도록 한다. 사용자는 어떤 문자가 블롭 문자일 확률을 나타내는 0에서 100사이의 백분율을 제공한다. 예를 들어 백분율 0, 33, 67, 100인 격자는 다음과 같이 보인다.

```
-----------    -X--X----X-    X-X-XXX-XX-    XXXXXXXXXXX
-----------    X----X-X---    XXXXX-XXXXX    XXXXXXXXXXX
-----------    ---X-----XX    XXXXX---XX-    XXXXXXXXXXX
-----------    XX-X-X--X--    ---X---XXX-    XXXXXXXXXXX
-----------    ------XX-X     XX--X-XXXXX    XXXXXXXXXXX

Percentage 0   Percentage 33  Percentage 67  Percentage 100
Blobs      0   Blobs     13   Blobs      3   Blobs       1
```

내부적으로 격자는 boolean 값의 이차원 배열로 표현된다. true는 블롭 문자, false 는 비블롭 문자이다. 문자를 "X" 나 "–"로 시각화하지만 프로그램 내에서는 boolean 값으로 표현함으로써 처리하는 것이 쉽다. "X" 나 "–" 를 사용하는 것을 걱정하는 때는 격자가 보여질 때뿐이다. 격자의 행과 열의 수가 rows 와 cols로 주어졌을 때 문자가 블롭 문자일 백분율 확률이 percentage일 때 다음 코드는 블롭을 생성한다.

```
for (int i = 0; i < rows; i++)
  for (int j = 0; j < cols; j++)
  {
      randInt = rand.nextInt(100);            // 임의 숫자 0 .. 99
```

```
        if (randInt < percentage)
          grid[i][j] = true;
        else
          grid[i][j] = false;
}
```

rand 변수는 자바 라이브러리의 Random 클래스의 객체이다. nextInt 메소드는 0과 99 사이의 임의 정수를 복귀한다. 이 임의 정수는 격자 위치가 블롭 문자를 가져야 하는지 percentage와 비교된다.

## 계산 알고리즘

격자에서 블롭의 개수를 어떻게 세는지 생각하자. 격자를 한 행씩 보면서 블롭 문자를 볼 때마다 카운트를 증가시킨다. grid[i, j]의 값이 true일 때 위치 i, j에서 블롭을 본다. 이에 따라 다음 코드가 나온다.

```
int count = 0;
for (int i = 0; i < rows; i++)
   for (int j = 0; j < cols; j++)
        if (grid[i][j])
          count++;
```

그러나 이 코드에 문제가 있다. 문제가 보이는가? 이 코드는 블롭 문자를 세는 것이지 블롭의 개수를 세는 것이 아니다.

블롭 문자를 만날 때 이미 계산이 된 블롭의 일부인지 결정하는 방법이 필요하다. 블롭 문자를 만나고 계산할 때마다 블롭 내의 모든 문자를 계산되었다고 마크해야 한다, 그러한 문자는 이미 "방문되었다(visited)"라고 말한다.

이 방식을 지원하기 위해 visited라는 병행 격자를 생성한다. 이 격자 역시 boolean 값의 이차원 배열이다. 초기에는 계산을 하기 전 어떤 블롭 문자도 방문되지 않았으므로 모든 엔트리가 false 이다. 블롭 문자의 행과 열 색인을 인자로 받아들여 블롭 내의 모든 문자를 마크하기 위해 진행하는 markBlob이라는 메소드를 가정하자. 즉 visited 구조에서 해당 값을 true로 지정한다. markBlob을 어떻게 구현하는지는 다음 절에서 걱정할 것이다. 지금은 markBlob이 작업을 제대로 한다고 가정하고 계산 코드를 재 설계할 수 있다.

```
int count = 0;
for (int i = 0; i < rows; i++)
   for (int j = 0; j < cols; j++)
        if (grid[i][j] && !visited[i][j])
        {
          count++;
          markBlob(i, j);
}
```

새로운 방식에서는 블롭 문자가 방문되지 않은 경우만 계산한다. 계산 후에는 그 블롭 문자와 블롭 내의 모든 문자를 마크한다. (markBlob 메소드를 사용하여 방문된다.)

본 교재에서 나중에 트리(tree)와 그래프(graph)를 공부할 때 항목을 마크하는 이 방식을 다시 사용한다.

## 마크 알고리즘

남겨진 것은 블롭에 있는 문자를 마크하는 메소드를 생성하는 것이다. 독자가 이미 추측했듯이 문제의 해결을 간단화하기 위해 재귀를 사용한다

markBlob 메소드는 마크해야 할 블롭 문자의 위치를 row와 col 두 개의 인자로 전달받는다. 그래서 방문되는 위치를 마크하는 것이 첫번째 하는 일이다.

```
visited[row][col] = true;
```

그러나 이 메소드는 블롭 내의 모든 다른 문자를 마크할 의무를 가지고 있다. 그래서 지정된 위치를 마크하는데 더해서 그 위치 주위의 네 위치를 마크할 필요가 있는지 검사한다. 즉 지정된 위치의 위, 아래, 왼쪽, 오른쪽 위치를 확인한다.

언제 이러한 위치가 마크되어야 하는가? 세 개의 필요 조건이 있다.

1. 위치가 존재함 즉 격자의 경계 밖이 아님
2. 그 위치가 블롭 문자를 포함함
3. 그 위치가 이미 방문되지 않았음

예를 들어 다음 코드는 지정된 위치 위의 위치를 확인하고 마크한다.

```
if ((row - 1) >= 0)                                   // 격자에 있으면
```

```
if (grid[row - 1][col])              // 블롭 문자를 가지면
    if (!visited[row - 1][col])      // 그리고 방문되지 않았으면
      markBlob(row - 1, col);        // 마크함
```

나머지 세 방향에 대한 코드(아래, 왼쪽, 오른쪽)도 비슷하다.

markBlob 메소드의 재귀적 특성은 모든 블롭 문자는 마크된다는 것을 보증한다. 명세된 블롭 문자의 모든 이웃은 확인되고 블롭에 있으면 또 그 모든 이웃은 확인된다. 처음 직면되었을 때 문자 위치를 방문이라고 마크한다는 사실은 메소드가 영원히 재귀하지는 않는다는 것을 보증한다.

markBlob 메소드를 세 가지 질문 방식을 이용해서 조사해보자. 메소드의 목표가 방문하면서 블롭 내의 모든 블롭 문자를 마크하는 것이라는 것을 상기하라.

1. **기본 경우 질문.** 메소드를 빠져 나오는 비재귀적 방법이 있는가? 이 기본 경우에 제대로 작동하는가? markBlob 메소드가 블롭 내에 최종 마크되지 않은 위치를 나타내는 인자를 전달받는다면 네 개의 연속적인 위치의 각 확인은 하나 또는 다른 이유로 실패할 것이고 markBlob에 대한 재귀 호출은 일어나지 않을 것이다. 이 경우에 메소드가 취하는 하나의 행동은 방문을 하면서 지정된 위치를 마크하고 복귀하는 것이다. 기본 경우 질문의 답은 예이다.

2. **작은 경우 질문.** 메소드에 대한 각 재귀 호출은 원 문제에 대한 작은 경우와 관련되고 결국 불가피하게 기본 경우에 도달하는가? 매번 메소드가 호출될 때마다 방문 하는 중에 다른 블롭 위치가 마크되기 때문에 답은 예이다. 결국 하나 작은 블롭 위치가 마크될 필요가 있는 상황이다. 후속적인 재귀 호출은 결국 더 이상 마크할 위치가 없을 때까지 위치를 마크한다.

3. **일반 경우 질문.** 재귀 호출이 제대로 작동한다고 가정하고 메소드가 일반 경우에 작동하는가? 답은 예이다. 목표는 블롭 내의 모든 위치를 마크하는 것이다. 블롭 내의 어떤 주어진 위치에서 시작하여 그 네 가지 근접한 위치를 확인한다. 그 중에 하나라도 블롭에 있으면 마크가 되고 그 이웃들이 적절히 확인되고 마크된다는 것이 가정된다. (재귀 호출이 제대로 작동한다고 가정한다.) 블롭 내의 각 위치는 블로 내의 다른 위치에 근접하므로 궁극적으로 모든 블롭 위치를 확인하고 마크한다.

세 가지 질문에 모두 예라고 대답하였다.

## 격자 클래스

응용 프로그램을 지원하는 Grid 클래스를 생성한다. 이 클래스의 객체는 생성되었을 때 그것의 차원과 클래스가 포함해야 하는 블롭 문자의 비율을 전달받는다. 이 명세에 기반한 문자의 격자를 생성하기 시작한다. 클래스는 격자에 포함된 블롭의 개수를 복귀하는 blobCount 메소드를 내보낸다. 이 절에서 개발된 격자 생성과 블롭 계산 알고리즘을 사용한다. Grid 클래스는 역시 boolean 기반의 격자를 출력을 위해 문자의 알맞은 문자열로 변환하는 toString 메소드를 내보낸다.

```
//----------------------------------------------------------------------
// Grid.java by Dale/Joyce/Weems Chapter 4
//
// 블롭과 블롭이 아닌 문자로 이루어지는 격자 객체를 지원한다.
// 계산을 위해 포함된 블롭의 개수를 허용한다.
//----------------------------------------------------------------------

import java.util.Random;

public class Grid
{
  protected int rows;                    // 격자 행의 개수
  protected int cols;                    // 격자 열의 개수
  protected boolean [][] grid;           // 블롭을 포함하는 격자
  boolean [][] visited;                  // blobCount 에 의해 사용됨
  public Grid(int rows, int cols, int percentage)
  // 사전 조건 : rows and cols > 0
  // 0 <= percentage <= 100
  //
  // rows, cols 크기의 격자를 생성. 위치는 백분율 확률에 기반한 블롭 문자로 지정됨
  {
      this.rows = rows;
      this.cols = cols;
      grid = new boolean [rows][cols];
      // 임의 숫자를 생성하기 위함
      int randInt;
      Random rand = new Random();
      for (int i = 0; i < rows; i++)
        for (int j = 0; j < cols; j++)
        {
         randInt = rand.nextInt(100); // 임의 숫자 0 .. 99
```

```
            if (randInt < percentage)
                  grid[i][j] = true;
            else
                  grid[i][j] = false;
         }
}

public String toString()
{
   String gridString = "";
   for (int i = 0; i < rows; i++)
   {
        for (int j = 0; j < cols; j++)
        {
           if (grid[i][j])
                  gridString = gridString + "X";
           else
                  gridString = gridString + "-";
           }
           gridString = gridString + "\n"; // 행의 끝
        }
        return gridString;
}

public int blobCount()
// 격자에서 블롭의 개수를 복귀함
{
   int count = 0;
   visited = new boolean [rows][cols];                    // 위치가 방문되었으면 참
   // visited를 초기화
   for (int i = 0; i < rows; i++)
        for (int j = 0; j < cols; j++)
           visited[i][j] = false;

// 블롭을 계산
for (int i = 0; i < rows; i++)
   for (int j = 0; j < cols; j++)
        if (grid[i][j] && !visited[i][j])
        {
           count++;
           markBlob(i, j);
        }
   return count;
```

```
  }

  private void markBlob(int row, int col)
  // 방문하면서 row, col 위치를 마크
  // 확인하고 적절하면 그 위치의 위, 아래, 왼쪽, 오른쪽 위치를 마크
  {
      visited[row][col] = true;

 // 위를 확인
      if ((row - 1) >= 0)                         // 격자에 있고
         if (grid[row - 1][col])                  // 블롭 문자를 가지면
                if (!visited[row - 1][col])       // 그리고 방문되지 않았으면
                   markBlob(row - 1, col);        // 마크함

 // 아래를 확인
      if ((row + 1) < rows)                       // 격자에 있고
         if (grid[row + 1][col])                  // 블롭 문자를 가지면
      if (!visited[row + 1][col])                 // 그리고 방문되지 않았으면
         markBlob(row + 1, col);                  // 마크함

 // 왼쪽을 확인
      if ((col - 1) >= 0)                         // 격자에 있고
         if (grid[row][col - 1])                  // 블롭 문자를 가지면
          if (!visited[row][col - 1])             // 그리고 방문되지 않았으면
               markBlob(row, col - 1);            // 마크함
      // 오른쪽을 확인
      if ((col + 1) < cols)                       // 격자에 있고
        if (grid[row][col + 1])                   // 블롭 문자를 가지면
          if (!visited[row][col + 1])             // 그리고 방문되지 않았으면
                 markBlob(row, col + 1);          // 마크함
      }
}
```

## 프로그램

Grid 클래스가 주어지면 응용 프로그램을 생성하기가 쉽다. 격자가 10 행 40 열을 가진다고 가정한다. 응용 프로그램은 사용자가 백분율 확률 값을 입력하게 하고 값에 기반하여 격자를 생성하고 격자를 보여 주고 블롭의 개수를 보고한다.

```
//----------------------------------------------------------------------
// BlobApp.java by Dale/Joyce/Weems Chapter 4
```

```
//
// 사용자에 의해 제공된 백분율 확률에 기반한 격자를 생성하고
// 격자에 있는 블롭의 개수를 보고한다.
//----------------------------------------------------------------------------

import java.util.Scanner;

public class BlobApp
{
  public static void main(String[] args)
  {
      Scanner conIn = new Scanner(System.in);

      final int GRIDR = 10;                          // 격자 행의 개수
      final int GRIDC = 40;                          // 격자 열의 개수

      // 블롭 문자의 백분율 확률을 얻음
      int percentage;
      System.out.print("Input percentage probability (0 to 100): ");
      if (conIn.hasNextInt())
        percentage = conIn.nextInt();
      else
      {
        System.out.println("Error: you must enter an integer.");
        System.out.println("Terminating program.");
        return;
      }
      System.out.println();

      // 격자를 생성
      Grid grid = new Grid(GRIDR, GRIDC, percentage);

      // 격자를 보이고 블롭을 계산
      System.out.println(grid);
      System.out.println("\nThere are " + grid.blobCount() + " blobs.\n");
  }
}
```

여기 프로그램의 샘플 실행이 있다.

```
Input percentage (0 to 100): 50
```

```
---XX-X----XX X---XXX X--X-X-X--XX--XXXXX  X
XXX X------X---X-XXX X---X--XX X-XX X-X-X-X-
XX-XX-XX X-XX--X------X-XX-XX-XXX X--XX-X--
---XX---X----X-X-----X-X-X-----XX X-XX-X-
XX--XX X-X-X-XX--XX--XX X----X-XX-X--X-XX X
-XX-XX-XX X--X--X--X--X--XX X  X  X  XXXXXXX   X
-XX-XXX X-X-XX----XX---XX-XX X-X-X-X--XX X-
XXX X-------X-----XX---X-X--X-XX--XXXX  X-X
XX X--------XX-XX-X-X--X-XX X--X-X-XXX X-X-
-XX---XX-XX--X--XX X-X-XXXX X---X--X------

There are 36 blobs.
```

## 4.5 재귀적 연결 리스트 처리

이 절에서 연결 리스트 따라가는 문제를 위한 재귀적 방식을 사용하는 문제를 살펴본다. 단일 연결 리스트에서 재귀 방식이 때로는 리스트에서 백업을 하는데 유용하다. 리스트를 지원하기 위해 3.7 절에서 도입된 LLObjectNode 클래스를 사용한다. 이 절에서 연결 리스트 그림을 간단하게 하기 위해 노드의 정보를 위해 대문자를, 다음 노드에 대한 링크를 표현하기 위해 화살표를, null 참조를 표현하기 위해 사선(slash)을 사용한다.

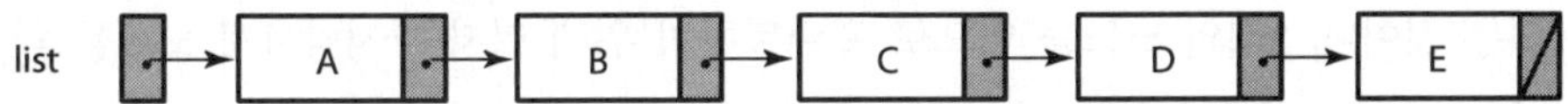


### 역 프린팅

목표는 연결 리스트에서 항목을 프린트하는 것이다. 이 작업은 반복적으로 성취하기는 쉬우므로 재귀적으로 작성하는 것은 맞지 않다. 그러나 여기에 주안점이 있다. 항목을 역 순서로 프린트하기를 원한다. 이제 문제는 반복적으로 하는 것보다 재귀적으로 하는 것이 쉽고 우아하다.

왜 그런지를 보기 위해 이 작업을 반복적으로는 어떻게 하는지 잠깐 생각하자. 한 방식은 리스트를 따라가는데 언제 멈춰야 할지를 앞쪽을 보면서 중첩 루프를 사용하는 것이다. 다음 번 노드가 null인 노드 즉 리스트의 끝에 도달했을 때 멈춘다. 그리고 따라가는 것을 멈춘 그 노드의 정보를 프린트한다. 그리고 또한 그 노드를 기억한다. 다음 번에는 다음 노드가 그 기억된 노드인 노드에서 멈춘다. 이것은 마지막 노드에서 두번째 노드이다. 다시 정보를 프린트하고 그 노드를 기억한다. 이런 식으로 계속하여 앞에서보다 하나 이전에 멈추게 된다. 그리고 멈춘 노드의 정보를 프린트한다. 결국 리스트의 전체 내용을 역순서로 프린트한다.

여기 알고리즘이 있다. listRef 인자는 리스트에서 첫번째 노드에 대한 참조를 표현한다.

```
Iterative revPrint (listRef)
endTraversal을 null로 초기화                              // 리스트에서 마지막 노드의 링크는 null임
while (endTraversal != listRef)
    currNode를 listRef로 지정
    while (currNode.getLink() != endTraversal)
        currNode를 리스트에서 다음 노드를 가리키도록 지정
    currNode에서 정보를 프린트                              // 마지막 노드
    endTraversal 를 currNode를 가리키도록 수정              // endTraversal을 하나 뒤로 이동
```

이 방식은 항목을 프린트할 때마다 리스트를 따라가는 것(scan)을 요구한다. N 개의 항목을 가진 리스트에 대해 $O(N^2)$ 작동이 걸린다. 4.6 절에서 보듯이 스택을 사용하면 작동의 수가 O(N)으로 줄어든다. 그러나 해답을 위해서는 여전히 두 개의 루프와 스택 구조가 필요하다. 재귀를 사용하면 이 모든 복잡함을 피할 수 있다. 핵심은 어떻게 연결 구조를 재귀적으로 보느냐이다. 예를 들어 5개의 노드를 가진 연결 리스트는 노드 하나 뒤에 4개의 노드를 가진 연결 리스트가 있는 것이다. 5개의 노드를 역으로 프린트하기 위해 먼저 마지막 4개 노드를 역순으로 프린트하고 그 다음에 첫 번째 노드를 프린트한다. 그러나 어떻게 마지막 4개의 노드를 역순으로 프린트할 것인가? 다시 재귀를 사용한다. 즉 마지막 4개의 노드를 첫째 노드와 3개 노드의 연결 리스트로 간주한다. 알고리즘이 있고 그 알고리즘은 그림 4.1에 나와 있다.

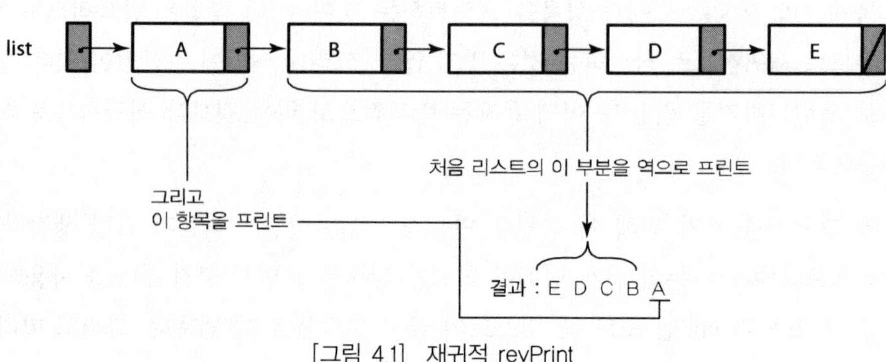


[그림 4.1] 재귀적 revPrint

재귀적 revPrint (listRef)

listRef로 참조된 리스트에서 두번째부터 마지막 항목까지 역순으로 프린트
그리고 listRef로 참조된 리스트의 첫번째 항목을 프린트

이제 알고리즘을 코드로 바꾸어보자. 알고리즘의 두 번째 부분은 간단하다. listRef이 리스트에서 첫 번째 노드를 참조하면 다음 문장을 사용하여 그 내용을 프린트할 수 있다.

```
System.out.println(" " + listRef.getInfo());
```

알고리즘의 첫 번째 부분 즉 리스트에서 다른 모든 노드를 역으로 프린트 역시 간단하다. 왜냐하면 리스트를 역으로 프린트하는 메소드가 있기 때문이다. 방금 revPrint 메소드를 재귀적으로 호출하였다. 물론 나머지 노드를 가리키도록 인자를 조정해야 한다. 그래서 호출은

```
revPrint(listRef.getLink())
```

이것은 "listRef 에 의해 참조되는 노드가 가리키는 리스트를 역순으로 프린트하라"라고 말하는 것과 같다. 이 작업은 두 단계로 재귀적으로 이루어진다.

리스트의 나머지를 revprint (세번째에서 마지막 항목)
그 다음에 리스트에서 두번째 항목을 프린트

물론 작업의 첫 번째 부분은 재귀적으로 이루어진다.

이것이 모두 어디에서 끝나는가? 기본 경우가 필요하다. 가장 작은 경우 즉 마지막 하나의 항목을 역 프린트를 완성했을 때 revPrint의 호출을 멈출 수 있다. 그러면 listRef.getLink()의 값은 null이고 재귀 호출을 멈출 수 있다. 문제를 요약하면

역 프린트 (listRef)

| | |
|---|---|
| 정의 : | listRef로 참조되는 리스트를 역으로 프린트 |
| 크기 : | listRef로 참조되는 리스트에 있는 항목의 개수 |
| 기본 경우 : | 리스트가 공백이면 아무것도 하지 않음 |
| 일반 경우 : | listRef.getLink()로 참조되는 리스트를 역으로 프린트 그 다음 listRef.getInfo()를 프린트 |

재귀 방식이 얼마나 우아한지 평가하기 위해 반복적 방식과 비교하자. 재귀 방식은 리스트를 역으로 프린트하는데 O(N) 작동이 걸리고 루프도 없고 사용자 정의 스택도 없다.

알고리즘의 근거를 제공하기 위해 LinkedStack[12] 을 확장하여 역으로 프린트 기능을 갖춘 LinkedStack2를 생성한다. 스택의 항목을 역순으로 즉 스택에 푸쉬되는 순서로 프린트하는 작동을 추가한다. LinkedStack 클래스는 스택을 연결 리스트로 구현함을 기억하라. 그래서 이 예에서 스택을 사용할 지라도 실제로는 연결 리스트를 접근하는 것이다. 여기 코드가 있다.

```
//----------------------------------------------------------------------
// LinkedStack2.java by Dale/Joyce/Weems Chapter 4
//
// LinkedStack을 printReverse 메소드를 사용하여 확장
//----------------------------------------------------------------------

import ch03.stacks.*;
import support.LLObjectNode;

public class LinkedStack2 extends LinkedStack
{
  private void revPrint(LLObjectNode listRef)
  {
      if (listRef != null)
      {
         revPrint(listRef.getLink());
         System.out.println(" " + listRef.getInfo());
      }
  }

  public void printReversed()
  {
      revPrint(top);
  }
}
```

revPrint가 LinkedStack2의 비공개 (private) 메소드임을 주의하라. revprint를 공개 (public) 메소드로 만들 수 있을 것인가? 답은 아니오이다. 연결 리스트 전체를 프린트하기 위해 클라이언트 프로그램의 처음 revPrint 호출은 인자로서 리스트의 첫번째 노드에 대한 참조를 전달해야 한다. 그러나 LinkedStack 클래스에서 이 참조(top)는 클래스의 비공개 인스턴스 변

12) LinkedStack 은 3.7절에서 제시된다.

수이다. 그래서 다음 클라이언트 프로그램 코드는 허용되지 않는다.

```
myStack2.revPrint(top);  // top이 비공개. 허용되지 않음
```

그러므로 revprint를 보조 비공개 메소드로 생성하고 공개 메소드 printReversed를 revPrint를 호출하도록 정의해야 한다.

```
public void printReversed()
{
revPrint(top);
}
```

이런 식으로 비공개 재귀 방법을 공개 진입 메소드로 정의하는 것은 본 교재의 뒷 부분의 많은 재귀 해결에서 사용된다. 이 설계가 주어지면 클라이언트 프로그램은 전체 스택을 역순으로 프린트할 수 있다.

```
myStack2.printReversed();
```

공개 printReversed()는 그러면 스택의 꼭대기를 전달하는 revPrint를 호출한다.

revprint를 세가지 질문 방식으로 검증하자.

1. 기본 경우 질문. listRef가 null일 때 if 본체를 지나치고 복귀한다. 답은 예이다.
2. 작은 호출자 경우 질문. 재귀 호출은 listRef.getLink()에 의해 참조되는 리스트를 전달한다. 즉 listRef로 참조되는 리스트보다 하나 작다. 궁극적으로 공백 리스트를 전달할 것이다. 즉 원 리스트의 마지막 노드에서 발견되는 null 참조를 전달할 것이다. 이것이 기본 경우이다. 답은 예이다.
3. 일반 경우 질문. revprint(listRef.getLink())가 리스트의 나머지를 제대로 역순으로 프린트한다고 가정한다. 이 호출과 첫번째 항목의 값을 프린트하는 문장은 전제 리스트를 역순으로 주는 것이다. 답은 예이다.

이 방식이 제대로 작동한다고 결론 짓는다. 물론 공백을 포함한 여러 가지 크기의 스택을 사용하여 검사해야 한다.

본 교재의 나중 부분에 연결 구조를 사용한 재귀의 여러 다른 예들을 공부할 것이다.

# 4.6 재귀의 제거

어떤 언어는 재귀를 지원하지 않는다. 때때로 언어가 재귀를 지원한다고 하는 경우에도 재귀 해결책은 공간과 시간에서 너무 비싸기 때문에 바람직하지 않다. 이 절에서는 재귀를 대체하는 두 가지 일반적인 방식 반복과 스택을 고려한다. 처음에 어떻게 재귀가 구현되는지 본다. 재귀가 어떻게 작동하는지 이해하는 것은 비재귀 해결을 어떻게 개발할 지 도움이 된다.

**자바 프로그래밍 모델**

자바는 일반적으로 인터프리트 (interpreted) 언어로서 사용된다. 자바 프로그램을 컴파일하면 자바 바이트코드(bytecode)라는 언어로 번역된다. 자바 프로그램을 실행하면 컴퓨터의 자바 인터프리터가 프로그램의 바이트코드 버전을 인터프리트한다. 인터프리터는 동적으로 바이트코드에 기반한 기계어 코드를 생성하고 컴퓨터에서 기계어 코드를 실행한다. 자바 바이트코드 컴파일러 사용하여 바이트 코드 파일을 직접 기계어 코드로 번역할 수 있다. 이 경우에는 프로그램을 바로 인터프리터 없이 컴퓨터에서 실행할 수 있다. 어느 경우든 자바 프로그램은 어느 시점에 컴퓨터의 기계어 코드로 변환되어야 한다.

이 절에서는 프로그램의 기계어 표현을 논의한다. 대부분의 고급 언어로 작업하는 프로그래머는 프로그램을 바로 기계어로 번역하는 컴파일러를 사용한다.

## 재귀가 어떻게 작동하는가

고급 프로그램을 기계어로 번역하는 것은 복잡한 과정이다. 재귀를 자세히 살펴보기 위해 이 과정에 대해 몇 개의 간략한 가정을 한다. 더구나 Kids 라 불리는 객체 지향도 아니고 프로그램 설계에 있어 좋은 설계도 아닌 간단한 프로그램을 사용한다. 그러나 현재의 논의에 대해 유용한 예를 제공한다.

### 정적 기억 장소 배정

고급 언어 프로그램을 컴퓨터에서 실행을 위한 기계어로 번역하는 컴파일러는 두 개의 기능을 수행해야 한다.

1. 프로그램 변수를 위한 기억 장소를 예약
2. 고급 실행 문장을 동등한 기계 언어 문장으로 번역

전형적으로 컴파일러는 별도의 프로그램 단위로 모듈화하여 이러한 작업을 수행한다. 다음 프로그램을 고려하자.

```
public class Kids
{
   private static int countKids(int girlCount, int boyCount)
   {
        int totalKids;
        totalKids = girlCount + boyCount;
        return(totalKids);
   }

   public static void main(String[] args)
   {
        int numGirls;
        int numBoys;
        int numChildren;
        numGirls = 12;
        numBoys = 13;
        numChildren = countKids(numGirls, numBoys);

        System.out.println("Number of children is " + numChildren);
   }
}
```

컴파일러는 프로그램을 위한 두 개의 별도의 기계 코드 즉 하나는 countKids 메소드, 하나는 main 메소드를 생성한다. 각 단위는 변수를 위한 공간과 고급 코드를 구현하는 기계어 문장의 연속을 포함한다.

이 간단한 Kids 프로그램에서 countKids 메소드의 유일한 호출은 주 프로그램으로부터이다. 프로그램의 제어 흐름은 다음과 같다.

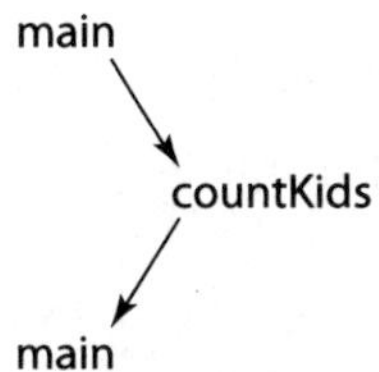

Kids 프로그램에 해당하는 기계 코드는 메모리에 다음과 같이 배치되어 있을 것이다.

```
주 메소드의 변수를 위한 공간
변수를 초기화하는 주 메소드 코드
countKids 메소드로 분기
정보를 프린트하는 주 메소드 코드
countKids 메소드 인자와 지역 변수를 위한 공간
countKids 메소드 코드
주 프로그램으로 복귀
```

이 같은 정적 배정은 가능한 가장 간단한 방식이다. 그러나 이것은 재귀를 지원하지 않는다. 왜 그러한지 보이는가?

countKids 메소드를 위한 공간은 컴파일 때 배정된다. 이 전략은 메소드가 한번 호출되고 항상 호출되기 전에 복귀되는 경우에 잘 작동한다. 물론 재귀 메소드는 복귀되기 전에 여러번 호출될 수 있다. 두 번째와 이후의 호출은 인자와 지역 변수를 위한 공간을 어디에서 찾는가? 각 호출은 자신의 값을 저장하기 위한 공간을 필요로 한다. 이 공간은 정적으로는 배정될 수 없다. 왜냐하면 호출의 횟수가 컴파일 때에는 알려지지 않기 때문이다. 정적인 배정만을 사용하는 언어는 재귀를 지원할 수 없다.

### 동적 기억장소 배정

동적 기억장소 배정은 메소드가 호출될 때 메모리 공간을 제공한다. 지역 변수는 그래서 실행 시간까지 메모리 주소와 연동되어 있지 않다.

**활성 레코드**(activation record) : (스택 프레임). 실행 시간 때 하나의 메소드 호출에 대한 정보 즉 인자, 지역 변수, 복귀 주소를 저장하기 위한 공간.

이 방식이 자바에서 어떻게 작동할 지에 관한 간략화된 버전을 보자. (실제 구현은 특정 시스템에 따라 다르다.) 하나의 메소드가 호출되면 인자, 지역 변수, 복귀 주소 (메소드가 완료되었을 때 복귀되는 호출자 코드에 있는 주소)를 가지기 위한 공간이 필요하다. 이 공간이 활성화 레코드 또는 스택 프레임이라 불린다. 재귀적 factorial 메소드를 고려한다.

```
public static int factorial(int n)
{
  if (n == 0)
      return 1;                     // 기본 경우
```

```
  else
        return (n * factorial(n - 1));           // 일반 경우
}
```

factorial 메소드를 위한 활성 레코드의 간략화된 버전은 다음과 같은 선언을 가질 지 모른다.

```
"declaration":
class ActivationRecordType
{
  AddressType returnAddr;              // 복귀 주소
  int result;                          // 복귀 값
  int n;                               // 인자
}
```

재귀 호출을 포함하여 메소드에 대한 각 호출이 일어나면 자바 실행 시간 시스템은 새로운 활성 레코드를 위한 추가적인 기억 장소를 배정한다. 메소드 내에서 인자와 지역 변수에 대한 참조는 활성 레코드에서의 값을 사용한다. 메소드가 끝나면 활성 레코드 공간은 회수된다.

한 메소드가 있고 두번째 메소드가 호출되었을 때 활성 레코드에 어떤 일이 일어나는가? main 메소드가 proc1을 호출하고 proc1이 proc2를 호출하는 프로그램을 고려하자. 프로그램이 실행이 시작되면 주 활성 레코드가 생성된다 (main 메소드의 활성 레코드는 프로그램의 전체 실행 동안에 존재한다).

처음 메소드 호출에 proc1을 위한 활성 레코드가 생성된다.

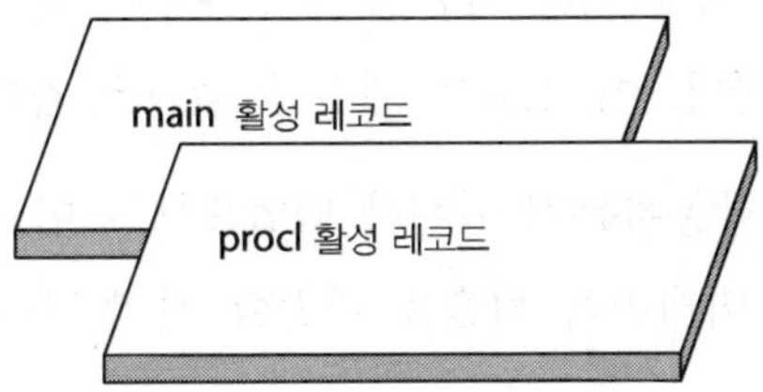

proc2 가 proc1 에서 호출될 때 proc2의 활성 레코드가 생성된다. proc1 실행이 끝나지 않았기 때문에 활성 레코드는 아직 존재한다. 4.1 절에서 사용된 색인 카드와 똑 같이 활성 레코드는 필요할 때까지 저장된다.

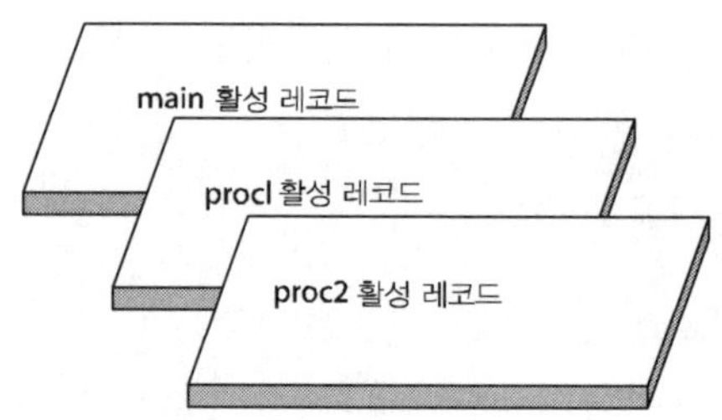


proc2가 실행을 끝내면 그 활성 레코드가 회수된다. 그런데 다른 두 개의 활성 레코드 즉 proc1과 main 중 어떤 것이 활성화 되는가? 물론 proc1의 활성 레코드가 활성화 되어야 한다. 활성의 순서는 후입선출 규칙을 따른다. LIFO 접근을 지원하는 구조는 스택이다. 그래서 실행시간에 활성 레코드를 추적하는 구조를 실행 시간 또는 시스템 스택이라고 부르는 것은 놀랄 일이 아니다.

프로그램의 수행 중에 활성 레코드를 추적하는 시스템 자료 구조.

메소드가 호출되면 활성 레코드는 실행 시간 스택에 푸쉬된다. 각 중첩된 메소드 호출은 스택에 또 다른 활성 레코드를 추가한다. 각 메소드가 실행을 끝내면 활성 레코드는 스택으로부터 팝된다. 재귀 메소드 호출도 일반 다른 메소드 호출과 같이 새로운 활성 레코드가 생성된다.

**재귀의 깊이** : 재귀 메소드가 주어졌을 때 관련된 시스템 스택에서 활성 레코드의 개수

복귀하기 전에 메소드가 거치는 재귀 호출의 개수는 실행 시간 스택에 몇 개의 활성 레코드가 출현했는지 결정한다. 이 호출의 개수를 재귀의 깊이라고 한다.

이제 재귀가 어떻게 작동하는지 이해가 되었으므로 이 절의 주 주제로 가 보자. 재귀 해결에 기반하여 어떻게 비재귀적 해결을 개발할 것 인가이다.

## 반복

재귀 호출이 재귀 메소드에서 실행되는 마지막 행동일 때 재미있는 상황이 벌어진다. 재귀 호출은 활성 레코드가 실행 시간 스택에 들어가게 만든다. 이 레코드는 호출된 메소드의 인자와 지역 변수를 가질 것이다. 재귀 호출이 실행이 끝나면 실행 시간 스택은 팝되고 변수의 이전 값들이 복구된다. 실행은 재귀 호출이 일어나기 전까지 계속된다. 재귀 호출이 메소드에서 마지막 문장이므로 실행할 것이 더 이상 없고 메소드는 복구된 지역 변수 값을 사용하지 않고 종료한다. 지역 변수는 저장될 필요가 없었다. 호출에서 인자와 복귀 값만이 실제로 중요하다.

이런 경우에 재귀가 실제로 필요하지는 않다. 재귀 호출의 연속은 루프 구조로 대치될 수 있다. 예를 들면 4.1 절에 제시된 factorial 메소드는 재귀 호출이 메소드에서 마지막 문장이다.

```
public static int factorial(int n)
{
   if (n == 0)
        return 1;                              // 기본 경우
   else
        return (n * factorial(n - 1));         // 일반 경우
}
```

재귀 버전에서 while 루프를 사용한 반복 버전으로 어떻게 이동할 지 조사하자.

반복 해결을 위해 계산의 중간 값을 저장하는 변수를 선언할 필요가 있다. 그것을 retValue라 부르는데 이유는 궁극적으로 복귀할 최종 값을 가지기 때문이다.

재귀 해결의 기본 경우를 보면 retValue에 지정해야 할 초기값을 알 수 있다. 1로 초기화해야 하는데 이것은 기본 경우에서 복귀한 값이다. 이런 방식으로 반복 메소드는 루프 본체에 들어가지 않는 경우에 제대로 작동한다.

이제 while 루프의 본체로 관심을 돌려보자. 루프를 도는 매 번이 재귀 호출 한번에 의한 계산에 해당한다. 그러므로 중간 값 retValue과 n 변수의 현재 값을 곱하는 것이 필요하다. 또한 루프에서 매 번이 각 호출의 작은 호출자에 해당하므로 n을 1 감소하는 것이 필요하다

결국 루프 종료 조건을 결정할 필요가 있다. 재귀 해결이 하나의 기본 경우를 가지므로 인수 n이 0이면 단일 종료 조건을 갖는다. 기본 경우가 만족하지 않는 한 루프의 처리를 계속한다.

```
while (n != 0)
```

모든 것을 고려하면 다음의 메소드의 반복 버전에 도달한다.

```
private static int factorial(int n)
{
   int retValue = 1;                    // 복귀 값
   while (n != 0)
   {
       retValue = retValue * n;
       n = n - 1;
   }
   return(retValue);
}
```

재귀 호출이 실행되는 마지막 문장인 경우를 꼬리 재귀(tail recursion)라고 부른다. 꼬리 재귀는 반복으로 대치될 수 있다.

**꼬리 재귀** : 메소드가 단일 재귀 호출을 가지고 메소드 내에서 실행되는 마지막 문장인 경우

## 스태킹(stacking)

재귀 호출이 재귀 메소드에서 마지막 행동이 아닐 때 재귀를 단순히 루프로 대치할 수 없다. 예를 들면 연결 리스트를 역순으로 프린트하는 4.5 절에서 개발한 revPrint 메소드를 고려하자.

```
private void revPrint(LLObjectNode listRef)
{
if (listRef != null)
{
revPrint(listRef.getLink());
System.out.println(" " + listRef.getInfo());
}
}
```

여기에서는 재귀 호출을 하고 현재 노드의 값을 프린트한다. 이런 경우에 재귀를 없애기 위

해서는 시스템에 의해 이루어지는 스택을 프로그래머에 의해 이루어지는 스택으로 대치해야 한다.

역 프린트 예에서 전향 방향으로 각 노드의 정보를 스택에 저장하면서 리스트의 끝에 도달할 때까지 리스트를 따라가야 한다. 리스트의 끝에 도달하면 마지막 노드의 정보를 프린트한다. 그리고 스택에 저장된 정보를 사용하여 팝을 하고 다시 프린트하고 팝을 하고 다시 프린트를 계속한다. 이 과정은 처음 리스트 항목의 정보를 프린트할 때까지 계속된다.

일반적인 해결안은 다음과 같다.

```
printReversed (listRef)
객체의 공백 스택을 생성
while listRef 이 null 이 아님
  listRef.getInfo()를 스택에 푸시
  listRef를 진행

while 스택이 공백이 아님
  정보를 얻기 위해 스택을 팝
  정보를 프린트
```

이전 역 프린트 예(재귀 예)를 다루기 위해 LinkedStack 클래스를 역 프린트 연산으로 확장한 LinkedStack2 클래스를 만들었다. 이 반복 예를 위해 더 작은 LinkedStack3 클래스를 사용하자.

```
//----------------------------------------------------------------------
// LinkedStack3.java by Dale/Joyce/Weems Chapter 4
//
// LinkedStack을 비재귀적 printReversed 메소드로 확장
//----------------------------------------------------------------------
import ch03.stacks.*;
import support.LLObjectNode;
public class LinkedStack3 extends LinkedStack
{
  public void printReversed()
  {
      UnboundedStackInterface stack = new LinkedStack();
      LLObjectNode listNode;
      Object object;
      listNode = top;
      while (listNode != null)                    // 참조들을 스택에 넣음
      {
```

```
        stack.push(listNode.getInfo());
        listNode = listNode.getLink();
      }
      // 참조를 역순으로 찾아서 항목을 프린트
      while (!stack.isEmpty())
      {
        System.out.println(" " + stack.top());
        stack.pop();
      }
  }
}
```

이 해결책 내에서 정보를 저장하기 위해 사용하는 스택은 LinkedStack 클래스이다. LinkedStack 클래스를 확장하는 클래스의 메소드를 구현하는 데 LinkedStack 객체를 사용하는 것이 이상해 보일지 모른다. 사실상 이것은 완전히 합리적인 선택이다. 결국 Object 클래스의 정보를 저장하는데 스택이 필요하고 미리 스택이 얼마나 크게 될지 모른다.

프로그래머 스택 버전 printReversed가 재귀적 버전보다 길다는 점을 주목하라. 특히 스택 메소드 push, pop, top, isEmpty를 추가하면 더욱 그렇다. 더 길어지게 된 것은 정보를 명시적으로 쌓고 내리는 것이 필요하기 때문이다. 재귀가 시스템 스택을 사용하는 것에 비추어 역프린트를 위한 재귀 알고리즘 역시 스택을 사용하는 것을 알 수 있다. 이 스택은 시스템에 의해 자동적으로 제공되는 보이지 않는 스택이다. 이것이 재귀 문제 해결의 우아한 면이다.

## 4.7 재귀 해결책을 사용할 지의 결정

어떤 문제에 재귀 해결책을 사용할 지 결정할 때 몇 가지 사항을 고려할 수 있다. 주요 이슈는 효율성과 해결책의 명확성이다.

### 재귀 오버헤드

재귀 해결책은 컴퓨터 시간과 공간에서 비재귀 해결보다 비싸다. (이것은 항상 그런 것은 아니다. 이것은 문제, 컴퓨터, 그리고 컴파일러에 따라 다르다.) 재귀 해결책은 대게 중첩 재귀 메소드 호출 때문에 시간(매 호출은 활성 레코드의 생성과 처분의 처리, 실행 시간 스택을 유지)과 공간(활성 레코드가 저장되어야 함) 면에서 오버헤드를 더 요구한다. 재귀 메소드의 호출은 많은 호출 층을 발생시킬 지 모른다. 예를 들어 factorial에 대한 반복 해결책의 호출은 하나의 활성 레코드를 실행 스택에 넣는 단일 메소드 호출이 된다. factorial의 재귀 버전을 호출하는 것은 n+1 개의 메소드 호출을 요구하고 n+1 개의 활성 레코드를 실행 시간 스택에 푸쉬한다. 즉 재귀의 깊이는 O(n)이다. 어떤 문제에서 시스템은 재귀 해결을 실행할 실행 시간 스택에 충분한 공간을 가지지 못할 수도 있다.

## 비효율적 알고리즘

다른 잠재적인 문제는 어떤 재귀 해결책은 근본적으로 비효율적이라는 것이다. 이런 비효율성은 알고리즘을 어떻게 구현하는 것을 반영하는 것이 아니라 알고리즘 자체에 기인한 것이다.

### 조합 (Combinations)

항목의 그룹으로부터 어떤 크기의 조합이 몇 개 존재하느냐를 결정하는 문제를 고려하자. 예를 들어 20 개의 다른 책들을 네 학생에게 전달한다면 각 학생에서 5개의 책을 주어야 한다는 것을 쉽게 알 수 있다. 그러나 20 개의 책으로부터 5개 책의 몇 개의 조합이 존재하는가?

$$C(\text{group}, \text{members}) = \begin{cases} \text{group}, & \text{if members} = 1 \\ 1, & \text{if members} = \text{group} \\ C(\text{group}-1, \text{members}-1) + C(\text{group}-1, \text{members}) & \text{if group} > \text{members} > 1 \end{cases}$$

이 C 정의 자체가 재귀적이므로 재귀 메소드가 이 문제를 푸는데 사용될 수 있다는 것을 쉽게 알 수 있다.

```
public static int combinations(int group, int members)
{
   if (members == 1)
        return group;                  // 기본 경우 1
   else if (members == group)
        return 1;                      // 기본 경우 2
   else
        return (combinations(group - 1, members - 1) +
            combinations(group - 1, members));
}
```

초기 인자 (4, 3)이 주어졌을 때 이 메소드를 위한 재귀 호출은 그림 4.2에 나타나 있다.

원 문제로 돌아가서 다음 문장으로 원래 20개의 책으로부터 5 개의 책의 몇 개의 조합이 있는지 찾을 수 있다.

```
System.out.println("Combinations = " + combinations(20, 5));
```

이는 "Combinations = 15504"를 출력한다. 숫자가 이리 크리라고 짐작했는가? 재귀 함수가 빠르게 증가하는 함수를 정의하는데 사용될 수 있다. 우아하게 보이지만 조합의 개수를 계산하는 이 방식은 극도로 비효율적이다.

combinations(4, 3)을 계산하는 그림 4.2의 예는 간단해 보인다. 그러나 그림 4.3에 예시된 combinations(6, 4)의 실행을 고려하자. 이 메소드의 내재적인 문제는 같은 값이 여러번 반복되어 계산된다는 것이다. 예를 들어 combnations(4, 3)은 두 다른 곳에서 계산되고 combinations(3, 2)는 세 곳에서 계산되고 combinations(2, 1)과 cobinations(2, 2)도 그렇다.

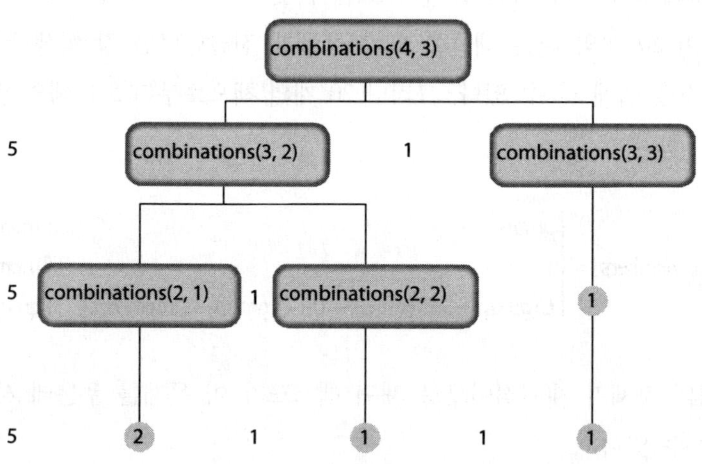


[그림 4.2] combinations(4, 3)의 계산

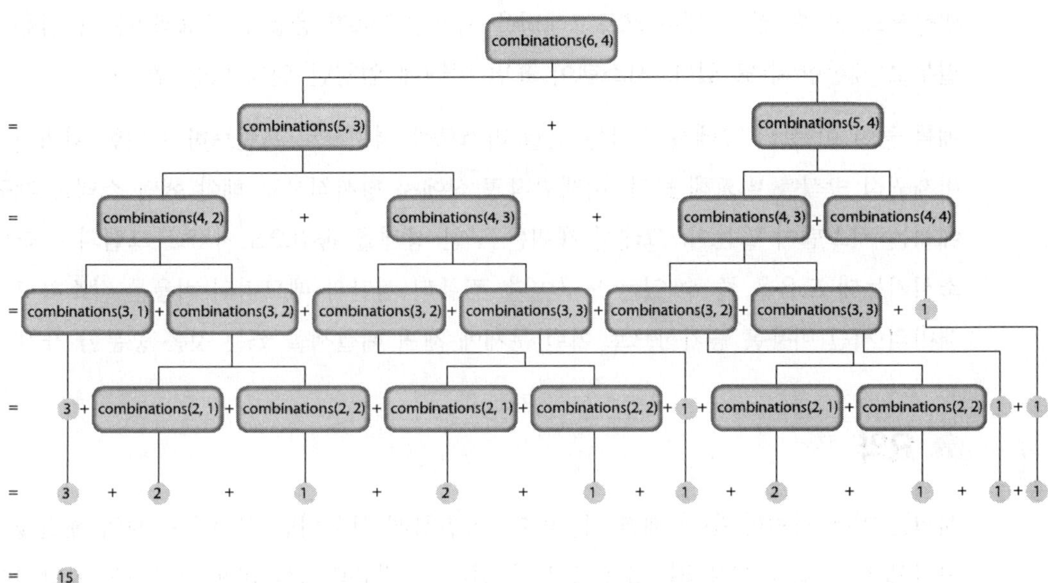


[그림 4.3] combinations(6, 4)의 계산

어떤 큰 크기의 조합 문제도 이 방법으로 풀 수 있는 것은 아니다. 큰 문제에 대해 프로그램은 영원히 또는 컴퓨터의 능력을 소진할 때까지 실행된다. 이것은 지수적 시간 즉 $O(2^N)$ 해결책이다.

이 재귀 방법이 이해하기는 쉽지만 실제적인 해결책은 아니다. 이런 경우에 대체 해결책을 찾아야 한다. 동적 프로그래밍 (dynamic programming)이라 불리는 프로그래밍 방식은 반복적으로 요구되는 부문제(subproblem)에 대한 해결책이 다시 계산되는 대신에 자료구조에 저장되며 대게 유용함이 증명되어 있다. 또는 아예 반복적 해결책을 발견할 수 있겠다. 조합 문제에 대해 쉬운 (효율적인) 반복 해결책이 존재한다. 이는 수학자들이 제공한 함수 C의 다른 정의를 사용한다.

```
C(group, members) = group! / ((members!) (group members)!)
```

이 공식에 기반한 잘 구축된 반복 프로그램은 재귀 해결책보다 훨씬 효율적이다.

## 명료성 (clarity)

문제 해결책의 명료성 주제 역시 중요한 요인이다. 많은 문제에 있어서 재귀 해결책은 프로그래머가 작성하기에 간단하고 자연스럽다. 문제를 풀기 위해 필요한 전체적인 일의 양은 빙산으로 볼 수 있다. 재귀 프로그래밍을 사용함으로써 응용 프로그래머는 관점을 빙산의 일부로 제한할 수도 있다. 시스템이 표면 아래에 엄청난 일의 양을 맡는다.

예를 들어 이 장의 앞에서 개발된 연결 리스트를 역순으로 프린트하기 위한 재귀적 방식과 비재귀적 방식을 비교해 보자. 비재귀적 방식에서 명시적으로 해야 했던 스택을 재귀 버전에서는 시스템이 맡는다. 그래서 재귀는 구현 상세를 숨김으로써 프로그램의 복잡도를 감소시키는데 도움을 줄 수 있는 도구이다. 컴퓨터 시간과 메모리의 비용은 감소하고 프로그래머의 시간 비용은 증가하므로 이런 문제에 재귀 해결책을 쓰는 것은 충분한 가치가 있다.

## 요약

재귀는 매우 강력한 문제 해결 기술이다. 적절하게 사용되면 그것은 문제의 해결을 간략화시키고 작고 쉽게 이해되는 소스 코드를 만든다. 컴퓨터에서 대게 그렇듯이 장단점이 존재한다. 재귀 방법은 여러 수준의 메소드 호출의 오버헤드 때문에 종종 시간과 공간에서 덜 효율적이다. 비용의 크기는 문제, 컴퓨터 시스템, 그리고 컴퓨터에 의존한다.

문제에 대한 재귀 해결은 적어도 하나의 기본 경우가 있어야 한다. 기본 경우는 답이 비재귀적으로 도출되는 경우이다. 기본 경우가 없으면 메소드는 영원히 (또는 적어도 컴퓨터 메모리가 소진될 때까지) 수행된다. 이 재귀 호출은 작은 호출자를 포함해야 한다. 인자의 값의 하나 (또는 이상)가 매 재귀 호출에서 바뀌어서 문제를 이전 호출보다 작은 크기로 재정의해야 한다. 그래서 각 재귀 호출은 문제의 답이 기본 경우에 이르게 된다.

재귀의 전형적인 시스템 구현은 스택을 사용한다. 메소드에 대한 각 호출은 복귀 주소, 인자, 지역 변수를 가지는 활성 레코드를 생성한다. 활성 레코드는 후입선출 방식으로 접근된다. 그래서 스택이 자료 구조로서 가장 좋은 선택이다. 재귀는 동적 기억 장소 할당을 사용하는 시스템과 언어에 의해 지원될 수 있다. 메소드 인자와 지역 변수는 활성 레코드가 실행 시간에 생성되기 전까지 주소가 정해지지 않는다. 결국 메소드에 대한 재귀 호출의 중간 값의 여러 복사본이 지원된다. 새로운 활성 레코드가 그것을 위해 생성되기 때문이다.

반면 정적 기억장소 배정은 메소드의 각 인자와 지역 변수를 위해 단일 위치가 컴파일 시간에 예약된다. 같은 메소드에 대한 반복된 중첩 호출에 의해 계산된 중간 값을 저장하는 장소가 없다. 그러므로 단지 정적 기억장소 배정만을 제공하는 시스템과 언어는 재귀를 지원할 수 없다.

재귀가 가능하거나 적절하지 않을 때 루프를 사용하거나 스택에 관련된 값을 푸쉬하거나 팝함으로써 재귀 알고리즘이 비재귀적으로 구현될 수 있다. 이 프로그래머 제어 스택은 명시적으로 시스템의 실행 시간 스택을 대치한다. 이런 비 재귀적인 해결이 시간과 공간에서 더 효율적이지만 해결책의 우아함 관점에서 장단점이 있다.

## 연습문제

이 장에서의 연습문제는 세 부분으로 나뉘어 있다. 기본 (4.1 과 4.2 절), 예제 (4.3, 4.4, 4.5 절), 그리고 심화 (4.6과 4.7 절)이다.

### 기본 (4.1 과 4.2 절)

1. 사용자에게 정수 N을 입력 받아 N!을 계산하는 연속적인 방정식을 기록하는 팩토리얼 프로그램을 만들어라. 예를 들면 입력이 4일 때 출력은 다음과 같을 수 있다.

```
4! = 4!
= 4 * 3!
= 4 * 3 * 2!
= 4 * 3 * 2 * 1!
= 4 * 3 * 2 * 1 * 0!
= 4 * 3 * 2 * 1 * 1
```

연습문제 2-4는 다음 세 개의 수학 함수를 사용한다 (N ¤ 이라 가정).

- Sum(*N*) = 1 + 2 + 3 + ... + *N*
- BiPower(*N*) = $2^N$
- TimesFive(*N*) = 5N

2. 재귀적으로 다음을 정의하라.

a. sum(N)

b. BiPower(N)

c. TimesFive(N)

3. 사용자에게 음이 아닌 정수 N을 입력 받아 다음을 출력하는 재귀 프로그램을 만들어라.

   a. sum(N)

   b. BiPower(N)

   c. TimesFive(N)

4. 연습문제 3을 위해 만든 프로그램을 검증하기 위해 세 가지 질문 방식을 사용하라.

5. 직접 재귀와 간접 재귀의 차이를 기술하라.

연습문제 6-7은 다음 메소드를 사용한다.

```
int puzzle(int base, int limit)
{
  if (base > limit)
    return -1;
  else
    if (base == limit)
      return 1;
    else
      return base * puzzle(base + 1, limit);
}
```

6. 다음을 구하라.

   a. puzzle 메소드의 기본 경우

   b. puzzle 메소드의 일반 경우

   c. puzzle 메소드에 전달되는 인자의 제한 조건

7. 재귀 메소드 **puzzle**에 다음의 호출이 되었을 때 무엇이 기록되는지 보라.

   a. System.out.println(puzzle (14, 10));

   b. System.out.println(puzzle (4, 7));

   c. System.out.println(puzzle (0, 0));

8. 다음 메소드가 주어졌을 때

```
{
 if (num == 0)
   return 0;
  else
   return num + exer(num + 1);
}
```

a. 작은 호출자 검사를 통과하기 위해 이 메소드에 인자로서 전달될 수 있는 값에 대해 제한 조건이 있는가?

b. exer(7)이 적법한 호출인가? 그렇다면 메소드로부터 무엇이 복귀되는가?

c. exer(0)이 적법한 호출인가? 그렇다면 메소드로부터 무엇이 복귀되는가?

d. exer(-5)이 적법한 호출인가? 그렇다면 메소드로부터 무엇이 복귀되는가?

9. 다음 재귀 메소드 각각에 대해 기본 경우, 일반 경우, 인자 값에 대한 제한 조건을 찾으라. 메소드가 무엇을 하는지 설명하라.

```
a. int power(int base, int exponent)
   {
   if (exponent == 0)
     return 1;
   else
     return (base * power(base, exponent-1));
   }
b. int factorial (int n)
   {
   if (n > 0)
   return (n * factorial (n - 1));
   else
   if (n == 0)
   return 1;
   }

c. int recur(int n)
   {
     if (n < 0)
      return -1;
     else if (n < 10)
      return 1;
```

```
    else
      return (1 + recur(n / 10));
  }

d. int recur2(int n)
  {
    if (n < 0)
      return -1;
    else if (n < 10)
      return n;
    else
      return ((n % 10) + recur2(n / 10));
  }
```

10. 피보나찌 수열은 정수의 연속이다.

```
0, 1, 1, 2, 3, 5, 8, 13, 21, 34, 55, 89, . . .
```

패턴이 보이는가? 수열에서 각 항목은 앞 두 항목의 합이다. 수열에서 n 번째 숫자를 계산하기 위한 재귀 공식이 있다.

$$\mathrm{Fib}(N) = \begin{cases} N, & \text{if } N = 0 \text{ or } 1 \\ \mathrm{Fib}(N-2) + \mathrm{Fib}(N-1), & \text{if } N > 1 \end{cases}$$

a. 인자 n이 주어졌을 때 n번째 피보나찌 숫자를 복귀하는 재귀 메소드 fibonacci를 작성하라.
b. fibonacci 메소드의 비 재귀 버전을 적으시오.
c. fibonacci 메소드의 두 버전을 검사하는 드라이버 프로그램을 작성하시오.
d. 효율성 면에서 재귀 버전과 반복 버전을 비교하시오. (Big-O 표기를 사용하지 말고 말로 하라.)

**예제 (4.3, 4.4, 4.5 절)**

11. doTowers 메소드의 인자 n의 제한 조건은 무엇인가? 제한 조건이 만족하지 않으면 어떻게 되는가?

12. 하노이 탑 프로그램을 다음을 수행하도록 바꾸시오.

a. 문제를 풀기 위해 필요한 링 이동의 개수만을 프린트.

b. 사용자가 0 미만의 숫자를 입력할 때까지 반복적으로 링의 개수를 사용자에게 입력 받고 결과를 보고.

## 13. 연습문제 12의 하노이 탑 버전을 이용하여 다음에 답하라.

a. 다음 테이블에서 주어진 링의 개수로 시작하여 문제를 풀기 위해 요구되는 이동의 개수를 채워라.

| 링의 개수 | 이동의 개수 |
|---|---|
| 1 | |
| 2 | |
| 3 | |
| 4 | |
| 5 | |
| 6 | |
| 7 | |

b. 테이블에 나열된 이동의 개수에서 보이는 패턴을 기술하라.

c. n > 0이라면 재귀 수학 공식을 이용하여 n 개의 링을 이동하는데 필요한 이동의 개수를 정의하라.

d. 11 개의 링을 가진 실제 하노이 탑이 있다고 가정하자. 한 펙에서 다른 펙으로 링을 옮기는데 1초가 걸린다면 퍼즐을 푸는데 얼마의 시간이 걸리는가?

e. 자바에서 int 데이터 형은 32비트를 사용하고 이것은 범위 -2,147,483,648 에서 2,147,483,647을 가진다. 연습문제 12의 프로그램으로 실험했을 때 프로그램이 "터지기" 전에 처리할 수 있는 즉 count 가 오버플로하기 전에 처리할 수 있는 최대 링의 개수를 구하라.

f. 그 링의 개수를 위해 보고된 이동의 개수는 얼마인가? 최대 int 값에 얼마나 근접한가? 설명하라.

## 14. 4.4 절에서 Grid 클래스에 대해 다음의 수정이 무엇이겠는가?

a. 구성자에서 rows와 cols에 지정된 값이 순서가 바뀜

b. 구성자에서 다음 행이

```
if (randInt < percentage)
```

다음으로 수정됨

```
if (randInt >= percentage)
```

c. myBlob 메소드에서 다음 행을 삭제

```
visited[row][col] = true;
```

15. BlobApp 프로그램이 백분율을 입력 받을 때 다음의 사용자의 반응의 상세한 부분이 무엇인가?

    a. -10

    b. 300

    c. twenty

16. 블롭 백분율이 0이라면 블롭이 전혀 없는 것이다. 왜 그런지 설명하라. 블롭 백분율이 100이라면 1 개의 블롭이 있는 것이다. 왜 그런지 설명하라. 블롭 밀도가 0에서 100으로 바뀜에 따라 전형적인 블롭의 개수는 0에서 어떤 숫자로 증가하다가 1로 감소한다. BlobApp 프로그램으로 실험하여 근사적으로 어떤 블롭 문자의 밀도가 가장 많은 블롭을 나타내는지 결정하라. 필요하다면 실험에 필요한 수정을 프로그램에 할 수 있다.

17. 블롭 클래스를 수정하여 응용 프로그램이 다음을 수행하도록 하시오.

    a. 사용자로 하여금 격자의 차원을 입력하도록 수정

    b. 블롭의 개수를 출력하는데 추가하여 블롭의 평균 크기를 출력

    c. 블롭의 개수를 세는 대신에 사용자로 하여금 반복적으로 격자 위치의 좌표를 입력하게 하고 그 위치에 대해 사용자에게 블롭의 크기를 보고하게 함

    d. 블롭이 아닌 문자의 버퍼(buffer)가 사용 중인 문자의 격자를 둘러싸고(encircle) 있다. 이 문자들의 존재는 프로그램이 현재 검사되고 있는 위치가 격자에 있는지 걱정할 필요가 없다는 것을 의미한다.

    e. markBlob 대신에 다른 대체 알고리즘이 사용된다. 지정된 위치가 마크되고 둘러싸는 위치가 markBlob에 전달되는 대신에 지정된 위치가 마크되어야 하는지 검사해야 한다. (격자에 있는가? 블롭 문자를 가지는가? 현재 방문되지 않았는가?) 그렇다면 알고리즘은 위치를 마크하고 markBlob을 맹목적으로 네 번, 둘러싸는 위치 각각에 대하여, 호출한다. 원 위치가 마크될 필요가 없으면 메소드는 아무것도 하지 않고 복귀한다.

18. revPrint 메소드의 인자에 대한 제한 조건은 무엇인가? 제한 조건이 만족되지 않으면 어떻게 되는가?

19. 재귀 메소드 revPrint를 모델로 사용하여 연결 리스트를 전향적(forward order)으로 방문하는 재귀 메소드 printList를 작성하라. 이 메소드 중에 하나가 더 좋은 재귀의 사용을 구성하는가? 그렇다면 어떤 메소드인가?

20. 프로그래밍 클래스에 대해 성적을 매겨야 한다. 현재 클래스는 재귀를 공부하고 있고 학생들은 다음과 같은 간단한 숙제를 받았다. Integer 의 항목들의 연결 리스트에 대한 참조를 받아서 항목의 제곱 합을 복귀하는 재귀 메소드 sumSquares를 작성하라. 리스트 노드는 LLObjectNode 클래스이다.

리스트의 객체는 Integer 클래스이다. 예를 들면

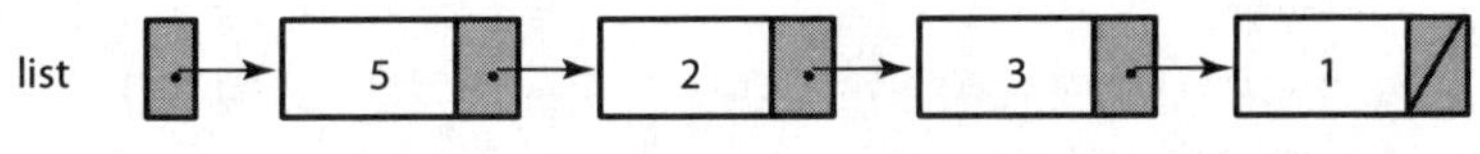


sumSqaures(list)는 (5*5) + (2*2) + (3*3) + (1*1) = 39를 낸다.

리스트는 공백이 아니라고 가정한다. 여러 해결책이 있다. 아래의 메소드에 대해 성적을 매겨라. 오류가 발견되면 마크하라.

```
a. int sumSquares(ListNode list)
   {
     return 0;
     if (list != null)
      return ((Integer)list.getInfo()
                      * (Integer)list.getInfo()
                      + sumSquares(list.getLink()));
   }

b. int sumSquares(ListNode list)
   {
    int sum = 0;
    while (list != null)
    {
      sum = (Integer)list.getInfo() + sum;
      list = list.getLink();
    }
    return sum;
   }
```

```
c. int sumSquares(ListNode list)
   {
   if (list == null)
   return 0;
   else
   return (Integer)list.getInfo() * (Integer)list.getInfo()
   + sumSquares(list.getLink());
   }

d. int sumSquares(ListNode list)
   {
     if (list.getLink() == null)
      return (Integer)list.getInfo() * (Integer)list.getInfo();
     else
      return (Integer)list.getInfo() * (Integer)list.getInfo()
     + sumSquares(list.getLink());
   }

e. int sumSquares(ListNode list)
   {
     if (list == null)
      return 0;
     else
      return (sumSquares(list.getLink()) *
              sumSquares(list.getLink()));
   }
```

21. 다음은 숫자의 제곱근의 근사를 계산하는 함수를 정의한다. 이 정의는 어떤 지정된 오차(tol)를 가지는 어떤 근사 답(approx)에서 시작한다.

$$\text{sqrRoot}(\text{number}, \text{approx}, \text{tol}) = \begin{cases} \text{approx} & \text{if } |\text{approx}^2 - \text{number}| \le \text{tol} \\ \text{sqrRoot}\left(\text{number}, \dfrac{(\text{approx}^2 + \text{number})}{(2 * \text{approx})}, \text{tol}\right) & \text{if } |\text{approx}^2 - \text{number}| > \text{tol} \end{cases}$$

a. 이 함수가 제대로 작동하기 위해서는 어떤 제한이 인자의 값에 가해져야 하는가?

b. 함수를 구현하는 재귀 메소드 sqrRoot를 작성하라.

c. sqrRoot 메소드의 비재귀적 버전을 작성하라.

d. sqrRoot 메소드의 재귀 버전과 반복 버전을 검사하는 드라이버 프로그램을 작성하라.

22. 회문(palindrome)은 앞으로 읽으나 뒤로 읽으나 같이 읽히는 스트링이다. 예를 들어 “otto”와 “never odd or even”은 회문이다. 스트링이 회문인지 결정할 때 알파벳 문자가 아닌 문자는 무시한다.

a. 팔리드롬의 재귀적 정의를 말하라. (힌트: 회문의 첫번째와 마지막 문자를 제거하면 무엇을 얻는지 고려하라.)

b. 위 정의의 기본 경우는 무엇인가?

c. 정의에 기반하여 반복적으로 사용자에게 스트링을 입력받아 스트링이 팔리드롬인지 보고하는 재귀 프로그램을 작성하라.

d. 같은 작업을 수행하는 반복적인 프로그램을 작성하라.

e. 시간과 공간 효율성에서 두 프로그램을 비교하라.

23. 이차원 격자에서 행 1, 열 1로부터 행 N, 열 N으로 이동하는 가능한 길의 개수를 세려고 한다. 단계는 올라가거나 오른쪽으로 가는 것으로 제한된다. 대각선으로 가는 것은 안 된다. 아래의 예시는 N=10일 때 많은 길 중에 세 가지를 보인다.

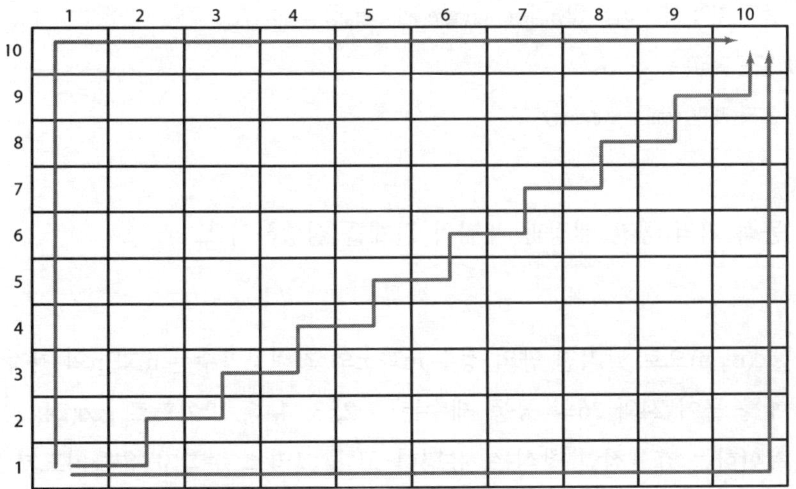


a. 다음 메소드 numPaths는 길의 개수를 세고 있다. 그러나 어떤 문제를 가지고 있다. 이를 디버그하라.

```
int numPaths(int row, int col, int n)
{
  if (row == n)
   return 1;
  else
   if (col == n)
     return (numPaths + 1);
```

```
    else
      return (numPaths(row + 1, col) * numPaths(row, col + 1))
}
```

b. 메소드를 수정한 후에 n=4일 때 numPaths의 실행을 손으로 추적해보라. 이 알고리즘이 왜 비효율적인가?

c. 이 작동의 효율성은 numPaths의 중간 값들을 정수의 이차원 배열에 저장함으로써 개선될 수 있다. 이 방식은 이미 계산된 값들을 재계산할 필요가 없게 한다. 이 방식을 사용한 numPaths의 버전을 설계하고 코딩하시오.

d. c에서 필요한 배열의 초기화를 포함하여 numPaths 버전의 호출을 보이시오.

e. mumPaths의 두 버전은 시간 효율성의 관점에서 어떠한가? 공간 효율성은 어떠한가?

## 심화 (4.6과 4.7 절)

24. 다음 용어가 무엇을 의미하는 지 설명하시오.

a. 실행 시간 스택 (run-time stack)

b. 정적 기억 공간 배정 (static storage allocation)

c. 동적 기억 공간 배정 (dynamic storage allocation)

d. 활성 레코드

e. 꼬리 재귀 (tail recursion)

25. 동적 기억 공간 배정과 재귀의 관계를 설명하시오.

26. gcd(m, n)으로 알려진 양의 정수 m과 n의 최대공약수는 m과 n의 가장 큰 공통 제수이다. 예를 들어 24와 36의 공통 제수는 1, 2, 3, 4, 6, 12이므로 gcd(24, 36) = 12이다. gcd를 계산하는 효율적인 방식은, 유명한 고대 그리스 수학자 유클리드가 만든, 다음의 재귀 알고리즘에 기반한다.

```
gcd(m, n)
if m < n 이면 m과 n의 값을 서로 교환
if n이 m의 제수이면 n을 복귀
  else gcd(n, m % n)을 복귀
```

a. 반복적으로 사용자로 하여금 양의 정수 쌍을 입력 받고 입력된 쌍의 gcd를 보고하는 Euclid 프로그램을 설계하고 구현하고 검사하라. 프로그램은 위 알고리즘에 기반한 재귀 메소드 gcd를 사용해야 한다.

b. Euclid2라 불리는 같은 프로그램의 반복적 버전을 만들어라. 반복적 방식을 설계하는데4.6에서 배운 꼬리 재귀를 제거하는 것을 사용하라.

27. 반복적으로 사용자가 하나의 양의 정수를 입력하여 입력된 정수의 팩토리얼을 출력하는 프로그램을 구현하라. 프로그램은 팩토리얼 문제에 재귀 해결법을 사용해야 하지만 재귀 대신에 스택을 사용해야 한다.

28. 참인가 거짓인가? 답을 설명하라. 재귀 방법은

a. 대게 동일한 비재귀 방법보다 적은 지역 변수를 가진다.

b. 주요 제어 구조로서 일반적으로 while 이나 for 문장을 사용한다.

c. 정적 기억 장소 배정을 가진 언어에서만 가능하다.

d. 실행 속도가 중요한 경우에는 언제나 사용해야 한다.

e. 언제나 동등한 비재귀적 방법보다 짧고 명료하다.

f. 재귀 호출을 포함하지 않은 길을 언제나 포함한다.

g. 동등한 비재귀적 방법보다 언제나 Big-O 복잡도에서 덜 효율적이다.

29. 4.7절의 combinations 메소드를 사용하여

a. 사용자로 하여금 두 정수 N 과 M을 입력 받아 N 개의 항목으로부터 만들어 질 수 있는 M 개 항목의 조합의 개수를 출력하는 프로그램을 만들어라.

b. 결과를 결정할 때 combinations 메소드가 호출되는 회수를 출력하도록 프로그램을 개선하라.

c. 입력 값을 여러 가지로 하여 개선된 프로그램을 가지고 실험하라. 실험 결과에 대해 작은 보고서를 작성하라.

30. 참인가 거짓인가? 답을 설명하라. 재귀 해결법은 이럴 때 사용해야 한다.

a. 계산 시간이 중요할 때

b. 비재귀 해법이 오래 걸리고 작성하기에 어려울 때

c. 계산에 필요한 기억 공간이 중요할 때

d. 선생님이 재귀를 사용하라고 말할 때

Java

# 05 큐(Queue) ADT

이 장은 독자들이 아래와 같은 내용을 습득할 수 있도록 하는 것을 목표로 한다.

지식적 목표 (Knowledge Goals)

- 논리적인 수준에서 큐와 그 연산을 기술할 수 있어야 한다.
- 최대 제한이 있는 큐와 제한이 없는 큐 인터페이스의 차이점을 설명할 수 있어야 한다.
- 스트링이 회문인지 결정하기 위한 세 가지 방식을 기술하고 비교할 수 있어야 한다.
- 배열을 사용하여 큐 연산을 구현하는 알고리즘을 기술할 수 있어야 한다.
- 큐의 배열 기반 구현에 고정된/움직이는 프론트 (fixed-front/floating front) 방식을 비교할 수 있어야 한다.
- 배열을 이용하여 최대 제한이 있는 큐를 구현하는 방법을 설명할 수 있어야 한다.
- 연결 구조를 사용하여 큐 연산을 구현하기 위한 알고리즘을 기술할 수 있어야 한다.
- 큐 알고리즘의 효율성을 기술하고 비교하는데 Big-O 분석을 사용할 수 있어야 한다.
- War 카드 게임을 시뮬레이션 하는데 큐와 재귀를 사용하여 알고리즘을 기술할 수 있어야 한다.
- 큐에서 항목을 위한 도착간 시간, 서비스 시간, 돌아오는 (turnaround) 시간, 대기 시간을 정의할 수 있어야 한다.

기술적 목표 (Skill Goals)

- 배열을 사용하여 최대 제한 있는 큐 ADT를 구현할 수 있어야 한다.
- 배열을 사용하여 최대 제한 없는 큐 ADT를 구현할 수 있어야 한다.
- 연결 리스트를 사용하여 최대 제한 없는 큐 ADT를 구현할 수 있어야 한다.
- 큐의 특정한 구현을 위한 큐 연산의 효과를 보이는 그림을 그릴 수 있어야 한다.
- 응용 프로그램의 컴포넌트로서 큐 ADT를 사용할 수 있어야 한다.
- 큐 구현을 확장하여 특정 문제를 푸는 데 도움을 주는 새로운 큐의 클래스를 정의할 수 있어야 한다.
- 도착 시간과 서비스 요구조건이 주어졌을 때 큐 항목의 돌아오는 시간과 대기 시간을 계산할 수 있어야 한다.
- 실세계 큐의 성질을 조사하기 위한 큐 시뮬레이션 시스템을 사용할 수 있어야 한다.

이 장에서는 스택의 논리적인 상대 격인 큐를 생각해 본다. 스택이 후입선출 (last in, first out, LIFO) 구조인 반면 큐는 선입선출 (first in, first our; FIFO) 구조이다. 큐에 있는 어떤 항목이던 가장 오래된 항목은 삭제될 다음 항목이다. 스택과 같이 큐도 컴퓨터 시스템 소프트웨어에 관련된 중요한 용도를 가지고 있다. 또한 많은 다른 응용에 이점을 제공한다.

큐를 ADT로서 공부하는데 논리적인, 응용 면에서, 그리고 구현 수준에서 볼 것이다. 논리적인 수준에서 큐 ADT를 자바 interface를 사용하여 공식적으로 정의한다. 큐의 많은 응용을 논의하는데 특히 큐가 스트링이 회문인지 결정하거나 War 카드 게임을 시뮬레이션 하는데 사용되는 지 볼 것이다. 두 가지 기본적인 방식 배열과 연결 리스트를 사용하여 큐의 구현을 조사한다. 최대 제한이 있는 큐를 구현하는데 배열을 사용하는데 더하여 배열을 사용하여 최대 제한이 없는 큐를 구현하는지 볼 것이다. 사례 연구에서 실세계 큐의 성질을 분석하는데 도움을 주는 프로그램을 설계한다.

## 5.1 큐 (queue)

3장에서 공부한 스택은 항목이 언제나 한쪽 끝에서 더해지거나 삭제되는 구조이다. 그러나 다른 방식으로 작동하는 컬렉션을 표현해야 할 때는 어떻게 할 것인가? 세차장의 단계를 지나는 자동차를 시뮬레이션한다고 가정하자. 자동차들은 한쪽 끝에서 들어가고 다른 쪽 끝으로 나온다. 항목이 한쪽 끝으로 들어가고 반대쪽 끝에서 삭제되는 자료 구조를 큐라고 한다. 자동차 세차처럼 큐 자료구조는 첫번째 들어간 항목이 첫번째 나오는 항목인 특성이 있다.

큐의 이 기본 형식에 몇 가지 다양한 방식이 존재한다. 그래서 구별하기 위해 이 버전을 때때로 FIFO 큐라 부른다. 이 장의 나머지 부분에서 큐는 FIFO 큐를 말한다. (큐 같은 자료구조인 우선 순위 큐는 장에서 논의된다.) 스택에서 했던 것처럼 큐를 논리적, 구현, 응용 프로그램 세 가지 수준으로부터의 ADT로서 고려한다.

큐 (Queue) : 항목이 뒤에서 추가되고 앞에서 삭제되는 선입선출 (FIFO)인 구조.

큐는 새로운 항목이 한쪽 끝(뒤)에서 추가되고 다른 쪽 끝 (앞)에서 삭제되는 항목의 순서화된 그룹이다. 큐의 다른 예로서 대학 책방에서 (그림 5.1) 교재를 사기 위해 기다리는 학생들의 줄을 고려하자. 이론적으로, 실제가 아니고, 각 새로운 학생은 뒤에 줄을 선다. 점원이 새로운 학생을 위해 준비가 되었을 때 줄의 앞에 있는 학생이 서비스를 받는다.

항목을 큐에 추가하기 위해 큐의 뒤를 접근한다. 항목을 삭제하기 위해 앞을 접근한다. 중간 항목은 논리적으로 접근 불가능하다. 큐를 한쪽 끝이 앞이고 다른 쪽 끝이 뒤인 선형 구조로 도식화하는 것이 편리하다. 그러나 큐의 끝이 추상화된 것이라는 것이 강조된다. 큐의 구현의 물리적인 특성에 해당할 수도 해당하지 않을 수도 있다. 큐의 핵심적인 특성은 FIFO 접근에 있다.

[그림 5.1] FIFO 큐

스택처럼 큐는 나중에 사용하기 위해 자료를 보유하는 구조이다. 자료 항목을 큐에 넣는다. 그리고 필요할 때 큐로부터 항목을 제거한다. 항목의 값을 변경하고자 할 때 큐의 앞에서 항목을 취하여 값을 변경하고 큐의 뒤에 리턴한다. 큐에 현재 들어있는 항목의 값을 대개 직접 조작하지 않는다.

## 큐에서의 연산

책방 예는 큐에 적용할 수 있는 두 가지 연산을 제시한다. 첫째, 새로운 항목이 큐의 뒤에 추가될 수 있다. 이를 enqueue라고 부른다. 둘째, 큐의 앞에서 항목을 삭제할 수 있다. 이를 dequeue라고 부른다. 그림 5.2는 이러한 연산의 연속이 어떻게 큐에 영향을 미치는 지 블록의 연속으로 나타내어 보인다.

스택 연산 push와 pop 과는 다르게 큐를 위한 추가와 삭제는 표준 이름을 가지지 않는다. enqueue 연산은 때때로 enq, enque, add, insert로 불리고 dequeue는 역시 deq, deque, remove, serve로 불린다.

## 큐의 사용

3장에서 운영체제와 컴파일러가 스택을 어떻게 사용하는지 논의했다. 비슷하게 큐는 시스템 프로그래밍 목적으로 종종 사용된다. 예를 들어 운영 체제는 실행이 준비된 또는 특정 사건이 일어나기를 기다리는 프로세스의 큐를 유지한다.

컴퓨터 시스템은 종종 두 프로세스 간, 두 프로그램 간, 두 시스템 간에 전달되는 메시지를 보유하는 장소를 제공한다. 이 보유 공간을 보통 버퍼(buffer)라고 부르고 큐로서 구현된다. 예를 들어 비슷한 시간에 메일 서버에 많은 메시지가 도착하면, 메일 서버가 처리를 할 때까지 메시지는 버퍼에 저장된다. 메일 서버가 메시지를 도착한 순서로 처리하면 즉 선입선출이면 그 버퍼는 큐이다.

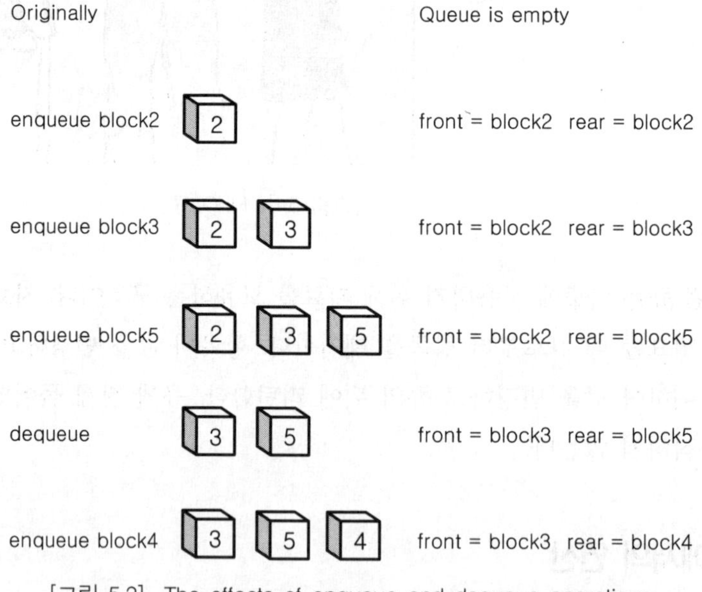


[그림 5.2] The effects of enqueue and dequeue operations

많은 다른 응용이 처리를 하기 전에 요구를 저장할 필요가 있다. 예를 들어 항공표나 기차표를 판매하는 고객에게 서비스를 제공하는 응용을 고려하라. 이러한 응용은 전형적으로 요청을 경영하는데 큐를 사용한다.

책방 예에서 보듯이 소프트웨어 큐는 실세계에서 상대가 있다. 큐에서 피자를 사기 위해 기다리거나 영화관에 들어가거나 고속도로에서 운전하거나 롤러코스터에서 타거나 이다. 다른 중요한 큐 자료구조의 응용은 5.7절에서 사례 연구에서 보듯이 이러한 실세계 큐를 시뮬레이션하거나 분석하는 데 도움을 준다는 것이다.

## 5.2 공식적 명세

이 절에서 공식적으로 Queue ADT를 명세한다. push, pop, top 대신에 enqueue, dequeue 연산을 지원한다는 사실과 더불어 스택 ADT에서 했던 것 같은 기본 방식을 사용한다.

- 큐는 Object 클래스의 항목을 보유한다.
- 큐를 지원하는 데 정의된 클래스들은 ch05.queues 패키지에 그룹되어 있다.
- 관찰자 연산 isEmpty 와 isFull을 제공하여 응용 프로그램이 공백 큐에서 항목을 제거하거나 포화 큐에서 항목을 추가하는 것을 막을 수 있게 한다.
- QueueUnderflowException 과 QueueOverflowException 클래스를 만든다.
- 큐의 최대 제한이 있고 없음에 종속되지 않는 큐 메소드의 규정(signature)을 정의하는 QueueInterface를 만든다.
- QueueInterface를 확장하여 나머지 관련 메소드 규정을 정의하는 BoundedQueueInterface 와 UnboundedQueueInterface 를 만든다. 큐의 구현은 두 인터페이스 중 하나를 implement해야 한다.

두 예외 클래스를 위한 코드는 3장에서 두 개의 스택 예외 클래스를 위해 사용되었던 것과 본질적으로 같다.

여기 QueueInterface가 있다. 여기에 보이듯이 dequeue와 isEmpty 메소드의 규정을 정의한다. 이 규정들은 제한이 있는 큐와 제한이 없는 큐에 동일하다. 그래서 이 일반적인 인터페이스에 포함되어 있다.

```
//----------------------------------------------------------------------------
// QueueInterface.java by Dale/Joyce/Weems Chapter 5
//
// Object의 큐를 구현하는 클래스를 위한 인터페이스
// 큐는 선입선출 구조임
//----------------------------------------------------------------------------

package ch05.queues;
```

```
public interface QueueInterface

{
   public Object dequeue() throws QueueUnderflowException;
   // 큐가 공백이면 QueueUnderflowException을 던짐
   // 그렇지 않으면 큐로부터 앞 항목을 제거하고 항목을 리턴함.
   public boolean isEmpty();
   // 큐가 공백이면 참을 리턴, 그렇지 않으면 거짓을 리턴
}
```

크기에 제한이 없는 큐와 있는 큐의 차이점은 후자가 잠재적인 오버플로를 처리할 필요가 있다는 것이다. 제한이 있는 큐 인터페이스에서 isFull 메소드를 위한 규정을 정의한다. 부가적으로 제한이 있는 큐 인터페이스에서 enqueue 규정은 QueueOverflowException[13]을 발생시킨다는 것을 보인다. 여기 BoundedQueueInterface가 있다.

```
//----------------------------------------------------------------------------
// BoundedQueueInterface.java by Dale/Joyce/Weems Chapter 5
//
// 큐의 크기에 제한이 있는 객체의 큐를 구현하는 클래스를 위한 인터페이스.
// 큐는 선입선출 구조이다.
//----------------------------------------------------------------------------

package ch05.queues;

public interface BoundedQueueInterface extends QueueInterface
{
  public void enqueue(Object element) throws QueueOverflowException;
  // 큐가 포화이면 QueueOverflowException 을 발생
  // 그렇지 않으면 큐의 뒤에 항목을 추가
  public boolean isFull();
  // 큐가 포화이면 참을 리턴 그렇지 않으면 거짓을 리턴
}
```

그리고 UnboundedQueueInterface가 있다.

```
//----------------------------------------------------------------------------
// UnboundedQueueInterface.java by Dale/Joyce/Weems Chapter 5
//
```

13) 큐 예외는 비검사 예외이다. 그러므로 인터페이스에 이를 포함하는 것은 구문적 또는 실행 오류 검사 관점에서 아무 영향이 없다. 구현을 위한 어떤 예상을 기술하기 위해 인터페이스에서 이들을 보인 것이다.

```
// 큐의 크기에 제한이 없는 객체의 큐를 구현하는 클래스를 위한 인터페이스.
// 큐는 선입선출 구조이다.
//----------------------------------------------------------------------------

package ch05.queues;

public interface UnboundedQueueInterface extends QueueInterface

{
  public void enqueue(Object element);
  // 그렇지 않으면 큐의 뒤에 항목을 추가
}
```

스택과 마찬가지로 응용 프로그래머는 큐를 접근하기 전에 isFull과 isEmpty 관찰자를 사용함으로써 또는 접근 연산을 시도하고 발생되는 예외를 처리함으로써 문제가 발생하는 것을 막는 결정을 할 수 있다.

세 개의 인터페이스와 두 개의 예외 클래스들간의 관계가 그림 5.3의 UML 도식에 나와있다. 큐의 특정 구현은 BoundedQueueInterface 또는 UnboundedQueueInterface 를 구현할 것이다. 인터페이스 상속 법칙에 의해 구현은 QueueInterface의 메소드들을 구현해야 한다.

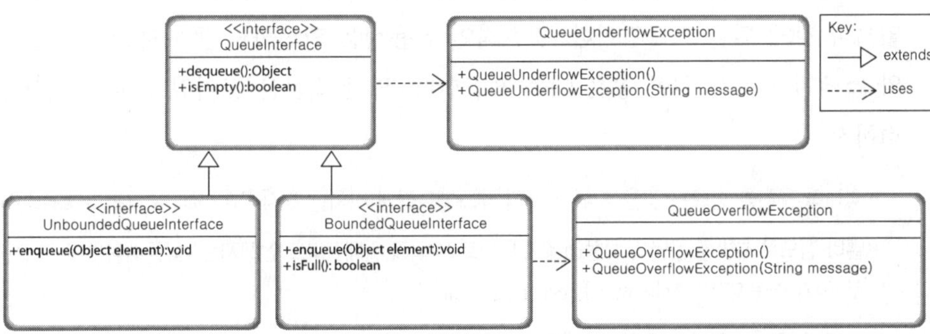


[그림 5.3] 큐 인터페이스의 UML 도식

### 자바 라이브러리 컬렉션 프레임워크 큐

Queue 인터페이스는 자바 5.0과 함께 자바 라이브러리 컬렉션 프레임워크에 추가되었다. 기대한 바와 같이 라이브러리의 Queue ADT 인터페이스는 여기 소개된 큐 ADT 인터페이스와 항목이 큐의 앞에서 삭제된다는 점에서 유사하다. 그러나 다음의 중요한 차이점도 나타낸다.

- 항목이 큐의 뒤로 삽입되는 것을 요구하지 않는다. 예를 들어 삽입된 항목은 우선순위에 의해 순서화될 수 있다.

- 모든 자바 라이브러리 컬렉션 프레임워크가 그렇듯이 제너릭(인자화된 값)을 지원한다. 그러나 타입 인자 없이 라이브러리 큐 구성자가 사용되면 여기 소개된 큐와 유사하게 Object 클래스의 큐를 디폴드로 가진다.
- Collection 인터페이스를 확장하므로 이를 구현하는 어떤 클래스도 8개의 미리 정의된 추상 메소드를 구현해야 한다. 이는 큐의 크기를 관찰하는 메소드와 큐를 배열로 변환하는 메소드를 포함한다.
- 크기에 제한이 있는 큐와 제한이 없는 큐를 위한 별도의 인터페이스가 없다. 대신에 프로그래머는 큐가 보유하는 항목의 수에 관한 제한을 둘 지 선택할 수 있다.
- enqueue에 해당하는 두 연산을 제공한다. add 는 포화 큐에 호출되었을 때 예외를 발생시키고 offer는 포화 큐에 호출되었을 때 false boolean 값을 리턴한다.
- dequeue에 해당하는 두 연산을 제공한다. remove 는 공백 큐에 호출되었을 때 예외를 발생시키고 poll은 false boolean 값을 리턴한다.
- 앞 항목을 삭제하지 않고 얻는 연산이 포함된다.

자바 라이브러리 컬렉션 프레임워크는 Queue 인터페이스를 구현하는 9개의 클래스를 포함한다.

# 5.3 응용: 회문(palindromes)

큐의 사용을 보이기 위해, 회문을 찾는 문제를 본다. 회문(palindrome)은 앞으로 읽으나 뒤로 읽으나 같게 되는 스트링이다. 일반적인 유용성을 확신하지 못하지만 회문을 찾는 것은 큐와 스택의 사용을 위한 좋은 예를 제공한다. 또한 회문은 흥미있다. 다음 유명한 회문을 고려하자.

- 파나마 운하를 만드는 것을 지휘한 테디 루스벨트에게 바치는 찬사: “A man, a plan, a canal-Panama!”
- 엘바 섬으로 추방될 운명의 나폴레옹 보나파트에 의해 말해졌다고 전해지는 (나폴레옹은 주로 프랑스어를 썼으므로 믿기 어렵지만) “Able was I, ere I saw Elba.”
- 바쁜 중국 음식점에서 들려지는 “Won ton? Not now!”
- 아마 세계에서 맨 처음 팔리드롬인 “Madam, I'm Adam.”
- 세계에서 가장 짧은 회문 “Eve.”

위에서 보듯이 회문이 무엇인지에 관한 법칙은 관대한 편이다. 점이나 공백, 대문자 소문자 구분을 무시한다.

## Palindrome 클래스

이전 예에서처럼 주요 처리를 수행하는 프로그래밍의 부분으로부터 사용자 인터페이스를 분리한다. 먼저 회문을 찾는 주요 처리에 집중한다.

단일 정적 메소드 test 를 갖는 Palindrome 클래스를 만든다. test 는 후보 스트링 인자를 받아서 스트링이 회문인지 나타내는 boolean 값을 리턴한다. 메소드가 정적이므로 클래스를 위한 구성자를 정의하지 않는다. 대신에 클래스의 이름을 사용하여 test 메소드를 호출한다.

test 메소드는 호출되면 새로운 스택과 큐를 하나씩 생성한다. 입력으로부터 반복적으로 각 문자를 스택에 푸쉬하고 또한 큐에 삽입한다. 알파벳 문자가 아닌 것은 무시하는데 이는 회문의 일부가 아니기 때문이다. 나중에 비교를 간단하게 하기 위해 문자의 소문자 버전을 푸쉬하고 삽입한다.

후보 스트링의 모든 문자가 처리되면 프로그램은 반복적으로 스택으로부터 문자를 팝하고 큐로부터 문자를 삭제한다. 전체 과정에서 이 문자들이 서로 매치하면 회문을 얻은 것이다. 왜 그런가? 큐가 선입선출 구조이므로 문자는 스트링에서 나오는 것과 같은 순서로 큐로부터 나온다. 그러나 스택은 후입선출 구조이므로 스택으로부터 나오는 문자는 반대의 순서로 나온다. 그러므로 스트링의 제대로 순서 관점과 거꾸로 순서 관점을 비교하는 것이다.

여기에 스트링이 회문인지 결정하는 알고리즘이 있다.

```
회문 테스트 (String candidate)

새로운 스택을 생성
새로운 큐를 생성
for candidate에서 각 문자
   if 문자가 알파벳이면
      문자를 소문자로 바꿈
      문자를 스택에 푸쉬
      문자를 큐에 삽입
stillPalindrome 을 참으로 지정
while (구조에 문자가 있다 && stillPalindrome)
   스택으로부터 character1을 팝
   큐로부터 character2를 삭제
   if (character1 != character2)
      stillPalindrome을 거짓으로 지정
return(stillPalinedrome)
```

알고리즘에서 확장이 필요한 부분은 언제 "구조에서 문자가 있다"를 결정하느냐이다. 이것은 stack과 queue에서 isEmpty 메소드로써 이루어질 수 있다. 다른 방식은 문자를 저장할 때 문자의 개수를 셀 수 있다. 단지 알파벳 만이 구조에 들어갈 수 있다. 문자를 몇 개 삭제하고 비교했는지 제어하기 위해서 이 카운트를 사용할 수 있다.

두번째 방식을 사용한다. Palindrome 클래스 코드는 아래와 같다. 큐와 관련된 코드는 밑줄이 그어져 있다.

```
//----------------------------------------------------------------------
// Palindrome.java by Dale/Joyce/Weems Chapter 5
//
// 스트링이 회문인지 테스트하는 메소드를 제공한다.
// 문자가 아닌 것은 넘긴다.
//----------------------------------------------------------------------

import ch03.stacks.*;
import ch05.queues.*;

public class Palindrome
{
public static boolean test(String candidate)
// 후보가 회문이면 참을 리턴, 아니면 거짓을 리턴
{
   char ch;                                // 처리되는 현재 후보 문자
   int length;                             // 후보 스트리의 길이
   int numLetters;                         // 후보 스트링에서 알파벳의 길이
   int charCount;                          // 지금까지 검사된 문자의 수
   char fromStack;                         // 스택으로부터 팝된 현재 문자
   char fromQueue;                         // 큐로부터 삭제된 현재 문자
   boolean stillPalindrome;                // 스트링이 회문일 가능성이 있으면 참
   BoundedStackInterface stack;            // 공백이 아닌 스트링 문자를 저장
   BoundedQueueInterface queue;            // 역시 공백이 아닌 스트링 문자를 저장

   // 변수와 구조를 초기화
   length = candidate.length();
   stack = new ArrayStack(length);
   queue = new ArrayBndQueue(length);
   numLetters = 0;

   // 문자를 얻고 처리
   for (int i = 0; i < length; i++)
   {
```

```
    ch = candidate.charAt(i);
    if (Character.isLetter(ch))
    {
      numLetters++;
      ch = Character.toLowerCase(ch);
      stack.push(ch);
      queue.enqueue(ch);
    }
  }

  // 회문인지 결정
  stillPalindrome = true;
  charCount = 0;
  while (stillPalindrome && (charCount < numLetters))
  {
    fromStack = (Character)stack.top();
    stack.pop();
    fromQueue = (Character)queue.dequeue();
    if (fromStack != fromQueue)
    stillPalindrome = false;
    charCount++;
    }

    // return result
    return stillPalindrome;
  }
}
```

크기에 제한이 있는 ArrayBndQueue 큐 구현을 사용한다. 이 구현은 5.4절에서 개발된다. 구조가 후보 스트링보다 크지는 않기 때문에 크기에 제한이 있는 구조를 사용하는 것이 적절하다. 원시 데이터 형 char의 변수를 구조에 넣거나 뺄 때 자바 5.0의 자동 타입 변환(autoboxing, unboxing) 기능을 또한 사용한다. 시스템은 삽입 전에 char 값을 Character로 둘러싼다(wrap). 또한 삭제 후에 리턴된 Character 객체를 원래 char 값으로 벗긴다(unwrap).

## 응용 프로그램

Palindrome 클래스는 대부분의 일을 한다. 남은 일은 사용자 입출력을 구현하는 것이다. PalindromeApp 프로그램은 이전 장에서 제시된 화면 기반 프로그램과 유사하다. 기본 흐름은 사용자에서 스트링을 입력 받고 Palindrome 클래스의 test 메소드를 사용하여 스트링이 회문인지 결정하고 결과를 출력하고 사용자에게 계속할 지 묻는 것이다. 여기 응용 프로그램이 있다.

```
//----------------------------------------------------------------------
// PalindromeApp.java by Dale/Joyce/Weems Chapter 5
//
// 회문인 스트링을 검사
// 입력은 스트링의 연속으로 이루어짐
// 출력은 스트링이 회문인지로 이루어짐
//----------------------------------------------------------------------

import java.util.Scanner;

public class PalindromeApp
{
  public static void main(String[] args)
  {
        Scanner conIn = new Scanner(System.in);
        String candidate = null;                    // 평가되는 스트링
        String more = null;                         // 처리를 멈출 것인지 계속할 것인지 결정하는 데 사용

        do
        {

          // 처리될 다음 후보 스트링을 얻음
          System.out.println("Enter a string to be evaluated: ");
          candidate = conIn.nextLine();

          // 회문 테스트의 결과를 얻고 출력
          if (Palindrome.test(candidate))
           System.out.println("is a palindrome.");
          else
          System.out.println("is NOT a palindrome.");

          // 처리할 다른 후보 스트링이 있는지 결정
          System.out.println();
          System.out.print("Evaluate another string? (Y=Yes): ");
          more = conIn.nextLine();
          System.out.println();

        }
```

```
        while (more.equalsIgnoreCase("y"));
    }
}
```

여기 프로그램의 샘플 실행이 있다.

```
Enter a string to be evaluated:
racecar
is a palindrome.
Evaluate another string? (Y=Yes): y
Enter a string to be evaluated:
aaaaaaaaabaaaaaaaa
is NOT a palindrome.
Evaluate another string? (Y=Yes): y
Enter a string to be evaluated:
fred
is NOT a palindrome.
Evaluate another string? (Y=Yes): y
Enter a string to be evaluated:
Are we not drawn onward, we few? Drawn onward to new era!
is a palindrome.
Evaluate another string? (Y=Yes): n
```

스트링이 회문인지 결정하는 다른 더 좋은 방법이 있다. 사실상 4장의 연습문제 22에서 독자가 다른 방식을 고려할 것을 요청하였다. 이 예제 응용 프로그램을 몇 가지 이유에서 포함하였다. 흥미 있지만 너무 복잡하지 않다. 스택과 큐의 연관성을 보여준다. 그림 5.4는 이 프로그램에서 사용된 스택과 큐 인터페이스와 클래스 관계를 보이는 UML 그림이다.

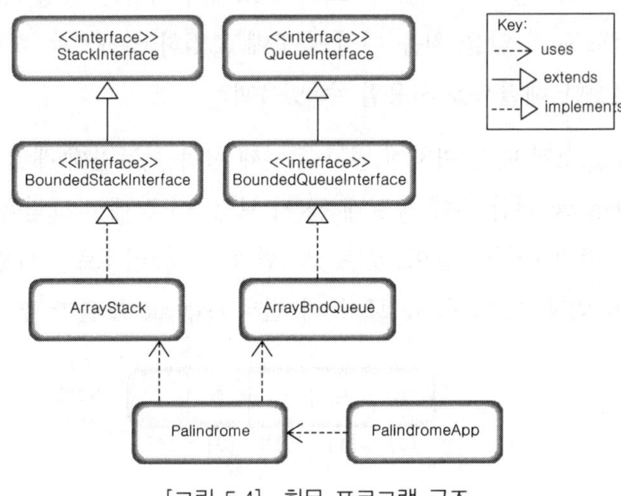


[그림 5.4] 회문 프로그램 구조

# 5.4 배열 기반 구현

이 절에서 큐 ADT의 두 배열 기반 구현을 공부한다. 크기에 제한이 있는 큐를 구현하는 것과 크기에 제한이 없는 큐를 구현하는 것이다. 항목의 정보를 표현하는 대문자를 사용함으로써 그림을 단순화한다.

이 장의 요약 절에 있는 그림 5.14는 Queue ADT를 지원하기 위해 생성된 클래스와 인터페이스 간의 관계를 보인다.

## ArrayBndQueue 클래스

첫째 BoundedQueueInterface를 구현하는 자바 클래스를 개발한다. 이 클래스를 ArrayBndQueue로 부르는데 기반 구조로서 배열을 사용한다는 사실을 표시한다. 이름에서 Bnd 항은 이 절 나중에 개발된 배열 기반 크기 제한 없는 큐와 구별되게 한다.

첫번째 일은 큐를 어떻게 배열로 저장하는지 결정하는 것이다. 큐의 앞과 끝 항목을 결정하는 방법이 필요하다. 가능한 몇개의 대안이 있다.

### 고정된 앞 설계 방식

스택을 구현하는데, 항목을 처음 배열 위치에 삽입함으로써 시작하고 후속 push와 pop 연산에 따라 top의 위치를 조정하였다. 그러나 스택의 바닥은 항상 배열에서 처음 슬롯이었다. 큐에 대해서도 큐의 앞을 처음 배열 슬롯에 고정하고 새로운 항목을 추가함에 따라 뒤를 이동하는 비슷한 해결책을 사용할 수 있을까?

첫번째 항목을 첫째 배열 위치에 넣고 두번째 항목을 두번째 배열 위치에 넣는다면 몇 개의 enqueue와 dequeue 연산 후에 어떻게 될 지 보자. 이 장에서 그림을 단순화하기 위해 항목이 해당 배열 슬롯의 내부에 앉아 있는 것처럼 하였다. 실제로는 배열 슬롯은 항목에 대한 참조를 가진다. 인자 A, B, C, D 로써 네 번의 enqueue 호출한 후 큐는 다음과 같다.

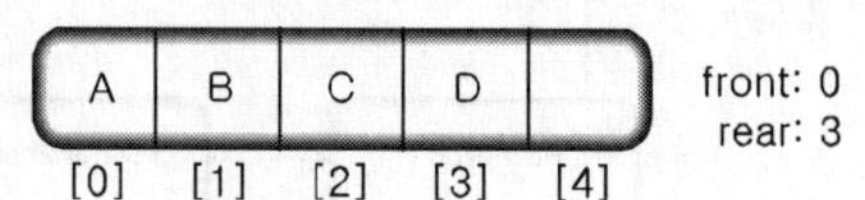

큐의 뒤는 각 enqueue 마다 움직이지만 큐의 앞은 배열의 첫째 슬롯에 고정되어 있다는 것을 기억하라. 이제 큐로부터 앞 항목을 dequeue 한다.

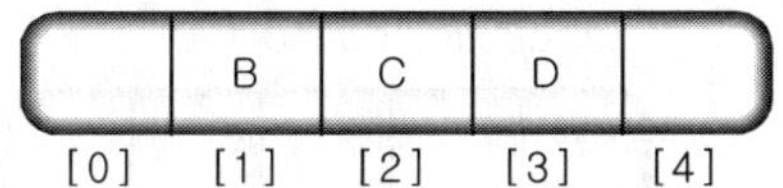


이 연산은 첫번째 배열 슬롯에서 항목을 삭제한다. 큐의 앞을 배열의 꼭대기에 고정하기 위해 큐의 모든 항목을 한 슬롯 앞으로 이동할 필요가 있다.

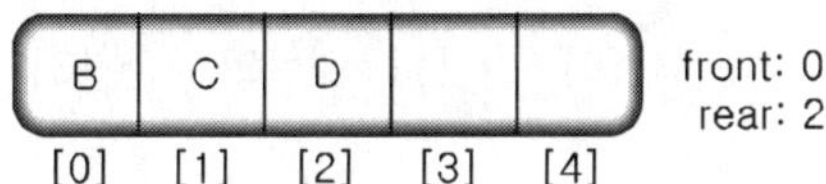


이 설계에서 enqueue 연산은 push 연산과 같다. dequeue 연산은 나머지 항목이 배열의앞쪽으로 하나씩 이동을 해야 하므로 pop보다 더 복잡하다.

이제 이 설계를 평가해 보자. 장점은 단순성과 코딩하기 쉽다는 것이다. 이것은 거의 스택 구현과 같이 간단하다. 큐가 한쪽이 아니라 양쪽에서 접근되지만 여기서는 앞 쪽이 고정되어 있기 때문에 뒤 만을 추적하였다. dequeue 연산만이 더 복잡하다. 이 설계의 단점은 무엇인가? dequeue를 할 때마다 모든 항목을 이동해야 한다. 이것은 일의 양을 증가시킨다.

이 약점이 얼마나 심각한가? 이 판단을 하기 위해서는 큐가 어떻게 사용될 지 알아야 한다. 만약 많은 항목을 보유한다면 각 dequeue로 인하여 항목을 이동하는 데 요구되는 처리가 이 해결책을 좋지 않게 만든다. 반대로 큐가 일반적으로 아주 적은 항목만을 보유한다면 데이터 이동은 그리 비용이 크지 않을 지 모른다. 이 설계가 어떤 상황에서는 작동되게 만들어지고 받아들일만한 성능을 보이게 만들어 질 수 있지만 일반적으로는 효율적인 선택이 아니다. 매 dequeue 연산마다 항목의 이동을 피할 수 있는 설계를 개발할 수 있는지 보자.

### 부동 앞 설계 방식

배열에서 항목을 이동할 필요는 큐의 앞을 배열의 첫번째 슬롯에 고정하고 뒤만을 이동하게 하는 방침에 의해 만들어진 것이다. 앞과 뒤가 모두 이동할 수 있게 허용하면 어떻게 될까? 이전과 마찬가지로 enqueue 연산은 큐의 뒤에 항목을 추가하고 뒤의 위치를 조정한다. 그러나 이제 dequeue 연산은 앞의 항목을 삭제하고 앞의 위치도 조정한다. 데이터의 이동은 필요하지 않다. 그러나 이제 큐의 앞과 뒤의 배열 색인을 추적해야 한다.

그림 5.5.는 몇 개의 enqueue와 dequeue가 이 방식을 사용하는 큐에 어떻게 영향을 주는지 보이고 있다.

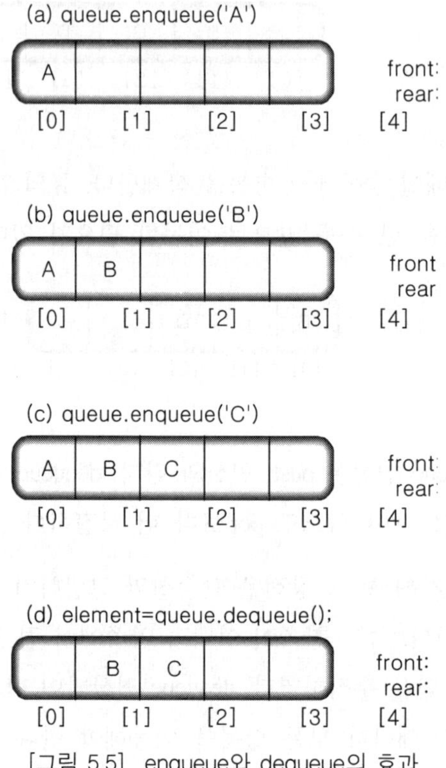


[그림 5.5] enqueue와 dequeue의 효과

큐 항목을 배열에서 떠 다니게 하는 것은 뒤가 배열의 끝에 도달했을 때 새로운 문제를 야기시킨다. 첫번째 설계에서 상황은 큐가 포화일 때였다. 그러나 이제는 큐가 포화가 아니더라도 큐의 뒤는 배열의 끝에 도달할 수 있다 (그림 5.6a).

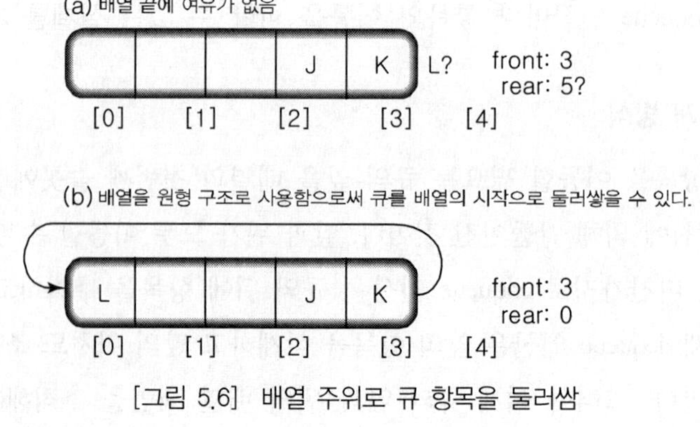


[그림 5.6] 배열 주위로 큐 항목을 둘러쌈

배열의 앞 부분에 공간이 아직 있을 지 모르므로 명백한 해결책은 큐 항목이 배열의 끝으로 둘러싸게 하는 것이다. 다른 말로 하면 배열이 마지막 슬롯 다음에 첫번째 슬롯이 있는 원형 구조로 취급될 수 있다(그림 5.6b). 예를 들면 뒤 표시자를 위한 다음 위치를 얻기 위해 if 문장을 사용할 수 있다. capacity가 배열의 크기를 표시한다고 가정한다.

```
if (rear == (capacity - 1))
  rear = 0;
else
  rear = rear + 1;
```

rear를 지정하는 다른 방법은 모듈로(%) 연산자를 사용하는 것이다.

```
rear = (rear + 1) % capacity;
```

### 설계 방식의 비교

원형 배열 (이동하는 앞 지시자) 해결책은 고정된 앞 지시자 방법처럼 간단하지 않다. 이 복잡함을 설계에 추가함으로써 무엇을 얻는가? 더 효율적인 dequeue 연산을 추가함으로써 더 좋은 성능을 얻는다. 남은 항목을 이동하는데 필요한 일의 양은 항목의 개수에 비례하므로 고정된 앞 지시자 버전의 dequeue 연산은 O(N) 연산이다. 움직이는 앞 지시자 방법은 dequeue 가 몇 개의 간단한 연산을 수행하는 것을 요구한다. 일의 양은 큐에 몇 개의 항목이 있더라도 절대 어떤 고정된 상수를 넘지 않는다. 그래서 알고리즘의 복잡도는 O(1)이다.

움직이는 앞 지시자 방식을 사용할 것이다.

### 인스턴스 변수와 구성자

이를 구현하는데 어떤 인스턴스 변수가 필요한가? 일단 큐 항목 자체가 필요하며 이는 배열에 저장된다. 앞에서 분석한 바를 따르면 클래스에 두 개의 인스턴스 변수 front 와 rear를 추가해야 한다. rear의 값을 앞으로 돌아가게 하기 위해서는 배열의 크기, 즉 큐에 담을 수 있는 최대 항목의 개수를 아는 게 필요하다. 이 용량은 배열의 길이 애트리뷰트를 보면 알 수 있다. 이제 enqueue와 dequeue 연산을 처리할 수 있다. 그런데 다른 연산은 어떻게 할 것인가? isEmpty와 isFull 연산을 제공하기 위해서 numElements라는 인스턴스 변수를 사용한다. numElements 변수는 큐에 있는 현재 항목을 개수를 저장한다.

ArrayBndQueue.java 파일의 시작은 다음과 같다.

```
//----------------------------------------------------------------------------
// ArrayBndQueue.java by Dale/Joyce/Weems Chapter 5
//
// 큐 항목을 저장하기 위한 배열을 가진 BoundedQueueInterface 구현
//
// 두 개의 구성자가 제공됨. 기본 크기를 가지는 큐를 생성하는 구성자와
//호출 프로그램이 용량을 명세할 수 있는 구성자
//----------------------------------------------------------------------------

package ch05.queues;

public class ArrayBndQueue implements BoundedQueueInterface
{
  protected final int DEFCAP = 100;           // 기본 용량
  protected Object[] queue;                   // 큐 항목을 보유하는 배열
  protected int numElements = 0;              // 큐에 있는 항목의 개수
  protected int front = 0;                    // 큐의 앞 지시자 색인
  protected int rear;                         // 큐의 뒤 지시자 색인

  public ArrayBndQueue()
  {
       queue = new Object[ DEFCAP];
       rear = - 1;
  }

  public ArrayBndQueue(int maxSize)
  {
       queue = new Object[maxSize];
       rear = - 1;
}
```

위에서 보듯이 크기에 제한이 있는 구조를 위한 두 개의 표준 구성자를 포함하였다. 클라이언트 프로그램이 최대 크기를 명세 하는 구성자와 기본적으로 최대 DEFCAP 개수의 항목을 가지는 구성자다 (기본 용량은 100).

rear 변수는 용량 -1로 초기화된다. 처음으로 어떤 항목이 들어오면 값은 0으로 바뀐다. 0은 첫번째 항목이 있는 배열 슬롯을 나타낸다. front 변수는 0으로 초기화된다. dequeue되는 첫 번째 항목의 배열 색인이기 때문이다. 큐가 하나의 항목만을 보유할 때는 front와 rear가 같은 값을 가질 것이다.

### 큐 연산의 정의

지금까지의 논의를 참조하면 큐 연산의 구현은 간단히 될 수 있겠다. 크기에 제한이 있는 큐의 경우에 enqueue 메소드는 큐가 포화이면 예외를 발생시켜야 한다. 큐가 포화가 아니면 메소드는 그냥 rear 변수를 증가시키고 (필요하면 맨 앞으로 이동), rear 위치에 인자를 삽입하고 numElements 변수를 증가시킨다.

```
public void enqueue(Object element)
// 큐가 포화이면 QueueOverflowException 을 발생
// 그렇지 않으면 큐의 뒤에 항목을 추가
{
  if (isFull())
      throw new QueueOverflowException("Enqueue attempted on a full queue.");
  else
  {
      rear = (rear + 1) % queue.length;
      queue[rear] = element;
      numElements = numElements + 1;
  }
}
```

dequeue 메소드는 본질적으로 이 연산의 역이다. 큐가 공백이면 예외를 발생시킨다. 그렇지 않으면 front를 증가시키고 (필요하면 맨 앞으로 이동) numElements를 감소시키고 front 변수에 의해 이전에 지시되었던 항목을 리턴한다. 이 메소드는 궁극적으로 리턴하는 객체에 대한 참조를 복사함으로써 시작하는 점에 주목하라.

이렇게 하는 이유는 몇번의 단계 동안 배열로부터 객체의 참조를 삭제하기 때문이다.

```
// 큐가 공백이면 QueueUnderflowException을 발생
// 그렇지 않으면 큐로부터 앞 항목을 삭제하고 그 항목을 리턴함.
{
  if (isEmpty())
      throw new QueueUnderflowException("Dequeue attempted on empty queue.");
  else
  {
      Object toReturn = queue[front];
      queue[front] = null;
      front = (front + 1) % queue.length;
      numElements = numElements - 1;
      return toReturn;
```

```
    }
}
```

스택의 pop 연산과 마찬가지로 dequeue는 삭제된 항목과 관련된 배열 위치 값을 null로 지정한다. 이것은 자바 쓰레기 컬렉션 과정에 새 정보를 주는 것이다.

큐의 크기를 numElements 변수로 추적하기 때문에 관찰자 메소드는 매우 간단하다.

```
public boolean isEmpty()
// 큐가 공백이면 참을 리턴, 그렇지 않으면 거짓을 리턴
{
   return (numElements == 0);
}
public boolean isFull()
// 큐가 포화이면 참을 리턴, 그렇지 않으면 거짓을 리턴
{
   return (numElements == queue.length);
}
```

### 테스트 계획

큐 구현에 있어서 완전한 테스트 계획을 만들어야 한다. 스택에서 했던 것처럼 모든 큐 연산과 각 연산에 필요한 테스트를 나열해야 한다. 예를 들어 isEmpty 메소드를 테스트하기 위해서는 적어도 다섯 번은 호출을 해야 한다. 다음 시나리오대로 호출한다.

- 큐는 원래 공백이다.
- 큐는 공백이 아니었다가 공백이 된다.
- 큐가 공백이 아니다.
- 공백과 공백이 아닌 상태를 몇 차례 돌고 이제 공백이 아니다.
- 큐가 포화이다.

큐가 포화가 될 때까지 항목을 enqueue 하고 isEmpty와 isFull을 큐의 상태를 정확히 판단하기 위해 테스트 할 수 있다. 그 다음에 큐에서 항목을 dequeue하고 제대로 삭제되었는지 확인하기 위해 프린트해 볼 수 있다. 이 지점에서 큐 상태 메소드를 호출하여 공백 조건이 제대로 인지되는지 볼 수 있다. 배열 기반 알고리즘의 까다로운 부분도 테스트해야 하는데 큐가 공백이 될 때까지 enqueue 하고 하나의 항목을 dequeue 하고 그 다음 enqueue 하여 항목이 배열의 처음으로 돌아가게 하는 것이다.

toString 메소드는 테스트 동안 큐의 내용을 검사하는 데 도움을 준다. 연습문제에서 여러 큐 구현에서 이러한 메소드를 만들 것이 요구된다.

## ArrayUnbndQueue 클래스

배열을 사용하여 UnboundedQueueInterface를 구현한 자바 클래스를 개발한다. 배열을 이용해 크기에 제한이 없는 구조를 구현하는 게 의외일지 모른다. 배열은 한번 생성되면 그 크기가 바뀔 수 없기 때문이다. 방법은 필요할 때 새로운 더 큰 크기의 배열을 생성하고 기존의 구조를 새로운 배열에 복사하는 것이다.

ArrayUnbndQueue 클래스를 만들기 위해 ArrayBndQueue 클래스로부터 코드를 재사용할 수 있다. 그 클래스로 시작하여, 큐가 절대 포화가 되지 않도록 어떤 수정을 해야 하는가? 첫째, 클래스의 이름을 바꾸어 UnboundedQueueInterface를 구현한다는 것을 나타낸다.

```
public class ArrayUnbndQueue implements UnboundedQueueInterface
```

isFull 메소드는 UnboundedQueueInterface에서 요구되지 않기 때문에 클래스로부터 isFull 메소드를 삭제할 수 있다.

이것은 매우 쉬운 수정이다. 구조를 크기 제한 없게 만드는 이슈를 다루어 보자. 배열이 공간이 바닥 났을 때 용량을 늘리도록 enqueue 메소드를 수정해야 한다. 배열을 늘리는 것은 개념적으로 enqueue와 다른 작동이므로 enlarge라는 다른 이름으로 구현한다. 이제 다음 문장으로 enqueue 메소드를 시작할 수 있다.

```
if (numElements == queue.length)
enlarge();
```

다음으로는 enlarge 메소드를 구현할 필요가 있다. 배열의 크기를 어느 정도 늘려야 하는가? 몇 가지 선택이 가능하다.

- 일정한 증가 값을 지정하거나 클래스 내에서 일정한 수를 곱하여 늘린다.
- 큐가 생성될 때 응용 프로그램이 증가 값이나 곱하는 수를 명세하도록 한다.
- 원래의 용량을 증가 값으로 사용한다.

enlarge는 전체 배열의 내용을 복사해야 하므로 O(N) 연산이다. 그러므로 너무 자주 호출되지 않도록 한다. 이것은 큰 양으로 용량을 증가시켜야 한다는 것을 의미한다. 물론 너무 많은 양으로 증가시키면 시간과 용량을 낭비하는 것이다.

원 용량을 증가 값으로 사용하자. enlarge 메소드는 크기가 현재의 용량에서 원 용량을 더한 크기의 배열을 생성한다. 구성자에서 원 용량 값을 origCap 인스턴스 변수를 사용하여 기억한다.

enlarge 내에서 구 배열에서 신 배열로 내용을 복사할 때 구 배열의 항목 하나 하나를 front에서 시작하여 한 바퀴를 적절히 돌아서 rear에 가도록 조심해서 처리해야 한다. 새로운 배열에서는 배열의 시작에 항목을 위치시킨다. 복사 연산 후에는 인스턴스 변수를 적절히 업데이트 한다. 여기 전체 ArrayUnbndQueue 클래스가 있다. 크기에 제한이 있는 버전에서 수정이 있는 부분은 밑줄로 표시되어 있다.

```
//----------------------------------------------------------------------------
// ArrayUnbndQueue.java by Dale/Joyce/Weems Chapter 5
//
// 큐 항목을 저장하는 배열을 가지는 UnboundQueueInterface를 구현
//
// 두 개의 구성자 제공: 기본 원 용량을 가지는 큐와
// 호출 프로그램이 원 용량을 명세하는 것을 허용하는 큐
//
// 배열에 가용 공간이 없을 때 enqueue가 시도되면 새로운 배열이 생성됨
// 용량은 원 용량에 의해 증가됨
//----------------------------------------------------------------------------

package ch05.queues;

public class ArrayUnbndQueue implements UnboundedQueueInterface
{
  protected final int defCap = 100;  // 기본 용량
  protected Object[] queue;                    // 큐 항목을 가지는 배열
  protected int origCap;                       // 원 용량
  protected int numElements = 0;               // 큐에 있는 항목의 개수
  protected int front = 0;          // 큐의 앞 지시자 색인
  protected int rear = -1;          // 큐의 뒤 지시자 색인

  public ArrayUnbndQueue()
  {
      queue = new Object[defCap];
      rear = defCap - 1;
      origCap = defCap;
```

```
}

public ArrayUnbndQueue(int origCap)
{
      queue = new Object[origCap];
      rear = origCap - 1;
      this.origCap = origCap;
}
private void enlarge()
// 큐의 용량을 원 용량 만큼 증가
{
      // 더 큰 배열을 생성
      Object[] larger = new Object[queue.length + origCap];

      // 작은 배열에서 큰 배열로 내용을 복사
      int currSmaller = front;
      for (int currLarger = 0; currLarger < numElements; currLarger++)
      {
        larger[currLarger] = queue[currSmaller];
        currSmaller = (currSmaller + 1) % queue.length;
      }

       // 인스턴스 변수를 수정
       queue = larger;
       front = 0;
       rear = numElements - 1;
      }

      public void enqueue(Object element)
      // 큐의 뒤에 항목을 추가
      {
        if (numElements == queue.length)
                enlarge();
        rear = (rear + 1) % queue.length;
        queue[rear] = element;
        numElements = numElements + 1;
      }

      public Object dequeue()
      // 큐가 공백이면 QueueUnderflowException을 발생
      // 그렇지 않으면 큐로부터 앞 항목을 삭제하고 리턴
      {
        if (isEmpty())
```

```
        throw new QueueUnderflowException("Dequeue attempted on empty queue.");
      else
      {
      Object toReturn = queue[front];
      queue[front] = null;
      front = (front + 1) % queue.length;
      numElements = numElements - 1;
      return toReturn;
    }
  }

     public boolean isEmpty()
     // 큐가 공백이면 리턴, 그렇지 않으면 거짓을 리턴
     {
      return (numElements == 0);
     }
}
```

# 5.5 응용: War 카드 게임

이 절에서는 인기 있는 카드 게임을 시뮬레이션 하는 응용 프로그램을 제시한다. 양 쪽 플레이어의 손과 카드 전투의 상에 해당하는 카드의 더미를 위한 몇 개의 큐를 사용한다. 이 해결책은 또한 재귀 사용의 재미 있는 예를 제공한다.

배우기에 가장 쉬운 카드 게임 중 하나가 War 게임이다. 카드가 뒤섞이고 두 선수에게 딜이 된다. 각 선수는 26개의 카드로 시작한다. 선수들은 매번 카드로 전투(battle)를 한다. 각 전투는 각 선수가 손으로부터 꼭대기 카드를 테이블에 놓는 것으로 구성된다. 두 카드 중 높은 것을 갖는 선수가 그 전투의 상(두 개의 카드)를 얻고 손의 밑바닥에 카드를 위치시킨다. 무승부 전투는 전쟁(war)을 의미한다.

전쟁에서는 각 선수가 세 개의 추가 카드를 상 더미 위에 추가시키고 다른 전투 카드를 깐다. 전투에서 이기는 선수는 전체 상 더미(모든 10 개의 카드)를 손 밑바닥에 추가한다. 그 전투 마저 무승부이면 어떻게 되는가? 그러면 전쟁이 또 있게 되고 상 더미는 더 커지게 된다. 카드 게임은 선수 중 하나가 보통 전투 중에 또는 전쟁 중에 카드가 없어질 때까지 계속된다. 그 선수는 지게 된다.

각 선수가 어떻게 손으로부터 카드를 가져와 상 더미에 놓는지 주목하라. 한 선수가 이기면

상 더미로부터 카드를 손의 바닥으로 위치시킨다. 그래서 각 손은 큐와 같은 역할을 한다. 사실상 상 더미의 카드가 순서가 유지되어 있으므로 상 더미 역시 큐로 취급된다.

War 게임은 생각을 많이 필요로 하지는 않는다. 사실상 유일하게 실제 결정해야 할 사항은 게임을 할 것인가 이다. 프로그램은 그 결정을 도와준다. 프로그램은 몇 개의 전쟁 게임을 시뮬레이션하고 평균적으로 각 게임에서 몇 번의 전투가 행해지는지 알려준다. 이는 얼마나 게임이 오래 걸릴 것인지 알 수 있고 곧 게임을 할 지 결정에 영향을 줄 수 있다.

War를 시뮬레이션하기 위해 카드를 임의로 두 손에 주어야 한다. 그리고 dequeue와 enqueue 연산을 게임의 법칙에 따라 두 손과 상 더미 사이에서 코디네이트 한다.

프로그램은 두 개의 입력 값을 요구한다. 시뮬레이션 할 게임의 수와 게임이 중단되기 전 허용되는 전투의 최대 수이다. 후자 값은 프로그램이 무한히 수행되지 않는 것을 보증하기 위해 필요하다. War 게임이 끝날 지 보증할 수는 없다. 프로그램으로부터 출력은 중단된 게임의 개수, 완성된 게임의 개수, 그리고 완성된 게임에서 행해진 전투의 평균 개수에 관한 통계로 구성된다.

## RankCardDeck 클래스

해결책을 지원하기 위해 카드 덱을 모델링하는 클래스를 생성한다. War 게임에서 단지 카드의 순위(rank)를 비교할 필요가 있다. 카드 suit는 중요하지 않다. 이것 때문에 간단한 카드 덱 클래스를 생성할 수 있다. 카드의 순위를 단지 모델링함을 강조하기 위해 클래스를 RankCardDeck 이라고 부른다. 카드를 보여주는 것이 아니라 통계를 모으는 것만이 중요하므로 정수 0에서 12 를 카드 순위를 표시하기 위해 사용한다. 여기 클래스가 있다.

```
//----------------------------------------------------------------------
// RankCardDeck.java by Dale/Joyce/Weems Chapter 5
//
// 카드의 덱을 모델
// 요청되면 임의의 카드를 리턴
// 카드는 0부터 12까지의 정수인 순위에 의해 표현됨.
//----------------------------------------------------------------------

package support;

import java.util.Random;

public class RankCardDeck
```

```
{
  private static final int numCards = 52;
  protected int[] carddeck = new int[numCards];
  protected int curCardPos = 0;                    // 처리될 다음 카드의 위치

  protected Random rand = new Random();            // 임의 숫자를 발생시키기 위함

  public RankCardDeck()
  {
   for (int i = 0; i < numCards; i++)
     carddeck[i] = i / 4;                 // 각 순위에 4개의 카드가 있음
  }

  public void shuffle()
  // 덱에 있는 카드의 순서를 임의로 하고
  // 현재 카드의 위치를 카드 0으로 지정
  {
   int randLoc;                         // random location in card deck
   int temp;                                    // for swap of cards
   for (int i = (numCards - 1); i > 0; i--)
   {
     randLoc = rand.nextInt(i);                 // 0 과 i-1 사이의 임의 정수
     temp = carddeck[randLoc];
     carddeck[randLoc] = carddeck[i];
     carddeck[i] = temp;
   }
   curCardPos = 0;
  }

  public boolean hasMoreCards()
  // 처리할 남은 카드가 아직 있으면 참을 리턴
  // 그렇지 않으면 거짓을 리턴
  {
   return (curCardPos != numCards);
  }

  public int nextCard()
  // 사전 조건: curCardPos != numCards
  //
  // 순위를 표시하는 정수를 리턴하고 현재 카드의 위치를
  // 증가시킴으로써 딜이 되고 있는 카드를 모델
  {
   curCardPos = curCardPos + 1;
```

```
    return (carddeck[curCardPos - 1]);
  }
}
```

위에서 보듯이 RankCardClass 는 응용 프로그램이 카드 덱을 생성하고 카드를 뒤섞고 딜할 카드가 더 있는지 검사하고 다음 카드를 딜한다. 덱(배열)을 후방향으로 가면서 작업하는데 덱의 앞 부분으로부터 임의의 위치를 선택하여 그 위치의 카드와 현재 위치의 카드를 교환한다. 임의의 위치를 선택하기 위해 자바 라이브러리의 Random 클래스를 사용한다. rand.NextInt(i)는 0 과 i-1 사이의 임의 정수를 리턴한다.

## WarGame 클래스

이 클래스는 War 게임을 시뮬레이션 한다. 구성자(constructor)는 게임이 중단되기 전에 허용되는 최대 전투의 개수를 나타내는 인자를 요구한다. 클래스는 게임이 종료하거나 중단될 때까지 게임을 시뮬레이션하는 play 메소드를 내보낸다(export). 게임이 정상적으로 끝나면 참을, 중단되면 거짓을 리턴한다. 이것은 역시 관찰자 메소드를 내보내는데 이 메소드는 가장 최근의 게임에서 행해진 전투의 개수를 리턴한다.

play 메소드는 호출될 때 세 가지 큐를 생성한다. 각 선수의 손에 해당하는 큐 두 개와 카드의 상 더미에 해당하는 큐이다. 다음으로 메소드는 카드의 덱을 뒤섞고 두 선수에게 카드를 딜한다. 선수의 손에 카드를 딜하는 것은 해당 큐에서 카드를 enqueue하는 것으로 이루어진다. 카드가 딜 되면 play 메소드는 반복적으로 battle 메소드를 호출하는데 이는 두 선수 간의 전투를 규정하는 것이다. 이 순환은 게임이 종료하거나 중단될 때까지 계속된다.

battle 메소드는 재귀적이다. War 게임 용어를 사용한 battle 알고리즘이 여기 있다.

```
battle()

선수 1의 손에서 카드를 얻음
그 카드를 상 더미에 놓음
선수 2의 손에서 카드를 얻음
그 카드를 상 더미에 놓음
if (선수 1의 카드 > 선수 2의 카드)
{
   상 더미로부터 모든 카드를 제거하고 이를 선수 1의 손에 놓음
}
else
```

```
if (선수 2의 카드 > 선수 1의 카드)
{
   상 더미로부터 모든 카드를 제거하고 이를 선수 2의 손에 놓음
}
else // 전쟁
{
   각 선수는 세 개의 카드를 상 더미에 놓음
   battle()
}
```

이 메소드는 두 선수 간의 전투를 모델링한다. 전투 카드를 얻고 (dequeue하고) 상 더미에 카드를 추가(enqueue)한고 카드를 비교한다. 높은 카드를 갖는 선수가 선수의 손으로부터 추가된 상 더미의 카드를 얻는다 (상 더미로부터 dequeue, 선수의 손에 enqueue). 전투가 무승부이면 전쟁이 있다. 각 선수의 손으로부터 세 개의 카드를 상 더미로 추가하고 battle 은 재귀적으로 자신을 호출한다. 이 재귀 전투에서 이기는 선수가 다른 전쟁이 있지 않는 한 상 더미의 모든 카드를 얻는다. 다른 전쟁이 있으면 메소드는 다시 재귀한다.

WarGame 클래스의 논의를 계속하기 전에 코드를 공부해야 한다. 큐 ADT를 수반하는 부분은 밑줄이 그어져 있다.

```
//----------------------------------------------------------------------
// WarGame.java by Dale/Joyce/Weems Chapter 5
//
// War 카드 게임을 모델
// 몇 번의 전투가 행해지는지 추적함
//----------------------------------------------------------------------

import ch05.queues.*;
import support.*;                          // RankCardDeck 을 위함

public class WarGame
{
  BoundedQueueInterface player1;     // 선수 1의 손
  BoundedQueueInterface player2;     // 선수 2의 손

  int maxNumBattles;                 // 게임이 끝나기 전에
                                     // 허용되는 최대 전투의 수

  int numBattles = 0;                // 현재 게임에서 행해지는 전투의 수

  RankCardDeck deck;                 // 카드 덱
```

```
BoundedQueueInterface prize;         // 현재 전투에서 얻어진 카드

static final int numCards = 52;      // 덱에 있는 카드의 수

public WarGame(int maxNumBattles)
{
 this.maxNumBattles = maxNumBattles;
 deck = new RankCardDeck();
}

public int getNumBattles()
{
 return numBattles;
}

public boolean play()
// 한 게임을 시뮬레이션.
// 행해진 전투의 수가 maxNumBattles에 도달하면 게임은 중단됨
// 게임이 정상적으로 끝나면 참을, 게임이 중단되면 거짓을 리턴
{
// 선수의 손을 생성
player1 = new ArrayBndQueue(numCards);
player2 = new ArrayBndQueue(numCards);
// 상 더미를 생성
prize = new ArrayBndQueue(numCards);
boolean gameOver = false;                   // 게임이 종료되면 참이 됨
boolean gameOK = true;                      // 게임이 중단되면 거짓이 됨
// 원래 손에 딜함
deck.shuffle();
while (deck.hasMoreCards())
{
 player1.enqueue(deck.nextCard());
 if (deck.hasMoreCards())
   player2.enqueue(deck.nextCard());
}

// 한 선수가 카드를 소진할 때까지
// 또는 전투의 수가 최대해 달할 때까지 행함
numBattles = 0;
while (!gameOver)
{
 try
```

```
   {
     numBattles = numBattles + 1;
     battle();
   }
   catch (QueueUnderflowException exceptionVar)
   {
     gameOver = true;
   }
   if (numBattles == maxNumBattles)
   {
     gameOver = true;
     gameOK = false;
    }
   }
   return gameOK;
 }

 private void battle()
 // player1과 player2 간의 전투를 모델
 // 전투가 전쟁으로 되면 각 선수로부터 세 카드가 상 더미에 놓여지고
 // 전투는 재귀적으로 계속됨
 {
   //이 전투를 위한 카드들
   int p1card;
   int p2card;

   // 선수들로부터 카드를 얻어 상 더미에 놓음
   p1card = (Integer) player1.dequeue();
   prize.enqueue(p1card);
   p2card = (Integer) player2.dequeue();
   prize.enqueue(p2card);

   // 전투의 결과를 결정하고 처리함
   if (p1card > p2card)                        // 선수 1이 이김
     while (!prize.isEmpty())
     player1.enqueue(prize.dequeue());
   else
   {
     if (p2card > p1card)                      // 선수 2가 이김
      while (!prize.isEmpty())
     player2.enqueue(prize.dequeue());
   else
   {
```

```
      // 전쟁임.
      // 각 선수가 세 개의 카드를 상 더미에 놓음
      for (int i = 0; i < 3; i++)
      {
        prize.enqueue(player1.dequeue());
        prize.enqueue(player2.dequeue());
      }
      // 누가 상을 얻는지 결정하기 위해 전투를 계속
      battle();
     }
   }
  }
}
```

이 클래스에 대한 추가 노트 사항은 다음과 같다.

- player1, player2, prize 큐는 모두 카드를 보유함. 그러나 이 프로그램에서 카드는 본질적으로 int 값임. 하나의 int 가 enqueue 되면 큐는 클래스 Object의 항목을 가지므로 자바 5.0의 autoboxing 기능은 int를 Integer 객체로 둘러싼다. 큐로부터 카드를 제거하면 Integer 객체로서 형 변환(cast)해야 한다. 이것이 이루어지면 unboxing 기능은 int 값으로 다시 사용할 수 있게 해 준다.
- 두 선수 중 하나가 카드가 없어지게 되면 게임이 끝남을 상기하라. 손으로부터 카드를 dequeue하기 전에 매번 선수의 손이 비었는지 검사하기 보다는 dequeue 메소드가 공백 큐에 호출되었을 때 언더플로 예외를 발생시킨다는 사실을 이용한다. simulate 메소드에 있는 try-catch 구문은 언더플로의 발생을 감지하여 적절히 시뮬레이션을 중지시킨다.

## WarGameApp 클래스

WarGame 클래스는 대부분의 일을 한다. 이제 남은 것은 사용자 입력을 구현하고 결과를 제시하는 것이다. WarGameApp 프로그램은 이전의 화면 기반 프로그램과 유사하다. 프로그램은 사용자에게 시뮬레이션할 게임의 개수와 게임을 중지하기 전에 허용되는 전투의 개수를 입력 받는다. 그리고 for 루프를 사용하여 반복적으로 WarGame 클래스의 play 메소드를 호출한다. 그리고 결과를 수집한다. 최종적으로 결과를 사용자에게 제시한다. 호의적인 사용자임을 가정하여 입력 값을 검증하지 않는 점을 주의하라.

```
//----------------------------------------------------------------------
// WarGameApp.java by Dale/Joyce/Weems Chapter 5
//
// 화면을 통하여 사용자와 대화
//
```

```
// 여러 개의 War 카드 게임을 시뮬레이션하고
// 한 게임을 완성하기 위해 필요한 전투의 평균을 보고함
//
// 입력은 시뮬레이션할 게임의 개수와 게임이
// 중단되기 전에 허용되는 최대 전투의 수로 이루어진다.
//
// 출력은 중단된 게임의 개수,
// 완성된 게임의 개수, 완성된 게임에서 평균 전투의 수로
// 이루어진다.
//----------------------------------------------------------------------

import java.util.Scanner;

public class WarGameApp
{
  public static void main(String[] args)
  {
      Scanner conIn = new Scanner(System.in);

      WarGame game;

      int numGames;                  // 시뮬레이션 할 게임의 수
      int maxNumBattles;             // 게임에 허용되는 전투의 최대 수
      int numDiscont = 0;            // 중단된 게임의 수
      int numCompleted = 0;          // 완성된 게임의 수

      int totBattles = 0;            // 완성된 게임에서 전체 전투의 수
      System.out.println("How many games should be simulated? ");
      numGames = conIn.nextInt();

      System.out.println("What is the maximum number of battles per game? ");
      maxNumBattles = conIn.nextInt();

      game = new WarGame(maxNumBattles);

      for (int i = 0; i < numGames; i++)
      {
       if (game.play())
       {
        numCompleted = numCompleted + 1;
        totBattles = totBattles + game.getNumBattles();
       }
       else
```

```
        numDiscont = numDiscont + 1;
      }

      // 결과를 출력
      System.out.println("Number of Games Simulated: "+ numGames);
      System.out.println("Number of Discontinued Games: "+ numDiscont);
      System.out.println("Number of Completed Games: "+ numCompleted);
      System.out.println();

      if (numCompleted > 0)
      {
        System.out.println("In the completed games");
        System.out.println(" Total Number of Battles "+ totBattles);
        System.out.println(" Average Number of Battles "
                                  + totBattles/numCompleted);
      }
      System.out.println("\nProgram completed.");
   }
}
```

프로그램을 테스팅하는 것은 쉽지 않다. 여기에서의 방식은 프로그램 전체에 테스트 관련 출력 문장을 추가하여 War 게임을 제대로 표현하는지 결정하는 것이다. 그러나 출력의 양이 너무 많을 수 있기 때문에 출력이 적당하게 되도록 선수에게 딜 되는 열린 카드의 개수를 줄일 필요가 있다. 도움이 되는 다른 방법은 임의로 카드를 생성하는 코드 부분을 코멘트화 하고 각 선수의 손에 주의 깊게 선택된 카드를 위치 시키는 일련의 문장으로 대체하는 것이다. 예를 들어 중첩된 전쟁의 여러 레벨을 제대로 처리하는지 보는 것이다.

테스트를 거치면 프로그램은 War 게임을 조사하는데 사용될 수 있다. 한 게임에 300 개의 전투와 1000 개의 게임을 시뮬레이션 제한을 두었다고 가정하자. 이중 몇 개의 게임이 중단되는가? 완성된 게임에서 게임 당 평균 전투의 수는 얼마인가? 여기 한 결과가 있다.

```
How many games should be simulated?
1000
What is the maximum number of battles per game?
300
Number of Games Simulated: 1000
Number of Discontinued Games: 658
Number of Completed Games: 342

In the completed games
```

```
Total Number of Battles 56138
Average Number of Battles 164

Program completed.
```

적어도 프로그램의 이 실행에서는 게임 당 300 전투의 제한을 두었을 때 게임의 1/3 정도만 이 완료되었다. 500이나 1000 같이 더 많은 전투를 허용하면 어떻게 될 것인가? 이 새로운 입력 값으로 프로그램을 재실행하여 어떻게 되는지 보라.

평균 얼마나 많은 짧은 게임이 발생되는 지 조사한다. 최대 전투 제한을 7로 하여 프로그램을 재 실행하고 50,000 게임을 시뮬레이션하였다. 단지 한 개의 완료된 게임이 기록되었다. 놀라운 일은 그 게임이 단지 두 전투만을 가졌다는 것이다. 이 전투는 복수 레벨 전쟁임에 틀림없다. War 게임이 단지 두 전투만으로 결정될 수 있다는 것은 믿기 어렵다. 더 조사하기 위해 독자는 50,000 게임을 스스로 손으로 해 볼 수 있을 것이다. 시뮤레이션 프로그램을 이용하여 그 상황을 연구하라.

그림 5.7은 이 장에서 개발되어 War 게임 시뮬레이션 프로그램된 여러 가지 인터페이스와 클래스 간의 관계를 보이는 그림이다.

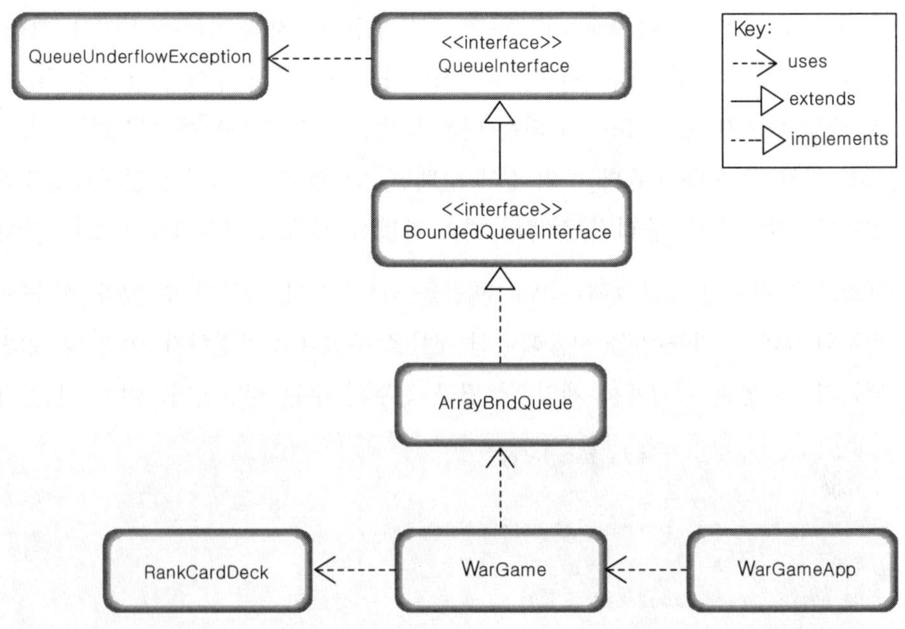


[그림 5.7] War 게임 시뮬레이션 프로그램의 구조

# 5.6 연결 리스트 기반의 구현

이 절에서는 연결 리스트를 이용하여 크기에 제한이 없는 큐를 구현한다. 이 클래스를 LinkedUnbndQueue라 부른다. 3장에서 제시된 스택의 리스트 구현에서 했듯이 노드를 제공하기 위해 support 페키지로부터 LLObjectNode 클래스를 사용한다.

큐의 배열 기반 구현에서 큐의 데이터의 앞과 뒤 구간을 표시하는 두 개의 색인을 추적한다. 리스트 표현에서는 두 참조 front와 rear를 사용 할 수 있는데 큐의 앞 지시자와 뒤 지시자를 마크하기 위함이다. 큐가 공백이면 이 참조는 둘 다 null이어야 한다. 그러므로 큐를 위한 구성자는 그들을 적절히 초기화해야 한다. 클래스 정의의 시작은 다음과 같다.

```
//----------------------------------------------------------------------------
// LinkedUnbndQueue.java by Dale/Joyce/Weems Chapter 5
//
// 연결 리스트를 이용하여 UnboundedQueueInterface를 구현
//----------------------------------------------------------------------------

package ch05.queues;
import support.LLObjectNode;
public class LinkedUnbndQueue implements UnboundedQueueInterface
{
  protected LLObjectNode front;       // 큐의 앞 지시자에 대한 참조
  protected LLObjectNode rear;        // 큐의 뒤 지시자에 대한 참조

  public LinkedUnbndQueue()
  {
   front = null;
   rear = null;
}
```

그림 5.8은 큐 표현을 그래픽하게 표시한다. 인스턴스 변수 (front 와 rear)를 그림의 다른 영역에 보임으로써 큐를 도식화 한다. 이 변수들이 실제로 단일 큐 객체에 모여 있음을 상기하자. 노드가 선형적으로 그려져 있지만 실제로는 연결된 구조에서 동적으로 할당된 노드가 시스템 메모리 어디인가에 존재한다는 것도 상기하자.

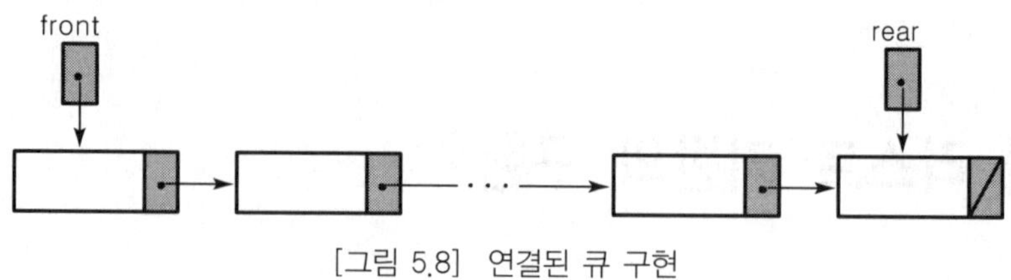


[그림 5.8] 연결된 큐 구현

그림 5.8에서 front와 rear의 상대적인 위치를 주의하라. 만약 둘이 바뀌어 있다면 (그림 5.9에서처럼) dequeue 연산을 구현하는데 어려움을 겪을 것이다. dequeue는 큐의 앞쪽 끝에서 이루어진다는 것을 상기하면 큐의 앞을 나타내는 노드를 삭제하기 위해서는 체인에서 다음 노드로 front 참조를 재 지정해야 한다.

그림 5.9처럼 큐를 구현한다면 체인에서 선행하는 노드이므로 다음 노드의 참조를 쉽게 얻을 수 없다. 전체 노드를 처음부터 여행하거나 (O(N) 해결책이고 특히 큐가 매우 길면 매우 비효율적임), 양방향으로 참조를 가진 연결 리스트를 유지해야 한다. 큐 참조를 처음부터 제대로 지정한다면 이중 연결 구조(doubly linked list)의 사용은 필요하지 않다.

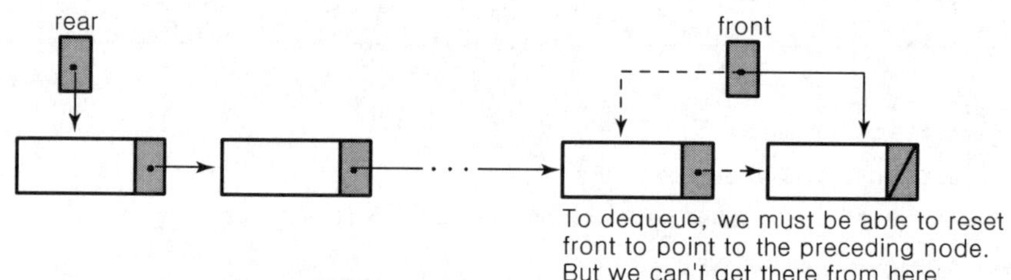


[그림 5.9] 좋지 않은 큐 설계

## Enqueue 연산

StringLog와 Stack ADT의 구현에서 연결 리스트의 처음에서 노드를 삽입하고 삭제하는 법을 보았다. 구조의 뒤에서 새로운 항목을 삽입함으로써 큐에 항목을 추가한다. 아직 이 연산은 보지 않았다. enqueue 연산을 구현하는 알고리즘이 필요하다 (그림 5.10).

Enqueue (element)
새로운 element를 위한 노드를 생성
큐의 rear에 새로운 노드를 삽입
큐의 rear에 대한 참조를 수정

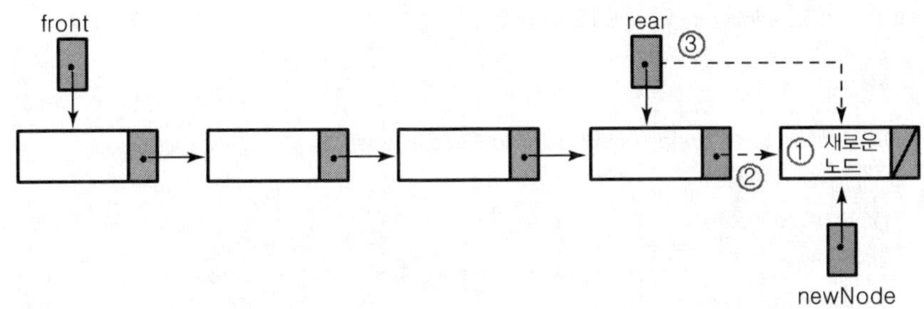


[그림 5.10] enqueue 연산

이 단계들의 첫번째는 이전에도 보았으므로 매우 친숙하다. 새로운 LLObjectNode 객체를 생성하고 element를 인자로 전달함으로써 element를 위한 새로운 노드를 생성한다.

다음 단계는 큐의 뒤에 새로운 노드를 삽입하는 것을 수반한다. 현재의 마지막 항목의 링크를 다음 LLObjectNode setLink 메소드를 사용하여 새로운 노드를 참조하도록 지정한다.

```
rear.setLink(newNode);
```

그런데 항목을 enqueue 할 때 큐가 공백이면 어떻게 되는가? 참조를 사용할 때 null의 특별한 경우를 처리하는 것을 확인해야 한다. 객체를 접근하는데 이를 사용할 수 없다. 항목을 삽입할 때 큐가 공백이면 rear의 값은 null일 것이고 rear.setLink를 사용하면 실행 시간 예외가 발생할 것이다. 대신에 front를 새로운 항목을 가리키도록 지정한다.

```
if (rear == null)
   front = newNode;
else
   rear.setLink(newNode);
```

enqueue 알고리즘의 마지막 단계는 rear 참조를 수정하는데 단순히 다음처럼 지정문을 수행하면 된다.

```
rear = newNode;
```

이 과정은 큐에 처음으로 새로운 노드가 온다면 작동하는가? 즉 공백 큐에 삽입하는 경우에? enqueue 호출을 따르면 몇 개의 항목이 큐에 있던 rear가 언제나 새로운 항목을 가리키기를 원하므로 그렇다고 할 수 있다. 이러한 부분을 모두 종합하면 enqueue 메소드를 위한 다음 코드를 얻는다.

```
public void enqueue(Object element)
// 이 큐의 뒤에 항목을 추가
{
  LLObjectNode newNode = new LLObjectNode(element);
  if (rear == null)
   front = newNode;
  else
   rear.setLink(newNode);
  rear = newNode;
}
```

## Dequeue 연산

dequeue 연산은 연결 리스트의 앞쪽에서 항목을 삭제한다는 점에서 스택의 pop 연산과 유사하다. 그러나 pop은 스택으로부터 항목을 단지 삭제하는 반면 dequeue는 항목을 삭제하고 리턴한다. 또한 스택의 pop 연산에서처럼 LLObjectNode 전체가 아니고 노드가 포함하는 정보만을 리턴하기를 원한다.

enqueue 알고리즘을 작성함에 있어서 공백 큐에 항목을 삽입하는 것은 특별한 경우로 취급하였다 (front 가 새로운 노드를 가리키도록 만들었다). 비슷하게 dequeue 알고리즘에서도 큐에 남은 단 하나의 노드를 삭제하는 특별한 경우를 취급할 필요가 있다. front가 재지정된 후 null 이라면 큐는 공백인 것이고 rear로 null로 지정할 필요가 있다. 연결된 큐에서 앞 항목을 삭제하는 알고리즘이 그림 5.11에 예시되어 있다.

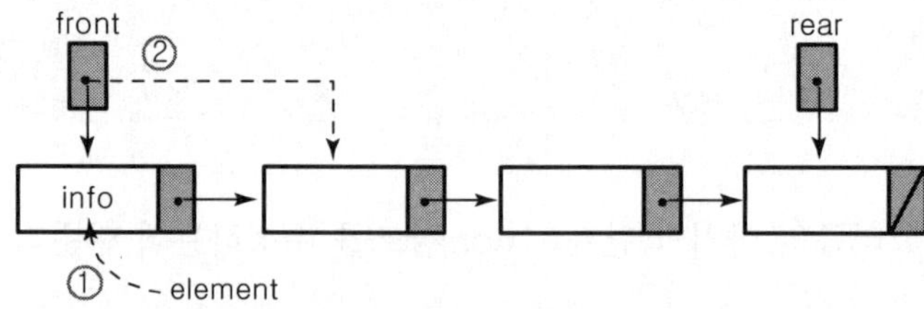


[그림 5.11] dequeue 연산

```
Dequeue: 객체를 리턴
element에 앞 노드의 정보를 지정
큐에서 앞 노드를 삭제
if 큐가 공백이면
  뒤를 null로 지정
element를 리턴
```

구현을 행별로 보자. 처음 항목으로부터 정보를 기억하여 다음에 리턴할 수 있도록 함으로써 시작한다. 지역 Object 변수 element를 선언하고 큐 항목으로부터 정보(즉 정보에 대한 참조)를 지정한다.

```
Object element;
element = front.getInfo();
```

다음으로 큐에서 앞 노드를 삭제한다. 이 단계는 용이하다. 링크를 front의 다음 항목으로 지정한다 (그림 5.11). 이 방식은 결과 큐가 공백일 경우라도 작동한다. 왜냐하면 링크가 null일 것이기 때문이다. 큐가 공백이 되면 앞에서 다루었듯이 큐의 rear를 null로 지정한다.

```
front = front.getLink();
if (front == null)
  rear = null;
```

이제 앞에서 저장한 정보를 리턴한다.

```
return element;
```

끝으로 dequeue 연산이 공백 큐에 시도되면 QueueUnderflowException을 발생해야 함을 기억해야 한다. 이 모든 것을 종합하면 코드는 다음과 같다.

```
public Object dequeue()
// 큐가 공백이면 QueueUnderflowException을 발생
// 그렇지 않으면 큐로부터 첫번째 항목을 삭제하고 리턴
{
  if (isEmpty())
      throw new QueueUnderflowException("Dequeue attempted on empty queue.");
  else
  {
      Object element;
      element = front.getInfo();
      front = front.getLink();
      if (front == null)
      rear = null;
      return element;
  }
}
```

### 큐 구현

남은 연산인 isEmpty는 별로 어렵지 않다. 연결 방식에 기반한 크기에 제한 없는 FIFO 큐의 전체 코드가 다음과 같다.

```
//----------------------------------------------------------------------------
// LinkedUnbndQueue.java by Dale/Joyce/Weems Chapter 5
//
// 연결 리스트를 이용하여 UnboundedQueueInterface를 구현
//----------------------------------------------------------------------------

package ch05.queues;

import support.LLObjectNode;

public class LinkedUnbndQueue implements UnboundedQueueInterface
{
  protected LLObjectNode front;               // 이 큐의 앞에 대한 참조
  protected LLObjectNode rear;                // 이 큐의 뒤에 대한 참조

  public LinkedUnbndQueue()
  {
   front = null;
   rear = null;
  }

  public void enqueue(Object element)
  // 큐의 뒤에 항목을 추가
  {
   LLObjectNode newNode = new LLObjectNode(element);
   if (rear == null)
     front = newNode;
   else
     rear.setLink(newNode);
   rear = newNode;
  }

  public Object dequeue()
  // 큐가 공백이면 QueueUnderflowException을 발생
  // 그렇지 않으면 큐로부터 앞 항목을 삭제하고 리턴
  {
```

```
    if (isEmpty())
      throw new QueueUnderflowException("Dequeue attempted on empty queue.");
    else
    {
      Object element;
      element = front.getInfo();
      front = front.getLink();
      if (front == null)
        rear = null;

      return element;
    }
  }

  public boolean isEmpty()
  // 큐가 공백이면 참 그렇지 않으면 거짓을 리턴
  {
    if (front == null)
      return true;
    else
      return false;
  }
}
```

## 원형 연결 큐 설계

LinkedUnbndQueue 클래스는 큐의 각 끝을 가리키는 두 인스턴스 변수를 포함한다. 이 설계는 연결 큐의 선형 구조에 기반한다. 단지 한 인스턴스 변수를 사용함으로써 클래스를 구현할 수 있을까? 큐의 앞을 가리키는 하나의 참조만이 주어졌을 때 큐의 뒤를 얻기 위해 링크를 따라 갈 수는 있다. 그러나 이렇게 하면 뒤를 접근하는데 O(N)이 들게 된다. 참조가 앞에서 뒤로 갈 수 밖에 없으므로, 큐가 만약 뒤 만을 가지는 경우는 앞 접근은 불가능하다.

그러나 만약 큐를 원형으로 만들면 하나의 참조로부터 양쪽 끝을 효율적으로 접근하는 것이 가능하다 (그림 5.12를 보시오). 이러면 LinkedUnbndQueue 는 두 개가 아니라 단지 하나의 인스턴스 변수만을 갖게 된다. 이 큐 구현은 양쪽 끝을 가진 선형 구조로서의 큐의 논리적인 그림과 다르다. 대신에 양쪽 끝이 없는 원형 구조를 갖는다. 이것을 큐라고 부를 수 있는 것은 FIFO 접근을 지원하기 때문이다.

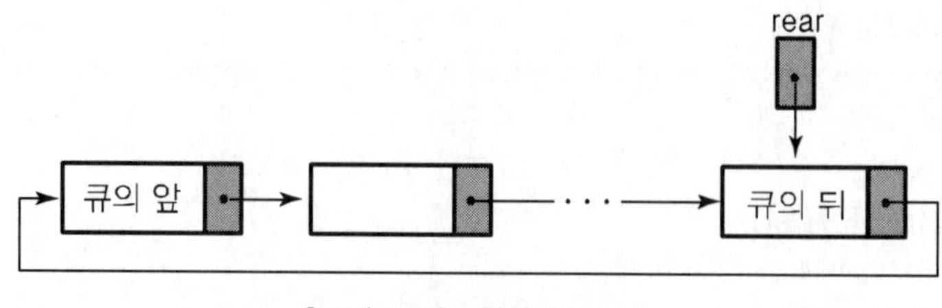


[그림 5.12] 원형 연결 큐

한 항목을 enqueue하기 위해서는 rear 참조를 통해서 rear 노드를 직접적으로 접근한다. 항목을 dequeue하기 위해서는 큐의 앞 노드를 접근해야 한다. 이 노드에 대한 참조는 없으나 이 노드를 선행하는 노드에 대한 참조 즉 rear는 있다. 큐의 앞 노드에 대한 참조는 rear.getLink()에 있다. 공백 큐에 대해서는 rear가 null 일 것이다. 원형 연결 구현을 사용하여 큐 연산을 설계하고 코딩하는 것은 연습문제로 남긴다.

큐 ADT의 두 연결 구현은 배열 기반 버전에서 논의된 같은 테스트 계획으로 테스트 될 수 있다.

## 큐 구현의 비교

이제 Queue ADT의 몇 개의 다른 구현을 보았다. 이 구현들을 어떻게 비교하는가? 두 개의 다른 요인을 고려한다. 구조를 저장하는데 필요한 메모리의 양과 해결책이 요구하는 일의 양 (Big-O 표기로 표현되는)이다. 처음에 ArrayBndQueue와 LinkedUnbndQueue 구현을 비교하자.

크기에 제한이 있는 큐에 있는 배열은 실제로 몇개의 슬롯이 사용되든 같은 양의 메모리를 소비한다. 최대 항목의 개수를 기준으로 공간을 예약할 필요가 있다. 동적으로 배정된 기억공간을 사용하는 연결 구현은 큐에 실제로 있는 항목의 개수만큼만 공간을 요구한다. 그러나 노드 항목은 두 배로 크다는 것을 주의하라. 왜냐하면 항목에 대한 참조 뿐만 아니라 링크 (다음 노드에 대한 참조)를 저장해야 하기 때문이다.

그림 5.13은 현재 큐 크기를 5로 하고 최대 큐 크기 (배열 기반 구현)를 100으로 가정하고 각 큐 구현 방식을 예시한다. 배열 기반 구현은 큐의 크기와 관계없이 4 개의 정수와 101 개의 참조 (한 개는 myQueue 이고 다른 하나 하나는 각 배열 슬롯)에 대한 공간을 요구한다. 연결 구현은 단지 13개의 참조(front 하나, rear 하나, 각 큐 항목에 대해 두 개씩, myQueue 하나) 에 대한 공간을 요구한다. 그러나 요구되는 공간은 큐의 크기가 증가하면 다음 공식에 따라 증가한다.

Queues with
최대 크기 100
현재 크기 5
x = null

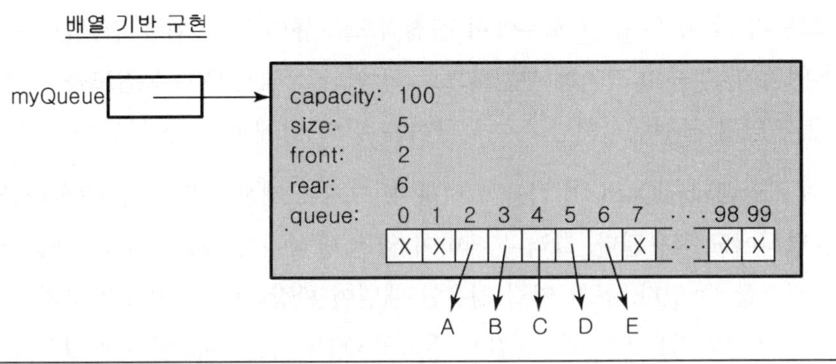


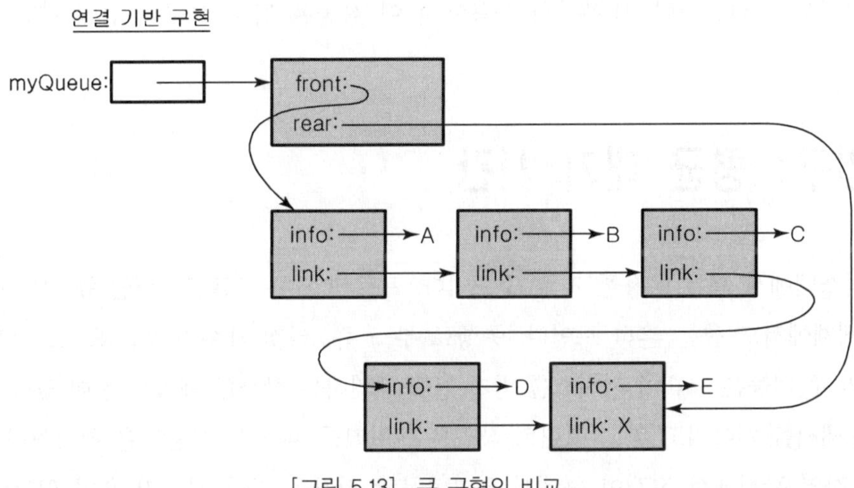


[그림 5.13] 큐 구현의 비교

> 요구되는 참조의 수 = 3 + (2 * 큐의 크기)

간단히 분석하면 큐 크기가 최대 큐 크기의 반보다 작으면 연결 표현은 배열 표현에 비해 적은 공간을 사용한다. 그 크기 이상에서는 연결 표현은 배열 표현보다 더 많은 공간을 요구한다. 어느 경우든 최대 큐 크기가 평균 큐 크기보다 상당히 크지 않은 한, 공간 면에서 두 구현 간의 차이는 아마 중요하지 않다.

Big-O 표기 면에서 두 구현의 실행 효율성을 역시 비교할 수 있다. 두 구현에서 관찰자 메소드(배열 구현에서 isFull과 두 구현에서 isEmpty)의 복잡도는 분명히 O(1)이다. 이 메소드들은 큐에 몇 개의 항목이 있든 항상 같은 일의 양을 갖는다. 스택의 경우에서처럼 큐 구성자는 배열 표현에서는 O(N) 단계를, 연결 표현에서는 O(1)을 요구한다.

enqueue와 dequeue는 어떠한가? 큐에 있는 항목의 개수가 이 연산들에 의한 일의 양에 영향을 주는가? 그렇지 않다. 두 구현 모두에서 직접적으로 큐의 앞과 뒤를 접근할 수 있다. 이 연산에 의한 일의 양은 큐의 크기에 무관하므로 이 연산들 역시 O(1) 복잡도를 가진다. 스택의 배열 기반과 연결 구현에서처럼 두 큐 구현은 일의 양에서 대충 동등하다.

이제 간략하게 ArrayUnbndQueue 방식을 고려하자. 크기에 제한이 있는 방식에 대한 분석은 제한이 없는 방식에도 적용된다. 그러나 제한이 없는 방식에서 평균 크기의 큐를 처리하는 배열 크기로 시작할 수 있다. 큐가 커질 경우만 배열이 확장된다. 그러므로 추가 공간 면에서 큰 페널티를 지불하지는 않는다. 단점은 별도의 O(N) 시간이다. 이는 배열을 크기 조정하는데 요구되는 시간이다. 대부분의 응용에서 이 작동은 자주 요구되지 않는다.

## 5.7 사례 연구: 평균 대기 시간

컴퓨터 시스템에서 큐는 유용한 자료 구조이다. 프로세스 큐, 프린트 작업 큐, 서비스 큐가 있다. 실세계에서도 큐는 흔히 보인다. 통행료 부스 큐, 티켓 계수기 큐, 패스트 푸드 큐가 있다. 큐의 주 기능은 고객이 서비스를 받기 전에 대기하는 장소를 제공하는 데 있다. 프로세스는 프로세서를 기다리고 있고 프린트 작업은 프린터를, 배고픈 사람들은 햄버거를 기다리고 있다. 경영 관점에서 고객이 큐에서 얼마만큼의 시간을 기다리는 지 흥미 있는 일이다. 컴퓨터 시스템 메니저는 빠른 시스템 응답 시간을 원하고 패스트 푸드 식당 메니저는 고객을 기쁘게 하는 것을 원한다. 목표는 큐에서 기다리는 시간을 최소화함으로써 달성된다.

큐 대기 시간을 최소화하는 하나의 방법은 더 많은 서비스를 즉 더 많은 큐를 시스템에 추가하는 것이다[14]. 프린트 작업은 프린터 하나가 있는 것 보다는 10개의 프린터가 있는 것이 적은 시간을 프린트 큐에서 소비한다. 비슷하게, 6개의 점원 줄이 있는 패스트 푸드 식당이 2개의 점원 줄이 있는 식당에 비해 더 많은 고객을 더 빨리 처리할 수 있다. 그러나 추가적인 서버는 무료로 얻어지지 않는다. 보통 연관된 비용이 있게 마련이다. 경영 관점에서 몇 개의 서버를 제공할 것인가 결정하는데 별도 서버를 추가하는 이점과 비용이 균형이 맞도록 해야 한다.

14) 어떤 시스템은 여러 큐가 하나의 서버에 들어가게 되어 있다. 이 절에서 각 큐가 자신의 서버를 가진다고 가정한다.

이 사례 연구에서 큐 시스템을 시뮬레이션하는 프로그램을 생성한다. 목표는 경영이 큐잉 시스템(queuing system)을 분석하는 데 도움을 주는 것이다. 컴퓨터 시뮬레이션은 복잡한 실세계 문제를 분석하는 데 강력하고 널리 사용되는 기술이다.

## 문제 논의

본 프로그램은 서비스를 받기 위해 도착하고 큐에 들어가고 대기하고 서비스를 받고 결국 큐를 떠나는 일련의 고객을 시뮬레이션 한다. 고객이 큐에서 대기하는 시간을 추적하고 평균 대기 시간을 출력한다.

한 고객에 대한 대기 시간을 어떻게 계산하나? 간단하게 하기 위해 시간이 정수 단위로 측정되고 시뮬레이션이 시각 0에서 시작한다고 가정한다. 한 고객이 시각 X에 도착하고 시각 Y에 떠난다고 가정하자. 그 고객의 대기 시간이 Y-X 인가? 아니다. 그 중 일부는 고객이 서비스를 받는 데 쓰였다. 시간 Y-X는 turnaround 시간이라 불린다. 그것은 고객이 서비스 시간까지 포함하여 시스템에서 사용한 전체 시간이다. 대기 시간은 turnaround 시간에서 서비스 시간을 뺀 것이다.

대기 시간을 계산하기 위해 도착 시각, 종료 시각, 서비스 시간을 알아야 한다. 도착 시각과 서비스 시간은 각 고객에 달려있다. 즉 언제 나타났는지와 얼마의 서비스 시간을 필요로 할 지이다. 종료 시각은 큐의 수, 큐에 있는 다른 고객의 수, 다른 고객의 서비스 필요성에 달렸다.

### 도착과 서비스 시간의 생성

일련의 고객이 도착 시간과 서비스 요구에 의해 표현된다. 이 값들은 여러 방식으로 얻어질 수 있다. 하나의 방식은 파일로부터 값을 읽는 것이다. 이 전략은 프로그래머가 완전히 입력값을 제어할 수 있으므로 테스팅에 좋다. 그러나 이 방법은 많은 수의 고객을 시뮬레이션하고자 할 때는 이상하다.

다른 방식은 임의로 값을 생성하는 것이다. 여기서는 이 방식을 취한다. 임의의 서비스 시간을 생성하는 것은 쉽다. 사용자는 간단히 최소 최대 기대 서비스 시간을 입력한다. 자바의 Random 클래스를 사용하여 프로그램은 두 값 사이에서 서비스 시간을 생성한다.

도착 시각은 약간 다른 알고리즘을 따른다. 서비스 시간은 시간의 양을 측정하지만 도착 시각은 언제 고객이 도착하는지 명세한다. 예를 들어 고객 1이 오전 10:00에 도착하고 고객 2가 10:05에 고객 3이 10:07에 도착하는 식이다. 시뮬레이션에서는 시각이 0에서 시작하고 도착 시각을 정수로 유지한다. 그러나 임의 수 생성기를 사용하여 시각이 증가하도록 일련의 시각을 바로 생성할 수 없다. 대신에 고객 도착 시각 사이의 시간을 임의로 생성하고 (도착 간 시간) 이 값들의 합계를 유지한다.

예를 들어 일련의 도착 간 시간을 5, 7, 4, 10, 7로 생성할 수 있다. 시뮬레이션이 0에서 시작함이 주어졌을 때 도착 시각은 5, 12, 16, 26, 그리고 33이다. 도착 간 시간의 범위를 제한하기 위해 사용자가 최소와 최대 값을 명세하게 할 수 있다. 각 고객에 대해 프로그램은 도착과 서비스 시간을 생성한다. 시뮬레이션을 통하여 종료 시간을 결정하고 이 값들에 기반하여 대기 시간을 계산한다.

### 시뮬레이션

도착 간 시간과 서비스 시간 정보에 추가하여 프로그램은 사용자로부터 시뮬레이션 큐의 개수를 얻는다. 큐를 0에서 시작하여 색인한다. 만약 N 개의 큐가 있다면 0 . . N – 1로 색인된다. 사용자는 역시 시뮬레이션 될 전체 고객의 수를 제공한다. 입력 부담을 줄이기 위해 프로그램은 사용자로 하여금 최소 최대 시간 인자를 한번 입력하고 사용자가 입력한 큐와 고객의 수를 가지는 반복된 시뮬레이션을 돌리게 한다.

각 시뮬레이션은 고객이 도착하는 순서대로 받아서 큐에 위치시킨다. 고객은 항상 가장 작은 가능한 큐를 선택한다고 가정한다. 가장 작은 큐가 여러 개이면 고객은 그 중 가장 작은 숫자의 큐를 선택한다. 프로그램은 단지 두 상황만을 모델링해야 한다. 서비스를 위해 도착하는 고객과 서비스를 받고 떠나는 고객이다. 고객이 떠날 때 프로그램은 고객의 대기 시간을 기억하여 전체 평균 대기 시간을 계산할 수 있도록 해야 한다.

예로서 다음 네 고객을 가진 경우를 고려하자.

| Customer | Arrival Time | Service Time |
|---|---|---|
| 1 | 3 | 10 |
| 2 | 4 | 3 |
| 3 | 5 | 10 |
| 4 | 25 | 7 |

두 개의 큐를 가진다고 가정하자. 첫번째 고객은 시각 3에 큐 0에 들어간다. 서비스 시간이10이므로 기대 종료 시각은 13임을 알 수 있다. 두번째 고객이 첫번째 고객이 끝나기 전에 도착하여 큐 1로 들어간다. 끝나는 시각은 7이다. 이 시나리오는 다음 차트에 표시되어 있다.

| Time | 1 2 3 4 5 6 7 8 9 10 11 12 13 14 15 16 17 18 19 20 21 22 23 24 25 |
|---|---|
| Q0 | cust1 |
| Q1 | cust2 |

세번째 고객이 시각 5에 도착하는데 이는 이전 두 고객이 끝나기 전이다. 고객 3은 큐 0에 고객 1 뒤로 들어간다. 기대 종료 시각은 23이다. 왜 그런가? 고객 1이 시각 13에 끝나고 고객 3이 서비스 시간 10을 가지기 때문이다.

| Time | 1 2 3 4 5 6 7 8 9 10 11 12 13 14 15 16 17 18 19 20 21 22 23 24 25 | |
|---|---|---|
| Q0 | cust1 | cust3 |
| Q1 | cust2 | |

시뮬레션을 손으로 계속하면 다음 결과를 얻을 수 있다. 평균 대기 시간은 8/4 = 2 시간 단위이다.

| Customer | Arrival Time | Service Time | Finish Time | Wait Time |
|---|---|---|---|---|
| 1 | 3 | 10 | 13 | 0 |
| 2 | 4 | 3 | 7 | 0 |
| 3 | 5 | 10 | 23 | 8 |
| 4 | 25 | 7 | 32 | 0 |

## 프로그램 설계

클래스를 브레인스토밍하고 필터링하고 시나리오 분석을 하는 과정을 따라 가보자. 아래에 나온 기술은 이상화된 것이다. 실제 설계는 여기 나온 것보다 더 골치 아프다.

### 브레인 스토밍

문제 논의의 연구한 결과 다음의 명사를 얻는다. 자연적인 관계에 기반하여 서로 묶었다. 명사는 후보 객체 클래스를 표현한다.

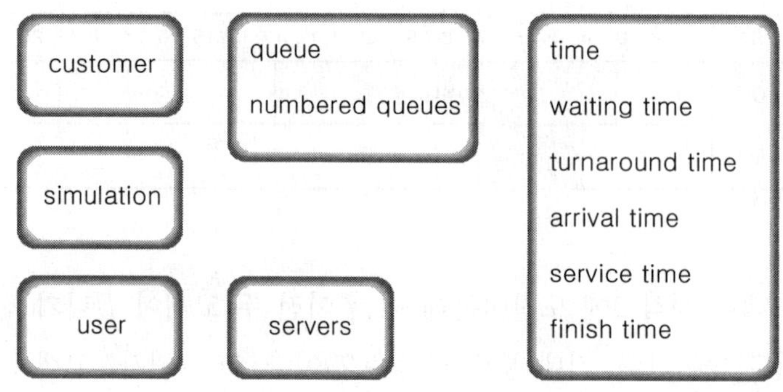


이 명사들 중 두 개 즉 큐와 고객이 좋은 후보 클래스로서 튀어나온다. 이 장에서 개발한 몇 개의 큐 클래스를 이미 가지고 있다. 아마 그 중 하나가 실세계 큐를 모델하기 위해 사용될 수 있다. 고객으로 가서, 고객을 모델링하기 위해 Customer 클래스를 생성하기로 결정한다. 이 클래스는 고객 객체를 생성하고 큐에 위치 시킨다. 추가적인 연구는 많은 시간 명사가 실제로는 고객의 애트리뷰트라는 것을 밝힌다. 고객이 도착 시각, 서비스 시간, 종료 시각, 대기 시간을 갖는다. turnaround 시간은 시뮬레이션을 위해서는 필요하지 않으므로 리스트에서 버려진다.

각 큐가 전용 서버를 가짐을 상기하라. 결과적으로 별도의 서버 클래스가 실제로는 필요 없다. 서버의 활동은 큐와 묶여질 수 있다. 잠재적인 클래스로서 더 이상 고려하지 않는다. 숫자 붙여진 큐를 더 생각해 보면 시뮬레이션에서 사용되는 큐의 배열로 표현할 수 있다.

## 필터링

후보 클래스의 필터링을 계속하면 사용자는 단순히 시스템의 사용자를 표현한다. I/O를 처리하는 지금까지의 방식을 따르면 주 드라이버 프로그램이 사용자와의 모든 대화를 처리한다. 드라이빙 프로그램이 사용자이다. 프로그램을 SimulationApp 이라 부른다.

어디 쯤 와 있는지 보도록 하자. 다음은 현재까지 찾은 클래스와 나머지 후보 클래스이다.

| 찾은 클래스 | 후보 클래스 |
|---|---|
| Customer | time |
| Queue | simulation |
| SimulationApp | |

Time 클래스가 필요한가? 아니다. 시간을 추적하는 변수를 가지면 된다.

Simulation 클래스는 어떠한가? 이미 사용자와 대화하는 드라이버 응용 프로그램을 가지고 있으므로 요구되는 일을 수행하는 별도의 클래스를 생성하는 것은 좋은 아이디어이다. 드라이버 프로그램으로부터 얻은 인자를 기반으로 Simulation 객체가 생성하고 시뮬레이션을 수행하고 평균 대기 시간을 리턴할 수 있다.

종합하면 세 개의 새로운 클래스 Customer, Simulation, SimulationApp를 찾았다. Simulation 클래스는 큐의 배열을 사용할 것이다. 다음으로 이 클래스의 집합이 문제를 푸는 데 충분한지 보기 위한 시나리오 분석을 사용하여 각 새로운 클래스를 자세히 볼 것이다.

### 시나리오 분석

첫째로 Customer 클래스의 할 일을 고려한다. 이 클래스의 객체는 한 고객을 표현한다. 고객의 도착 시각과 서비스 시간은 Customer 객체가 생성될 때 인자로서 제공될 수 있다. Customer 클래스는 관찰자 메소드를 제공해야 하고 종료 시간을 지정하고 보는 메소드를 제공해야 한다. 객체가 궁극적으로 도착, 서비스, 종료 시간을 안다는 것이 주어지면 그 자신의 대기 시간을 계산하고 리턴하는 일을 할 수 있다.

표 5.1은 Customer 클래스의 현재 추상적인 관점을 보인다. 이런 종류의 표는 지속적으로 변화하는 설계를 기록하고 조직하는데 도움을 준다.

[표 5.1] Customer 클래스의 추상적 관점

클래스 이름: Customer
주요 하는 일: 고객을 모델
하는 일:
  도착과 서비스 시간 인자를 가지고 객체 생성
  종료 시간 애트리뷰트를 지정하는 방법을 제공
  도착, 서비스, 종료 시간을 관찰하는 방법을 제공
  대기 시간을 계산하고 리턴

이제 다음 질문을 해야 한다. "어디에서 Customer 객체가 유래하는가?" SimulationApp 클래스에 의해 생성될 수도 있지만 조금 더 고려하면 이 부분이 다른 곳에 있어야 한다는 것을 알 수 있다.

CustomerGenerator 클래스를 생성하기로 결정한다. 이 클래스의 객체는 생성될 때 고객의 최소 최대 도착 간 시간, 서비스 시간을 전달 받는다. 이 클래스의 주요 하는 일은 표 5.2에서 보이는 것처럼 다음 고객을 생성하고 리턴하는 것이다.

[표 5.2] CustomerGenerator 클래스의 추상적 관점

클래스 이름: CustomerGenerator
주요 하는 일: 일련의 Customer 객체를 생성
하는 일:
최소 최대 도착 간 시간과 서비스 시간 인자를 가지고 생성을 허용
다음 고객을 얻는 방법을 제공
일련의 고객을 재지정하는 방법을 제공

다음으로 Simulation 클래스를 고려한다. 이 클래스의 객체는 시뮬레이션을 수행한다. 그러기 위해서 SimulationApp 클래스로부터 시뮬레이션 셋업을 받는다. 사용자는 같은 고객 인자들(시간 관련 인자)을 사용하여 여러 시뮬레이션을 돌릴 수 있으므로, Simulation 객체에 생성 시에 이 인자를 전달한다. 즉 Simulation 객체의 구성자를 통하여 전달한다. 구성자는 후속 시뮬레이션 실행에서 사용하기 위해 Customergenerator 객체를 생성한다. 응용 프로그램은 같은 CustomerGenerator를 사용하여 그러나 다른 수의 큐와 고객을 가지고 Simulation 객체에게 시뮬레이션을 실행할 것을 요구할 수 있다. 표 5.3에 Simulation 클래스에 대한 결정을 요약한다.

[표 5.3] Simulation 클래스의 추상적 관점

클래스 이름: Simulation
주요 하는 일: 시뮬레이션을 실행하고 결과에 대한 접근을 제공
하는 일:
고객 정보를 가지고 생성을 허용
CustomerGenerator 객체와 큐와 고객의 수를 나타내는 인자를 사용하여 시뮬레이션을 수행
시뮬레이션 결과를 얻는 방법을 제공

이제 실제 시뮬레이션 과정을 고려하자. 이미 결정된 대로 프로그램은 고객을 저장하는 큐의 배열을 사용한다. CustomerGenerator 객체로부터의 다음 발생된 Customer 객체를 받아서 맞는 큐에 삽입할 수 있어야 한다. 그런데 어떻게 맞는 큐를 결정하는가? 가장 작은 큐를 선택해야 한다. 그래서 큐의 크기를 알 수 있어야 한다. 큐의 크기를 리턴하는 관찰자가 이전에 정의된 큐 클래스에는 없으므로 이를 사용할 수는 없다. 대신 새로운 큐 클래스를 유도해야 한다.

이 큐를 위한 다른 특별한 연산이 필요한가? 프로그램이 어떤 큐를 사용할 것인가를 결정한 후 큐에 고객을 enqueue해야 한다. 고객이 어느 큐에 들어오는지를 알게 되자 마자 고객의 종료 시각을 결정할 수 있다는 것을 상기하라. 큐가 공백이면 고객의 종료 시각은 도착 시

각 더하기 서비스 시간이다. 큐가 공백이 아니면 새로운 고객의 종료 시각은 큐 끝의 고객의 종료 시각 더하기 새로운 고객의 서비스 시간이다. 그러므로 프로그램은 고객을 enqueue 되기 전에 고객의 종료 시각을 지정할 수 있다. 큐가 공백이 아니면 종료 시각을 지정하기 위해 큐의 뒤에 있는 고객을 볼 수 있어야 한다. 이런 이유로 요구되는 연산의 목록에 큐의 뒤를 보는 것을 추가한다.

시뮬레이션을 수행하기 위해서 프로그램은 언제 다음 고객이 큐를 떠날 준비가 되었는지 결정할 수 있고 고객을 삭제하고 리턴할 수 있어야 한다. 고객이 큐를 떠날 준비가 되었는지 어떻게 결정하는가? 큐에 있는 고객은 그들의 종료 시간을 알고 있으므로 프로그램은 각 큐의 앞에 있는 고객의 종료 시간을 비교하여 어떤 것이 가장 이른 것인지 결정하면 된다. 그러므로 프로그램은 큐의 앞에 있는 고객을 볼 수 있어야 한다. 이것이 목록에 추가할 연산이다.

필요한 큐 연산을 제공하기 위해 ArrayUnbndQueue 클래스를 확장하여 GlassQueue 클래스를 만드는데 size, peekFront, peekRear 메소드를 제공한다. 표 5.4는 이 클래스의 하는 일을 정리하였다.

[표 5.4] GlassQueue 클래스의 추상적 관점

| 클래스 이름: GlassQueue |
|---|
| 주요 하는 일: ArrayUnbndQueue를 큐의 검사를 허용하는 연산을 가지도록 확장 |
| 하는 일:<br>큐의 크기를 리턴<br>큐의 앞 항목에 대한 링크를 추가<br>큐의 뒤 항목에 대한 링크를 추가 |

이제 시나리오 분석이 끝났다. 문제를 푸는데 도움이 되는 클래스들을 만들었다고 확신한다. 코딩을 시작한다.

## 프로그램 상세

이 절에서는 문제를 풀기 위해 생성한 각 클래스를 위한 코드를 본다. 코드의 어떤 부분이 설명을 요할 때는 더 부연 설명한다.

5 개의 새로운 클래스를 설계하고 생성한다. 이 같은 프로그램을 이해하는 데 핵심은 추상을 사용하는 것이다. 모든 클래스의 모든 상세에 대해 한꺼번에 걱정할 필요는 없다. 대신에

한 순간에 한 클래스의 하는 일에 집중한다. 클래스가 그가 해야 하는 일에 맞게 하는 것을 확인하면 다음 클래스로 이동할 수 있다.

### Customer 클래스

이 교재의 이후 다른 응용에서 고객들을 사용하기를 원할 수 있기 때문에 Customer 와 CustomerGenerator 클래스를 support 패키지에 위치시키기로 결정한다. Customer 클래스는 매우 단순하다.

```
//----------------------------------------------------------------------
// Customer.java by Dale/Joyce/Weems Chapter 5
//
// 도착, 서비스, 종료 시간 애트리뷰트를 갖는 고객 객체를 지원
// 대기 시간을 계산하고 리턴하는 책임이 있음
//----------------------------------------------------------------------

package support;

public class Customer
{
   protected int arrivalTime;
   protected int serviceTime;
   protected int finishTime;

   public Customer(int arrivalTime, int serviceTime)
   {
    this.arrivalTime = arrivalTime;
    this.serviceTime = serviceTime;
   }

   public int getArrivalTime()
   {
    return arrivalTime;
   }

   public int getServiceTime()
   {
    return serviceTime;
   }

   public void setFinishTime(int time)
   {
```

```
    finishTime = time;
  }

  public int getFinishTime()
  {
    return finishTime;
  }

  public int getWaitTime()
  {
    return (finishTime - arrivalTime - serviceTime);
  }
}
```

### CustomerGenerator 클래스

이 클래스는 자바 라이브러리의 Random 클래스를 사용한다. rand.nextInt(N)에 대한 호출이 0과 N-1 사이의 임의 정수를 리턴함을 상기하라. CustomerGenerator 객체가 현재 시간을 추적하고 다음 도착 시각을 계산할 수 있다는 점을 주의하라.

```
//----------------------------------------------------------------------
// CustomerGenerator.java by Dale/Joyce/Weems Chapter 5
//
// 구성자 인자인 최소 최대 도착 간 시간과 서비스 시간에 기반한
// 임의의 Customer 일련의 객체를 생성
// 도착 간 시간과 서비스 시간은 편편한 확률 분포를 갖는다고 가정
// 시간이 0에서 시작함을 가정.
//----------------------------------------------------------------------
package support;
import java.util.Random;
public class CustomerGenerator
{
  protected int minIAT;              // 최소 도착 간 시간
  protected int maxIAT;              // 최대 도착 간 시간
  protected int minST;               // 최소 서비스 시간
  protected int maxST;               // 최대 서비스 시간
  protected int currTime = 0;                  // 현재 시간
  Random rand = new Random();                  // 임의 숫자를 생성하기 위한
  public CustomerGenerator (int minIAT, int maxIAT, int minST, int maxST)
  // 사전 조건: 모든 인자 >= 0
  // minIAT <= maxIAT
```

```
// minST <= maxST
{
 this.minIAT = minIAT;
 this.maxIAT = maxIAT;
 this.minST = minST;
 this.maxST = maxST;
}
public Customer nextCustomer()
// 다음 임의 고객을 생성하고 리턴
{
 int IAT;                    // 다음 도착 간 시간
 int ST;                     // 다음 서비스 시간
 IAT = minIAT + rand.nextInt(maxIAT - minIAT + 1);
 ST = minST + rand.nextInt(maxST - minST + 1);
 currTime = currTime + IAT;                    // 현재 시각을 다음 고객의 도착 시각으로 변경
                                               // time of next customer
 Customer next = new Customer(currTime, ST);
 return next;
}
}
```

### GlassQueue 클래스

이 클래스는 ArrayUnbndQueue 클래스의 단순한 확장이다.

```
//----------------------------------------------------------------------------
// GlassQueue.java by Dale/Joyce/Weems Chapter 5
//
// 큐의 크기를 결정하는 연산, 항목을 제거하지 않고
// 큐의 앞과 뒤를 접근하는 연산을가지도록 ArrayUnbndQueue를 확장
//----------------------------------------------------------------------------

package ch05.queues;

public class GlassQueue extends ArrayUnbndQueue
{

  public GlassQueue()
  {
   super();
  }

  public GlassQueue(int origCap)
```

```
  {
   super(origCap);
  }

  public int size()
  // 큐에서 항목의 개수를 리턴
  {
   return numElements;
  }

  public Object peekFront()
  // 이 큐의 앞에 있는 객체를 리턴
  // 큐가 공백이면 null을 리턴
  {
   return queue[front];
  }

  public Object peekRear()
  // 이 큐의 뒤에 있는 객체를 리턴
  // 큐가 공백이면 null을 리턴
  {
   return queue[rear];
  }
}
```

### Simulation 클래스

simulate 메소드는 종료까지 시뮬레이션을 통하여 작동한다. while 루프의 각 단계에서 둘 중 하나가 시뮬레이션 된다. 새로운 고객이 큐에 삽입되거나 고객이 큐로부터 삭제된다. 두 동작 중 어떤 것이 시뮬레이션 되는지 결정하기 위해 메소드는 다음 도착 시각과 다음 출발 시각을 비교한다. 상수인 MAXTIME이 코드를 간단하게 하는 데 사용된다. MAXTIME을 가진 도착/출발 시각은 도착/출발이 없다는 것을 가리킨다.

```
//----------------------------------------------------------------------
// Simulation.java by Dale/Joyce/Weems Chapter 5
//
// Models a sequence of customers being serviced
// by a number of queues.
//----------------------------------------------------------------------

import support.*;              // 여러 큐에 의해 서비스되는 일련의 고객을 모델
```

```
import ch05.queues.*;

public class Simulation
{
  final int MAXTIME = Integer.MAX VALUE;

  CustomerGenerator custGen;                     // 고객 발생기
  float avgWaitTime = 0.0f;                      // 가장 최근의 시뮬레이션을 위한 대기 시간

  public Simulation(int minIAT, int maxIAT, int minST, int maxST)
  {
  custGen = new CustomerGenerator(minIAT, maxIAT, minST, maxST);
  }

  public float getAvgWaitTime()
  {
  return avgWaitTime;
  }

  public void simulate(int numQueues, int numCustomers)
  // 사전 조건: numQueues > 0
  // numCustomers > 0
  // simulation > MAXTIME 이면 어떤 시간도 발생하지 않음
  //
  // numQueues 개의 큐를 가진 큐잉 시스템을 들어가고 나가는
  // numCustomers 개의 고객을 시뮬레이션함
  {
  GlassQueue[] queues = new GlassQueue[numQueues];        // 큐
  Customer nextCust;                   // 발생기로부터의 다음 고객
  Customer cust;                                 // 임시 사용을 위한 고객을 저장
  int totWaitTime = 0;                 // 전체 대기 시간
  int custInCount = 0;                 // 지금까지 시작한 고객의 수
  int custOutCount = 0;                // 지금까지 종료한 고객의 수
  int nextArrTime;                               // 다음 도착 시각
  int nextDepTime;                               // 다음 출발 시각
  int nextQueue;                                 // 다음 출발을 위한 큐의 색인

  int shortest;                        // 가장 짧은 큐의 색인
  int shortestSize;                    // 가장 짧은 큐의 크기
  Customer rearCust;                   // 가장 짧은 큐의 뒤(rear)에 있는 고객
  int finishTime;                                // 계산된 종료 시각

  // 큐를 생성
```

```
for (int i = 0; i < numQueues; i++)
queues[i] = new GlassQueue();

// 고객 발생기를 지정하고 첫 고객을 얻음
custGen.reset();
nextCust = custGen.nextCustomer();
while (custOutCount < numCustomers)                    // 처리할 더 많은 고객이 있는 한
{

// 다음 도착 시각을 얻음
if (custInCount != numCustomers)
nextArrTime = nextCust.getArrivalTime();
else
nextArrTime = MAXTIME;

// 다음 출발 시각을 얻고 nextQueue를 지정
nextDepTime = MAXTIME;
nextQueue = -1;
for (int i = 0; i < numQueues; i++)
if (queues[i].size() != 0)
{
cust = (Customer)queues[i].peekFront();
if (cust.getFinishTime() < nextDepTime)
{
nextDepTime = cust.getFinishTime();
nextQueue = i;
}
}

if (nextArrTime <= nextDepTime)
// 도착하는 고객을 처리
{
// 가장 짧은 고객을 결정
shortest = 0;
shortestSize = queues[0].size();
for (int i = 1; i < numQueues; i++)
{
if (queues[i].size() < shortestSize)
{
shortest = i;
shortestSize = queues[i].size();
}
}
```

```
// 종료 시각을 결정
if (shortestSize == 0)
finishTime = nextCust.getArrivalTime() + nextCust.getServiceTime();
else
{
rearCust = (Customer)queues[shortest].peekRear();
finishTime = rearCust.getFinishTime() + nextCust.getServiceTime();
}

// 종료 시각을 지정하고 고객을 enqueue
nextCust.setFinishTime(finishTime);
queues[shortest].enqueue(nextCust);

custInCount = custInCount + 1;

// 필요하면 enqueue할 다음 고객을 얻음
if (custInCount < numCustomers)
nextCust = custGen.nextCustomer();
}
else

// 떠나는 고객을 처리
{
cust = (Customer)queues[nextQueue].dequeue();
totWaitTime = totWaitTime + cust.getWaitTime();
custOutCount = custOutCount + 1;
}
} // while의 끝

avgWaitTime = totWaitTime/(float)numCustomers;
}
}
```

### 응용 프로그램

이 응용 프로그램은 교재에서 이전에 제시된 구조와 유사하다. SimulationApp 의 주요 하는 일은 사용자와 대화하는 것이다. 사용자가 정상적인 행동을 한다고 가정을 한다. 즉 사용자는 제대로 된 입력 값을 제공한다.

예를 들어 사용자가 입력한 최소 서비스 시간은 최대 서비스 시간보다 크지 않다.

```
//----------------------------------------------------------------------
// SimulationApp.java by Dale/Joyce/Weems Chapter 5
//
// 큐에 대기하는 고객을 시뮬레이션함.
// 고객은 언제나 가장 짧은 큐에 들어감
//
// 입력은 다음의 고객 정보로 구성됨:
// 최소 최대 고객 도착 간 시간
// 최소 최대 고객 서비스 시간
// 일련의 시뮬레이션 인스턴스 정보가 이어짐:
// 큐와 고객의 수
//
// 출력은 다음을 포함함. 각 시뮬레이션 인스턴스에 대해
// 고객을 위한 평균 대기 시간
//----------------------------------------------------------------------

import java.util.Scanner;

public class SimulationApp
{
  public static void main(String[] args)
  {
    Scanner conIn = new Scanner(System.in);

    int minIAT;                          // 최소 도착 간 시간
    int maxIAT;                          // 최대 도착 간 시간
    int minST;                           // 최소 서비스 시간
    int maxST;                           // 최대 서비스 시간
    int numQueues;                       // 큐의 수
    int numCust;                 // 고객의 수
    String skip;                 // 정수를 읽은 후 행의 끝을 넘김
    String more = null;                  // 처리를 중지할 지 계속할 지에 사용

      // Get customer information
    System.out.print("Enter minimum inter-arrival time: ");
    minIAT = conIn.nextInt();
    System.out.print("Enter maximum inter-arrival time: ");
    maxIAT = conIn.nextInt();
    System.out.print("Enter minimum service time: ");
    minST = conIn.nextInt();
    System.out.print("Enter maximum service time: ");
    maxST = conIn.nextInt();
```

```
    // 시뮬레이션을 수행할 객체를 생성
    Simulation sim = new Simulation(minIAT, maxIAT, minST, maxST);

    do
    {
    // 처리할 다음 시뮬레이션 인스턴스를 얻음
    System.out.print("Enter number of queues: ");
    numQueues = conIn.nextInt();
    System.out.print("Enter number of customers: ");
    numCust = conIn.nextInt();
    skip = conIn.nextLine();                         // 행의 끝을 넘김

    // 시뮬레이션을 실행하고 평균 대기 시간을 출력
    sim.simulate(numQueues, numCust);
    System.out.println("Average waiting time is " + sim.getAvgWaitTime());

    // 처리할 다른 시뮬레이션 인스턴스가 있는지 결정
    System.out.println();
    System.out.print("Evaluate another simulation instance? (Y=Yes): ");
    more = conIn.nextLine();
    System.out.println();
   }
   while (more.equalsIgnoreCase("y"));
   System.out.println("Program completed.");
  }
}
```

여기 이 프로그램의 샘플 실행으로부터의 출력이 있다.

```
Enter minimum inter-arrival time: 0
Enter maximum inter-arrival time: 10
Enter minimum service time: 5
Enter maximum service time: 20
Enter number of queues: 2
Enter number of customers: 2000
Average waiting time is 1185.632
Evaluate another simulation instance? (Y=Yes): y
Enter number of queues: 3
Enter number of customers: 2000
Average waiting time is 5.7245
Evaluate another simulation instance? (Y=Yes): n
Program completed.
```

여기에서 보듯이 이 프로그램은 강력한 분석 도구를 제공한다. 도착 간 시간이 0과 10이고 서비스 시간이 5와 20 사이인 조건에서 단지 두 개의 큐를 가지는 경우의 대기 시간은 매우 길다. 그러나 단지 하나의 큐를 더한 경우 기대 대기 시간은 매우 보통이 된다.

## 테스트 고려 사항들

이 프로그램이 제대로 작동하는지 어떻게 알 수 있는가? 설계와 코딩을 매우 주의 깊게 하는 것과 별도로 프로그램을 테스트 해야 한다. 각 클래스를 생성하면서 클래스를 테스트해야 한다. 그렇게 하기 위해서는 여러 조건 아래에서 클래스를 평가하기 위한 드라이버 프로그램을 만들 필요가 있다.

입력하는 값을 주의 깊게 선택함으로써 전체적인 시스템을 테스트 할 수 있다. 예를 들어 최소 최대 도착 간 시간을 둘 다 5로 입력하면 고객이 매 5시간 단위마다 도착해야 한다는 것을 안다. 가능한 큐의 개수와 더불어 도착 시각과 서비스 요구 사항을 제어함으로써 시스템이 제대로 된 답을 제공하는지 볼 수 있다. 마지막으로 CustomerGenerator 코드를 약간 조정하여 이 코드가 발생시키는 도착 시각과 서비스 시간을 출력하게 할 수 있다. 이 정보를 사용하여 시뮬레이션의 결과가 제대로 맞는지 손으로 검사할 수 있다.

**GUI 방식**

화면 기반 SimulationApp 클래스는 쉽게 GUI 기반의 클래스로 대치될 수 있다. SimGUI 클래스는 이러한 것을 하는 클래스이다. SimulationApp 처럼 사용자로부터 입력을 얻고 CustomerGenerator 객체를 생성하고 시뮬레이션을 수행하기 위해 Simulation 클래스를 사용하고 결과를 얻고 제시한다. 아래는 프로그램이 실제로 돌아가는 스크린 순간이다.

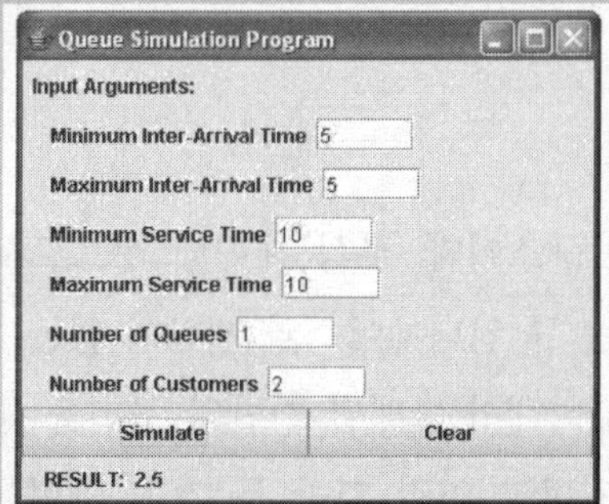


GUI 기반 방식의 이점은 사용자가 쉽게 입력 중 하나를 바꿀 수 있고 바꾼 효과를 보기 위해 시뮬레이션을 재수행 할 수 있다는 것이다. 이 방식의 단점은 이전 결과를 쉽게 얻을 수 없다는 것이다. SimGUI 클래스 파일은 웹 사이트에 교재 프로그램 파일과 함께 포함되어 있다.

### 연습문제

1. 다음을 설명하시오:

   a. MinIATText 같은 어떤 텍스트 필드는 클래스 변수로 선언된다.

   b. Integer 클래스의 pasrseInt 메소드를 사용한다.

   c. "Clear" 는 많은 텍스트 값을 공백으로 만들지만 한 텍스트 값을 공백이 아닌 스트링으로 지정한다.

   d. 다음 라인의 변화의 효과

```
JButton simulate = new JButton("Simulate");
```

을

```
JButton simulate = new JButton("Evaluate");
```

프로그램이 그대로 작동하는가? 이유를 설명하라.

2. SimGUI 응용 프로그램을 다음에 기술한 것과 같이 수정하고 테스트하시오.

   a. 현재 프로그램 수행 중에 몇 번의 시뮬레이션이 수행되었는지 추적하고 보여준다.

   b. 입력 인자가 정상인지 확인한다. 최소 값은 최대 값보다 작아야 한다. 도착 간 시간은 0보다 크거나 같아야 한다. 다른 모든 입력 값은 1보다 크거나 같아야 한다. 비정상적인 입력 인자가 발견되면 적당한 오류 메시지가 보여진다.

   c. 텍스트 박스 대신에 입력 인자를 위한 풀다운 리스트가 제공된다. 이렇게 한다면 입력 인자가 맞는지 확인할 필요가 없어짐을 유의하라.

3. 이 프로그램을 위한 독자 자신의 GUI를 설계하고 구현하라. 이 인터페이스가 교재에 보여진 것 보다 좋은지 간단히 설명하라.

## 요약

큐는 선입선출 (FIFO) 구조이다. 추상 데이터 형으로서 논리적인 수준에서 큐를 정의하였다. 크기에 제한이 있는 큐 인터페이스와 제한이 없는 큐 인터페이스를 생성하였다. 제한이 있는 큐 인터페이스를 위해서는 배열 기반의 구현을 생성하였다. 제한이 없는 큐 인터페이스를 위해서는 배열 기반과 연결 기반 두 가지 구현을 생성하였다.

큐는 정보가 사용될 때까지 또는 작업이 서비스 될 때까지 정보나 작업을 보유하는 데 자주 사용된다. 큐의 성질을 잘 볼 수 있는 두 가지 응용 프로그램을 개발하였다. 회문 인식자에서는 큐가 스택으로부터의 문자를 비교할 때까지 일련의 문자를 저장하였다. 카드 게임 시뮬레이션에서는 큐가 선수의 카드를 실제로 내 놓을 때까지 보유하거나 상 카드 더미가 한 선수에게 주어질 때까지 보유하였다.

사례 연구에서 큐 행동을 분석하는 도구를 개발하였다. 프로그램을 사용하여 도착율이나 큐 항목의 서비스 필요를 제어하거나 한 항목이 큐에서 대기하는 평균 시간을 발견할 수 있었다. 큐의 개수를 다양하게 함으로써 큐잉 시스템에 새로운 서버를 추가하는 것이 적당한지 결정할 수 있었다. 사례 연구를 지원하기 위해 일반적으로 사용되는 표준 큐의 확장을 고안하였다. Glass 큐라 불리는 이 큐는 응용 프로그램이 큐 추상화의 내부를 볼 수 있게 한다.

그림 5.14는 이 장에서 개발된 큐 관련 인터페이스와 클래스, 그리고 관련성을 보여주는 UML 도식이다. 사례 연구를 지원하기 위해 개발된 GlassQueue 클래스를 포함한다.

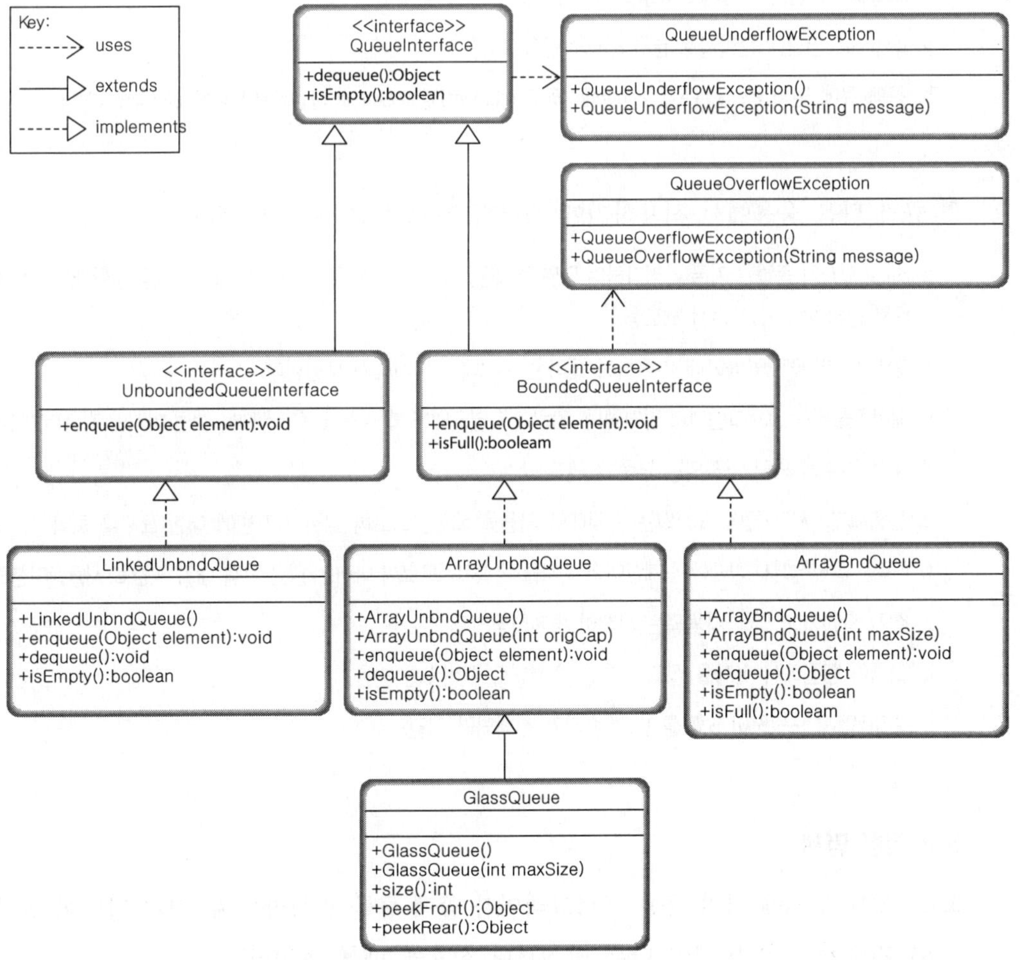


[그림 5.14] 이 장에서 개발된 큐 관련 인터페이스와 클래스 (인스턴스 변수 정보는 생략됨)

## 연습문제

### 5.1 큐

1. 참인가 거짓인가?

a. 큐는 선입선출 구조이다.

b. 큐에 가장 오래 있었던 항목은 큐의 뒤에 있다.

c. 공백 큐에 5개의 항목을 enqueue 하고 5개의 항목을 dequeue 한다면 큐는 다시 공백이 될 것이다.

d. 공백 큐에 5개의 항목을 enqueue 하고 isEmpty 연산을 5번 수행하면 큐는 다시 공백이 될 것이다.

e. enqueue 연산은 변환자로 분류되어야 한다.

f. isEmpty 연산은 변환자로 분류되어야 한다.

g. dequeue 연산은 관찰자로 분류되어야 한다.

h. 공백 큐에 먼저 elementA를 enqueue 하고 elementB를 enqueue하면 큐의 앞은 elementA이다.

2. 큐가 다음 응용에서 사용하기에 적당한 자료구조인지 나타내라.

a. ailing 회사가 종업원 기록을 평가하여 몇몇 종업원을 서비스 시간을 기준으로 해고하기를 원한다. (가장 최근에 고용된 종업원이 가장 먼저 해고됨.)

b. 환자가 병원에 들어올 때 추적하여 들어온 순서대로 의사에게 배정한다.

c. 메이즈를 푸는 프로그램에서 길이 막힌 위치에 도달되었을 때 이전 위치 (선택을 했던 마지막 지점)로 역추적을 함.

d. 부품 번호에 의해 처리되는 부품의 재고

e. 운영체제에서 자원이 요청되는 순서대로 자원을 배정함으로써 컴퓨터 자원에 대한 요구를 처리.

f. 식료품 체인점에서 가게에서 계산대의 숫자를 변화시킴으로써 바뀌는 평균 고객 대기 시간을 시뮬레이션하고자 함.

g. 철자 확인기에 의해 사용되는 사전이 초기화됨.

h. 고객이 빵집에서 숫자를 집고 도착한 순서대로 서비스를 받음

i. 로터리에서 도박꾼이 숫자를 받고 숫자가 선택되면 이김.

### 5.2 정형 명세

3. 큐 ADT 명세에 따라 응용 프로그래머가 공백 큐를 검사하는 두 가지 방법이 있다. 각각을 기술하고 한 방식이 다른 방식보다 선호될 때를 논의하라.

4. QueueInterface에 추가하여 UnboundedQueueInterface에서 추상적 isEmpty 메소드를 포함한다면 어떻게 되는가? 이것은 오류인가? 이것이 인터페이스를 구현하는 클래스에 영향을 주는가?

5. 그림 5.3의 UML 도식에서 다음의 의미를 설명하라.

   a. 이태리 체 텍스트

   b. + 표시

   c. 머리가 열린 점선 화살표

   d. 머리가 닫힌 실선 화살표

6. 다음 코드에 의해 무엇이 출력되는지 보여라. element1, element2, element3는 int 변수이고 queue는 5.2절에서 주어진 큐의 추상적 기술에 맞는 객체이다. queue에서 int 형의 값을 저장하고 검색할 수 있다고 가정한다.

```
a. element1 = 1;
   element2 = 0;
   element3 = 4
   queue.enqueue(element2);
   queue.enqueue(element1);
   queue.enqueue(element1 + element3);
   element2 = queue.dequeue()
   queue.enqueue(element3*element3);
   queue.enqueue(element2);
   queue.enqueue(3);
   element1 = queue.dequeue();
   System.out.println(element1 + " " + element2 + " " +
                                      element3);
   while (!queue.isEmpty())
   {
     element1 = queue.dequeue();
     System.out.println(element1);
   }

b. element1 = 4;
   element3 = 0;
   element2 = element1 + 1;
   queue.enqueue(element2);
```

```
queue.enqueue(element2 + 1);
queue.enqueue(element1);
element2 = queue.dequeue();
element1 = element2 + 1;
queue.enqueue(element1);
queue.enqueue(element3);
while (!queue.IsEmpty())
{
  element1 = queue.dequeue();
  System.out.println(element1);
}
System.out.println(element1 + " " + element2 + " " +
                                    element3);
```

7. 다음 코드는 1에서 5까지의 계수기 제어 루프이다. 각 반복에서 루프 계수기가 프린트되거나 randome 메소드에 의해 리턴되는 boolean 값에 따라 큐에 넣어지거나 한다. (randome은 임의로 참이나 거짓을 리턴한다고 가정.) 루프의 끝에 큐의 항목이 제거되고 프린트된다. 큐의 논리적인 성질 때문에 코드는 루프 계수기의 일련의 값을 프린트 할 수 없다. 주어진 출력에 따라, 코드가 그 출력을 낼 수 있는지 결정하여라.

```
for (count = 1; count <= 5; count++)
{
  if (random())
   System.out.println(count);
  else
   queue.enqueue(count);
}
while (!queue.isEmpty())
{
  number = queue.dequeue();
  System.out.println(number);
}
```

a. 다음 출력이 가능함: 1 2 3 4 5

i. 참 ii. 거짓 iii. 정보가 충분하지 않음

b. 다음 출력이 가능함: 1 3 5 4 2

i. 참 ii. 거짓 iii. 정보가 충분하지 않음

c. 다음 출력이 가능함: 1 3 5 2 4

i. 참 ii. 거짓 iii. 정보가 충분하지 않음

문제 8-10은 별도 연구가 필요함.

8. 자바 라이브러리 Queue 인터페이스를 구현하는 자바 라이브러리 클래스를 나열하라.

9. 자바 라이브러리에서 BlockingQueue 인터페이스는 Queue 인터페이스를 확장한다. blocking 큐와 정상 큐의 차이점을 간략히 기술하라.

10. Queue 라이브러리에 관한 선 마이크로시스템스의 비공식적 기술은 규에 null 객체를 삽입하는 것을 허용하지 않는다. 왜 그러한가?

## 5.3 응용: 회문

11. Palindrome 의 test 메소드를 고려하자. 다음 효과는 무엇인가?

a. for 루프에서 push 와 enqueue 문장의 순서를 바꿈.

b. while 루프 종료 조건에서 “<” 를 “<=” 로 바꿈

c. stack.pop() 문장을 삭제

d. candidate 스트링이 null 임

e. candidate 스트링에 알파벳 문자가 없음.

12. 알파벳 문자뿐만 아니라 모든 문자를 고려하도록 Palindrome 클래스의 test 메소드를 어떻게 변경하겠는가? 변경할 문장과 어떻게 변경할 지 지적하라.

13. 다음 질문은 회문 날짜 즉 앞으로 읽으나 뒤로 읽으나 같은 날짜를 다룬다.

a. 2002년은 회문 년도이다. 다음 번 회문 년도는 언제인가?

b. 날짜가 MMDDYYYY 로 적힌다면 2050년 5월 2일은 회문 날짜이다. 21세기의 첫번째 회문 날짜는 언제인가?

c. 년도가 주어졌을 때 모든 회문 날짜를 찾는 프로그램을 만들어라. 먼저 사용자가 년도를 입력한다. 그리고 프로그램이 회문 날짜를 보고한다. 마지막으로 프로그램이 다시 시도할 것인지 묻는다. 십진수 문자의 테스트를 가능하게 하는 Palindrome 클래스가 필요함을 주의하라.

## 5.4 배열 기반 구현

14. 큐의 배열 기반 구현에서 앞이 고정된 방식과 앞이 움직이는 방식을 위한 enqueue와 dequeue 연산의 상대적 효율성을 논의하라.

15. ArrayBndQueue 클래스에서 각 다음 변화의 효과를 기술하라.

a. DEFCAP 인스턴스 변수로부터 final 애트리뷰트를 삭제

b. DEFCAP 에 지정된 값을 10으로 바꿈

c. DEFCAP 에 지정된 값을 -10으로 바꿈

d. 첫번째 구성자에서 첫번째 문장을 다음으로 바꿈

```
queue = new Object[100];
```

e. 첫번째 구성자에서 마지막 문장을 다음으로 바꿈

```
rear = capacity;
```

f. 첫번째 구성자에서 마지막 문장을 다음으로 바꿈

```
rear = -1;
```

g. enqueue 메소드의 else 절에서 마지막 두 문장의 순서를 바꿈.

h. dequeue 메소드의 else 절에서 처음 두 문장의 순서를 바꿈.

i. isEmpty 에서 "=="를 "='로 바꿈

16. 현재 큐를 표현하는 스트링을 생성하고 리턴하는 큐를 위한 toString 메소드를 고려하자. 큐에 들어있는 각 객체는 이미 그 자신의 toString 메소드를 제공하여 큐의 toString 메소드를 호출할 수 있다고 가정한다.

a. ArrayBndQueue 클래스를 위한 toString 메소드를 설계하고 코딩하고 테스트하라.

b. ArrayUnbndQueue 클래스에서 작동하게 하기 위해서는 a의 메소드에 어떤 수정을 가해야 하는가?

17. 다음 연산을 수행하기 위한 코드를 응용 프로그램 수준에서 작성하라. myQueue 가 ArrayUnbndQueue 클래스의 객체라고 가정한다. 어떤 공개 메소드도 호출할 수 있다. 또한 추가적인 큐 객체를 선언할 수 있다.

a. secondElement를 myQueue의 시작으로부터 두번째 항목으로 지정한다. myQueue는 원래 앞 두 개의 항목을 가지지 않게 한다.

b. rear를 myQueue 에서 뒤 항목으로 지정한다. myQueue는 공백으로 만든다.

c. rear를 myQueue 에서 뒤 항목으로 지정한다. myQueue는 변화가 없게 한다.

d. myQueue의 내용을 프린트한다. myQueue는 변화가 없게 한다.

18. 배열 기반 크기에 제한 없는 큐 구현을 고려하자.

a. 용량을 1로 시작하는 효과는 무엇인가?

b. 용량을 0로 시작하는 효과는 무엇인가?

## 5.5 응용 프로그램: War 카드 게임

19. War 게임이 비기는 것으로 끝날 수 있는가? 끝나지 않는다면 왜 그러한가? 끝난다면 어떻게 그렇게 되는지, 그런 경우에 War 프로그램은 무엇을 하는지 설명하시오.

20. 카드를 할 때 시작하기 전에 카드를 보통 몇 번 뒤섞는다. 그럼에도 불구하고 교재의 프로그램의 뒤섞기 알고리즘은 카드의 배열을 한번만 지나간다. 이 두 상황 사이의 차이를 설명하시오.

21. War 게임에서 단지 네 개의 카드 (각 선수가 두 개씩)만이 다루어진다고 가정하자. War 게임이 딜 되었을 때 무한히 계속되는 네 개의 카드 덱을 기술하라.

22. WarGame 클래스의 play 메소드에서 shffule 메소드 호출을 삭제하는 효과는 무엇인가?

23. 다음 변화는 여러 개가 복합적으로 또는 단독으로 지정될 수 있다. 이러한 조건이 만족되도록 War 게임을 수정하시오.

a. 최대 전투의 수를 기본 200으로 한다.

b. 사용자가 게임에서 사용한 덱의 개수를 입력한다.

c. 게임에서 평균 전쟁 개수를 보고한다. 전쟁은 전투가 무승부로 끝나는 때로 정의된다.

d. 각 선수에 대해 전체 우승 회수를 보고한다.

e. 사용자가 선수 1에 딜할 카드의 개수를 입력한다. 선수 2는 나머지 카드를 얻는다.

f. battle 이 재귀적이 아님 (4장의 꼬리 재귀를 제거하는 것에 대한 정보를 보라.)

## 5.6 연결 기반 구현

24. LinkedBndQueue 클래스에서 다음 변화의 효과를 기술하라.

a. 구성자에서 "rear = null" 을 "rear = front"로 변경.

b. enqueue 메소드에서 마지막 문장 "rear = newNode"를 if 문장 바로 앞으로 이동.

c. enqueue 메소드에서 Boolean 표현 "rear == null"을 "front == null"로 변경.

d. dequeue 메소드에서 else 절에서 두번째와 세번째 문장을 서로 바꿈.

25. 큐를 위한 front 연산의 다음 명세가 주어졌을 때

> 사후 효과: 큐의 앞 항목에 대한 참조를 리턴
> 사전 조건: 큐가 공백이 아님

a. LinkedUnbndQueue 클래스로부터의 연산을 사용하여 이 연산을 클라이언트 코드로서 작성하라. (클라이언트 코드는 클래스의 비공개 변수에 대해 접근할 수 없음을 주의하라.)

b. 이 연산을 LinkedUnbndQueue 클래스의 새로운 공개 메소드로서 작성하라.

26. 현재의 큐를 표현하는 스트링을 생성하고 리턴하는 큐를 위한 toString 메소드를 고려하자. 큐에 들어있는 각 객체는 이미 그 자신의 toString 메소드를 제공하여 큐의 toString 메소드를 호출할 수 있다고 가정한다. LinkedUnbndQueue 클래스를 위한 toString 메소드를 설계하고 코딩하고 테스트하라.

27. 큐의 연결 구현에서 같은 객체를 두 번 enqueue 하면 어떻게 되는가?

28. 정수가 2바이트 참조가 4바이트 공간을 차지한다고 가정한다. 최대 큐 크기는 200이라고 가정한다. 오버헤드 공간을 구조가 사용하는 공간 중에서 항목이 실제적으로 사용하는 공간을 제외한 공간으로 정의한다.

a. 다음 경우에 얼마의 오버헤드 공간이 필요한가?

i. 20 개의 항목을 보유하는, 크기에 제한이 있는 배열 기반의 큐

ii. 100 개의 항목을 보유하는, 크기에 제한이 있는 배열 기반의 큐

iii. 200 개의 항목을 보유하는, 크기에 제한이 있는 배열 기반의 큐

iv. 20 개의 항목을 보유하는, 참조 기반의 큐

v. 100 개의 항목을 보유하는, 참조 기반의 큐

vi. 200 개의 항목을 보유하는, 참조 기반의 큐

b. 어떤 크기의 배열 기반 방식과 참조 기반의 방식이 대충 같은 크기의 오버헤드 공간을 사용하는가?

29. 5.6절의 끝에서 논의된 원형 연결 리스트를 사용하여 큐 ADT를 구현하시오.

## 5.7 사례 연구: 평균 대기 시간

30. 다음 테이블을 완성하시오.

| 고객 | 도착 시각 | 서비스 시간 | 종료 시각 | 대기 시간 |
|---|---|---|---|---|
| 1 | 0 | 10 | | |
| 2 | 8 | 3 | | |
| 3 | 8 | 10 | | |
| 4 | 20 | 7 | | |
| 5 | 32 | 18 | | |

a. 하나의 큐를 가정. 평균 대기 시간은?

b. 두 개의 큐를 가정. 평균 대기 시간은?

c. 세 개의 큐를 가정. 평균 대기 시간은?

31. 평균 대기 시간 프로그램에서 어떤 클래스(Customer, CustomerGenerator, GlassQueue, Simulation, SimulationApp)가 다음을 수행하는가?

a. 큐의 크기를 제공

b. 고객이 어떤 큐에 들어가는지 결정

c. 사용자로부터 큐의 개수를 얻음

d. 고객의 도착 시각을 계산

e. 고객의 종료 시각을 계산

f. 고객의 대기 시간을 계산

g. 평균 대기 시간을 계산

32. 1000 명의 고객과 다음이 주어졌을 때 평균 대기 시간 프로그램을 사용하여 적당한 큐의 개수를 결정하여라.

a. 도착 간 시간이 5이고 서비스 시간이 5

b. 도착 간 시간이 1이고 서비스 시간이 5

c. 도착 간 시간이 0에서 20으로 변화하고 서비스 시간이 20에서 100으로 변화

d. 도착 간 시간이 0에서 2로 변화하고 서비스 시간이 20에서 100으로 변화

각 경우에서 결과가 어떻게 나왔는지 기술하라.

33. 다음을 수행하도록 평균 대기 시간 프로그램을 수정하라.

a. 큐에 동시에 같이 있는 고객의 최대 수를 출력

b. 가장 작은 크기 대신에 가장 작은 종료 시각에 기반하여 고객이 들어갈 큐를 선정. 사용자는 시뮬레이션 수행에서 사용할 방식을 선택할 수 있어야 함.

# 06 리스트 ADT

이 장은 독자들이 아래와 같은 내용을 습득할 수 있도록 하는 것을 목표로 한다.

지식적 목표 (Knowledge Goals)

- 객체를 비교하기 위한 서로 다른 방식을 기술할 수 있어야 한다.
- 논리적 수준에서 리스트와 리스트를 처리하는 명령어를 기술할 수 있어야 한다.
- 리스트에 대해 다음과 같은 가정을 변화시키는 세부사항을 기술할 수 있어야 한다.
  - 리스트는 이중 요소를 가질 수도 있다.
  - 리스트의 크기는 무한하다.
- 리스트의 세 가지 종류를 기술하고 이들의 차이점을 설명할 수 있어야 한다.
- 주어진 리스트 명령어를 생성자(constructor), 반복자(iterator), 관찰자(observer) 혹은 변환자 (transformer)로 분류할 수 있어야 한다.
- 리스트 인터페이스와 혹은 클래스사이의 관계를 설명할 수 있어야 한다.
- 배열을 사용하여 리스트 명령어를 처리하기 위한 알고리즘을 기술할 수 있어야 한다.
- 연결 리스트를 사용하여 리스트 명령어를 처리하기 위한 알고리즘을 기술할 수 있어야 한다.
- 리스트 알고리즘의 효율성을 기술하고 이들 알고리즘을 비교하기 위해 비그-오(Big-O) 분석을 사용할 수 있어야 한다.
- 정렬된 배열을 탐색하기 위한 알고리즘을 기술하고 비교할 수 있어야 한다.
- 객체를 파일에 저장하기 위한 방식을 논의할 수 있어야 한다.

기술적 목표 (Skill Goals)

- Comparable 인터페이스를 구현하는 클래스를 생성할 수 있어야 한다.
- 배열을 사용하여 UnsortedListInterface를 구현할 수 있어야 한다.
- 배열을 사용하여 SortedListInterface를 구현할 수 있어야 한다.
- 배열을 사용하여 IndexedListInterface를 구현할 수 있어야 한다.
- 연결 리스트를 사용하여 UnsortedListInterface를 구현할 수 있어야 한다.
- 연결 리스트를 사용하여 SortedListInterface를 구현할 수 있어야 한다.
- 리스트의 구현을 위한 리스트 명령어의 효과를 나타내는 다이아그램을 그릴 수 있어야 한다.
- 이진 탐색 알고리즘을 비순환 버전과 순환 버전으로 구현할 수 있어야 한다.
- 개개의 리스트 구현을 사용하는 응용 프로그램에서 출력 결과를 예측할 수 있어야 한다.
- 응용의 구성요소로써 리스트 ADT를 사용할 수 있어야 한다.
- 객체를 파일에 저장하고 이를 검색할 수 있어야 한다.

이 장에서는 주어진 문제를 해결하는데 있어 사용될 리스트 ADT에 관한 정의, 구현 방법과 사용 방법을 공부한다. 리스트는 컴퓨터 과학 분야에서 가장 널리 사용되는 ADT 중의 하나로, 일상생활에서 그 예를 찾아보기란 매우 쉬운 일이다. 그 예로 쇼핑 리스트, 체크 리스트, 파티 참석자 리스트, 대기자 리스트 등이 있다.

일반적으로 대다수의 실세계 리스트를 표현하기 위해서는 리스트 ADT를 약간 수정할 필요가 있다. 이번 장에서는 세 종류의 리스트, 즉 무정렬 리스트, 정렬 리스트, 색인리스트를 정의하고 구현하여 사용하는 기법을 기술한다. 이들 세 종류의 리스트는 약간의 차이는 있지만 모두 공통의 리스트 인터페이스와 클래스를 사용한다. 이번 장에서는 이들 리스트 ADT를 구현하기 위해 배열과 참조(reference)를 사용한다.

일반적으로 대부분 리스트의 구조와 명령어는 거의 동일하나 리스트에 실제로 저장된 값은 서로 다를 수 있다. 그러나 가장 중요한 구조적인 차이는 리스트에 있는 그들 값이 서로 서로 어떻게 정렬되어 있는지이다.

리스트의 명령어와 체계가 리스트에 저장된 요소의 내용에 가끔 의존적이므로, 리스트에 저장된 객체를 어떻게 비교하는지를 논의한다. 그리고 객체를 파일에 저장하는 방법을 논의한다. 이러한 지식을 기반으로 객체 리스트를 생성하는 프로그램을 실습해 볼 예정이다.

## 6.1 객체 비교 방법

일반적으로 스택과 큐 자료구조에서 구조체의 접근은 종단 부분에서만 가능하다. 다시 말해 스택의 최상위 부분에 자료를 푸시(push)할 수 있거나 혹은 최상위에 존재하는 자료를 팝(pop)할 수 있다. 그리고 큐의 꼬리(tail) 부분에 자료를 집어넣을 수 있고, 큐의 머리(head) 부분으로부터 자료를 빼낼 수 있다. 그러므로 스택과 큐 자료 구조를 사용할 경우 구조체 중간에 저장된 자료를 접근하기란 불가능하다.

그러나 리스트를 사용하면 구조체에 저장된 임의의 자료를 접근할 수 있다. 예를 들어 주어진 항목이 리스트에 존재하는지를 점검할 수 있으며, 또한 이름을 알파벳 순서로 리스트에 삽입할 수 있고, 주어진 이름을 갖는 엔트리를 리스트로부터 제거할 수 있다. 이러한 리스트 명령어는 객체의 값을 비교하기 위한 명령어를 요구한다.

제 1.6절의 "기본 구조체 메커니즘"에서 비교 연산자(==)을 사용하여 객체를 비교하는 기법을 논의했다. 비교연산자(==)를 사용할 때, 비교는 객체 그 자체의 내용간에 이루어지는 것이 아니라 실질적으로 객체를 가리키는 두 참조 변수의 내용간에 이루어 진다. 상세한 설명은 그림 6.1을 참조하기 바란다.

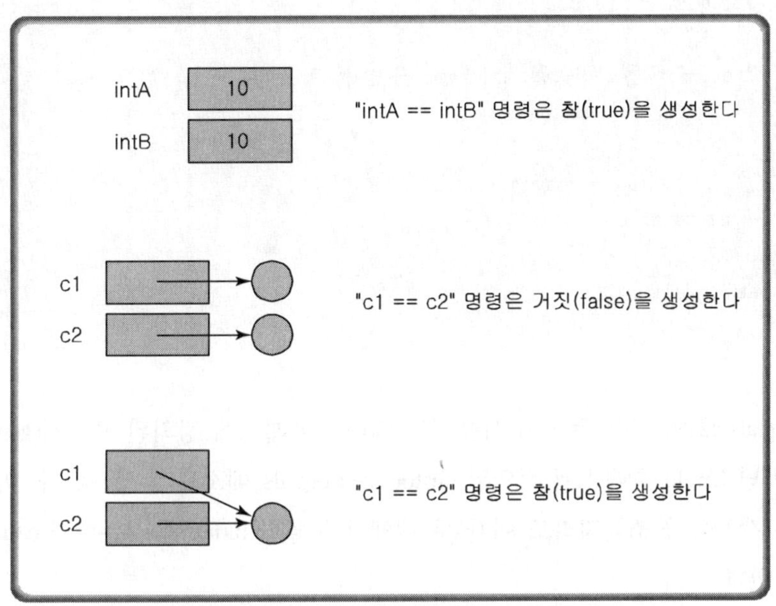


[그림 6.1] 원시(primitive) 변수와 비원시(nonprimitive) 변수의 비교하기

## equals 메소드

비교 연산자는 객체의 내용을 비교하지 않는다. 그럼, 그 밖에 무엇을 비교할 수 있는가? 실 객체를 어떻게 비교할 수 있는가? 하나의 방법이 equal 방법을 사용하는 것이다. 이 방법은 Java 상속 트리의 뿌리인 Object 클래스로부터 확장되었기 때문에 임의의 Java 클래스의 객체를 이용하여 사용될 수 있다. c1과 c2가 Circle 클래스의 객체이면 c1.equals(c2)를 사용하여 두 객체를 비교할 수 있다.

```
c1.equals(c2)
```

Object 클래스에서 정의된 것과 같이 equals 메소드는 비교 명령자와 똑같은 방식으로 처리된다. 두 변수가 같은 객체를 참조하면 true를 반환한다. equals 메소드를 다르게 사용하고자 하면 클래스의 목적에 적합하도록 equals 메소드를 재정의할 수 있다.

int 형의 radius 속성을 포함하고 있는 Circle 클래스를 생각해 보자. 두 Circle 객체가 서로 같은지를 점검하기 위해서는 두 객체에 저장된 radius가 서로 같은 값을 갖는지를 검점하는 것과 같다. 이를 구현한 프로그램은 다음과 같다.

```
public boolean equals(Circle circle)
// Precondition: circle != null
//
// circles가 같은 radius를 가지면 true를 반환하고;
// 그렇지 않으면 false를 반환한다.
{
  if (this.radius == circle.radius)
   return true;
  else
   return false;
}.
```

c1.equals(c2)와 같은 문장이 사용되면 Object 클래스에 정의된 포괄적(generic) equals 메소드가 아닌 Circle 클래스에 정의된 customized equals 메소드가 사용된다. 비록 c1와 c2가 서로 다른 객체를 참조할지라도 이들 두 객체가 동일한 radius를 갖는다면 equals 메소드는 true를 반환한다.

```
c1.equals(c2)
```

Circle 객체는 다른 속성을 가질 수도 있다. 예를 들어 제 2.1절에서 정의된 circle에서 행했던 것과 같이 scale 속성을 가질 수도 있다. 그러나 여기서는 단지 radius만을 검사하는 equals 메소드를 구현한다. 다시 말해 두 객체가 동일한 radius를 갖고만 있으면 scale에 관계없이 equals 메소드는 true를 반환한다. 이러한 메소드의 선택은 클래스 설계를 어떻게 하느냐에 달려있다. 즉, equals 메소드를 정의할 때, 하나의 속성만을 점검할 것인지, 여러 개의 속성을 점검할 것인지 아니면 모든 속성을 점검하는지 혹은 속성들의 조합으로 점검할 것인지는 응용문제에 따라 다양하게 설계될 수 있다.

## Comparable 인터페이스

특정요소가 리스트에 존재하는지를 검사하기 위해 equals 메소드를 사용할 수 있다. 그러나 동치를 위한 객체의 검사이외에 필요한 비교 메소드가 있다. 정렬리스트를 지원하기 위해 하나의 객체가 다른 객체보다 작거나, 같은지 혹은 큰지를 알아야 한다. 자바 라이브러리에서는 이를 위한 Comparable이라는 인터페이스를 제공한다.

Comparable 인터페이스는 정확히 하나의 메소드로 구성된다.

```
public int compareTo(Object o)
//현 객체가 명시된 객체(Object o)보다 작으면 음의 정수, 같으면 0, 크면 양의 정수를 반환한다.
```

compareTo 메소드는 이 메소드를 호출하는 객체와 매개변수로 전달된 객체의 상대적 크기 관계를 나타내는 정수 값을 반환한다. 일반적으로 정렬리스트 요소를 가지고 작업하고자 할 때는 compareTo 메소드를 사용하는 경향이 있다. 이들 객체들이 compareTo 메소드를 지원하는지를 점검하기 위해서는 정렬리스트의 요소가 Comparable 인터페이스로부터 구현된 클래스 객체이어야 한다.

Comparable 인터페이스를 구현한 클래스에서는 인터페이스에 정의된 추상메소드와 정합하는 그 자신의 compareTo 메소드를 정의하여야 한다. 결국 클래스 구현자는 클래스의 객체가 어떻게 비교되어야 하는지를 가장 잘 정의할 수 있다.

circle 예제를 살펴보자. Circle 객체를 위한 상대적 크기의 정의는 이들 객체의 반지름 값에 기초한다. 다음과 같은 코드가 equals 메소드를 제공하고 Comparable 인터페이스를 구현하는 Circle 클래스의 예이다.

```
public class Circle implements Comparable
{
  protected float radius;
  protected static final float PI = 3.14f;

  public Circle(float radius)
  {
   this.radius = radius;
  }

  public boolean equals(Circle circle)
  // Precondition: circle != null
  //
  // Returns true if the circles have the same radius;
  // otherwise, returns false.
  {
   if (this.radius == circle.radius)
     return true;
   else
     return false;
  }
```

```
  public int compareTo(Object o)
  // Precondition: o != null
  //
  // Returns a negative integer, zero, or a positive integer as this object
  // is less than, equal to, or greater than the parameter object.
  {
   if (this.radius < ((Circle)o).radius)
     return -1;
   else
     if (this.radius == ((Circle)o).radius)
      return 0;
     else
      return 1;
  }

  public float perimeter()
  // Returns perimeter of this figure.
  {
   return(2 * PI * radius);
  }

  public float area()
  // Returns area of this figure.
  {
     return(PI * radius * radius);
  }
}
```

compareTo 메소드는 Comparable 인터페이스의 요구를 실행하기 위해 매개변수로 Object 클래스를 받아야 한다. Circle 클래스의 compareTo 메소드에서 매개변수는 Circle 클래스의 radius 속성을 사용하여 비교가 처리될 수 있도록 Circle 클래스로 형변환되어야 한다.

equals 메소드와 compareTo 메소드는 동일한 기능을 가지고 있지만, equals 메소드에서 두 객체가 같으면 true를 반환하는 반면 compareTo 메소드에서는 두 객체가 같은 경우 "0"을 반환한다. compareTo 메소드에서와 같이 일반적으로 객체의 논리적 순서는 객체에 속한 특정 속성 혹은 속성 조합의 비교를 통해 결정된다. 객체의 논리적 순서를 결정하기 위해 사용된 속성을 "key"라고 한다. 예를 들어, Circle 클래스에서는 radius 속성이 key로 사용된다.

키이(key) : 수집된 요소들의 논리적 순서를 결정하기 위해 사용된 속성들

# 6.2 리스트

직관적으로 리스트가 무엇인지는 알 것이다. 일상생활에서 식료품 리스트, 숙제 리스트, 연주하고자 하는 음반 리스트, 이메일 주소 리스트 등이 그 예이다.

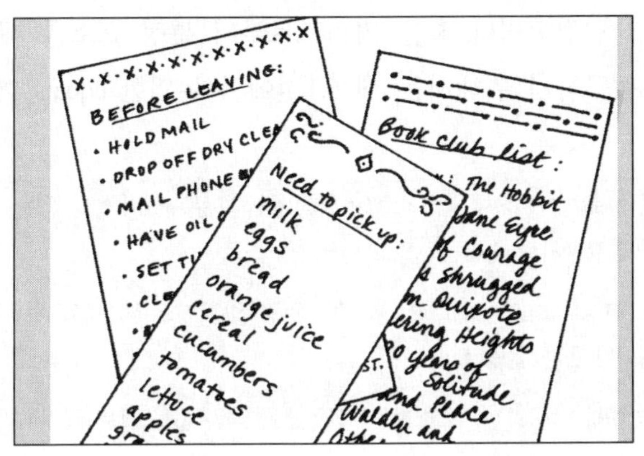


컴퓨터 프로그램에서 리스트는 극도로 융통성있는 ADT이다. 스택과 큐와 유사하게 리스트도 정보를 저장하기 위한 기억장소를 제공한다. 그러나 스택과 큐와는 달리 리스트는 그 정보가 어떻게 추가되는지, 접근되는지 혹은 제거되는지에 대한 제약이 없다. 이러한 특성 때문에 리스트를 고유의 구조체(built-in structure)로 제공하고 있는 프로그래밍 언어도 있다. 예를 들어, Lisp에서 리스트는 이 언어에서 제공하는 가장 중요한 자료형이다. 프로그래밍 관점에서 리스트는 요소들 사이에 존재하는 선형관계(linear relationship)를 가지는 요소들의 모임이다. 선형관계라 함은 논리적 수준에서 첫 번째 요소를 제외하고 리스트에 있는 모든 요소는 유일한 선행자(predecessor)를 가지며 마지막 요소를 제외한 모든 요소는 유일한 후행자(sucessor)를 가짐을 의미한다. 리스트에 존재하는 요소의 수를 리스트의 크기라고 한다.

**리스트**(list) : 요소들간에 선형 관계를 나타내는 수집

**선형 관계** : 첫 번째 요소를 제외한 요소는 유일한 선행자를 갖고 마지막 요소를 제외한 요소는 유일한 후행자를 갖는다.

**크기** : 리스트에 있는 요소의 수로 크기는 수시로 변할 수 있다.

## 리스트의 다양성 (Varieties of Lists)

리스트에 존재하는 요소들이 특정한 순서에 따라 정렬되지 않을 수도 있고 정렬될 수도 있다. 예를 들어, 숫자 리스트는 수에 따라 정렬될 수 있고, 문자열 리스트는 알파벳 순서로 정렬될 수 있으며, Circle 리스트는 radius의 크기에 따라 정렬될 수 있다.

일반적으로 내용에 기초하여 리스트를 접근한다. 이러한 요소 접근은 어느 요소가 리스트에 존재하는지 결정하거나 혹은 리스트로부터 특정 요소를 제거하는데 사용된다. 내용에 의해 요소를 접근하기 위해서는 제 6.1절에서 논의한 equals 메소드를 사용한다.

**무정렬리스트**(unsorted list) : 요소들이 특정 순서에 관계없이 놓여 있는 리스트. 자료들간의 관계는 단지 리스트 선행자와 후행자로 주어진다.

**정렬 리스트**(sorted list) : 요소들의 특성에 의해 정렬리스트. 리스트 요소들간의 상대적 관계를 반영한 요소들간의 순서화된 관계가 있다.

**색인 리스트**(indexed list) : 요소는 그와 연관된 색인 값을 갖는 리스트

정렬리스트에 있는 요소가 여러 속성을 나타낼 때 여러 다른 방식으로 논리적 순서를 정의할 수 있다. 예를 들어, 이름, 성, 학번과 세 과목의 성적으로 구성된 학생정보에 대해 학생정보 리스트를 정렬할 수 있는 방법은 다음과 같다.

- 성을 알파벳으로 정렬
- 성을 알파벳으로 정렬한 후, 이름을 알파벳에 따라 정렬
- 학번에 의한 정렬
- 세 과목의 평균 점수에 의한 정렬

정렬 리스트를 위한 정렬 순서는 리스트 요소들에 대한 compareTo 메소드를 사용하여 결정된다. 그러므로 정렬리스트는 Comparable 객체만을 포함하는 리스트이다. 또 다른 리스트의 종류가 색인 리스트(indexed list)이다. 색인 리스트는 위치 혹은 색인에 의해 리스트에 존재하는 요소를 접근할 수 있다.

### 이 책에서 다루는 리스트의 가정

일반적으로 리스트가 갖는 기본 특성에 다양한 변화를 줄 수 있으며 다음과 같은 가정하에 리스트 구조를 논의한다.

- 리스트의 크기는 무한하다. 배열을 이용하여 리스트를 구현할 때 제 5.4절에서 다룬 ArrayUnBndQueue 클래스에서와 같은 동일한 방식을 사용한다. 즉 완전히 찬 리스트에 새로운 요소가 삽입되면 리스트를 표현하는 배열의 크기가 증가한다.
- 리스트에는 중복된 요소들이 있을 수 있다. 리스트에 있는 이들 중복 요소를 찾고자 하는 경우 이들 중 임의의 요소를 반환한다. 특히, 색인 리스트 방식(indexOf)을 제외하고, 일반적인 리스트 구조에서는 이들 중복 요소들간을 구별할 수 있는 별도의 방법을 언급하지 않을 것이다.
- 널(null) 요소를 지원하지 않는다. 일반적으로 대부분 리스트 구조에서는 널 요소를 매개변수로 사용할 수 없도록 하고 있다.
- 널 요소를 쓰지 못하게 하는 것 보다는 명령어를 위한 최소 제한조건을 두었다. 예를 들어 리스트에 존재하는 매칭 객체를 요구하는 remove 명령을 명시할 때, remove 명령이 성공적으로 수행되었는지를 나타내기 위해 boolean 값을 반환하도록 remove 명령어를 정의한다.
- 정렬 리스트는 리스트에 있는 객체에 적용된 compareTo 명령에 의해 정의된 것과 같이 증가 순서로 정렬된다.
- 정렬 리스트 요소의 equals와 compareTo 메소드간에는 일관성이 있다고 가정한다.
- 색인 리스트에서 색인은 "0"부터 시작하여 주어진 범위내에서 연속적이어야 한다.

## 6.3 리스트의 정형 명세

리스트에 대해서는 다수의 명령어들이 가능하다. 예를 들어 자바 라이브러리의 List 인터페이스는 약 25개의 명령어를 정의한다. 이 절에서는 리스트를 효율적으로 처리하기 위한 몇몇 유용한 명령어들을 정의한다.

### ListInterface

여기에서는 스택과 큐에서와 같이 자바 Interface 구성자(construct)를 사용하는 리스트 ADT의 정형 명세를 다룬다. 앞으로 세 종류의 리스트를 논의할 예정이므로 세 종류의 Interface를 언급할 예정이다. 그러나 이들 세 종류의 Interface는 공통적인 다양한 특성을 가진다. 예를 들어 리스트의 크기를 반환하는 메소드의 명세는 무정렬 리스트, 정렬 리스트이거나 혹은 색인 리스트와 관계없이 동일하게 요구된다. 리스트에 관련된 이들 모든 공통 메소드는 ListInterface라 불리는 단일 인터페이스에서 모아진다. 이 ListInterface는 각기 다른 목적으로 세 가지 분리된 인터페이스로 확장될 수 있다. 특히, 클래스는 이들 세 가지 인터페이스들중에 하나만을 이용하여 구현되어야 하며, 확장시 ListInterface를 구현하여야 한다. ListInterface는 단지 다른 인터페이스에 의해 직접적으로 사용될 수 있다.

세 종류의 리스트는 다음과 같은 명령을 제공한다.

- size : 리스트에 있는 요소의 수를 반환한다.
- contains : Object 매개변수를 전달받아 리스트가 동일한 요소를 포함하는지를 나타내는 boolean 값을 반환한다.
- remove : Object 매개변수를 전달받아 동일 요소가 리스트에 존재하면 그 요소의 인스턴스를 제거한다. 주어진 객체가 실질적으로 제거되었는지를 나타내는 boolean 값을 반환한다.
- get : Object 매개변수를 전달받아 이 객체가 리스트에 존재하면 동일 객체를 반환한다. 만약 존재하지 않으면 널을 반환한다. 객체들의 동치는 equals 메소드에 의해 정의되며 두 객체는 동치(equivalent)이지만 똑같지(identical)는 않다.
- toString : 리스트를 표현하는 잘 형식화된 문자열을 반환한다.

다음에 설명할 두 명령, reset과 getNext에 대해서는 좀 더 자세한 설명이 필요하다. 일반적으로 리스트에 저장된 요소들간에는 선형 관계가 있기 때문에 리스트를 반복(iteration)적으로 처리할 수 있어야 한다. 반복 메카니즘는 리스트에 저장된 첫 번째 요소부터 마지막 요소까지 차례대로 구성 요소들을 처리하는 메카니즘을 의미한다. 이러한 기능을 제공하기 위해 두 명령, reset과 getNext가 요구된다.

- reset : 현 위치(처리될 다음 요소의 위치)를 리스트의 첫 번째 요소로 지정한다.
- getNext : 다음 요소를 반환하고 현 위치를 갱신한다.

리스트를 처리하는 특정 시점에는 요소를 가리키는 현 위치 포인터가 존재하는데 reset 명령어를 통해 현 위치 포인터를 첫 번째 요소를 가리키는 포인터로 지정한다. getNext 명령을 통하여 현 위치를 바로 다음에 놓인 요소를 가리키는 위치로 전진시킨다. 그러므로 현 위치는 항상 처리될 다음 위치를 예시한다. 마지막 요소가 getNext에 의해 반환될 때 자동적으로 현 위치는 리스트의 첫 번째 위치로 지정된다.

전형적으로 getNext 명령을 통해 루프가 반복 처리될 때마다 하나의 리스트 요소를 처리할 수 있으므로 이러한 메카니즘을 반복(iteration)이라고 한다. 따라서 getNext 명령을 반복자 메소드(iterator method)라고 한다.

응용 프로그래머가 리스트 반복 메소드들을 어떻게 사용할 것인지를 생각해 보자. 다음 예제를 통해서 보는 바와 같이 리스트의 크기는 한 번에 하나의 요소를 처리하는 루프를 제어하는데 사용된다.

```
listSize = myList.size();
myList.reset();
for (int i = 0; i < listSize; i++)
{
  myElement = myList.getNext();
  // do something with myElement
}
```

응용 프로그래머가 리스트 자료 구조 중간에 요소를 삽입하거나 혹은 삭제하고자 할 때 무슨 일이 일어날까? 분명 요소들을 추가하고 삭제하면 리스트의 크기가 변화할 것이고 위 프로그램의 반복-계산 루프의 종료 조건이 유효하지 않게 된다. 추가 혹은 삭제가 현 위치 앞 혹은 뒤에서 일어나는지에 따라 반복 루프는 건너뛰거나 혹은 반복하는 요소를 끝낼 수 있다.

이러한 위험한 상황을 처리하기 위한 여러 가지 방법이다. 가장 쉬운 방법으로 예외 처리하는 기법이 있고, 다음으로 삽입 혹은 삭제가 일어날 때마다 현 위치를 reset 하는 방법, 혹은 반복이 일어나는 동안 변환 명령을 허락하지 않는 방법 등이다.

ListInterface을 사용하여 구현한 프로그램은 다음과 같다.

```
//----------------------------------------------------------------------
// ListInterface.java by Dale/Joyce/Weems Chapter 6
//
// Interface that defines methods common to various kinds of list.
// Our intention is that this interface will be extended by other interfaces
// directly related to the specific kind of list. Those interfaces, in
// turn, will be implemented by classes.
//
// The lists are unbounded and allow duplicate elements, but do not allow null
// elements. As a general precondition, null elements are not passed as
// arguments to any of the methods.
```

```
//
// The list has a property called the current position - the position
// of the next element to be accessed by getNext during an iteration
// through the list. Only reset and getNext affect the current position.
//----------------------------------------------------------------------

package ch06.lists;

public interface ListInterface
{
  int size();
  // Returns the number of elements on this list.
  boolean contains (Object element);
  // Returns true if this list contains an element e such that
  // e.equals(element); otherwise, returns false.

  boolean remove (Object element);
  // Removes an element e from this list such that e.equals(element)
  // and returns true; if no such element exists, returns false.

  Object get(Object element);
  // Returns an element e from this list such that e.equals(element);
  // if no such element exists, returns null.

  String toString();
  // Returns a nicely formatted string that represents this list.

  void reset();
  // Initializes current position for an iteration through this list,
  // to the first element on this list.

  Object getNext();
  // Preconditions: The list is not empty
  // The list has been reset
  // The list has not been modified since most recent reset
  //
  // Returns the element at the current position on this list.
  // If the current position is the last element, then it advances the value
  // of the current position to the first element; otherwise, it advances
  // the value of the current position to the next element.
}
```

## 특화 인터페이스(Specialized Interface)

위 프로그램에서 ListInterface는 정보를 리스트에 추가하는 메소드를 포함하고 있지 않다. 그 이유는 세 종류의 리스트에서 add 메소드가 서로 다르게 정의되기 때문이다. 무정렬 리스트는 단순 Object의 add 명령을 지원하지만 정렬 리스트에서의 add 명령은 Comparable 유형 중의 하나인 추가될 객체의 위치를 정확히 파악하여 삽입하여야 한다. 마지막으로 색인 리스트에서 add 명령은 객체가 삽입될 위치를 나타내는 색인 매개변수를 필요로 한다.

UnsortedListInterface가 포함하는 추상 메소드는 단지 add 메소드이다. 물론 무정렬 리스트의 다른 임무는 ListInterface로부터 상속받는다.

```
//----------------------------------------------------------------------
// UnsortedListInterface.java by Dale/Joyce/Weems Chapter 6
//
// Extends the ListInterface with methods specific to unsorted lists.
//----------------------------------------------------------------------

package ch06.lists;

public interface UnsortedListInterface extends ListInterface
{
  void add(Object element);
  // Adds element to this list.
}
```

SortedListInterface도 UnsortedListInterface와 똑같이 add 메소드만을 포함한다. 특히 삽입될 요소에 널 요소가 포함되지 않게 주의를 요한다.

```
//----------------------------------------------------------------------
// SortedListInterface.java by Dale/Joyce/Weems Chapter 6
//
// Extends the ListInterface with methods specific to sorted lists.
//----------------------------------------------------------------------

package ch06.lists;

public interface SortedListInterface extends ListInterface
{
  void add(Comparable element);
```

```
  // Adds element to this list. The list remains sorted.
}
```

마지막 리스트 인터페이스인 IndexedListInterface는 모든 메소드에서 색인을 처리해야 하므로 보다 더 복잡하다. 색인 리스트의 요소들은 "0"부터 리스트의 크기까지 순차적으로 색인화되어 있다. 예를 들어, 색인 리스트에 다섯 개의 요소가 존재하는 경우 이들 요소는 0, 1, 2, 3, 4로 색인화된다. 색인화 전략에서 중요한 부분은 중간에 비어있는 번호가 있지 않도록 해야 한다. 이 인터페이스는 지시된 색인에 요소를 삽입하고, 검색하고, 변화시키고 제거하기 위한 메소드를 정의할 뿐만 아니라 임의의 요소가 놓인 색인을 결정하는 메소드도 정의한다. 이들 명령에 대한 상세 내용은 다음 프로그램과 같다.

```
//----------------------------------------------------------------------
// IndexedListInterface.java by Dale/Joyce/Weems Chapter 6
//
// Extends the ListInterface with methods specific to indexed lists.
//----------------------------------------------------------------------

package ch06.lists;

public interface IndexedListInterface extends ListInterface
{
  void add(int index, Object element);
  // Throws IndexOutOfBoundsException if passed an index argument
  // such that index < 0 or index > size().
  // Otherwise, adds element to list at position index; all current
  // elements at that position or higher have 1 added to their index.

  Object set(int index, Object element);
  // Throws IndexOutOfBoundsException if passed an index argument
  // such that index < 0 or index >= size().
  // Otherwise, replaces element on this list at position index and
  // returns the replaced element.

  Object get(int index);
  // Throws IndexOutOfBoundsException if passed an index argument
  // such that index < 0 or index >= size().
  // Otherwise, returns the element on this list at position index.

  int indexOf(Object element);
  // If this list contains an element e such that e.equals(element),
```

```
    // then returns the index of the first such element.
    // Otherwise, returns -1.

    Object remove(int index);
    // Throws IndexOutOfBoundsException if passed an index argument
    // such that index < 0 or index >= size().
    // Otherwise, removes element on this list at position index and
    // returns the removed element; all current elements at positions
    // higher than that position have 1 subtracted from their index.
}
```

색인을 매개변수로 받는 메소드는 색인이 유효하지 않으면 예외처리로 넘겨진다. 응용 프로그램에서는 유효한 색인을 사용해야 한다. 이를 위해 size 메소드를 사용하여 유효한 색인 범위를 결정할 수 있다. 색인의 유효 범위는 0에서부터 (size-1)까지이다.

자바 라이브러리가 IndexOutOfBoundsException라는 예외 클래스를 제공하므로 색인 리스트를 사용하기 위한 예외 클래스를 정의하지 않아도 된다. 이 예외 클래스는 RunTimeException 클래스로부터 상속받은 클래스이므로 점검하지 않아도 된다.

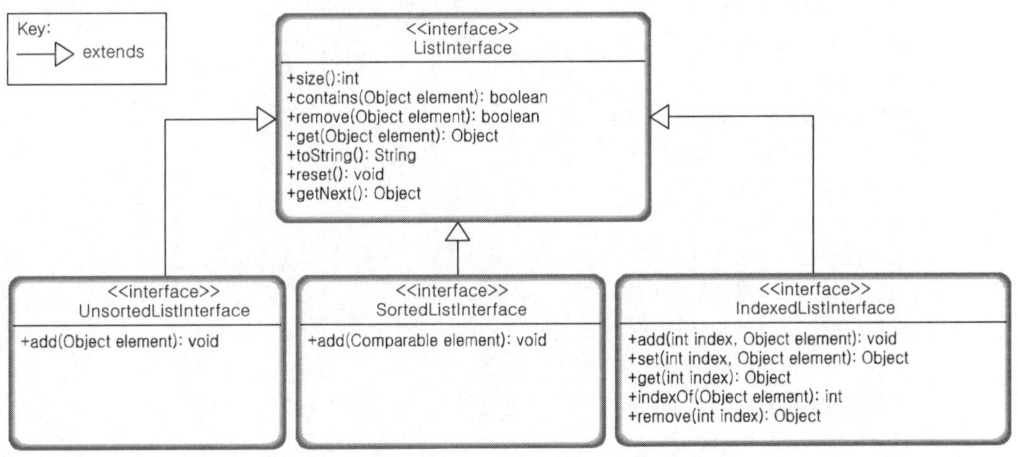


[그림 6.2] 리스트 인터페이스의 UML 다이어그램

지금까지 설명한 네 종류의 인터페이스간의 관계는 그림 6.2에 나타난 다이아그램과 같다. 리스트의 구현은 UnsortedListInterface, SortedListInterface 혹은 IndexedListInterface를 구현하는 것이다. 인터페이스 상속 규칙에 따른 이들 리스트의 구현은 상위 인터페이스인 ListInterface 구현이 요구된다.

## 사용 예

다음 프로그램은 지금까지 소개한 세 가지 유형의 리스트들을 어떻게 사용하는지 차이가 무엇인지를 잘 설명하고 있다. 이 프로그램은 배열을 기반으로 리스트를 구현한 예이다. 프로그램에서 보는 바와 같이, 모든 리스트에 대한 자료와 삽입 순서는 동일하다. 그러나 리스트가 출력될 때 리스트에 저장된 요소들의 순서는 각 리스트마다 다르다.

### Code Section

```
UnsortedListInterface list1
  = new ArrayUnsortedList();
list1.add("Wirth");
list1.add("Dykstra");
list1.add("Dahl");
list1.add("Nygaard");
SortedListInterface list2
  = new ArraySortedList();
list2.add("Wirth");
list2.add("Dykstra");
list2.add("Dahl");
list2.add("Nygaard");
IndexedListInterface list3
  = new ArrayIndexedList();
list3.add(0, "Wirth");
list3.add(0, "Dykstra");
list3.add(2, "Dahl");
list3.add(1, "Nygaard");
System.out.print("Unsorted ");
System.out.println(list1);
System.out.print("Sorted ");
System.out.println(list2);
System.out.print("Indexed ");
System.out.println(list3);
```

### 출력

```
Unsorted List
 Wirth
 Dykstra
```

```
  Dahl
  Nygaard

 Sorted List
  Dahl
  Dykstra
  Nygaad
  Wirth

Indexed List
  [0] Dykstra
  [1] Nygaad
  [2] Wirth
  [3] Dahl
```

무정렬 리스트에서는 요소들이 임의의 순서로 저장되어 있다. 위 예에서 이들 요소들은 삽입되는 순서대로 출력됨을 알 수 있다. 정렬 리스트에서 요소들은 알파벳 순서로 출력되며, 색인 리스트에서 add 메소드에 매개변수로 전달된 색인이 순서화를 결정한다.

리스트 명세는 어느 정도 임의로 정해질 수 있다. 리스트의 특정 메소드의 정의를 변화시킬 수도 있고 심지어는 전반적인 리스트 구조에 대한 가정 또한 변화시킬 수 있다. 예를 들어 remove 메소드를 리스트에 있는 요소들만을 제거하는 메소드로 재정의할 수 있으며, 이러한 메소드에서는 boolean 값을 반환할 필요가 없음을 알 수 있다. 기본적으로 리스트에 저장된 요소들은 유일해야 한다. 따라서 add 메소드의 매개변수로 전달되는 요소가 리스트에 존재하는지를 점검해야 한다. 요소들의 중복을 방지하도록 리스트 ADT를 명세하면 리스트 ADT에 정의된 여러 명령에서 이들 중복 방지 기능을 추가해야 한다. 따라서 리스트 자료구조를 설계하는 단계에서 이들 기능을 보다 더 정확히 선택하여 정의할 필요가 있다.

### 자바 수집 골격 목록

자바 라이브러리 List 인터페이스에 의해 정의된 리스트는 색인 리스트와 아주 유사하다. 이들 리스트는 무한하며 중복 요소를 허락하고 위치 접근을 제공한다. 리스트 인터페이스가 Collection 인터페이스로부터 상속을 받기 때문에, List를 구현하는 클래스는 또한 Collection에서 정의한 15개의 메소드(size, equals, isEmpty 등)를 구현해야 한다. 부가적으로 List 인터페이스 그 자체가 11개의 메소드를 요구한다.

자바 라이브러리 수집 골력은 List 인터페이스의 두 완전한 구현을 포함한다. 스택을 구현하기 위해 이들 구현들 중의 하나인 ArrayList를 사용했다. 스택이 특화된 리스트, 즉 리스트의 한쪽 끝에서 접근이 가능한 구조이므로, 이들 기능을 리스트 구조체의 가장 위쪽인 top에서 구현하도록 하였다. 라이브러리 ArrayList 클래스는 기본 배열을 사용하여 List 인터페이스를 구현한다. List를 구현하는 다른 라이브러리 클래스는 LinkedList이다. 이 클래스는 리스트 구조체를 제공하기 위해 참조 기반 접근 방법을 사용한다.

**Iterator 인터페이스**

리스트와는 달리 라이브러리 리스트는 reset과 getNext 명령을 제공하지 않는다. 대신 이들 리스트는 ListIterator라는 명령을 제공한다. ListIterator는 라이브러리 Iterator 인터페이스를 구현하는 객체를 반환한다. Iterator 객체는 리스트를 통해 반복처리하기 위한 방법을 제공한다. Iterator 객체는 세 종류의 명령: hasNext, next와 remove를 제공한다. hasNext 메소드는 iterator가 아직 리스트의 끝에 도착하지 않으면 true를 반환한다. 리스트의 끝에 도달했을 때 리스트의 처음을 반환하는 대신 hasNext 명령을 사용하여 리스트의 끝에 도착했는지를 점검한다. remove메소드는 Iterator에 의해 바로 방문했던 요소를 제거한다.

Iterator 인터페이스에는 reset 메소드가 없다. 라이브러리 접근 방식에서는 reset 메소드가 필수적이지 않다. 응용프로그램이 리스트의 처음 위치에서 시작하기를 원하면 새 iterator 객체를 단순히 생성한다. 실질적으로 응용프로그램은 다른 Iterator 객체를 사용하여 같은 시간에 여러 다른 위치에서 리스트를 반복처리할 수 있다.

**Iterable 인터페이스**

자바 5.0에서는 수집을 반복처리하는 메소드와 관련된 또 다른 인터페이스를 제공한다. Iterable 인터페이스는 Iterator 객체를 반환하는 단일 메소드, iterator()를 요구한다. 자바 5.0에서는 배열 혹은 Iterator 객체 처리를 위한 향상된 for 루프 기능을 제공한다. for-each 루프는 프로그래머에게 명령 블록이 배열에 있는 객체 혹은 Iterator 객체의 for 루프에서 수행될 수 있도록 제공한다. 수집 골격 클래스는 Iterable 인터페이스를 구현하기 위해 재정비되며, 이들 클래스는 향상된 for 루프와 더불어 사용될 수 있다.

# 6.4 배열 기반 구현

이번 절에서는 무정렬, 정렬 및 색인 리스트를 배열 기반으로 구현하는 방법을 논의한다. 제 6.7절에서는 참조 기반 접근 기법을 이용한 이들 세 종류의 리스트 구현 방법을 소개한다. 배열 기반 구현 방법은 매우 간단하다. 리스트가 N 개의 요소를 가지면 0부터 N-1까지의 첨자를 갖는 배열에 이들 요소를 배치한다. 리스트에 있는 요소의 수를 관리하기 위해 numElements 변수를 이용한다. 남아메리카나라를 알파벳에 따라 순서화한 정렬 리스트의 표현 예는 다음과 같다. 그림에서는 남아메리카 나라의 약어를 사용한다.

numElements: 4

| | [0] | [1] | [2] | [3] | [4] |
|---|---|---|---|---|---|
| list: | "ARG" | "BRA" | "PAR" | "PER" | |

특정 요소가 리스트의 중간에 삽입되면 나머지 요소들은 새로운 요소를 저장하기 위한 방을 만들기 위해 오른쪽으로 한칸씩 이동한다.

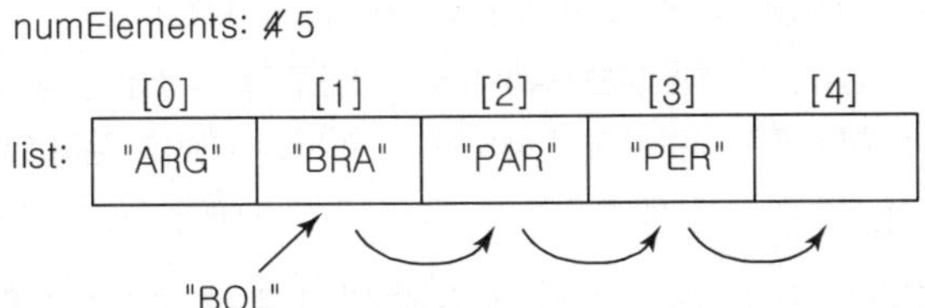


마찬가지로 특성 요소가 리스트의 중간에서 삭제되면 빈 방을 채우기 위해 뒤에 있는 요소들을 왼쪽으로 한칸씩 이동한다.

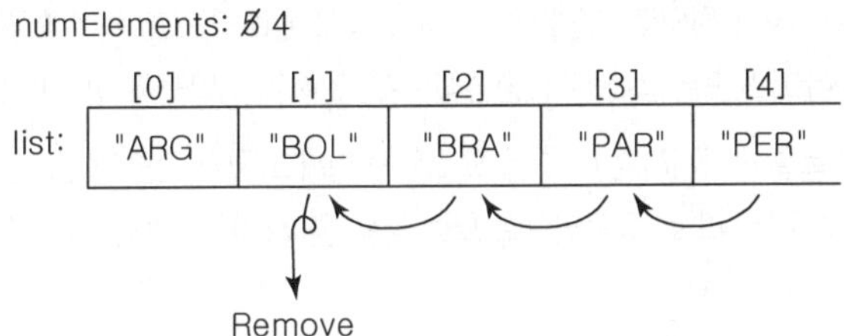


이들 세 종류 리스트, 무정렬, 정렬과 색인 리스트를 배열 기반으로 구현하는 기법은 기본적으로 동일하다. 이들 세 종류의 리스트가 기본적으로 동일한 접근 방법을 사용하기 때문에 리스트에 포함되는 대부분의 명령 또한 동일하다. 따라서 이들 공통적인 명령들을 List라는 하나의 클래스에 포함시켜 구현하고 List 클래스를 상속받아 이들 세 종류의 리스트를 구현한다.

## List 클래스

이 클래스에 무엇을 포함시켜야 할까? 앞에서 언급한 바와 같이 List 클래스는 세 가지 리스트에 공통적으로 요구되는 명령들을 포함하는 클래스이므로 분명 List 클래스 그 자체를 완전한 클래스 형태로 구현할 필요는 없다.

제 6.3절에서 정의된 ListInterface에 있는 메소드를 생각해 보자. 이들 메소드 각각이 배열 기반 방식을 이용하여 어떻게 구현되는가를 살펴보자.

- size : 리스트에 있는 요소들의 개수를 반환한다. 세 종류의 리스트에서 모두 numElements를 반환함으로써 이 기능을 구현할 수 있다. 특히 이 기능이 모든 리스트에 대해 같은 방법으로 구현될 수 있기 때문에, 이 기능을 List 공용 클래스에 포함시킨다.
- contains : Object 매개변수로 전달되어, 리스트에 동일한 요소를 포함하고 있는지를 나타내기 위한 boolean 값을 반환한다. 세 종류의 모든 리스트에서 미리 들어있는 요소들을 확인할 필요가 있으므로 이 기능 또한 List 공용 클래스에 포함되어야 한다.

- remove : Object 매개변수로 전달되어 동일 요소가 리스트에 존재하면 리스트로부터 이 요소를 제거한다. 객체가 실질적으로 제거되었는지를 확인하는 boolean 값을 반환한다. 제거될 요소가 contains 명령을 사용하여 리스트에 존재하는지를 확인한다. 만약 리스트에 존재하면 그 요소를 삭제하고 뒤에 있는 요소들을 한칸씩 왼쪽으로 이동시킨다. 이러한 기능 또한 모든 세 종류의 리스트에 공통적으로 요구되므로, List 공용 클래스에 포함시킨다.
- get : Object 매개변수로 전달되어 리스트에 존재하면 그 객체를 반환한다. 만약 존재하지 않으면 NULL을 반환하다. contains 명령과 유사한 기능이 똑같이 사용되므로, 이 기능도 List 공용 클래스에 포함시킨다.
- toString : 리스트를 표현하는 잘 형식화된 문자열을 반환한다. 리스트에 저장된 요소들을 문자열로 형식화하여 출력하는 기능이므로 모든 리스트에 공통적으로 사용될 수 있는 기능이다. 따라서 이 기능도 List 공용 클래스에 포함시킨다.
- reset : 리스트의 시작 위치로 포인터를 옮긴다. 다시 말해 리스트 처리를 위한 현 위치 포인터를 첫 번째 요소로 지정하는 기능이므로 모든 리스트에 공통적으로 요구된다. 따라서 이 기능도 List 공용 클래스에 포함시킨다.
- getNext : 리스트를 반복처리할 때 다음 요소를 반환하고 현 위치를 갱신하는 메소드이다. 이 기능 또한 모든 리스트 처리를 위해 공통적으로 요구되므로 List 공용 클래스에 포함시킨다.

ListInterface에 정의된 이들 메소드들이 List 공용 클래스를 위한 주요 메소드가 됨을 알 수 있다. 따라서 List 클래스는 제 2장에서 설명한 배열 기반 StringLog ADT와 제 5장에서 설명한 UnboundedQueue ADT를 이용하면 그리 어렵지 않게 구현이 가능하다. 배열에서 요소를 검색하기 위해 사용된 알고리즘은 StringLog contains 메소드에서 사용한 방법과 같다.

List 클래스에서는 find라는 protected 도움자 메소드(helper method)에서 사용한 배열 검색 코드를 그대로 사용한다. find 메소드는 검색 결과를 나타내는 protected 인스턴스 변수 found와 location 의 값을 지정한다.

List 생성자는 제 5장에서 논의한 배열 기반 무한 큐의 생성자를 고려해야 한다. 결국 List는 배열 구성자(construct)를 사용하여 무한 구조체를 구현한다. 제 5장에서와 같은 규약을 사용한다. 즉 응용 프로그램이 원래의 배열 크기를 나타내거나 혹은 기본 배열 크기를 사용한다.

큐에서 처럼, 리스트에서도 방이 모두 사용되는 경우 현 배열의 크기를 확장하는 enlarge 라는 보조 메소드를 이용한다. 세 종류 리스트 모든 유형에서 이러한 기능이 공통적으로 필요하므로 List 클래스에 enlarge 메소드를 포함시킨다. 따라서 add 명령을 포함하는 List 클래스를 확장한 클래스에 의해 enlarge 메소드가 호출된다.

지금까지 설명한 List 클래스를 위한 코드는 다음과 같다.

```
//----------------------------------------------------------------------
// List.java by Dale/Joyce/Weems Chapter 6
//
// Defines constructs for an unbounded array-based list of objects that do
// not depend on whether the list is unsorted, sorted, or indexed.
//
// Our intention is for this class to be extended by classes that furnish
// the remaining methods needed to support a listfor example, a method
// that allows objects to be added to the list.
//
// Null elements are not permitted on a list.
//
// Two constructors are provided: one that creates a list of a default
// original capacity, and one that allows the calling program to specify
// the original capacity.
//----------------------------------------------------------------------

package ch06.lists;

public class List
{
  protected final int DEFCAP = 100;   // default capacity
  protected int origCap;              // original capacity
  protected Object[] list; // array to hold this list's elements
  protected int numElements = 0;      // number of elements in this list
  protected int currentPos;           // current position for iteration

  // set by find method
  protected boolean found; // true if element found, otherwise false
  protected int location;             // indicates location of element if found

  public List()
  {
   list = new Object[DEFCAP];
   origCap = DEFCAP;
  }

  public List(int origCap)
  {
   list = new Object[origCap];
   this.origCap = origCap;
```

```
}

protected void enlarge()
// Increments the capacity of the list by an amount
// equal to the original capacity.
// Used by subclasses that provide an add method.
{
 // Create the larger array.
 Object[] larger = new Object[list.length + origCap];
 // Copy the contents from the smaller array into the larger array.
 for (int i = 0; i < numElements; i++)
 {
   larger[i] = list[i];
 }

 // Reassign list reference.
 list = larger;
}

protected void find(Object target)
// Searches list for an occurrence of an element e such that
// e.equals(target). If successful, sets instance variables
// found to true and location to the array index of e. If
// not successful, sets found to false.
{
 boolean moreToSearch;
 location = 0;
 found = false;
 moreToSearch = (location < numElements);
 while (moreToSearch && !found)
 {
   if (list[location].equals(target))
    found = true;
   else
   {
    location++;
    moreToSearch = (location < numElements);
   }
 }
}

public int size()
// Returns the number of elements on this list.
```

```
{
  return numElements;
}

public boolean contains (Object element)
// Returns true if this list contains an element e such that
// e.equals(element); otherwise, returns false.
{
  find(element);
  return found;
}

public boolean remove (Object element)
// Removes an element e from this list such that e.equals(element)
// and returns true; if no such element exists, returns false.
{
  find(element);
  if (found)
  {
    for (int i = location; i <= numElements - 2; i++)
      list[i] = list[i+1];
    list[numElements - 1] = null;
    numElements--;
  }
  return found;
}

public Object get(Object element)
// Returns an element e from this list such that e.equals(element);
// if no such element exists, returns null.
{
  find(element);
  if (found)
    return list[location];
  else
    return null;
}

public String toString()
// Returns a nicely formatted string that represents this list.
{
  String listString = "List:\n";
  for (int i = 0; i < numElements; i++)
```

```
    listString = listString + " " + list[i] + "\n";
  return listString;
 }

 public void reset()
 // Initializes current position for an iteration through this list,
 // to the first element on this list.
 {
  currentPos = 0;
 }

 public Object getNext()
 // Preconditions: The list is not empty
 // The list has been reset
 // The list has not been modified since most recent reset
 //
 // Returns the element at the current position on this list.
 // If the current position is the last element, it advances the value
 // of the current position to the first element; otherwise, it advances
 // the value of the current position to the next element.
 {
  Object next = list[currentPos];
  if (currentPos == (numElements - 1))
    currentPos = 0;
  else
    currentPos++;
  return next;
 }
}
```

## ArrayUnsortedList 클래스

ArrayUnsortedList 클래스는 List 클래스를 확장한 클래스로 무정렬 리스트의 생성과 사용을 위해 필요한 메소드를 포함한다. ArrayUnsortedList 클래스 생성자는 상위 클래스인 List 클래스의 생성자를 호출한다. 이 클래스에 포함되어야할 메소드로는 add 메소드가 있으며, 나머지 메소드는 상위 List 클래스에 의해 제공된다. 무정렬의 경우 add 메소드는 배열이 확장돼야 하는지를 점검하여 확장할 필요가 있으면 확장하여 새로운 요소를 리스트의 맨 마지막에 추가한다.

무정렬 리스트를 구현할 때 보다 효율적으로 만들어질 수 있는 List 클래스로부터 상속된 메소드들이 있는가? 분명히 있다. 바로 remove 메소드이다. 일반적으로 List에 구현된 remove 메소드에서는 요소를 삭제한 후 공란을 없애기 위해 이 요소 뒤에 존재하는 나머지 요소들을 한칸씩 왼쪽으로 이동해야 한다. 이러한 자료 이동은 정렬 리스트와 색인리스트에서 요구된 것과 같이 리스트 요소들의 상대적인 순서를 유지한다. 그러나 무정렬 리스트에서 순서화가 꼭 필요한 것은 아니므로 리스트에서 요소를 삭제 한 후 그 자리에 리스트에 있는 마지막 요소를 옮기면 자료의 이동에 따른 부담을 줄일 수 있다.

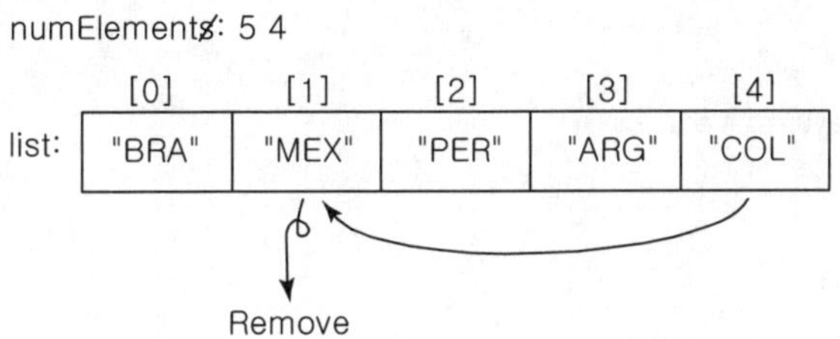


그림 6.3의 UML 클래스 다이어그램은 배열 기반 무정렬 리스트 구성자들(contructs)간의 관계를 설명한다. remove 메소드의 향상된 버전을 포함한 ArrayUnsortedList을 위한 코드는 아래와 같다. 이 코드에서 remove 메소드는 상위 클래스 List의 find 메소드, 연관된 인스턴스 변수 found와 location을 사용한다.

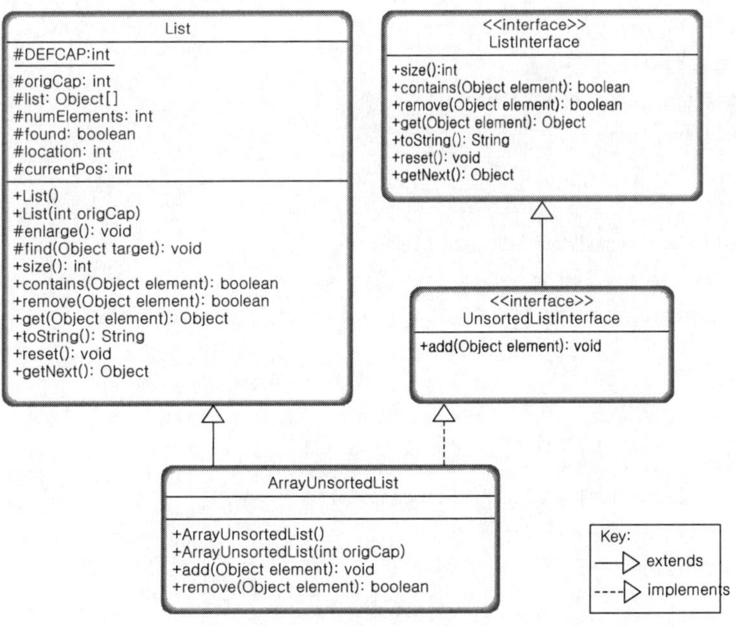


[그림 6.3] 배열 기반 무정렬 리스트 클래스와 인터페이스

```
//----------------------------------------------------------------------------
// ArrayUnsortedList.java by Dale/Joyce/Weems Chapter 6
//
// Implements the UnsortedListInterface using an array.
//----------------------------------------------------------------------------

package ch06.lists;

public class ArrayUnsortedList extends List implements
UnsortedListInterface
{

  public ArrayUnsortedList()
  {
   super();
  }

  public ArrayUnsortedList(int origCap)
  {
   super(origCap);
  }

  public void add(Object element)
  // Adds element to this list.
  {
   if (numElements == list.length)
     enlarge();
   list[numElements] = element;
   numElements++;
  }

  public boolean remove (Object element)
  // Removes an element e from this list such that e.equals(element)
  // and returns true; if no such element exists, returns false.
  {
   find(element);
   if (found)
   {
     list[location] = list[numElements - 1];
     list[numElements - 1] = null;
     numElements--;
   }
   return found;
```

```
    }
}
```

## ArraySortedList 클래스

ArraySortedList는 List 클래스를 확장한 클래스로 SortedListInterface를 구현한다. add 메소드가 List 클래스에 구현되어 있지 않으므로 add 메소드를 우선적으로 구현하여야 한다. SortedListInterface에서 명시된 바와 같이 add 메소드는 매개변수로 Comparable 클래스 객체를 받는다. 이 때 주의할 점이 단지 Comparable 객체만이 정렬리스트에 포함된다는 것이다. 그러므로 정렬 리스트의 모든 요소들은 compareTo 명령을 지원한다.

객체들이 리스트에 추가될 때, 객체가 삽입될 정확한 위치를 compareTo 명령을 이용하여 결정한다. 요소를 정렬 리스트에 추가하기 위해서 먼저 삽입될 방이 있는지를 점검한 후 방이 없으면 enlarge 메소드를 호출한다. 다음으로 새로운 요소가 삽입되어야할 위치를 찾는다. "ARG", "BOL", "BRA", "COL"과 "ECU"를 포함하는 정렬 리스트에 "CHI"를 삽입한다고 가정해 보자. 리스트의 알파벳 순서를 유지하기 위해 다음과 같은 세 가지 작업을 수행해야 한다.

1. 새로운 요소가 삽입되어야 할 방을 찾는다.
2. 새로운 요소를 위한 방을 생성한다.
3. 생성된 방에 새로운 요소를 넣는다.

새로운 요소보다 크거나 같은 요소를 찾을 때까지 정렬리스트의 첫 번째 요소부터 새로운 요소와 비교를 수행한다. 위 예제에서는 리스트의 네 번째 요소 "COL"에 도달할 때까지 리스트를 순회한다. 방을 생성하기 위해 "COL"을 시작으로 다음에 있는 모든 요소를 한칸씩 오른쪽으로 이동한다. 이 작업을 수행하기 위한 가장 좋은 방법은 리스트의 끝에서부터 시작하여 "COL"까지 모든 객체 참조를 바로 다음 배열 위치에 복사한다. 마지막으로 "CHI"를 생성한 방에 삽입한다.

지금까지 설명한 방식이 그림 6.4에 잘 설명되어 있다. 리스트의 맨 뒤쪽에서부터 시작하여 탐색과 자료 이동을 조합한 다른 방법은 연습 문제 32에 잘 설명되어 있다.

List로부터 상속된 메소드들 중에 보다 효과적으로 만들어질 수 있는 메소드가 있을까? 분명히 있다. List 클래스의 find 메소드가 수행될 때, 순차적으로 배열을 검색하는 것보다 정렬 배열에서 요소를 찾기 위한 보다 효율적인 방식은 분명히 있을 것이다. 이 방법에 대해서는 제 6.6절에서 보다 자세히 설명할 예정이다.

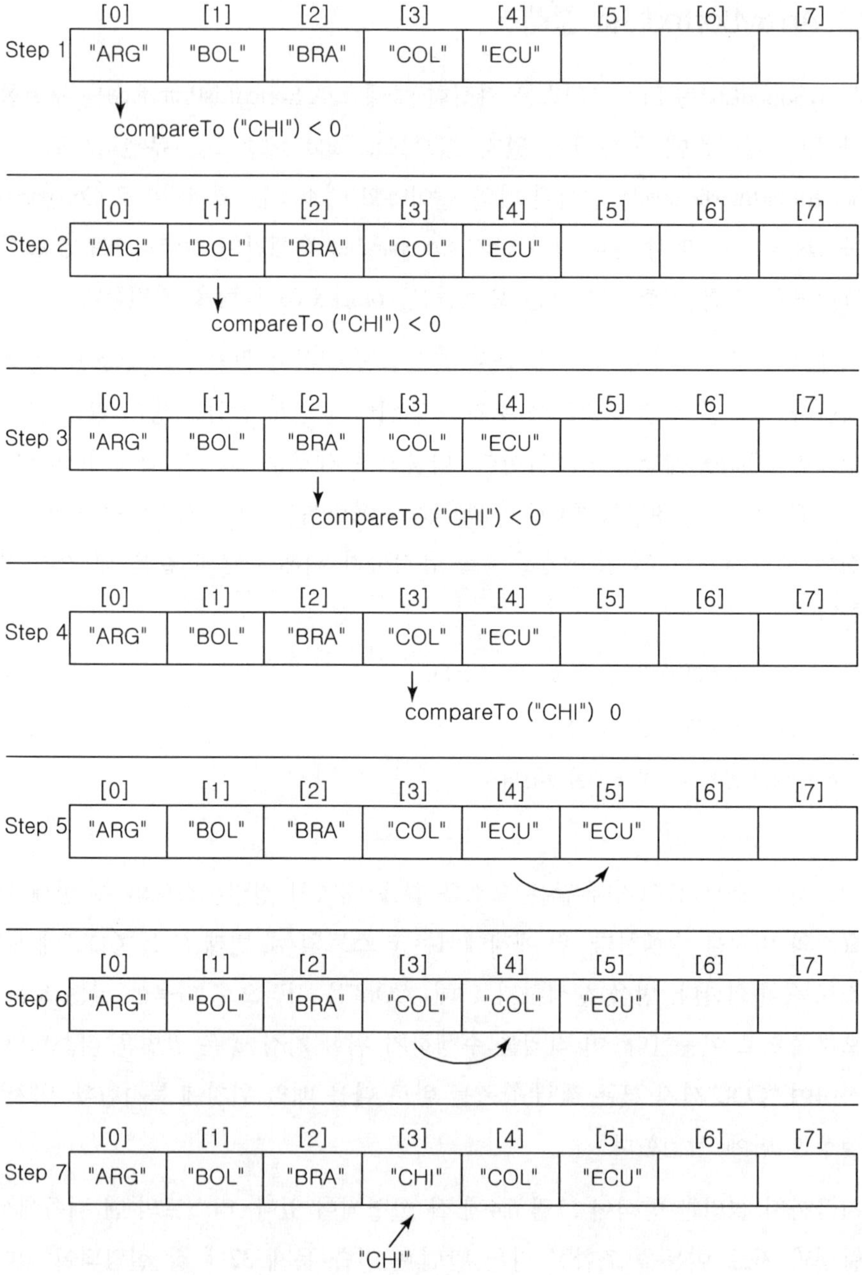

| | [0] | [1] | [2] | [3] | [4] | [5] | [6] | [7] |
|---|---|---|---|---|---|---|---|---|
| Step 1 | "ARG" | "BOL" | "BRA" | "COL" | "ECU" | | | |

compareTo ("CHI") < 0

| | [0] | [1] | [2] | [3] | [4] | [5] | [6] | [7] |
|---|---|---|---|---|---|---|---|---|
| Step 2 | "ARG" | "BOL" | "BRA" | "COL" | "ECU" | | | |

compareTo ("CHI") < 0

| | [0] | [1] | [2] | [3] | [4] | [5] | [6] | [7] |
|---|---|---|---|---|---|---|---|---|
| Step 3 | "ARG" | "BOL" | "BRA" | "COL" | "ECU" | | | |

compareTo ("CHI") < 0

| | [0] | [1] | [2] | [3] | [4] | [5] | [6] | [7] |
|---|---|---|---|---|---|---|---|---|
| Step 4 | "ARG" | "BOL" | "BRA" | "COL" | "ECU" | | | |

compareTo ("CHI") 0

| | [0] | [1] | [2] | [3] | [4] | [5] | [6] | [7] |
|---|---|---|---|---|---|---|---|---|
| Step 5 | "ARG" | "BOL" | "BRA" | "COL" | "ECU" | "ECU" | | |

| | [0] | [1] | [2] | [3] | [4] | [5] | [6] | [7] |
|---|---|---|---|---|---|---|---|---|
| Step 6 | "ARG" | "BOL" | "BRA" | "COL" | "COL" | "ECU" | | |

| | [0] | [1] | [2] | [3] | [4] | [5] | [6] | [7] |
|---|---|---|---|---|---|---|---|---|
| Step 7 | "ARG" | "BOL" | "BRA" | "CHI" | "COL" | "ECU" | | |

"CHI"

[그림 6.4] 요소를 정렬리스트에 추가하기

그림 6.5의 UML 클래스 다이아그램은 배열기반 정렬리스트 구성자들(constructs)간 관계의 가시적 표현을 제공한다.

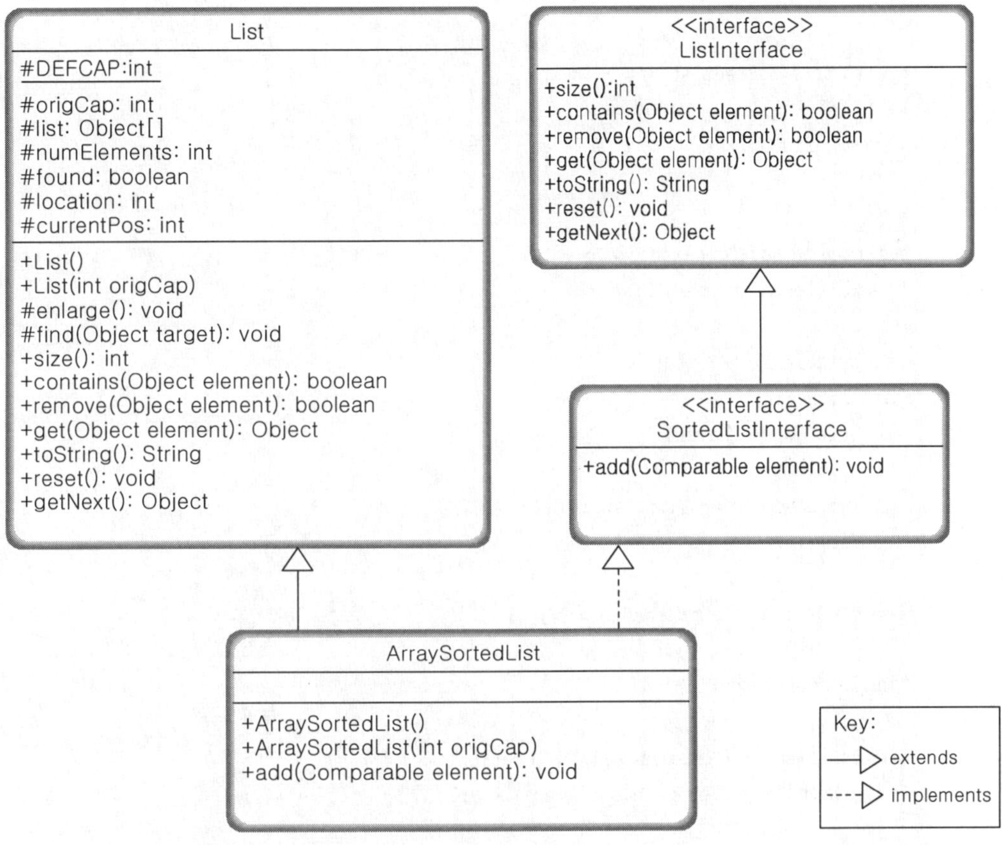


[그림 6.5] 배열 기반 정렬 리스트 클래스와 인터페이스

```
//----------------------------------------------------------------------------
// ArraySortedList.java by Dale/Joyce/Weems Chapter 6
//
// Implements the SortedListInterface using an array.
//----------------------------------------------------------------------------

package ch06.lists;

public class ArraySortedList extends List implements SortedListInterface
{
```

```
public ArraySortedList()
{
  super();
}

public ArraySortedList(int origCap)
{
  super(origCap);
}

public void add(Comparable element)
// Adds element to this list.
{
  Comparable listElement;
  int location = 0;
  boolean moreToSearch;

  if (numElements == list.length)
   enlarge();

  moreToSearch = (numElements > 0);

  while (moreToSearch)
  {
   listElement = (Comparable)list[location];
   if (listElement.compareTo(element) < 0)1
   {
         location++;
         moreToSearch = (location < numElements);
   }
   else
         moreToSearch = false;
  }

  for (int index = numElements; index > location; index--)
    list[index] = list[index - 1];

  list[location] = element;
  numElements++;
 }
}
```

## "By Copy" 혹은 "By Reference" ADTs 구현하기

스택, 큐 혹은 리스트와 같은 ADT를 설계할 때, ADT에서 요소를 "by copy" 혹은 "by reference"로 처리해야 하는지를 결정해야 한다. 지금부터 이들 두 방법에 대해 설명한다.

**By Copy**

이 접근 방법에서 ADT는 클라이언트 프로그램에서 사용한 자료를 복사하여 처리한다. ADT가 저장하기 위한 데이터 요소를 주었을 때, 요소의 복사본을 만들어 그 복사본을 저장한다. 객체가 여러 객체로 구성되어 있다면 객체를 유효하게 복사하기 위해서는 복잡한 처리과정을 거쳐야 한다. 이를 처리하기 위해 clone 메소드가 제공된다. clone 메소드를 제공하는 클래스는 이 사실을 Cloneable 인터페이스를 구현하도록 실행시간(run-time) 시스템에 알려주어야 한다. 다음 예에서 객체 클래스는 정확한 clone 메소드를 제공하며 Cloneable 인터페이스를 구현한다. 그 경우에 리스트 add 명령을 위한 코드는 다음과 같게 된다.

```
public void add (Object element)
// Adds a copy of element to this list
{
  list[numElements] = element.clone();
  numElements++;
}
```

물론 Java에서 리스트 요소가 객체이면, 객체는 모든 자바 객체가 참조에 의해(by reference) 조작되므로 저장될 요소의 복사본에 대한 참조(reference)이다. 여기서 가장 주요한 차이점은 저장될 요소 그 자체에 대한 참조가 아니라 요소 복사본에 대한 참조라는 것이다.
유사하게 ADT가 "by copy" 방법을 사용하여 요소를 반환할 때 실질적으로 그 요소의 복사본에 대한 참조를 반환한다. 예를 들어 리스트 getNextElement 명령을 위한 다음 코드를 생각해 보자.

```
public Object getNextElement ()
// Returns a copy of the next element on this list
{
  Object next = list[currentPos];
  if (currentPos == (numElements-1))
   currentPos = 0;
  else
   currentPos++;
  return next.clone();
}
```

이 방식은 강력한 정보은닉(information hiding)을 제공한다. 효과적으로 ADT는 클라이언트 자료의 복사본을 위한 분리된 저장소를 제공한다.

**"By Reference"**

이 접근 방법에서 ADT는 클라이언트 프로그램에 의해 전달된 실제의 요소에 대한 참조(reference)를 조작한다. 예를 들어 다음과 같은 add 명령을 위한 코드를 생각해 보자.

```
public void add (Object element)
// Adds an element to this list
{
  list[numElements] = element;
  numElements++;
}
```

클라이언트 프로그램이 요소에 대한 참조를 유지하므로 수집 ADT의 내용을 클라이언트 프로그램에게 알려야 한다. ADT는 자료가 어떻게 조작화되어 있는지(예를 들어 객체 배열의 사용등의 방법)를 은닉하고는 있으나 클라이언트 프로그램 자신의 참조를 통해 수집된 개개의 요소들을 직접 접근할 수 있다. ADT는 원래의 클라이언트 자료에 대한 구성을 제공한다.

"By Reference" 메소드는 가장 일반적으로 사용되는 접근 방법이다. 이 방법은 "By Copy" 방법보다 더 적은 시간과 더 작은 공간을 사용하는 장점이 있다. 객체가 크다면 객체를 복사하는 일이 시간이 많이 소요되고 또한 객체를 추가적으로 복사하여 저장하기 위한 별도의 메모리가 요구된다. 따라서 "By Reference" 접근 방법이 보다 더 매력적인 방법이다.

"By Reference" 접근 방법을 사용할 때, 요소들에 대한 별칭(alias)을 생성하여 별칭에 연관지어 문제를 처리해야 한다. "By Reference" 접근 방법에서 자료 요소들이 바뀌지 않는다면 별 문제는 없지만 요소들이 변경될 수 있으면 문제가 발생될 수 있다.

요소가 별칭을 통해 접근되고 변경된다면 다른 별칭을 이용하여 접근할 때 그 요소의 상태를 이상하게 만들 수 있다. 클라이언트 프로그램이 ADT가 그 요소의 기본 구조를 결정하기 위해 사용하는 속성을 변경할 수 있다면 이러한 상황은 매우 심각하다. 예를 들어 클라이언트가 정렬 리스트에서 객체의 위치를 결정하는 속성을 변경하면 객체는 더 이상 적절한 위치에 놓여있지 않게 된다. 이러한 변경이 정렬 리스트 클래스의 메소드를 통해 이루어지지 않기 때문에 이 문제를 해결하는 방법을 알지 못한다. 이 상황에서 get 명령을 실행하면 분명 원하는 결과가 나오질 않을 것이다.

## 예제

그림 6.6의 다이아그램은 두 접근 방법의 세부적인 실행 과정을 설명한다. 사람 이름(변수명: name)과 몸무게(변수명: weight)를 포함하는 객체가 있다고 가정하고, 또한 정렬 리스트에 있는 요소들이 변수 weight에 의해 정렬되어 있다고 가정하자. 세 객체를 리스트에 추가하고 객체의 weight를 변경하는 diet 메소드를 이용하여 이들 객체들중 하나를 변경한다. 왼쪽 그림은 참조를 객체의 복사본으로 저장하는 접근 방법("By Copy")을 설명하고 있고, 오른쪽 그림은 참조를 원 객체에 저장하는 접근 방법("By Reference")을 설명하고 있다.

<그림 6.6> "By Copy"에 의한 저장과정과 "By Reference"에 의한 저장 과정

중간에 있는 그림은 두 방법의 차이점을 보여주고 있다. "By Copy" 접근방법은 복사본을 생성하고 리스트 요소들이 이 복사본을 참조한다. 반면 "By Reference" 접근 방법에서는 이들 복사본을 요구하지 않고 그들 객체를 위한 별칭을 생성하여 그 객체를 참조한다. 이들 두 접근 방법에서 모든 요소는 weight에 의해 지속적으로 정렬된다.

이러한 상황은 객체들 중 하나가 갱신될 때 보다 더 중요한 의미가 있다. S1 객체로 표현된 사람의 weight가 줄어들면, diet 메소드는 객체의 weight를 감소시키기 위해 호출된다. 이 시나리오에 따라 두 기법이 어떻게 수행되는지를 살펴보자. 먼저 "By Copy" 방법에서는 먼저 S1 객체가 갱신되어져, 리스트에 유지된 S1 객체의 원 자료는 갱신 이전의 자료가 된다. "By Copy" 방법을 이용할 경우, 프로그래머들은 add 명령을 수행하는 시기에 존재하는 객체의 값으로 리스트에 존재하는 객체가 저장된다는 것과 이들 객체에 대한 변경은 리스트에 저장된 객체에 반영되지 않는다는 것을 기억해야 한다.

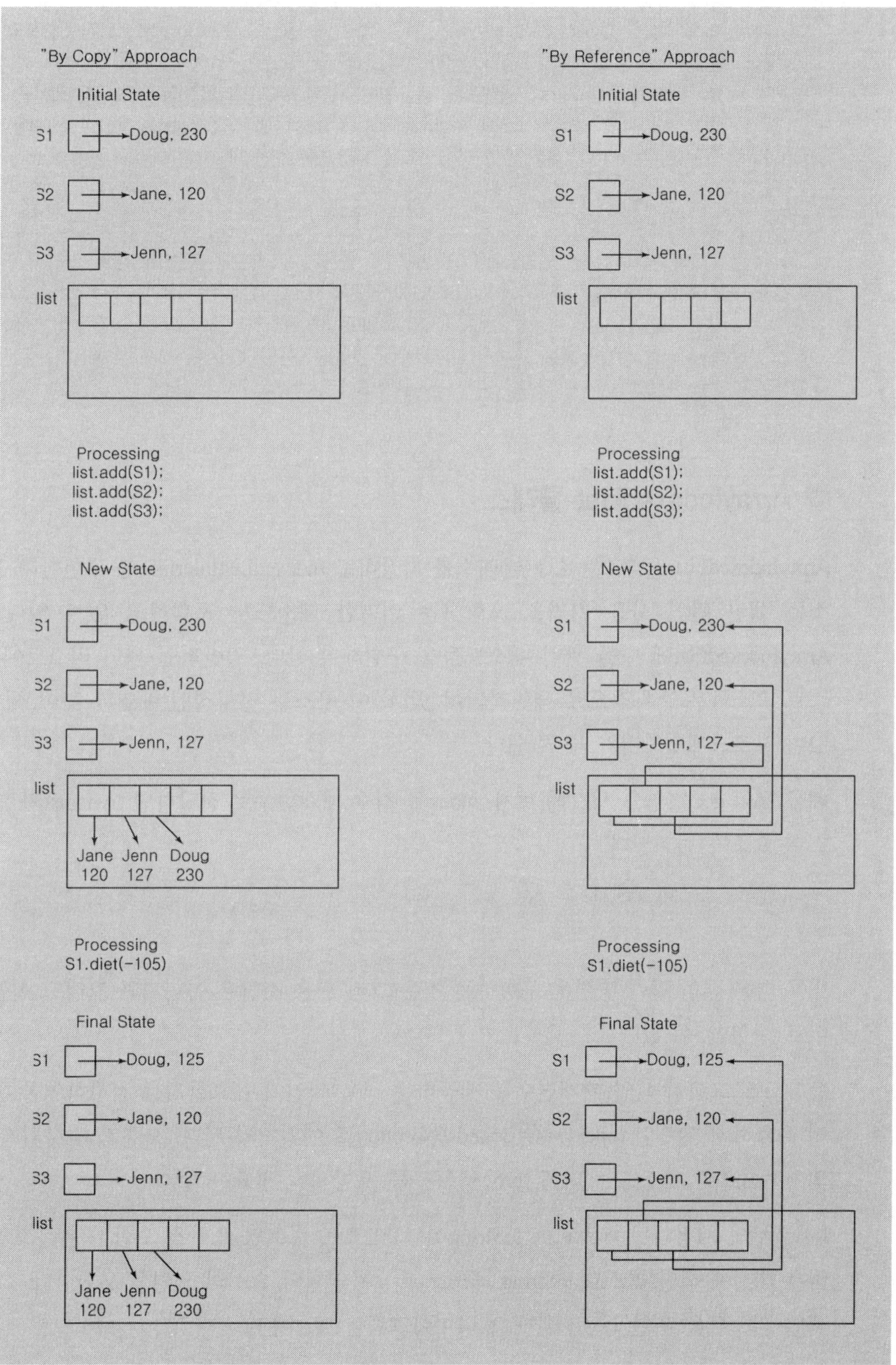
"By Copy" Approach
Initial State
S1
Doug, 230
S2
Jane, 120
S3
Jenn, 127
list
Processing
list.add(S1);
list.add(S2);
list.add(S3);
New State
S1
Doug, 230
S2
Jane, 120
S3
Jenn, 127
list
Jane
120
Jenn
127
Doug
230
Processing
S1.diet(-105)
Final State
S1
Doug, 125
S2
Jane, 120
S3
Jenn, 127
list
Jane
120
Jenn
127
Doug
230
"By Reference" Approach
Initial State
S1
Doug, 230
S2
Jane, 120
S3
Jenn, 127
list
Processing
list.add(S1);
list.add(S2);
list.add(S3);
New State
S1
Doug, 230
S2
Jane, 120
S3
Jenn, 127
list
Processing
S1.diet(-105)
Final State
S1
Doug, 125
S2
Jane, 120
S3
Jenn, 127
list

"By Reference" 접근 방법에서 리스트에 의해 참조된 객체는 최신(up-to-date) weight 정보를 포함한다. 그 이유는 S1 변수에 의해 참조된 객체가 동일하기 때문이다. 그러나 리스트는 더 이상 weight 속성에 의해 정렬되지 않는다. weight에 대한 갱신이 list의 전반적인 갱신 없이 수행되므로 리스트에 저장된 요소들은 갱신 전의 순서를 그대로 유지한다. 따라서 순서화된 리스트의 특성이 문제되므로 S1 객체를 직접 수정하는 대신 프로그램은 리스트로부터 그 객체를 제거한 후 그 객체를 갱신하여 리스트에 그 객체를 재삽입하여야 한다.

**요약**

"By Copy"와 "By Reference" 방법중에 어느 방법이 더 좋은가? 그 부분은 응용프로그램에 따라 다르다. 처리 시간과 공간이 우선 고려사항인 경우와 응용 프로그램이 공통의 자료를 갱신하는 경우 "By Reference" 기법이 좋을 것이다. 반면 시간과 공간의 효율적 사용이 요구되지 않고 리스트에 저장된 자료의 주의 깊은 접근 제어를 요구하는 경우 "By Copy" 방법이 좋을 것이다. 따라서 어느 방법을 사용할 것인지는 리스트를 사용하는 목적에 따라 결정된다.

## ArrayIndexedList 클래스

ArrayIndexedList 클래스는 List 클래스를 확장하고 IndexedListInterface를 구현한다. List 클래스는 색인 관련 사용 기법을 포함하는 어떠한 메소드도 포함하고 있지 않다. 따라서 ArrayIndexedList에 이들 관련 메소드들을 구현해야 한다. 일반적인 색인 리스트에 있는 리스트 요소들은 순차적으로 색인화되어 있다. 이 구조는 전형적인 배열과 같이 색인화되어 있어 프로그래밍하기가 매우 쉽다.

예를 들어 get 명령을 생각해 보자. index를 정수 매개변수로 전달하면 그 index와 연관된 리스트 요소가 반환된다.

```
return list[index];
```

비록 다른 색인 관련 명령을 구현하는 것은 그리 쉬운 것만은 아니지만 그래도 이들 명령을 바로 구현할 수 있다.

응용 프로그램이 색인 매개변수를 제공하는 경우 색인이 유효한지를 검사하여야 하고 색인이 유효하지 않으면 IndexOutOfBoundsException로 예외처리 된다. 오류가 검사되지 않는 예외처리이므로 메소드 헤더에 throws 문구를 포함시킬 필요는 없다.

List로부터 재정의될 메소드는 toString이다. 리스트 요소의 표현을 포함하는 문자열을 반환하는 대신에 색인 리스트 toString 메소드는 문자열내의 요소의 색인을 포함한다. 그림 6.7이 색인 리스트을 위한 UML 클래스 다이아그램을 보여준다.

```
//----------------------------------------------------------------------------
// ArrayIndexedList.java by Dale/Joyce/Weems Chapter 6
//
// Implements the IndexedListInterface using an array.
//----------------------------------------------------------------------------

package ch06.lists;

import java.lang.*;

public class ArrayIndexedList extends List implements IndexedListInterface
{

  public ArrayIndexedList()
  {
   super();
  }

  public ArrayIndexedList(int origCap)
  {
   super(origCap);
  }

  public void add(int index, Object element)
  // Throws IndexOutOfBoundsException if passed an index argument
  // such that index < 0 or index > size().
  // Otherwise, adds element to this list at position index; all current
  // elements at that index or higher have 1 added to their index.
  {
   if ((index < 0) || (index > size()))
     throw new IndexOutOfBoundsException("illegal index of " + index +
                            " passed to ArrayIndexedList add method.\n");

   if (numElements == list.length)
         enlarge();

   for (int i = numElements; i > index; i--)
        list[i] = list[i - 1];
        list[index] = element;
        numElements++;
  }

  public Object set(int index, Object element)
```

```
// Throws IndexOutOfBoundsException if passed an index argument
// such that index < 0 or index >= size().
// Otherwise, replaces element on this list at position index and
// returns the replaced element.
{
 if ((index < 0) || (index >= size()))
   throw new IndexOutOfBoundsException("illegal index of " + index +
                          " passed to ArrayIndexedList set method.\n");

 Object hold = list[index];
 list[index] = element;
 return hold;
}

public Object get(int index)
// Throws IndexOutOfBoundsException if passed an index argument
// such that index < 0 or index >= size().
// Otherwise, returns the element on this list at position index.
{
 if ((index < 0) || (index >= size()))
      throw new IndexOutOfBoundsException("illegal index of " + index +
                          " passed to ArrayIndexedList set method.\n");

 return list[index];
}

public int indexOf(Object element)
// If this list contains an element e such that e.equals(element),
// then returns the index of the first such element.
// Otherwise, returns -1.
{
 find(element);
 if (found)
   return location;
 else
 return -1;
}

public Object remove(int index)
// Throws IndexOutOfBoundsException if passed an index argument
// such that index < 0 or index >= size().
// Otherwise, removes element on this list at position index and
// returns the removed element; all current elements at positions
```

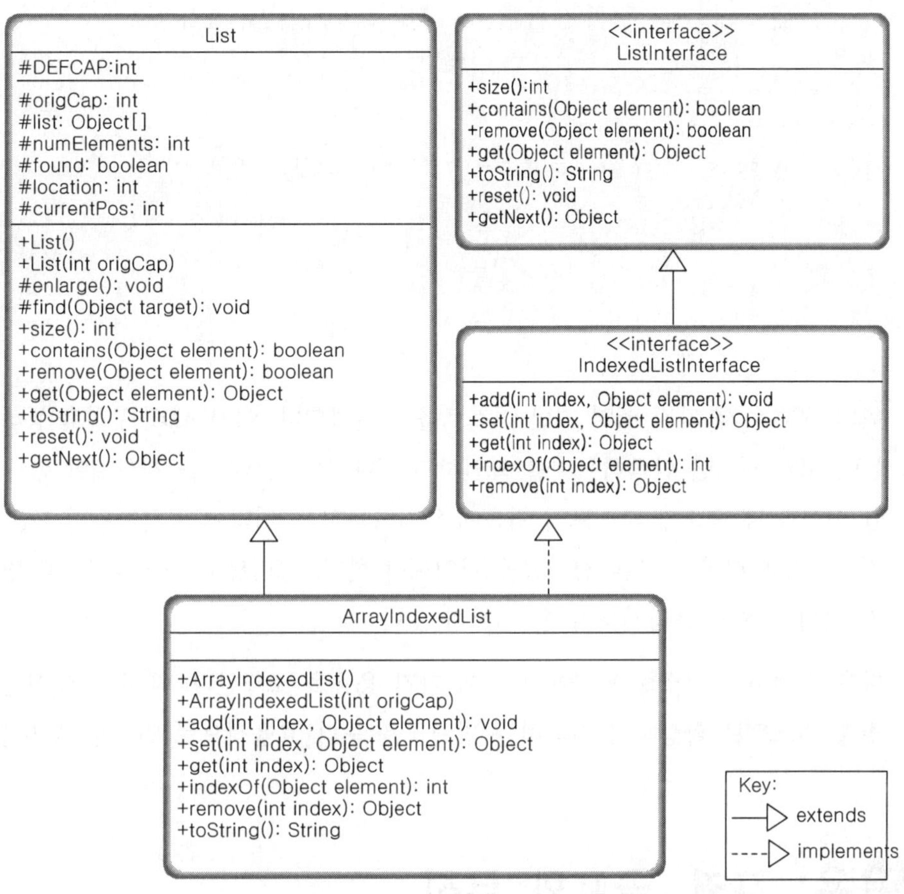


[그림 6.7] 배열 기반 색인 리스트 클래스와 인터페이스

```
// higher than that index have 1 subtracted from their index.
{
 if ((index < 0) || (index >= size()))
      throw new IndexOutOfBoundsException("illegal index of " + index +
                         " passed to ArrayIndexedList remove method.\n");

 Object hold = list[index];
 for (int i = index; i < numElements; i++)
   list[index] = list[index + 1];

 list[numElements] = null;
 numElements--;
 return hold;
}

public String toString()
```

```
  // Returns a nicely formatted string that represents this list.
  {
   String listString = "List:\n";
   for (int i = 0; i < numElements; i++)
     listString = listString + "[" + i + "] " + list[i] + "\n";
   return listString;
  }
}
```

위의 예제는 세 가지 배열 기반 리스트를 구현하였다. 이전 ADT 구현을 통해 이들 클래스들이 ADT 사양을 만족하는지를 확인하기 위해 모든 클래스를 시험해야 한다. 특히 리스트를 시험할 때 요소가 리스트의 처음에 위치하는지, 마지막에 위치하는지 혹은 다른 곳에 위치하는지에 따라 다르게 검사됨을 기억해야 한다. 그러므로 시험되어야할 명령에 따라 여러 시험 경우를 포함시켜야 할 필요가 있다.

다음 절에서는 리스트를 사용하는 세 가지 응용을 소개한다. 제 6.6절에서는 이들 응용을 정렬 리스트로 확장하여 사용하는 명령들을 보다 효율적으로 만드는 방법을 소개한다.

# 6.5. 응용: 포커, 골프와 뮤직

이번 절에서는 주어진 문제를 해결하기 위해 리스트가 어떻게 사용되는지를 세 예제를 통해 살펴보고자 한다.

## 포커 (Poker)

이 예제는 형식 분석 검증을 지원하기 위해 프로그램 시뮬레이션을 어떻게 사용할 수 있는지를 보여준다.

세븐 카드 스터드(seven-card stud)는 대중적인 포커 게임이다. 각 게이머는 52개의 카드를 나누는 사람으로부터 7개의 카드를 받는다. 7개의 카드 중에 본인이 생각할 때 가장 좋은 5개의 카드를 선택한다. 이들 5개의 카드로부터 만들어지는 가장 좋은 hand를 가진 사람이 승리자이다. 이들 카드는 두 qualities인 Suit(spades, hearts, clubs, diamonds)와 rank(2에서 ace

까지)를 갖는다. 5개의 카드로부터 만들어질 수 있는 Hands들은 다음과 같고 가장 좋은 것부터 나열하면 다음과 같다.

| Hand 이름 | 설명 |
|---|---|
| Royal Flush | 5개 카드 모두 같은 Suit이고 spades, hearts, clubs, diamonds, aces인 경우 |
| Straight Flush | 5개의 카드가 모두 같은 Suit이고 Rank들이 순차적인 경우 |
| Four of a Kind | 네 개의 카드가 같은 Rank 인 경우 |
| Full House | 3개의 카드가 같은 Rank이고 나머지 2개의 또 다른 같은 Rank인 경우 |
| Flush | 모든 카드가 같은 Suit인 경우 |
| Straight | 모든 카드가 순차적인 Rank를 갖는 경우(예: 4-5-6-7-8) |
| Three of a Kind | 세 개의 카드가 같은 Rank인 경우 |
| Two Pair | 두 개씩 같은 Rank를 갖는 경우 |
| One Pair | 두 개의 카드가 같은 Rank인 경우 |
| High Card | 다섯 개의 카드가 모두 다른 경우 그 중에 가장 높은 Rank를 갖는 경우 |

위의 카드 게임의 이해를 돕기 위해 임의의 7개의 카드를 처리할 때 같은 Rank를 갖는 적어도 두 개의 카드를 가질 확률을 알아보자. straight와 flush에는 관심이 없어도 같은 Rank의 카드를 얻는 데에는 관심이 있다.

이 문제를 해결하기 위한 두 가지 방법이 있다. 첫 번째 방법은 수학적으로 이러한 상태를 분석하는 것이고, 두 번째 방식은 이 상태를 모의 실험하는 프로그램을 만드는 것이다. 이들 두 방법을 비교해서 그 결과를 검증해 보자.

### 수학적 분석

분석은 문제를 다르게 생각해 보면 단순화될 수 있다. 7개의 카드들 중 같은 Rank를 적어도 두 개이상 가질 확률은 1에서 같은 Rank를 두 개 갖지 않을 확률을 뺀 것과 같다. 한번에 한 카드를 처리한다고 해 보자. 먼저 첫 번째 카드를 처리할 때, 같은 Rank를 갖은 두 개의 카드가 존재하지 않을 확률은 얼마인가? 단지 하나의 카드만을 가지고 있으므로 일치되는 카드는 분명 없을 것이다. 이 사실을 전형적인 수학적 공식으로 "일어날 사건의 수 / 가능한 사건의 총수"와 같이 나타낼 수 있으며 계산 결과는 다음과 같다.

$$\frac{52}{52}=1$$

52개의 카드가 존재하고 첫 번째로 가질 수 있는 가능한 카드가 이들 중 하나이므로 동일한 카드를 가질 확률은 1 - 52/52 = 0이다. 다시 말해 단지 하나의 카드를 가지고 있는 경우 서로 동일한 Rank의 쌍이 존재하지 않는다. 왜 이렇게 명확한 사실에 대한 수학적 복잡도가 필요한가? 그 이유는 이러한 분석이 앞으로 이러질 분석에 기초가 되기 때문이다.

이제 두 번째 카드를 고려해 보자. 첫 번째 카드가 2에서 ace까지의 Rank를 가지므로 아직 선택되지 않는 51개의 카드들 중 48개가 첫 번째 카드와 같은 Rank를 갖지 않는다. 따라서 연속적으로 선택된 두 카드가 같은 Rank를 갖지 않을 확률은

$$\frac{52}{52}\times\frac{48}{51}\approx 0.941$$

이다.

그러므로 두 카드가 같은 Rank를 가질 확률은 1 - 0.941 = 0.059이다.

이러한 논의를 확장하여 세 번째 카드에 대해 고려해 볼 때 연속적으로 선택된 세 개의 카드들 중 두 개의 카드가 같은 Rank를 갖지 않을 확률은

$$\frac{52}{52}\times\frac{48}{51}\times\frac{44}{50}\approx 0.828$$

이다. 그러므로 세 개 카드들 중 두 개의 카드가 같은 Rank를 가질 확률은 1 - 0.828 = 0.172 이다.

이러한 논의를 7개의 카드까지 확장할 때 연속적으로 선택된 일곱 개의 카드들 중 두 개의 카드가 같은 Rank를 갖지 않을 확률은

$$\frac{52}{52}\times\frac{48}{51}\times\frac{44}{50}\times\frac{40}{49}\times\frac{36}{48}\times\frac{32}{47}\times\frac{28}{46}\approx 0.210$$

이다. 그러므로 일곱 개 카드들 중 두 개의 카드가 같은 Rank를 가질 확률은 1 - 0.210 = 0.790이다.

### 모의시험 분석

모의 실험을 통해 같은 문제를 분석해 보자. 이 방법은 이론적 결과를 다시 한번 검증할 수 있게 해 줄 뿐만아니라 카드를 썩는 과정을 모의실험하기 위해 사용된 랜덤번호 생성기와 모의 실험 프로그램을 검증한다.

일백만개의 seven-card 포커 Hands를 다루고 이들 중에 두 개의 동일카드가 적어도 한쌍이상 얼마나 존재하는지를 추적하는 프로그램을 생성한다.

제 5장 War 응용 게임을 위해 개발된 RankCardDeck 클래스를 사용한다. 이 클래스는 52개의 카드들중에 다음에 나올 카드의 Rank를 반환하는 nextCard 메소드가 RankCardDeck 클래스에 포함되어 있음을 상기하기 바란다. 또한 이 클래스는 선택될 카드들을 재순서화하는 shuffle 메소드를 제공하고 있다.

이번 절에서 소개하는 방식은 새로운 Hand를 뽑기 위해 주어진 카드를 다시 썩어 이들 카드를 hand라고 불리는 무정렬 리스트에 배치시킨다. 새로운 카드에 대해 같은 Rank를 갖는 카드가 벌써 hand에 존재하는지를 검사한다. 리스트에 저장된 카드는 정수로 표현되어 int 변수로 선언된다. 이들 카드가 리스트에 추가되면 자동적으로 Integer 객체로 표현된다.

```
//----------------------------------------------------------------------
// PokerApp.java by Dale/Joyce/Weems Chapter 6
//
// Simulates dealing poker hands to calculate the probability of
// getting at least one pair of matching cards.
//----------------------------------------------------------------------
import ch06.lists.*;
import support.*;          // RankCardDeck
  public class PokerApp
  {
   public static void main(String[] args)
   {
       final int HANDSIZE = 7; // number of cards per hand
       final int NUMHANDS = 1000000; // total number of hands
       int numPairs = 0; // number of hands with pairs
       boolean isPair; // status of current hand
       float probability; // calculated probability
       UnsortedListInterface hand;
       RankCardDeck deck = new RankCardDeck();
       int card;
       for (int i = 0; i < NUMHANDS i++)
```

```
        {
          deck.shuffle();
          hand = new ArrayUnsortedList(HANDSIZE);
          isPair = false;
          for (int j = 0; j < HANDSIZE; j++)
          {
           card = deck.nextCard();
           if (hand.contains(card))
             isPair = true;
           hand.add(card);
          }
           if (isPair)
            numPairs = numPairs + 1;
        }
        probability = numPairs/(float)NUMHANDS;
        System.out.println();
        System.out.print("There were " + numPairs + " hands out of " + NUMHANDS);
        System.out.println(" that had at least one pair of matched cards.");
        System.out.print("The probability of getting at least one pair,");
        System.out.print(" based on this simulation, is ");
        System.out.println(probability);
  }
}
```

전에 여러 번 언급한 바와 같이, ArrayUnsortedList 클래스와 RankCardDeck 클래스와 같은 미리 정의된 클래스는 프로그램을 보다 더 쉽게 할 수 있게 한다. 위 프로그램의 결과는 다음과 같다.

```
There were 790291 hands out of 1000000 that had at least one pair of matched cards.The
probability of getting at least one pair, based on this simulation, is 0.790291
```

이 결과는 거의 이론적 결과와 근접한다.

## 골프

이 응용 프로그램은 골프 문제를 해결하기 위해 Comparable 인터페이스를 구현하는 클래스를 어떻게 생성하는지와 정렬 리스트 클래스를 가지고 이들 클래스를 어떻게 사용하는지를 논증한다.

골프는 매우 흥미있는 스포츠로 남녀노소 모두 즐긴다. 골프를 치는 마지막날 결과를 비교하기를 원할 것이고 그들의 점수에 따라 등수를 매길 것이다. 이 응용 프로그램은 골퍼의 이름과 점수를 받아 최고 좋은 점수부터 낮은 점수로 정렬한 리스트를 생성한다.

정렬 리스트 클래스는 단지 Comparable 객체를 받을 수 있음을 기억하라. 그러므로 먼저 Comparable 인터페이스를 구현하는 Golfer 클래스를 생성한다. 골퍼는 두 가지 속성, 즉 이름과 점수를 가진다. 리스트에 있는 골퍼들을 정렬하기 위해 골퍼의 점수 속성을 이용한다.

Golfer 클래스는 간단하게 구현할 수 있다. compareTo 메소드는 Comparable 인터페이스의 요구사항을 수행하기 위해 Object 클래스 매개변수를 받아야 한다. 이 메소드 내에서 매개변수는 Golfer로 형변환이 이루어져 비교가 행해진다.

```
//----------------------------------------------------------------------
// Golfer.java by Dale/Joyce/Weems Chapter 6
//
// Supports golfer objects having a name and a score.
// Allows golfers to be compared based on their scores.
//----------------------------------------------------------------------

package support;

public class Golfer implements Comparable
{
  protected String name;
  protected int score;

  public Golfer(String name, int score)
  {
   this.name = name;
   this.score = score;
  }

  public String getName()
  {
   return name;
  }

  public int getScore()
  {
   return score;
  }

  public int compareTo(Object other)
```

```
 {
  if (this.score < ((Golfer)other).score)
    return -1;
  else
    if (this.score == ((Golfer)other).score)
        return 0;
  else
    return +1;
 }

 public String toString()
 {
  return (score + ": " + name);
 }
 }
```

응용 프로그램 또한 간단하게 구현될 수 있다. 정렬 리스트의 사용을 논증하는데 관심이 있으므로 입력 정보의 유효성을 포함하지 않는다. 연습 문제 41번에서 이러한 문제점을 조정하는 방법을 다룰 예정이다. 응용 프로그램은 사용자에게 골퍼 이름과 점수를 입력하게 하고 골퍼의 정렬리스트를 출력한다. 사용자가 골퍼이름으로 공란을 입력할 때 입력은 종료된다. 지금까지 설명한 프로그램은 다음과 같다.

```
//----------------------------------------------------------------------
// GolfApp.java by Dale/Joyce/Weems Chapter 6
//
// Allows user to enter golfer name and score information.
// Displays information ordered by score.
//----------------------------------------------------------------------
import java.util.Scanner;
import ch06.lists.*;
import support.*;                      // Golfer

public class GolfApp
{
  public static void main(String[] args)
  {
   Scanner conIn = new Scanner(System.in);

   String name;             // golfer's name
   int score;                         // golfer's score
```

```
    SortedListInterface golfers = new ArraySortedList(20);
    Golfer golfer;
    String skip;   // Used to skip rest of input line after reading integer

    System.out.print("Golfer name (press Enter to end): ");
    name = conIn.nextLine();
    while (!name.equals(""))
    {
      System.out.print("Score: ");
      score = conIn.nextInt();
      skip = conIn.nextLine();

      golfer = new Golfer(name, score);
      golfers.add(golfer);

      System.out.print("Golfer name (press Enter to end): ");
      name = conIn.nextLine();
    }
    System.out.println();
    System.out.println("The final results are");
    System.out.println(golfers);
  }
}
```

```
The sample run is
Golfer name (press Enter to end): Annika
Score: 72
Golfer name (press Enter to end): Tiger
Score: 74
Golfer name (press Enter to end): Grace
Score: 75
Golfer name (press Enter to end): Arnold
Score: 68
Golfer name (press Enter to end): Vijay
Score: 72
Golfer name (press Enter to end): Cristie
Score: 70
Golfer name (press Enter to end):
The final results are
List:
        68: Arnold
        70: Cristie
        72: Vijay
```

```
72: Annika
74: Tiger
75: Grace
```

## 음반관리

색인 리스트를 사용하는 응용 프로그램을 소개한다. 응용 프로그램은 색인 리스트를 가지고 사용자들에게 음반들을 조직화하는 방법을 제공한다. 노래가 음반(카세트, CD, MP3 등)으로 출시되면 공통적으로 필요한 작업은 음반의 색인 집을 생성하여 음반 집의 총 길이를 계산하는 것이다. 사용자에게 음반 제목과 음반의 길이를 입력하게 한다. 사용자들은 음반 정보를 기록한 리스트에 현재 입력한 음반 정보를 어디에 색인화할지를 나타내야 하고, 또한 각 음반의 길이를 입력하여 리스트에 저장된 음반들의 총 연주 시간을 알고 있어야 한다.

이 예제는 이전에 소개한 골프 응용과 매우 유사하다. 먼저 Song이라는 지원 클래스를 생성한다. Song 클래스 객체는 이름과 연주시간에 의해 특정 음반을 표현한다. 그러나 Golfer 클래스와는 달리 Song 클래스는 색인 리스트가 Comparable일 필요가 없기 때문에 compareTo 메소드를 지원하지 않는다. Song 클래스내부에서 java.text 라이브러리 패키지로부터 음반 연주 시간을 초로 변화하는 toString 메소드를 위해 DecimalFormat 객체를 사용한다. 예를 들어 5초는 "5"가 아닌 "05"로 표현한다. 다음 프로그램이 지금까지 설명한 음악 관련 기능을 구현한 예이다.

```
//----------------------------------------------------------------------
// Song.java by Dale/Joyce/Weems Chapter 6
//
// Supports song objects having a name and a duration.
//----------------------------------------------------------------------

package support;

import java.text.*;

public class Song
{
  protected String name;
  protected int duration; // in seconds

  DecimalFormat fmt = new DecimalFormat("00"); // to format seconds

  public Song(String name, int seconds)
```

```
  {
   this.name = name;
   duration = seconds;
  }

  public Song(String name, int minutes, int seconds)
  {
   this.name = name;
   duration = (60 * minutes) + seconds;
  }

  public String getName()
  {
   return name;
  }

  public int getDuration()
  {
   return duration;
  }

  public String toString()
  {
   return (name + " " + (duration / 60) + ":"
          + fmt.format(duration % 60));
  }
}
```

골퍼 응용에서와 같이 음악 프로그램은 반복적으로 사용자에게 음반 정보(이름과 연주 시간)를 요청하여 이들 정보를 색인 리스트에 유지 관리한다. 또한 요구가 있을 때 사용자에게 정보를 제공한다.

```
//----------------------------------------------------------------------
// SongsApp.java by Dale/Joyce/Weems Chapter 6
//
// Allows user to enter a collection of songs.
// Keeps track of order and total time.
//----------------------------------------------------------------------

import java.util.Scanner;
import java.text.*;
import ch06.lists.*;
```

```
import support.*; // Song
public class SongsApp
{

  public static void main(String[] args)
  {
   Scanner conIn = new Scanner(System.in);

   String name;              // song name
   int minutes;              // song duration
   int seconds;              // song duration
   int number;                         // song number
   int numSongs = 0;                   // number of songs entered
   int totTime = 0;                    // total duration of songs entered so far

   DecimalFormat fmt = new DecimalFormat("00"); // to format seconds

   ArrayIndexedList songList = new ArrayIndexedList(20);
   Song song;

   String skip; // Used to skip rest of input line after reading integer

   System.out.print("Song name (press Enter to end): ");
   name = conIn.nextLine();
   while (!name.equals(""))
   {
     System.out.print("Minutes: ");
     minutes = conIn.nextInt();
     skip = conIn.nextLine();
     System.out.print("Seconds: ");
     seconds = conIn.nextInt();
     skip = conIn.nextLine();
     totTime = totTime + (minutes * 60) + seconds;

     song = new Song(name, minutes, seconds);

     System.out.print("Song number between 0 and " + songList.size() + ": ");
     number = conIn.nextInt();
     skip = conIn.nextLine();
     songList.add(number, song);
     System.out.println();
     System.out.println(songList);
     System.out.println("Total Time: " + (totTime / 60) +":"
```

```
                              + fmt.format(totTime % 60));

     System.out.println();
     System.out.print("Song name (press Enter to end): ");
     name = conIn.nextLine();
   }
   System.out.println();
   System.out.println("The final result is \n");
   System.out.println(songList);
   System.out.println("Total Time: " + (totTime / 60) +":"
   + fmt.format(totTime % 60));
   System.out.println();
  }
}
```

프로그램 실행 예제는 다음과 같다.

```
Song name (press Enter to end): Cheeseburger in Paradise
Minutes: 2
Seconds: 51
Song number between 0 and 0: 0
List:
[0] Cheeseburger in Paradise 2:51
Total Time: 2:51
Song name (press Enter to end): Growing older but not up
Minutes: 3
Seconds: 7
Song number between 0 and 1: 0
List:
[0] Growing older but not up 3:07
[1] Cheeseburger in Paradise 2:51
Total Time: 5:58
Song name (press Enter to end): Captain America
Minutes: 3
Seconds: 17
Song number between 0 and 2: 1
List:
[0] Growing older but not up 3:07
[1] Captain America 3:17
[2] Cheeseburger in Paradise 2:51
Total Time: 9:15
Song name (press Enter to end):
```

```
The final result is
List:
[0] Growing older but not up 3:23
[1] Captain America 3:17
[2] Cheeseburger in Paradise 2:51
Total Time: 9:15
```

# 6.6 이진 탐색 알고리즘

제 6.4절에서 정렬 리스트 ADT의 배열 기반 구현인 ArraySortedList를 개발했다. ArraySortedList 클래스는 public 메소드인 contains, remove와 get를 List 클래스로부터 상속받는다. 이들 세 메소드는 모두 List 클래스내에 정의된 protected 메소드인 find를 사용한다. find 메소드는 정합 객체(matching object)를 찾기 위해 순차적으로 리스트를 검색한다. find 메소드는 인스턴스 변수인 found와 location을 탐색 결과를 나타내기 위해 지정한다. 이들 변수는 위의 세 가지 호출 메소드에 의해 모두 사용된다.

배열 기반 정렬 리스트인 경우 이진 검색 알고리즘(binary search alogrithm)을 통해 리스트 검색을 보다 효율적으로 수행할 수 있다. 제 1장에서 소개한 전화번호부에 수록된 번호를 찾는 예제를 통해 이진 탐색 알고리즘을 개략적으로 설명한다. 이 알고리즘을 보다 주의 깊게 관찰한 후 그 결과를 정렬 리스트에서 보다 효율적인 find 메소드를 처리하기 위해 적용해 보자. 이것을 행하기 전에 정렬되어 있는 리스트에 대한 선형 검색 기법의 간단한 개선점을 찾아보자.

## 정렬리스트에서 선형 검색의 개선

정렬되어 있지 않는 리스트를 이용하여 원하는 요소를 검색하기 위한 일반적인 방법은 리스트 처음에서 출발하여 순차적으로 원하는 요소와 저장된 요소를 비교한다. 이 선형 검색 알고리즘은 List 클래스의 find 메소드를 사용한다.

그러나 리스트가 정렬되어 있으면 선형 검색 알고리즘을 개선할 수 있는 방법이 분명히 존재한다. 원하는 요소보다 더 큰 요소를 만나면 검색을 즉시 멈춘다. 그 시점에서 원하는 요소가 리스트에 없음을 알 수 있다. 새로운 요소를 추가하기 위해 배열내의 위치를 찾기 위한 ArraySortedList 클래스의 add 메소드에서 이 방법을 사용한다.

다음과 같은 정렬 리스트를 고려하자.

numElements: 6

| | [0] | [1] | [2] | [3] | [4] | [5] | |
|---|---|---|---|---|---|---|---|
| list: | "ARG" | "BRA" | "PAR" | "PER" | "URU" | "VEN" | |

"BOL"를 검색하고자 한다면 먼저 "ARG"와 비교하고 다음으로 "BRA"와 비교한다. "BRA"와 비교를 통해 "BRA"가 "BOL"보다 크기 때문에 이 시점에서 검색을 멈추고 found를 false로 지정한다. 이 전략은 리스트를 전체적으로 검색하지 않기 때문에 일반적인 선형 검색 알고리즘보다 좀 더 개선되었다. 그러나 다음과 같은 최소한의 이점을 제공할 뿐이다.

원하는 요소가 리스트에 있으면 이전 방법과 동일한 시간 복잡도를 갖는다.

- 원하는 요소가 리스트에 없고 이 사실을 리스트에 저장된 리스트를 거의 모두 검색했을 때 아는 경우, 예를 들어 위의 예제에서 "USA"를 검색하고자 하는 경우 아직도 리스트에 저장된 대부분의 요소들을 검색해야 한다.
- 원래의 선형검색 알고리즘과 개선된 선형검색 알고리즘 모두 O(N) 시간 복잡도를 갖는다. 여기서 N는 리스트에 저장된 요소들의 개수이다. 지금까지 설명한 개선된 알고리즘은 Big-O 효율성을 변화시키지 못한다. 따라서 좀 더 효율적인 검색을 하기 위한 이진 탐색 알고리즘을 소개한다.

## 이진 탐색 알고리즘

제 1장에서 소개한 전화번호부를 살펴보자. 전화번호부에서 이름을 가지고 가장 빨리 찾을 수 있는 방법을 생각해 보자. "David"라는 이름을 찾아보자. 전화번호부 가운데 부분을 폈을 때 M으로 시작하는 이름이 있다고 가정해 보자. M는 "David"의 "D"보다 크다. 그래서 "David"가 있으면 전화번호부 앞쪽("A"에서 "M"까지) 부분에 존재할 것이다.

이제 전화번호부 앞쪽 중간 부위를 편다. "G"로 시작하는 이름이 있다고 가정하자. "G"가 "D"보다 크므로 "David"가 있으면 "A"에서 "G"사이에 존재할 것이다. 이제 이 부분의 중간을 펴서 이름을 확인한다. 그 장에 "C"로 이작하는 이름이 존재한다고 가정하면 "C"에서 "G"까지 수록한 부분을 같은 방법으로 찾아야 할 것이다. 이러한 과정을 "David"를 찾을 때까지 수행한다. 그림 6.8이 이를 잘 설명하고 있다.

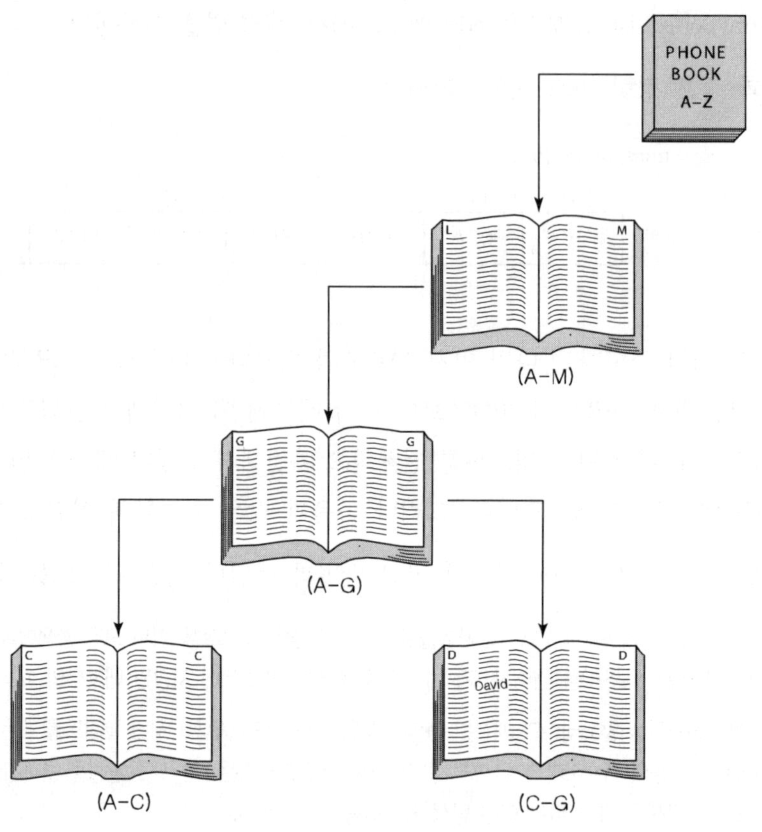


[그림 6.8] 전화번호부의 이진 탐색

위의 방법을 정렬 리스트에 적용하여 보자. 개선된 find 메소드는 아래와 같다.

```
protected void find(Object target)
// Searches list for an occurrence of an element e such that
// target.equals(e). If successful, sets instance variables
// found to true and location to the array index of e. If
// not successful, sets found to false.
{
  int first = 0;
  int last = numElements - 1;
  boolean moreToSearch = (first <= last);
  int compareResult;
  Comparable targetElement = (Comparable)target;
  found = false;
  while (moreToSearch && !found)
  {
   location = (first + last) / 2;
```

```
    compareResult = targetElement.compareTo3(list[location]);
    if (compareResult == 0)
      found = true;
    else if (compareResult < 0)
    // target element is less than element at location
    {
      last = location - 1;
      moreToSearch = (first <= last);
    }
    else // target element is greater than element at location
    {
      first = location + 1;
      moreToSearch = (first <= last);
    }
  }
}
```

먼저 while 루프의 반복처리 부분에서 첫 번째 위치와 마지막 위치를 저장하는 변수인 first와 last에 각각 첫 번째 리스트 요소와 마지막 리스트 요소를 다음과 같이 지정한다.

```
int first = list[0];
int last = list[numElements -1];
```

그리고 location을 first와 last의 중간값으로 다음과 같이 지정한다.

```
location = (first + last) / 2;
```

원하는 요소가 location 위치에서 찾아지지 않으면 현 검색 영역을 location에 의해 반으로 나눈다.

location에 존재하는 값이 원하는 요소와 같을 경우 결과를 나타내는 found를 true로 지정한다. 그러면 while 루프가 종료된다.

location에 존재하는 값이 원하는 요소 값보다 작으면

```
first = location + 1
```

로 지정하고, 크면

```
last = location + 1
```

로 지정한다.

while 루프는 새로 지정된 first와 last에 대해 first <= last의 조건을 만족하면 위의 과정과 같은 방법으로 계속 반복 처리된다. 따라서 first > last이면 결과(found)는 이전에 지정된바와 같이 false이다.

그림 6.9와 같이 저장된 정렬 리스트에서 이진 탐색 알고리즘으로 "bat"를 검색한다고 해 보자. while 루프의 첫 번째 반복에서 설정된 first, last와 location 값은 그림 6.9(a)와 같다. 이 시점에서 "bat"는 list[location]에 저장된 "dog"와 비교된다. "bat"가 "dog"보다 작기 때문에 last는 location -1이 되고 first는 그대로 유지된다. while 루프의 두 번째 반복의 처리과정은 그림 6.9(b)와 같다. 이 시점에서 "bat"는 list[location]에 저장된 "chiken"과 비교된다. "bat"가 "chiken"보다 작기 때문에 last는 location-1이 되고 first는 그대로 유지된다.

세 번째 반복(그림 6.9(c)) 과정에서 location과 first는 모두 0이다. "bat"가 location[0]에 저장된 "ant"와 비교된다. "bat"가 "ant"보다 크므로 first는 location+1이 되고 last는 그대로 유지된다. 네 번째 반복(그림 6.9(d)) 과정에서 first, last와 location은 모두 같다. "bat"가 location[1]에 저장된 "cat"와 비교된다. "bat"가 "cat"보다 작으므로 last는 location-1이 된다. last가 first보다 작으므로 이 처리과정은 멈춘다. found는 false로 지정된다.

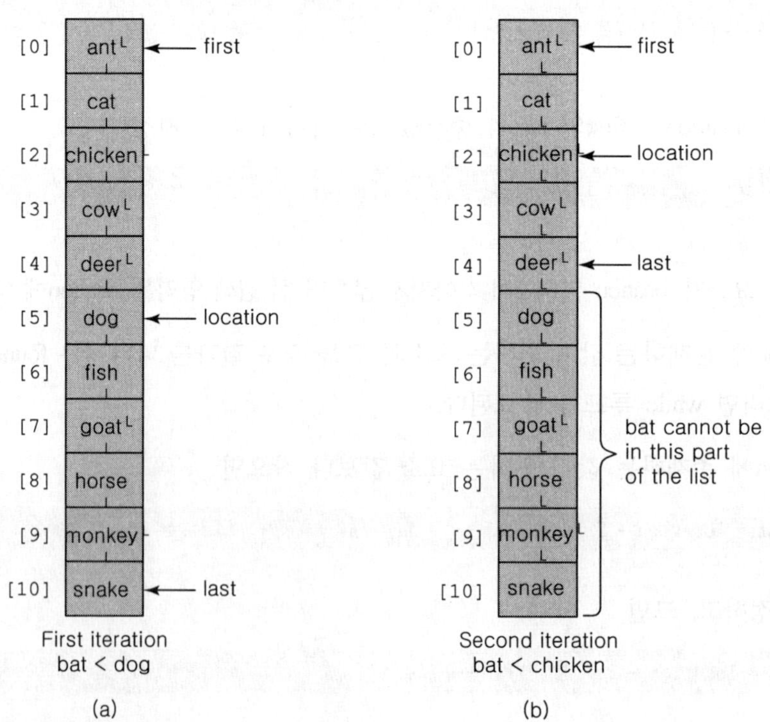

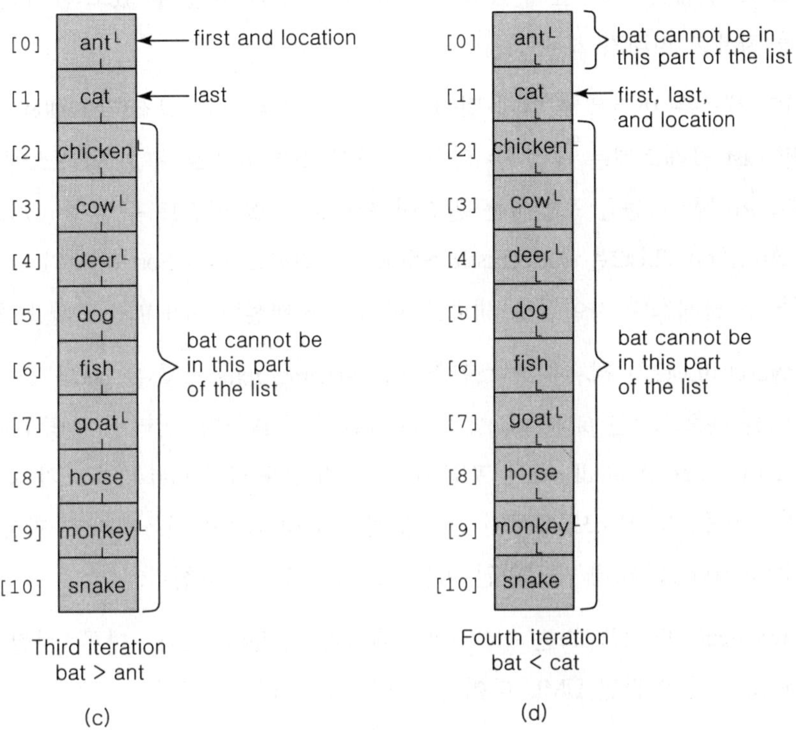


[그림 6.9] 이진 탐색 알고리즘 처리 과정

그림 6.9의 자료를 이용하여 "fish", "snake", "zebra"를 검색할 때 first, last, location과 list[location]의 결과가 표 6.1에 잘 나타나 있다.

| Iteration | first | last | location | list[location] | Terminating Condition |
|---|---|---|---|---|---|
| item: fish | | | | | |
| First | 0 | 10 | 5 | dog | |
| Second | 6 | 10 | 8 | horse | |
| Third | 6 | 7 | 6 | fish | found is true |
| item: snake | | | | | |
| First | 0 | 10 | 5 | dog | |
| Second | 6 | 10 | 8 | horse | |
| Third | 9 | 10 | 9 | monkey | |
| Fourth | 10 | 10 | 10 | snake | found is true |
| item: zebra | | | | | |
| First | 0 | 10 | 5 | dog | |
| Second | 6 | 10 | 8 | horse | |
| Third | 9 | 10 | 9 | monkey | |
| Fourth | 10 | 10 | 10 | snake | |
| Fifth | 11 | 10 | | | last < first |

[표 6.1] 이진 탐색 알고리즘 처리과정의 결과

표 6.1의 결과를 주의 깊게 검토해 보자. 같은 값을 얻을 수 있도록 이진 탐색 알고리즘 코드를 자세히 따라가 보라.

find의 새로운 버전을 어디에 집어넣어야 하나? 무정렬 리스트에 대해 작동되지 않으므로 분명 List 클래스에는 넣을 수 없다. 따라서 정렬 리스트 구현 클래스에 이 기능을 넣어야 한다. 이러한 기능을 포함하는 완전히 새로운 정렬 리스트 구현 ArraySortedList2를 생성한다. ArraySortedList2는 SortedListInterface를 구현하고 ArraySortedList와 같이 List를 확장한다. 이들 두 클래스의 차이점은 새로운 클래스가 개선된 find 메소드를 포함하는 것이다.

ArraySortedList2의 객체를 인스턴스하고 contains, remove 혹은 get과 같은 메소드를 호출하면 이들 메소드들은 protected 메소드인 find를 호출한다. 이러면 분명 List에 포함된 find 메소드 대신 ArraySortedList2에 포함된 보다 더 효율적인 find 메소드가 호출될 것이다. 상속 규칙은 이들 세 메소드 모두가 List 클래스에 정의되어 있을지라도 재정의(overriding)에 따라 ArraySortedList2에 재정의된 이들 세 메소드를 사용한다.

ArraySortedList2 클래스는 ch06.lists 패키지에 속해 있다. 다른 정렬 리스트 구성자들(constructs)과 연관된 UML 다이아그램은 그림 6.10과 같다.

## 재귀적 이진 검색 (Recursive Binary Search)

이진 탐색 알고리즘의 비정형 표현을 고려해 보자.

리스트를 검색하기 위해 리스트의 중간 요소를 검사한다. 중간 요소가 원하는 요소라면 검색은 종료된다. 중간 요소가 원하는 요소보다 작다면 중간요소의 오른쪽에 있는 리스트의 나머지 반에 대해 검색을 수행하고 크다면 중간요소의 왼쪽에 있는 리스트의 나머지 반에 대해 검색을 수행한다.

위와 같은 검색 알고리즘의 표현을 재귀적 형태로 기술할 수 있다. 리스트의 반을 검색하여 전체 리스트를 검색한다. 이러한 과정을 통해 최초의 리스트 보다 점점 더 작은 리스트를 검색한다. 즉 중간 위치에서 해답이 찾아지지 않으면 리스트의 나머지 반(보다 더 작은 문제)을 검색하기 위해 이진 검색(재귀 호출)을 수행한다. 재귀를 사용하는 find 메소드를 만들어 보자.

반복 버전에서 현 검색 영역의 경계를 유지하기 위해 두 개의 변수, first와 last를 사용하였다. 재귀 버전에서는 이들 두 값을 매개변수로 하여 재귀 메소드를 호출한다. 반복 버전에서

while 루프를 사용했다. 재귀 버전에서는 선택 구조체에 임베디드된 재귀 호출을 사용한다.

세 번째 배열 기반 정렬 리스트인 ArraySortedList3 클래스를 생성한다. 이 클래스에 있는 메소드들은 재귀 기법을 통해 구현된다. 이 클래스는 ch06.lists 패키지에 존재한다. ArraySortedList3 클래스는 ArraySortedList2와 정확히 똑같이 다른 리스트 클래스와 인터페이스에 적합하다.(그림 6.10 참조)

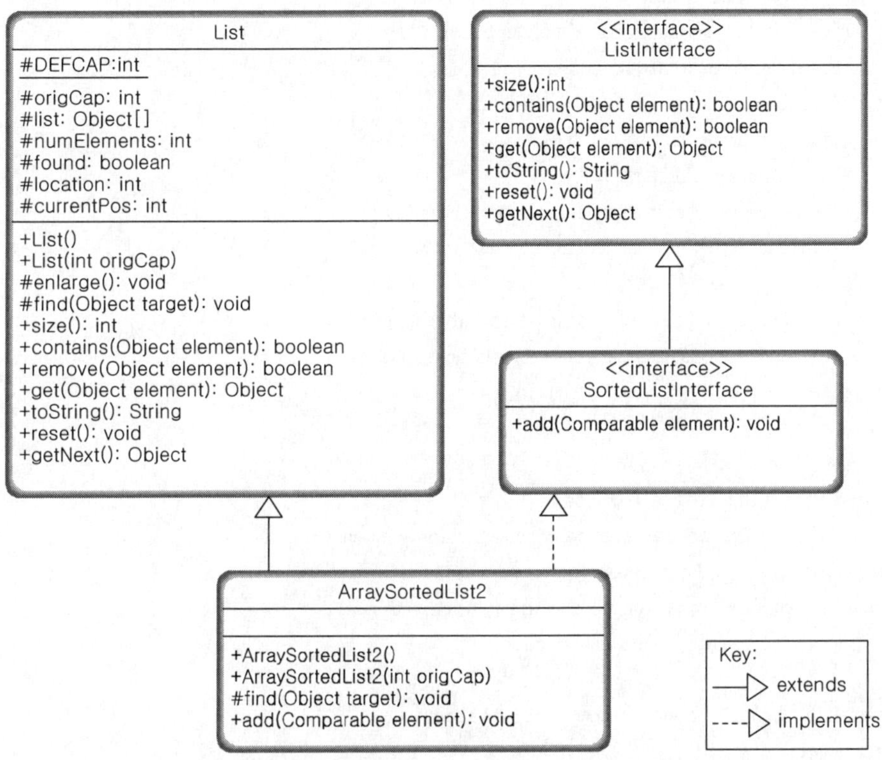


[그림 6.10] ArraySortedList2와 관련된 클래스와 인터페이스

find 메소드 그 자체는 재귀적이지 않지만 실질적 검색을 행하는 recFind라는 재귀적 도움자(helper) 메소드를 사용한다. 비록 단일 재귀적 메소드가 검색 문제를 해결할 수 있지만 전에서와 같이 find 메소드를 중요하게 고려해야 한다. 그래서 List 클래스의 세 가지 메소드를 수정하지 말아야 한다.

```
protected void recFind(Comparable target, int fromLocation, int
toLocation)
// Searches list between fromLocation and toLocation
// for an occurrence of an element e such that
// target.equals(e). If successful, sets instance variables
```

```
// found to true and location to the array index of e. If
// not successful, sets found to false.
{
  if (fromLocation > toLocation) // Base case 1
   found = false;
  else
  {
        int compareResult;
        location = (fromLocation + toLocation) / 2;
        compareResult = target.compareTo4 (list[location]);
        if (compareResult == 0) // Base case 2
          found = true;
        else if (compareResult < 0)
          // target is less than element at location
          recFind (target, fromLocation, location - 1);
        else
          // target is greater than element at location
          recFind (target, location + 1, toLocation);
   }
}

protected void find(Object target)
// Searches list for an occurrence of an element e such that
// target.equals(e). If successful, sets instance variables
// found to true and location to the array index of e. If
// not successful, sets found to false.
{
  Comparable targetElement = (Comparable)target;
  found = false;
  recFind(targetElement, 0, numElements - 1);
}
```

## 효율성 분석

이진 탐색 알고리즘을 처리하는 모든 예제에 대해 비록 리스트에 11개의 요소가 저장되어 있을지라도 4번 이상의 비교가 행해지지 않음을 주시하라. 그 이유는 이진 탐색 알고리즘에서는 리스트 검색 범위를 한 번에 반으로 줄이기 때문이다. 이진 탐색 알고리즘의 시간 복잡도는 선형 검색시 O(N)보다 향상된 O(N $\log_2$N)이다. 표 6.2가 선형 검색과 이진 검색의 비교 회수를 나타내고 있다.

| Length | Maximum Number of Iterations<br>Linear Search | Binary Search |
|---|---|---|
| 10 | 10 | 4 |
| 100 | 100 | 7 |
| 1,000 | 1,000 | 10 |
| 10,000 | 10,000 | 14 |

[표 6.2] 선형 검색과 이진 검색의 비교

이진 검색이 모든 경우에 더 빠르면 왜 항상 이진 검색을 사용하지 않는가? 리스트 비교 회수에서는 더 빠르지만 이진 탐색 알고리즘 단계에서 선형 검색 알고리즘 단계보다 더 많은 작업을 수행하여야 한다. 적은 요소로 구성된 리스트(20개 이하)에 대해서는 선형 검색 기법이 반복 처리하는 동안 더 적은 작업을 요하므로 보다 더 빠르다.

그러나 리스트의 구성요소 수가 증가할 수록 이진 탐색 알고리즘이 보다 효율적이다. 물론 이진 검색에서는 리스트가 미리 정렬되어 있어야 한다. 따라서 별도로 리스트에 저장된 자료를 정렬하는 시간이 요구된다.

# 6.7. 참조 기반 구현

이 절에서는 참조(링크)를 사용하여 리스트를 구현하는 방법을 논의한다. 제 6.4절에서 언급한바와 같이 배열을 사용하여 리스트를 구현한다. 참조 기반 구현은 제 6.3절에서 개발된 인터페이스를 실행하다. 배열에서와 같이 모든 메소드를 조합한다. 이들 메소드의 참조기반 구현은 서로 다른 리스트 유형을 단일 클래스로 공용화 한 후 그 클래스를 확장하여 리스트의 기능을 완전하게 구현한 클래스를 만든다.

참조 기반 스택과 큐에서 했던 것과 같이 node를 제공하기 위해 support 패키지로부터 LLObjectNode 클래스를 사용한다. node의 정보 속성은 리스트 요소를 포함한다. 링크 속성은 다음 리스트 요소를 가리키는 노드의 참조를 포함한다. 리스트의 첫 번째 노드를 참조하는 변수 list를 관리한다.

링크 방식을 사용하여 무정렬과 정렬 리스트를 구현한다. 그러나 이 방법으로 색인 리스트를 구현하지는 않는다. 색인 리스트는 색인 매개변수를 필요로 하는 네 가지 명령(add, set, get, remove)이 중요한 역할을 한다. 링크 방식으로 이들 명령을 효율적으로 구현하는 단순한 방법은 없다. get 명령을 생각해 보자. 배열 기반 구현은 매우 단순하다. 즉 색인에 존재하는 배열 요소를 반환한다. 이 작업의 실행 시간은 O(1)이다. 링크 방식에서는 요구된 노드를 찾을 때까지 노드를 세면서 리스트를 순회해야 한다. 따라서 실행시간은 O(N)이다.

링크 구조체는 요소들로 구성된 리스트에 대해 효율적 색인 접근을 할 수 있다. 그러나 그리 단순하지는 않다. 그러므로 여기에서는 연결 색인 리스트를 다루지 않는다.

## RefList 클래스

명명화 기법에 따라 연결 클래스 이름을 LinkedList로 한다. 그러나 자바 라이브러리에 벌써 LinkedList 클래스가 존재하여 구현 의존 구조체를 나타내기 위해 연결 리스트를 사용한다. 이 절에서는 혼란을 피하기 위해 "Ref"(참조)를 사용한다.

먼저 공통 구현을 가지는 메소드를 포함하는 클래스를 개발한다. RefList 클래스는 리스트가 정렬되어 있는지에 의존하지 않는 모든 리스트 메소드를 포함한다. 이 클래스는 완전한 리스트 구현을 제공하지 않고 다른 클래스에 의해 확장된다.

배열 기반 방식으로 구현된 List 클래스와 마찬가지로 ListInterface에 정의된 모든 메소드가 RefList 클래스에 들어갈 좋은 메소드가 될 것이다. 이들 메소드를 간단하게 기술하면 다음과 같다.

- size : 리스트에 있는 요소들의 개수를 반환한다. 배열 기반 방식에서 인스턴스 변수, numElements가 배열에 있는 요소의 개수를 나타내고 처음으로 비어있는 배열 위치를 나타낸다.

  연결 리스트를 사용하기 때문에 배열 위치를 갖지 않는다. 결국 size 명령을 지원하기 위해 numElements를 유지한다. 리스트에 새로운 자료가 추가되면 numElements를 증가시키고 리스트로부터 자료가 제거되면 numElements를 감소시킨다. 무정렬 버전과 정렬 버전에서 size는 단순히 numElements의 값을 반환한다.

- contains : Object 매개변수로 전달되어, 리스트에 동일한 요소를 포함하고 있는지를 나타내기 위한 boolean 값을 반환한다. 두 리스트 유형에 대해 이 명령은 첫 번째 요소부터 마지막 요소까지 연결 리스트를 순회하면서 구현될 수 있다. 이 순회는 매개 변수가 찾아지거나 혹은 리스트의 끝에 도달했을 때 멈춘다.

  제 6.6절에서 언급한 바와 같이 이 방법으로 정렬 리스트를 검색하면 원하는 요소보다 더 큰 요소에 도달하면 검색을 멈춘다. 정렬 리스트 클래스의 구현자는 보다 더 효율적인 방법을 사용하기 위해 이 메소드를 재정의할 수 있다. 같은 상황이 remove 메소드와 get 메소드에서도 발생한다.

- remove : Object 매개변수로 전달되어 동일 요소가 리스트에 존재하면 리스트로부터 이 요소를 제거한다. 객체가 실질적으로 제거되었는지를 확인하는 boolean 값을 반환한다. 제거될 요소는 contains 명령을 위해 기술된 방법을 사용하여 찾아질 수 있다. 한번 찾아지면 이 요소를 건너뛰어 삭제할 수 있다. 이 절의 마지막 부분에서 보다 상세

히 기술한다.

- get : Object 매개변수로 전달되어 리스트에 존재하면 그 객체를 반환한다. 만약 존재하지 않으면 NULL을 반환하다. 요구된 요소를 찾는 contains 명령을 위해 기술된 방법은 잘 작동한다. 요소를 찾으면 리스트의 정렬에 관계없이 즉시 반환된다.
- toString : 리스트를 표현하는 잘 형식화된 문자열을 반환한다. 무정렬과 정렬 리스트에 대해 이 명령을 처리하기 위해서는 연결 리스트를 순회하여야 한다. 리스트를 순회하면서 저장된 요소들을 문자열로 형식화하여 저장한다.
- reset : 리스트의 시작 위치로 포인터를 옮긴다. 이 명령은 현 위치를 리스트의 시작으로 지정한다.
- getNext : 리스트를 반복처리할 때 다음 요소를 반환하고 현 위치를 갱신하는 메소드이다. 두 리스트 유형에 대해 이 명령은 현 위치에 있는 요소를 반환하고 현 위치 값을 정확히 갱신한다. 현 위치가 리스트의 끝이면 리스트의 시작 위치로 변경한다.

RefList을 위한 코드는 이 절의 마지막에 있다. size, contains, get toString, reset과 getNext 메소드를 구현하기 위해서는 더 이상 설명이 필요 없을 것이다. 다음으로 나머지 메소드(생성자, find와 remove 메소드)를 논의한다.

RefList를 위한 생성자는 하나 존재한다. 생성자는 인스턴스 변수 numElements, list와 currentPos를 빈 리스트를 나타내는 초기 값으로 지정한다. protected find 메소드는 public 메소드 contains, remove와 get 메소드에 의해 사용된다. 이 메소드는 배열 기반 구현의 find 메소드와 똑같은 알고리즘으로 처리된다. 원하는 요소가 찾아지거나 혹은 리스트의 끝을 만날 때까지 리스트를 처리한다. 단지 차이는 배열 관련 문장 대신 연결 리스트 문장을 사용하는 것이다. 이들 두 방법에 대한 코드는 아래와 같다. 배열 기반 방식에서 location은 원하는 요소의 배열 색인을 나타내기 위해 int 유형이다. 반면 참조 기반 방식에서 location은 원하는 요소를 포함하는 노드를 나타내는 LLObjectNode이다.

### 배열 기반

```
protected void find(Object target)
{
  boolean moreToSearch;
  location = 0;
  found = false;
  moreToSearch = (location < numElements);
while (moreToSearch && !found)
  {
   if (list[location].equals(target))
     found = true;
```

```
    else
    {
      location++;
      moreToSearch = (location < numElements);
    }
  }
}
```

## 참조 기반

```
protected void find(Object target)
{
  boolean moreToSearch;
  location = list;
  found = false;
  moreToSearch = (location != null);

while (moreToSearch && !found)
  {
   if (location.getInfo().equals(target))
         found = true;
  else
  {
         previous = location;
         location = location.getLink();
         moreToSearch = (location != null);
   }
  }
}
```

또 다른 차이점이 있다. 참조 기반 구현은 배열 기반 구현에서 언급되지 않는 previous 변수에 바로 이전에 검색된 값을 할당한다. 이 변수는 RefList remove 메소드에 의해 사용된다. 이 메소드를 좀 더 자세히 살펴보자.

요소를 리스트로부터 제거하기 위해 첫 번째 이 요소를 찾아야 한다. 이 작업은 find 메소드를 이용하여 처리된다. location 변수를 원하는 요소를 나타내도록 지정한다. 그림 6.11에서와 같이 실질적으로 location에 의해 참조된 노드를 제거하기 위해 previous 노드에 있는 참조를 변화시켜야 한다. 다시 말해 previous 변수에 지정된 노드의 링크를 제거될 노드의 링크로 변환시켜야 한다. 이를 "뛰어넘기(jump over)"라 한다. find 메소드가 location을 지정할 뿐만 아니라 previous도 지정한다. 그래서 remove 메소드는 이전 노드를 접근하여 "뛰어넘기" 단계를 구현할 수 있다.

리스트에 있는 첫 번째 요소의 제거는 특별한 경우로 취급하여 처리한다. location에 의해 참조된 마지막 노드의 링크는 널(null)이다. 그러므로 다음과 같은 문장을 통해 마지막 노드를 제거한다.

```
previous.setLink(location.getLink());
```

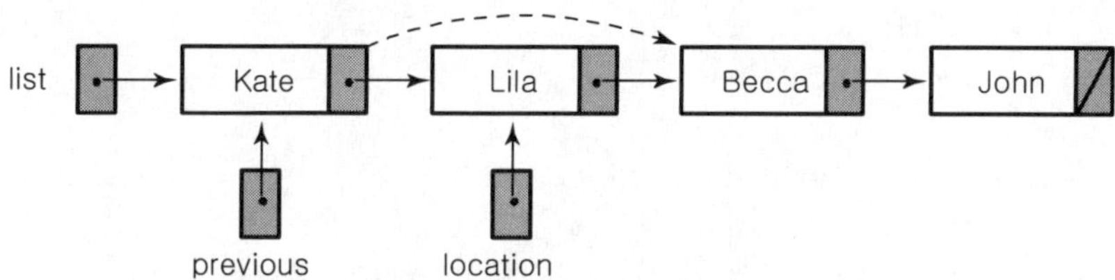


[그림 6.11] 연결 리스트로부터 요소를 제거하기

```
//----------------------------------------------------------------------------
// RefList.java by Dale/Joyce/Weems Chapter 6
//
// Defines constructs for an unbounded reference-based list of objects
// that do not depend on whether the list is unsorted or sorted.
//
// Our intention is for this class to be extended by classes that furnish
// the remaining methods needed to support a list--for example, a method
// that allows objects to be added to the list.
//
// Null elements are not permitted on a list.
//
// One constructor is provided, one that creates an empty list.
//----------------------------------------------------------------------------

package ch06.lists;

import support.LLObjectNode;

public class RefList
{
  protected int numElements; // number of elements in this list
```

```
protected LLObjectNode currentPos; // current position for iteration

// set by find method
protected boolean found; // true if element found, else false
protected LLObjectNode location; // node containing element, if found
protected LLObjectNode previous; // node preceding location

protected LLObjectNode list; // first node on the list

public RefList()
{
 numElements = 0;
 list = null;
 currentPos = null;
}
protected void find(Object target)
// Searches list for an occurrence of an element e such that
// e.equals(target). If successful, sets instance variables
// found to true, location to node containing e, and previous
// to the node that links to location. If not successful, sets
// found to false.
{
 boolean moreToSearch;
 location = list;
 found = false;

 moreToSearch = (location != null);
 while (moreToSearch && !found)
 {
   if (location.getInfo().equals(target)) // if they match
       found = true;
   else
   {
        previous = location;
        location = location.getLink();
        moreToSearch = (location != null);
   }
 }
}

public int size()
// Returns the number of elements on this list.
{
```

```
    return numElements;
  }

  public boolean contains (Object element)
  // Returns true if this list contains an element e such that
  // e.equals(element); otherwise, returns false.
  {
    find(element);
    return found;
  }

  public boolean remove (Object element)
  // Removes an element e from this list such that e.equals(element)
  // and returns true; if no such element exists, returns false.
  {
    find(element);
    if (found)
    {
      if (list == location)
           list = list.getLink(); // remove first node
    else
      previous.setLink(location.getLink()); // remove node at location

      numElements--;
    }
    return found;
  }

  public Object get(Object element)
  // Returns an element e from this list such that e.equals(element);
  // if no such element exists, returns null.
  {
    find(element);
    if (found)
      return location.getInfo();
    else
      return null;
  }

  public String toString()
  // Returns a nicely formatted string that represents this list.
  {
    LLObjectNode currNode = list;
```

```
    String listString = "List:\n";
    while (currNode != null)
    {
    listString = listString + " " + currNode.getInfo() + "\n";
   currNode = currNode.getLink();
   }
   return listString;
   }

   public void reset()
     // Initializes current position for an iteration through this list,
     // to the first element on this list.
    {
    currentPos = list;
   }

   public Object getNext()
   // Preconditions: The list is not empty
   // The list has been reset
   // The list has not been modified since most recent reset
   //
   // Returns the element at the current position on this list.
   // If the current position is the last element, then it advances the value
   // of the current position to the first element; otherwise, it advances
   // the value of the current position to the next element.
   {
    Object next = currentPos.getInfo();
    if (currentPos.getLink() == null)
      currentPos = list;
    else
      currentPos = currentPos.getLink();
    return next;
   }
}
```

## RefUnsortedList 클래스

RefUnsortedList 클래스는 UnsortedListInterface를 구현한다. 이 클래스를 위한 대부분의 기능은 슈퍼클래스 RefList에 의해 제공된다. 이 클래스에 add 메소드를 포함시킬 필요가 있다. 무 정렬 리스트이고 요소들의 순서가 중요하지 않으므로 새로운 요소들을 리스트의 맨 앞에 추가할 수 있다. 벌써 리스트의 맨 앞 요소의 참조가 list에 의해 제공되므로 이 방법은 가장 쉽고 가장 효율적이다. 제 2장에서 다룬 StringLog ADT와 똑같은 방법을 사용한다.

```
//----------------------------------------------------------------------------
// RefUnsortedList.java by Dale/Joyce/Weems Chapter 6
//
// Implements the UnsortedListInterface using references (a linked list).
//----------------------------------------------------------------------------

package ch06.lists;

import support.LLObjectNode;

public class RefUnsortedList extends RefList implements
UnsortedListInterface
{

  public RefUnsortedList()
  {
   super();
  }

  public void add(Object element)
  // Adds element to this list.
  {
   LLObjectNode newNode = new LLObjectNode(element);
   newNode.setLink(list);
   list = newNode;
   numElements++;
  }
}
```

그림 6.12에 기술된 UML 클래스 다이아그램은 참조 기반 무정렬 구성자(constructs)간의 관계를 기술한다.

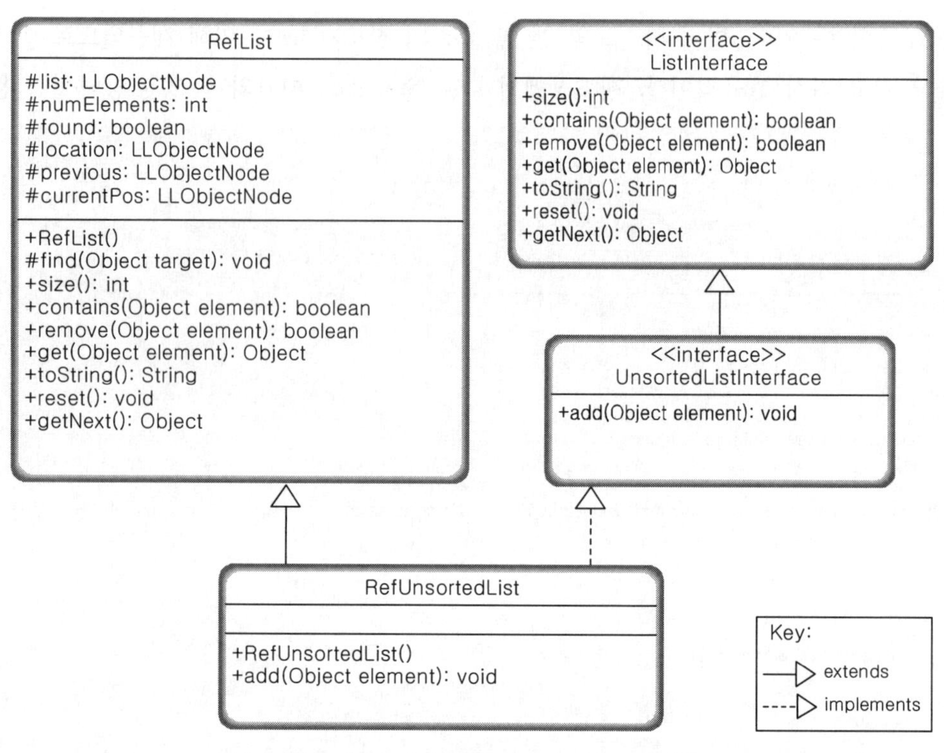


[그림 6.12] 참조 기반 무정렬 리스트와 인터페이스

## RefSortedList 클래스

RefSortedList 클래스는 SortedListInterface를 구현한다. 슈퍼클래스 RefList에 의해 많은 작업이 실행된다. 그러나 이 클래스도 add 메소드를 포함시켜야 한다. 스택을 구현할 때 연결 리스트의 맨 앞에 요소를 삽입하며, 큐를 구현할 때 연결 리스트의 맨 마지막에 요소를 삽입한다. 참조 기반 정렬 리스트에 요소를 삽입하기 위한 과정은 다음과 같다.

1. 새로운 요소가 속할 위치를 찾는다.
2. 새로운 요소를 위한 노드를 생성한다.
3. 새로운 노드를 식별된 위치에 정확히 링크한다.

단계 1를 처리하기 위한 과정은 앞에서도 다양하게 설명하였다. 따라서 새로운 노드 다음에 위치할 리스트상의 노드를 참조하는 location 변수를 지정하는 코드를 어렵지 않게 작성할 수 있다. 그러나 RefList 클래스를 위한 remove 메소드를 코딩하기 위해서는 새로운 노드 다음에 나올 노드의 위치를 아는 것만으로는 충분하지 않다. 새로운 노드를 식별된 위치로 링크하기 위해서는 이전 노드에 대한 참조를 요구한다. 그러므로 검색하는 동안 리스트를 순회하면서 location 변수를 계속적으로 갱신하고 그 값을 다음과 같이 prevLoc 변수에 저장한다.

```
prevLoc = location;
location = location.getLink();
```

예를 들어 그림 6.13(a)는 "cow"를 추가하기 위해 리스트를 검색한 결과를 보여주고 있다.

배열 기반 방식에서 새로운 요소를 위한 공간을 만들기 위해 배열 요소들을 한칸씩 오른쪽으로 이동시켰다. 연결 리스트 방식에서는 요소들의 이동이 더 이상 필요 없다. 두 번째 단계인 새로운 요소를 위한 공간을 생성하기 위해 newNode인 새로운 LLObjectNode 객체를 인스턴스한다. newNode는 생성자를 통해 만들어지며 추가될 요소의 속성 정보가 생성자의 매개변수로 전달한다. 상세한 내용은 그림 6.13(b)를 참조하기 바란다.

세 번째 단계를 완성하기 위해 새로운 노드를 식별된 위치로 링크한다. location에 의해 지적된 노드를 참조하도록 newNode의 링크를 변화시킨다. prevLoc 노드에 있는 링크를 newNode의 참조로 지정한다.

```
newNode.setLink(location);
prevLoc.setLink(newNode);
```

상세한 설명은 그림 6.13(c)를 참조하기 바란다.

RefList 클래스에 있는 remove 메소드에서와 같이 리스트의 첫 번째 요소를 제거할 경우는 특이한 경우이다. 이 경우 이전 노드에 대한 정보가 없다. 대신 다음과 같이 주 참조를 list로 변화시켜야 한다.

```
prevLoc is null:
if (prevLoc == null)
{
  // Insert as first node.
  newNode.setLink(list);
  list = newNode;
}
```

이들 세 단계에 대한 세부 처리 과정이 그림 6.14(d)에 잘 설명되어 있다.

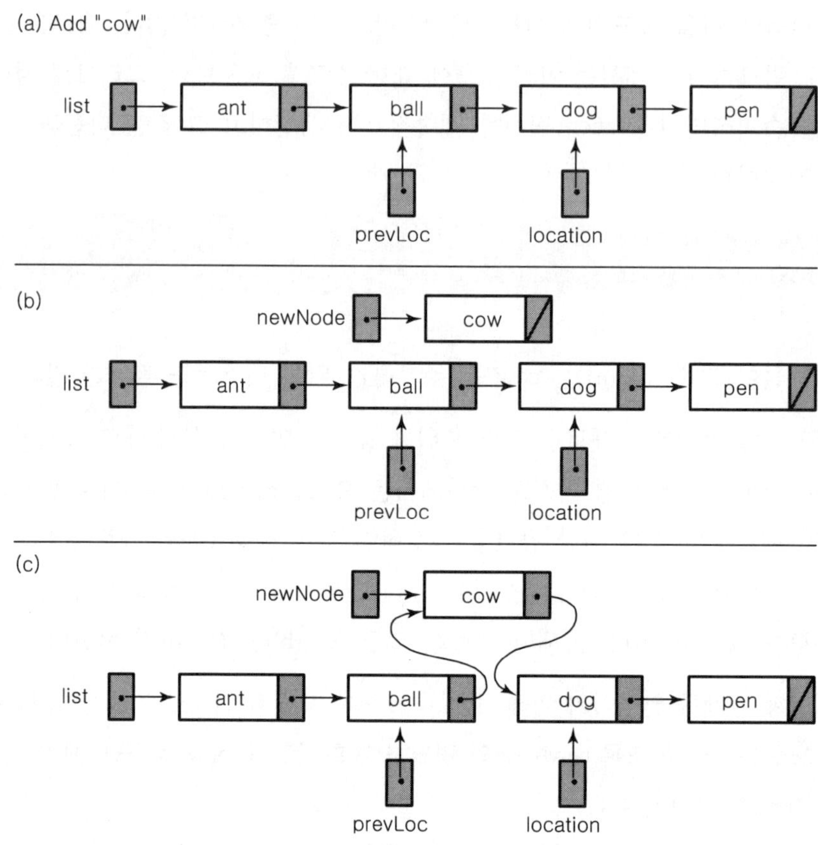


[그림 6.13] Adding an element to a sorted linked list

고려해야 할 또 다른 특별한 경우가 있는가? 두 가지가 존재한다. 요소를 리스트의 끝에 추가하는 경우와 요소를 빈 리스트에 추가하는 경우이다. 이들 두 경우는 RefSortedList 클래스에 잘 구현되어 있으므로 상세히 검토해 보기 바란다.

```
//----------------------------------------------------------------------------
// RefSortedList.java by Dale/Joyce/Weems Chapter 6
//
// Implements the SortedListInterface using a linked list.
//----------------------------------------------------------------------------

package ch06.lists;

import support.LLObjectNode;

public class RefSortedList extends RefList implements SortedListInterface
{
```

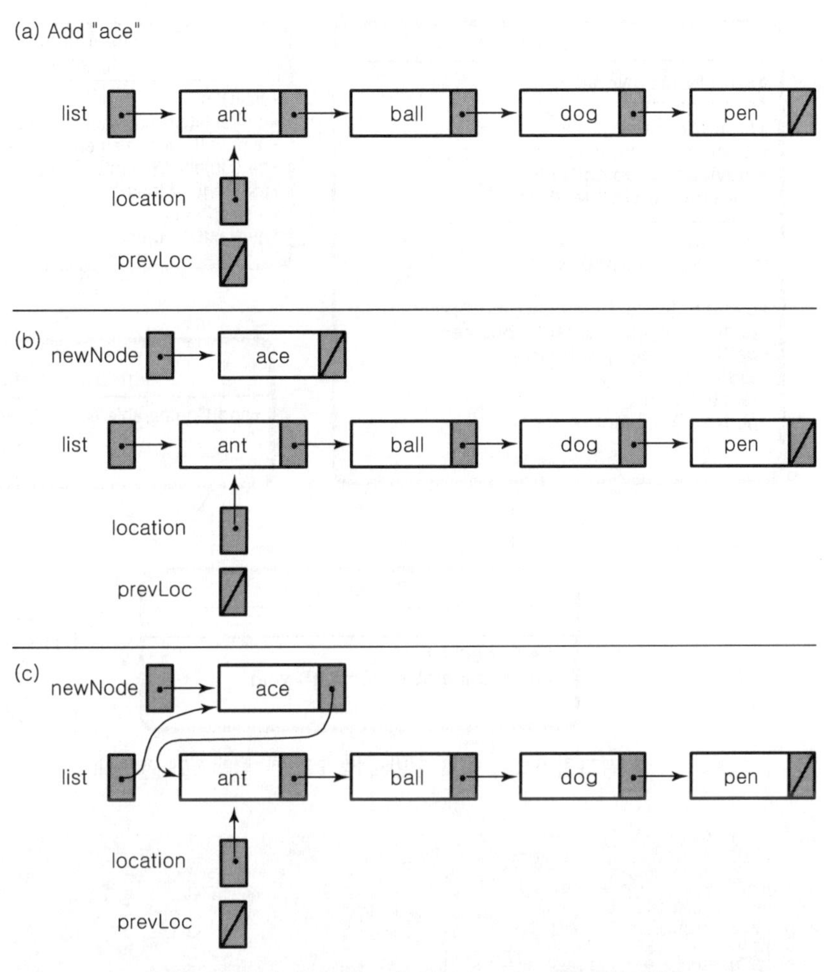


[그림 6.14] Adding an element to a sorted linked list

```
public RefSortedList()
{
 super();
}

public void add(Comparable element)
// Adds element to this list.
{
 LLObjectNode prevLoc; // trailing reference
 LLObjectNode location; // traveling reference
 Comparable listElement; // current list element being compared
 boolean moreToSearch;
```

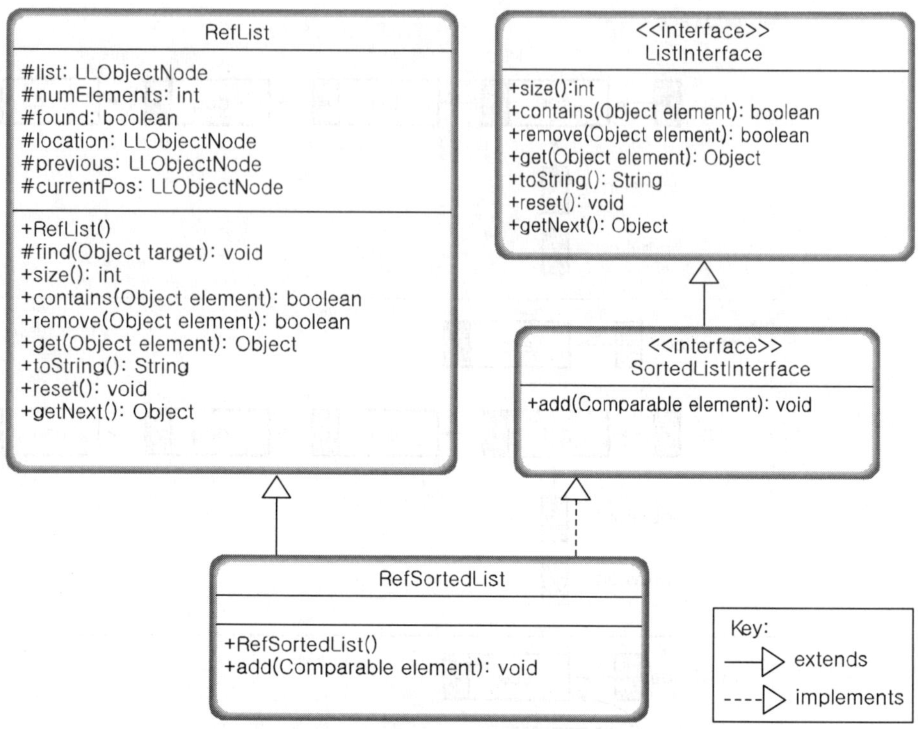

[그림 6.15] 참조 기반 정렬 리스트 클래스와 인터페이스

```
// Set up search for insertion point.
location = list;
prevLoc = null;
moreToSearch = (location != null);

// Find insertion point.
while (moreToSearch)
{
  listElement = (Comparable)location.getInfo();
  if (listElement.compareTo(element) < 0)           // list element < add element
  {
   prevLoc = location;
   location = location.getLink();
   moreToSearch = (location != null);               // stop looking at end of list
   }
   else
     moreToSearch = false;                          // list element >= add element
  }

  // Prepare node for insertion.
```

```
      LLObjectNode newNode = new LLObjectNode(element);
      // Insert node into list.
      if (prevLoc == null)
      {
       // Insert as first node.
       newNode.setLink(list);
       list = newNode;
      }
      else
      {
        // Insert elsewhere.
        newNode.setLink(location);
        prevLoc.setLink(newNode);
        }
        numElements++;
   }
}
```

RefSortedList 클래스를 위한 개선된 find 메소드를 개발할 수 있다. 그러나 연습문제로 남긴다. 그림 6.15에 있는 UML 클래스 다이아그램은 참조기반 정렬 리스트 구성자(constructs)간의 관계를 설명한다.

## 6.8 객체와 구조체를 파일에 저장하기

프로그램이 실행되는 동안 스택, 큐 혹은 리스트에 저장된 정보를 파일에 저장한다고 가정해 보자. 현 프로그램은 구조체를 만들어 정보를 처리하기 위해 이들 구조체를 사용한다. 그러나 프로그램이 종료되면 구조체 정보가 사라진다. 이들 구조체에 의해 차지한 메모리 공간은 다른 프로그램에 의해 사용될 수 있도록 운영체제에 반환된다.

많은 프로그램은 프로그램이 실행되는 동안 정보를 저장할 필요가 있다. 다른 프로그램에서 동일한 정보를 사용할 수 있도록 정보를 저장하는 프로그램이 요구된다. 컴퓨터에 정보를 영구히 저장하기 위해 이들 정보를 파일에 저장하는 방법을 취한다.

## 객체 자료를 문장 파일에 저장하기

저장을 요구하는 정보는 기본 속성 정보에 의해 표현된다. 예를 들어 제 6.5절에서 논의한 Song 클래스를 고려해보자. Song 객체는 다음과 같은 두 인스턴스 변수를 포함한다.

```
protected String name;
protected int duration;
```

음반은 원시(primitive) 객체는 아니지만 이 객체는 name과 duration으로 구성된 정보로 나뉜다. 이들 두 구성 요소가 문자열로 저장될 수 있다. 따라서 다음과 같은 프로그램에 의해 name과 duration 정보를 포함하는 Song 객체는 문자열로 저장된다.

```
import java.io.*;
import support.*;

public class SaveSong
{
  private static PrintWriter outFile;

  public static void main(String[] args) throws IOException
  {
   Song song1 = new Song("Penny Lane", 2, 57);

   outFile = new PrintWriter(new FileWriter("song.txt"));
   outFile.println(song1.getName());
   outFile.println(song1.getDuration());
   outFile.close();
  }
}
```

프로그램이 실행되어 song.txt 파일에 다음과 같이 저장된다.

```
Penny Lane
177
```

Song 객체의 검색이 요구되면 문자열을 파일로부터 읽어 song을 재구성한다. 이러한 작업을 수행하기 위해 Scanner 클래스를 다음과 같이 사용한다.

```
import java.io.*;
import java.util.*;
import support.*;
public class GetSong
{
  public static void main(String[] args) throws IOException
  {
   String name;
   int duration;
   FileReader fin = new FileReader("song.txt");
   Scanner songIn = new Scanner(fin);
   name = songIn.nextLine();
   duration = songIn.nextInt();
   Song song2 = new Song(name, duration);
   System.out.println("The name of the song is " + song2.getName());
   System.out.println("The duration of the song is " +
                                 song2.getDuration());
  }
}
```

두 프로그램이 실행되었을 때 두 번째 프로그램은 다음과 같은 결과를 출력한다.

```
The name of the song is Penny Lane
The duration of the song is 1777
```

첫 번째 프로그램에 의해 Song 객체가 생성되어 문장 문자열로 저장되며, 두 번째 프로그램에 의해 정보가 검색되고, 재생성되어 사용된다.

## 객체의 직렬화(serialization of objects)

객체를 문자열로 다시 문자열을 객체로의 변환은 프로그래머에게 많은 작업을 요한다. 다행스럽게도 자바는 객체의 직렬화로 불리는 객체 저장 방법을 제공한다.

### 지원 구성(Constructs)

객체를 어떻게 직렬화할 것인지를 논의하기 전에 새로운 인터페이스와 두 지원 클래스를 공부해야 한다.

ObjectOutputStream 클래스의 writeObject 메소드를 사용하여 객체를 파일에 쓸 수 있고,

ObjectInputStream 클래스의 readObject 메소드를 사용하여 객체를 파일로부터 읽을 수 있다. 스트림 변수 out를 사용하여 objects.dat 파일에 직렬화된 객체를 출력하기 위해 다음과 같은 코드를 먼저 작성한다.

```
ObjectOutputStream out = new ObjectOutputStream(new FileOutputStream("object.dat");
```

유사하게 in 변수를 이용하여 같은 파일로부터 객체를 읽기 위해 다음과 같은 코드를 작성한다.

```
ObjectInputStream in = new ObjectInputStream(new FileInputStream("object.dat");
```

마지막으로 직렬화를 하고자 하는 클래스 객체은 Serializable 인터페이스를 구현하여야 한다. 이 인터페이스는 메소드가 아니라 입출력을 위해 잠재적으로 직렬화될 클래스를 표시하는 방법이다. 그래서 자바 런-타임 엔진(run-time engine)는 클래스 인스턴스(입력 혹은 출력)의 형태에 따라 참조를 변환한다. 그러므로 객체를 직렬화하기 위해 객체 클래스가 Serializable 인터페이스를 구현해야 한다. Serializable 인터페이스는 자바 io 패키지의 일부이다.

### 객체를 직렬화하기

다음 프로그램은 SerSong이라는 음반 클래스의 직렬화가능한 버전을 위한 코드이다.

```
//----------------------------------------------------------------------
// SerSong.java by Dale/Joyce/Weems Chapter 6
//
// Supports song objects having a name and a duration.
// Implements Serializable.
//----------------------------------------------------------------------

package support;

import java.io.*;
import java.text.*;

public class SerSong implements Serializable
{
  protected String name;
  protected int duration;                          // in seconds
  DecimalFormat fmt = new DecimalFormat("00");     // to format seconds
```

```
  public SerSong(String name, int seconds)
  {
   this.name = name;
   duration = seconds;
  }

  public SerSong(String name, int minutes, int seconds)
  {
   this.name = name;
   duration = (60 * minutes) + seconds;
  }

  public String getName()
  {
   return name;
  }

  public int getDuration()
  {
   return duration;
  }

  public String toString()
  {
   return (name + " " + (duration / 60) + ":"
                           + fmt.format(duration % 60));
  }
}
```

위 클래스와 이전에 소개한 Song 클래스의 차이점으로는 클래스의 이름, Serializable를 구현하는 문장과 갱신된 첨삭 등이다. 부가적으로 위 클래스는 Serializable 인터페이스를 정의하고 있는 java.io를 임포트(import) 해야 한다.

SerSong 객체를 생성하고 저장하는 프로그램은 다음과 같다.

```
import java.io.*;
import support.*;

public class SaveSerSong
{
private static PrintWriter outFile;
```

```
  public static void main(String[] args) throws IOException
  {
    SerSong song1 = new SerSong("Penny Lane", 2, 57);

    ObjectOutputStream out = new ObjectOutputStream(new
                           FileOutputStream("song.dat"));
    out.writeObject(song1);
    out.close();
  }
}
```

SerSong 객체를 저장하기 위해 객체를 output 스트림에 쓴다. 분리해서 개개의 속성을 다루지 말아야 한다. 음반을 검색하기 위한 버전은 다음과 같다.

```
import java.io.*;
import support.*;

public class GetSerSong
{
  public static void main(String[] args) throws IOException
  {
    SerSong song2;
    ObjectInputStream in = new ObjectInputStream(new
                           FileInputStream("song.dat"));

    try
    {
      song2 = (SerSong)in.readObject();
      System.out.println("The name of the song is " +
                           song2.getName());
      System.out.println("The duration of the song is "
                           + song2.getDuration());
    }
    catch (Exception e)
    {
      System.out.println("Error in readObject: " + e);
      System.exit(1);
    }
  }
}
```

파일로부터 읽혀진 객체는 song2 변수로 할당되기 전에 SerSong 객체로 형변환된다. 기본적으로 검색된 객체가 SerSong 객체임을 컴파일러가 알고 있으므로 readObject 메소드는 여러 검증된 예외처리 기능을 제공한다. 그래서 try-catch 문장안에 이 기능을 포함시킨다.

## 구조체를 직렬화하기

자바 직렬화 도구를 사용하여 자료 구조체를 쉽게 직렬화할 수 있다. 예를 들어 하나의 문장을 가지고 SerSong 객체의 전체 배열을 저장하고 불러들릴 수 있다.

```
SerSong[] songs = new SerSong[100];
...
out.writeObject(songs);
```

후에 이 자료를 검색하기 위해서는 다음과 같은 코드를 사용한다.

```
SerSong[] latersongs = (SerSong[]) in.readObject();
```

자바의 직렬화는 연결 구조체에 대해서도 작동된다. 단일 writeObject 문장을 이용하여 전체 연결 리스트를 저장할 수 있고 후에 단일 readObject 문장을 이용하여 불러들릴 수 있다. 예를 들어 writeObject 문장이 객체 list에 대해 호출되면 자바는 list의 시작 위치로부터 모든 객체를 순서적으로 저장한다. 물론 원래의 list 객체를 포함하는 모든 객체는 Serializable 인터페이스를 구현해야 한다. 이 방법은 비선형 참조 기반 구조체인 트리와 그래프에 대해서도 잘 작동한다.

## 응용 프로그램: 음반 리스트

구조체를 직렬화하는 예로 색인 리스트를 사용하는 음반 응용을 생각해 보자. 프로그램은 사용자에게 음반 제목과 연주 길이를 입력하게 한다. 이들 음반 정보는 후에 사용되기 위해 파일에 저장된다. 이 작업을 처리하기 위해 자바 직렬화를 이용한다. 직렬화를 위한 모든 객체는 Serializable이어야 한다. 그러므로 색인 리스트를 지원하기 위해 필요한 인터페이스와 클래스의 직렬화 버전을 생성한다. 이들 인터페이스와 클래스는 ch06.serLists라는 새로운 패키지에 위치한다.

정보 저장 이외에 새로운 프로그램은 다음과 같은 개선된 기능을 포함한다.

- 원시 프로그램은 사용자에게 0부터 시작하는 음반 색인을 사용하도록 강요한다. 그러나 대부분의 사용자에게 이는 부자연스럽다. 새 프로그램은 사용자에게 1부터 시작하는 음반 색인을 갖도록 한다.
- 사용자가 음반에 대한 유효하지 않는 색인을 제공하면 프로그램은 예외 처리하는 대신에 음반 정보를 음반 리스트의 맨 끝에 삽입한다.
- 사용자는 음반 리스트를 위한 이름(예를 들어, Favorite Rap Oldies 혹은 New Disco Hits)을 제공한다.
- 자료 파일 songs.dat가 존재하지 않으면 프로그램은 사용자에게 음반 리스트 이름을 입력하도록 하는 메뉴를 제공하여 유명한 새로운 음반 리스트를 생성한다. songs.dat가 존재하면 프로그램은 이전에 입력된 음반 자료를 파일로부터 검색하여 사용자가 마지막으로 들었던 음반을 연주하게 한다.

### SerSongList 클래스

새로운 기능을 제공하기 위해 SerSongList 클래스를 생성한다. 이 클래스의 객체들은 배열 기반 색인 리스트에 음반 목록으로 유지된다. 음반 목록의 이름과 총 연주 시간에 관한 정보를 유지하고 접근할 수 있다. 또한 이 정보는 직렬화 가능하다. 따라서 응용 프로그램은 이들 음반 목록을 전체 SerSongList 객체를 ObjectOutputStream에 씀으로써 파일에 저장할 수 있다.

SerSongList 객체는 음반 목록과 연관된 이름으로 제공된다. 응용 프로그램은 add 명령을 통해 음반을 특정 색인 위치의 리스트에 추가할 수 있다. SerSongList는 기본 배열 기반 리스트가 응용 프로그램으로부터 0에서 시작하는 색인을 사용한다는 사실을 숨기고, 음반을 추가하면 프로그램은 자동적으로 리스트에 있는 음반의 총 연주 시간을 갱신한다. 응용 프로그램은 음반 리스트의 이름, 크기와 총 연주 시간을 얻기 위해 observer 메소드를 사용할 수 있다. 마지막으로 toString 메소드는 리스트에 저장된 음반의 전체 정보를 잘 형식화된 문자열로 반환한다.

제 3장으로부터 ADT 메소드 내부에서 발생하는 오류 상태를 처리하기 위한 하나의 방법이 메소드 그 자체에서 오류를 검출하여 처리하는 것이다. 이 방법에 대한 여러 예를 보여줄 수는 없지만 SerSongList add 메소드는 좋은 예를 제공한다. add 메소드가 유효하지 않는 색인(예를 들어 음수 색인, 리스트의 끝을 지나가는 색인)을 받는 경우 명시된 음반 정보를 리스트의 맨 끝에 삽입한다. 리스트의 끝이 음반 정보를 삽입하기 위한 가장 공통적인 장소이기 때문에 그리 어색하지 않다. SerSongList를 사용하는 응용 프로그램은 색인을 add 메소드에 전달하기 전에 오류발생 가능한 입력 리스트 색인 그 자체를 잡아내는 메소드를 재정의할 수 있다.

```
//----------------------------------------------------------------------
// SerSongList.java by Dale/Joyce/Weems Chapter 6
//
// Supports a list of song objects having a name and a total duration.
// Allows application to view indexing as starting at 1.
// Implements Serializable.
//----------------------------------------------------------------------

package ch06.serLists;

import java.io.*;                   // Serializable interface
import java.text.*;                 // DecimalFormat
import support.*;                   // SerSong

public class SerSongList implements Serializable
{
  protected String listName;                 // name of song list
  protected int totDuration = 0;             // total duration of songs in seconds

  protected SArrayIndexedList songList;

  DecimalFormat fmt = new DecimalFormat("00");          // to format seconds

  public SerSongList(String listName)
  {
   this.listName = listName;
   songList = new SArrayIndexedList(10);
  }

  public String getListName()
  {
   return listName;
  }

  public int getTotDuration()
  {
   return totDuration;
  }

  public int getSize()
  {
   return songList.size();
  }
```

```
public void add(int number, SerSong song)
// If number is a legal position, then adds song onto the
// indexed songList at position (number - 1).
// Otherwise, adds song at the end of the songList.
{
 totDuration = totDuration + song.getDuration();
 if ((number <= 0) || (number > (songList.size() + 1)))
      songList.add(songList.size(), song);
 else
      songList.add(number - 1, song);
 }

 public String toString()
 {
   // Returns a nicely formatted string that represents this SerSongList.
   SerSong song;
   int duration;
   int numSongs = songList.size();

   String hold = listName + ":\n";
   for (int i = 0; i < numSongs; i++)
   {
    song = (SerSong)songList.get(i);
    duration = song.getDuration();
    hold = hold + (i + 1) + ": " + song.getName() + " ["
                + (duration / 60) + ":" + fmt.format(duration % 60) + "]\n";
   }
   hold = hold + "\n";
   hold = hold + "Total Time: " + (totDuration / 60) +" minutes, "
                + fmt.format(totDuration % 60) + " seconds\n";
   return hold;
 }
}
```

## 응용 프로그램

응용 SerSongApp는 다음과 같은 세 단계로 처리된다.

### 1. 음반 리스트를 초기화하기

먼저 응용 프로그램은 songs.dat 파일로부터 직렬화된 음반 리스트 정보를 얻는다. 이 작업은 단일 readObject 명령을 이용하여 처리된다. 이 시도가 성공적이면 SerSongList 객체인 songs는 응용 프로그램이 실행된 마지막 시간에 저장된 songs 객체이다. 만약 실패하면 응용 프로그램은 새로운 음반 리스트를 생성한다.

**2. 음반 리스트를 갱신하기**

다음으로 응용프로그램은 반복적으로 사용자에 음반 이름, 연주시간과 색인 정보를 입력할 수 있는 메뉴를 제공한다. SerSongList add 메소드를 이용하여 이들 정보를 음반 리스트에 추가한다. 사용자에게 빈 음반 이름을 입력하도록 하여 입력을 강제 종료한다.

**3. 음반 리스트를 저장하기**

마지막으로 응용 프로그램은 단일 writeObject 명령을 사용하여 전체 SerSongList 객체 songs을 songs.dat 파일에 저장한다.

직렬화는 사용자에게 객체를 쉽게 저장하고 검색하도록 제공한다.

```
//----------------------------------------------------------------------
// SerSongsApp.java by Dale/Joyce/Weems Chapter 6
//
// Allows user to manage a song list.
// Uses the file songs.dat to store and retrieve song list info.
//----------------------------------------------------------------------

import java.util.*; // Scanner
import java.io.*; // streams
import ch06.serLists.*; // SerSongList
import support.*; // SerSong

public class SerSongsApp
{
  public static void main(String[] args)
  {
   Scanner conIn = new Scanner(System.in);
   final String FILENAME = "songs.dat";

   String name;                        // song name
   String listName;                              // name of the song list
   int minutes;                        // song duration
```

```
int seconds;                    // song duration
int number;                                 // song number

SerSongList songs;                          // list of songs
SerSong song;                   // a single song

String skip;          // skip rest of input line after reading integer

try
{
  // Obtain song information from file and display it.
  ObjectInputStream in = new ObjectInputStream(new
                                      FileInputStream(FILENAME));
  songs = (SerSongList)in.readObject();
  System.out.println(songs);
}
catch (Exception e)
{
  // Create a new song list.
  System.out.println("Because the " + FILENAME + " file does not exist ");
  System.out.println("or can't be used, a new song list will be ");
  System.out.printIn("created.\n");
  System.out.print("Song list name: ");
  listName = conIn.nextLine();
  songs = new SerSongList(listName);
}

// Get song information from user.
System.out.print("\nSong name (press Enter to end): ");
name = conIn.nextLine();
while (!name.equals(""))
{
  System.out.print("Minutes: ");
  minutes = conIn.nextInt();
  skip = conIn.nextLine();
  System.out.print("Seconds: ");
  seconds = conIn.nextInt();
  skip = conIn.nextLine();

  song = new SerSong(name, minutes, seconds);

  System.out.print("Song number between 1 and "
                          + (songs.getSize() + 1) + ": ");
```

```
      number = conIn.nextInt();
      skip = conIn.nextLine();
      songs.add(number, song);

      System.out.println();
      System.out.println(songs);
      System.out.println();

      System.out.print("Song name (press Enter to end): ");
      name = conIn.nextLine();
    }

    // Display results.
    System.out.println();
    System.out.println("This song list will be saved in " + FILENAME + ":\n");
    System.out.println(songs);
    System.out.println();

    // Save list.
    try
    {
      ObjectOutputStream out = new ObjectOutputStream(new
                                              FileOutputStream(FILENAME));
      out.writeObject(songs);
      out.close();
    }
    catch (Exception e)
    {
      System.out.println("Unable to save song information.");
    }
  }
}
```

두 번 연속 실행한 프로그램 결과는 다음과 같다.

### 첫 번째 프로그램 실행 결과

```
Because the songs.dat file does not exist
or can't be used, a new song list will be created.

Song list name: My Favorites
```

```
Song name (press Enter to end): Hey Jude
Minutes: 7
Seconds: 6
Song number between 1 and 1: 1

My Favorites:
1: Hey Jude [7:06]

Total Time: 7 minutes, 06 seconds
Song name (press Enter to end): Let It Be
Minutes: 4
Seconds: 1
Song number between 1 and 2: 2

My Favorites:
1: Hey Jude [7:06]
2: Let It Be [4:01]

Total Time: 11 minutes, 07 seconds

Song name (press Enter to end):

This song list will be saved in songs.dat:

My Favorites:
1: Hey Jude [7:06]
2: Let It Be [4:01]

Total Time: 11 minutes, 07 seconds
```

### 두 번째 프로그램 실행 결과

```
My Favorites:
1: Hey Jude [7:06]
2: Let It Be [4:01]

Total Time: 11 minutes, 07 seconds

Song name (press Enter to end): Penny Lane
Minutes: 2
Seconds: 57
Song number between 1 and 3: 2
```

```
My Favorites:
1: Hey Jude [7:06]
2: Penny Lane [2:57]
3: Let It Be [4:01]

Total Time: 14 minutes, 04 seconds
Song name (press Enter to end):

This song list will be saved in songs.dat:
My Favorites:

1: Hey Jude [7:06]
2: Penny Lane [2:57]
3: Let It Be [4:01]

Total Time: 14 minutes, 04 seconds
```

이 프로그램을 여러 가지 측면에서 개선할 수 있으며 이 방법은 연습문제로 남긴다.

## 요약

이 장에서는 리스트를 다루었다. 리스트를 지원하기 위해 객체들이 서로서로 어떻게 비교되는지를 생각해야 한다. 정렬 리스트에서 새로운 요소가 어디에 삽입되는지를 알아야 한다.

이번 장에서는 세 종류의 리스트를 집중적으로 살펴보았다. 무정렬 리스트 ADT는 리스트 요소의 순서화를 가정하지 않는다. 반면 정렬 리스트 ADT는 요소들간의 순서를 유지한다. 색인 리스트 ADT는 응용 프로그램에게 색인 값 기반하여 리스트 요소를 접근할 수 있도록 한다. 이들 각각의 리스트를 세 가지 관점(논리적 수준, 응용 프로그램 수준과 구현 수준)에서 검토해야 한다.

이들 세 종류의 리스트 관계를 주의 깊게 연구하여 보면 논리적 수준에서는 일반 리스트 인터페이스와 구현을 위한 일반 리스트 클래스를 재사용할 수 있다. 이 방법은 세 종류의 클래스를 각각 생성하는 것보다 작업량을 감소시킨다. 리스트에 대해 배열 기반 구현과 참조 기반 구현을 생성한다.

그리고 리스트의 각 유형에 대한 응용 프로그램을 살펴보았다. 포커 응용 프로그램은 특정 포커 hand를 얻기 위한 확률을 공부하기 위해 무정렬 리스트를 사용했고, 골프 응용 프로그램은 점수에 따라 골퍼들을 순서화하여 관리하기 위해 정렬 리스트를 사용했다. 음반 응용 프로그램은 음반 집을 조직화하여 관리하기 위해 색인 리스트를 사용했다. 특정 응용을 지원하기 위해 가장 좋은 ADT와 구조체를 선택하는 것이 매우 중요하다.

이진 탐색 알고리즘을 이용하여 여러 정렬 리스트 명령들을 어떻게 개선할 수 있는지를 공부했다. 이 알고리즘의 비재귀 구현과 재귀 구현을 생성했다. 프로그램 실행되는 동안에 객제와 구조체 정보를 저장하기 위한 방법을 논의하였다.

## 연습문제

### 6.1 수정된 객체를 비교하기

1. 제 6.1절에 정의된 Circle 객체에 대한 equals 메소드에 기반하여 다음과 같은 순차적 코드의 결과는 무엇인가?

```
Circle c1 = new Circle(5);
Circle c2 = new Circle(5);
Circle c3 = new Circle(15);
Circle c4 = null;
System.out.println(c1 == c1);
System.out.println(c1 == c2);
System.out.println(c1 == c3);
System.out.println(c1 == c4);
System.out.println(c1.equals(c1));
System.out.println(c1.equals(c2));
System.out.println(c1.equals(c3));
System.out.println(c1.equals(c4));
```

2. null 매개변수를 전달하면 false를 반환할 수 있도록 Circle 클래스의 equals 메소드를 재작성하시오. 이렇게 재작성된 equals 메소드를 이용할 경우 연습문제 1의 출력 결과에 어떠한 영향을 줄 수 있는가?

3. equals 메소드는 클래스들간의 동치 관계를 제공한다. 만약 a, b, c가 같은 클래스의 널이 아닌 객체라고 가정하면 다음과 같은 관계가 성립한다.

i. a.equals(a)는 true 이다.

ii. a.equals(b)는 b.equals(a)와 같다.

iii. a.equals(b)가 true이고 b.equals(c)가 true이면 a.equals(c)는 true이다.

equals에 대한 다음과 같은 정의가 유효한지 아닌지를 논하시오. 유효하지 않으면 그 이유를 설명하시오.

a. 두 원이 같은 면적을 가지면 두 원은 같다.

b. 두 원의 반지름이 서로서로 10%이내에 있으면 두 원은 같다.

c. 두 정수 각각을 특정 정수(예를 들어, 3)로 나누었을 때 두 정수가 같은 나머지를 가지면 두 정수는 같다.

d. 두 번째 정수가 첫 번째 정수의 배수이면 두 정수는 같다.

4. length와 width 속성을 갖는 Rectangle 클래스가 있다고 가정해 보자. 이들 두 속성은 생성자에 의해 지정된다. 이 클래스에 대한 equals 메소드를 생성해 보시오.

a. 두 사각형 객체는 같은 length와 width를 갖는다.

b. 두 사각형 객체는 같은 차원을 갖는다. 즉 두 객체는 합동이다.

c. 두 사각형 객체는 같은 형태를 갖는다.

d. 두 사각형 객체는 같은 둘레를 갖는다.

e. 두 사각형 객체는 같은 면적을 갖는다.

연습문제 3에 나열한 기준하에서 다음과 같이 equals를 정의할 때 유효한 정의는 어느 것인가?

5. 제 2장에서 논의한 ArrayStringLog을 위한 equals 메소드를 생성하시오. 두 StringLog 객체에 대해 equals 메소드를 연습문제 3에 나열한 기준하에서 다음과 같이 정의할 때 어느 정의가 유효한가?

a. 두 객체는 같은 수의 문자열을 갖는다.

b. 두 객체는 같은 순서로 같은 문자열(대소문자 구분없이 비교)을 갖는다.

c. 두 객체는 임의의 순서로 같은 문자열(대소문자 구분없이 비교)을 갖는다.

6. 제 6.1절에 정의된 Circle 객체에 대한 compareTo 메소드를 기반으로 다음과 같은 순차 코드의 출력 결과는 무엇인가?

```
Circle c1 = new Circle(5);
Circle c2 = new Circle(5);
Circle c3 = new Circle(15);
```

7. 연습 문제 3에서 equals 메소드의 동작을 위한 규칙을 언급했다. 유사하게 compareTo 메소드에 대한 규칙을 만들어 보시오.

8. length와 width 속성을 갖는 Rectangle 클래스가 있다고 가정해 보자. 이들 두 속성은 생성자에 의해 지정된다. 이 클래스에 대한 compareTo 메소드를 생성해 보시오. 사각형 객체는 지름과 영역에 기반하여 순서화되어 있다.

9. a. Comparable 인터페이스를 구현하는 잘 알려진 자바 라이브러리 클래스를 얼마나 있는가?

b. 전에 사용한 이와 같은 클래스를 5개 이상 나열해 보시오.

### 6.2 리스트

10. 무정렬 리스트, 정렬 리스트와 색인 리스트, 중복 요소를 허용하는 리스트, 중복 요소를 허락하지 않는 리스트에 대한 실세계 예제를 제시해 보시오.

11. 무정렬 리스트, 정렬 리스트와 색인 리스트 이외에 또 다른 리스트가 있는가? 아는 대로 기술해 보시오.

12. 지금까지 논의한 리스트는 널(null) 요소를 허락하지 않는다. 왜 그런가? 이 제약 조건을 없애기 위한, 즉 널 요소를 허락하는 상세 기술적 사항(구현 세부 사항을 포함해야 함)을 논의해 보시오.

## 6.3 정형 명세

13. 명령 유형(생성자, 반복자, 관찰자, 변환자)에 따라 리스트 ADT 명령들을 분류해 보시오.

14. 리스트 인터페이스에서 정의된 add 메소드의 세가지 버전들간의 차이점을 설명하시오.

15. 다음과 같은 새로운 리스트 명령 각각에 대해, 네 종류의 인터페이스들중 어느 인터페이스가 다음과 같은 명령을 포함하는가?

 a. addBegin 리스트의 맨처음에 요소를 삽입한다.
 b. removeAll 매개변수와 같은 리스트에 있는 모든 요소를 제거한다.
 c. getLargest 리스트에 있는 요소들중 가장 큰 요소를 반환한다.
 d. isEmpty 리스트가 비어있으면 true를 반환하고 그렇지 않으면 false를 반환하다.
 e. removeRange 매개변수에 의해 지정한 색인 범위에 있는 요소를 제거한다.

16. getNext 메소드 정의에 나열된 선결조건 각각의 목적을 설명하시오.

17. indList를 7개의 요소를 포함하는 색인 리스트라고 가정하고, element는 리스트상에 미리 존재하는 Object라고 가정한다. 다음과 같은 메소드를 호출하였을 때 예외 처리를 위해 IndexOutOfBoundsException으로 보내지는지를 설명하시오. 이들 문장은 서로 서로 독립적이다.

 a. indList.add(6, element)
 b. indList.add(7, element)
 c. indList.set(6, element)

d. indList.set(7, element)

e. indList.remove(element)

f. indList.get(element)

g. indList.remove(−1)

h. indList.remove(0)

18. 리스트 ADT 명세는 무한 리스트에 적용된다. 리스트 크기 경계에 관한 사항을 설명하는 리스트 ADT 명세를 어떻게 변화시킬 수 있는가?

19. 리스트 ADT 명세는 중복 요소를 포함할 수 있도록 리스트를 허락한다. 중복을 허락하지 않도록 명세를 어떻게 수정하여야 하는가?

### 6.4 배열 기반 구현

20. 다음과 같은 프로그램의 출력 결과를 쓰시오.

```
import ch06.lists.*;
public class ListExer
{
  public static void main(String[] args)
  {
     UnsortedListInterface list1 = new ArrayUnsortedList();
     list1.add("apple");
     list1.add("peach");
     list1.add("orange");
     list1.add("pear");
     list1.remove("peach");
     SortedListInterface list2 = new ArraySortedList();
     list2.add("apple");
     list2.add("peach");
     list2.add("orange");
     list2.add("pear");
     list2.remove("peach");
     IndexedListInterface list3 = new ArrayIndexedList();
     list3.add(0, "apple");
```

```
        list3.add(0, "peach");
        list3.add(1, "orange");
        list3.add(0, "pear");
        list3.add(2, "plum");
        list3.remove("peach");
        System.out.println("Unsorted");
        System.out.println(list1);
        System.out.println("Sorted");
        System.out.println(list2);
        System.out.println("Indexed");
        System.out.println(list3);
    }
}
```

21. 연습 문제 19과 같이 중복을 허락하지 않는 경우 배열 기반 구현에 어떠한 영향을 끼치는가?

22. List를 위한 두 번째 생성자가 음수인 매개변수를 전달받으면 무슨 일이 일어나는가? 이러한 생성자를 재설계하기 위해 어떻게 해야 하는가?

23. List 클래스에 대한 이 장에서 소개된 코드를 다음과 같이 변화시키면 무슨 일이 일어나는지 상세히 설명하시오.

a. enlarge 메소드의 첫 번째 행에 나타나는 "+"를 "-"로 변경하는 경우

b. find의 else 절에 두 번째 "<"를 "<="로 변경하는 경우

c. size 메소드에서 "return numElements;"를 "return list.length;"로 변경하는 경우

d. remove 메소드에서 "numElements--" 문장을 없애는 경우

24. 객체가 제거될 때 리스트 요소를 왼쪽으로 옮기는 대신 제거될 객체를 포함하는 배열 위치에 널(null)를 지정하고자 말하는 사람이 있다. 이러한 방법을 이번 장에서 논의한 세 종류의 리스트에 적용하였을 때 어떤 일이 일어나는지를 상세히 설명하시오.

25. 요소를 리스트의 맨 처음에 추가하는 addBegin 명령을 고려해 보자.

a. List 클래스에 addBegin 메소드를 구현하여야 하는가?

b. 답이 맞다면 실제 구현하여 시험해 보기 바라고, 그렇지 않으면 이 명령을 구현하는 ArrayUnsortedList 클래스, ArraySortedList 클래스, ArrayIndexedList 클래스에 추가되도록 메소드를 설계하고 구현하여 시험해 보시오.

26. 리스트가 비어 있으면 true, 그렇지 않으면 false를 반환하는 isEmpty 메소드를 생각해보자.

a. List 클래스에 이 메소드를 구현하여야 하는가?

b. 답이 맞다면 실제 구현하여 시험해 보기 바라고, 그렇지 않으면 이 명령을 구현하는 ArrayUnsortedList 클래스, ArraySortedList 클래스, ArrayIndexedList 클래스에 추가되도록 메소드를 설계하고 구현하여 시험해 보시오.

27. 매개변수와 같은 리스트 요소들을 제거한 후 제거된 개수를 반환하는 removeAll 메소드를 생각해 보자.

a. List 클래스에 이 메소드를 구현하여야 하는가?

b. 답이 맞다면 실제 구현하여 시험해 보기 바라고, 그렇지 않으면 이 명령을 구현하는 ArrayUnsortedList 클래스, ArraySortedList 클래스, ArrayIndexedList 클래스에 추가되도록 메소드를 설계하고 구현하여 시험해 보시오.

28. 이번 장에서는 무정렬 리스트 ADT를 명세하고 구현하였다.

a. 응용 수준 메소드 last을 위한 알고리즘을 설계하시오. last 메소드는 비정렬 리스트를 매개변수로 받아 리스트가 비어있으면 널(null)을 그렇지 않으면 맨 마지막 요소를 반환한다. 이 메소드는 다음과 같이 선언된다.

```
Object last(ArrayUnsortedList list)
```

b. last 알고리즘에 대한 시험 계획을 세워보시오.

c. last 알고리즘을 구현하고 시험에 보시오.

29. 이번 장에서는 무정렬 리스트 ADT를 명세하고 구현하였다.

a. 매개변수로 두 리스트를 받아 첫 번째 리스트에 있는 몇 개의 요소가 두 번째 리스트에 존재하는지를 점검하여 그 개수를 반환하는 알고리즘을 설계하시오(equals 메소드를 사용하시오). 이 메소드는 다음과 같이 선언된다.

```
int compareLists(ArrayUnsortedList list1, ArrayUnsortedList list2)
```

b. compareLists 알고리즘에 대한 시험 계획을 세워보시오.

c. compareLists 알고리즘을 구현하고 시험에 보시오.

30. 무정렬 리스트 ADT에 대한 remove 명령 구현은 이 알고리즘이 마지막 요소와 제거될 요소의 위치를 교환하기 때문에 삽입 순서를 유지하지 못한다.

a. remove 명령이 삽입 순서를 유지하면 장점이 있는가?

b. 삽입 순서를 유지할 수 있도록 remove 명령을 수정하시오.

31. 이번 장에서는 정렬 리스트 ADT를 명세하고 구현하였다.

a. 매개변수로 두 리스트를 받아 첫 번째 리스트에 있는 몇 개의 요소가 두 번째 리스트에 존재하는지를 점검하여 그 개수를 반환하는 알고리즘을 설계하시오(equals 메소드를 사용하시오). 이 메소드는 다음과 같이 선언된다.

```
int compareLists(ArraySortedList list1, ArraySortedList list2)
```

b. compareLists 알고리즘에 대한 시험 계획을 세워보시오.

c. compareLists 알고리즘을 구현하고 시험에 보시오.

32. 정렬 리스트 ADT add 명령을 위한 알고리즘은 리스트 맨처음에서 시작하여 요소가 삽입될 위치를 요소 하나씩 비교하면서 찾는다. 삽입 위치가 결정되면 삽입 공간을 확보하기 위해 리스트의 맨 마지막 요소부터 삽입 위치에 있는 요소까지 차례대로 오른쪽으로 옮긴다. 이 문제에 대한 다른 접근 방법은 마지막 위치에서 시작하여 요소를 오른쪽으로 옮기면서 새로운 요소가 삽입될 앞 혹은 뒤의 위치를 결정한다. 이러한 과정을 거치면 삽입될 위치를 곧바로 확보할 수 있다.

a. 위에서 설명한 과정을 의사 코드로 작성해 보시오.

b. 새로운 알고리즘을 사용하기 위해 ArraySortedList 클래스의 add 메소드를 재작성해 보시오.

c. 새로운 add 메소드를 시험해 보시오.

33. 정렬 리스트 ADT(ArraySortedList)는 정렬 리스트 매개변수의 내용을 현 리스트에 추가하는 merge라는 명령을 가지고 확장될 수 있다.

a. 이 명령을 위한 명세를 작성하시오. 메소드 선언은 다음과 같다.

```
void merge(ArraySortedList list)
```

b. 이 명령을 위한 알고리즘을 설계하시오.

c. 이 알고리즘을 위한 시험 계획을 작성하시오.

d. 이 알고리즘을 구현하고 시험하시오.

34. ArrayIndexedList 클래스을 위한 코드를 다음과 같이 수정하였을 때의 변화를 상세히 기술하시오.

a. add 명령의 첫 번째 행에 ">"를 ">="로 변경하는 경우

b. set 명령의 첫 번째 행세 ">="를 ">"로 변경하는 경우

c. set 명령에서 두 번째 문장과 세 번째 문장의 순서를 변경하는 경우

d. find를 호출하는 indexOf를 재작성하시오. "return location" 를 제외하고 다른 부분은 같다.

e. remove 메소드로부터 "list[numElements] = null" 문장을 제거하는 경우

35. 아래 세 명령은 연습 문제 15에 잘 정의되어 있다. 각 메소드에 대해 최적 알고리즘이 구현된다. 여기서 최적은 어떠한 상황에서도 더 빠른 알고리즘이 없음을 의미한다. 리스트의 크기가 N일때 이들 알고리즘의 시간 복잡도를 비그-오로 나타내시오.

| | ArrayUnsortedList | ArraySortedList | ArrayIndexedList |
|---|---|---|---|
| removeAll | | | |
| getLargest | | | |
| isEmpty | | | |

## 6.5 응용 프로그램 : 포터, 골프, 음반관리

36. 이번 연습 문제에서는 PokerApp 프로그램에 대한 잠재적 개선 방법을 찾고자 한다.

a. 컴퓨터에서 프로그램을 다섯 번 실행시켜 보시오. 시간이 얼마나 걸리는지 측정해 보시오. 표를 생성하여 실행시마다 그 결과를 표에 기록하시오.

b. 항상 7개의 카드를 hand로 주는 대신 쌍이 발견되면 주는 것을 멈추도록 프로그램을 재설계하고 구현하시오. 프로그램을 다섯 번 수행해 보시고 실행 결과와 실해 시간을 기록하시오.

c. 원래 프로그램으로 돌아와서 모든 hand 후에 카드를 다시 썩는 대신 7 hand 후에 카드를 다시 썩도록 원래 프로그램을 재설계하여 다시 코딩해 보시오. 프로그램을 다섯 번 수행해 보시고 실행결과와 실행 시간을 기록하시오.

37. 사용자로부터 모의실험하기 위한 hand의 수와 단일 hand를 위한 카드 수를 입력받을 수 있도록 PokerApp 프로그램을 변경하시오. 이 프로그램을 이용하여 five-card hand에 같은 한쌍의 카드가 존재할 확률을 조사하시오.

38. 동일한 Rank의 쌍을 얻기 위한 확률을 출력하는 대신 같은 rank의 세 카드를 가질 확률을 출력하기 위해서는 PokerApp 프로그램을 변경할 필요가 있다.

a. 제 6.4절에 정의된 ArrayUnsortedList 클래스를 사용하여 위의 기능을 어떻게 구현할 수 있을지를 기술하시오.

b. 매개변수로 전달된 요소와 같은 리스트의 요소 수를 반환하는 count 메소드를 ArrayUnsortedList 클래스에 포함시킨다고 가정해보자. 위의 문제를 해결하기 위해 이 메소드를 어떻게 사용할 수 있을 지를 기술하시오.

c. 위 문제를 해결하고 구현하기 위한 두 접근 방법들중 한가지 방법을 선택하시오. 출력된 확률은 무엇인가?

39. GolfApp 프로그램에서 크기 20의 정렬 리스트가 인스턴스되어 있다. 20 명이상의 골퍼 정보를 사용자가 입력할 때 무슨 문제가 발생하는가?

40. 다음 기능을 제공하도록 골프 응용 프로그램을 어떻게 변경할 수 있는가?

a. 가장 좋지 않는 점수부터 차례대로 골퍼를 나열한다.

b. 알파벳 순서로 골퍼를 나열한다.

41. 사용자가 점수를 입력할 때 양의 정수 대신에 임의의 수를 입력하면 재입력할 수 있도록 GolfApp 프로그램을 좀더 좋게 만들어 보시오.

42. Song 클래스의 두 생성자의 차이점을 설명하시오.

43. 다음과 같은 기능이 제공되도록 SongsApp 프로그램을 좀더 좋게 만들어 보시오.

a. 유효한 수치를 입력 받을 수 있게 하고 유효하지 않는 수치를 입력받은 경우 재입력하도록 한다.

b. 사용자가 음반 정보 입력을 완료하면 음반을 제거하는 기능을 제공한다. 사용자에게 반복적으로 제거한 색인을 입력하게 한다. -1를 입력하면 더 이상 제거할 음반이 없음을 나타낸다.

44. 자동차를 모형화하는 Car라는 클래스를 가지고 있다고 가정하자. 이 클래스는 인스턴스 변수, year, make, model 과 price를 가지고 있다. 이 클래스는 관찰자 메소드 getPrice(이 자동차의 가격을 나타내는 int형 값을 반환한다.)를 제공한다. 자동차 리스트 (ArrayUnsortedList carList)를 받아 리스트에 있는 모든 자동차의 총 가격을 int 형으로 반환하는 클라이언트 메소드인 totalPrice를 구현하시오.

45. 다음과 같은 기능을 제공하는 응용 프로그램을 지원하기 위해 세 종류 배열 기반 리스트들 중 하나를 사용하시오.

a. 사용자로부터 나라 이름을 입력받는다. 알파벳 순서로 리스트에 저장된 나라 이름과 리스트에 있는 총 나라 수를 출력한다. 사용자가 같은 나라 이름을 두 번 입력하면 프로그램은 이를 점검하여 무시한다.

b. 사용자에게 대학 교과목 정보(교과목 번호, 교과목 이름, 담당 교수 이름)를 입력하도록 한다. 정보가 입력 완료되면 교과목 번호를 이용하여 교과목 정보를 검색할 수 있다. 유효한 입력만 처리할 수 있는 기능을 프로그램에 추가하시오.

c. 사용자에게 순차적으로 제품 정보(제품 설명과 가격)를 입력하도록 한다. 입력이 완료되면 사용자는 반복적으로 가격 범위를 입력하여 그 범위내에 있는 제품을 가장 싼 제품부터 비싼 순서로 출력한다.

## 6.6 이진 탐색 알고리즘

연습문제 46에서 49까지는 다음과 같은 15개의 정렬 리스트를 사용한다. 색인은 0에서부터 14까지이다.

```
[0] algorithm    [5] formula    [10] kilo
[1] binary       [6] graph      [11] log
[2] computer     [7] heap       [12] mega
[3] digital      [8] int        [13] nano
[4] efficiency   [9] java       [14] open
```

46. 세 종류의 알고리즘(선형 검색, 개선된 선형 검색, 이진 검색)을 이용하여 아래 표에 나열된 원하는 요소를 찾기 위해 비교해야 되는 회수를 기록하시오.

| 원하는 요소 | 선형 검색 | 개선된 선형 검색 | 이진 검색 |
|---|---|---|---|
| algorithm | | | |
| computer | | | |
| heap | | | |
| int | | | |
| open | | | |
| bit | | | |
| stack | | | |
| queue | | | |

47. ArraySortedList2 클래스의 find 알고리즘의 실행과정을 기술하시오. "computer"를 검색한다고 가정할 때 표 6.1과 유사한 표를 만드시오.

48. ArraySortedList2 클래스의 find 알고리즘의 실행과정을 기술하시오. "open"를 검색한다고 가정할 때 표 6.1과 유사한 표를 만드시오.

49. ArraySortedList3 클래스의 find 메소드가 아래와 같은 문자열을 매개변수로 받을 때 recFind 메소드를 몇 번 호출하여야 하는가?

a. algorithm

b. heap

c. mega

d. dynamic

e. zebra

50. 선형 검색 알고리즘이 재귀 알고리즘으로 설계될 수 있는가? 그 이유를 설명하시오.

## 6.7 참조 기반 구현

51. 다음과 같은 순차적 코드에 대한 실행 결과를 출력하시오.

a.
```
RefUnsortedList myList = new RefUnsortedList();
myList.add(5);
myList.add(9);
myList.add(3);
```

b.
```
RefUnsortedList myList = new RefUnsortedList();
myList.add(5);
myList.add(9);
myList.add(3);
myList.remove(9);
```

c.
```
RefSortedList myList = new RefSortedList();
myList.add(5);
myList.add(9);
myList.add(3);
```

d.
```
RefSortedList myList = new RefSortedList();
myList.add(5);
myList.add(9);
myList.add(3);
myList.remove(9);
```

52. 다음과 같은 프로그램의 실행결과를 출력하시오.

```
import ch06.lists.*;
public class ListExer2
{
public static void main(String[] args)
{
UnsortedListInterface list1 = new RefUnsortedList();
list1.add("apple");
list1.add("peach");
list1.add("orange");
list1.add("pear");
list1.remove("peach");
SortedListInterface list2 = new RefSortedList();
list2.add("apple");
list2.add("peach");
list2.add("orange");
list2.add("pear");
list2.remove("peach");
System.out.println("Unsorted");
System.out.println(list1);
System.out.println("Sorted");
System.out.println(list2);
}
}
```

53. 연습 문제 19에서 중복 요소를 허락하지 않는 리스트 명세를 기술하였다. 이러한 명세가 참조 기반 구현에 어떠한 영향을 미치는가?

54. RefList 클래스의 코드를 다음과 같이 수정하였을 때 어떠한 변화가 있는지 상세히 설명하시오.

a. find 메소드의 if 조건에서 "equals" 대신에 "=="를 사용하는 경우

b. find 메소드의 else 절에서 첫 번째 두 문장을 서로 교환하는 경우

c. toString()에서 "currNode = currNode.getLink();" 문장을 제거하는 경우

55. 매개변수로 전달된 요소와 같은 리스트 요소들을 제거하여 제거한 리스트 요소 수를 int 형으로 반환하는 removeAll 메소드를 고려하자.

a. 이 메소드를 RefList 클래스에 속하도록 구현할 수 있는가? 그 이유를 설명하시오.

b. 만약 구현가능하다면 RefList 클래스에 추가되도록 메소드를 설계하여 코딩하고 시험하시오. 그렇지 않으면 RefUnsortedList 클래스와 RefSortedList 클래스에 추가되도록 메소드를 설계하여 코딩하고 시험하시오.

56. 참조 기반 정렬 리스트의 find 명령을 위한 알고리즘은 리스트 맨 처음에 시작하여 원하는 요소가 리스트에 존재하는지를 결정하기 위해 각 요소들을 조사한다. 이 알고리즘의 다른 방법은 원하는 요소보다 더 큰 요소를 만나면 더 이상 원하는 요소가 리스트에 존재하지 않으므로 검색을 멈춘다.

a. 새로운 find 메소드를 생성하여 이 메소드를 RefSortedList 클래스에 추가하시오.

b. 새로운 메소드를 시험하시오. 어떻게 시험했는지를 기술하시오.

57. friend를 이용하여 연습문제 56를 논하시오. friend는 find 메소드를 개선하기 위해 이진 탐색 알고리즘을 사용할 것을 권한다. 이에 대한 의견을 기술하시오.

58. ArrayUnsortedList 클래스 대신에 ArraySortedList 클래스를 사용하도록 제 6.5절에 기술된 PokerApp 프로그램을 어떻게 변경할 수 있는지를 기술하시오.

59. 리스트 끝에 요소를 삽입하는 endInsert라는 public 메소드를 RefUnsortedList 클래스에 추가하시오. 이 메소드의 선언는 다음과 같다.

```
public RefUnsortedList endInsert(Comparable element)
```

60. 매개변수 전달된 요소보다 작거나 같은 모든 요소를 포함하는 새로운 리스트를 반환하는 ceilingList라는 public 메소드를 RefSortedList 클래스에 추가하시오. 이 메소드의 선언는 다음과 같다.

```
public RefSortedList ceilingList(Comparable element)
```

61. 아래 표에 있는 메소드는 연습문제 15번에서 기술되어 있다. 이들 메소드에 대해 최적 알고리즘이 구현된다. N이 리스트의 크기라고 할 때 이들 메소드에 대한 수행 시간 복잡도를 비그-오로 표기하시오.

| | RefUnsortedList | RefSortedList |
|---|---|---|
| removeAll | | |
| getLargest | | |
| isEmpty | | |

62. 두 참조 기반 정렬 리스트 list1과 list2를 단일 참조 기반 정렬 리스트 list3로 병합하는 명령을 고려해 보자. list1의 크기를 M, list2의 크기를 N이라고 가정하자.

a. list1에 있는 모든 요소를 반복적으로 list3에 추가한 후 list2에 있는 모든 요소를 또한 반복적으로 추가하는 응용 수준의 이 명령을 구현한다고 가정해 보자. 이 기법의 비그-오 복잡도는 무엇인가?

b. 다른 기법은 RefSortedList 클래스의 public 메소드인 merge로 명령을 구현하는 것이다. merge 메소드는 현리스트와 매개변수로 전달된 리스트의 병합자로 구성된 새 참조 기반 정렬 리스트를 생성하여 반환한다.

```
public RefSortedList merge(RefSortedList inList)
// 이 클래스의 리스트와 inList를 변합하여 새로운 리스트를 반환한다.
```

이 메소드를 구현하기 위한 알고리즘을 기술하시오. 이 알고리즘의 비그-오 복잡도는 무엇인가?

c. a. 알고리즘과 b. 알고리즘의 차이를 기술하시오.

63. 배열 기반 구현과 참조 기반 구현에서 처리되는 다음과 같은 명령들의 실행 시간 복잡도를 비그-오(O)로 계산하여 아래 표에 채우시오.

| | 배열 기반 구현 | | | | 참조 기반 구현 | |
|---|---|---|---|---|---|---|
| | 무정렬 | 정렬 | 정렬2 | 색인 | 무정렬 | 정렬 |
| size | | | | | | |
| contains | | | | | | |
| remove | | | | | | |
| get | | | | | | |
| getNext | | | | | | |
| add | | | | | | |

## 6.8 객체와 구조체를 파일에 저장하기

64. 프로그램이 실행되는 동안 정보가 파일에 어떻게 저장되는지를 조사해 보시오.

a. SaveSong 응용 프로그램을 실행시켜보시오. song.txt 파일이 생성된다. 편집기를 이용하여 song.txt 파일에 저장된 내용을 확인해 보시오.

b. SaveSerSong 응용 프로그램을 실행시켜보시오. song.dat 파일이 생성된다. 편집기를 이용하여 song.dat 파일에 저장된 내용을 확인해 보시오.

c. SaveSong과 SaveSerSong 응용 프로그램의 차이점을 설명하시오.

65. Customer 객체를 저장하고 검색하는 SaveSong과 GetSong과 유사한 프로그램을 생성하시오. Customer 클래스에 대해서는 support 패키지를 보시오.

66. SerSongApp 프로그램을 다음과 같이 개선하시오.

a. 사용자 입력을 보다 더 완벽하게 만드시오. 적당하지 않는 입력에 대해서는 사용자에게 알려주시오.

b. 사용자에게 새로운 음반 색인 정보를 입력받도록 메뉴가 나타날 때 바로 Enter 키를 치면 리스트 입력은 종료된다. 이를 처리하는 사용자 인터페이스 처리 기능을 작성하시오.

c. 메뉴 기반 인터페이스사에서 사용자는 다음과 같은 네 개의 기능을 선택할 수 있다.

1. 음반을 리스트에 추가
2. 리스트로부터 음반을 제거
3. 음반의 색인을 변경
4. 리스트의 이름을 변경

위와 같이 개선된 기능을 구현하기 위해 SerSongList 클래스와 SerSongApp 클래스를 갱신해야 한다.

d. 단일 음반 리스트를 유지하는 대신 여러 음반 리스트를 유지하여 사용자가 원하는 리스트를 선택하도록 한다.

67. 프로그램 실행되는 동안 정보를 저장하고 검색에 관한 SerSongApp와 유사하게 작동하는 프로그램을 생성하시오. 사용자에 다음과 같은 기능을 제공하시오.

a. 골퍼에 관한 정보(이름과 점수)를 입력한다. 점수에 의해 정렬된 골퍼 목록을 제공한다. Golfer 클래스는 벌써 support 패키지에 정의되어 있다. 골퍼를 위한 Serializable 버전을 생성할 필요가 있을 것이다.

b. 시험 점수의 평균을 출력한다. 시험 점수는 두 값(시험 가중치와 이점)을 갖는다.

c. 보기를 원하는 영화에 관한 정보를 입력한다. 그 정보는 1과 10(가장 보기를 원할 경우)사이의 값으로 주어진다. 사용자는 영화를 본 후에 리스트로부터 그 영화를 제거할 수 있어야 한다.

# 07 부가 리스트 ADT

이 장은 독자들이 아래와 같은 내용을 습득할 수 있도록 하는 것을 목표로 한다.

지식적 목표 (Knowledge Goals)

- 다음과 같은 리스트의 장점과 제한점을 기술할 수 있어야 한다.
  - 원형 연결 리스트
  - 이중 연결 리스트
  - 머리 노드와 꼬리 노드를 갖는 연결 리스트
  - 배열 기반 연결 리스트
- 새로운 리스트를 구현하기 위해 기존 클래스를 재사용할 수 있는 능력을 갖추어야 한다.
- 리스트 요구 집합에 기반한 타당한 리스트 표현 방식을 선택할 수 있어야 한다.
- 필요하면 특정 문제를 풀기 위해 도움을 주는 새로운 리스트를 정의할 수 있어야 한다.
- 연결 리스트를 사용하여 아주 큰 정수를 구현하기 위한 방식을 기술할 수 있어야 한다.

기술적 목표 (Skill Goals)

- 무정렬 원형 연결 리스트를 구현할 수 있어야 한다.
- 정렬 원형 연결 리스트를 구현할 수 있어야 한다.
- 무정렬 이중 연결 리스트를 구현할 수 있어야 한다.
- 정렬 이중 연결 리스트를 구현할 수 있어야 한다.
- 머리 노드, 꼬리 노드와 둘 다를 갖는 연결 리스트를 구현할 수 있어야 한다.
- 노드들의 배열로 연결 리스트를 구현할 수 있어야 한다.
- 문제를 해결하기 위해 도움을 줄 수 있도록 새로운 리스트 방식들중의 하나를 사용할 수 있어야 한다.

이번 장에서는 세 종류의 참조 기반 리스트, 즉 원형 연결 리스트, 이중연결 리스트와 머리 노드와 꼬리 노드를 갖는 리스트를 소개한다. 또한 운영체제에서 널리 사용되는 연결 리스트를 구현하기 위한 배열 기반 방식을 소개한다.

지금까지 소개한 모든 리스트는 일반화되어 여러 응용에 유용하게 사용되어지고 있다. 이 장의 마지막 부분에서 특정 응용에 적합한 리스트 ADT를 설계할 예정이다. 사례 연구 부분에서는 아주 큰 정수(large integer)를 가지고 작동되는 계산기를 설계하고 구현할 예정이다.

## 7.1 원형 연결 리스트(circular linked lists)

제 6장에서 구현된 리스트는 요소들간의 선형 관계에 의해 특성화되어 있다. 다시 말해 모든 요소(첫 번째 요소를 제외한)는 유일한 선행자(predecessor)를 갖고, 또한 모든 요소(마지막 요소를 제외한)는 유일한 후행자(successor)를 갖는다.

참조 기반 방식에 약간의 변화를 가해보자. 이러한 변화는 리스트 ADT의 구현과 사용에 어떠한 영향을 줄 수 있는가? 만약 마지막 노드의 link에 널(null) 대신 첫 번째 노드를 가리키도록하면 리스트에 있는 임의의 노드로부터 출발하여 모든 노드를 순회할 수 있다. 이러한 리스트를 원형 연결 리스트라고 부른다(그림 7.1 참조).

**원형 연결 리스트 :** 모든 노드가 후행자를 갖는 리스트. 마지막 노드의 후행자는 첫 번째 노드이다.

물론 모든 원형 연결 리스트 명령은 명령이 실행된 전후에 원형 연결 리스트의 새로운 특성, 즉 모든 노드는 후행자를 갖으며 마지막 노드의 후행자는 첫 번째 노드라는 특성을 유지해야 한다. 원형 연결 리스트의 거의 모든 명령에서는 그리 큰 문제 없이 원형 연결 리스트의 특성을 유지한다. 리스트의 첫 번째 노드를 삭제할 경우를 생각해 보자. 제 6장에서 소개된 리스트 명령은 첫 번째 노드를 제거하면 첫 번째 노드를 가리키고 있는 리스트 참조 변수인 list를 두 번째 노드를 가리키도록 변경한다. 그러나 원형 연결 리스트에서 첫 번째 노드가 삭제되면 list 참조를 두 번째 노드로 변경해야 할 뿐만 아니라 첫 번째 노드를 가리키고 있는 마지막 노드를 찾아 이 노드의 링크를 두 번째 노드로 변경하여야 한다. 마지막 노드를 찾기 위해 분명히 리스트의 모든 노드를 순회하여야 한다. 더욱이 리스트의 맨 앞에 요소를 추가하고자 할 경우에도 유사한 문제가 발생한다.

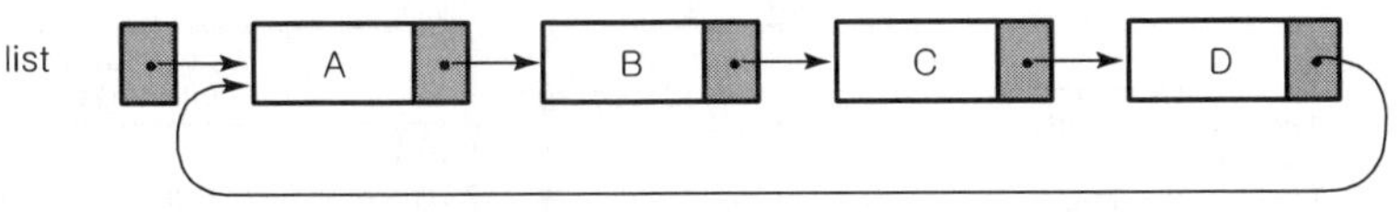


[그림 7.1] 원형 연결 리스트

일반적으로 리스트의 맨 앞에 있는 노드를 제거하거나 혹은 삭제하는 경우는 매우 자주 발생한다. 그래서 제 6장에서 소개된 선형 연결 리스트에서는 이를 효율적으로 처리하기 위한 방법이 제시되었다. 그러나 선형 연결 리스트와 같은 방법으로 원형 연결 리스트를 처리한다면 위의 명령이 효율적이지 않다. 이 문제를 리스트 참조 변수 list를 원형 연결 리스트의 맨 첫 번째 노드를 가리키지 않고 마지막 노드를 가리키게 하여 해결할 수 있다.

list 참조 변수를 이용하여 리스트에 있는 마지막 노드와 첫 번째 노드를 직접적으로 접근할 수 있다. 이 방식의 세 예제에 대한 설명이 그림 7.2에 잘 나타나 있다. 리스트가 비어있지 않으면 list는 마지막 노드를 참조하고, list.getLink()는 첫 번째 노드를 참조한다.

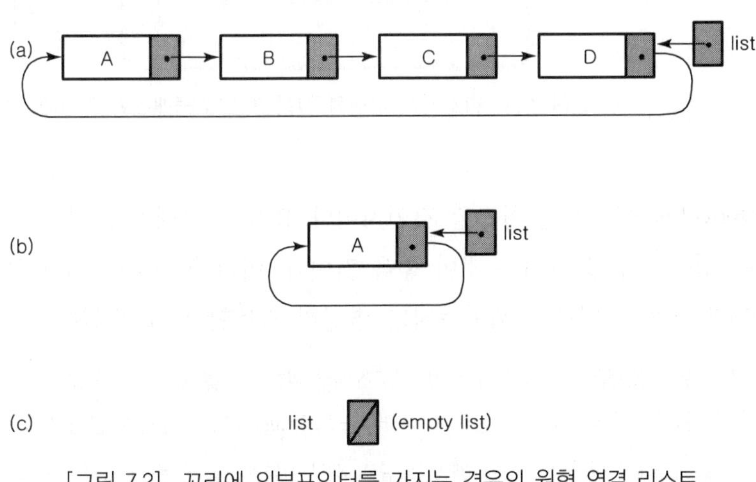


[그림 7.2] 꼬리에 외부포인터를 가지는 경우의 원형 연결 리스트

## 무정렬 원형 리스트

새로운 방식을 이용하여 무정렬 원형 리스트를 구현해 보자. 우선적으로 이 클래스가 리스트 골격(framework) 어디에 들어맞는지를 결정해야 한다. 이 클래스를 구현하기 위해 분명 UnsortedListInterface 라는 인터페이스를 구현해야 하는지에 대한 의문을 가질 것이다. 이 물음은 직접적으로 이 인터페이스를 구현해야 하는지 혹은 벌써 이 인터페이스를 확장한

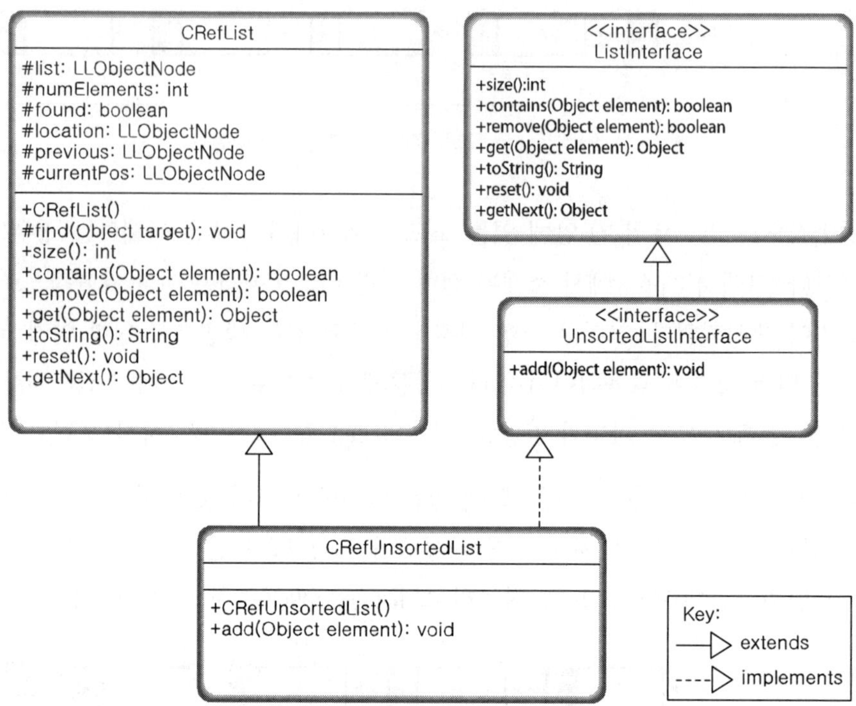


[그림 7.3] 참조기반 무정렬 원형 리스트 클래스와 인터페이스

RefUnsortedList 클래스를 확장할 것인지이다. RefList 클래스에 벌써 정의된 메소드를 재사용할 수 있는 방법을 취하는 것이 좋을 것이다. 이러한 문제를 해결하기 위해 새로운 방식이 구현에 어떠한 영향을 끼치는지를 면밀히 검토할 필요가 있다.

- 리스트 기반 구조체를 변경할 필요는 없다. 구조체를 위한 노드를 제공하기 위해 아직도 LLObjectNode를 사용할 수 있다. 결국 노드의 설계는 동일하며 마지막 노드의 link 참조의 값만을 변경한다.
- 아직도 리스트에 대한 참조, 리스트에 있는 요소 수와 반복처리를 위해 현 위치 지시자를 필요로하기 때문에 전에서와 같은 인스턴스 변수를 계속적으로 사용할 수 있다.
- 리스트 생성자는 변경되지 않는다. 참조변수들은 널로 초기화되고 원래 빈리스트의 요소수는 0이다.
- size 메소드는 numElements의 값을 반환한다.
- find 메소드에 대해서는 같은 규칙을 계속 사용할 수 있다. 검색 결과를 나타내기 위해 인스턴스 변수 found, location과 previous를 지정한다. 그러나 실제 find 구현은 변경되어야 한다.
- 리스트의 끝이 더 이상 널(null)이 아니기 때문에 find에 의해 사용된 검색 종료 조건은 변경되어야 한다.
- add와 remove 메소드는 리스트의 구조체를 변경한다. 그러므로 이 메소드 실행 결과 리스트도 원형 연결 리스트 구조를 갖추고 있어야 한다.
- 반복자와 toString 메소드는 갱신될 필요가 있다.

이렇게 많은 메소드들이 구조체 변경에 의해 영향을 받으므로 존재하는 클래스를 상속받아 사용하는 것보다 새로운 클래스 집합을 가지고 시작하는 것이 좋다. 제 6장에서 했던 방식을 따라 먼저 원형 연결 리스트가 정렬되어 있건 혹은 색인되어 있든지 관계없는 모든 명령의 구현을 포함하는 클래스 CRefList를 정의한다. 그리고 완전한 리스트 구현을 제공하기 위해 이 클래스를 확장하는 CRefUnsortedList 클래스와 같은 다른 클래스를 생성한다. 위와 같은 과정을 통해 클래스의 설계를 결정하는 것을 이해하는 것이 매우 중요하다. 현 리스트를 확장하여 새로운 리스트를 정의하는 방식을 취하여 리스트를 성공적으로 구현할 수도 있다.

## CRefList 클래스

CRefList 클래스는 선형 리스트의 RefList 클래스에서와 같은 메소드 집합(size, contains, remove, get, toString, reset, getNext)을 포함한다. 분명 size 메소드는 변경될 필요가 없다. 또한 CRefList에서 RefList에 있는 find 메소드 기능을 수정한 find 도움자 메소드를 제공한다면 contains와 get 메소드를 재사용할 수 있다.

## 반복자 메소드

CRefList 클래스에서 reset 메소드는 매우 복잡하고 getNext 메소드는 매우 단순하다. 다음과 같은 코드가 선형 연결 리스트와 원형 연결 리스트를 위한 reset 메소드이다.

**Linear**

```
public void reset()
{
  currentPos = list;
}

public Object getNext()
{
  Object next = currentPos.getInfo();
  if (currentPos.getLink() == null)
    currentPos = list;
    currentPos = currentPos.next;
  else
    currentPos = currentPos.getLink();
  return next;
}
```

**Circular**

```
public void reset()
{
  if (list != null)
    currentPos = list.getLink();
}

public Object getNext()
{
  Object next = currentPos.getInfo();
  currentPos = currentPos.getLink();
  return next;
}
```

reset 메소드가 현 위치를 리스트의 시작으로 지정하고 list가 마지막 리스트 요소를 가리키는 참조 변수이므로 list.getLink()를 사용하여 리스트의 시작을 접근해야 한다. 리스트가 비어 있으면 참조는 존재하지 않으며 이 경우 list 변수 그 자체는 널(null) 값을 갖는다. 그러므로 다음과 같은 할당 문을 빈 리스트에 대해서는 실행하지 않도록 해야 한다.

```
currentPos = list.getLink();
```

전에 언급한 것처럼, getNext 메소드는 보다 간단하게 구현된다. 선형 연결 리스트에 대한 getNext 메소드는 리스트 조건 종료 시험을 명확하게 해야 하고 이 기능을 특별 경우로 구분하여 처리했어야 했다. 그러나 원형 연결 리스트에서는 그러한 시험을 더 이상 할 필요가 없다. 반복 처리 과정에서 리스트의 끝에 도착하면 원형 리스트는 원할 때 리스트를 다시 처음부터 시작할 수 있게 해준다.

### toString 메소드

toString 메소드에서 코드를 단순화하기 위해 약간의 속임수를 사용한다. toString 명령은 리스트에 있는 첫 번째 요소의 문자열로부터 시작하길 원한다. 임시 변수 prevNode를 처음에 list 값, 즉 리스트의 마지막 노드로 지정한다. 결과적으로 리스트의 첫 번째 노드의 정보는 다음과 같은 문장을 통해 접근된다.

```
prevNode.getLink.getInfo();
```

위 문장은 prevNode의 값이 반복적으로 갱신되면서 do-while 루프에서 반복적으로 사용된다. prevNode 변수를 통해 바로 이전에 접근한 노드를 접근할 수 있다. prevNode가 list와 같으면, 즉 prevNode가 리스트의 맨 마지막 노드를 가리키면 do-while 루프를 빠져나온다. 이 시점에서 리스트의 마지막 노드 정보가 문자열에 벌써 추가되어 있으므로 더 이상 진행될 필요가 없다.

```
public String toString()
// Returns a nicely formatted String that represents this list.
{
  String listString = "List:\n";
  if (list != null)
  {
   LLObjectNode prevNode = list;
   do
   {
```

```
      listString = listString + " " + prevNode.getLink().getInfo() + "\n";
      prevNode = prevNode.getLink();
    }
    while (prevNode != list);
  }
  return listString;
}
```

toString 메소드가 널(null) 리스트, 하나 이상의 요소를 갖는 리스트에 대해 잘 작동되는지를 확신하기 위해 실행 과정을 꼼꼼히 추적해 보기 바란다.

### find 메소드

리스트의 시작부터 검색을 시작하여 원하는 요소와 동일한 요소를 찾거나 혹은 리스트의 끝에 도달할 때까지 순차적으로 검색을 계속한다. 항상 검색을 리스트의 시작 요소부터 해야 하므로 이를 처리하기 위한 가장 쉬운 방법은 list가 마지막 노드를 가리키는 원형 연결 리스트이므로 location에서 비교하는 것이 아니라 대신 location.getLink()에서 비교하는 것이다. 그러므로 자료를 비교하기 전에 탐색 루프의 끝에서 location을 갱신하는 것보다 오히려 루프의 시작에서 location을 갱신하도록 한다.

```
protected void find(Object target)
// Searches list for an occurrence of an element e such that
// e.equals(target). If successful, sets instance variables
// found to true, location to node containing e, and previous
// to the node that links to location. If unsuccessful, sets
// found to false.
{
  boolean moreToSearch;
  location = list;
  found = false;
  moreToSearch = (location != null);
  while (moreToSearch && !found)
  {
   // move search to the next node
   previous = location;
   location = location.getLink();
   // check for a match
   if (location.getInfo().equals(target))
     found = true;
   moreToSearch = (location != list);
```

```
    }
}
```

리스트 끝에 도달했는지를 결정하기 위해 약간의 수정이 요구된다. 비어있지 않는 리스트에 대해 RefList 클래스에 있는 find 구현은 아래 문장과 같이 location이 널(null)이 될 때, 즉 전체 리스트 요소를 모두 조사하였으므로 루프를 종료한다.

```
moreToSearch = (location != null);
```

원형 연결 리스트에서는 마지막 노드의 link에 널(null) 대신 첫 번째 노드가 연결되어 있으므로 위와 같은 문장은 더 이상 작동되지 않는다. 원형 연결 리스트에서 리스트의 끝에 도달 했는지를 어떻게 아는가? 분명히 루프에서 location이 list 변수와 같은 노드를 참조하면 리스트에 있는 모든 노드들을 순회하고 리스트 끝에 도달한다. 즉 list가 원형 연결 리스트에서 마지막 노드를 가리키고 있으므로 이 시점이 바로 리스트의 끝이다. 그러므로 종료 조건은 다음과 같다.

```
moreToSearch = (location != list);
```

### contains와 get 메소드

contains와 get 메소드가 단지 find 메소드를 통해 리스트의 구조체를 접근하기 때문에 find 메소드만을 갱신하면 이 두 메소드를 별도로 갱신하지 않아도 된다.

### remove 메소드

원형 연결 리스트로부터 요소를 제거하기 위한 방식은 기본적으로 선형 연결 리스트에서와 같은 방식을 사용한다. 먼저 리스트로부터 제거하기 원하는 요소를 찾아 존재하는 경우 location과 previous를 지정하기 위해 find 메소드를 사용한다. 아래 문장과 같이 제거될 요소의 바로 앞에 있는 노드의 next를 제거될 요소의 바로 다음에 있는 노드로 지정하여 이 요소를 리스트로부터 연결되지 않게 만든다.

```
previous.setLink(location.getLink()); // location에 있는 노드 제거
```

이 방식은 일반적인 경우 잘 동작된다. 상세한 내용은 그림 7.4a를 참조하기 바란다. 특수한 경우는 어떠한가? 선형 리스트 버전에서 첫 번째 노드를 제거하는지를 검사해야 한다. 이

경우 list가 첫 번째 노드를 가리키고 있으므로 일반적인 경우와 같이 노드만을 제거하면 list가 제거된 노드를 가리키고 있으므로 심각한 문제가 일어난다. 이를 없애기 위해 list를 첫 번째 노드의 link로 지정한다. 원형 리스트 버전에서 리스트 참조는 항상 리스트의 마지막 요소이다. 그래서 첫 번째 요소 제거는 아무 문제가 되지 않는다, 즉 특별한 경우가 아니다. 그림 7.4(b)가 그 이유를 잘 설명하고 있다. 그러나 그림 7.4(c)에서와 같이 원형 리스트에서는 요소를 제거하는 그 자체가 특별한 경우이다. 하나의 요소로 구성된 리스트에서 그 요소를 제거하면 리스트는 비게 되고 list 값은 널(null)이 되어야 한다. 이러한 상황을 list가 list.getLink()와 같은지, 즉 list에 의해 가리키고 있는 노드가 그 자신을 가리키고 있는지를 검점함으로써 검출할 수 있다.

(a) 일반적인 경우 (B 제거)

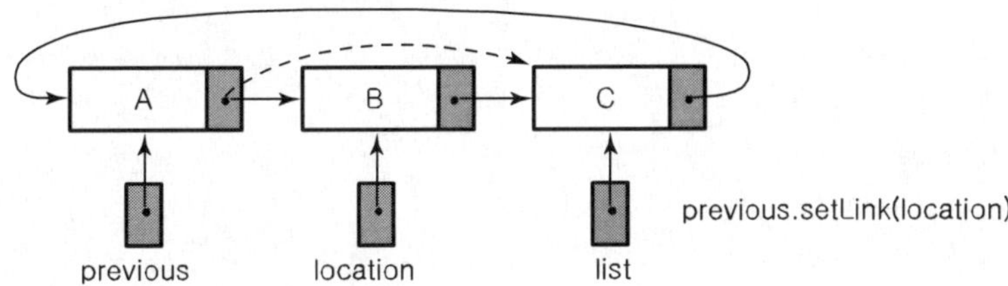


(b) 특별한 경우 : 첫번째 요소 제거 (A 제거)

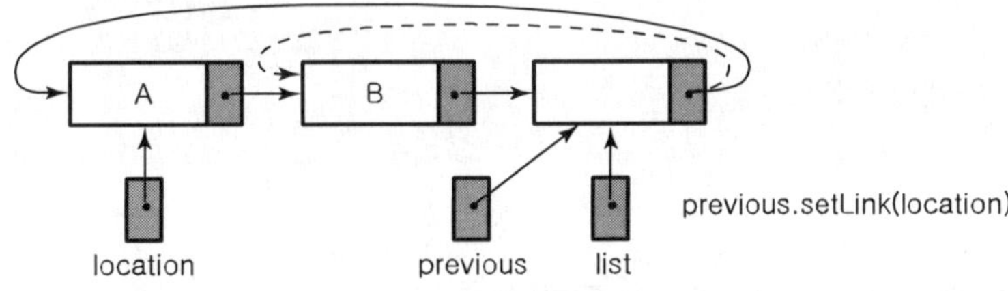


(c) 특별한 경우 : 유일한 요소 제거 (A 제거)

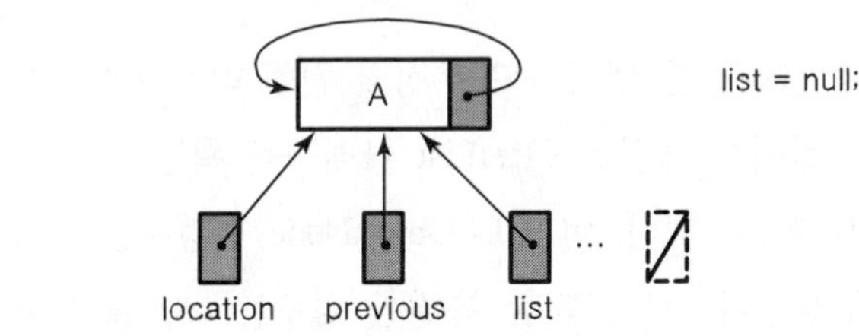


(d) 특별한 경우 : 마지막 요소 제거 (C 제거)

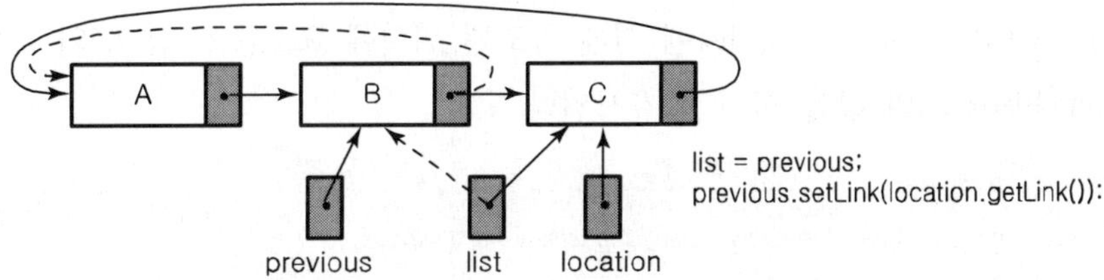


[그림 7.4] 원형 연결 리스트로부터 노드를 제거하기

list가 마지막 요소를 가리키고 있으므로 원형 연결 리스트로부터 마지막 요소를 제거하는 과정이 특별한 경우이다. 따라서 마지막 요소를 제거하면 list의 값을 변경한다(그림 7.4(d)에서와 같이 list를 previous로 지정한다). 아래 같은 코드가 원형리스트로부터 일반적인 경우 혹은 특별한 경우 원하는 노드를 제거하는 기능을 나타낸다.

이 프로그램이 잘 작동되는지를 자세히 추적해 보기 바란다.

```
public boolean remove (Object element)
// Removes an element e from this list such that e.equals(element)
// and returns true; if no such element exists, returns false.
{
  find(element);
  if (found)
  {
   if (list == list.getLink())                    // if single-element list
     list = null;
   else
   if (previous.getLink() == list)                // if removing last node
     list = previous;
   previous.setLink(location.getLink());          // remove node
  numElements--;
 }
 return found;
}
```

## CRefUnsortedList 클래스

CRefUnsortedList 클래스를 생성하고 무정렬 원형 리스트의 구현을 완료하기 위해 add 메소드를 갖는 이전 절에서 개발된 CRefList 클래스를 확장할 필요가 있다. add 메소드 구현은 상대적으로 바로 할 수 있다. 먼저 LLObjectNode 생성자를 사용하여 새로운 노드를 생성한다. 리스트가 무정렬이므로 고려할 특별한 경우는 요소를 빈리스트에 추가하는 경우이다. 그 경우 새로운 요소를 참조하도록 list 변수를 지정하고 그 요소가 그 자신을 가리키도록 한다. 그 이외 경우 요소를 list에 의해 참조된 위치에 요소를 그림 7.5와 같이 추가한다. 이때 numElements의 값을 하나 증가시킨다.

```
//----------------------------------------------------------------------
// CRefUnsortedList.java by Dale/Joyce/Weems Chapter 7
//
// Implements the UnsortedListInterface using references
```

```
// (a circular linked list).
//----------------------------------------------------------------------------
import support.LLObjectNode;
import ch06.lists.*;
public class CRefUnsortedList extends CRefList
implements UnsortedListInterface
{

  public CRefUnsortedList()
  {
   super();
  }

  public void add(Object element)
  // Adds element to this list.
  {
   LLObjectNode newNode = new LLObjectNode(element);
   if (list == null)
   {
        // add element to an empty list
       list = newNode;
       newNode.setLink(list);
   }
   else
   {
       // add element to a non-empty list
       newNode.setLink(list.getLink());
       list.setLink(newNode);
       list = newNode;
   }
   numElements++;
  }
}
```

정렬 원형 리스트 혹은 색인 원형 리스트도 비슷한 형태로 구현될 수 있다. 이들 리스트에 대한 구현은 연습문제로 남긴다.

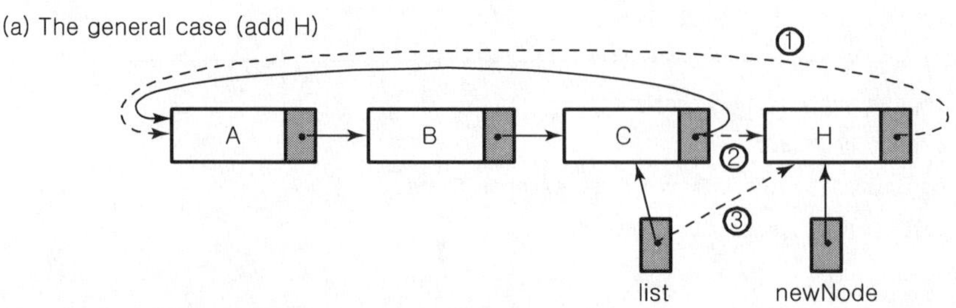


(b) Special case: The empty list (add A)

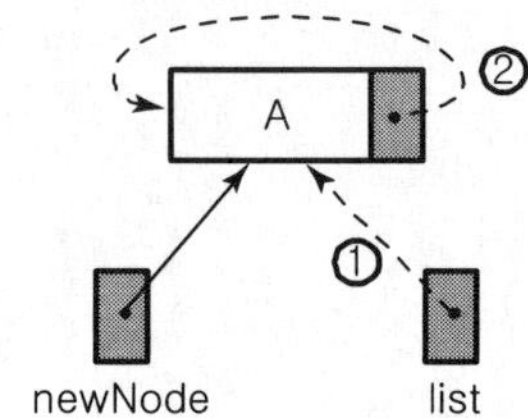


[그림 7.5] 노드를 원형 연결 리스트에 추가

## 원형 연결 리스트 vs 선형 연결 리스트

원형 연결 리스트를 공부하면 참조의 개념과 자기 자신을 참조(self-referential) 하는 개념을 잘 익힐 수 있다. 그 이외에 좋은 점은 무엇인가? 선형 방식과 비교했을 때 원형 방식에서 getNext만이 보다 단순하다. 최소한의 장점은 보다 복잡한 reset 명령에 의해 상쇄된다. 그럼 왜 선형 연결 리스트 대신 원형 연결 리스트를 사용하는가?

원형 리스트는 리스트의 양 끝을 접근하고자 하는 응용 프로그램에 잘 적용된다. 예를 들어 원형 정렬 리스트는 inBetween 과 같은 부가적인 명령을 제공할 수 있다. inBetween 명령은 매개변수가 "in between" 인지, 즉 리스트에서 가장 큰 요소와 가장 작은 요소인지를 나타내는 대수 값을 반환한다. 원형 정렬 리스트에서는 가장 큰 요소는 list를 통해, 가장 작은 요소는 list.getLink()를 통해 쉽게 접근이 가능하다. 그러므로 원형 리스트를 가지고 O(1) 명령으로 inBetween를 구현할 수 있다. 반면 선형 리스트에서 이 기능을 구현하기 위해서는 O(N) 명령이 요구될 것이다.

많은 경우에 정렬리스트에 추가하기 원하는 자료는 벌써 정렬화되어 있을 것이다. 때때로 사용자가 수작업으로 원 자료를 정렬하여 자료 입력 요원에 넘긴다. 다른 프로그램에 의해 생산된 자료도 정렬되어 있을 수 있다. 정렬 리스트 ADT와 정렬 입력 자료가 주어지면 항상 리스트의 끝에 자료를 삽입해야 한다. 공교롭게도 이 경우가 계산 시간이 가장 많이 소요된다. 대조적으로 원형 연결 리스트를 사용하면 list가 마지막 노드를 가리키고 있으므로 이러한 문제를 제거할 수 있다. 원형 연결 리스트를 위해 기술된 이러한 이점들은 또한 리스트의 마지막 노드 참조를 가지는 제 6장에서 정의한 선형 연결 리스트를 사용하여 얻어질 수 있다. 선형 연결 리스트를 약간 변형한 또 다른 리스트를 고려할 수 있다.

상세한 내용은 연습문제에서 언급한다. 제 7.2절에서는 다른 주요한 연결 리스트인 이중 연결 리스트 구조를 언급한다. 이 구조는 임의의 노드에서 좌우 연결 노드를 자유롭게 접근 가능하다.

## 7.2 이중 연결 리스트(doubly linked list)

이전에 언급한 바와 같이 원형 연결 리스트는 시작점으로부터 리스트에 있는 임의의 노드를 접근할 수 있다. 이 구조가 비록 선형 연결 리스트에 비해 장점이 있긴 하나 아직도 다양한 응용에 적용하기란 한계가 있다. 제거될 노드에 대한 참조만이 주어져 있을 때 리스트에 있는 특정 노드를 제거하기 원한다고 가정해 보자. 이 작업은 선행 노드의 link 참조를 변경한다. 그러나 단지 노드의 참조만이 주어지면, 리스트에서 그 노드에 대한 선행자를 접근하는 것이 그리 쉽지 않다.

선형 연결 리스트(혹은 원형 연결 리스트)상에 실행될 어려운 또 다른 작업은 리스트를 역으로 순회하는 것이다. 예를 들어 학생 레코드 목록을 가지고 있다고 가정하자. 이 레코드들은 GPA(grade point average)에 의해 가장 낮은 점부터 가장 높은 점수로 정렬되어 있다. 학생장은 dean 리스트를 준비하는데 사용하기 위해 레코드들을 가장 높은 점수에서 가장 낮은 점수로 출력하길 원할 것이다.

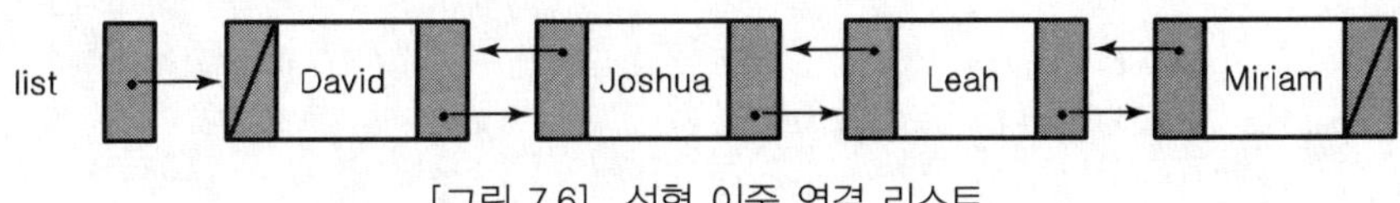


[그림 7.6] 선형 이중 연결 리스트

주어진 노드의 바로 앞에 있는 노드를 접근할 필요가 있는 경우, 이중 연결 리스트(doubly linked list)가 유용하다. 이중 연결 리스트에서 노드은 두 방향으로 연결되어 있다. 이중 연결 리스트의 각 노드는 아래와 같은 세 가지 정보를 포함한다.

- info: 노드에 저장된 요소
- link: 바로 다음에 나오는 노드를 참조
- back: 바로 앞에 나온 노드를 참조

**이중연결 리스트** : 각 노드가 두 연결자, 즉 후행자와 선행자를 연결하는 연결 리스트

그림 7.6은 선형 이중 연결 리스트를 설명한다. 첫 번째 노드의 back 참조와 마지막 노드의 link 참조는 널(null)을 포함한다. 이러한 리스트를 위한 노드는 다음과 같은 DLLObjectNode 클래스에 의해 제공될 수 있다.

이 클래스는 미리 정의된 LLObjectNide 클래스를 요구된 기능을 가지고 확장한다.

```
//----------------------------------------------------------------------------
// DLLObjectNode.java by Dale/Joyce/Weems Chapter 7
//
// Implements Object nodes for a doubly linked list.
//----------------------------------------------------------------------------

package support;

public class DLLObjectNode extends LLObjectNode
{
  private DLLObjectNode back;

  public DLLObjectNode(Object info)
  {
   super(info);
   back = null;
  }

  public void setBack(DLLObjectNode back)
  // Sets back link of this DLLObjectNode.
  {
   this.back = back;
  }

  public DLLObjectNode getBack()
  // Returns back link of this DLLObjectNode.
  {
```

```
    return back;
  }
}
```

## add와 remove 명령

DLLObjectNode 정의를 사용하여 이중 연결 리스트에 대응하는 add와 remove 메소드를 논의해 보자. 이들 두 명령의 첫 번째 단계는 추가와 삭제가 수행될 위치를 찾는 것이다. 이 단계는 검색동안에 이전 위치를 참조할 수 있도록 해 주어야 하기 때문에 단일 연결 리스트에서는 매우 복잡했다. 참조는 더 이상 필요하지 않다. 대신 back 참조를 통해 임의의 노드 선행자를 얻을 수 있다.

비록 검색 단계가 좀 더 단순할 지라도, 이중연결 리스트상에 추가와 제거 알고리즘은 단일 연결 리스트에 비해 약간 더 복잡하다. 그 이유는 분명하다. 각 노드는 이중 연결 리스트를 조작해야 하므로 별도 참조를 갖는다.

예로 add 메소드를 생각해 보자. previous에 의해 참조된 주어진 노드 다음에 새로운 노드 newNode를 연결하기 위해 두 참조, newNode.link와 previous.link를 변화시킬 필요가 있다(상세 설명은 그림 7.7b를 참조하시오). 이중 연결 리스트상에 같은 명령은 네 번의 참조 변경을 요구한다(그림 7.7b 참조).

새로운 노드를 추가하기 위해 새로운 노드를 위한 공간을 할당하고 삽입 위치를 결정하기 위해 list를 검색한다. 탐색이 완료되면 location은 새로운 노드 바로 다음에 위치할 노드를 참조한다. 이제 새로운 노드를 리스트에 삽입할 준비가 완료되었다. 명령의 복잡도 때문에 참조를 변경하는 순서를 주의 깊게 살펴야 한다.

예를 들어 location 앞에 새로운 노드를 추가할 때 location.back 참조를 첫 번째로 변경하면, 새로운 노드 앞에 놓일 노드에 대한 참조를 잃어버린다. 참조 변경을 위한 정확한 순서는 그림 7.8에 자세히 설명되어 있고, 다음과 같은 순서로 코딩된다.

```
newNode.setBack(location.getback);
newNode.setLink(location);
location.getBack.setLink(newNode);
location.setBack(newNode);
```

(a) 단일 연결 리스트에 삽입

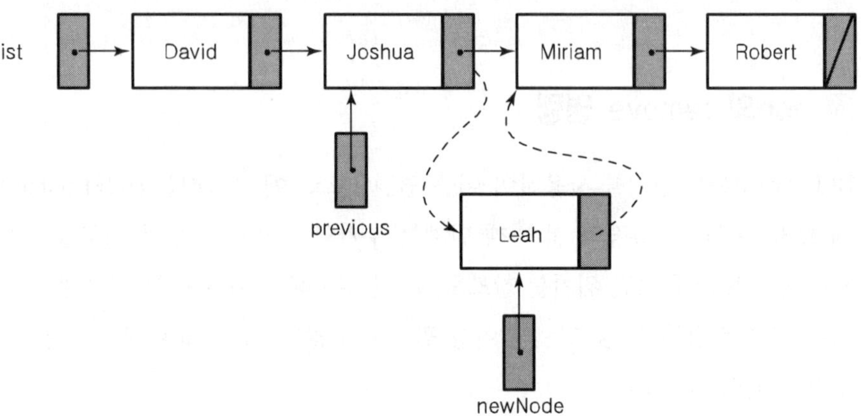


(b) 이중 연결 리스트에 삽입

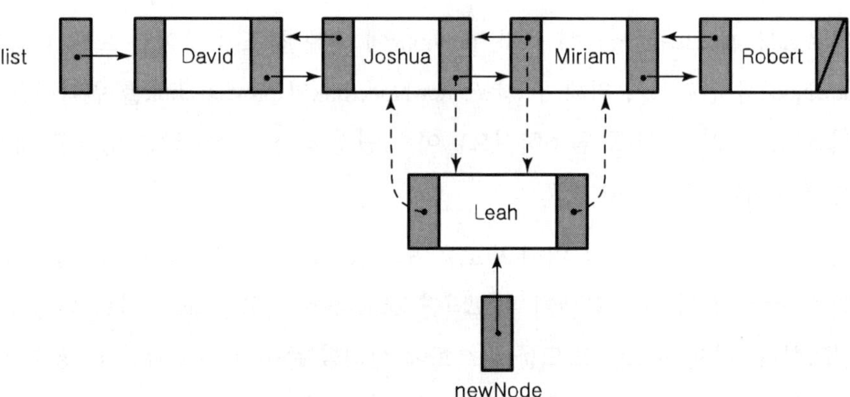


[그림 7.7] 단일 연결 리스트와 이중 연결 리스트에 추가

또한 빈 리스트에 요소를 추가하는 특별한 경우에 대한 참조 변경도 위와 다르므로 주의 깊게 처리하여야 한다.

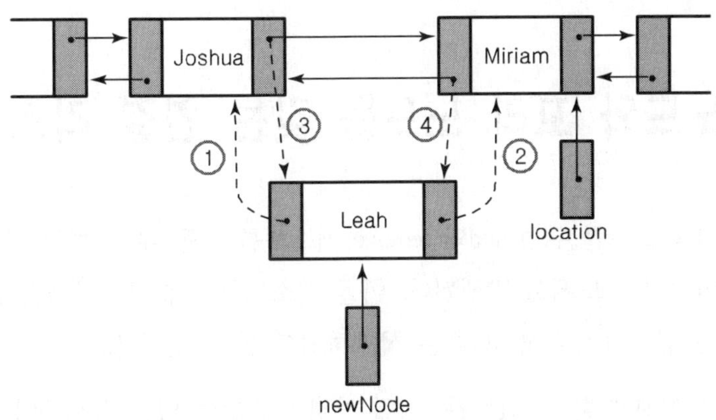

[그림 7.8] 이중 연결 리스트에 노드를 추가하기

이제 remove 메소드를 생각해 보자. 이중 연결 리스트의 유용한 특징은 노드를 제거하기 위해 노드의 선행자 참조를 별도로 찾을 필요가 없다는 것이다. back 참조를 통해 이전 노드의 link 변수를 제거될 노드의 link로 변경할 수 있다. 후행자 노드의 back 참조는 이전 노드를 가리킨다. 이 명령에 대한 자세한 설명은 그림 7.9에 기술되어 있다.

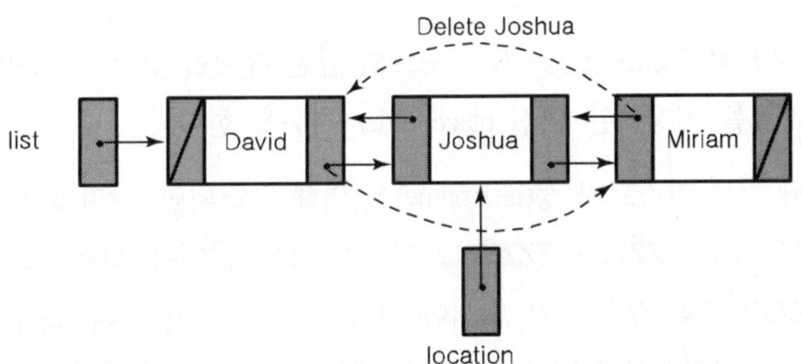

[그림 7.9] 이중 연결 리스트로부터 노드를 제거하기

그러나 종료시 주의 깊게 처리해야 한다. location.getBack()이 널이면 첫 번째 노드를 제거한다. location.getLink()가 널이면 마지막 노드를 제거한다. location.getBack()과 location.getLink()가 모두 널이면 그 노드 자체를 제거한다. 이중 연결 리스트에 대한 완전한 코딩 작업은 연습문제로 넘긴다.

# 7.3 머리 노드와 꼬리 노드를 갖는 연결 리스트

정렬 연결 리스트를 위한 add와 remove 메소드를 만들 때, 특별한 경우가 리스트의 첫 번째 노드와 마지막 노드에서 발생된다. 이들 메소드를 단순화하기 위한 방법이 리스트 끝에서는 요소를 삽입하지도 않고 혹은 삭제하지도 않는 것이다.

이 작업을 어떻게 할 수 있는가? 정렬 연결 리스트에 있는 요소들이 키이 값에 따라 배치되어 있다고 하자. 키이에 대한 가능한 범위를 식별할 수 있다면 이 범위 이외의 값을 갖는 더미 노드를 설정하면 매우 간단하게 해결된다. 가능한한 값보다 작은 값을 갖는 머리 노드(header node)를 리스트의 맨 앞에 위치시키고, 가능한한 값보다 큰 값을 갖는 꼬리 노드(trailer node)를 리스트의 맨 뒤에 위치시킨다.

머리 노드 : 리스트의 시작에 위치한 노드로 리스트 처리를 단순화하기 위해 사용됨
꼬리 노드 : 리스트의 끝에 위치한 노드로 리스트 처리를 단순화하기 위해 사용됨

머리 노드와 꼬리 노드는 실 자료 노드와 같은 유형을 갖는 노드이다. 그러나 이들 노드는 리스트 자료를 저장하는 대신 placeholder 기능을 한다.

예를 들어 학생 리스트가 성(last name)에 의해 정렬되면, 알파벳으로 "AAAAAAAAAA" 보다 작거나 혹은 "ZZZZZZZZZZ" 보다 큰 성은 없어야 하며 또한 "AAAAAAAAAA" 와 "ZZZZZZZZZZ" 와 같은 성은 없어야 한다. 그러므로 연결 리스트는 머리노드와 꼬리 노드를 가지고 초기화된다(그림 7.10 참조). 최소 및 최대 키이 값을 안다면 일반 리스트 ADT를 어떻게 구현할 수 있는가? 매개변수화된 클래스 생성자를 사용할 수 있고 사용자에게 매개변수로 더미 키이를 포함하는 요소를 전달한다.

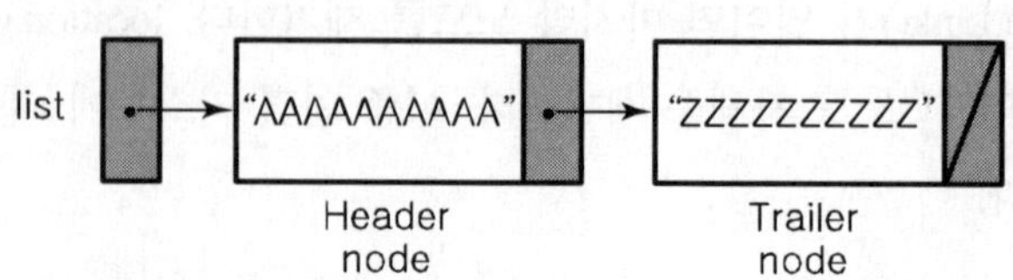


[그림 7.10] 머리 노드와 꼬리 노드를 갖는 빈 리스트

# 7.4 노드들을 위한 배열로써의 연결 리스트

꼭 그렇지는 않지만 그림 7.11(a)에 설명된 바와 같이 필요에 따라 동적으로 할당될 자기 자신 참조 노드(self-referential node)로 구성된 연결 구조체를 고려할 수 있다. 연결 리스트는 배열로 구현될 수 있다. 요소들은 임의의 순서로 배열에 저장될 수 있으며 그들의 색인에 의해 연결된다(그림 7.11b 참조). 이 절에서는 배열 기반 연결 리스트 구현을 개발한다.

(a) 동적 저장소에 있는 연결 리스트

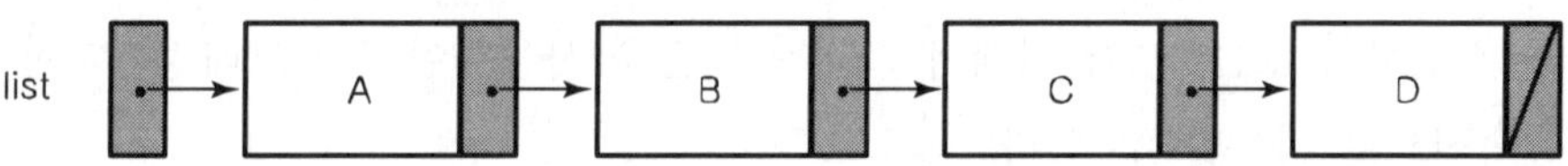


(b) 정적 저장소에 있는 연결 리스트

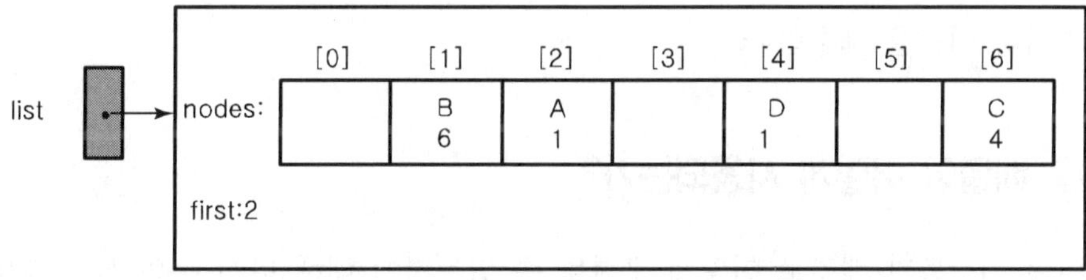


[그림 7.11] 동적기억소와 정적저장소로 연결 리스트

이전 참조 기반 리스트 구현에서 새로운 노드를 추가하거나 혹은 노드를 제거하고자 할 때 자바 라이브러리에서 미리 제공하는(built-in) 메모리 관리 서비스를 사용했다. 자바에서 새로운 노드를 얻기는 매우 쉽다. 매우 친근한 new 명령을 사용하면 된다. 노드를 사용으로부터 해제하는 것 또한 매우 쉽다. 해제가 이루어지면 노드에 대한 참조를 바로 제거한다. 또한 이러한 해제는 노드에 의해 사용된 공간을 재생하기 위한 자바 런타임(run-time) 시스템 쓰레기 수집기(garbage collector)에 의존적이다.

배열 기반 연결 표현을 위해 최대 리스트 크기를 미리 결정해야 하고 그 크기 만큼의 배열 노드를 생성해야 하며, 배열 노드를 직접적으로 관리해야 한다. 공간의 효율적 사용을 위해서는 available node의 분할 리스트를 유지하고 free 리스트에 노드를 할당하고 free 리스트로부터 노드를 재할당하기 위한 루틴을 작성해야 할 것이다.

## 배열을 왜 사용하는가?

리스트 노드의 동적 할당은 많은 장점을 갖는데 왜 노드들을 위한 배열 구현을 위해 사용하는가? 동적 할당은 연결을 효율적으로 구현하는 장점이 있다. 다른 장점은 add 와 remove 알고리즘을 보다 효율적으로 구현한다. 연결 구조체에 대한 명령의 대부분 알고리즘은 배열 기반 혹은 참조 기반 구현을 위해 사용될 수 있다. 큰 차이점은 배열 기반 구현에서 자신의 free 공간을 관리하는 요구사항이 있으며, 참조기반구현에서는 free 공간을 보다 더 융통성있게 관리할 수 있다.

노드들을 위한 배열을 사용하는 다른 이유는 프로그래밍 언어가 동적 할당 혹은 참조 유형을 지원하지 않는다. 이 절에서 소개된 기술을 사용하여 프로그래밍한다면 연결 구조체를 계속적으로 사용할 수 있다.

마지막으로 한번에 하나씩 노드를 동적으로 할당하는 작업은 실시간 소프트웨어에서 시간이 너무 소요된다. 이러한 상황에서 배열 기반 연결 방식이 같은 실시간 비용없이 연결 구조체의 이득을 제공한다.

## 배열이 어떻게 사용되는가?

연결 리스트가 배열로 어떻게 구현될 수 있는지에 대해 다시 논의한다. 후행 노드의 배열 색인을 나타내기 위한 next 변수를 각 배열 노드에 연관시킬 수 있다. 리스트의 시작은 리스트에 있는 첫 번째 요소의 색인을 포함하는 참조를 통해 접근된다. 그림 7.12는 “David”, “Joshua”, “Leah”, “Miriam”과 “Robert”를 포함하는 정렬 리스트가 노드들을 위한 배열에 어떻게 저장되는지를 보여준다. 리스트에 있는 요소들의 순서가 어떻게 next 색인 체인에 의해 명확하게 나타나는가?

마지막 리스트 요소의 next 색인은 무엇으로 지정되는가? 널 값은 실제로 있는 리스트 요소를 가리키기는 유효하지 않다. nodes 배열 색인이 0부터 시작하므로 -1 값은 배열 색인으로 유효한 값이 아니다. 즉 nodes[-1]을 위한 공간은 없다. 그러므로 -1은 널 주소를 나타내기 위한 이상적인 값이다. 아래와 같은 프로그램을 통해 널 주소를 확인한다.

```
while (location != -1)
```

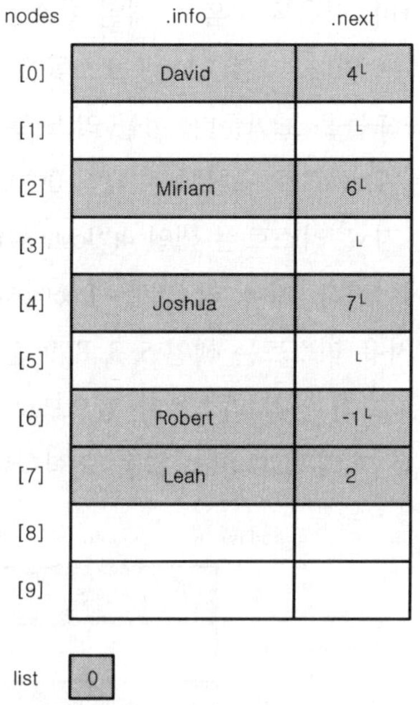

| nodes | .info | .next |
|---|---|---|
| [0] | David | 4 |
| [1] | | |
| [2] | Miriam | 6 |
| [3] | | |
| [4] | Joshua | 7 |
| [5] | | |
| [6] | Robert | -1 |
| [7] | Leah | 2 |
| [8] | | |
| [9] | | |

list: 0

[그림 7.12] 노드 배열에 저장된 정렬 리스트

아래와 같이 널 주소를 나타내기 위해 명명된 상수를 사용하면 더 좋은 프로그램을 만들 수 있다.

```
private static final int NUL = -1;
```

노드들을 위한 배열 구현이 연결 리스트를 표현하기 위해 사용될 때 프로그래머는 새로운 리스트 요소를 위해 가용한 자유 공간을 관리하기 위한 루틴을 작성해야 한다. 자유 공간은 어디에 있는가? 그림 7.12를 다시 한번 살펴보자. 메모리를 동적으로 할당하는 built-in 할당자 new 대신에 자유 공간으로부터 노드를 할당하기 위한 자기 자신의 메소드를 작성해야 한다. 이 메소드를 getNode라고 한다. 새로운 요소를 리스트에 추가할 때 getNode를 사용한다.

리스트로부터 요소를 제거할 때 공간을 재생할 필요가 있다. 즉 제거된 노드를 자유 공간에 반환하여 후에 재사용가능하도록 한다. 따라서 제거한 노드를 할당된 배열에 남겨 실시간 엔진에 의해 재생되지 않는 쓰레기 수집기만을 의존할 게 아니라 노드를 자유 공간 pool에 집어넣기 위한 freeNode 메소드를 작성할 수 있다.

물론 리스트 요소들을 유지하기 위해 사용되지 않고 있는 노드들을 모아 놓은 곳을 정검하기 위한 방법이 필요하다. 사용되지 않는 배열 요소들 모두를 하나의 리스트, free nodes의 연결 리스트로 연결할 수 있다. 그림 7.13은 요소들을 위한 리스트, list와 자유 공간의 리스트, free를 갖는 배열 노드들을 보여준다. 이들 리스트에 있는 요소들은 next 값을 통해 연결되어 있다. list 변수는 "David"를 포함하는 색인 0에서 시작하는 리스트에 대한 참조이다. next 링크를 따라가면, 자료 리스트는 색인 4("Joshua"), 7("Leah"), 2("Mirian")과 6("Robert") 순서로 배열 slots이 이어진다. 자유 리스트는 free에서 시작하여, 즉 색인 1에서 시작한다. next 링크를 따라가면 자유 리스트는 색인 5, 3, 8, 9 순서로 배열 slots이 이어진다. 노드들을 위한 배열에 포함된 두 개의 연결 리스트가 있으므로 next 열에 두 개의 NUL 값이 존재한다. 그러므로 배열은 두 개의 end-of-list 값을 포함한다.

| nodes | .info | .next |
|---|---|---|
| [0] | David | 4 |
| [1] | | 5 |
| [2] | Miriam | 6 |
| [3] | | 8 |
| [4] | Joshua | 7 |
| [5] | | 3 |
| [6] | Robert | NUL |
| [7] | Leah | 2 |
| [8] | | 9 |
| [9] | | NUL |

| | |
|---|---|
| list | 0 |
| free | 1 |

[그림 7.13] 값들의 연결 리스트와 자유 공간을 갖는 배열

array-of-node를 구현하기 위해 연결 구조체를 두 가지 방식으로 사용할 수 있다. 첫 번째 방식은 단일 배열을 가지고 동적 메모리를 모의실험할 수 있다. 컴퓨터 자유 공간이 다른 리스트를 유지하기 위해 동적으로 할당될 수 있는 것처럼 하나의 배열은 여러 다른 연결 리스트를 저장하기 위해 사용된다. 이 방식에서 리스트에 대한 참조는 저장소 구조체의 일부가 아니며 자유 노드 리스트에 대한 참조는 구조체의 일부이다.

그림 7.14는 두 개의 다른 리스트를 포함하는 배열을 나타낸다. list1이 가리키는 리스트는 "John", "Nell", "Susan"과 "Susanne"을 포함한다. list2가 가리키는 리스트는 "Mark", "Naomi"와 "Robert"을 포함한다.

그림 7.14에 있는 나머지 세 배열 slots은 자유 리스트로 연결된다.

free: 7

| nodes | .info | .next |
|---|---|---|
| [0] | John | 4 |
| [1] | Mark | 5 |
| [2] | | 3 |
| [3] | | NUL |
| [4] | Nell | 8 |
| [5] | Naomi | 6 |
| [6] | Robert | NUL |
| [7] | | 2 |
| [8] | Susan | 9 |
| [9] | Susanne | NUL |

| | |
|---|---|
| list1 | 0 |
| list2 | 1 |

[그림 7.14] 자유 리스트를 포함하여 세 개의 리스트를 갖는 배열

두 번째 방식은 각 리스트에 대해 노드들을 위한 하나의 배열을 생성하는 것이다. 이 방식에서 리스트에 대한 참조는 저장소 구조체 자신의 일부이다(그림 7.15 참조). 이 전략은 단지 하나의 리스트만이 존재할 때 작동한다. 리스트 생성자는 리스트에 저장될 최대 요소를 나타내는 매개변수를 전달받는다. 이 매개변수는 동적으로 적합한 크기의 배열을 할당하기 위해 사용된다.

이 절에서는 두 번째 방식을 구현한다. 이를 위한 새로운 클래스를 ArrayRefSortedList라 하며, 이 클래스 메소드를 구현하는데 있어, 노드들을 위한 배열 내부에서 일어날 두 개의 구별된 명령을 항상 알고 있어야 한다. 첫 번째 명령은 공간에 관련된 bookkeeping(노드들을 위한

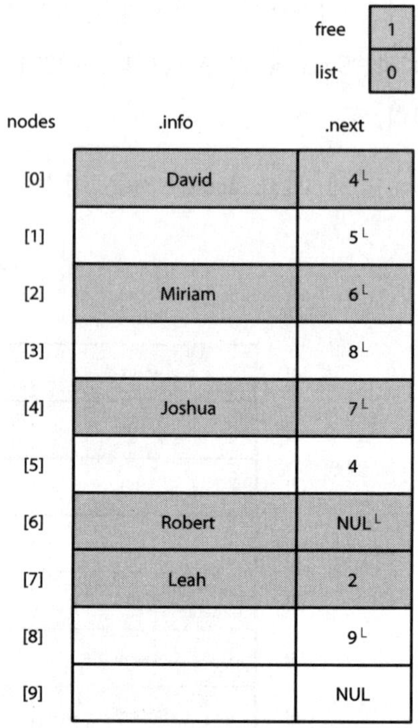

| free | 1 |
|---|---|
| list | 0 |

| nodes | .info | .next |
|---|---|---|
| [0] | David | $4^{L}$ |
| [1] | | $5^{L}$ |
| [2] | Miriam | $6^{L}$ |
| [3] | | $8^{L}$ |
| [4] | Joshua | $7^{L}$ |
| [5] | | 4 |
| [6] | Robert | $NUL^{L}$ |
| [7] | Leah | 2 |
| [8] | | $9^{L}$ |
| [9] | | NUL |

[그림 7.15] 리스트와 연결 구조체가 같이 있는 예

배열의 초기화, 새로운 노드를 얻기와 노드를 자유롭게 만들기와 같은 명령) 명령이며, 두 번째 명령은 사용자 자료를 포함하는 리스트에 관한 명령이다. bookkeeping 명령은 ADT를 사용하는 프로그래머에게 투명하며, 이 방식에서는 리스트 인터페이스를 변경하지 않는다. 실질적으로 새로운 클래스는 다른 정렬 리스트 구현이 행했던 것과 같이 SortedListInterface를 구현한다. 그러나 private 자료는 변한다. 이 클래스는 노드들을 위한 배열을 포함한다. 이 배열을 nodes라고 하면 이 배열은 AListNode 클래스의 요소들을 유지한다. AListNode 클래스의 객체는 두 개의 속성, 클래스 Object의 info(사용자 자료의 복사에 대한 참조를 유지한다)와 int 형의 next(리스트상에 next 요소의 색인을 유지한다)를 포함한다. ArrayRefSortedList 클래스 내부에 AListNode를 protected 클래스로 정의한다. 이러한 기술은 ArrayRefSortedList 클래스 내부로부터 인스턴스 변수 infor와 next를 직접적으로 접근을 허용하면서 의미있는 protection을 제공한다.

노드들을 위한 배열 이외에 리스트의 첫 번째 노드를 참조하는 정수형 "reference"(이를 lsit라 한다)와 첫 번째 자유 노드를 참조하는 다른 참조(이를 free라고 한다)가 필요하다. 물론 변수 numElements와 currentPos가 필요하며 find 메소드에 의해 지정되고 contains, get과

remove 메소드에 의해 사용된 변수가 필요하다. ArrayRefSortedList 클래스를 구현한 코드는 다음과 같다.

```
//----------------------------------------------------------------------------
// ArrayRefSortedList.java by Dale/Joyce/Weems Chapter 7
//
// Implements an array-based sorted linked list of objects
//----------------------------------------------------------------------------

package ch07.array;

import ch06.lists.*;

public class ArrayRefSortedList implements SortedListInterface
{
  protected static final int NUL = -1; // End of list symbol

  protected class AListNode
  {

   private Object info; // The info in a list node
   private int next; // A link to the next node on the list
  }

  protected AListNode[] nodes; // Array of AListNode holds the linked list

  protected int list; // Reference to first node on the list
  protected int free; // Reference to first node on the free list

  protected int numElements; // Number of elements in the list
  protected int currentPos; // Current position for iteration

  // set by find method
  protected boolean found; // true if element found, else false
  protected int location; // node containing element, if found
  protected int previous; // node preceding location
```

ArrayRefSortedList 클래스 생성자는 노드들을 위한 배열 저장소를 할당하고 인스턴스 변수를 초기화한다. 생성자는 또한 노드들을 위한 초기 free 리스트를 설정한다. instantiation 시점에서 모든 노드들은 free 리스트에 있다. free 변수는 초기에 첫 번째 배열 노드를 가리키도록 "0"으로 지정된다. 첫 번째 노드의 next 값은 "1"로 지정된다. 이러한 방식으로 노드들이 계속적으로 연결된다. instantiation은 for 루프안에서 처리되며 마지막 노드의 next 값을 NUL로 지정한다. 배열 기반 구현과 일관성을 위해, 두 개의 생성자, 즉 크기 매개변수를 받는 생성자와 default 최대 크기를 사용하는 생성자를 제공한다. 매개변수를 갖는 생성자를 위한 코드는 다음과 같다.

```
public ArrayRefSortedList(int maxElements)
// Instantiates and returns a reference to an empty list object with
// room for maxElements elements
{
  nodes = new AListNode[maxElements];
  for (int index = 0; index < maxElements; index++)
   nodes[index] = new AListNode();

  // Link together the free nodes.
  for (int index = 1; index < maxElements; index++)
   nodes[index - 1].next = index;
  nodes[maxElements - 1].next = NUL;

  list = NUL;
  free = 0;
  numElements = 0;
  currentPos = NUL;
}
```

getNode와 freeNode와 같은 메소드는 보조 메소드이다. 그러므로 이들 메소드들은 protected 이다. getNode 메소드는 next free node의 색인을 반환한다. 사용하기에 가장 쉬운 노드는 free list의 시작 위치에 놓인 노드이다. 그래서 getNode는 free 값을 반환한다. 부가적으로 getNode는 free list의 다음 노드를 가리키도록 free 값을 갱신한다. getNode를 위한 코드는 다음과 같다.

```
protected int getNode()
// Returns the index of the next available node from the free list
// and updates the free list index.
{
  int hold;
  hold = free;
  free = nodes[free].next;
  return hold;
}
```

freeNode 메소드는 매개변수로 받은 노드 색인을 가지고 대응하는 노드를 free nodes의 리스트에 추가한다. 가장 쉬운 방식은 그 노드를 리스트의 시작에 삽입하는 것이다.

```
protected void freeNode(int index)
// Frees the node at array position index by linking it into the
// free list.
{
  nodes[index].next = free;
  free = index;
}
```

LIFO 특성이 필요로 되지 않기 때문에 가장 효율적인 방식을 고려했을 때 free 리스트를 스택으로 유지 관리하는 것이 유리하다.

ArrayRefSortedList 클래스의 public 메소드들은 참조 기반 연결 리스트 클래스의 public 메소드에 대응한다. 사용된 알고리즘 관점에서 이들 메소드들은 서로 같다. 다음과 같은 표가 다른 리스트 구현에 대한 동일 수식을 나타낸다. 또한 적절한 곳에서 노드를 할당하고 자유롭게 하기 위한 수식을 보여준다.

| Abstract | Array-Based | Reference-Based | Array Index Links |
|---|---|---|---|
| the node at location | not applicable | l ocati on | nodes[l ocati on] |
| the element at location | list[location] | location.getInfo() | nodes[location].info |
| the next location | list[location+1] | location getLink() | nodes[location].next |
| allocate a node | not applicable | new | get Node() |
| free a node | not applicable | remove links, garbage collector | freeNode(node) |

위에서 소개된 메소드들 중에 두 메소드를 자세히 살펴보자. 나머지 메소드들은 연습문제로 넘긴다. 첫 번째 메소드로 isFull로 리스트의 크기가 한정되어 있다고 가정하면 isFull 명령을 export할 필요가 있다. 리스트가 full인지를 결정하기 위한 두가지 방법이 있다. 첫 번째 방법에서는 리스트에 존재하는 요소 수와 제공된 배열의 크기를 비교한다. 서로 같으면 리스트는 full 이다. 두 번째 방법은 첫 번째 방법보다 더 쉬운데, 전체 배열이 리스트를 유지하기 위해 사용되면 자유 공간 리스트는 비어 있을 것이다. 그러므로 free가 NUL과 같은지를 검점할 수 있다.

```
public boolean isFull()
// Returns whether this list is full.
{
  return (free == NUL);
}
```

나머지 방법은 참조 기반 방식을 위해 고안된 똑같은 골격에 따라 구현될 수 있다. 특히 getNode와 freeNode 메소드를 사용하여 메모리 관리를 잘 해야 할 것이다. 다음과 같은 코드는 remove 메소드를 구현한 예이다.

```
public boolean remove (Object element)
// Removes an element e from this list such that e.equals(element)
// and returns true; if no such element exists, returns false
{
  int hold;                                      // to remember removed node index
  find(element);
  if (found)
  {
    hold = location;
    if (list == location)
       list = nodes[list].next;                  // remove first node
    else
       nodes[previous].next = nodes[location].next;
    freeNode(hold);
    numElements--;
  }
  return found;
}
```

특히, 위 코드에서 삭제될 노드의 색인이 어떻게 저장되는지를 잘 살펴보기 바란다.

## 7.5 특화 리스트 ADT

지금까지 무정렬, 정렬과 색인 리스트 ADT 뿐만 아니라 이들 각 ADT에 대한 여러 구현을 정의했다. 이들 리스트들은 여러 응용 프로그램에서 사용될 수 있다. 그러나 특화 목적의 리스트를 필요로 하는 응용 프로그램이 존재한다. 지금까지 소개된 리스트에 의해 정의되지 않는 특화된 명령들이 요구되거나 혹은 특화된 기능(예를 들어, 리스트에 중복허용)이 요구된다. 그러한 경우, 응용 프로그램의 요구사항을 만족하는 새로운 리스트를 생성하기 위해 지금까지 소개된 리스트 클래스들 중 하나를 확장할 수도 있을 것이다. 또 다른 방법은 응용 프로그램의 질문에 적합하게 설계된 새로운 리스트 클래스를 생성하는 것이다.

제 7.6절의 사례 연구에서 유일한 특성과 명령을 갖는 리스트가 필요하다. 이 리스트는 데이터 유형으로 byte의 요소들을 유지해야 한다. 중복 요소도 허락한다. 그러나 이 리스트는 isFull, contains, get 혹은 remove 메소드를 지원할 필요는 없다. 실질적으로 새로운 리스트 생성자(construct)에 의해 요구된 리스트 명령은 size 명령과 반복자 명령이다. 사례 연구에서 왼쪽에서 오른쪽으로 혹은 오른쪽에서 왼쪽으로 요소들을 처리할 필요가 있다. 그래서 두 반복자를 지원할 필요가 있다. 부가적으로 리스트의 앞 혹은 뒤에 요소들을 삽입할 필요가 있다. 이들 요구사항을 정하기 위한 주요 이유는 사례 연구에서 좀더 분명히 언급할 예정이다. 여기에서는 지금까지 언급한 요구사항에 적합한 새로운 리스트를 구현하는 방법을 기술한다.

## 명세

요구사항의 unique set이 주어지면 새로운 리스트 ADT를 위한 scratch를 시작할 것을 결정한다. 물론 리스트의 지식을 활용할 수 있고 심지어는 이전에 언급한 리스트 구현 코드를 재사용할 수 있다. 그러나 이전에 정의한 임의의 인터페이스를 구현할 수도 없고 또한 지금까지 배운 클래스를 확장할 수도 없다.

새로운 리스트 construct가 특화 응용을 위한 특화 리스트를 생성해야 하기 때문에 이 리스트 클래스를 SpecializedList라고 하고, 이 인터페이스에 있는 행동들을 SpecializedListInterface라고 한다. 새로운 리스트는 일반 객체의 리스트를 제공하지 않는 대신 byte 요소의 리스트를 제공한다. byte가 자바 프리미티브 정수형중의 하나임으로 byte는 -128과 +127사이의 정수를 갖는다. 새로운 리스트를 구현한 클래스는 ch07.byteLists라는 패키지에 놓인다.

양 방향으로 리스트를 반복처리해야 하는 요구사항이 주어지면 SpecializedList 클래스의 리스트는 "current forward position"과 "current backward position"를 가지며 어느 방향으로도 리스트를 순회할 수 있는 반복자 명령을 제공한다. 이러한 기능은 리스트의 연결 방향을 바꾸는 것이 아니고 두 분리된 반복자(forward와 backward)가 반복적으로 수행될 수 있다는 것이다.

지금까지 설명한 새로운 리스트를 구현한 코드는 다음과 같다.

```
//----------------------------------------------------------------------------
// SpecializedListInterface.java by Dale/Joyce/Weems Chapter 7
//
// Interface for a class that implements a list of bytes.
// There can be duplicate elements on the list.
// The list has two special properties called the current forward position
// and the current backward position -- the positions of the next element
// to be accessed by getNextElement and by getPriorElement during an iteration
// through the list. Only resetForward and getNextElement affect the current
// forward position. Only resetBackward and getPriorElement affect the current
// backward position.
//----------------------------------------------------------------------------

package ch07.byteLists;

public interface SpecializedListInterface
{
  void resetForward();
  // Initializes current forward position for this list to the first
  // byte on the list.

  byte getNextElement ();
  // Preconditions: the list is not empty
  // the list has been resetForward
  // the list has not been modified since most recent reset
  //
  // Returns the value of the byte at the current forward position on
  // this list. If the current forward position is the last element, then
  // it advances the value of the current forward position to the first
  // element; otherwise, it advances the value of the current forward position
  // to the next element.

  void resetBackward();
  // Initializes current backward position for this list to the last
  // byte on the list.

  byte getPriorElement ();
  // Preconditions: the list is not empty
  // the list has been resetBackward
  // the list has not been modified since most recent reset
  //
```

```
  // Returns the value of the byte at the current backward position on
  // this list. If the current backward position is the first element, then
  // it advances the value of the current backward position to the last
  // element; otherwise it advances the value of the current backward position
  // to the previous element.

  int size();
  // Returns the number of elements on this list.

  void addFront (byte element);
  // Adds the value of element to the front of this list.

  void addEnd (byte element);
  // Adds the value of element to the end of this list.
}
```

## 구현

SpecializedList의 유일한 요구사항은 리스트를 앞뒤로 순회할 수 있어야 한다. 이중 연결 리스트가 두 방향을 연결하고 있으므로 리스트를 어느 방향으로 간단하게 순회할 수 있다. 그러므로 리스트를 구현하기 위해 참조 기반 이중 연결 리스트를 사용한다.

backward traversal를 시작하고 새로운 addEnd 명령을 제공하기 위해 리스트 끝을 쉽게 접근할 수 있어야 한다. 원형 구조체에서 리스트 참조를 마지막 요소를 가리키도록 하면 리스트의 첫 번째 요소와 마지막 요소를 바로 접근할 수 있었다. 그러므로 여기서는 이중 연결 원형 리스트를 사용한다. 그러나 또 다른 방식으로 두 개의 리스트 참조, 하나는 리스트의 맨 앞 노드를, 다른 하나는 리스트의 맨 뒤 노드를 가리키게 할 수 있다. 이 방식에 대한 상세 설명은 그림 7.16에 나타나 있다.

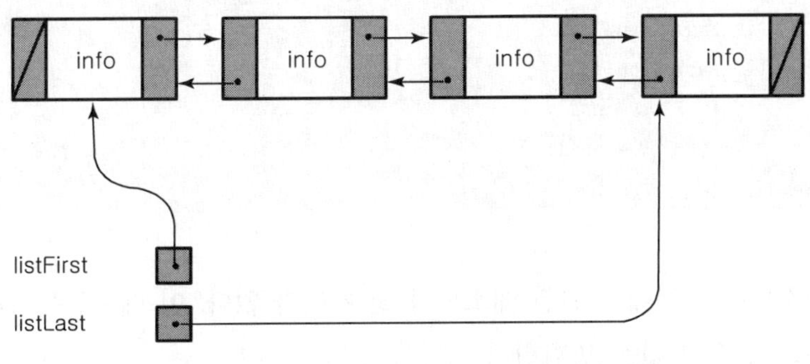


[그림 7.16] 두 개의 참조를 갖는 이중 연결 리스트

SpecializedList 클래스를 시작해 보자. 이 클래스를 구현하기 위해 SListNode 클래스의 노드를 사용하는 이중 연결 참조 기반 방식을 따른다. 첫 번째 리스트 요소, 마지막 리스트 요소, 리스트에 있는 요소들의 수와 forward traversal과 backward traversal를 위한 위치를 추적하기 위한 인스턴스 변수들을 사용한다. SListNode 클래스의 info 속성은 프리미티브 byte 형의 값을 갖는다. SListnode 클래스는 SpecializedList 클래스 내부에서 사용될 수 있으므로 SpecializedList 클래스 안에 정의된다. 지금까지 논의한 SpecializedList 클래스를 구현한 코드는 다음과 같다.

```
//----------------------------------------------------------------------------
// SpecializedList.java by Dale/Joyce/Weems Chapter 7
//
// Implements the specialized list ADT using a doubly linked list of nodes
//----------------------------------------------------------------------------
package ch07.byteLists;
public class SpecializedList implements SpecializedListInterface
{
  protected class SListNode
  // List nodes for the specialized list implementation
  {
   protected byte info;              // The info in a list node
   protected SListNode next;                  // A link to the next node on the list
   protected SListNode listFirst;    // Reference to first node on list
   protected SListNode listLast;     // Reference to last node on the list
   protected int numElements;                 // Number of elements on the list
   protected SListNode currentFPos;  // Current forward position for iteration
   protected SListNode currentBPos;  // Current backward position for iteration

   public SpecializedList()
   // Creates an empty list object
   {
       numElements = 0;
       listFirst = null;
       listLast = null;
       currentFPos = null;
       currentBPos = null;
}
```

size 메소드는 이전에 구현된 메소드와 별 차이가 없다. 이 메소드는 단순하게 numElements 인스턴스 변수의 값을 반환한다.

```
public int size()
// Determines the number of elements on this list
{
  return numElements;
}
```

반복자 메소드 또한 간단하게 구현된다. 반복 재설정은 단지 인스턴스 변수를 리스트의 맨 앞으로 지정하거나 혹은 맨 뒤로 지정하여 이루어진다.

반복 처리를 위한 next 요소를 반환하는 메소드는 앞에서 소개한 메소드와 같다.

```
public void resetForward()
// Initializes current forward position for an iteration through this list
{
  currentFPos = listFirst;
}

public byte getNextElement ()
// Returns the value of the next element in list in forward iteration
{
  byte nextElementInfo = currentFPos.info;
  if (currentFPos == listLast)
   currentFPos = listFirst;
  else
   currentFPos = currentFPos.next;
  return nextElementInfo;
}

public void resetBackward()
// Initializes current backward position for an iteration through this list
{
  currentBPos = listLast;
}

public byte getPriorElement ()
// Returns the value of the next element in list in backward iteration
{
  byte nextElementInfo = currentBPos.info;
  if (currentBPos == listFirst)
   currentBPos = listLast;
  else
   currentBPos = currentBPos.back;
```

```
  return nextElementInfo;
}
```

새로운 리스트를 위한 추가 명령은 이중 연결 리스트의 추가 명령보다 더 단순하다. 그 이유는 요소 추가를 위한 일반 경우를 모두 처리할 필요없이 addFront와 addBack만을 제공하기 때문이다. 여기서 addFront는 리스트 맨 앞에 요소를 추가하는 메소드이고 addBack는 리스트 맨 뒤에 요소를 추가하는 메소드이다. addFront에 대한 실행은 그림 7.17a를 보기 바란다.

요소 추가 메소드는 먼저 새로운 노드를 생성하여 그의 속성들을 초기화한다. 새로운 노드가 리스트의 새로운 front이므로 새로운 노드의 next 링크는 리스트의 현 front를 참조해야 하고 새로운 노드의 back 링크는 널이어야 한다. if 문이 빈 리스트에 요소를 추가할 경우를 처리한다(그림 7.17b 참조). 이 경우에 두 인스턴스 변수 listFirst와 listLast는 새로운 노드를 참조한다. 그렇지 않으면 이전 첫 번째 요소의 back 링크는 listFirst 인스턴스 변수에 따라서 새로운 요소를 참조하기 위해 지정된다. 물론 numElements의 값은 하나 증가한다.

```
public void addFront (byte element)
// Adds the value of element to the front of this list
{
  SListNode newNode = new SListNode(); // Reference to node being added
  newNode.info = element;
  newNode.next = listFirst;
  newNode.back = null;
  if (listFirst == null) // Adding into an empty list
  {
   listFirst = newNode;
   listLast = newNode;
  }
  else // Adding into a non-empty list
  {
   listFirst.back = newNode;
   listFirst = newNode;
  }
  numElements++;
}
```

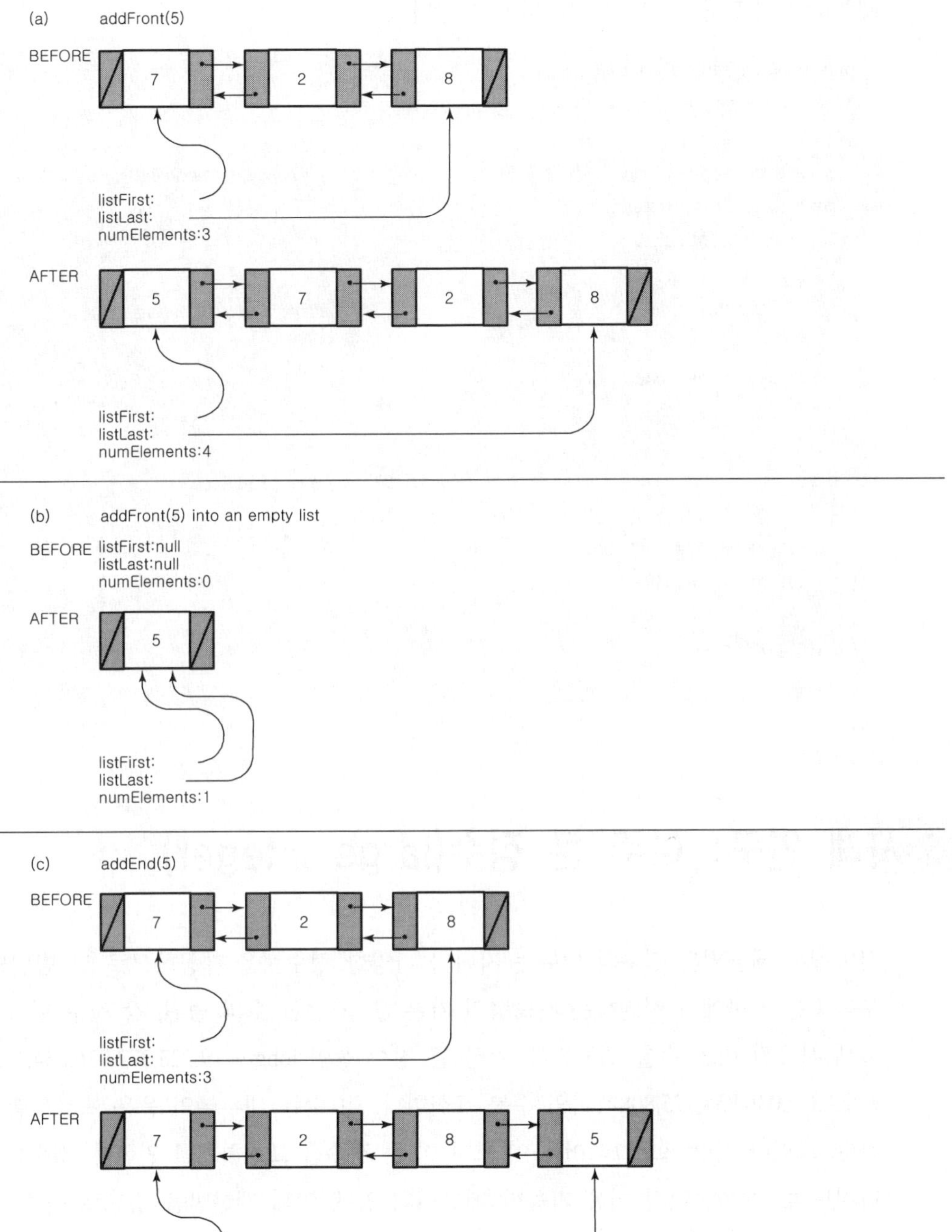


[그림 7.17] 새로운 리스트의 맨 앞과 맨 뒤에 자료 추가하기

addEnd 메소드를 위한 코드는 다음과 같다.

```
public void addEnd (byte element)
// Adds the value of element to the end of this list
{
  SListNode newNode = new SListNode();          // Reference to node being added
  newNode.info = element;
  newNode.next = null;
  newNode.back = listLast;
  if (listFirst == null)                        // Adding into an empty list
  {
   listFirst = newNode;
   listLast = newNode;
  }
  else                                          // Adding into a non-empty list
  {
   listLast.next = newNode;
   listLast = newNode;
  }
  numElements++;
}
```

# 7.6 사례 연구: 아주 큰 정수(large integer)

자바에서 제공되는 정수의 범위는 자바가 다양한 정수형을 제공하므로 그 범위도 다르다. 부록 C는 자바에서 지원하는 자료형의 기본 값, 가능한 수의 범위, 각 정수 형을 구현하기 위해 사용된 비트 수를 제공한다. 가장 큰 정수 형인 long은 -9,223,372,036,854,775,808부터 9,223,372,036,854,775,808까지의 수를 표현한다. 이 수는 대부분의 응용 프로그램에서 충분하다. 그러나 어떤 프로그래머는 이 보다 더 큰 정수를 표현하기를 원한다. 정수를 나타내는 디지트의 개수가 단지 이용 가능한 메모리의 양에 의해 제한받을 정도로 아주 큰 정수를 프로그래머에게 제공하는 LargeInt 클래스를 만들어 보자.

수리 객체와 정수 숫자를 구현하므로 이를 위한 명령으로는 더하기, 빼기, 곱하기, 나누기, 할당과 관계 연산자 등이 있다. 이 사례 연구에서는 더하기와 빼기에 초점을 맞추어 논의한다. 다른 명령에 대한 구현은 연습문제로 넘긴다.

표준 수리 연산이외에 "number of digit by digit"를 구성하기 위한 명령이 필요하다. 이 명령은 요구된 정수가 너무 커서 자바로 표현될 수 없어 정수 매개변수를 갖는 생성자가 될 수 없다. 그러므로 "most significant digit"에서 "least significant digit" 순서로 한 번에 하나의 디지트를 삽입하기 위해 루프에서 호출될 수 있는 특정 멤버 메소드, addDigit를 가져야 한다.

아주 큰 정수는 양의 정수라고 가정하고 이를 음수로 만들기 위한 방법을 제공한다. 이를 처리하는 메소드를 setNegative라고 한다. 추가적으로 아주 큰 정수의 문자열 표현을 반환하는 관찰자 명령을 가져야 한다. 자바에서 제공하는 관례에 따라 이 명령을 toString이라고 한다. 이 클래스는 정수를 표현하는 문자열을 매개변수로 받는 생성자를 가지며, LargeInt 객체를 실체화(instantiate)한다.

### 기초가 되는 표현

위에서 소개한 명령들을 위한 알고리즘을 논의하기전에 기초가 되는 표현을 결정할 필요가 있다. 사례 연구에서 사용될 SpecializedList를 설계할 때 언급해서 아는 바와 같이 아주 큰 정수를 표현하기 위해 이 클래스를 사용할 것이다. 일단 이 클래스 선택에 대해 알지 못한다고 가정하고 SpecializedList 클래스 설계시 주요하게 고려하고 있는 사항을 논해보자.

아주 큰 정수가 임의의 크기가 될 수 있다는 사실은 동적 메모리 기반 표현이 필요하다는 것이다. 또한 정수가 디지트들의 리스트이므로 정수를 디지트들의 연결 리스트로 표현하는 가능성을 조사하는 것은 자연스럽다. 그림 7.18은 단일 연결 리스트로 정수를 저장하는 두 가지 방법과 더하기 예를 보여준다. 7.18(a)와 (c)는 각각 하나의 노드에 하나의 디지트를, 그림 7.18(b)는 하나의 노드에 여러개의 디지트를 갖는 연결 리스트를 보여준다. 이번 장에서는 하나의 노드에 하나의 디지트를 사용하여 Large Integer ADT를 개발한다. 하나의 노드에 여러 개의 디지트를 갖는 ADT에 대해서는 연습문제에서 언급할 예정이다. 이제 아주 큰 정수를 디지트들의 연결 리스트로 표현하도록 결정한다. 단일 디지트가 자바의 가장 작은 정수 유형인 byte에 의해 표현될 수 있으므로 byte 값들의 연결 리스트를 사용하기로 결정한다.

제 6장과 7장을 통해 다양한 여러 연결 리스트를 개발했다. ArrayUnsortedList 혹은 CRefUnsortedList와 같이 미리 정의된 포괄적 리스트 클래스들 중 어느 클래스를 사용할 수 있을까? 여러 가지 이유로 이들 클래스를 사용할 수 없다. 중요한 이유는 이들 리스트에 저장된 내용이 특정한 순서로 유지되지 않는다는 것이다. 디지트가 삽입되는 순서를 보존하는 리스트가 요구되어야 하는데, 지금까지 소개된 포괄적 리스트 구현이 응용에 의한 추가

작업 없이 이러한 특성을 제공하지 못한다. 그러므로 아주 큰 정수를 위한 별도의 리스트 클래스를 정의할 필요가 있다.

이 클래스에 의해 지원되어야 하는 명령은 무엇이 있는가? 고려할 첫 번째 명령은 아주 큰 정수 객체가 어떻게 생성될 수 있는가이다. 아주 큰 정수의 왼쪽부터 오른쪽으로 한번에 하나의 디지트를 하나의 노드로 표현하는 방식을 취하였으므로 아주 큰 정수를 쉽게 초기화할 수 있다. 그러나 아주 큰 정수들이 산술 연산자들의 실행 결과로 생성될 수도 있다. 더하기와 같은 산술 연산을 어떻게 수행할 수 있을지를 생각해 보자. 이 작업은 최하위 디지트(least significant digit)부터 최상위 디지트(most significant digit)까지 디지트들을 반복 처리하면서 원하는 결과를 얻는다. 그러므로 디지트들을 최하위 디지트에서 최상위 디지트 순서로 삽입하기 위한 아주 큰 정수를 생성이 필요하다. 그러므로 이를 위한 연결 리스트는 리스트의 처음과 끝에 디지트들의 삽입을 지원해야 한다.

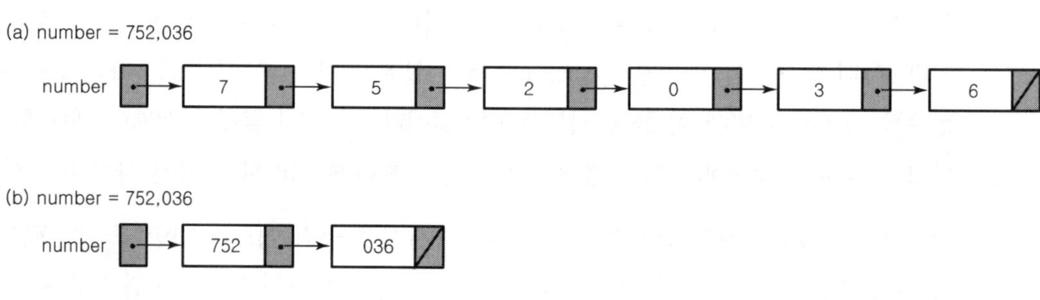


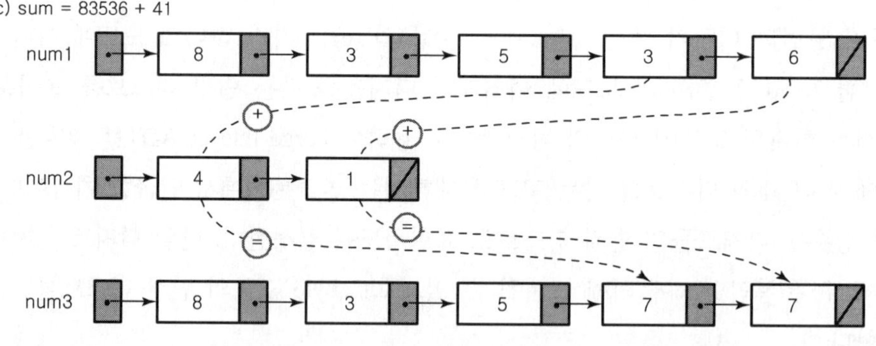


필요한 접근 유형은 무엇인가? 아주 큰 정수를 문자열로 출력하고자 하면 디지트들을 왼쪽에서부터 오른쪽으로 순회하면서 한번에 하나의 디지트를 접근할 수 있어야 한다. 아주 큰 정수들에 대해 산술 연산을 지원하기 위해 오른쪽에서부터 왼쪽으로 디지트들을 접근할 수 있어야 한다. 따라서 "forward"와 "backward" 반복자를 지원하는 리스트를 사용해야 한다.

이 사례 연구에 대해 아주 큰 정수를 요구하는 임의의 응용 프로그램에서 사용될 수 있는 Large Integer ADT를 개발한다. 이 ADT는 아주 큰 정수를 만들고 아주 큰 정수들에 대한 산술연산을 실행하고 아주 큰 정수를 표현하는 문자열을 반환하기 위한 명령을 제공한다.
이제 아주 큰 정수의 기초가 되는 표현을 유지하기 위한 리스트 ADT를 사용하는 것에 대해 논의한다. 다르게 말하면 응용 프로그램은 응용 프로그램이 아주 큰 정수를 제공하기 때문에 Large Integer ADT를 사용한다.
Large integer ADT는 이 ADT는 byte 값들의 리스트를 제공하기 때문에 리스트 ADT를 사용한다.

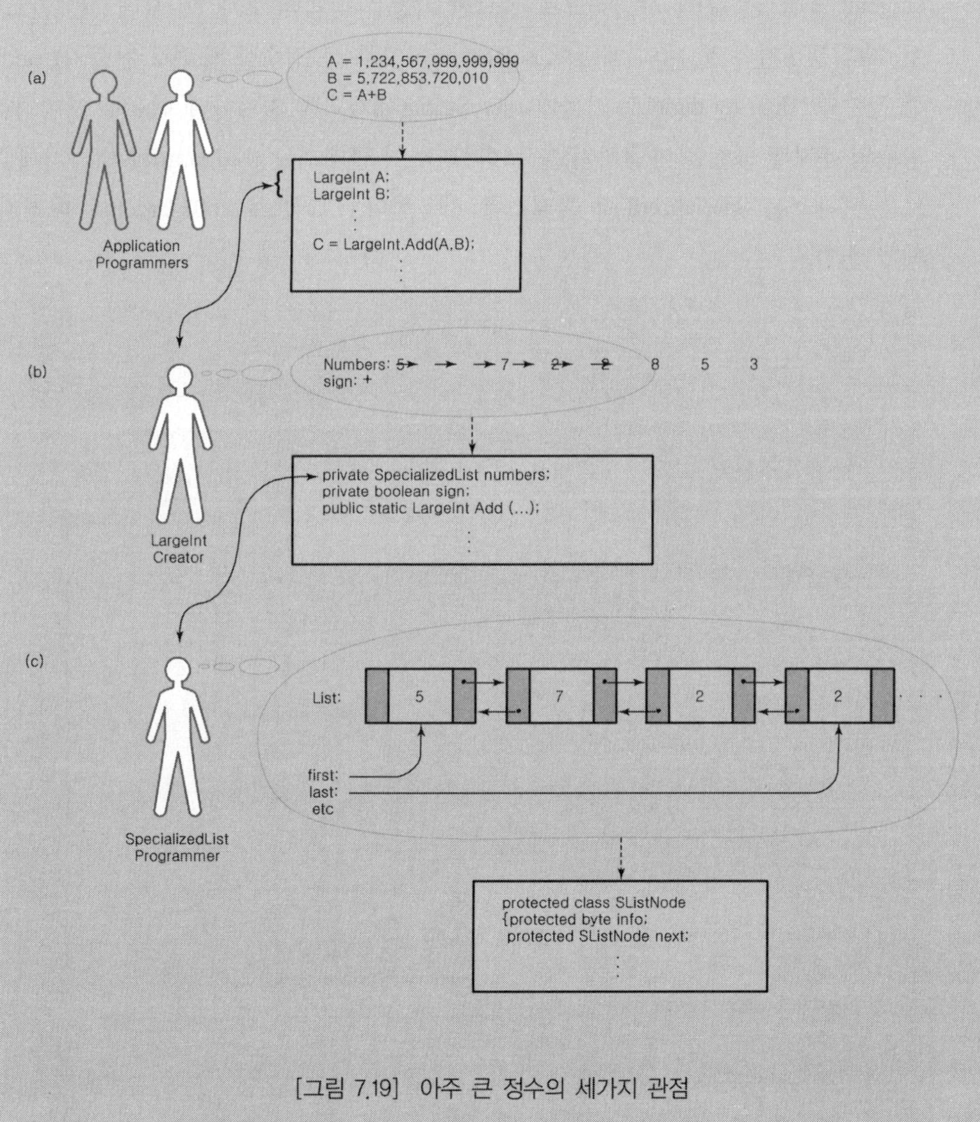


[그림 7.19] 아주 큰 정수의 세가지 관점

## LargeInt 클래스

이제 아주 큰 정수 클래스를 정의해 보자. 아주 큰 정수는 디지트이외에 양인지 음인지를 나타내는 부호 정보를 갖는다. 이 부호 정보는 boolean 형의 변수 sign으로 표현된다. 더욱이 두 boolean 상수, PLUS =true 와 MINUS = false가 sign 변수를 위해 정의한다.

LargeInt 클래스를 위해 우선적으로 필요한 기능을 정의해 보자. 이 클래스는 인스턴스 변수, 두 개의 생성자와 세 개의 메소드, setNegative(아주 큰 정수를 음수로 만들기), addDigit(아주 큰 정수를 "digit by digit"로 만들기)와 toString(세개의 디지트마다 쉼표를 포함하는 아주 큰 정수의 문자열 표현을 제공하기)를 포함한다. 이 클래스는 ch07.largeInts패키지에 놓인다. 새로운 클래스는 SpecializedList 클래스를 사용한다. 그러므로 ch07.largeInts 패키지를 Import 해야 한다.

```
//----------------------------------------------------------------------------
// LargeInt.java by Dale/Joyce/Weems Chapter 7
//
// Provides a Large Integer ADT. Large Integers can consist of any number
// of digits, plus a sign. Supports an add and a subtract operation.
//----------------------------------------------------------------------------

package ch07.largeInts;

import ch07.byteLists.*;

public class LargeInt
{
  private SpecializedList numbers; // Holds digits

  // Constants for sign variable
  private static final boolean PLUS = true;
  private static final boolean MINUS = false;

  private boolean sign;

  public LargeInt()
  // Instantiates an "empty" large integer.
  {
   numbers = new SpecializedList();
   sign = PLUS;
```

```
}

public LargeInt(String intString)
// Precondition: intString contains a well-formatted integer
//
// Instantiates a large integer as indicated by intString
{
 numbers = new SpecializedList();
 sign = PLUS;

 int firstDigitPosition; // Position of first digit in intString
 int lastDigitPosition; // Position of last digit in intString

 // Used to translate character to byte
 char digitChar;
 int digitInt;
 byte digitByte;

 firstDigitPosition = 0;
 if (intString.charAt(0) == '+') // Skip leading plus sign
      firstDigitPosition = 1;
 else
 if (intString.charAt(0) == '-') // Handle leading minus sign
 {
   firstDigitPosition = 1;
   sign = MINUS;
 }

 lastDigitPosition = intString.length() - 1;

 for (int count = firstDigitPosition; count <= lastDigitPosition; count++)
 {
   digitChar = intString.charAt(count);
   digitInt = Character.digit(digitChar, 10);
   digitByte = (byte)digitInt;
   addDigit(digitByte);
  }
 }

 public void setNegative()
 {
   sign = MINUS;
 }
```

```
  public void addDigit(byte digit)
  {
    numbers.addEnd(digit);
  }

  public String toString()
  {
    String largeIntString;
    if (sign == PLUS)
     largeIntString = "+";
    else
     largeIntString = "-";

    int length;
    length = numbers.size();
    numbers.resetForward();
    for (int count = length; count >= 1; count--)
    {
     largeIntString = largeIntString + numbers.getNextElement();
     if ((((count - 1) % 3) == 0) && (count != 1))
     largeIntString = largeIntString + ",";
    }
  return(largeIntString);
}
```

## 더하기와 빼기

정수 더하기를 배웠을 때를 생각해 보자. 피연산의 부호와 보다 큰 절대값을 갖는 피연산자가 무엇인가에 매우 의존적으로 적용되는 규칙이 어떤가를 기억해 보자. 예를 들어, (-312) + (+200)를 실행하기 위해 취해야 할 단계는 얼마나 되는가? 부호를 없앤 후에 이 연산은 절대치로 더 큰 312에서 200을 빼면 112가 된다. 보다 큰 정수의 부호 (-)를 결과 112에 주어 최종 결과인 -112를 얻는다. 이 규칙을 다음과 같은 연산에 적용해 보자.

```
(+200) + (+100) = ?
(-300) +(-134) = ?
(+34) + (-62) = ?
(-34) + (+62) = ?
```

다음과 같은 정확한 결과 값(+300, -434, -28, +28)을 얻었는가?

위에서 나열된 더하기 결과를 계산하기 위해 실행해야 하는 실질 산술 연산에는 무엇이 있는가? 단지 두 가지 연산, 두 수를 더하기와 보다 큰 수에서 작은 수를 빼는 연산을 수행했다. 이게 전부이다. 부호를 어떻게 처리하기 위해 연산 규칙들을 조합하여 실행하면 최종 원하는 결과를 얻을 수 있다.

### 도움자 메소드(helper method)

수리 분야에서와 같이 프로그래밍 분야에서도 공용 명령을 재사용하기를 원한다. 그러므로 더하기 명령을 제공하기 위해 첫째 몇몇 도움자 명령을 정의한다. 이들 기초 명령은 주어진 수의 절대 값에 적용해야 한다. 필요한 공용 명령에는 무엇이 있을까? 이전 논의에 기반하여 디지트들의 두 리스트를 함께 합하여 더할 필요가 있으며 보다 큰 리스트로부터 보다 작은 리스트를 뺄 필요가 있다. 이를 위해 두 리스트들 중 어느 리스트가 더 큰지를 확인할 필요가 있다. 그러므로 세 가지 명령어, addLists, subtractLists와 greaterList가 필요하다.

greaterList를 가지고 시작해 보자. greaterList는 두 개의 SpecializedList 매개변수를 전달한다. 이 메소드는 첫 번째 매개변수가 두 번째 매개변수보다 더 큰 수를 표현한다면 true를 반환하고 그렇지 않으면 false를 반환한다. 문자열을 비교할 때 왼쪽에서 오른쪽으로 대응하는 위치에 있는 문자쌍을 비교한다. 두 양의 수를 비교할 때 이 수가 같은 길이라면 "digit by digit"로 수를 비교해야 한다. 따라서 먼저 수의 길이를 비교한다. 같이 않다면 적절한 결과를 반환한다. 디지트들의 수가 같다면 왼쪽에서 오른쪽으로 디지트들을 비교한다. 코드에서 기본적으로 boolean 변수 greater를 false로 지정하고, 첫 번째 수가 두 번째 수보다 크지 않다는 사실을 안다면 greater 변수의 값을 변경한다. 결과적으로 greater의 boolean 값을 반환한다.

```
private static boolean greaterList(SpecializedList first,
                                   SpecializedList second)
// Precondition: no leading zeros
//
// Returns true if first represents a larger number than second,
// otherwise returns false.
{
  boolean greater = false;
  if (first.size() > second.size())
   greater = true;
  else
```

```
  if (first.size() < second.size())
   greater = false;
  else
  {
   byte digitFirst;
   byte digitSecond;
   first.resetForward();
   second.resetForward();

   // Set up loop
   int length = first.size();
   boolean keepChecking = true;
   int count = 1;

   while ((count <= length) && (keepChecking))
   {
     digitFirst = first.getNextElement();
     digitSecond = second.getNextElement();
     if (digitFirst > digitSecond)
     {
       greater = true;
       keepChecking = false;
     }
     else
     if (digitFirst < digitSecond)
     {
       greater = false;
       keepChecking = false;
     }
     count++;
   }
  }
  return greater;
}
```

만약 차이를 찾지 못했고 while 루프를 빠져나오면 두 수는 동일하고 greater의 원래 값, false(first가 second 보다 크지 않기 때문에)을 반환한다. 리스트의 길이를 보이지 않게 검사하기 때문에, 수들은 leading zeros를 포함하지 않는다고 가정해야 한다(예를 들어, 메소드가 005>14를 출력할 것이다.). 도움자 메소드가 클라이언트 프로그래머에 의해 사용되지 않고, LargeInt 클래스 그 자신 내부에서 사용되는 경향이 있으므로 greaterList 메소드를 private으로 만든다.

```
addLists (SpecializedList larger, SpecializedList smaller) returns SpecializedList
Set result to new SpecializedList();
Set carry to 0;
larger.resetBackward( );
smaller.resetBackward( );

forthe length of the smaller list
  Set digit1 to larger.getPriorElement( );
  Set digit2 to smaller.getPriorElement( );
  Set temp to digit1 + digit2 + carry
  Set carry to temp/10
  result.addFront(temp % 10)
Finish up digits in larger, adding carries if necessary
if (carry != 0))
  result.addFront(carry)
returnresult
```

다음으로 addLists를 살펴보자. addLists 메소드는 두 개의 피연사자로 SpecializedLists 매개변수로 전달하고 이 메소드는 결과로 새로운 SpecializedLists를 반환한다. 첫 번째 매개변수가 두 번째 매개변수보다 크거나 같다고 가정하면 addLists는 단순하게 처리될 수 있다.

1의 자리에 있는 두 최하위 디지트(least significant digits)를 더한 다음 존재한다면 최하위 디지트들 합의 올림수(있는 경우)에 10의 자리(tens position)에 있는 디지트를 합하여 이들 디지트들을 더한다. 이러한 처리는 더 작은 피연산자의 디지트들을 모두 처리하면 종료한다. 보다 큰 피연산자의 나머지 디지트에 대해 올림수를 계속적으로 적용할 수 있다. 그러나 더 작은 피연산자로부터 디지트들을 추가하지 않아야 한다. 마지막으로 올림 값이 더 이상 없다면 새로운 최상위 위치를 생성하여 그것을 거기에 놓는다. 올림 값과 결과에 삽입될 값을 결정하기 위해 정수 나누기 명령과 나머지 명령을 사용한다. 알고리즘은 다음과 같다.

지금까지 알고리즘이 잘 수행되는지를 확인하기 위해 다음과 같은 예를 적용한다.

| 322 | 388 | 399 | 999 | 3 | 1 | 988 | 0 |
|---|---|---|---|---|---|---|---|
| 44 | 108 | 1 | 11 | 44 | 99 | 100 | 0 |
| 366 | 496 | 400 | 1,010 | 47 | 100 | 1,088 | 0 |

```
// Precondition: larger >= smaller
//
// Returns a specialized list that is a byte-by-byte sum of the two
// argument lists
{
  byte digit1;
  byte digit2;
  byte temp;
  byte carry = 0;

  int largerLength = larger.size();
  int smallerLength = smaller.size();
  int lengthDiff;
  SpecializedList result = new SpecializedList();

  larger.resetBackward();
  smaller.resetBackward();

  // Process both lists while both have digits
  for (int count = 1; count <= smallerLength; count++)
  {
   digit1 = larger.getPriorElement();
   digit2 = smaller.getPriorElement();
   temp = (byte)(digit1 + digit2 + carry);
   carry = (byte)(temp / 10);
   result.addFront((byte)(temp % 10));
  }

  // Finish processing of leftover digits
  lengthDiff = (largerLength - smallerLength);
  for (int count = 1; count <= lengthDiff; count++)
  {
   digit1 = larger.getPriorElement();
   temp = (byte)(digit1 + carry);
   carry = (byte)(temp / 10);
   result.addFront((byte)(temp % 10));
  }
  if (carry != 0)
   result.addFront((byte)carry);
  return result;
}
```

이제 빼기를 시험해 보자. 도움자 메소드 subtractLists에 대해 가장 단순한 경우를 처리해 보자. 두 정수가 양의 정수라고 하고 보다 더 큰 정수에서 더 작은 정수를 뺀다고 가정하자. addLists를 가지고 먼저 두 SpecializedLists 매개변수(첫 번째 매개변수가 두 번째 매개변수보다 크다고 가정한다)를 받아 첫 번째 매개변수에서 두 번째 매개변수를 빼 그 결과로 새로운 SpecializedLists를 반환한다.

1단위 위치(units position)에 있는 디지트의 쌍을 가지고 시작하자. 보다 큰 매개변수에 있는 디지트를 digit1이라 하고 보다 작은 매개변수에 있는 디지트를 digit2라 하자. digit2가 digit1보다 작다면 digit1으로부터 digit2를 빼 그 결과 앞에 얻어진 디지트를 삽입한다. digit2가 digit1보다 크다면 앞에서 10을 빌린 digit1으로부터 digit2를 뺀다. 그런 다음 10의 자리에 있는 디지트들을 접근한다. 만약 10의 자리에서 1를 빌렸다면 digit1으로부터 1을 빼고 전에서와 같이 처리한다. 지금까지 고려한 문제를 digit1이 digit2보다 큰 경우로 제한했기 때문에 두 digit1과 digit2를 모두 처리했거나 혹은 digit2를 다 처리하였지만 digit1은 아직 남아 있을 수 있다. 이 제약 조건은 digit1의 최상위 디지트 범위를 넘어 수를 빌려줄 수 없다는 것이다. 지금까지 설명한 알고리즘에 대한 코드는 다음과 같다.

```
private static SpecializedList subtractLists(SpecializedList larger,
SpecializedList smaller)
// Precondition: larger >= smaller
//
// Returns a specialized list that is the difference of the two argument lists
{
  byte digit1;
  byte digit2;
  byte temp;
  boolean borrow = false;

  int largerLength = larger.size();
  int smallerLength = smaller.size();
  int lengthDiff;

  SpecializedList result = new SpecializedList();

  larger.resetBackward();
  smaller.resetBackward();

  // Process both lists while both have digits.
  for (int count = 1; count <= smallerLength; count++)
  {
```

```
    digit1 = larger.getPriorElement();
    if (borrow)
    {
      if (digit1 != 0)
      {
        digit1 = (byte)(digit1 - 1);
        borrow = false;
      }
      else
      {
        digit1 = 9;
        borrow = true;
      }
    }

    digit2 = smaller.getPriorElement();

    if (digit2 <= digit1)
      result.addFront((byte)(digit1 - digit2));
    else
    {
      borrow = true;
      result.addFront((byte)(digit1 + 10 - digit2));
    }
  }

  // Finish processing of leftover digits
  lengthDiff = (largerLength - smallerLength);
  for (int count = 1; count <= lengthDiff; count++)
  {
    digit1 = larger.getPriorElement();
    if (borrow)
    {
      if (digit1 != 0)
      {
        digit1 = (byte)(digit1 - 1);
        borrow = false;
      }
      else
      {
        digit1 = 9;
        borrow = true;
      }
```

```
    }
    result.addFront(digit1);
  }

  return result;
}
```

## 더하기

이제 LargeList 클래스 클라이언트에 제공된 public 메소드들을 살펴보자. 먼저 더하기 메소드를 살펴보자. 우리가 지금까지 배워서 알고 있는 산술 연산의 더하기 규칙은 다음과 같다.

### 더하기 규칙

1. 두 피연산자가 모두 양수이면 절대 값을 더하고 그 결과를 양수로 만든다.
2. 두 피연산자가 모두 음수이면 절대 값을 더하고 그 결과를 음수로 만든다.
3. 하나의 피연산자가 음수이고 다른 피연산자가 양수이면 절대 값으로 더 큰 수에서 절대값으로 더 작은 수를 뺀다. 그 결과를 더 큰 절대 값을 갖는 피연산자의 부호로 만든다.

add 메소드를 설계하기 위해 위에 설명한 더하기 규칙을 사용한다. 첫 번째 두 개 규칙은 합쳐질 수 있다. 피연산자 같은 부호를 가지면 절대 값을 더한 후 그 결과 부호를 피연산자의 부호로 만든다. 프로그램 코드는 디지트들의 새로운 리스트를 생성하고 위 규칙에 기반하여 부호를 지정하기 위해 적절한 도움자 메소드를 사용한다. 도움자 메소드를 사용하기 위해 그 메소드에 정확한 순서(보더 더 큰 수를 먼저오게 함)로 요구된 매개변수를 전달해야 한다. add 메소드를 위한 코드는 다음과 같다.

```
public static LargeInt add(LargeInt first, LargeInt second)
// Returns a LargeInt that is the sum of the two argument LargeInts
{
  LargeInt sum = new LargeInt();

  if (first.sign == second.sign)
  {
    if (greaterList(first.numbers, second.numbers))
        sum.numbers = addLists(first.numbers, second.numbers);
    else
        sum.numbers = addLists(second.numbers, first.numbers);
```

```
    sum.sign = first.sign;
  }
  else                          // Signs are different
  {
   if (greaterList(first.numbers, second.numbers))
   {
        sum.numbers = subtractLists(first.numbers, second.numbers);
        sum.sign = first.sign;
   }
   else
   {
        sum.numbers = subtractLists(second.numbers, first.numbers);
        sum.sign = second.sign;
   }
  }
  return sum;
}
```

add 메소드는 두 LargeInt 객체를 매개변수로 받아 이들 객체의 합과 같은 새로운 LargeInt 객체를 반환한다. 이 메소드가 두 피연산자를 매개변수로 전달하고 그 결과를 명확하게 반환하므로 객체를 통해서라기 보다는 클래스를 통해 호출되는 static 메소드로 add 메소드를 정의한다.

예를 들어 다음과 같은 코드는 문자열 "LI3 is + 1,986"을 출력한다.

```
LargeInt LI1 = new LargeInt();
LargeInt LI2 = new LargeInt();
LargeInt LI3;

LI1.addDigit((byte)9);
LI1.addDigit((byte)9);
LI1.addDigit((byte)9);
LI2.addDigit((byte)9);
LI2.addDigit((byte)8);
LI2.addDigit((byte)7);

LI3 = LargeInt.add(LI1, LI2);

System.out.println("LI3 is " + LI3);
```

### 빼기

산술연산을 배웠을 때 더하기 연산보다 빼기 연산이 얼마나 더 어려웠는가를 기억해 보라. 그리 어렵지 않았음을 알 수 있다. 빼기 연산에서는 단지 하나의 규칙, “빼는 수의 부호를 변경하여 더하라“를 사용한다. 그럼, 빼는 수의 부호를 어떻게 변경하여야 하는가? subtract 메소드에 전달된 실 매개변수(actual parameter)의 부호를 변경하기를 원하지 않으므로 새로운 LargeInt 객체를 생성하여 그 객체를 두 번째 매개변수의 복사본으로 만들어 그 부호를 반대로 한후 add 메소드를 호출한다. subtract 메소드를 위한 코드는 다음과 같다.

```
public static LargeInt subtract(LargeInt first, LargeInt second)
// Returns a LargeInt that is the difference of the two argument LargeInts
{
  LargeInt diff = new LargeInt();

  // Create an inverse of second
  LargeInt negSecond = new LargeInt();
  negSecond.sign = !second.sign;
  second.numbers.resetForward();
  int length = second.numbers.size();
  for (int count = 1; count <= length; count++)
    negSecond.numbers.addEnd(second.numbers.getNextElement());

  // Add first to inverse of second
  diff = add(first, negSecond);

  return diff;
}
```

## 시험 계획

각 LargeInt 명령은 시험되어야 한다. 모든 가능한 입력을 표현하는 시험 자료를 선택해야 한다. 이러한 입력 집합은 피연산자의 절대 값들간의 부호와 상대 관계의 다양한 조합을 포함한다. 이 논의에서 사용된 예제가 이를 명령에 대한 시험 자료로 사용될 수 있다. 다른 시험 자료로 두 피연산자 모두 혹은 하나가 0인 경우와 그 예상 결과가 0인 경우를 포함하여야 한다.

## LargeIntApp 프로그램

LargeIntApp 프로그램은 사용자에게 두 아주 큰 정수를 입력하게 하여 이들 두 정수의 더하기와 빼기를 수행하여 그 결과를 출력한다. 프로그램은 다음과 같다.

```
//----------------------------------------------------------------------
// LargeIntApp.java by Dale/Joyce/Weems Chapter 7
//
// Allows user to add or subtract large integers.
//----------------------------------------------------------------------
import java.util.Scanner;
import ch07.largeInts.LargeInt;

public class LargeIntApp
{
  public static void main(String[] args)
  {
   Scanner conIn = new Scanner(System.in);

   LargeInt first;
   LargeInt second;

   String intString;
   String more = null; // used to stop or continue processing

   do
   {
     // Get large integers.
     System.out.println("Enter the first large integer: ");
     intString = conIn.nextLine();
     first = new LargeInt(intString);
     System.out.println("Enter the second large integer: ");
     intString = conIn.nextLine();
     second = new LargeInt(intString);
     System.out.println();

     // Perform and report the addition and subtraction.
     System.out.print("First number: ");
     System.out.println(first);
     System.out.print("Second number: ");
     System.out.println(second);
```

```
      System.out.print("Sum: ");
      System.out.println(LargeInt.add(first,second));
      System.out.print("Difference: ");
      System.out.println(LargeInt.subtract(first,second));

      // Determine if there is more to process.
      System.out.println();
      System.out.print("Process another pair of numbers? (Y=Yes): ");
      more = conIn.nextLine();
      System.out.println();

    }
    while (more.equalsIgnoreCase("y"));
  }
}
```

프로그램 실행 결과는 다음과 같다.

```
Enter the first large integer:
15463663748473748374988477777777777777777
Enter the second large integer:
4536748465999347474948722222222222222223

First number: +15,463,663,748,473,748,374,988,477,777,777,777,777,777
Second number: +4,536,748,465,999,347,474,948,722,222,222,222,222,223
Sum: +20,000,412,214,473,095,849,937,200,000,000,000,000,000
Difference: +10,926,915,282,474,400,900,039,755,555,555,555,555,554
Process another pair of numbers? (Y=Yes): N
```

스스로 위 프로그램을 코딩하여 시험을 시도해 보기 바란다. 그렇게 해 보면 이 프로그램에 나타나는 몇 가지 문제점을 발견할 것이다. 좀 더 자세한 사항은 연습문제에서 언급한다.

### GUI 방식: 아주 큰 정수 계산기

LargeInt 클래스는 사용자와 상호작용하는 "아주 큰 정수 계산기"를 만들기 위한 기저로 사용될 수 있다. 관심 있는 독자는 이 책의 웹사이트에 "아주 큰 정수 계산기"를 위한 코드를 찾을 수 있다. 지금부터 응용 프로그램을 제공하기 위한 몇몇 사용자 인터페이스 화면을 제시한다.

프로그램이 실행되면 사용자는 다음과 같은 화면을 볼 수 있다.

Large Integer Calculator Program
First Operand
Second Operand
Choose an Operation:
First + Second First - Second
Message will go here
Result will go here
Calculate Clear

두 피연산자 입력한 결과와 addition 명령을 선택한 후 Calculate를 클릭한다.

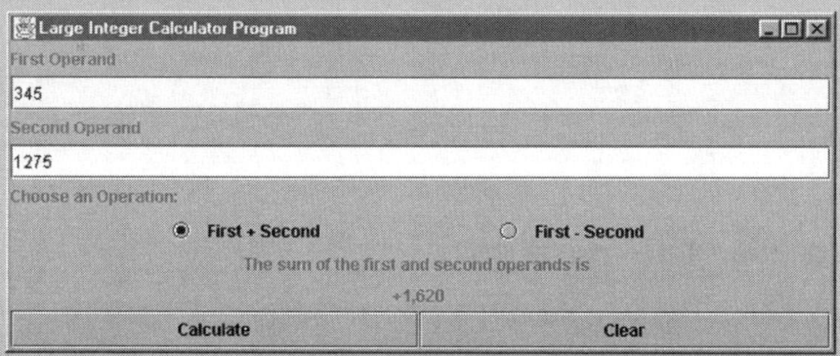


subtraction 명령을 선택하여 Calculate를 클릭한다.

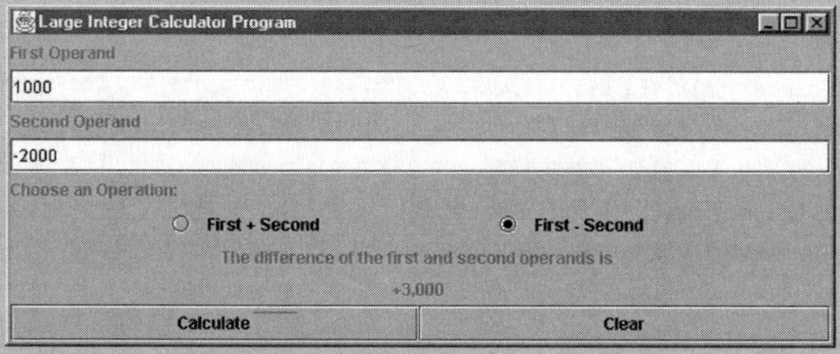


잠깐 기다리면 결과가 나타난다. 결과가 정확한가? 물론 1,000 - (-2,000) = 1,000 + 2,000를 기억하라. 실질적으로 아주 큰 정수를 사용한 예를 잘 살펴보자.

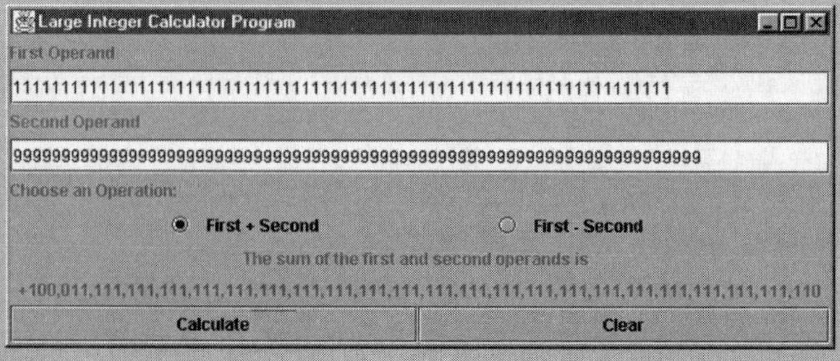

### 연습문제

1. 아주 큰 정수 계산기 프로그램은 잘못된 형식의 입력을 받아들이지 않는다. 예를 들어 다음과 같은 화면을 생각해 보자.

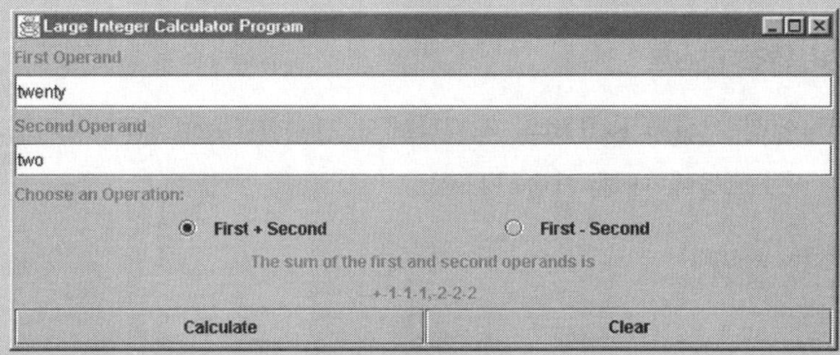


보다 견고하게 프로그램을 완성하시오. 그래서 위의 화면에 같은 입력에 대해 적절한 오류 정보를 출력할 수 있도록 하시오.

2. 아주 큰 두 정수의 곱셈에 대해
   a. 알고리즘을 기술하시오.
   b. 곱셈 명령을 앞에서 소개한 계산기 프로그램에 추가하시오.

3. 이 프로그램을 위한 여러분 자신의 GUI를 설계하고 구현하시오. 여러분이 만든 사용자 인터페이스가 보다 더 좋은 이유를 설명하시오.

## 요약

이 장에서는 일반 리스트의 개념을 머리노드와 꼬리노드를 갖는 리스트, 원형 연결 리스트와 이중연결 리스트의 개념으로 확장했다. 연결 구조체를 구현하기 위해 노드를 동적으로 할당하는 것이외에 배열로 연결 리스트를 구현하는 기술을 살펴보았다. 이 기술에서 링크는 자유 저장소에 있는 참조가 아니라 노드들을 위한 배열에 있는 색인이다. 이러한 링크 유형은 시스템 소프트웨어에서 사용된다.

사례 연구에서는 디지트의 수가 단지 메모리의 크기에 한정된 Large Intger ADT를 설계했다. Large Intger ADT는 특화된 리스트를 요구했다. 지금까지 개발된 어느 리스트도 필요로 한 기능을 제공하지 못한다. 그러므로 새로운 클래스 SpecializedList를 생성했다. 이 사례 연구는 계층적 추상화로써 주요한 시각을 강조하면서 하나의 ADT가 다른 ADT의 도움으로 어떻게 구현되는지를 보여주는 좋은 예를 제공한다.

## 연습문제

### 7.1 원형 연결 리스트

1. 제 6장에서 기술한 RefList와 제 7장에서 기술한 CRefLIst의 차이점과 그 이유를 다음과 같은 메소드들에 대해 기술하시오.

   a. 생성자(construct)

   b. find

   c. size

   d. contains

   e. remove

   f. toString

   g. reset

   h. getNext

2. CRefUnsortedList에 저장된 요소들을 역순으로 출력하는 public 메소드 printReverse를 프로그래밍하시오. 예를 들어 X,Y,Z 순서로 저장된 리스트에 대해 list.printReverse() 메소드는 Z Y X로 요소들을 출력한다. 리스트에 있는 모든 요소은 연관련 toString 메소드를 가지고 있다고 가정하고 list는 널이 아니라고 가정한다.

3. 무정렬 원형 리스트를 위해 사용한 것과 같은 방식을 사용하여 CRefSortedList 클래스라는 원형 연결 리스트를 생성하시오. 그리고 최종 구현 결과를 시험하시오.

4. 매개변수로 요소를 입력받아 그 요소가 가장 작은 요소와 가장 큰요소 사이에 있으면 true를 반환하는 inBetween이라는 명령이 있다고 가정하자. 즉 연결 리스트를 위해 정의된 compareTo 메소드를 사용하여, 주어진 요소가 가장 작은 리스트 요소보다는 크고 가장 큰 리스트요소보다는 작으면 true를 반환한다. 그렇지 않으면 false를 반환한다.

   a. ArraySortedList 클래스(제 6장에서 언급한 배열 기반 정렬 리스트 클래스)의 명령을 사용하여 inBetween 메소드를 설계하고 코딩하시오.

b. ArraySortedList 클래스의 public 메소드로 inBetween 메소드를 설계하고 코딩하시오.

c. RefSortedList 클래스의 public 메소드로 inBetween 메소드를 설계하고 코딩하시오.

d.. CRefSortedList 클래스의 public 메소드로 inBetween 메소드를 설계하고 코딩하시오

e. N를 리스트의 크기라고 할 때 위의 네 메소드 각각의 실행 속도를 비그-오 복잡도로 나타내시오.

5. 리스트의 마지막 노드를 가리키는 단일 참조를 통해 CRefUnsortedList 클래스를 구현했다. 이 방식을 변경하여 두 개의 참조(첫번째 참조는 리스트의 첫 번째 노드를 가리키고 두 번째 참조는 마지막 노드를 가리킨다)를 유지한다고 가정하자.

a. 새로운 방식이 새로운 클래스 생성자를 필요로 하는가? 필요하면 변경된 생성자를 생성하시오.

b. 새로운 방식이 기존 getNext 메소드를 변경할 필요로 하는가? 필요하면 변경된 getNext 메소드를 만드시오.

c. 새로운 방식이 기존 find 메소드를 변경할 필요로 하는가? 필요하면 변경된 find 메소드를 만드시오.

d. 새로운 방식이 기존 add 메소드를 변경할 필요로 하는가? 필요하면 변경된 add 메소드를 만드시오.

6. 제 7.1절 마지막 부분에서, 원형 연결 리스트의 여러 장점이 선형 연결 리스트에 리스트의 마지막 노드를 가리키는 private 참조 변수를 하나 추가함으로써 얻을 수 있음을 언급하였다. 이러한 변경을 수용하기 위해 만들어져야 하는 RefSortedList 클래스의 public 메소드들에 대해 기술하시오. 메소드를 갱신하는 과정에서 새로운 구현을 지원할 필요가 있는지 혹은 새로운 구현에 의해 만들어진 개선 내용을 기술하시오.

## 7.2 이중 연결 리스트

7. 이중 연결 리스트에 대한 add 명령을 논의했고 참조 변경의 다음과 같은 정확한 순서가 중요하다는 것을 강조했다.

```
newNode.setBack(location.getBack);
newNode.setLink(location);
location.getBack.setLink(newNode);
location.setBack(newNode);
```

다음과 같은 다른 순서로 add 명령을 구현하였을 때 어떠한 문제가 발생되는지를 구체적으로 언급하시오.

```
a.        location.setBack(newNode);
          newNode.setBack(location.getBack);
          newNode.setLink(location);
          location.getBack.setLink(newNode);
b.        newNode.setBack(location.getBack);
          location.getBack.setLink(newNode);
          newNode.setLink(location);
          location.setBack(newNode);
c.        newNode.setLink(location);
          newNode.setBack(location.getBack);
          location.getBack.setLink(newNode);
          location.setBack(newNode);
```

8. 이중 연결 리스트에 대한 remove 명령을 생각해 보자.

a. 그림 7.9에 나타난 상황에 대해 location에 있는 노드가 리스트로부터 제거될 수 있도록 참조 변경들의 정확한 순서를 만드시오.

b. remove 메소드를 위한 코드를 설계하고 생성하시오. 모든 경우를 다 고려하시오.

9. 아래와 같은 원형 이중 연결 리스트에 대해,

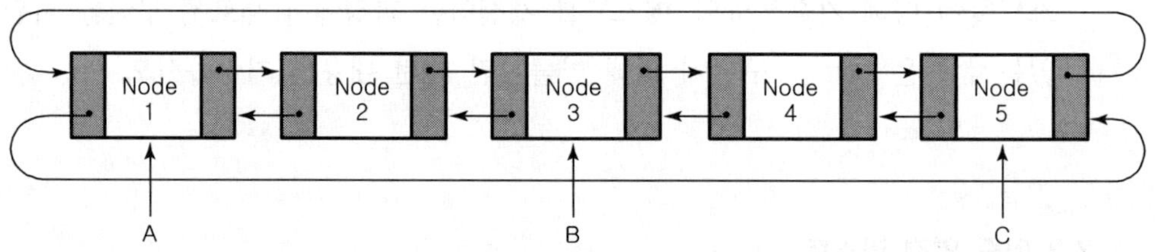


다음 물음에 답하시오. 예를 들어 "node 1"의 info 값에 대한 표현은 참조 A로부터 참조된다면 A.getInfo()이다.

a. "node 1"의 info 값이 참조 C로부터 참조된다면 어떻게 표현될 것인가?

b. "node 2"의 info 값이 참조 B로부터 참조된다면 어떻게 표현될 것인가?

c. "node 2"의 link 값이 참조 A로부터 참조된다면 어떻게 표현될 것인가?

d. "node 4"의 link 값이 참조 C로부터 참조된다면 어떻게 표현될 것인가?

e. "node 1"이 참조 B로부터 참조된다면 어떻게 표현될 것인가?

f. "node 4"의 back 값이 참조 C로부터 참조된다면 어떻게 표현될 것인가?

g. "node 1"은 back 값이 참조 A로부터 참조된다면 어떻게 표현될 것인가?

10. 노드로 DLLObjectNode 객체를 사용하여 이중 연결 리스트 ADT를 설계하고 구현하여 시험하시오. 표준 리스트 명령이외에 클래스는 리스트의 반대방향 반복(backward iteration)을 제공해야 한다. 이 명령을 지원하기 위해 resetBack 메소드와 getPrevious 메소드를 export해야 한다. 이를 처리하기 위해 항상 리스트의 마지막 노드를 참조하는 last 변수를 포함한다.

## 7.3 머리 노드와 꼬리 노드를 갖는 연결 리스트

11. 일반적으로 더미 노드(dummy nodes)는 특정한 경우를 처리하는 예외 처리 문제를 제거하기 위해 추가된다. 다음 물음에 답하시오.

a. 참조 기반 연결 리스트에서 머리 노드를 사용하면 어떤 특정한 경우를 제거하는가?

b. 참조 기반 연결 리스트에서 꼬리 노드를 사용하면 어떤 특정한 경우를 제거하는가? c. 더미 노드가 연결 스택에서도 유용하게 사용될 수 있는가? 즉 더미 노드를 사용하면 특정한 경우를 제거할 수 있는가?

d. 더미 노드가 머리와 꼬리 요소에 대한 참조를 갖는 연결 큐에서도 유용하게 사용될 수 있는가?

e. 더미 노드 원형 연결 리스트를 구현하는데도 유용하게 사용될 수 있는가?

12. 원형 연결 리스트, 머리노느와 꼬리 노드를 갖는 연결 리스트와 이중 연결 리스트 들중에 다음과 같은 상황에 가장 적합한 것은 어느 것인가?

a. 키를 통해 리스트를 검색해야 하고 찾고자 하는 키 앞에 나오는 두 요소의 키와 찾고자 하는 키 다음에 나오는 두 요소의 키를 반환한다.

b. 문장 파일은 가장 작은 정수부터 가장 큰 정수로 정렬된 정수 요소를 포함한다. 정수는 라인(line) 마다 하나씩 존재한다. 파일로부터 값을 읽어야 하며 이들 값을 포함하는 정렬 연결 리스트를 생성해야 한다.

c. 짧고 종종 비어있는 리스트가 필요하다. 요소를 빈 리스트에 추가하고 리스트로부터 마지막 요소를 제거하기 위한 최적 구현을 원한다.

## 7.4 노드의 배열로써 연결 리스트

13. 배열 기반 연결 구현에서 free 리스트를 초기화하기 위해 필요한 시간복잡도를 비그-오로 표기하시오.

14. 다음과 같은 질문에 답하기 위해 그림 7.14에 표시된 배열에 포함된 연결 리스트를 사용하시오.

    a. 어느 요소가 list1가 가리킨 리스트에 있는가?

    b. 어느 요소가 list2가 가리킨 리스트에 있는가?

    c. 어느 배열 위치(색인)가 빈 공간 리스트의 일부인가?

    d. 첫 번째 리스트로부터 "Nell"를 제거한 후 배열을 표현하는 그림을 그리시오.

    e. 두 번째 리스트에 "Anne"를 삽입한 후 배열을 표현하는 그림을 그리시오. 삽입전 배열을 나타내는 표현은 그림 7.14와 같다.

15. 두 방향으로 연결 리스트의 색인을 나타내는 next와 back 노드 값을 갖는 이중 연결 정렬 리스트를 유지하기 위해 노드들을 위한 배열이 사용된다.

    a. 배열이 빈 공간 리스트로 연결된 모든 노드들을 가지고 빈 상태로 초기화된 후에 어떻게 보여지는지를 설명하시오. 빈 공간 노드들은 단지 한 방향으로 연결되어야 한다.

| nodes | .info | .next | .back |
|---|---|---|---|
| [0] | | | |
| [1] | | | |
| [2] | | | |
| [3] | | | |
| [4] | | | |
| [5] | | | |

| | |
|---|---|
| free | |
| list | |

    b. 17, 4, 25와 같은 수가 적절한 위치에 추가될 때 추상 이중 연결 리스트의 box-and-arrow 그림을 그리시오.

    c. 문제 (a)에 있는 배열이 17, 4, 25와 같은 수가 이중 연결 리스트의 적절한 위치에 삽입될 때 어떻게 변하는지 그리시오.

| nodes | .info | .next | .back |
|---|---|---|---|
| [0] | | | |
| [1] | | | |
| [2] | | | |
| [3] | | | |
| [4] | | | |
| [5] | | | |

free list

d. 문제 (c)의 배열이 이중연결 리스트로부터 17이 제거된 후 어떻게 변하는지 그려보시오.

| nodes | .info | .next | .back |
|---|---|---|---|
| [0] | | | |
| [1] | | | |
| [2] | | | |
| [3] | | | |
| [4] | | | |
| [5] | | | |

free list

16. ArrayRefSortedList 클래스의 생성자와 getNode, freeNode, isFull과 remove 메소드를 위한 코드를 개발했다. 다음과 같은 메소드를 위한 코드를 개발하시오.

a. find

b. size

c. contains

d. get

e. toString

f. reset

g. getNext

h. add

## 7.5 특화 리스트 ADT

17. 다음 문장이 참인지 거짓인지를 결정하시오. SpecialziedList 클래스는

a. 요소를 가지고 "by copy" 방식을 사용한다.

b. ListInterface 인터페이스를 구현한다.

c. 정렬된 자료 요소들을 유지한다.

d. 중복 요소를 허락한다.

e. 반복이 리스트의 끝을 벗어나면 예외 처리한다.

f. 임의의 Java 클래스의 객체를 유지할 수 있다.

g. 생성자를 포함하여 단지 O(1) 명령을 갖는다.

## 7.6 사례 연구: 큰 정수

18. 하나 이상의 디지트가 하나의 노드에 저장될 경우 LargeInt 클래스에서 필요한 변경 사항을 논하시오.

19. 큰 정수 응용 프로그램은 잘못 형식화된 입력을 받아들이지 못한다. 예를 들어 다음과 같이 실행되는 프로그램을 생각해 보자.

```
Enter the first large integer:
twenty

Enter the second large integer:
two

First number:          +-1-1-1,-1-1-1
Second number:         +-1-1-1
Sum:                   +-1-1-1,-2-2-2
Difference:            +-1-1-1,000

Process another pair of numbers?(Y=Yes):n
```

보다 더 견고하게 작동될 수 있고, 문제가 있는 경우에 적절한 오류 메시지를 출력할 수 있도록 프로그램을 수정하시오.

20. 큰 정수의 곱셈을 생각해 보자.

a. 이를 수행하는 알고리즘을 기술하시오.

b. LargeInt 클래스에 곱하기 메소드를 구현하시오.

c. 큰 정수 응용 프로그램 곱하기 메소드를 추가하시오.

21. LargeInt 클래스의 private 메소드 greaterList는 이 메소드의 매개 변수가 no leading zeros들을 갖는다고 가정한다. 이 가정이 위배되면 이상한 결과가 나온다. 다음과 같은 큰 정수 응용프로그램의 실행 결과를 생각해 보시오.

```
Enter the first large integer:
35

Enter the second large integer:
003

first number:          +35
Second number:         +003
Sum:                   +038
Difference:            -968

Process another pair of numbers?(Y=Yes): n
```

a. leading zeros들이 왜 이러한 문제를 야기시키는가?

b. 이 문제를 고치기 위한 적어도 두 방식을 제시하시오.

c. 제시한 각각 방식에 대한 장단점을 기술하시오.

d. 제시된 방식들 중 하나를 택해서 그 해결책을 구현하시오.

Java

# 08 이진 검색 트리(Binary Search Trees)

이 장은 독자들이 아래와 같은 내용을 습득할 수 있도록 하는 것을 목표로 한다.

지식적 목표 (Knowledge Goals)

- define and use the following tree terminology:
  - binary tree
  - binary search tree
  - root
  - parent
  - child
  - ancestor
  - descendant
  - level
  - height
  - subtree
  - full
  - complete
- given a binary tree, identify the order the nodes would be visited for preorder, inorder, and postorder traversals
- define a binary search tree at the logical level
- describe an algorithm for balancing a binary search tree
- given a problem description, determine whether a binary search tree is an appropriate structure for solving the problem

기술적 목표 (Skill Goals)

- show how a binary search tree would be structured after a series of insertions and removals
- implement the following binary search tree algorithms in Java:
  - finding an element
  - counting the number of nodes
  - adding an element
  - removing an element
  - retrieving an element
  - traversing a tree in preorder, inorder, and postorder
- discuss the Big-O efficiency of a given binary search tree operation
- use a binary search tree as a component of a problem solution
- show how a binary tree can be represented as an array, with implicit positional links between the elements

지금까지 정렬된 정보를 선형 연결 리스트에 저장하는 경우에 발생되는 여러 장점을 살펴보았다. 선형 연결 리스트의 단점은 정보의 양이 많아지면서 발생되는 검색 속도 증가이다. 리스트의 모든 노드를 검색하는 순차 탐색 또는 선형 탐색 비용은 O(N)이다. 제 6장에서 배열에 순차적으로 저장된 정렬 리스트에서 이진 검색 방법을 알아보았다. 이진 검색의 시간 복잡도는 $O(\log_2 N)$ 이다. 선형 연결 리스트에 이진 검색을 적용하면 매우 효율적일 것이다. 그러나, 선형 연결 리스트에서 저장된 노드들의 중앙값을 찾아낼 방법이 없다. 따라서, 선형 연결 리스트의 원소들을 재조정하여 이진 탐색에 최적화된 구조로 변경할 수 있다. 이러한 자료구조가 이진 탐색 트리이다. 이진 탐색 트리는 연결 리스트의 기능뿐만 아니라 모든 원소를 $O(\log_2 N)$ 시간에 검색할 수 있다.

이 장에서는 트리와 관련된 개념 및 용어를 설명한 후, 이진 검색 트리에 필요한 알고리즘을 구현할 것이다. 사례연구에서는 이진 검색 트리를 이용한 단어 빈도 분석기에 대하여 살펴볼 것이다.

## 8.1 트리(Trees)

선형 연결 리스트(singly linked list)의 각 노드는 자신의 후속 노드를 가리키는 형태를 가지므로 선형 구조(linear structure)이다. 즉, 마지막 노드를 제외한 리스트의 모든 노드는 유일한 후속 노드만을 가진다. 트리(tree)는 비 선형구조(nonlinear structure)이다. 트리의 각 노드는 여러 개의 후속 노드를 가진다. 이 때 트리의 후속 노드를 그 노드의 자식 노드(child node)라고 부른다. 자식 노드들 또한 트리의 노드이기 때문에 여러 개의 자식 노드를 가질 수 있다. 이런 순환적 정의에 의하여 트리는 마치 나무의 가지 형태를 취하게 된다. 트리는 유일한 시작 노드를 가지며, 이 노드가 루트 노드(root node)이다.

**트리** : 유일한 시작 노드(루트)를 가지는 자료구조로서 각 노드는 여러 자식 노드를 가진다. 단 루트 노드와 트리의 모든 노드간 경로는 유일해야 한다.

**루트 노드**: 트리의 가장 위에 존재하며 시작점이다. 루트 노드는 부모 노드를 가지지 않는다.

트리는 계층적 관계를 표현할 때 유용하다. [그림 8.1]은 트리 구조의 예이다. 그림에서 (a)는 이 책의 장, 절, 부절을 계층 구조로 표현한 것이며, (b)는 자바 클래스의 계층적 상속 관계를 트리 형태로 표현한 것이다. 그림 (c)는 나비의 생물학적 분류 구조이다.

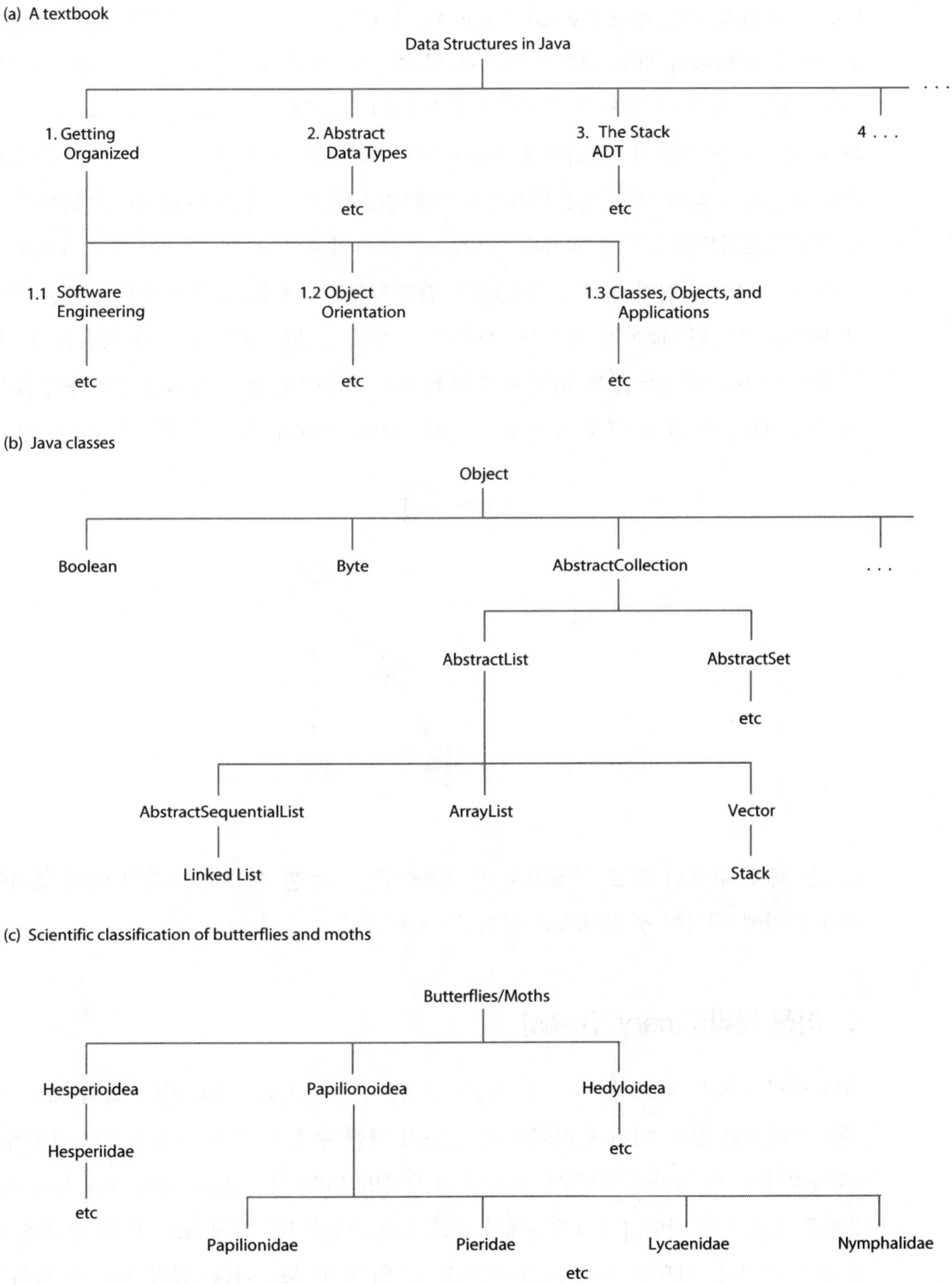

(a) A textbook
Data Structures in Java
1. Getting Organized
2. Abstract Data Types
3. The Stack ADT
4 . . .
etc
etc
1.1 Software Engineering
1.2 Object Orientation
1.3 Classes, Objects, and Applications
etc
etc
etc
(b) Java classes
Object
Boolean
Byte
AbstractCollection
. . .
AbstractList
AbstractSet
etc
AbstractSequentialList
ArrayList
Vector
Linked List
Stack
(c) Scientific classification of butterflies and moths
Butterflies/Moths
Hesperioidea
Papilionoidea
Hedyloidea
Hesperiidae
etc
etc
Papilionidae
Pieridae
Lycaenidae
Nymphalidae
etc

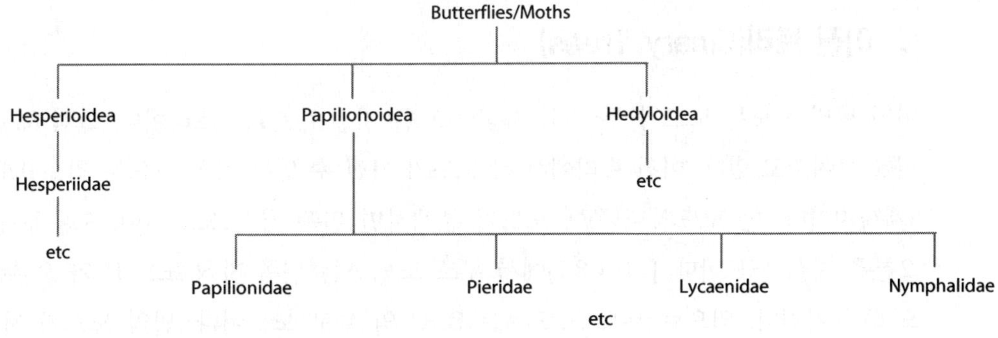

[그림 8.1] 계층적 관계를 표현한 트리

트리는 순환적 구조(recursive structure)이다. 트리의 모든 노드는 서브트리(subtree)의 루트 노드이다. 트리에서 모든 노드는 그 노드와 자신의 자식 노드들로 구성된 서브트리를 형성한다. 서브트리 또한 완전한 트리이다. [그림 8.1 (a)]에서 "Getting Organzied" 는 루트 노드의 자식 노드이지만 이 책의1장을 표현하는 서브트리의 루트 노드가 된다. 트리의 또 다른 중요 특성은 트리의 모든 서브트리들은 공통 원소를 갖지 않는다(disjoint)는 점이다. 따라서, 모든 서브트리들은 노드를 공유하지 않는다. 트리의 이런 특성 때문에 루트 노드와 트리의 모든 노드 사이의 연결 경로는 유일하다. 결과적으로 루트를 제외한 모든 노드는 유일한 부모 노드를 가진다. 페이지 518에서 보여주는 자료 구조의 예는 트리의 성질을 위배하므로 트리가 아니다. 예에서 루트 노드 A와 자식 노드 D사이의 연결 경로가 유일하지 않다. 따라서, 노드 D는 두 개의 부모 노드를 가진다. 이런 형태의 자료 구조는 트리가 아니다.

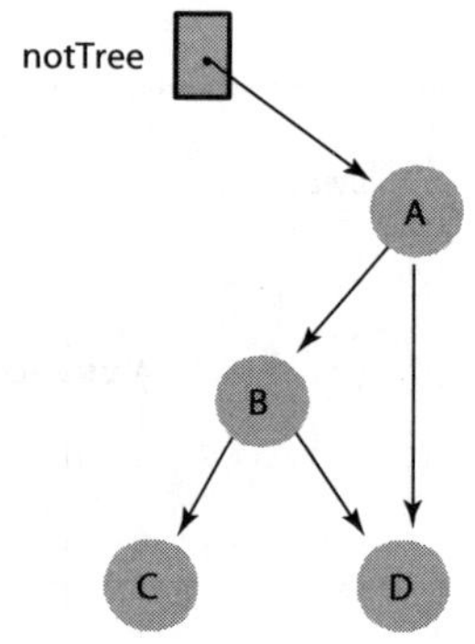


트리는 매우 유용한 자료 구조이다. 이 장에서는 특별한 형태의 트리인 이진 트리와 이진 검색 트리에 대하여 중점적으로 살펴 볼 것이다.

## 이진 트리(Binary Trees)

이진 트리는 모든 노드가 두 개의 자식 노드를 가질 수 있는 트리이다. 그림 8.2는 이진 트리를 보여주고 있다. 이진 트리에서 각 노드가 가질 수 있는 자식 노드는 최소 0개에서 최대 2개까지이다. 한 노드의 왼쪽에 노드가 존재하면 왼쪽 자식 노드이며, 오른쪽에 존재하면 오른쪽 자식 노드이다. [그림 8.2]에서 루트 노드 A는 왼쪽 자식 노드 B 와 오른쪽 자식 노드 C를 가진다. 역으로 루트 노드 A는 B, C 의 부모 노드이다. 만약 노드가 자식 노드를 가지지 않으면 리프 노드(leaf node) 이다. 예에서 노드 G, H, I, J는 리프 노드이다.

이진 트리 (Binary tree) : 모든 노드가 두 개의 자식 노드를 가질 수 있는 트리. 왼쪽 , 오른쪽 자식 노드를 가진다.
리프 노드(Leaf node) : 자식 노드가 없는 노드
자손 노드(Descendant node) : 한 노드를 루트로 하는 서브 트리의 모든 노드
선조 노드(Ancestor node) : 한 노드에서 루트 노드에 이르는 경로 위의 모든 노드

[그림 8.2]에서 루트 노드의 자식 노드들은 그 자체로 서브트리의 루트 노드가 된다. 루트 노드의 왼쪽 자식인 노드 B 는 왼쪽 서브 트리의 루트가 되며, 루트 노드의 오른쪽 자식인 C노드는 오른쪽 서브 트리의 루트 노드가 된다. 이 성질을 순환적으로 정의하면 이진 트리의 모든 노드는 서브 트리의 루트 노드이다. 노드 B를 루트로 하는 서브 트리에서 D, E, G, H는 B 노드의 자손(descendants) 노드이다. C노드의 자손 노드는 F, I, J 노드이다. 자손 노드를 가지지 않는 노드는 리프(Leaf)노드이다. 역으로, 어떤 노드가 한 노드의 부모 노드이거나 부모 노드의 부모 노드이면 그 노드들은 선조(ancestor) 노드이다. 일반적으로 표현하면 한 노드에서 루트 노드에 이르는 경로상의 모든 노드가 그 노드의 선조 노드이다. [그림 8.2]에서 G의 선조 노드는 D, B, A이다. 따라서, 트리의 루트 노드는 모든 노드의 선조 노드이지만 자신은 선조 노드를 갖지 않는다.

노드의 레벨(level)은 루트로부터 특정 노드까지의 상대적인 거리이다. [그림 8.2]에서 루트 노드 A의 레벨은 0이다. 따라서 B, C 노드는 레벨 1, 노드 D, E, F는 레벨 2, D, H, I, J 노드의 레벨은 3이다.

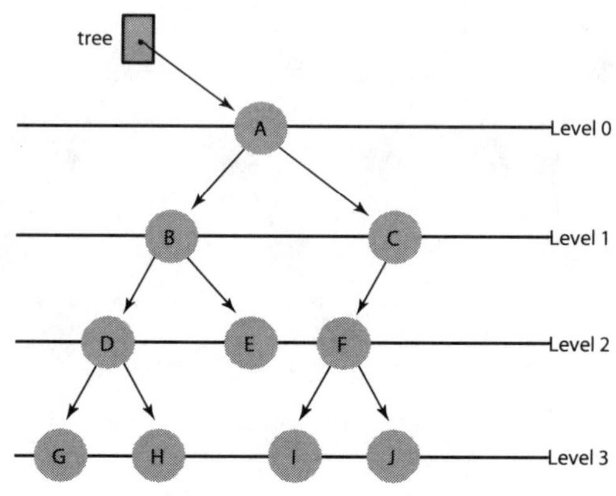

[그림 8-2] 이진 트리 (Binary tree)

트리의 최고 레벨을 그 트리의 높이(height)라고 부른다. 각 레벨 N에서 가질 수 있는 최대 노드 개수는 $2^N$ 이다. [그림 8.2]의 레벨 2에서 가질 수 있는 최대 노드의 수는($2^2$) 4 개이지만, 노드 C는 오직 한 개의 자식 노드 F 만을 가지므로 레벨 2에서 3개의 노드를 가지고

있는 것이다. 이진 트리는 모든 레벨에서 최대 노드 수를 가질 필요는 없다. 따라서, 10개의 노드로 구성된 트리가 있다면 다양한 형태의 이진 트리를 형성할 수 있다. [그림 8.3]은 10개를 노드로 구성된 다양한 형태의 이진 트리를 보여주고 있다. [그림 8.3 (c)]에서 볼 수 있듯이 N개의 노드로 구성된 이진 트리의 최대 레벨은 N(레벨 0을 포함) 이다. 그렇다면, N개의 노드로 구성된 이진 트리의 최소 레벨은 얼마일까? 만약 이진 트리에서 각 레벨의 모든 노드가 2개의 자식 노드를 가진다면, $\log_2 N+1$ 레벨을 가지게 된다[그림 8.3 (a)]. 이런 특성에 기반하여 8개의 노드를 가진 이진 트리의 최소 높이는 $\log_2(8)+1=3$, 그리고 노드 16인 경우 $\log_2(16)+1=4$이다.

트리의 높이는 원소 검색의 효율성을 결정하는 핵심 요소이다. 최대 높이 이진 트리 [그림 8.3 (c)]의 루트 노드에서 노드의 참조를 따라가면서 J노드를 검색한다고 가정하면 검색비용은 O(N)이다. 이러한 검색 비용은 선형 리스트의 검색 비용과 다를 바 없다. 역으로, 최소 높이 이진 트리 [그림 8.3 (a)]의 루트 노드에서 J노드를 검색한다면 J노드를 찾아가지 전에 오직 E, A, G노드만을 경유하면 된다. 결과적으로, 최소 높이 이진 트리에서 모든 원소의 검색 비용은 $O(\log_2 N)$이다.

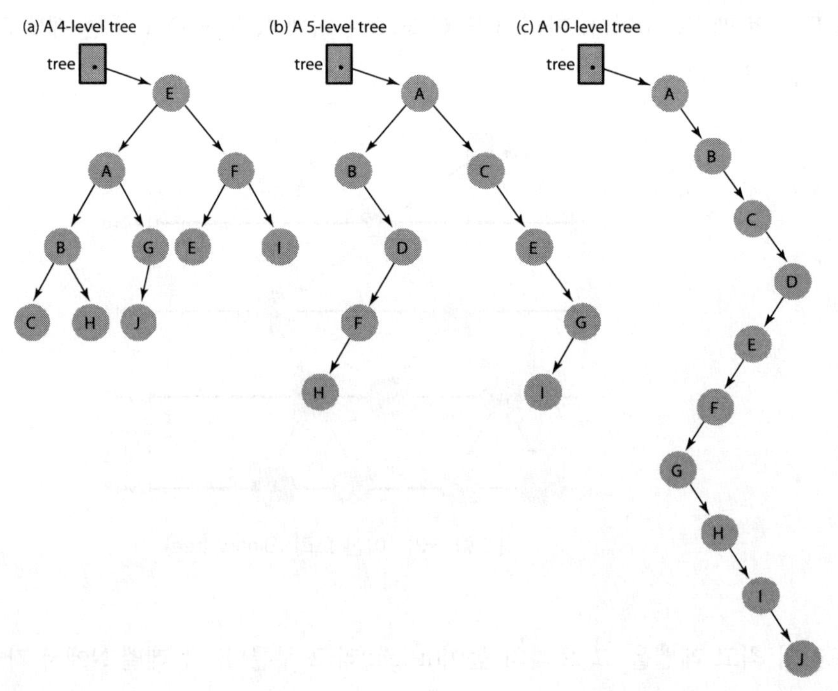


[그림 8.3] 다양한 이진 트리

단, 최소 높이 이진 트리 일지라도 원소의 배치형태에 따라 검색 비용은 달라진다. [그림 8.3(a)]의 예는 그 자체로 O($\log_2$N ) 검색 속도를 제공하지 못한다. 예를 들어, 이 트리에서 G 노드를 검색한다고 가정하자. 우선 루트 노드 E는 G가 아니므로 검색을 계속하여야 한다. 그런데 검색을 계속하기 위하여 루트 노드의 왼쪽 서브 트리를 검색해야 할지 아니면, 오른쪽 서브 트리를 검색해야 할지 결정할 수 없다. 이런 경우 모든 서브 트리를 검색해야 한다. 이런 방식으로 루트부터 레벨 순으로 모든 노드를 검색한다면 검색비용은 O(N)이며, 선형 리스트와 비교해서 검색 속도 면에서 효율적이지 못하다. 결과적으로 이진 트리가 O($\log_2$N) 검색 속도를 지원하기 위해서는 우선 최소 높이 이진 트리 형태이어야 하며, 각 원소의 배치에 특별한 기준이 필요하다.

## 이진 검색 트리(Binary Search Trees)

이진 트리의 검색 비용을 O($\log_2$N )로 한정하기 위하여, 원소를 배치할 때 원소의 값에 기반한 특별한 성질을 부여하여야 한다. 루트 노드의 값과 비교하여 값이 작거나 같은 노드는 루트 노드의 왼쪽 서브 트리에 배치하고, 만약 노드의 값이 루트 노드의 값 보다 크다면 오른쪽 서브 트리에 배치하는 것이다. 이런 특성을 이진 검색 특성이라 부른다. [그림 8.4]는 [그림 8.3 (a)]의 이진 트리를 이진 검색 특성에 기반하여 노드를 재구성한 이진 트리이다. [그림 8.4]에서 루트 노드의 왼쪽 서브 트리는 루트 노드 E보다 작거나 같은 노드들이며, 오른쪽 서브 트리는 E보다 값이 큰 노드들만 배치되어 있다.

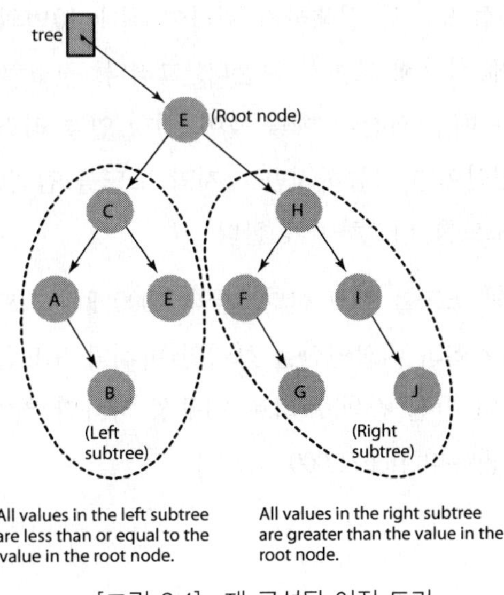


[그림 8.4] 재 구성된 이진 트리

[그림8.4]와 같은 형태의 이진 트리에서 노드 G를 검색한다고 가정하자. 우선 루트 노드 E보다 G가 크기 때문에 G노드는 분명히 루트의 오른쪽 서브 트리에 존재한다는 것을 알 수 있다. G를 찾을 때까지 검색을 계속하기 위해 루트의 오른쪽 자식 노드H와 다시 비교한다. 이때 H는 G가 아니므로 H를 루트 노드로 하는 서브 트리에서 왼쪽, 오른쪽 검색 방향을 정해야 한다. 당연히 이 서브 트리도 이진 검색 특성의 기준에 의해 노드가 배치되어 있으므로 검색 방향은 H노드의 왼쪽 서브 트리이다. 계속해서 G는 노드 F보다 크기 때문에 F의 오른쪽 서브 트리를 검색하면 노드 G를 찾게 된다.

**이진 검색 트리** (Binary Search Tree) : 임의의 노드 A의 왼쪽 서브 트리에 존재하는 모든 노드의 값은 노드 A의 값보다 작거나 같고, 오른쪽 서브 트리의 모든 노드의 값은 노드 A의 값보다 큰 특성을 만족시키는 이진 트리

이진 검색 트리(Binary Search Tree)는 이진 검색 특성을 갖는 이진 트리이다. 이진 검색 트리도 이진 트리이므로 각 노드는 최대 2개의 자식 노드를 가지다. 단, 이진 검색 트리는 이진 검색 특성 (특정 노드의 왼쪽 자식 노드는 그 노드를 포함하는 서브 트리의 루트 노드가 되며 이 서브 트리의 모든 노드의 값은 특정 노드의 값보다 작거나 같다. 반대로 특정 노드의 오른쪽 자식 노드는 그 노드를 루트 노드로 가지는 서브 트리를 구성하며 이 서브 트리의 노드의 값은 특정 노드의 값 보다 크다)을 유지하기 때문에 이진 트리보다 원소를 효율적으로 검색할 수 있다.

이 책의 예에서 특정 노드를 검색하기 위하여 최대 10번의 비교 연산과 4번의 비교 연산 차이는 얼핏 보기에 심각해 보이지 않는다. 그러나, 원소의 개수가 증가하면 $O(\log_2 N)$ 와 O(N) 연산의 차이는 매우 커진다. 예를 들어, 선형 연결 리스트의 경우 첫 번째 노드를 찾는다면 1번의 비교 연산이면 가능하지만 마지막 노드를 검색하는 최악의 경우에는 처음부터 마지막까지 모든 노드를 비교하여야 한다.

따라서, 평균 절반의 노드를 비교 한다. 만약 1,000개의 노드로 구성된 선형 연결 리스트라면 최악의 경우 1,000회의 비교연산을 해야만 마지막 노드를 찾을 수 있다. 그러나 1,000개의 노드를 최소 높이 이진 검색 트리로 재구성 하다면 최악의 경우일지라도 10번 이상의 비교 연산을 하지 않는다 [log21,000 < 10 ].

## 이진 트리 순회 (Binary Tree Traversals)

선형 연결 리스트를 순회하기 위하여, 리스트의 시작 노드에서 참조(reference)를 따라 다음 노드를 방문하게 되고 이러한 순차적인 순회방법을 이용하여 참조값이 null 인 마지막 노드까지 방문할 수 있다. 비슷하게, 이진 트리를 순회하기 위하여 루트 노드를 시작 노드로 초기화 한 후 다음 노드를 참조를 따라 방문하게 되는데, 이 때 왼쪽 혹은 오른쪽 둘 중 순회 방향을 정해야 한다. 연결 리스트를 순회하는 일반적인 방법은 전방 순회방식(forward)과 후방 순회방식(backward)이다. 그런데, N개의 노드로 구성된 이진 트리의 경우 임의의 순서로 순회 한다면 총N! 순회방법이 존재하게 된다. 따라서 효율적인 순회 방식을 위해서는 일관된 순회방식이 요구된다. 여기서 가장 보편적인 트리 순회방식 3가지를 소개할 것이다.

트리 순회방식은 루트 노드와 그 서브 트리의 상대적인 방문 순서에 따라 정해진다.

- 전위순회(Preorder): 루트 방문, 왼쪽 서브 트리 방문, 오른쪽 서브 트리 방문
- 중위순회(Inorder): 왼쪽 서브 트리 방문, 루트 방문, 오른쪽 서브 트리 방문
- 후위순회(Postorder): 왼쪽 서브 트리 방문, 오른쪽 서브 트리 방문, 루트 방문

순회 방식은 루트 노드와 서브 트리 방문간의 상대적인 순서에 의해 정의 된다. 또한, 모든 순회 방식은 순환적으로 정의된다.

[그림8.5]와 같이 이진 트리에 루프를 그려서 순회방식을 도식화 할 수 있다. 루프를 그리기 전에 원래의 이진 트리에서 자식 노드가 2개 미만인 모든 노드에 라인을 추가시켜서 모든 노드가 두 개의 에지(edge)를 가지도록 확장된 트리를 만든다. 확장된 트리에서 루트 노드를 출발점으로 해서 왼쪽 방향으로 트리의 형태를 따라서 완전한 루프를 그린다. 그 결과 트리의 모든 노드는 루프에 의해 세 번 방문하게 된다.

[그림 8.5]의 확장된 트리에서 루프의 방문 순서에 따라서 1, 2, 3 번호를 붙일 수 있다. 예를 들면, [그림 8.5]에서 A노드를 루트로 하는 서브 트리에서 왼쪽 서브 트리를 방문하기 전에 한번 방문(1) 그리고, 왼쪽 서브 트리를 방문하고 오른쪽 서브 트리를 방문하기 전 또 한번 방문(2) 마지막으로 오른쪽 서브 트리를 방문하고 마지막으로 방문(3) 하게 된다. 그 결과 전위순회 방식은 확장된 트리에서 첫 번째 방문(1)을 따라가면 된다. 동일한 방법으로 중위 순회 방식은 두 번째 방문(2)을 따라가고, 후위 순회방식은 세 번째 방문(3) 을 따라가면서 순서를 정하면 된다.

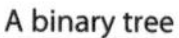


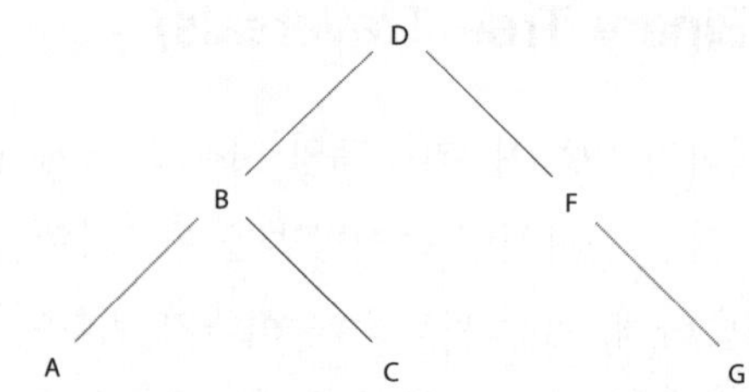


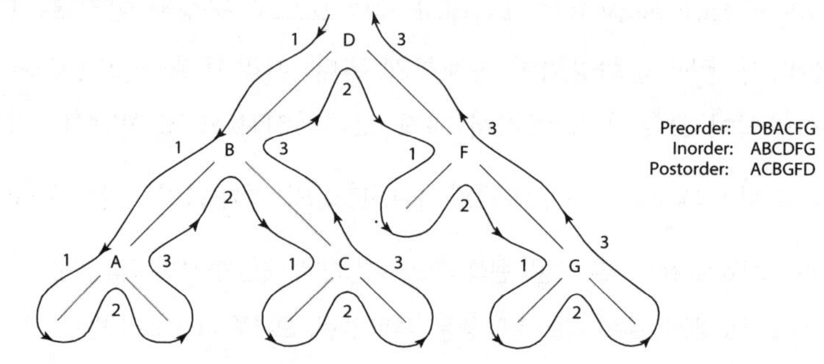


[그림 8.5] 이진 트리 순회의 도식화 (이진 트리, 확장된 트리)

[그림 8.6]은 이진 트리 순회방식의 예를 보를 보여 주고 있다. [그림 8.6]의 이진 트리를 확장된 이진 트리로 변환 후 루프를 그려서 각 순회방식의 노드 방문 순서를 확인할 수 있다.

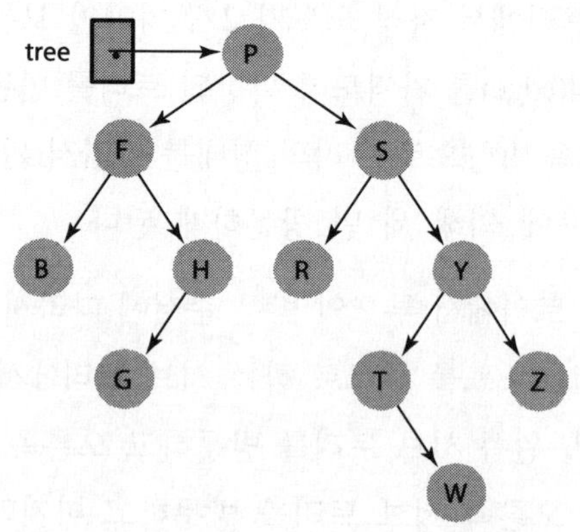


Inorder: B F G H P R S T W Y Z
Preorder: P F B H G S R Y T W Z
Postorder: B G H F R W T Z Y S P

[그림 8.6] 이진 트리 순회 방식

만약 이진 검색 트리라면 중위순회 방식은 값이 가장 작은 노드에서 가장 큰 노드 순으로 방문하게 된다. 따라서, 원소들을 오름차순으로 검색할 때 중위 순회 방식은 매우 유용하다. 전위 순회나 후위 순회방식은 중위 표기 법을 전위나 후위 표기법으로 변환하는 응용 프로그램에 매우 유용하게 사용된다

## 8.2 논리적 단계(The Logical Level)

이 절에서는 이진 검색 트리의 추상 데이터 타입(Abstract Data Type)을 명세화 할 것이다. 이 책의 스택(Stack), 큐(Queue) 그리고 리스트(List)의 추상 데이터 타입 명세 방식과 동일하게 자바 인터페이스를 이용하여 이진 검색 트리를 명세화 할 수 있다. 사실 이진 검색 트리의 ADT는 정렬 리스트와 매우 비슷하다. 정렬 리스트나 이진 검색 트리 모두 정렬된 데이터를 저장하고 검색하기 위한 정형적인 자료구조이기 때문이다. 따라서 정렬 리스트의 ADT를 이진 검색 트리에서 사용해도 무방하다. 이 책에서는 정렬 리스트의 ADT를 사용하기 보다 이진 검색 트리의 ADT를 논리적 단계, 구현 단계, 응용 단계 순으로 이진 검색 트리 사용에 대하여 살펴볼 것이다.

ADT 정의를 진행하기 전에 어떤 원소를 트리에 저장할 것인지 결정해야 한다.

### 트리의 원소(Tree Elements)

자바를 이용하여 이진 검색 트리를 구축하기 위해서 우선, 한 객체가 다른 객체보다 값이 작거나 같은지, 아니면 큰 값을 가진 객체인지 구별할 수 있어야 한다. 6장에서 보았듯이 자바는 Comparable 인터페이스를 제공한다. 이 인터페이스는 특정 클래스의 객체들에 대하여 값을 비교할 수 있는 기능을 제공한다. 따라서, 한 클래스의 객체들이 비교 연산을 수행하기 위해서 그 클래스는 Comparable 인터페이스의 추상 메소드인 compareTo 를 정의 하여야 한다. 즉, 트리의 원소가 될 객체를 정의하는 클래스는 Comparable 인터페이스를 상속하고 메소드 compareTo를 구현하여야 한다.

Comparable 인터페이스를 상속한 클래스의 객체들은 compareTo 연산을 수행할 수 있다. 일반적인 객체 지향의 상속 개념에 의하여 트리의 모든 원소들은 Comparable 객체(원소)여야 한다. 이 책에서 원소의 키 값을 비교한다면 객체의 compareTo 메소드를 이용하여 두 객체

간의 키 값을 비교하는 것이다.

자바 5.0 이상의 라이브러리에서 제공되는 Comparable 인터페이스는 Generic Type을 제공한다. 따라서, 자바 프로그램에서 Comparable 객체에 구체적인 Generic type를 명시하지 않으면 compareTo 메소드를 수행할 때 경고 메시지가 발생하게 된다. Generic type를 명시하면 이러한 종류의 경고 메시지가 발생하지 않는다.

## 이진 검색 트리 명세화 (The Binary Search Tree Specification)

이진 검색 트리는 Comparable 원소를 저장한다. 이런 제약 사항은 Comparable 객체만을 리스트에 추가하도록 하면 된다. 이진 검색트리 ADT를 명세하기 전에 고려해야 할 사항이 있을까 ?

첫째, 트리에 중복 값을 허용할 것인지 결정해야 한다. 이 문제에 대하여 우리는 이미 결정을 내렸다. 이진 검색 트리의 정의에 의해 이미 중복 값을 허락하는 것이다. "노드의 값이 작거나 같은 노드는 왼쪽 서브 트리에 존재한다" 라는 정의에 의해 중복 값이 허용된다. 즉, 동일한 키 값을 가지는 노드가 오른쪽 서브트리에 존재하지 않는 한 이진 검색 트리에 중복 값을 가진 노드는 존재할 수 있다.

물론, 이진 검색 트리의 정의를 바꿔서 " 모든 노드의 값이 왼쪽 서브 트리의 노드의 값보다 크다" 라고 정의하여 중복을 허락하지 않을 수도 있다. 그러나, 이 책에서는 이진 검색 트리가 중복 원소를 가지도록 할 것이다.

8.1절에서 세 가지 이진 트리 순회 방식을 정의하였다. 이 중 한가지 순회 방식을 선택하여 사용해도 되지만 이 책에서는 모든 순회방식을 지원할 것이다. reset연산과 getNext 연산을 정의할 때 사용할 순회 방식을 가리키는 매개 변수를 도입한다. 7장의 특별한 리스트와 같이, 이진 검색 트리에서도 한번에 여러 순회방식을 동시에 수행할 수 있는 기능을 지원한다. 이진 검색 트리 인터페이스에 아래와 같은 상수를 정의하여 순회방식을 구별하게 된다.

```
public static final int INORDER = 1;
public static final int PREORDER = 2;
public static final int POSTORDER = 3;
```

위 상수들은 이 인터페이스를 구현한 모든 클래스가 사용할 수 있다. 이 상수들의 사용은 다음 절에서 설명된다.

7장의 리스트 ADT의 reset연산과 비교하여 이진 검색 트리의reset연산을 약간 수정하였다. 이진 검색 트리의 reset 연산은 반복적 방식에 의해 구현되었으며, 트리의 현재 노드 수를 리턴하는 기능을 가진다. 그 이유는 반복적 방식을 이용한 메소드 구현 세션에서 설명할 것이다.

다음은 인터페이스 BSTInterface는 이진 검색 트리의 ADT 이다.

```
//----------------------------------------------------------------------------
// BSTInterface.java  by Dale/joyce/Weems      chapter 8
//
// Interface for a class that implements a binary search tree (BST)
//
// The trees are unbounded and allow duplicate elements, but do not allow null
// elements. As a general precondition, null elements are not passed as
// arguments to any of the methods.
//
// The tree supports iteration through its elements in INORDER, PREORDER,
// and POSTORDER.
//----------------------------------------------------------------------------
package ch08.trees;

public interface BSTInterface
{
  // used to specify traversal order
  public static final int INORDER = 1;
  public static final int PREORDER = 2;
  public static final int POSTORDER = 3;

  boolean isEmpty();
  // return true if this BST is empty; otherwise, return false

  int size();
  // return the number of elements on this BST

  boolean contains(Comparable element);
  // return true if this BST contains an element e such that
  // e.compareTo(element)== 0 ; otherwise, return false.

  boolean remove(Comparable element);
  // remove an element e from this BST such that e.compareTo(element)==0
  // return true; if no such element exists, return false.
```

```
  Comparable get(Comparable element);
  // return an element e from this BST such that e.compareTo(element)==0;
  // if no such element exists, return false.

  void add(Comparable element);
  // add element to this BST. the tree retains its BST property.

  int reset(int orderType);
  // initialize current position for an iteration through this BST
  // in orderType order. return current number of nodes in the BST.

  Comparable getNext(int orderType);
  // Precondition: the BST is not empty
  //         the BST has been reset for orderType
  //         the BST has not been modified since the most recent reset
  //         the end of orderType iteration has not been reached
  // returns the element at the current position on this BST for order Type
  // and advances the value of the current position based on the orderType
}
```

## 8.3 응용 프로그래밍 레벨(The Application Level)

이미 언급했듯이, 이진 검색 트리의 ADT 는 정렬 리스트의 ADT와 매우 유사하다. 위 BSTInterface와 6장의 SortedListInterface의 가장 큰 차이점은 BSTInterface는 모든 트리 순회 방법을 지원한다는 것이다.

정렬 리스트와 이진 검색 트리 구현에서 중요한 또 다른 차이점은 연산의 효율성이다. 연산의 효율성에 대한 논의는 이 장의 뒤 부분에서 다루기로 한다. 정렬 리스트 ADT와 이진 검색 트리 ADT의 유사성은 정렬 리스트를 이용한 응용 프로그램에 이진 검색 트리를 사용할 수 있다는 것을 의미한다.

예를 들면, 6.5절의 골프 점수 프로그램에서 정렬 리스트 ADT를 사용하였다. 동일한 프로그램을 이진 검색 트리를 사용하여 구현할 수 있다. 아래 예제는 이진 검색 트리를 이용한 골프 점수 프로그램이다. 아래 프로그램에서 변화된 부분은 밑줄로 강조되어 있다. 원래의 프로그램로부터 변화된 코드는 매우 적음을 알 수 있다.

```
//----------------------------------------------------------------------------
// GolfApp2.java                        by Dale/Joyce/Weems
Chapter 8
//
// Allows user to enter golfer name and score information.
// Display information ordered by score.
//----------------------------------------------------------------------------

import java.util.Scanner;
import ch08.tree.*;
import support.*;    //Golfer

public class ColfApp2
{
  public static void main(String[] args)
  {
    Scanner conIn = new Scanner(System.in);

    String name;              //golfer's name
    int score;                //golfer's score

    BSTInterface golfers = new BinarySearchTree();
    Golfer golfer;
    int numGolfers;

    String skip;              // used to skip rest of input line after reading integer

    System.out.print("Golfer name (press Enter to End): ");
    name = conIn.nextLine();

    while( !name.equals("") )
    {
      System.out.print("Score: ");
      score = conIn.nextInt();
      skip = conIn.nextLine();

      golfer = new Golfer(name, score);
      golfers.add(golfer);

      System.out.println("Golfer name (press Enter to End): ");
      name = conIn.nextLine();
    }
     System.out.printlin();
```

```
        System.out.println("The Final results are");

        numGolfers = golfers.reset(BinarySearchTree.INORDER);

        for(int count = 1; count <= numGolfers; count++)
        {
         System.out.println( golfers.getNext(BinarySearchTree.INORDER) );
        }
    }
}
```

위 코드에서 reset과 getNext 메소드의 매개변수 값으로 INORDER상수를 사용하였다. INORDER 상수는 BSTInterface에 정의되어 있다. 이 상수는 BSTInterface 인터페이스를 구현한 BinarySearchTree 클래스를 이용하여 접근할 수 있다.

GolfApp2 프로그램은 기능이 변경된 reset 연산을 사용하고 있다. 이 reset 연산은 트리의 원소 수를 리턴한다. 리턴된 원소의 수를 이용하여 for 루프 반복 횟수를 명시할 수 있다.

프로그램 수행 결과는 6장에서와 유사하게 다음과 같다.

```
Golfer name (press Enter to End): Annika
Score: 72
Golfer name (press Enter to End): Tiger
Score: 74
Golfer name (press Enter to End): Grace
Score: 75
Golfer name (press Enter to End): Arnold
Score: 68
Golfer name (press Enter to End): Vijay
Score: 72
Golfer name (press Enter to End): Christie
Score: 70
Golfer name (press Enter to End):

The final results are
68:Arnold
70:Christie
72:Vijay
72:Annika
74:Tiger
75:Grace
```

# 8.4 구현 레벨

트리를 연결 구조(linked structure)로 표현할 수 있다. 연결 구조에서 노드에는 동적으로 메모리가 할당된다. 구현을 시작하기 앞서, 트리의 노드 구조를 명확히 결정해야 한다. 이진 트리의 노드는 왼쪽 혹은 오른쪽 자식 노드를 가질 수 있다. 따라서, 이진 트리의 각 노드는 두 자식 노드를 가리키는 참조 변수가 있어야 한다. 또한, 노드는 사용자의 데이터 즉 원소를 저장해야 한다. 노드의 원소를 info로 명명할 것이다. [그림 8.7]은 이진 트리의 노드 구조를 보여주고 있다.

아래 코드는 [그림 8.7] 과 같은 이진 트리의 노드를 구현한 BSTNode 클래스이다.

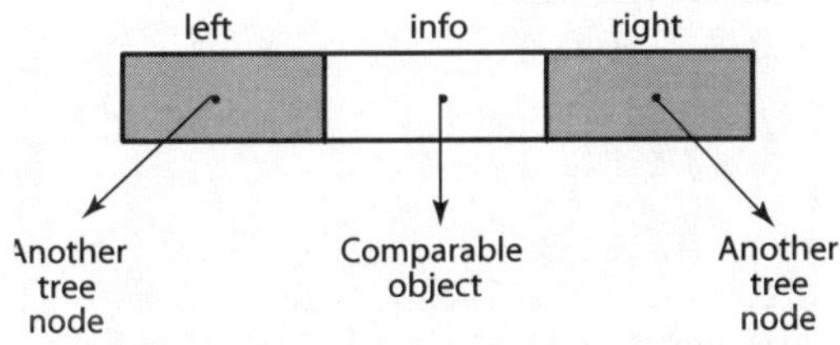


[그림 8.7] 이진 트리 노드 (Binary tree ndoes)

```
//----------------------------------------------------------------------------
// BSTNode.java            by Dale/Joyce/Weems                    Chapter 8
//
// Implements Comparable nodes for a binary search tree.
//----------------------------------------------------------------------------

package support;

public class BSTNode
{
  // Used to hold reference to BST nodes for the linked implementation
  protected Comparable info;  // The info in a BST node
  protected BSTNode left;     // A link to the left child node
  protected BSTNode right;    // A link to the right child node

  public BSTNode(Comparable info)
  {
```

```
   this.info = info;
   left = null;
   right = null;
  }

  public void setInfo(Comparable info)
  // Sets info of this BSTNode.
  {
   this.info = info;
  }
  public Comparable getInfo()
  // Returns info of this BSTNode.
  {
   return info;
  }

  public void setLeft(BSTNode link)
  // Set left link of this BSTNode.
  {
   left = link;
  }

  public void setRight(BSTNode link)
  // Sets right link of this BSTNode.
  {
   right = link;
  }

  public BSTNode getLeft()
  // Return left link of this BSTNode.
  {
   return left;
  }

  public BSTNode getRight()
  // Return right link of this BSTNode.
  {
   return right;
  }
}
```

위 코드에서 주목할 점은 노드에 저장된 원소의 데이터 타입이 Comparable 이라는 것이다. 따라서, Comparable 인터페이스를 구현한 클래스의 객체는 모두 트리의 원소로 저장될 수 있다.

이진 검색 트리를 구현한 클래스는 BinarySearchTree이다. 이 클래스는 BSTInterface 인터페이스를 구현한다(여기서 구현은 상속과 같은 의미이다). 구현 클래스 BinarySearchTree와 인터페이스 BSTInterface와의 관계는 이 장의 요약 절에서 [그림 8.25]에 도식화 되어있다.

BinarySearchTree 클래스의 인스턴스 변수 root 는 트리의 루트 노드를 가리키는 참조 변수이며, 생성자에서 null로 초기화 된다. 아래 코드는 BinarySearchTree 시작 부분이다.

```
//----------------------------------------------------------------------------
// BinarySearchTree.java    by Dale/Joyce/Weems                    Chapter 8
//
// Defines all constructs for a reference-based BST
//----------------------------------------------------------------------------

package ch08.trees;

import ch05.queues.*;
import ch03.stacks.*;
import support.BSTNode;

public class BinarySearchTree implements BSTInterface
{
  protected BSTNode root;              // reference to the root of this BST
  boolean found;                       // used by remove

// for traversals
  protected ArrayBndQueue inOrderQueue;        //queue of info
  protected ArrayBndQueue preOrderQueue;       //queue of info
  protected ArrayBndQueue postOrderQueue;      //queue of info

  public BinarySearchTree()
  // Creates an empty BST object
  {
   root = null;
  }
```

이 클래스는 ch08.trees 패키지에 포함시켰다. 코드에서 큐와 스택을 사용한 이유는 이 클래스의 나머지 부분을 구현해 보면 명확해 질 것이다. 코드에서 실질적인 트리를 참조하는 변수는 root 이다. 이 변수는 트리의 루트 노드를 참조한다.

다음, 살펴볼 코드는 isEmpty 메소드이다. 트리의 노드 수를 리턴하는 size메소드를 이용하여 isEmpty 연산을 구현 할 수도 있다. 만약 size메소드가 0을 리턴하면, isEmpty메소드는 true 이며, size 메소드가 0이 아닌 수를 리턴하면 isEmpty메소드는 false이다. 그러나, size 메소드는 호출될 때 마다 트리의 모든 노드를 순회해야 하기 때문에 적어도 O(N)의 시간이 요구된다. 따라서, size메소드를 이용하지 않고 빠르게 트리가 비어있음을 확인하는 방법은 간단하다. 단지 트리의 루트 노드가 null 인지 확인하면 된다. 이 경우 O(1) 시간이 요구된다.

```
public Boolean isEmpty()
// Returns true if this BST is empty; otherwise, returns false
{
   return ( root == null );
}
```

이제 좀 더 복잡한 메소드를 살펴볼 것이다. 트리 연산을 구현하는데 있어 재귀적 방법과 반복적 방법에 대한 차이점을 살펴 볼 것이다.

## 8.5 반복적 방식과 재귀적 방식의 메소드 구현

이진 검색 트리는 반복적 방식과 재귀적 방식을 비교할 수 있는 좋은 예이다. 우리는 이미 트리가 재귀적으로 정의 됨을 알 고 있다. 즉, 트리의 어떤 노드도 그 노드를 포함하는 서브 트리의 루트 노드가 된다. 또한 트리를 정의할 때 트리의 성질을 재귀적으로 정의할 수 있다. 예를 들면, "만약 한 노드가 특정 노드의 부모이거나 또는 특정 노드의 조상의 부모일 경우 그 노드는 특정노드의 조상 노드가 된다." BSTNode 클래스에서 BSTNode 타입의 멤버 객체를 내부에 정의하는 자체가 재귀적인 것이다. 이런 재귀적 해결책은 트리 연산을 구형할 때 매우 유용하다.

우선 두 용법의 차이점을 알아보기 위해 size 메소드를 재귀적 방법과 반복적 방법으로 구현할 것이다. 물론 size 메소드는 add 메소드가 호출될 때 마다 카운트 변수를 증가시키고 remove 메소드가 호출될 때는 카운트 변수 값을 감소시키는 방법으로 구현할 수도 있다. 이 방법은 리스트를 구현할 때 사용하였다. size 메소드의 또 다른 구현 방법으로는 size 메소드가 호출될 때 마다 트리의 모든 노드를 순회하면서 노드의 수를 세는 것이다. 우리는 이 방법을 이용할 것이다.

size 메소드의 두 가지 구현 방법을 살펴본 후, 반복적 방식과 재귀적 방식의 효율성을 비교할 것이다.

## 재귀적 방식을 이용한 size 메소드 구현

지금까지 재귀적 방식으로 메소드를 구현할 때 사용했던 패턴과 같이 public 메소드가 재귀적으로 구현된 private 메소드를 호출하는 방식을 사용할 것이다. 이때 재귀적 메소드는 트리에 대한 참조를 매개변수로 받는다. 트리의 노드는 클라이언트로부터 가려져야 하고, 클라이언트는 재귀적 메소드를 직접 호출하면 안되기 때문에 public/private 패턴을 이용한다.

public 메소드 size는 private 메소드 recSize를 호출할 때 루트노드에 대한 참조를 넘겨준다. recSize 메소드는 인자로 받은 노드를 루트 노드로 하는 서브트리의 노드 수를 리턴한다. 이 경우 size 메소드는 recSize에게 루트 노드의 참조를 넘겨주므로 recSize 메소드는 트리의 전체 노드 개수를 size 메소드에 리턴하게 되고 size 메소드는 리턴받은 노드 수를 클라이언트 프로그램에 다시 리턴하게 된다. size 메소드는 아주 간단하다.

```
public int size()
// Return the number of elements in this BST.
{
  return recSize(root);
}
```

Factorial 기능을 생각해 보자. 만약 N-1의 factorial 을 알고 있다면, N의 factorial을 계산할 수 있다. 동일하게, 만일 왼쪽 서브 트리의 노드 수와 오른쪽 서브 트리의 노드 수를 알고 있다면 트리의 노드 수를 알 수 있다. 따라서 트리의 노드 수는 아래와 같이 유추할 수 있다.

```
Number of nodes in left subtree + Number of nodes in right subtree +1
```

recSize 메소드에서 노드에 대한 참조를 이용하여 서브 트리의 노드 수를 계산하는 방법은 간단하다. recSize메소드를 재귀적으로 호출하는 것이다. 이때 recSize메소드의 인자는 서브 트리의에 대한 참조이다. 재귀적 호출이 멈출 경우는 리프 노드에 도착했을 때이다. 리프 노드는 서브 트리가 존재하지 않으므로 노드 개수는 1이다.

서브 트리가 없는 리프 노드는 양쪽 자식 노드에 대한 참조 변수값이 null이다. 아래는 이 특성들을 요약한 알고리즘 이다. 여기서 tree는 노드에 대한 참조이다.

```
recSize(tree): returns int    Version 1
if (tree.getLeft( ) is null) AND (tree.getRight( ) is null)
  return1
else
  returnrecSize(tree.getLeft( )) + recSize(tree.getRight( )) + 1
```

[그림 8.8]은 이 알고리즘을 적용한 예이다. (a)예는 루트 노드에 대한 참조tree를 매개변수하여 recSize메소드를 호출한 것이다. 예에서 루트 노드 M의 오른쪽 그리고 왼쪽 서브 트리가 null이 아니므로 재귀적으로 A노드를 루트 노드로 하는 서브트리를 처리하기 위하여 recSize를 다시 호출한다. 그 결과 A노드의 양쪽 자식 노드가 모두 null 이므로 이 서브 트리의 노드 수 1을 리턴한다. 또한 Q를 루트 노드로 하여 resSize를 호출한 결과 또한 1을 리턴한다. (a)트리의 모든 노드 수를 계산할 수 있다.

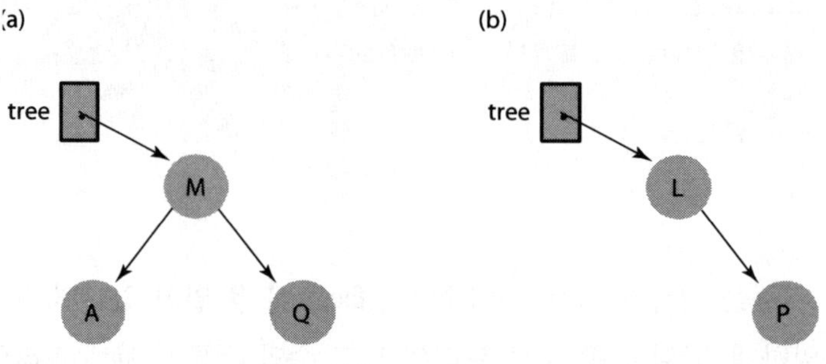


[그림 8.8] 두 이진 검색 트리

[그림 8.8 (b)]는 루트 노드의 왼쪽 서브 트리가 없다. 이 경우 첫 번째 버전의 알고리즘에서 문제가 발생한다. 알고리즘에서 루트 노드 L의 왼쪽 자식은 null 이지만 오른쪽 서브 트리가 존재하므로 if 조건은 false가 되어 재귀적으로 recSize메소드를 null값을 인자로 하여 호출하게 된다. 이때 recSize(tree.getLeft()) 상황에서 트리 자체가 null 이므로 이 메소드는 예외 상황을 발생하게 되고 프로그램 수행을 멈추게 된다. 이런 문제를 방지하기 위하여 자식 노드가 null 인 경우 이 null 값을 인자로 하여 recSize메소드를 호출하지 못하게 알고리즘을 수정해야 한다.

```
recSize(tree): returns int  Version 2
if (tree.getLeft( ) is null) AND (tree.getRight( ) is null)
   return1
else itree.getLeft( ) is null
   returnrecSize(tree.getRight( )) + 1
else itree.getRight( ) is null
   returnrecSize(tree.getLeft( )) + 1
else returnrecSize(tree.getLeft( )) + recSize(tree.getRight( )) + 1
```

버전 2알고리즘은 자식 노드가 null일지라도 올바르게 수행된다. 그런데, 비어있는 트리(empty tree)라면 버전 2 알고리즘도 올바르게 수행되지 않는다. 따라서 이 알고리즘의 첫 번째 문장에서 트리 자체의 null 여부를 검사해야 한다.

```
recSize(tree): returns int  Version 3
if tree is null
   return 0
else if (tree.getLeft( ) is null) AND (tree.getRight( ) is null)
   return1
else if tree.getLeft( ) is null
   returnrecSize(tree. getRight( )) + 1
else if tree.getRight( ) is null
   return recSize(tree. getLeft( )) + 1
else return recSize(tree. getLeft( )) + recSize(tree. getRight( )) + 1
```

위 알고리즘은 약간 복잡해 보인다. 하지만, 복잡함 속에 늘 단순한 해결책이 존재하기 마련이다. 위 알고리즘에서 두 개의 조건 검사를 한 문장으로 변환할 수 있다. 또한, 리프 노드를 특별한 경우로 처리할 필요가 없다. 수정된 알고리즘은 단순히 한 개의 조건 문장만 필요하다. 즉, 비어있는 트리(null tree, empty tree)이면 0을 리턴하는 것이다. 이제 왼쪽, 오른쪽 서브 트리의 존재 여부를 체크할 필요가 없다. 만약 서브 트리가 null일지라도 조건 처리를 해주면 된다. 즉 값 0을 리턴하면 된다.

```
recSize(tree): returns int  Version 4
if tree is null
   return 0
else
   return recSize(tree.getLeft( )) + recSize(tree.getRight( )) + 1
```

지금까지 에러 수정을 위한 여러 버전의 알고리즘을 살펴보았다. 이 과정을 거치면서 트리 연산을 재귀적으로 해결하기 위한 중요 포인트를 알 수 있다. 첫째, 항상 비어있는 트리(empty tree)를 체크하는 것, 둘째, 리프 노드를 독립된 경우로 처리할 필요가 없다는 것이다.

Method recSize(tree)

| | |
|---|---|
| Definition: | Counts and returns the number of nodes in tree |
| Size: | Number of nodes in tree |
| Base case: | If tree is null, return 0 |
| General case: | Return recSize(tree.getLeft()) + recSize(tree.getRight()) + 1 |

아래는 재귀적 메소드의 명세이다.

아래는 구현 코드이다.

```
private int recSize(BSTNode tree)
// Return the number of elements in tree
{
  if( tree == null )
   return 0;
  else
   return recSize(tree.getLeft())+ recSize(tree.getRight())+1
}
```

## 반복적 방법을 이용한 size 메소드 구현

연결 리스트의 경우 노드 수를 세는 반복적 메소드는 아주 간단하다.

```
count = 0
while( list != null)
{
  count++;
  list=list.getLink();
}
return count;
```

위와 비슷한 방식으로 이진 트리의 노드 수를 카운트하는 메소드를 구현하면 문제가 발생한다. 루트 노드를 시작으로 카운트를 증가시킨다면 왼쪽 서브 트리, 오른쪽 서브 트리 중 어떤 서브 트리를 먼저 처리할 것인지 결정해야 한다. 만약 왼쪽 서브 트리부터 처리한다고 가정하면 왼쪽 서브 트리의 노드를 카운트 한 후 다시 돌아와서 오른쪽 서브 트리의 노드를 카운트해야 한다. 따라서 노드를 카운트 할 때마다 어떤 서브 트리를 먼저 처리할 것인지 결정해야 하며, 그 서브 트리의 처리가 끝나면 다시 반대편 서브 트리를 처리해야 한다.

재귀적 방식에서는 어떤 서브 트리를 처리해야 할지 명시적으로 알 필요가 없었다. 재귀적 방식을 사용하면 처리되지 않고 남아있는 작업은 자동적으로 시스템 스택에 유지되기 때문이다. 반복적 방식에서는 시스템 스택이 아닌 사용자가 직접 구현한 스택에 남아있는 작업 정보를 명시적으로 유지시켜야 한다. 일단 어떤 서브 트리의 처리를 뒤로 미루었다면 그 서브 트리를 스택에 삽입하고, 현재 처리하고 있는 서브 트리의 처리가 끝나면 스택의 가장 위에 있는 참조를 꺼내서 그 참조가 가리키는 서브 트리를 처리해야 한다.

이 때 노드를 정확하게 한번만 방문할 수 있도록 주의해야 한다. 트리의 노드를 두 번 카운트 하는 것을 방지하기 위해 아래의 규칙을 따른다.

1. 스택에서 노드를 제거한 후 즉시 그 노드를 처리한다.
2. 스택에서 노드를 제거할 때 만 그 노드를 처리한다.
3. 일단 스택에서 노드가 제거되면, 다시 스택에 삽입시키지 않는다.

트리의 노드 중 처리되지 않고 빠지게 되는 노드를 방지하기 위해, 우선 루트 노드를 스택에 삽입한 후 알고리즘을 수행한다. 그리고, 모든 노드를 빠짐없이 처리하기 위해 루트 노드의 자식 노드를 스택에 삽입한다. 이러한 방법에 의해 루트 노드의 모든 자손 노드는 결국 스택에 삽입되게 된다. 즉 처리하지 못 하는 노드는 발생하지 않는다.

마지막으로 스택에는 실질적인 트리의 참조를 삽입한다. 즉, null 참조를 스택에 삽입하지 않는다. 이 방법에 의하여 null 참조 문제를 걱정하지 않고 스택에서 참조를 제거한 후 카운트 값을 증가시키고 참조된 노드의 왼쪽, 오른쪽 노드를 접근할 수 있다. 반복적 방식을 이용한 size 메소드의 알고리즘이다.

```
Size: returns int

Set count to 0
if the tree is not empty
  Instantiate a stack
  Push the root of the tree onto the stack
```

```
  while the stack is not empty
     Set currentNode to top of stack
     Pop the stack
     Increment count

     if currentNode has a left child
      Push currentNode's left child onto the stack
     if currentNode has a right child
      Push currentNode's right child onto the stack
return count
```

```
size: returns int
Set count to 0
if the tree is not empty
   Instantiate a stack
   Push the root of the tree onto the stack
  while the stack is not empty
     Set currNode to top of stack
     Pop the stack
     Increment count
    if currNode has a left child
       Push currNode's left child onto the stack
    if currNode has a right child
       Push currNode's right child onto the stack
return count
```

아래 코드는 스택(객체명:hold) 을 이용한 구현코드이다.

```
public int size()
// Return the number of elements in this BST
{
  int count = 0;
  if( root != null )
  {
   LinkedStack hold = new LinkedStack();
   BSTNode currNode;
   hold.push(root);
   while( !hold.isEmpty() )
   {
     currNode = (BSTNode)hold.top();
     hold.pop();
     count++;
     if(currNode.getLeft() != null)
```

```
        hold.push(currNode.getLeft());
      if(currNode.getRight() != null)
        hold.push(currNode.getRight());
    }
  }
  return count;
}
```

## 재귀적 방식과 반복적 방식의 비교

지금까지 동일한 메소드를 재귀적 방식과 반복적 방식을 적용해서 구현하였다. 과연 어떤 방법이 더 좋은 방법일까? 이 책의 4.6절에서 재귀적 방식을 선택하기 위한 가이드 라인을 제시하였다. 이 가이드 라인을 이 메소드에 적용해 보자.

" 재귀적으로 처리할 때 재귀의 깊이(depth of recursion)가 낮은가? "

재귀의 깊이는 트리의 높이에 의존한다. 트리의 노드가 편향되지 않고 균형적을 잡아 넓게 분포하되어 있다면 그 트리의 높이는 상대적으로 낮다. 즉 재귀의 깊이가 낮다. 이 트리의 경우 재귀의 깊이는 $O(\log 2^N)$에 가깝다. 완전히 편향된 트리에서는 O(N)의 재귀적 깊이를 가진다.

"재귀적 해결 방법이 반복적 해결 방법과 비교해서 코드가 짧고 명확한가?"

재귀적 방식을 이용한 프로그램은 반복적 방식에 비해 코드가 매우 짧아진다. 반복적 방식의 메소드에서 스택을 구현한 코드만을 고려해도 코드양은 매우 많아진다. 재귀적 방식은 다른 방식에 비해 코드가 명확한가? 이 책은 재귀적 해결방식에 더 많은 공간은 할당했지만, 재귀적 방식이 반복적 방식보다 훨씬 명확하다.

"재귀적 방식이 문제 해결에 있어 다른 방식에 비해 효율적이지 못한가?"

노드의 수를 카운트하는 메소드의 경우, 재귀적 방식과 반복적 방식 모두 O(N) 시간 복잡도를 가진다. 두 방식 모두 트리의 모든 노드를 카운트 해야 하기 때문이다. 따라서, 노드를 세는 메소드를 재귀적으로 구현하는 선택은 매우 탁월하다.

# 8.6 구현 레벨: 기타 연산들

이 절은 이진 검색 트리의 연산을 재귀적 방식으로 구현한다.

## contains 연산과 get 연산

이 장의 시작 부분에서 이진 검색 트리에서 원소를 검색하는 방법을 설명하였다. 우선, 검색하는 원소가 루트 노드인지 비교한 후 루트 노드가 아니면 루트 노드의 원소 값과 비교하여 왼쪽 혹은 오른쪽 서브 트리를 탐색할 것인지 결정한다. 이 방식이 재귀적 알고리즘이다.

recContains 메소드는 Contains연산을 재귀적 방식으로 구현한 것이다. 이 메소드는 검색하려는 원소와 그 원소가 속해있는 서브 트리의 참조를 매개변수로 받는다.

이 메소드 구현할 때 고려할 점은 검색하는 원소가 트리에 존재하지 않는 것을 확인하는 방법이다. 이 방법은 재귀적으로 서브 트리를 검색하고 검색하는 서브 트리가 더 이상 원소를 가지고 있지 않다면 검색하는 원소와 동일한 키 값을 가진 노드가 없는 것이다. 아래는 recContains메소드에 대한 정의 및 구현코드이다.

Method recContains (element, tree)

| | |
|---|---|
| Definition: | Searches for an item in tree with the same key as element's key<br>If found, return true; otherwise, return false |
| Size: | Number of nodes in tree (or number of nodes in the path) |
| Base cases: | (1) If element's key matches key in tree.getInfo( ), return true<br>(2) If tree = null, return false |
| General case: | If element's key is less than key in tree.getInfo( ),<br>return recContains(element, tree.getLeft( ));<br>otherwise, return<br>recContains(element, tree.getRight( )) |

```
private boolean recContains(Comparable element, BSTNode tree)
// Return true if tree contains an element e such that
// e.compareTo(element) == 0; otherwise, return false
{
  if( tree == null)
    return false                    // element is not found
  else if(element.compareTo(tree.getInfo())<0)
    return recContains(element, tree.getLeft());        // search left subtree
  else if(element.compareTo(tree.getInfo())>0)
    return recContains(element, tree.getRight());       // search right subtree
  else
    return false;                   // element is found
}

public boolean contains(Comparable element)
{
// Returns true if this BST contains an element e such that
// e.compareTo(element) == 0; otherwise, return false
   return recContains(element, root);
}
```

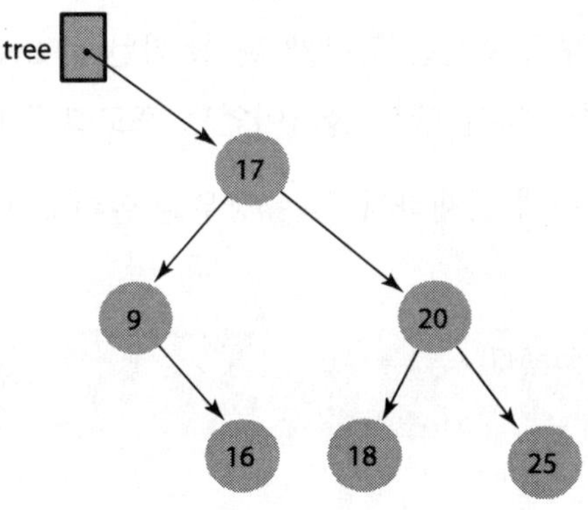


[그림 8.9] contains 연산의 흐름

[그림 8.9]를 예제로 하여 위 메소드의 흐름을 따라가 보자. 예제 트리를 mytree라고 가정하고 검색하는 원소는 정수값 18을 가진 노드이다. 우선 public 메소드 contains를 호출한다.

```
    myTree.contains(18);
```

위 contains는 재귀 메소드 recContains를 호출한다.

```
        return recContains(18 , root);
```

여기서, root 는 null 이 아니고 또한 18 > tree.getInfo()이므로, 즉 검색하는 원소의 값 18은 루트 노드의 원소 값 17보다 크기 때문에 다시 재귀 메소드를 호출한다.

```
        return recContains(18,tree.right);
```

위 호출에서 참조 매개변수 tree는 키 값이 20인 노드를 가리키게 되고, 18 < tree.getInfo() 이므로 다시 재귀 메소드를 호출한다.

```
        return recContains(18,tree.left);
```

이제  참조 매개변수 tree는 키 값이 18인 노드를 가리키게 되어 제어 흐름은 마지막 else 문장으로 넘어가게 된다.

```
        return true;
```

위 문장의 실행 후 재귀 호출은 멈추게 된다. 리턴 값 true는 contains 메소드까지 거슬러 리턴되고 contains 메소드에서 다시 클라이언트 프로그램에 리턴된다.

찾으려는 원소가 트리에 존재하지 않는 경우를 살펴보다. 검색하려는 원소가 키 값 7을 가진다고 가정하자.

```
        myTree.contains(7);
return recContains(7, root);
```

root 는 null이 아니고 또한 7 < tree.getInfo()이므로 , 즉 검색하는 원소의 값 7은 루트 노드의 원소 값 17보다 작기 때문에 다시 재귀 메소드를 호출한다.

```
        return recContains(7,tree.left);
```

이 연산의 결과 참조 매개변수 tree는 키 값이 9인 노드를 가리키게 되고, 7은9보다 작으므로 또 한번의 재귀 호출이 이루어진다.

```
   return recContains(7,tree.left);
```

마지막으로 참조 매개변수 tree는 null이다. 따라서 false 값이 최종적으로 리턴된다.

get 연산 또한 contains 연산과 비슷하다. 두 연산 모두 인자로 넘겨받은 element의 키 값과 동일한 키 값을 갖는 원소를 찾기 위해 재귀적으로 트리를 검색한다. 단 get 연산은 boolean 값을 리턴하지 않는다. get 연산은 검색결과 일치하는 노드가 있으며 그 노드의 info 객체를 리턴한다. info 객체는 노드에 저장된 사용자 데이터이다.

단, info 객체는 Comparable 타입의 객체이므로 아래 메소드의 리턴 타입은 Comparable 타입으로 명시되어 있다. 검색결과 일치하는 원소가 없으면 null을 리턴한다.

```
private Comparable recGet(Comparable element, BSTNode tree)
// Returns an element e  from tree such that e.compareTo(element) == 0;
// if no such element exists, returns null.
{
  if( tree == null)
    return null;                    // element is not found
  else if(element.compareTo(tree.getInfo())<0)
    return recGet(element, tree.getLeft());           // get from left subtree
  else if(element.compareTo(tree.getInfo())>0)
    return recGet(element, tree.getRight());          // get from right subtree
  else
    return tree.getInfo();          // element is found
}

public Comparable get(Comparable element)
// Returns an element e from this BST such that e.compareTo(element) == 0
// if no such element exists, return null.
{
  return recGet(element, root);
}
```

## 삽입 연산 구현

이진 검색 트리는 정보의 저장과 유지를 위하여 새로운 노드를 삽입하는 연산은 필수적이다. 이 책에서 사용 될 노드 삽입 방법은 [그림 8.10]과 같다. 즉, "새로운 노드는 언제나 트리의 적절한 위치를 찾아 리프 노드로 삽입된다". [그림 8.10]은 이진 검색 트리의 삽입과정을 보여주고 있다.

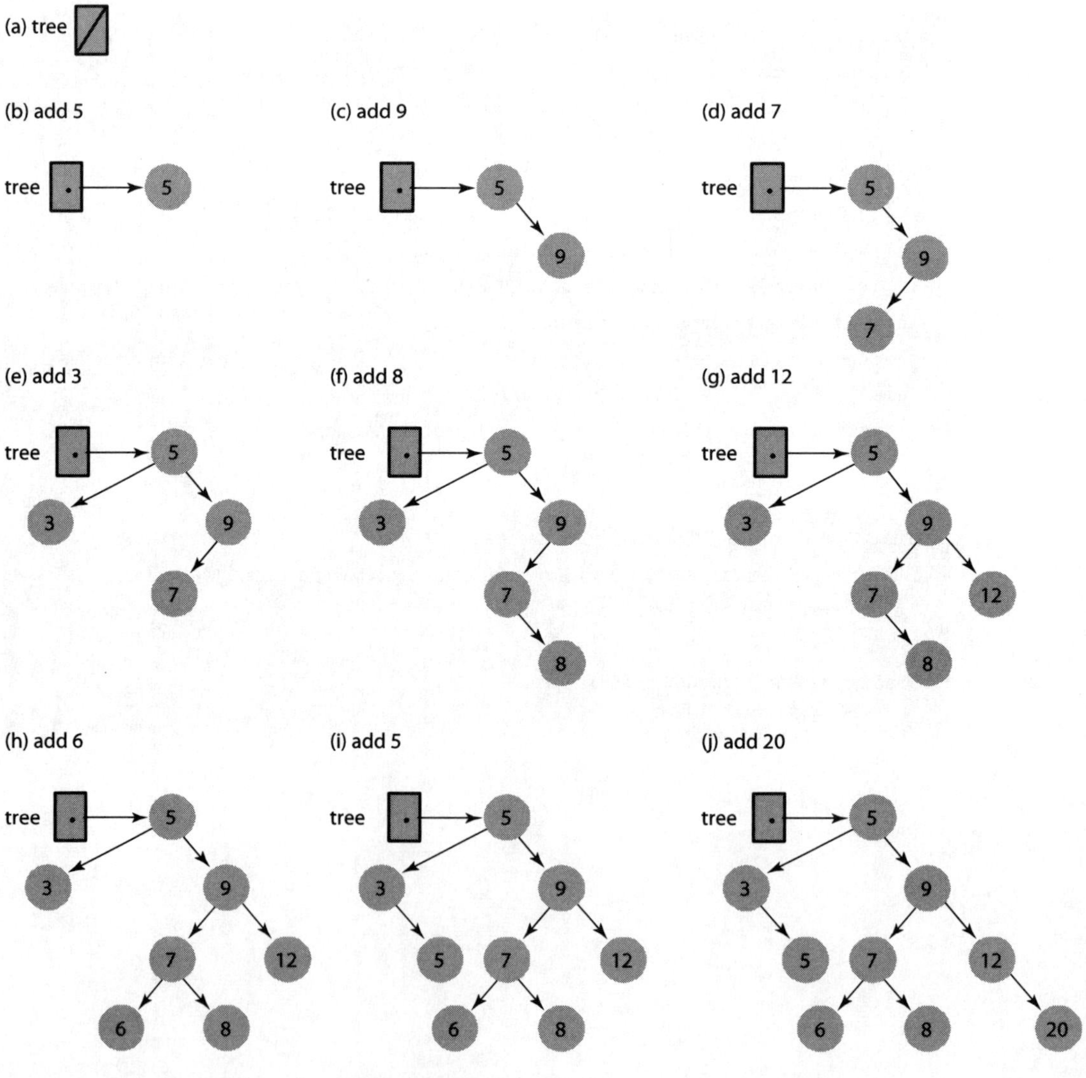

(a) tree

(b) add 5

(c) add 9

(d) add 7

(e) add 3

(f) add 8

(g) add 12

(h) add 6

(i) add 5

(j) add 20

[그림 8.10] 이진 검색 트리의 삽입 과정

삽입 연산도 contains나 get 메소드에서 사용했던 일반적인 패턴을 사용한다. public 메소드 add는 삽입할 원소를 매개 변수(Comparable element)로 입력 받아 재귀 메소드 recAdd를 호출한다. 이때 recAdd에 전달하는 인자는 element 와 루트 노드에 대한 참조이다.

```
public void add(Comparable element)
// Adds element to this BST. The tree retains its BST property.
{
   root=recAdd(element, root);
}
```

위 문장에서 recAdd 메소드는 BSTNode 타입을 리턴한다. 리턴된 참조 값은 노드가 삽입된 후 형성된 새로운 트리의 참조이다.

```
root=recAdd(element, root);
```

위 문장은 얼핏 비 효율적으로 보인다. 그 이유는 노드는 언제나 리프 노드에 삽입되기 때문에 루트 노드가 변경되지는 않기 때문이다. 그러나, [그림 8.10]의 노드 삽입 과정을 보면 루트 노드가 변경되는 경우를 볼 수 있다. 이 경우는 초기 비어있는 트리에 처음으로 값을 삽입할 때이다. 초기 삽입을 제외한 이 후의 위 할당 연산은 단지 삽입 이전의 루트 노드 참조 값을 복사하는 것이다. 위 할당 연산은 recAdd의 재귀 호출이 모두 끝난 후 실행된다.

recAdd메소드를 구현하기 전에 이진 검색 트리의 중요 성질 다시 한번 확인하자. "이진 검색 트리의 모든 노드는 또 다른 이진 검색 트리(서브 트리)의 루트 노드이다". [그림 8.11 (a)]는 키 값이 13인 새로운 노드를 이진 검색 트리에 삽입하는 과정을 보여준다. 키 값 13은 루트 노드의 키 값 7보다 크기 때문에 새로운 노드는 루트 노드의 오른쪽 서브 트리에 삽입될 것이다. 이 과정은 동일한 재귀적 문제이다. 이제 키 값이 13인 새로운 노드를 tree.getRight()을 루트 노드로 갖는 이진 검색 트리에 삽입하는 것이다.

```
root.getRight()=recAdd(element,  root.right);
```

recAdd메소드는 BSTNode의 참조값을 리턴한다. 위 할당 문장의 의미는 "트리의 오른쪽 서브 트리의 참조를 원소 삽입 후 생성되는 새로운 트리의 루트로 할당" 이다.

이제 recAdd 메소드는 루트 노드의 키 값이 15인 서브 트리에서 13을 삽입하는 과정을 수행한다. 13은 15보다 작으므로 트리의 왼쪽 서브 트리에 삽입해야 함을 알 수 있다.

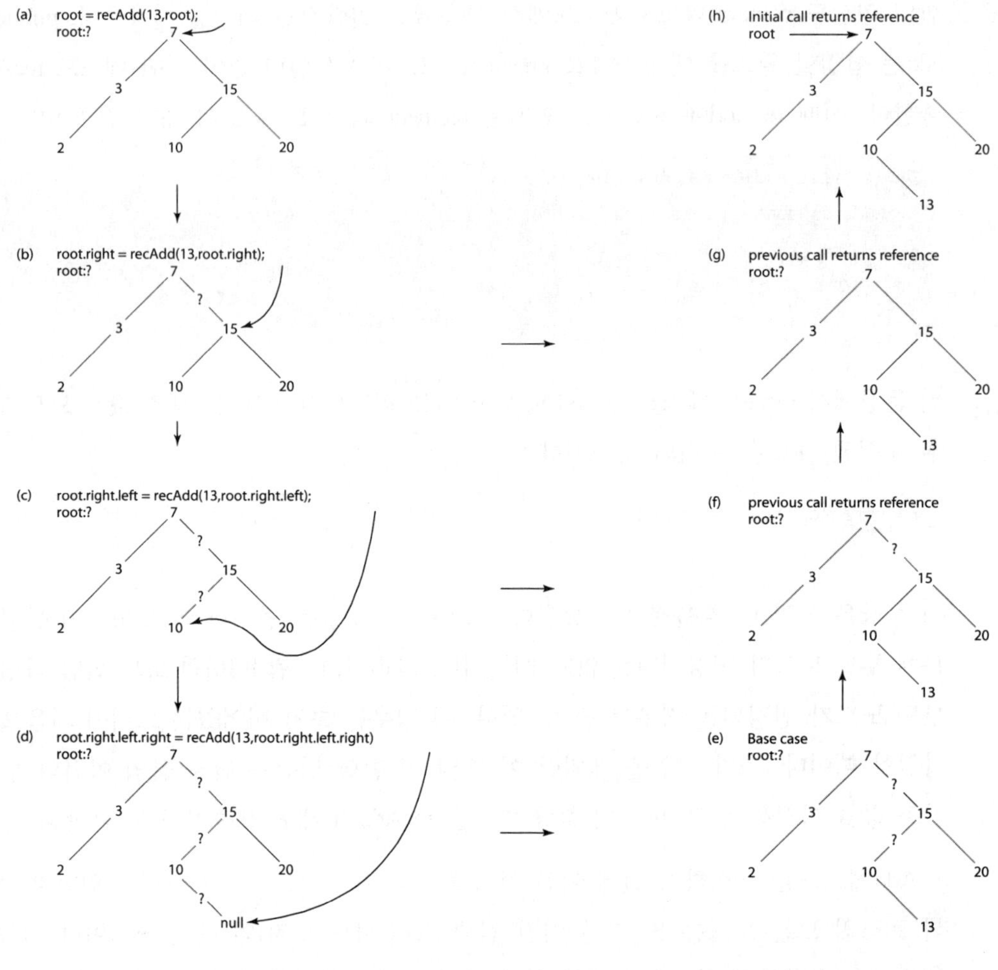


[그림 8.11] 재귀적 삽입연산

또 다시 키 값이 13인 노드를 tree.geLeft()를 루트노드로 하는 서브 트리에 삽입하는 과정을 수행한다. [그림 8.11 (c) ]은 이 과정을 보여준다. 이 때 참조 변수 tree는 키 값이 15인 노드를 가리키고 있다.

```
tree.getLeft() = recAdd(element, tree.left);
```

이제 recAdd를 한번 더 수행한다. 루트노드의 key와 element의 key를 비교하여 recAdd를 호출하여 element를 정확한 서브 트리에 삽입한다 : 루트노드의 키보다 작거나 같으면 왼쪽에, 그렇지 않으면 오른쪽이 정확한 위치이다.

그렇다면 언제 재귀 호출은 끝나게 될까? 재귀 호출이 끝나는 경우는 tree가 null 값을 가질 때이다. 즉 삽입하려는 서브 트리가 비어있을 때이다. [그림 8.11 (d)]가 이 경우를 보여주고 있다. 키 값 13은 현재 루트 노드의 키 값(현재 루트 노드는 키 값 10을 가진 노드) 10보다 크기 때문에 루트 노드의 오른쪽 서브트리에 삽입 한다. 그런데, 이 서브트리의 값이 null 이므로 새로운 노드를 생성하고 생성된 노드의 참조를 가장 최근에 호출된 recAdd메소드로 반환한다. 이 때 반환된 참조 값은 키 값이 10인 노드의 right 참조변수에 할당된다. 이 과정을 [그림 8.11 (e)] 가 보여주고 있다. 이 후 [그림 8.11 (f)]와 같이 10을 루트 노드로 하는 서브트리의 루트노드에 대한 참조를 다시 이전 호출로 리턴한다. 리턴된 참조 값은 15노드의 left 참조변수에 할당된다. 이 과정이 최초의 add 메소드까지 연속된다. [그림 8.11 (g)] [그림 8.11 (h)].

이 삽입 과정을 통해 실제로 값을 변경시키는 할당 연산은 트리의 가장 깊은 레벨, 즉 리프 노드에 새로운 노드를 삽입할 때이다. 예에서는 키 값이 10인 노드의 오른쪽 서브트리의 값이 null에서 새로게 삽입된 노드로 변경되었다. 이외의 모든 할당 연산들은 이전에 저장했던 참조 값을 다시 재할당하는 것이다. 이 방법이 전형적인 재귀호출이다. 우리는 미리 트리의 어떤 레벨에서 실적적인 할당 연산(삽입 연산)이 발생할 지 알 수 없다. 따라서 모든 레벨에서 할당 연산을 수행하는 것이다.

이진 검색 트리의 삽입 연산을 아래와 같이 정의할 수 있다.

Method recAdd(element, tree) returns tree reference

| | |
|---|---|
| Definition: | Inserts element into the binary search tree |
| Size: | The number of elements in the path from root to insertion place |
| Base case: | If tree is null, allocate a new leaf to contain element |
| General cases: | (1) If element <= tree.getInfo(), then recAdd(element, tree.getLeft()) |
| | (2) If element > tree.getInfo(), then recAdd(element, tree.getRight()) |

위 알고리즘의 구현 코드이다.

```
private BSTNode recAdd(Comparable element, BSTNode tree)
// Adds element to tree; tree retains its BST property
{
  if(tree == null)
    tree = new BSTNode(element);
  else if( element.compareTo(tree.getInfo() ) <=0 )
    tree.setLeft(recAdd(element, tree.getLeft());      // Add in left subtree
```

```
  else
     tree.setRight(recAdd(element,tree.getRight());      // Add in right subtree
  return tree;
}
```

### 노드 삽입 순서와 트리의 형태

모든 노드가 리프 노드로 삽입되기 때문에 노드의 삽입 순서는 트리의 모양을 결정을 결정하는 핵심 요소가 된다. [그림 8.12]는 동일한 노드를 삽입할 때일지라도 삽입 순서에 따라 다른 형태의 트리가 생성되는 예이다.

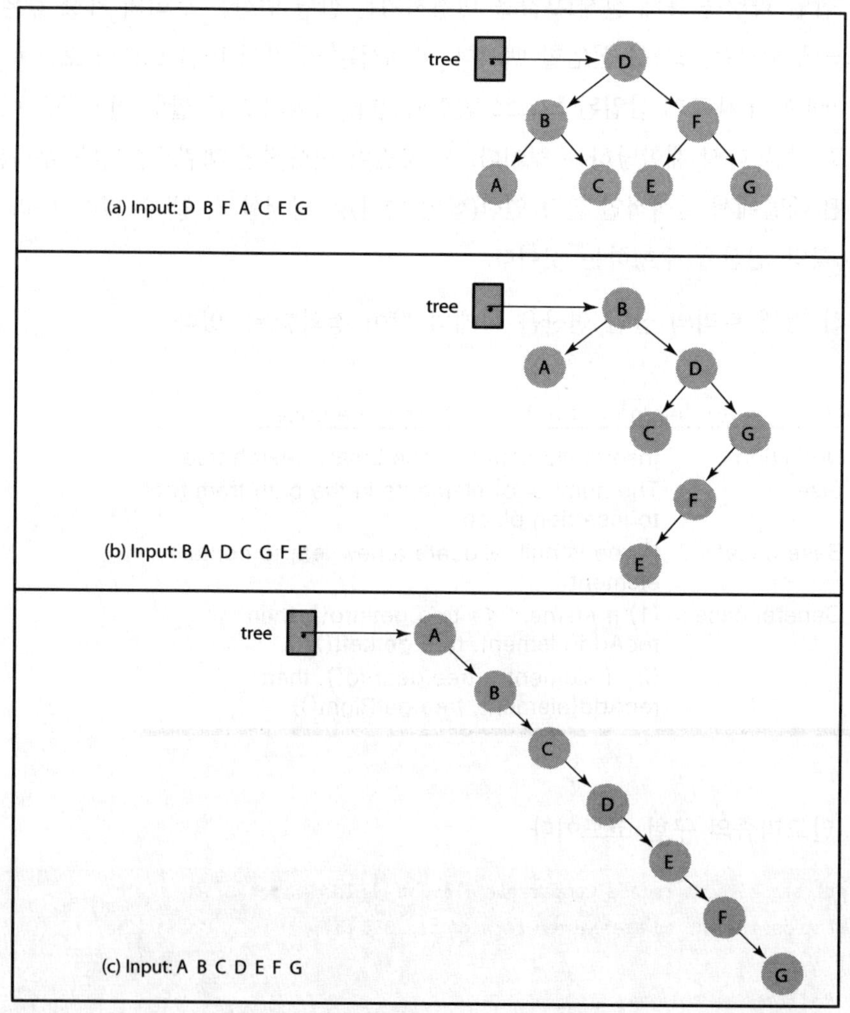


[그림 8.12] 노드의 삽입 순서에 의한 트리의 다양한 형태

노드들이 오름차순으로 삽입되면 그 결과, 트리는 완전한 편향 트리(skewed tree)가 된다[그림 8.12 (c) ]. 노드를 무작위로 삽입하면 깊이가 낮고 아래쪽이 넓게 퍼진 트리 형태가 된다[그림 8.12 (a) ]. 트리의 높이는 이진 검색 과정에서 최대 비교 횟수를 결정하므로, 트리의 모양은 검색의 효율성을 결정하는 매우 중요한 요소이다. 즉, 트리의 높이가 낮을수록 검색의 효율성이 증가된다. 따라서, 트리의 높이를 최대한 낮출 수 있도록 트리의 모양을 조정하는 알고리즘이 필요하다. 이 주제는 8.8절 에서 다룬다.

## 삭제 연산

이진 검색 트리에서 삭제 연산은 가장 복잡하다. 노드를 트리에서 제거한 후에도 그 트리가 이진 검색 특성을 유지해야 하기 때문이다. 삭제 연산의 일반적인 구조는 삽입연산과 동일하다. public 메소드인 remove가 private 메소드인 recRemove메소드를 제거할 노드와 그 노드가 속해있는 서브 트리를 인자로 넘겨 호출한다. 재귀 메소드 recRemove는 삽입 연산과 같이 삭제 후 재 구성된 트리의 참조를 리턴한다.

```
public boolean remove(Comparable element)
{
// Removes an element e from this BST such that e.compareTo(element) == 0
// and retruns true; if no such element exists, returns false.
   root=recRemove(element,root);
   return boolean;
}
```

대부분 recRemvoe 메소드 호출에 의하여 루트 노드는 영향을 받지 않는다. 이 경우 위 할당문은 현재의 루트 노드 참조 값을 재 할당하는 것이다. 하지만, 제거되는 노드가 루트 노드라면 위 할당 문은 필수적인 문장이다. remove 메소드는 노드 제거의 성공 여부에 따라 boolean 값을 리턴한다. 정확히 말하면 remove 메소드는 제거할 노드를 트리에서 찾으면 true를 리턴하고 제거할 노드를 찾지 못하면 false를리턴한다. 즉, 제거할 노드가 그 트리에 존재해야지만 remove연산을 수행할 수 있다.

recRemvoe 메소드는 제거할 원소와 이진 검색 트리의 참조 값을 매개변수로 받아 제거할 원소와 키 값이 동일한 노드를 찾아 제거한다. 제거 후 새로게 구성된 트리의 참조를 리턴한다. recRemvoe 메소드는 재귀적으로 호출 되면서 제거할 노드를 찾기 위한 트리의 검색 범위를 계속 줄여간다. 검색은 제거할 노드를 찾거나 더 이상 검색할 노드가 없을 때까지 계속된다.

제거할 노드를 찾으면 그 노드를 제거하고 새롭게 구성된 서브트리의 참조 값을 리턴한다. 단, 제거할 노드의 위치가 다양하기 때문에 이 과정은 다소 복잡하다. 분명한 것은 리프 노드를 삭제하는 연산이 단말 노드(non-leaf node)를 삭제하는 연산 보다 간단하다.

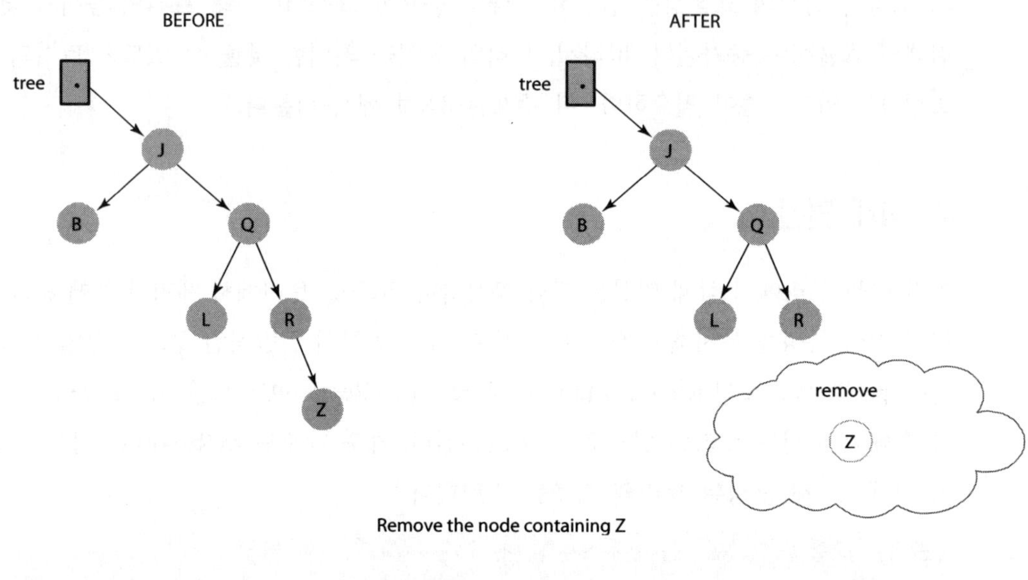


[그림 8.13] 리프 노드 제거

삭제 연산을 아래와 같이 세 경우로 요약할 수 있다. 세 경우는 제거할 노드의 자식 노드 수에 따라 분류된다.

1. 자식 노드가 없는 노드 제거( 리프 노드): [그림 8.13]과 같이 리프 노드를 제거하는 과정은 부모 노드의 적절한 링크 값에 null을 할당하는 것이다. [ 그림 8.13]은 Z노드를 삭제하고 부모 노드 R의 오른쪽 링크값에 null을 할당한 예이다.

2. 자식 노드가 한 개인 노드 제거: 자식 노드가 한 개인 노드를 [그림 8.13]과 같은 방법으로 제거하면 제거된 노드의 모든 자손 노드를 잃어버리게 된다. 이 경우 삭제된 노드의 부모 노드가 제거된 노드의 자식 노드를 참조하도록 변경한다. [그림 8.14]는 노드 R을 제거하고 부모노드 Q가 R의 자식 노드 Z을 참조 하도록 변경한 예이다.

3. 자식 노드가 두 개인 노드 제거: 자식 노드가 두 개인 경우 삭제된 노드의 두 자식노드를 부모 노드가 참조하게 할 수 없다. 만약 부모 노드가 제거된 노드의 두 자식 노드를 참조하게 되면 이진 검색 특성을 위배하게 되어 더 이상 이진 검색 트리가 아니다. 이러한 삭제 연산은 여러 방법이 있다. 이 책에서 사용한 방법은 노드를 삭제하지 않고 그 노드의 info 값을 다른 노드의 info값으로 대체하여 이진 검색 특성을 유지한다. info값을 대체한 후 다른 노드를 제거한다. [그림8.15] 은 삭제할 노드 Q를 대체 노드 P 로 info값을 대체한 후 P노드들 삭제한 예이다.

그렇다면 세 번째 경우에서 어떤 원소가 이진 검색 특성을 유지시키면서 제거될 원소를 대체할 수 있을까? 대체 원소의 키 값은 제거될 원소의 키 값보다 다음으로 작거나, 다음으로 큰 값이다- 즉, 제거될 원소의 논리적 전임자 또는 후임자이다.

이 책은 제거될 원소의 info를 논리적 전임자의 info값으로 대체할 것이다. 이 때 논리적 전임자의 키 값은 제거될 노드의 키 값보다 작거나 같아야 하며, 또한 작거나 같은 키 값을 가지는 노드 중에서는 키 값이 가장 큰 노드이다. 즉, 삭제할 노드의 왼쪽 서브 트리에서 가장 큰 키 값을 가지는 노드가 논리적 전임자이다.

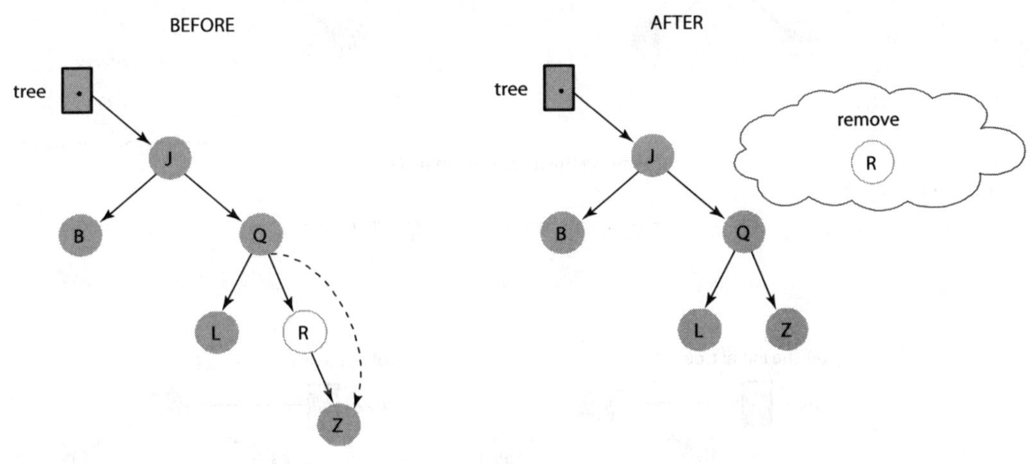


[그림 8.14] 자식 노드가 한 개인 노드 제거

[그림 8.10 (j) ] 를 예를 들어보자. 우선 루트 노드 5 그리고 9, 7 노드의 논리적 전임자를 찾아보고 패턴을 발견해 보자. 루트 노드 5의 전임자는 리프 노드 5이다. 이 노드는 루트 노드의 왼쪽 서브트리에서 가장 큰 값을 가진다. 노드 9의 전임자는 8이며 이 노드는 노드 9의 왼쪽 서브트리에서 가장 큰 값을 가진다. 노드 7의 전임자는 6이다. 관찰 결과 대체 원소는 항상 리프 노드이거나 한 개의 자식 노드를 가진다.

따라서 대체 원소의 값을 복사하고 그 원소를 제거하기 쉽다. [그림 8.15]는 대체 노드 P를 제거하고 P의 부모 노드 N의 오른쪽 참조 값으로 null을 할당 한 예이다.

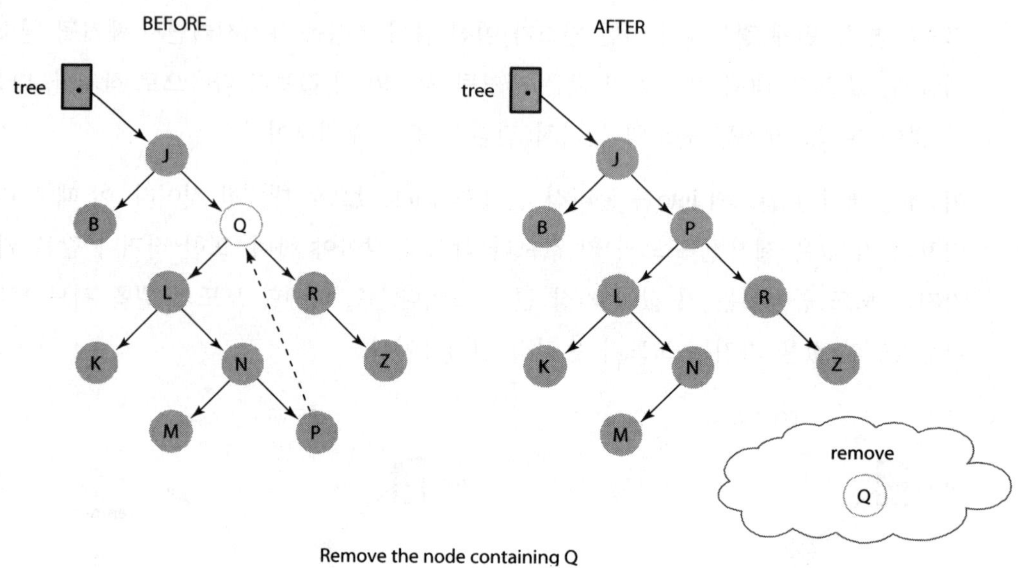


[그림 8.15] 자식 노드가 두 개인 노드 제거

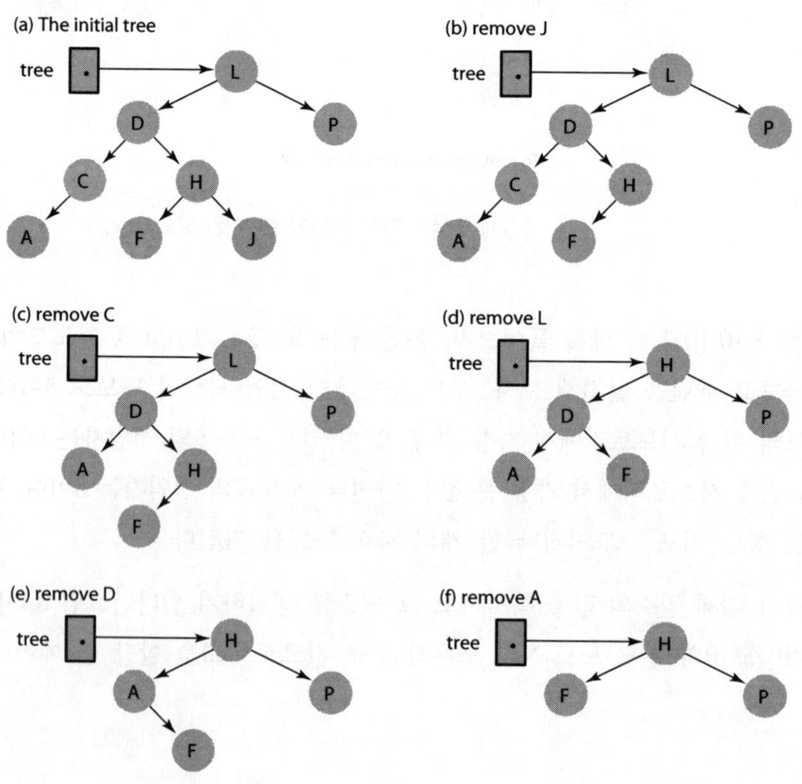


[그림 8.16] 이진 검색 트리의 삭제 연산

위 예제는 모든 삭제 연산을 보여 주고 있다. [그림 8.16]에서 알 수 있듯이 모든 삭제 연산은 부모 노드와 삭제되는 노드간의 참조를 변경시키는 작업이다. 따라서 recRemove 메소드는 BSTNode에 대한 참조를 리턴해야 한다. 위 세 가지 삭제 연산을 구현 측면에서 살펴보자.

삭제될 노드의 양쪽 자식 노드에 대한 참조 값이 null이면 리프노드이다. 이 경우 recRemove 메소드는 그 노드를 삭제하고 null을 리턴한다. 삭제된 노드를 가리키고 있던 부모 노드의 참조값은 null로 대체된다. 이 방법에 의해 리프노드는 간단히 삭제된다. [그림 8.16 (b)]

삭제될 노드가 자식 노드 한 개에 대한 참조를 가지면 , 그 노드를 삭제하고 삭제된 노드의 자식 노드에 대한 참조를 리턴한다. 그 결과 삭제된 노드를 가리키고 있던 부모 노드의 참조값은 삭제된 노드의 자식노드를 새로운 자식노드로 참조하게 된다. [그림 8.16 (c)]

만약 양쪽 자식 노드에 대한 참조 값이 null이 아니면, 삭제될 노드의 info을 그 노드의 논리적 전임자의 info값으로 대체하고 전임자 노드를 삭제한다. 전임자 노드는 삭제될 노드의 왼쪽 서브 트리에 존재했으므로 왼쪽 서브트리에서 전임자 노드를 삭제하고 삭제될 노드의 원래의 참조값을 리턴한다. 주의할 점은 삭제될 노드는 데이터 값(info)만 변경되고 근본적으로 삭제된 것은 아니다(원래의 참조값도 변하지 않는다).

지금까지 설명한 방법을 알고리즘으로 요약한 것이다.

```
removeNode (tree): returns BSTNode
if (tree.getLeft( ) is null) AND (tree.getRight( ) is null)
  return null
else if tree.getLeft( ) is null
  return tree.getRight( )
else if tree.getRight( ) is null
  return tree.getLeft( )
else
  Find predecessor
  tree.setInfo(predecessor.getInfo( ))
  tree.setLeft(recRemove(predecessor.getInfo( ), tree.getLeft( )))
  return tree
```

이제 우리는 recRemove 메소드의 재귀적 정의와 코드를 생성할 수 있다.

Method recRemove (element, tree) returns BSTNode

| | |
|---|---|
| Definition: | Removes element from tree |
| Size: | The number of nodes in the path from the root to the node to be removed |
| Base case 1: | If element is not in the tree, set found to false |
| Base case 2: | If element's key matches key in tree.info, remove node pointed to by tree and set found to true |
| General case: | If element < tree.getInfo(), recRemove(element, tree.getLeft()); else recRemove(element, tree.getRight()) |

```
private BSTNode recRemove(Comparable element, BSTNode tree)
// Remove an element e from tree such that e.compareTo(element) == 0
// and returns true; if no such element exists, return false.
{
  if( tree == null)
  {
     found = false;
  }else if( element.compareTo(tree.getInfo()) < 0 ){

     tree.setLeft( recRemove(element, tree.getLeft()));

  }else if( element.compareTo(tree.getInfo()) > 0 ){

     tree.setRight( recRemove(element, tree.getRight()));
  }else{

     tree = removeNode(tree);
     found = true;
  }
  return tree;
}
```

아래 코드는 removeNode 메소드이다. 이 메소드에서 getPredecessor 연산은 두 자식 노드를 가지는 노드 삭제 과정에서 전임자 노드의 info를 리턴한다.

```
private BSTNode removeNode(BSTNode tree)
// Remove the information at the node referenced by tree.
// The user's date in the node referenced by tree is no longer in the tree
// If tree is a leaf node or has only a non-null child pointer, the node
```

```
// pointed by tree is removed; otherwise, the user's data is replaced by its
// logical predecessor and the predecessor's node is removed.
{
   Comparable data;

   if( tree.getLeft() == null )
   {
      return tree.getRight();

   }else if( tree.getRight() == null){
      return tree.getLeft();

   }else{
      data = getPredecessor(tree.getLeft());
      tree.setInfo(data);
      tree.setLeft( recRemove(data, tree.getLeft() );
      return tree;
   }
}
```

논리적 전임자를 찾는 연산 getPredecessor에 대하여 알아보자. 전임자는 왼쪽 서브 트리에서 가장 큰 키 값을 가진 노드이다. 이진 검색 트리에서 가장 큰 키 값을 가진 노드는 트리의 가장 오른쪽 노드이다. 그러므로, 이진 검색 트리의 왼쪽 서브 트리에서 오른쪽 자식에 대한 참조가 null인 노드를 만날 때 까지 계속 오른쪽으로 이동한다. 이 노드를 찾으면 이 노드의 info를 리턴한다. 이 연산의 경우 재귀적 호출이 필요 없다. 단지 tree.getRight() 이 null일 때까지 반복문을 수행하면 된다.

```
private Comparable getPredecessor(BSTNode tree)
// Returns the information held in the rightmost node in tree
{
   while( tree.getRight() != null)
         tree =  tree.getRight();

   return tree.getInfo();
}
```

지금까지 이진 검색 트리의remove 연산을 구현하기 위하여 네 개의 메소드를 구현하였다. [그림 8.17]은 이들 메소드간의 호출 관계를 도식화한 것이다.

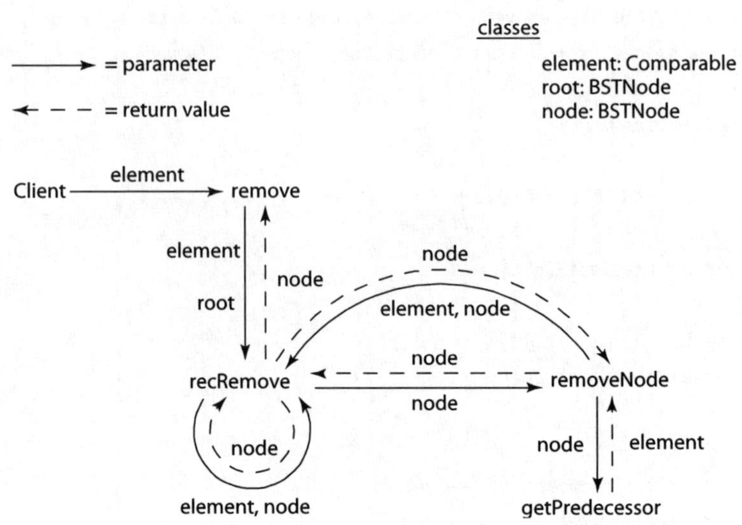


[그림 8.17] 삭제 연산을 위한 메소드

[그림 8.17]에서 알 수 있듯이 우리는 두 종류의 재귀 호출을 사용하였다: 직접적인 재귀 호출(recRemove메소드가 자신을 호출), 간접적인 재귀 호출(recRemove는 removeNode를 호출하고 이 메소드는 다시 recRemove호출). 이 방식에 의해 재귀의 깊이는 한 단계 이상을 넘지 않는다. removeNode 메소드가 recRemvoe를 호출할 때 원소와 전임자 노드가 속해있는 서브트리의 참조를 넘겨준다. recRemove는 서브트리에서 오른쪽 자식 노드가 없는 가장 오른쪽 노드를 발견한다. 이 때 재귀 호출은 멈추게 된다.

만약 서브 트리에 가장 큰 키 값을 가진 노드가 두 개라면 트리의 루트노드에서 가장 가까운 노드를 검색하고 재귀 호출은 멈춘다. 남아 있는 중복 노드는 이진 검색 트리의 정의에 의해 왼쪽 서브 트리에 존재하므로 간접적인 재귀 호출도 한 단계 이상의 재귀 호출을 수행하지 않는다.

## 반복적 방식

8.3절에서 구현한 골프 프로그램은 이진 검색 트리의 키 값을 중위 순회하면서 출력한다. 중위 순회 방식을 이용하면 이진 검색 트리의 키 값을 오름차순으로 출력할 수 있다. 다시 한번 트리의 순회방식을 확인하자.

- 전위순회(Preorder): 루트 방문, 왼쪽 서브 트리 방문, 오른쪽 서브 트리 방문

- 중위순회(Inorder): 왼쪽 서브 트리 방문, 루트 방문, 오른쪽 서브 트리 방문
- 후위순회(Postorder): 왼쪽 서브 트리 방문, 오른쪽 서브 트리 방문, 루트 방문

트리 순회방식은 루트 노드와 그 서브 트리의 상대적인 방문 순서에 따라 정해진다. 이진 검색 트리 ADT는 모든 순회방식을 지원한다. 골프 프로그램에서 클라이언트는 reset과 getNext메소드를 호출할 때 트리 순회 방식을 인자로 전달한다. 예를 들면, reset 메소드가 INORDER를 인자로 받아 호출되고 다음 INORDER를 인자로 받아 getNext메소드가 여러 번 호출되는 상황을 상상해 보자. 이 상황에서 getNext 메소드가 어떤 노드가 다음으로 처리할 노드인지 알 수 있을까? 이 문제는 연결 리스트와 같이 인스턴스 변수를 선언하고 이 변수가 다음 노드를 계속 참조하게 하는 방식처럼 단순하지 않다. 다음노드에 대한 참조를 유지하는 방식은 이진 검색 트리의 순회 방식의 상태를 반영하지 못한다. 순회 방식에 따라 다음 노드의 참조가 다르기 때문이다. 물론 프로그램에서 순회 방식에 대한 충분한 정보를 유지할 수도 있다. 단, 순회 방식이 재귀호출 이므로 재귀 호출 정보는 모두 스택에 저장 되어 처리하기 어렵게 된다.

이 책에서 간단한 방법을 제시한다 : reset 메소드에서 순회 방식에 따라 노드의 정보를 저장한 큐를 생성하고 getNext 메소드는 큐에 저장된 정보를 처리한다. 각각의 순회 방식은 독립적인 큐를 할당 받는다. 이 방법을 위해 BinarySearchTree 클래스는 세 개의 큐가 필요하다.

```
protected ArrayQueue inOrderQueue;              // Queue of info
protected ArrayQueue preOrderQueue ;            // Queue of info
protected ArrayQueue postOrderQueue; ;          // Queue of info
```

reset 메소드는 인자의 순회 방식에 따라 큐를 생성한다. 큐의 크기는 현재 트리의 노드 수이다. 큐가 생성되면 reset 메소드는 각 순회 방식에 따라 트리 순회 메소드를 호출한다. 트리 순회 메소드는 순회 방식에 따라 트리의 노드를 순회하면서 노드의 정보를 적절한 큐에 저장한다. reset 메소드는 큐의 크기를 결정하기 위해 size 메소드를 호출한다. size 메소드는 현재 트리의 노드 수를 리턴한다. reset을 호출한 대부분의 클라이언트 프로그램은 size 정보를 필요하게 된다. 이 size 값은 클라이언트에서 getNext 메소드를 호출하는 횟수를 결정하기 때문이다. 이런 이유로 reset 메소드에서 size 정보를 리턴하게 구현하였다. 그 결과 클라이언트 프로그램이 reset 메소드를 호출하고 size 메소드를 호출하는 불편함을 줄일 수 있다.

getNext가 원소의 집합인 큐의 마지막에 도착하면, 이 때 큐는 비어있게 되어 getNext를 다시 한번 호출하면 런타임 예외가 방생되어 프로그램은 중단된다. 따라서, 클라이언트는 getNext를 호출할 때 큐의 범위를 벗어나지 않도록 주의해야 한다.

아래 코드는 reset과 getNext 메소드이다.

```
public int reset(int orderType)
// Initialize current position for an iteration through this BST
// in orderType. returns current number of nodes in the BST
{
   int numNodes = size();

   if( orderType == INORDER)
   {
      inOrderQueue = new ArrayBndQueue(numNodes);
      inOrder(root);

   }else if(orderType == PREORDER){

      preOrderQueue = new ArrayBndQueue(numNodes);
      preOrder(root);

   }else if(orderType == POSTORDER){

      postOrderQueue = new ArrayBndQueue(numNodes);
      postOrder(root);
   }

   return numNodes;
}
```

```
public Comparable getNext(int orderType)
// Preconditions: The BST is not empty
//               : The BST has been reset for orderType
//               : The BST has not been modified since the most recent reset
//               : The end of orderType iteration has not been reached
// Returns the element at the current position on this BST for orderType
// and advances the value of the current position based on the orderType.
{
   if( orderType == INORDER)
   {
      return (Comparable)inOrderQueue.dequeue();
```

```
    }else if( orderType == PREORDER){

        return (Comparable)preOrderQueue.dequeue();

    }else if( orderType == POSTORDER){

        return (Comparable)postOrderQueue.dequeue();
    }else{
        return null;
    }
}
```

이제 남아 있는 연산은 순회 방식에 따라 정확한 순서로 큐에 정보를 저장하는 순회 연산을 구현해야 한다. 우선 중위 순회 방식부터 구현할 것이다. 중위 순회 방식은 우선 루트 노드의 왼쪽 서브 트리를 방문한 후 , 루트 노드를 방문하고, 그 다음 루트 노드의 오른쪽 서브 트리를 방문한다. [그림 8.18]은 중위 순회방식의 방문 순서를 보여주고 있다.

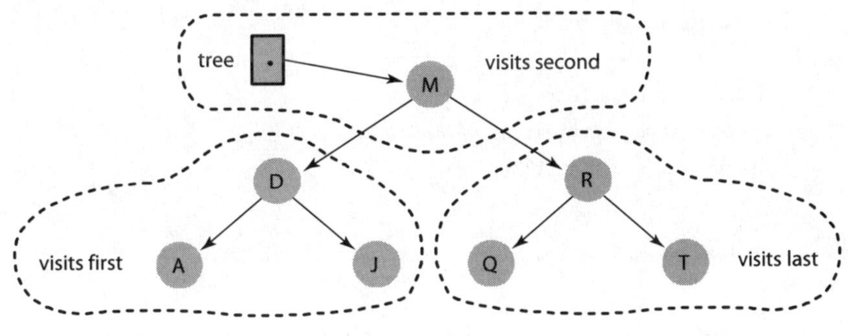


[그림 8.18] 중위 순회 순서

다시 해결한 문제를 정의하고 적절하게 알고리즘을 구현하자. 구현할 메소드는 tree를 인자로 받는 inOrder 이다. 이 메소드는 매개변수 tree를 루트로 하는 이진 검색 트리를 중위 순회한다: 루트 노드의 왼쪽 서브 트리를 방문한 후, 루트 노드를 방문하고, 그 다음 루트 노드의 오른쪽 서브 트리를 방문 한다. tree.getLeft()을 인자로 다시 한번 inOrder메소드를 호출하는 상황은 tree.getLeft()를 루트 노드로 하는 왼쪽 서브트리를 방문하는 것이다. 이 메소드가 왼쪽 서브 트리를 모두 방문하면 노드에 대한 정보를 큐에 저장한다. 다음, tree.getRight()을 루트로 하는 오른쪽 서브트리를 방문한다.

재귀 호출을 수행하는 도중 입력되는 인자 값이 null이면 트리가 비어있음을 의미한다. 이 경우 더 이상 방문할 노드가 없으므로 메소드수행을 멈춘다.

Method inOrder (tree)

| | |
|---|---|
| Definition: | Enqueues the elements in the binary search tree in order from smallest to largest |
| Size: | The number of nodes in the tree whose root is tree |
| Base case: | If tree = null, do nothing |
| General case: | Traverse the left subtree in order<br>Then enqueue tree.getInfo()<br>Then traverse the right subtree in order |

아래는 위 알고리즘을 구현한 코드이다.

```
private void inOrder(BSTNode tree)
// Initialize inOrderQueue with tree elements in inOrder order
{
    if( tree != null)
    {
        inOrder(tree.getLeft());
        inOrderQueue.enqueue(tree.getInfo());
        inOrder(tree.getRight());
    }
}
```

나머지 두 순회 방식도 중위 순회 방식과 동일한 방법으로 구현된다. 단 루트 노드와 서브 트리에 방문 순서만 다를 뿐이다. 이진 검색 트리의 순회 문제는 재귀적 방식으로 매우 간단히 해결할 수 있다.

```
private void preOrder(BSTNode tree)
// Initialize preOrderQueue with tree elements in oreOrder order
{
    if( tree != null)
    {
        preOrderQueue.enqueue(tree.getInfo());
        preOrder(tree.getLeft());
        preOrder(tree.getRight());
    }
}
```

```
private void postOrder(BSTNode tree)
// Initialize postOrderQueue with tree elements in postOrder order
{
   if( tree != null)
   {
      postOrder(tree.getLeft());
      postOrder(tree.getRight());
      postOrderQueue.enqueue(tree.getInfo());
   }
}
```

## Testing Binary Search Tree Operations

이진 검색 트리 ADT에 대한 모든 연산을 구현하였다. 이제 구현 프로그램을 테스트해야 한다. 모든 이진 검색 트리 관련 코드들은 이 책의 파일에 저장되어 있다. 파일 중에는 재귀적 용법의 size 메소드와 반복적 용법의 size2가 포함되어 있다. 또한 ADT 구현을 테스트 하기 위한 테스트 드라이버인 ITDBinarySearchTree가 포함되어 있다. 다음 페이지에 이 테스트 드라이버를 수행한 테스트 결과를 볼 수 있다.

제공된 테스트 드라이버를 사용하여 트리의 모든 연산을 테스트할 수 있다. 특히, 사향 트리와 균형 트리에 대한 테스트를 해야 한다. 또한 트리가 중복 원소를 가질 때 모든 연산들이 올바로 수행되는지 확인해야 한다.

```
What is the name of this test?
Textbook Example

This is test Textbook Example.

Choose an operation:
1: isEmpty
2: size
3: size2
4: contains (string)
5: remove (string)
6: get (string)
7: add (string)
8: print (traversal order)
9: stop Testing

Enter choice: 7
Enter string to add: delta

Choose an operation:
. . .
Enter choice: 7
Enter string to add: alpha

Choose an operation:
. . .
Enter choice: 7
Enter string to add: alpha

Choose an operation:
. . .
Enter choice: 7
Enter string to add: gamma

Choose an operation:
. . .
Enter choice: 7
Enter string to add: beta

Choose an operation:
. . .
Enter choice: 8
Choose a traversal order:
1: Preorder
2: Inorder
3: Postorder
1
The tree in Preorder is:
delta
alpha
alpha
beta
gamma

Choose an operation:
. . .
Enter choice: 5
Enter string to remove: alpha
remove(alpha) returns true

Choose an operation:
. . .
Enter choice: 8
Choose a traversal order:
1: Preorder
2: Inorder
3: Postorder
1
The tree in Preorder is:
delta
alpha
beta
gamma

Choose an operation:
. . .
Enter choice: 9
End of Interactive Test Driver
```

# 8.7. 이진 검색 트리와 선형 리스트 비교

이진검색 트리는 전 장에서 배운 정렬 리스트와 함께 많은 응용 프로그램에서 사용되는 자료구조이다. 이진 검색 트리를 사용할 때 가장 큰 장점은 연결기반 자료구조의 이점 가지며 빠른 검색 속도를 제공한다. 즉, 이진 검색 트리는 전 장에서 배운 배열기반의 정렬 리스트와 연결 리스트의 모든 장점을 제공한다. 배열기반의 정렬 리스트와 같이 이진 검색을 사용하기 때문에 검색이 빠르다. 또한 연결 리스트와 같이 다른 원소의 이동 없이 원소를 삽입, 삭제할 수 있다. 따라서, 이진 검색 트리는 빠른 검색 속도를 요구한 응용프로그램과 또는 노드를 순차적으로 처리할 필요가 없는 응용 프로그램에서 매우 유용하다.

그러나, 이진 검색 트리에도 장단점(tradeoff)이 있다. 이진 검색 트리의 모든 노드는 원소의 값 뿐만 아니라 자식 노드들을 참조하기 위한 여분의 공간이 필요하기 때문에 선형 연결 리스트에 비해 더 많은 메모리를 필요로 한다. 또한 트리를 조작하기 위한 여러 연산들이 다소 복잡한 편이다. 만약, 응용 프로그램에서 리스트의 원소를 무작위로 처리하지 않고 순차적으로 처리한다면 이진 검색트리는 가장 좋은 선택이 아닐 수 있다.

예를 들어, 100,000명의 고객 레코드가 리스트로 저장되어 있다고 가정하자. 응용 프로그램의 주요 작업이 고객에게 계산서를 발송하는 것이며, 계산서를 출력하는 순서는 리스트에 저장된 순서와 같다면 연결 리스트가 가장 적합한 자료구조이다. 그런데, 고객의 요청이 있으면 그 고객의 신상정보를 볼 수 있는 서비스를 제공해야 한다면 연결 리스트는 적합하지 않다. 연결 리스트에 첫 번째로 저장된 고객이라면 고객요청에 의해 곧바로 정보에 접근할 수 있지만 마지막에 저장된 고객은 99,999 노드를 순차적으로 확인한 후 정보에 접근할 수 있을 것이다. 따라서 노드를 무작위로 빠르게 접근해야 하는 응용에는 이진검색 트리가 좋은 선택이다.

## 시간 복잡도 (Big-O) 비교

시간 복잡도 분석에서 가장 중요한 연산은 contains 메소드를 이용해서 노드를 검색하는 연산이다. 이진 검색 트리의 최상의 경우 - 원소의 삽입 결과 생성된 이진 검색 트리의 높이가 가장 낮은 트리- 노드를 검색하는 데 필요한 비교 횟수는 최대 $\log_2 N + 1$이다. 이런 형태의 이진 검색 트리에서 무작위로 노드를 검색해야 한다면 정렬된 연결 리스트 보다 빠르게 검색 할 수 있다. 최악의 경우 -원소가 오름차순, 혹은 내림차순으로 삽입되어 완전히 편향된 트리- 트리 구조는 이진 검색 트리라기 보다는 정렬된 연결 리스트에 더 가깝다. 즉 왼쪽 혹은 오른쪽으로 순차적으로 원소를 연결한 형태이다. 이런 트리를 퇴화된 트리(degenerate tree) 라고 부른다. 퇴화된 트리의 검색 연산은 연결 리스트와 동일한 검색 시간을 갖는다.

시간 복잡도를 분석할 때 이진 검색 트리가 퇴화된 트리라고 가정한다면 연결 리스트와 다를 바 없다. 따라서, 시간 복잡도 분석에서는 이진 검색 트리가 최상의 형태 즉 균형된 트리로 가정한다.

이진 검색 트리에서 add와 get메소드 모두 기본적으로 노드를 검색하는 기능을 수행한 [ $O(\log_2 N)$] 후 새로운 노드를 생성하거나 검색된 노드의 참조를 리턴하는 작업$O(1)$ 을 수행한다. 따라서, 두 메소드의 시간 복잡도는 $O(\log_2 N)$ 이다. remove연산은 삭제할 노드를 검색하는 한 후 removeNode를 호출한다. 이 연산을 수행할 때 최악의 경우(자식 노드가 둘인 노드 삭제), removeNode 연산은 대체 노드를 찾기 위해 $O(\log_2 N)$ 연산을 수행한다. 실질적으로는 두 연산을 합해서$\log_2 N$ 비교 연산을 수행한다. 자식 노드를 한 개 가지거나, 리프 노드이면 removeNode 는 $O(1)$연산을 수행한다. 결과적으로 remove 연산의 시간 복잡도 또한 $O(\log_2 N)$이다.

size와 reset 연산은 트리의 모든 노드를 순회한다. 따라서, 두 연산의 시간 복잡도는 $O(N)$ 이다. 만약 reset 연산이 $O(1)$일지라도 클라이언트 프로그램은 getnext()를 N번 호출해야 한다.

[테이블 8.1] 은 연결 리스트와 이진 검색 트리의 연산에 대한 시간 복잡도를 분석한 것이다. 여기서, 이진 검색 트리는 균형 트리라고 가정한다. 배열기반 구현에서의 검색 연산은 이진 검색을 사용한다. [테이블 8.1]에서는 리스트나 트리의 size 메소드 분석을 포함시키지 않았다. size 메소드는 구현할 때 인스턴스 변수를 사용하여 원소의 개수를 저장한 후 단지 그 변수의 값을 리턴하면 되기 때문이다. 물론 이 인스턴스 변수의 값도 원소의 삽입 및 삭제할 때마다 갱신이 이루어지지만 시간분석은 삽입과 삭제 연산이 몇 번 수행되었는가에 의존하기 때문이다.

[표 8.1] 시간 복잡도 Big-O 분석

| | Binary Search Tree | Array-Based Linear List | Linked List |
|---|---|---|---|
| Class constructor | O(1) | O(N) | O(1) |
| isEmpty | O(1) | O(1) | O(1) |
| reset | O(N) | O(1) | O(1) |
| getNext | O(1) | O(1) | O(1) |
| contains | $O(\log_2 N)$ | $O(\log_2 N)$ | O(N) |
| get | | | |
| Find | $O(\log_2 N)$ | $O(\log_2 N)$ | O(N) |
| Process | O(1) | O(1) | O(1) |
| Total | $O(\log_2 N)$ | $O(\log_2 N)$ | O(N) |
| add | | | |
| Find | $O(\log_2 N)$ | $O(\log_2 N)$ | O(N) |
| Process | O(1) | O(N) | O(1) |
| Total | $O(\log_2 N)$ | O(N) | O(N) |
| remove | | | |
| Find | $O(\log_2 N)$ | $O(\log_2 N)$ | O(N) |
| Process | O(1) | O(N) | O(1) |
| Total | $O(\log_2 N)$ | O(N) | O(N) |

## 8.8 이진 검색 트리의 균형

이진 검색 트리 연산에 대한 Big-O 분석에서 기본 가정은 트리가 균형 이진 검색 트리라는 것이다. 만약 이진 검색트리가 균형 트리가 아닌 편향 트리이면 이진검색트리의 모든 장점들은 사라진다. 이 경우 모든 연산 contain, get, add, remove는 O(N) 의 시간 복잡도를 가지게 된다. 이 결과는 연결 리스트 연산과 같아진다. 따라서, 이진 검색 트리의 장점을 유지하기 위해 트리를 균형트리로 만드는 balance 연산은 매우 중요하다.

```
public balance();
// Restructure this BST to be optimally balanced
```

물론, 이 메소드를 적절히 호출하는 것은 클라이언트 프로그램에 의존하지만, 클라이언트 프로그램에서 이 메소드를 과도하게 호출하지 않는 것이 좋다. 이 연산을 수행하기 위해 추가 시간이 필요하기 때문이다.

이진 검색트리를 균형 트리로 재 조정하는 여러 가지 방법이 있다. 이 책은 배열을 이용한 간단한 방식을 사용한다.

```
Save the tree information in an array
Insert the information from the array back into the tree
```

재 조정될 트리의 형태는 트리의 정보를 배열에 저장하는 순서에 의존한다. 또는, 배열에 저장된 트리 정보를 다시 트리에 삽입하는 순서에 따라 트리의 형태가 변한다. 우선 배열의 원소를 색인 순으로 트리에 삽입한다고 가정하자. 아래는 배열의 트리 정보를 다시 트리에 삽입하는 알고리즘이다.

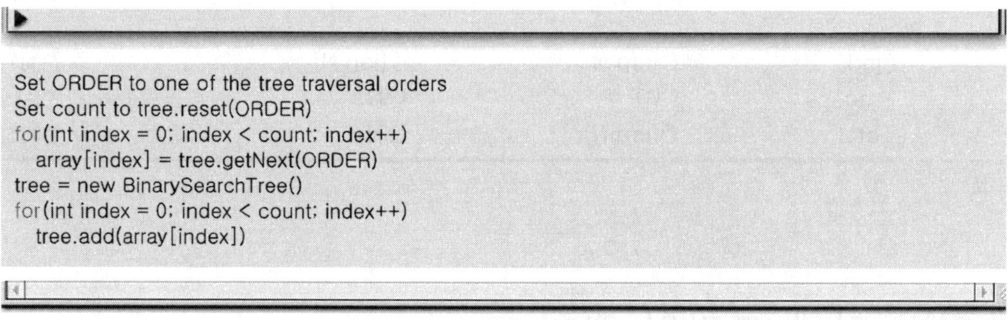

```
Set ORDER to one of the tree traversal orders
Set count to tree.reset(ORDER)
for(int index = 0; index < count; index++)
  array[index] = tree.getNext(ORDER)
tree = new BinarySearchTree()
for(int index = 0; index < count; index++)
  tree.add(array[index])
```

이 알고리즘이 트리를 균형된 트리로 재조정할 수 있을까? 트리의 순회 방법을 미리 알지 못하면 이 질문에 대하여 답할 수 없다. [그림 8.19]는 트리를 중위순회(inorder)한 후 재 조정된 트리의 결과를 보여주고 있다. 그 결과는 만족스럽지 못하다. [그림8.19]는 거의 균형된 트리(a)를 완전한 편향된 트리(c)로 재조정한 것이다. 이 과정은 balance 연산의 반대 결과이다.

[그림 8.20]은 전위 순회한 후 트리를 재조정한 결과를 보여주고 있다. 그 결과 원래 트리의 완전한 복사본이 생성된다. 그렇다면, 전위 순회에 의한 재조정은 항상 복사본을 형성하는가? 그렇다. 삽입 연산은 항상 리프 노드 위치에서 수행되었기 때문이다. [그림 8.20 (a)]를 살펴보자. 이 이진 검색 트리에서 삭제 연산이 없었다면 이 트리에 처음으로 삽입된 노드는 키 값이 10인 루트 노드이다. 즉 , 루트 노드가 리프 노드일 때는 비어있는 트리에 처음으로 삽입될 때 뿐이다.

(a) The original tree

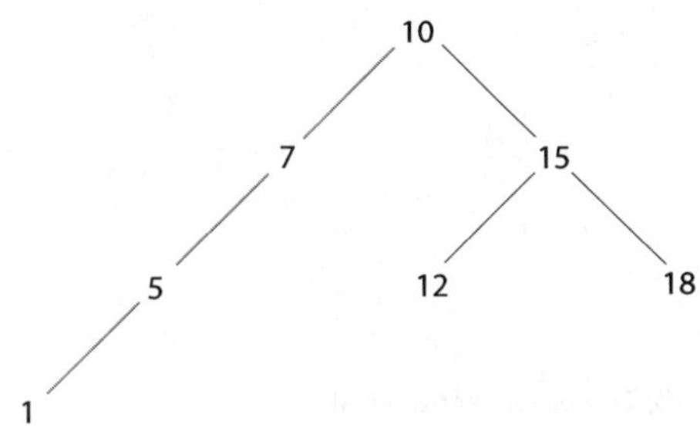


(b) The inorder traversal

| | 0 | 1 | 2 | 3 | 4 | 5 | 6 |
|---|---|---|---|---|---|---|---|
| array: | 1 | 5 | 7 | 10 | 12 | 15 | 18 |

(c) The resultant tree if linear traversal of array is used

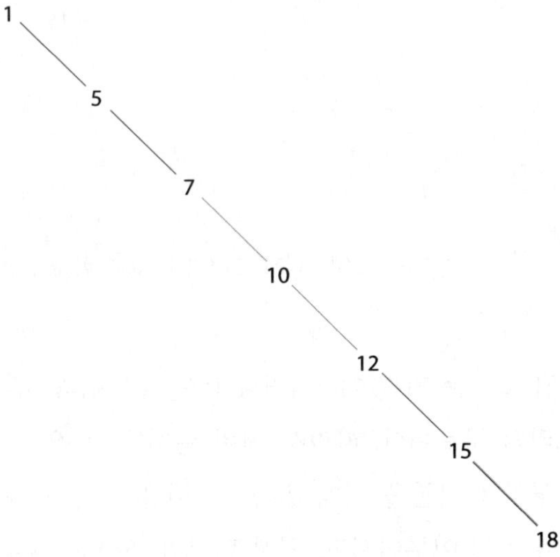


[그림 8.19] 편향 트리로 재조정된 결과

(a) The original tree

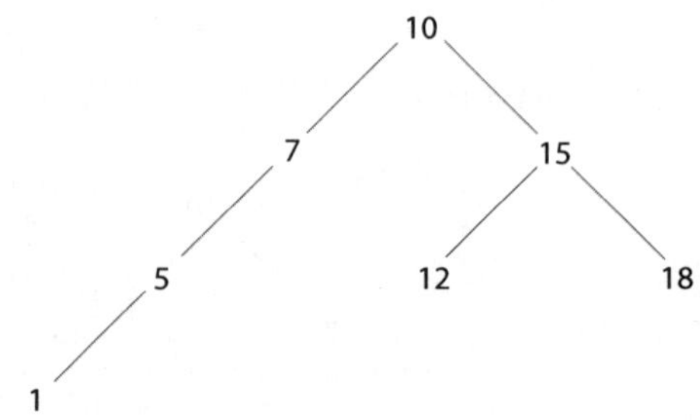


(b) The preorder traversal

| | 0 | 1 | 2 | 3 | 4 | 5 | 6 |
|---|---|---|---|---|---|---|---|
| array: | 10 | 7 | 5 | 1 | 15 | 12 | 18 |

(c) The resultant tree if linear traversal of array is used

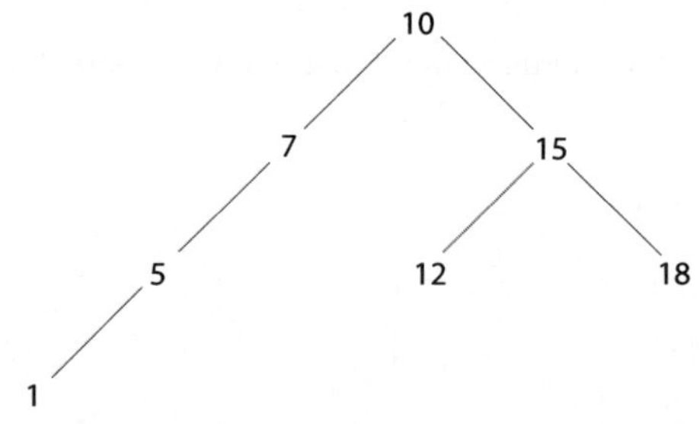


[그림 8.20] 원래 트리의 복사본 형성: :(a) (b) (c)

두 번째로 삽입된 노드는 키 값이 7이거나 15인 노드이다. 두 노드는 왼쪽 서브 트리 그리고 오른쪽 서브 트리의 루트이다. 따라서 전위 순회(루트 우선) 방식을 이용하여 트리를 재조정하면 원래 트리의 복사본을 얻게 된다. 그 이유는 삽입 과정에서 노드의 삽입은 그 노드의 자손 노드보다 먼저 이루어지고, 원래 트리의 조상-자손 관계가 유지되기 때문이다. 이런 패턴의 발견은 트리를 복사할 때 유용하지만, 균형된 트리를 형성할 땐 도움이 되지 않는다. 후위 순회 방식도 균형 트리를 형성에 도움이 되지 못한다.

```
Balance

Set count to tree.reset(INORDER)
for(int index = 0; index < count; index++)
  array[index] = tree.getNext(ORDER)
tree = new BinarySearchTree()
tree.InsertTree(0, count - 1)
```

```
InsertTree(low, high)

if (low == high)              // Base case 1
  tree.add(nodes[low])
else if((low + 1) == high)    // Base case 2
  tree.add(nodes[low])
  tree.add(nodes[high])
else
  mid = (low + high) / 2
  tree.add(mid)
  tree.InsertTree(low, mid - 1)
  tree.InsertTree(mid + 1, high)
```

균형된 트리를 만드는 방법은 각 노드의 왼쪽, 오른쪽 자손 노드의 개수를 가능하면 같게 만드는 것이다. 트리에 처음으로 삽입되는 노드는 루트 노드이다. 이 말의 의미는 트리의 균형을 맞추기 위해서는 모든 원소의 중앙값을 루트 노드로 삽입시키는 것이다. 중앙값을 가진 노드가 루트 노드가 되면 왼쪽 그리고 오른쪽 서브 트리에 삽입되는 원소의 수는 거의 동일하게 된다. 루트 노드 삽입 후 다음으로 삽입할 노드는 무엇일까?

왼쪽 서브트리부터 고려해 보자. 왼쪽 서브 트리의 루트 노드 또한 트리의 루트 노드보다 작거나 같은 원소에서 중앙값을 가지는 노드이다. 이 노드를 삽입하면 남아 있는 노드들이 또 다시 균형을 맞춰 양쪽에 삽입되게 된다. 이 방식도 재귀적 방법의 한 예이다.

아래는 위와 같은 방식을 사용한 균형 알고리즘이다. 이 알고리즘은 두 부분으로 구성된다. 반복적 방식의 Balance는 배열을 생성하고 재귀적 방식의 InsertTree 를 호출한다.

알고리즘은 트리를 중위순회하면서 방문한 트리의 노드를 배열에 저장한다. 그 결과 배열의 원소는 오름차순으로 저장된다. 알고리즘은 재귀 메소드인 InsertTree를 배열의 범위 값을 인자로 하여 호출한다. 이 메소드는 low == high이면 대응되는 배열의 원소를 트리에 삽입한다. 또한 low값과 high값의 차이가 1이면 두 원소 모두 트리에 삽입시킨다. 두 조건을 만족시키지 않으면 배열에서 중앙값을 가진 원소를 찾아 트리에 삽입하고, 중앙값 보다 작은 원소들을 처리할 재귀 호출과 중앙값 보다 큰 원소들을 처리할 재귀 호출을 수행한다. InsertTree 메소드는 배열의 원소가 짝수이든 홀수 이든 올바르게 수행된다. 위 두 알고리즘에 대한 코드는 이 책의 연습 문제에서 다룬다. [그림 8.21] 은 이 알고리즘을 수행한 결과를 보여주고 있다.

(a) The original tree

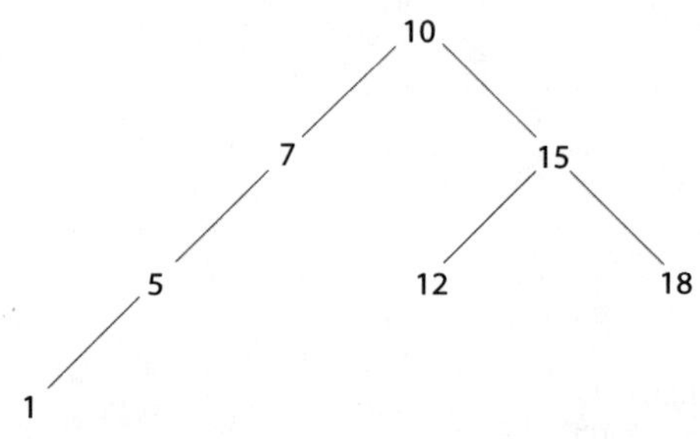


(b) The inorder traversal

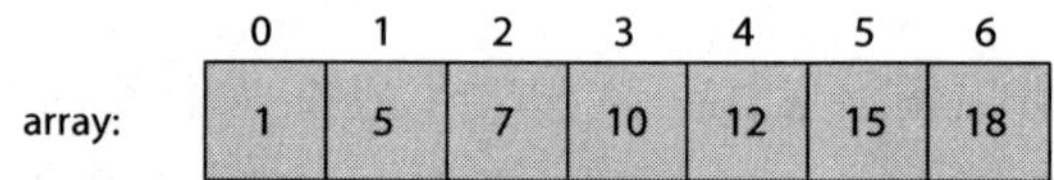


(c) The resultant tree if InsertTree (0,6) is used

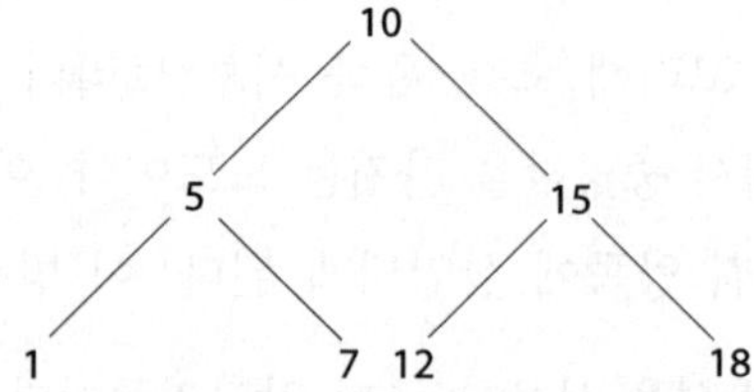


[그림 8.21] 최적으로 변환된 균형 트리

# 8.9 이진 트리의 비 연결 표현

지금까지 구현된 이진 트리는 부모 노드와 자식 노드간에 링크를 명시적으로 사용한 형태였다. 즉, 각 노드에 왼쪽, 오른쪽 자식 노드를 참조하기 위한 참조 변수를 선언한 구조이다.

이진 트리는 배열에 저장될 수 있으며 배열로 표현된 이진트리는 물리적인 링크로 연결되지 않으며, 단지 알고리즘 내에서 암묵적으로 이진 트리의 노드를 조작할 수 있다. 배열로 표현된 이진 트리의 경우 참조를 위한 메모리가 필요 없기 때문에 메모리 공간을 절약할 수 있다.

이진 트리의 원소들을 배열에 저장하더라도 트리의 부모-자식 관계는 계속 유지 될 수 있다. [그림 8.22]는 이진 트리의 원소를 배열에 저장한 결과이다. 단, 배열에 저장할 때 저장 순서는 가장 낮은 레벨에서 가장 높은 레벨 순으로 또한 같은 레벨에서는 왼쪽에서 오른쪽 순으로 저장해야 한다. 트리의 노드 수가 numElements라면 배열 객체를 만든 후 트리의 루트 노드는 tree.nodes[0]에 저장되고 마지막 노드는 tree.nodes[numElements-1]에 저장된다.

이진 트리에 적용되었던 연산을 구현하기 위해서 특정 노드의 왼쪽, 오른쪽 자식 노드를 찾을 수 있어야 한다. [그림 8.22]의 이진 트리와 배열을 비교하면 아래와 같은 특징을 가진다.

```
tree.nodes[0]의 자식 노드는 tree.nodes[1] 와 tree.nodes[2]이다.
tree.nodes[1]의 자식 노드는 tree.nodes[3] 와 tree.nodes[4]이다.
tree.nodes[2]의 자식 노드는 tree.nodes[5] 와 tree.nodes[6]이다.
```

비교 결과 우리는 일정한 패턴을 발견할 수 있다. 한 노드 tree.nodes[index]에 대하여 왼쪽 자식 노드는 tree.nodes[index*2+1]이며 오른쪽 자식 노드는 tree.nodes[index*2+2]이다. 또한 배열에 저장된 노드 중에서 tree.nodes[tree.numElements/2] 에서 tree.nodes[tree.numElements-1]까지는 모두 리프 노드이다.

배열에 저장된 이진 트리의 속성에 의하여 자식노드의 위치뿐만 아니라 부모 노드의 위치도 쉽게 계산할 수 있다. 이런 위치 검색 연산은 부모와 자식 노드가 명시적인 링크로 연결된 이진트리에서는 쉽지 않은 연산이다. 그러나 암묵적인 링크로 연결된 구현 즉, 배열에 저장된 이진 트리에서는 매우 쉬운 연산이다. 즉, tree.nodes[index]의 부모 노드는 tree.nodes[(index-1)/2]이다. 정수의 나눗셈 결과 밑수를 버리므로 tree.nodes[(index-1)/2]는 왼쪽 그리고 오른쪽 자식 노드의 동일한 부모를 가리킨다. 따라서, 배열을 이용한 이진 트리 구현은 양 방향 링크를 가지고 있다: 부모 노드로부터 자식 노드 링크 그리고 자식노드로부터 부모노드 링크. 이 책에서는 9장의 힙(Heap)을 구현할 때 이런 형태의 양방향 링크를 사용할 것이다.

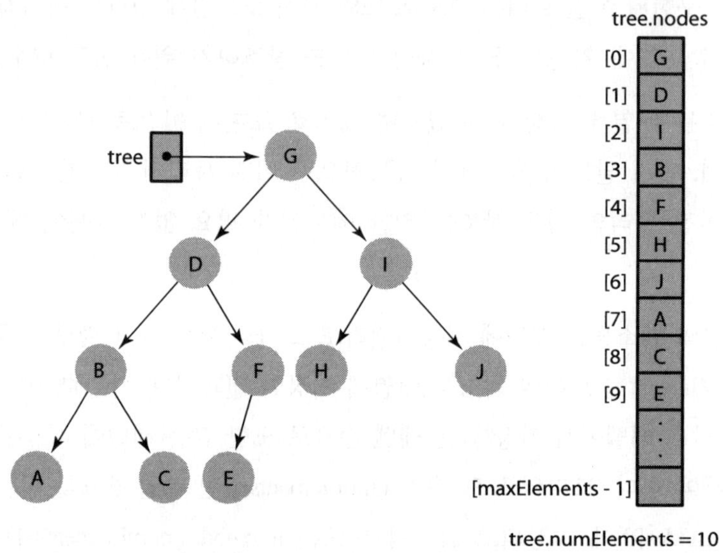


[그림 8.22] 이진 트리의 배열 표현

배열을 이용한 트리 표현 방식은 이진 트리가 포화 이진 트리(Full binary tree) 또는 완전 이진 트리(Complete binary tree)일 때 적합하다. 포화 이진 트리는 모든 리프 노드들이 같은 레벨이어야 하며, 또한 모든 비 단말 노드는 두 개의 자식 노드를 가진다. 포화 이진 트리의 기본 모양은 삼각형이다.

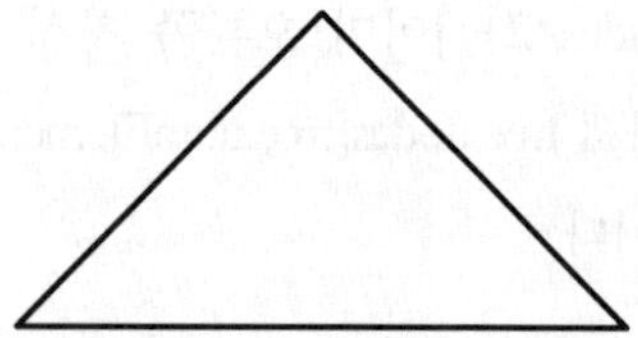

완전 이진 트리(complete binary tree)는 포화 이진 트리이거나 마지막 레벨 이전까지 노드가 포화되고, 마지막 레벨의 모든 리프 노드들은 왼쪽부터 차례대로 위치한 이진 트리이다. 완전 이진 트리의 형태는 삼각형이거나 아니면 아래와 같은 형태이다.

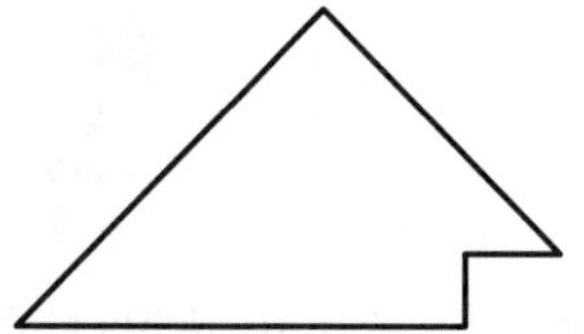

**포화 이진 트리**(Full binary tree): 리프 노드를 제외한 모든 노드들이 두 개의 자식 노드를 가지며, 또한 모든 리프 노드가 같은 레벨인 이진 트리

**완전 이진 트리**(Complete binary tree): 포화 이진 트리이거나 마지막 레벨 이전까지 노드가 포화되고, 마지막 레벨의 모든 리프 노드들은 왼쪽부터 차례대로 위치한 이진 트리

[그림 8.23]은 여러 종류의 이진 트리를 보여주고 있다.

완전 또는 포화 이진 트리의 원소들은 배열의 슬롯에 연속적으로 저장되기 때문에 배열기반 표현은 완전 또는 포화 이진 트리에적합하다. 만약 이진 트리가 완전 혹은 포화 가 아니라면 노드들이 배열에 연속적으로 저장되지 않게 된다. 이런 경우 이진 트리의 부모-자식 노드간의 관계를 계속 유지시키기 위해서 더미 값을 저장해야 한다. 더미 값은 트리에 저장된 값에 따라 달라질 수 있다. 예를 들면 트리에 저장된 값들이 양의정수라면 더미 값을 음의 정수로 사용하면 된다. 또는 원소를 객체로 표현할 때 null 값을 더미 값으로 사용할 수 있다.

[그림 8.24] 는 완전 이진 트리가 아닌 트리와 이에 대응되는 배열을 보여준다. 배열에서 몇 개의 슬롯은 원소를 포함하지 않고 단지 더미 값만을 가진다. 트리를 조작하는 알고리즘은 이런 상황을 반영해야만 한다. 예를 들면 tree.nodes[index]가 왼쪽 자식 노드를 가지고 있는지 알아보기 위해 우선, index*2+1 <tree.numElements인지 조건 체크한 후 다음으로 tree.nodes[index*2+1]이 더미 값이 아닌지 체크해야 한다.

지금까지 배열 기반 구현에서 볼 수 있듯이 배열을 생성할 때 배열 크기를 명시해야 하며, 배열이 생성된 후 배열 크기는 고정된다. 그 결과 배열을 필요 이상으로 크게 생성하면 사용하지 않는 배열 공간을 낭비하게 된다. 또 다른 측면에서 보면 만약 트리의 노드 개수가 고정되어 있지 않고 계속 노드가 삽입된다면 결국 배열 공간이 모자라게 될 것이다.

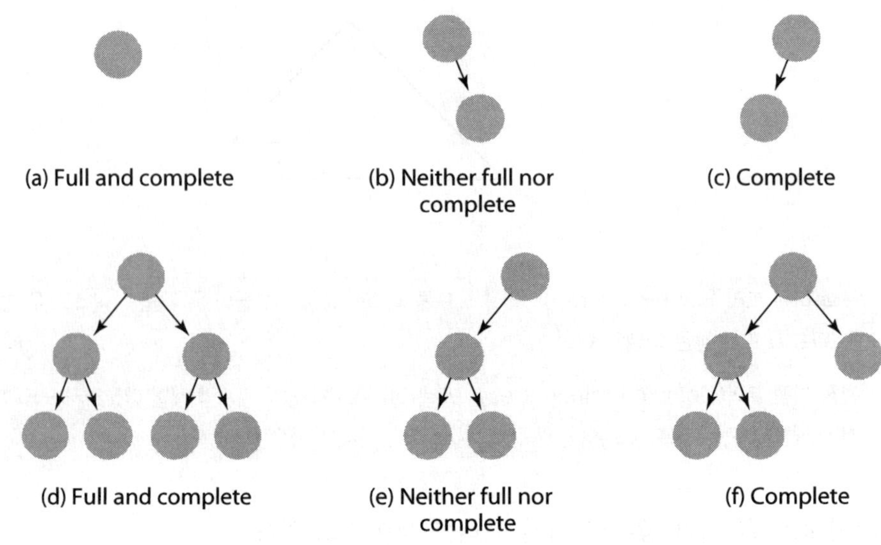


[그림 8.23] 다양한 이진 트리

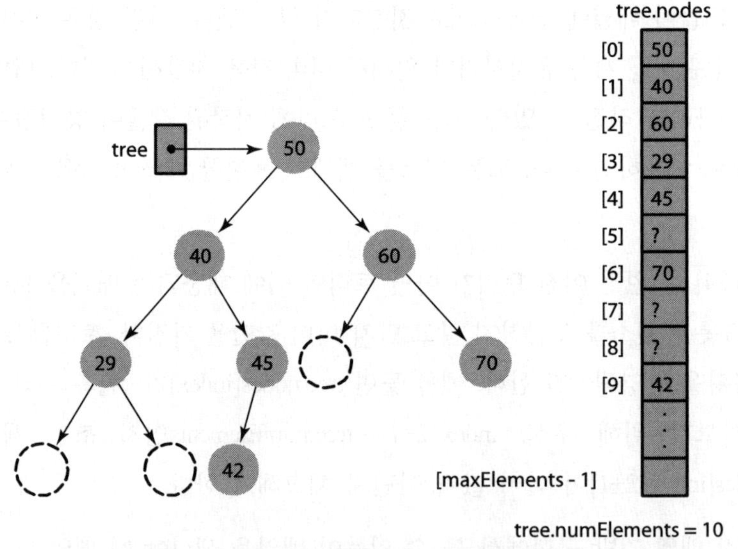


[그림 8.24] 배열로 표현된 이진 검색 트리 (더미 값을 가짐)

배열을 이용하여 이진 트리를 구현하기 위해서 알고리즘은 노드의 삽입이 일어날 때 마다 배열에 여유 공간이 있는지 확인해야 하며 여유 공간이 없으며 자동적으로 예외를 방생시키던지, 아니면 더 큰 배열을 새로 만들어 기존의 배열의 모든 값들을 새로운 배열에 복사하는 부가적인 구현 코드가 필요하다.

# 8.10 사례연구: 단어 빈도 분석기

## Problem

이 회사는 여러 종류의 텍스트 분석 소프트웨어를 개발할 계획이다. 첫 단계로 단어 빈도 발생기를 개발할 것이며, 프로그램 개발을 위한 작업을 할당하였다. 이 프로그램은 프로젝트 계획 단계 동안에 예비적인 텍스트 분석 작업을 수행할 것이며, 이 후에 개발 될 시스템 툴에 포함시킬 것이다.

이 프로그램은 텍스트 파일을 읽어 이 파일에 포함된 단어들을 알파벳 순으로 나열하고 각 단어의 빈도수를 출력할 것이다. 또한, 이 프로그램은 분석을 위해 사용자로 부터 최소 단어 크기 와 최소 빈도 수를 입력 받을 수 있도록 한다.

분석결과에는 입력 받은 최소 단어크기 보다 작은 단어들은 배제되어야 하며 또한 최소 빈도수 보다 적은 빈도 수를 가진 단어들도 출력되지 말아야 한다. 마지막으로 이 프로그램은 몇 가지 통계 값을 출력해야 한다. 즉, 단어의 총 개수, 최소 단어 크기 보다 큰 단어의 수, 최소 단어 크기보다 크며 또한 최소 빈도 수 보다 많은 단어 수 등이다.

## Discussion

첫 번째 해야 할 일은 "단어"를 정의하는 것이다. 첫 번째 정의인 "두 공백 사이의 스트링"은 대부분 단어가 가지는 특징이다. 단, 마침표나 쉼표가 뒤에 붙는 단어나 또는 인용부호가 붙은 단어는 위 정의에 의해 구별해낼 수 없다. 따라서, 토론을 거친 후 단어에 대한새로운 정의를 하였다. 즉 "단어란 마커 사이에 있는 알파벳문자로 구성된 스트링이다. 여기서 마커는 공백문자와 모든 구두점이 될 수 있다". 이 단어에 대한 정의는 몇몇 단어들을 구별하지 못한다. 예를 들면, "can't"는 "can"과 "t" 두 단어로 처리된다. 그러나 이 문제는 이 프로젝트에 큰 문제를 야기시키지 못한다고 가정한다. 마지막으로 모든 단어는 궁극적으로 소문자로 변환 되어야 한다. 따라서 대문자나 소문자나 같은 단어로 간주한다.

## Brainstorming

다음 단계로이 문제를 해결하기 위해 필요한 객체를 나열해야 한다. 요구사항 기술서에서 다음과 같은 명사를 찾을 수 있다: 단어 빈도 분석기, 텍스트 파일, 알파벳 순 나열, 유일한 단어, 단어 수, 최소 단어 크기, 최소 빈도 수, 결과 리스트, 요약 정보, 총 단어 수. 총 11개의 후보 객체가 존재한다. 이제 우리는 단어들을 저장할 데이터 구조가 필요하다. 지금은 이 데이터 구조를 단지 "단어 저장기"라고 부르겠다. 결과적으로 우리는 단어 저장기를 포함하여 12개의 후보 객체를 가진다.

요구 사항 기술서의 동사를 나열하면 프로그램이 가지는 기능을 확인할 수 있다. 단어 빈도 분석기의 경우 프로그램의 기능은 명확하다. 즉 파일을 읽고 단어의 빈도 수를 분석하고 출력하는 기능을 가진다. 또한 출력 결과는 알파벳 순으로 정렬되어야 하며 최소 빈도 수 및 최소 단어 크기에 의해 단어가선별 되어야 한다.

## Filtering

우리는 12개의 후보 객체를 찾아냈다. 그 중 단어 빈도 분석기가 메인 프로그램이다. 최소 단어 크기와 최소 빈도 수는 사용자의 입력 값이며 메인 프로그램에서 정수형 값으로 처리하면 된다. 후보 객체 중에 입력 파일과 사용자 및 출력결과는 사용자 인터페이스와 관련된 객체이다. 나머지 객체들은 아래와 같이 그룹화할 수 있다.

- 요약 정보, 총 단어 수: 두 단어는 분석 결과라는 동일한 의미를 가진다. 이 분석 결과는 메인 프로그램에서 처리하고 그 결과를 사용자에게 출력할 것이다. 따라서 두 단어는 독립적인 객체가 될 필요는 없다.
- 유일한 단어, 단어 수 : 이 프로그램은 유일한 단어와 그 단어의 빈도수를 분석해야 하므로 독립적인 클래스 WordFreq를 생성하고, 이 클래스는 단어와 그 단어의 빈도수를 저장, 처리할 것이다. 메인 프로그램은 이 클래스의 객체를 생성할 때마다 총 단어 수를 증가시킨다. 메인 프로그램은 이 객체의 단어 및 그 단어의 빈도수 상태를 관찰하고 갱신해야 한다.
- 알파벳 리스트, 단어 저장기 : WordFrq객체를 정렬된 순으로 저장하고 순회하기 위한 단어 저장기 즉, 컨테이너가 필요하다. 이 컨테이너에 대한 결정은 시나리오 분석 이후로 미루기로 한다. 그러나, 이 프로그램에서 사용될 컨테이너는 원소의 삽입, 검색 및 전위 순회 기능을 제공하여야 한다. 이 시점에서 컨테이너는 정렬 리스트 ADT와 이진 검색 트리 ADT 가 될 수 있다.

## The User Interface

이 프로그램은 콘솔 기반 인터페이스만을 제공한다. 이 프로그램에서 사용될 입력 파일명은 words.dat이다. 사용자는 명령 프롬프트에 최소 단어 크기와 최소 빈도 수 정보를 입력해야 한다. 프로그램은 텍스트 파일을 읽고 단어 및 빈도 수를 분석한 후 사용자에게 결과를 출력한다.

## Error Handling

이 프로그램은 GUI 인터페이스를 제공하지 않는다. 따라서, 사용자의 입력 값에 대한 유효성 검사를 할 필요는 없다. 이 프로그램이 전체 시스템에 포함된 후 입력값에 대한 유효성 검사를 한다고 가정한다. 따라서, 유효한 입력 값은 사용자에게 의존한다. 또한 입력 파일은 정확한 포맷으로 저장되었다고 가정한다.

## Scenario Analysis

이 프로그램은 단지 한 개의 시나리오만 가진다: 파일을 읽음, 파일을 단어로 분리, 단어를 분석, 분석결과 출력. 아래는 이 시나리오를 알고리즘으로 표현한 것이다.

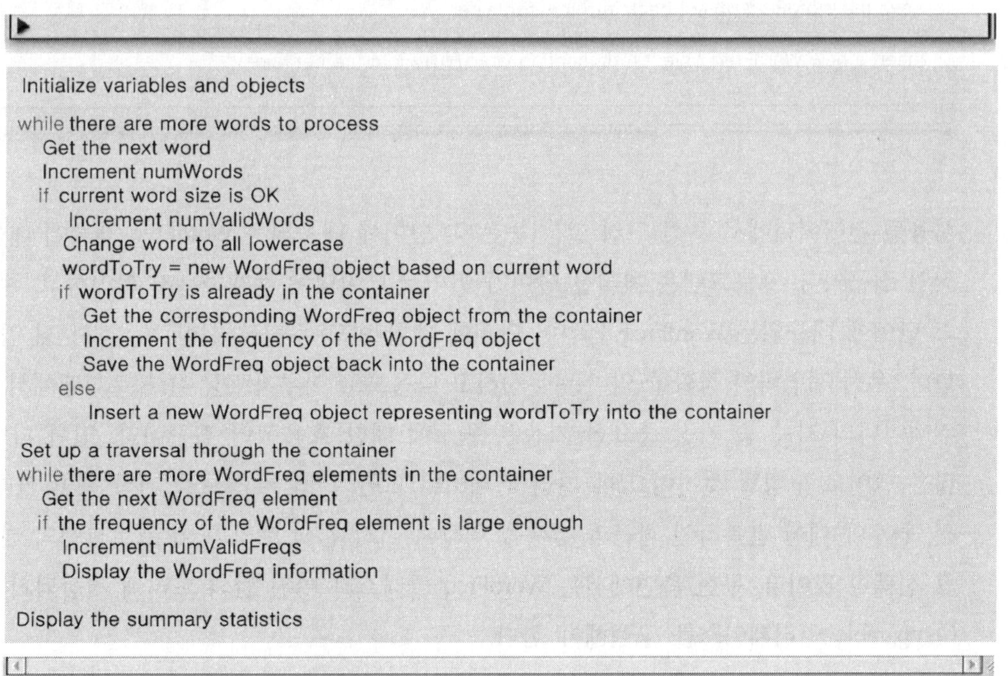

```
Initialize variables and objects

while there are more words to process
   Get the next word
   Increment numWords
   if current word size is OK
      Increment numValidWords
      Change word to all lowercase
      wordToTry = new WordFreq object based on current word
      if wordToTry is already in the container
         Get the corresponding WordFreq object from the container
         Increment the frequency of the WordFreq object
         Save the WordFreq object back into the container
      else
         Insert a new WordFreq object representing wordToTry into the container

Set up a traversal through the container
while there are more WordFreq elements in the container
   Get the next WordFreq element
   if the frequency of the WordFreq element is large enough
      Increment numValidFreqs
      Display the WordFreq information

Display the summary statistics
```

위 알고리즘을 단계별로 살펴보면서 각 단계에서 필요한 구현 내용을 아래와 같이 정의할 수 있다.

- 입력 파일을 단어로 분리하기 위하여 자바의 Scanner 클래스를 사용한다. 이 클래스는 처리 할 단어가 남아있는지 또는 다음 처리할 단어가 무엇인지 확인할 수 있는 기능을 가진다.
- Scanner 클래스는 입력 파일에서 단어를 식별하기 위한 식별자 토큰을 정의할 수 있는 기능을 가진다. 이 프로그램에서는 식별자 토큰을 "^a-zA-Z0-9"로 정의하였다. 이 정규 표현은 단어를 분리하기 위한 식별자 토큰이 문자나 숫자가 아님을 의미한다.
- 단어의 크기를 검사하고 그 단어를 소문자로 변환하는 기능은 String 클래스가 제공한다.
- 분석 결과를 출력하기 위하여 컨테이너에 저장된 WordFreq원소들을 전위 순회하는 기능이 필요하다. 이 기능은 이 프로그램에서 사용할 컨테이너의 순회 기능을 이용한다. 각 원소의 정보 출력은 WordFrq객체의 toString연산을 이용한다.

이제 남아 있는 알고리즘 분석은 컨테이너의 기능에 관한 것이다. 다시 한번 컨테이너 기능을 살펴보고 어떤 컨테이너 클래스를 사용할 지 결정하자.

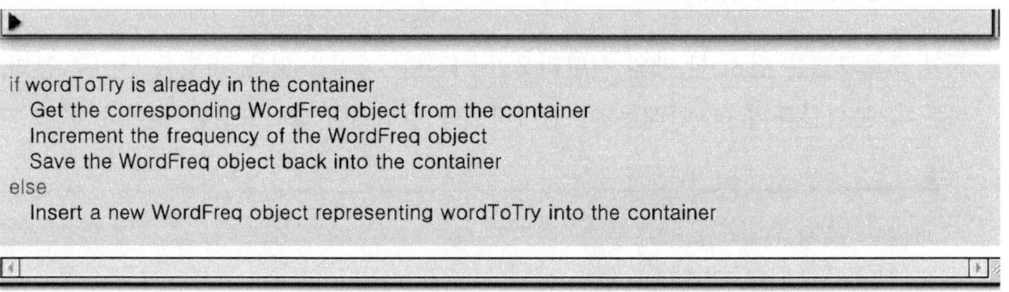

```
if wordToTry is already in the container
   Get the corresponding WordFreq object from the container
   Increment the frequency of the WordFreq object
   Save the WordFreq object back into the container
else
   Insert a new WordFreq object representing wordToTry into the container
```

사용될 컨테이너에서 우선 고려 할 기능은 각 단어에 대응되는 **WordFreq** 객체에 대한 반복적인 접근이다. 프로그램은 처리할 단어가 이미 컨테이너에 존재하는지 확인하고, 존재하면 그 단어에 대응되는 **WordFreq**을 얻어 단어에 대한 빈도 수를 갱신한 후, 다시 재 입력해야 한다. 우선 재입력의 정확한 의미는 무시하고 다음으로 미루자. 단, 이 프로그램에서 사용될 컨테이너의 기능 중 가장 중요한 기능은 원소에 대한 효율적인 접근이다. 입력 파일은 수많은 단어로 구성될 것이며 그에 따라 컨테이너 또한 수 많은 정보를 저장 해야 한다. 따라서, 원소에 대한 반복적인 접근과 검색을 위하여 이진 검색 트리를 이 프로그램의 컨테이너로 선택할 것이다. 구현 측면에서는 **WordFreq** 클래스가 이진 검색 트리에 저장되기 위하여 **Comparable** 인터페이스를 구현해야 한다.

이제 객체의 재입력에 대하여 살펴보자. 이진 검색 트리에서 정보를 저장하는 연산은 삽입 연산이다. 만약 처리할 단어에 대응되는 WordFreq 객체가 존재한다면 그 객체를 얻어 정보를 갱신한 후 삽입하면 동일한 두 개의 객체가 저장되는 것이다. 따라서 전 버전의 객체를 삭제한 후 새로운 버전의 객체를 삽입해야 한다.

그러나, 이 문제에 대하여 한번 더 생각해 보아야 한다. 자바로 구현된 트리는 객체 자체를 저장하지 않고 그 객체의 참조를 저장하는 것이다. 따라서, 트리에서 WordFreq 객체를 얻는 것은 정확하게는 그 객체의 참조를 가져오는 것이다. 참조를 통해 객체에 접근하고 단어에 대한 빈도 수를 증가시키면 실질적으로 트리에 저장된 객체의 단어 빈도 수가 증가한다. 결론적으로 객체를 재입력할 필요가 없다.

6장의 "참조를 통한 객체 저장" 부분에서 이 방법의 위험성에 대하여 언급하였다. 사실 클라이언트가 참조를 통하여 내부 데이터 구조에 접근하여 그 데이터 구조의 물리적 관계에 영향을 미치면 매우 위험하다. 이 경우는 객체간의 물리적 관계를 변경시키지 않고 단지 WordFreq 객체의 카운트 정보만을 변경시킨다. 이 방법을 이용하면 트리의 구조를 변경 시키지 않으면서 트리에 저장된 원소에 접근하여 정보를 변경시킬 수 있다. 따라서 이 부분의 알고리즘을 아래와 같이 줄일 수 있다.

```
wordInTree = tree.get(wordToTry)
if (wordInTree == null)
  Insert wordToTry into the tree
else
  Increment the frequency of wordInTree
```

## The WordFreq 클래스

WordFreq 클래스에 대한 코드는 단순하다. 이 클래스는 ch08.wordFreqs패키지에 포함시킨다. 다음은 WordFreq 클래스에 대한 간단한 설명이다.

- 생성자는 freq변수를 0으로 초기화한다. 메인 프로그램은 WordFrq객체를 생성하고 처음으로 트리에 삽입할 때 WordFrq객체를 증가시켜야 한다.
- toString메소드는 자바의 DecimalFormat 클래스를 사용하여 단어데 대한 빈도 수 출력 결과를 적어도 5개의 문자로 구성되게 하였다. 이런 기능은 단어 빈도 분석기 같은 응용프로그램 결과를 정렬할 때 도움이 된다

아래는 WordFreq 클래스에 대한 코드이다.

```
//----------------------------------------------------------------------------
// WordFreq.java                by Dale/Joyce/Weems                  Chapter 8
//
// Defines word-frequency pairs
//----------------------------------------------------------------------------

package ch08.wordFreqs;

import java.text.DecimalFormat;

public class WordFreq implements Comparable
{
  private String word;
  private int freq;

  DecimalFormat fmt = new DecimalFormat("00000");

  public WordFreq(String newWord)
  {
    word = newWord;
    freq = 0;
  }

  public int inc()
  {
    freq++;
  }

  public int compareTo(Object otherWordFreq)
  {
    WordFreq other= ( WordFreq)otehrWordFreq;
    return this.word.compareTo(other.word);
  }

  public String toString()
  {
    return(fmt.format(freq) + " " + word);
  }

  public String wordIs()
  {
```

```
      return word;
   }

   public int freqIs()
   {
      return freq;
   }
}
```

## 단어 빈도 분석 프로그램

아래 FrequencyList 클래스는 단어 빈도 분석 프로그램의 메인 클래스이다. 이 클래스는 "시나리오 분석"의 알고리즘을 구현한 것이다.

```
//----------------------------------------------------------------------------
// FrequencyList.java   by Dale/Joyce/Weems              Chapter 8
//
// Displays a word frquency list of the words listed in the input file.
// Prompts user for minSize and minFreq
// Does not process words less than minSize in length
// Does not output words unless their frequency is at least minFreq.
//----------------------------------------------------------------------------

import java.io.*;
import java.util.*;
import ch08.trees.*;
import ch08.wordFreqs.*;

public class FrequencyList
{
   public static void main(String[] args) throws IOException
   {
      Strig word;
      WordFreq wordToTry;
      WordFreq wordInTree;
      WordFreq wordFromTree;

      BinarySearchTree tree = new BinarySearchTree();
      String skip;   // skip end of line after reading integer
```

```
int numWords = 0;
int numValidWords = 0;
int numValidFreqs = 0;
int minSize;
int minFreq;
int treeSize;

// set up file reading

FileReader fin =  new FileReader("words.dat");
Scanner wordsIn = new Scanner(fin);
wordsIn.userDelimiter("[^a-zA-Z0-9]");  // delimiters are nonletters-digits

// set up console reading

Scanner conIn = new Scanner(System.in);

// Get word and frequency limits from user
System.out.print("Minimum word size: ");
minSize = conIn.nextInt();
skip = conIn.nextLine();
System.out.print("Minimum word frequency: ");
minFreq = conIn.nextInt();
skip = conIn.nextLine();

while(wordsIn.hasNext())   // while more words to process
{
    word = wordsIn.next();
    numWords++;
    if( word.length() >= minSize)
    {
      numValidWords++;
      word = word.toLowerCase();
      wordToTry = new WordFreq(word);
      wordInTree =  (WordFreq)tree.get(wordToTry);

      if(wordInTree == null)
      {
        // insert new word into tree
        wordToTry.inc();       //set frequency to 1
        tree.add(wordToTry);
      }else{
```

```
            // word already in tree, just increment frequency
            wordInTree.inc();
          }
        }
      }

      treeSize = tree.reset(BinarySearchTree.INORDER);
      System.out.println(" The wordsof length "+ minSize +" and above.");
      System.out.println(" with frequency counts of "+ minFreq+" and above.");
      System.out.println();
      System.out.println(" Freq Word");
      System.out.println("----------------------");

      for(int count=1 ; count <= treeSize; count++)
      {
        wordFromTree = (WordFreq)tree.getNext(BinarySearchTree.INORDER);
        if( wordFromTree.freqIs() >= minFreq)
        {
          numValidFreqs++;
          System.out.println(wordFromTree);
        }
      }

      System.out.println();
      System.out.println(numWords + " words in the input file. ");
      System.out.println(numValidWords + " of them are at least "
                              + minSize+" characters.");
      System.out.println(numValidFreqs + " of these occur at least "
                              + minFreq + " times.");
      System.out.println("program completed.");
    }
}
```

## Testing

이 프로그램은 우선 작은 파일을 사용하여 테스트하고 출력결과를 확인해야 한다. 그 후 다양한 종류의 파일을 이용하여 테스트하고, 최소 단어 크기 및 최소 단어 빈도수를 변경해 가면서 프로그램의 논리적 오류를 테스트한다. 아래 예제는 미합중국 헌법을 입력 파일로 테스트한 결과이다. 이 예제에서는 최소단어 크기는 7이며 최소 단어 빈도수는 6이다.

```
Minimum word size: 7
Minimum word frequency:6
The words of length 7 and above,
with frequency counts of 6 and above;


Freq      Word
-----    -------------
00008      against
00006      another
00008      article
00007      authority
00007      between
00007      citizens
00029      congress
00010      consent
00015      constitution
00006      elected
00007      electors
00007      executive
00009      legislature
00008      members
00006      necessary
00008      officers
00006      persons
00033      president
00008      provide
00015      representatives
00022      section
00008      senators
00006      service
00009      several
00007      supreme
00012      thereof
00007      treason
00007      without

5617 words in the input file.
979 of them are at least 7 characters.
28 of these occur at least 6 times.
program completed.
```

## 요약

이 장에서 정렬된 정보를 저장하고 임의의 원소를 검색할 때 이진 검색 트리가 얼마나 유용한 가에 대하여 알아보았다. 정렬된 정보에 대하여 임의 접근이 필요한 응용 프로그램에서 이진 검색 트리는 매우 적합한 자료 구조이다. 만약 트리가 균형 이진 검색 트리라면 임의의 노드에 대한 검색 속도는 $O(\log_2 N)$ 이다. 또한, 이진 검색 트리는 연결기반 구조의 이점과 이진 검색을 통한 빠른 검색 속도를제공한다.

이진 트리의 연산은 재귀적 용법을 사용하여 자연스럽게 구현될 수 있다. 그 이유는 이진 트리 자체가 재귀적 구조를 가지고 있기 때문이다: 이진 트리의 모든 노드는 또 다른 이진 트리(서브 트리)의 루트 노드이다. 이진 트리의 검색에서 트리의 레벨이 낮아질 때 마다 검색 범위를 절반씩 줄일 수 있다. 이 경우가 재귀적 호출에 의하여 문제를 분할, 정복하는 예이다.

편향된 이진 검색 트리는 빠른 검색 속도를 지원할 수 없다. 따라서, 배열을 이용하여 균형 이진 검색 트리로 재조정하는 알고리즘을 소개하였다. 마지막으로 이진 검색 트리의ADT를 사용하는 예제를 살펴보았다. [그림 8.25]는 이장에서 개발한 인터페이스와 클래스들간의 관계를UML 다이어그램으로 보여주고 있다.

## 연습문제

### 8.1 트리

1. 이진 트리의 레벨에 관한 문제이다.
   a. 이진 검색 트리에서 검색 효율성과 트리의 레벨은 어떤 관계가 입습니까?
   b. 노드 100개로 구성된 이진 검색 트리의 최대 레벨은?
   c. 노드 100개로 구성된 이진 검색 트리의 최소 레벨은?

2. N 레벨의 이진 트리가 가질 수 있는 최대 노드 수를 계산하는 공식을 선택하시오(루트 노드는 0 레벨)
   a. $N^2 - 1$
   b. $2^N$

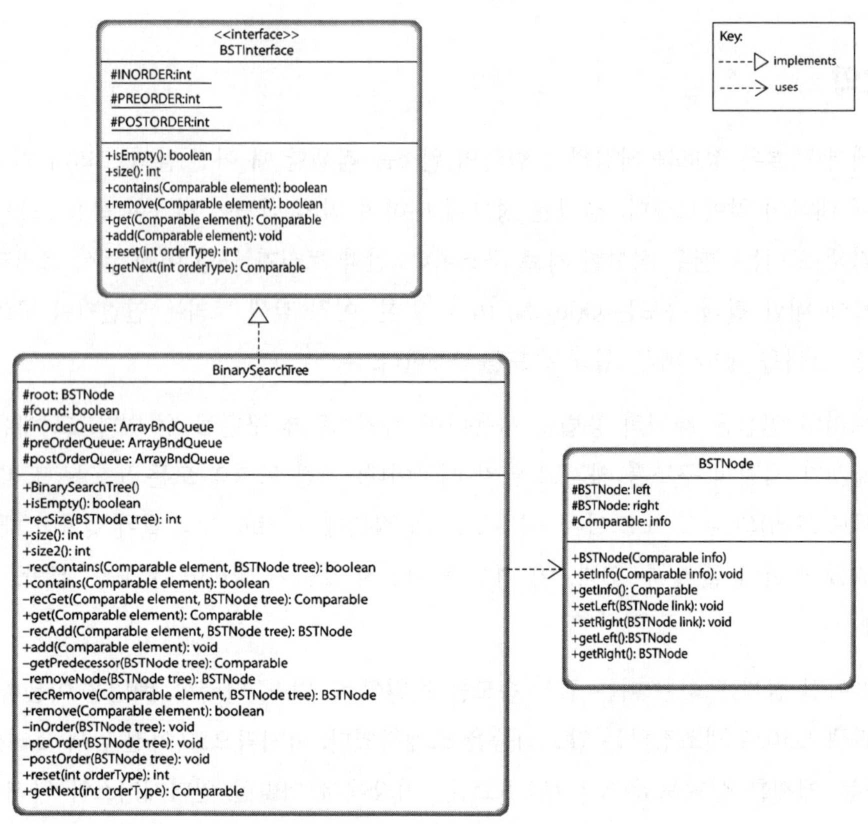


[그림 8.25] 이진 검색 트리 ADT의 클래스와 인터페이스 관계

c. $2^{N+1} - 1$

d. $2^{N+1}$

3. 이진 트리에서 N 번째 레벨에서 가질 수 있는 최대 노드 수를 계산하는 공식을 선택하시오

a. $N^2$

b. $2^N$

c. $2^{N+1}$

d. $2^N - 1$

4. 이진 검색 트리에서 N 번째 레벨의 노드가 가질 수 있는 조상 노드 개수는 몇 개 인가?

5. 키 값이 1, 2, 3인 세 개의 노드로 몇 종류의 이진 트리를 생성할 수 있는가?

6. 키 값이 1, 2, 3인 세 개의 노드로 몇 종류의 이진 검색트리를 생성할 수 있는가?

7. 네 개의 리프노드를 가지며 모든 비 단말 노드가 두 개의 자식 노드를 가지는 이진 트리를 그리시오

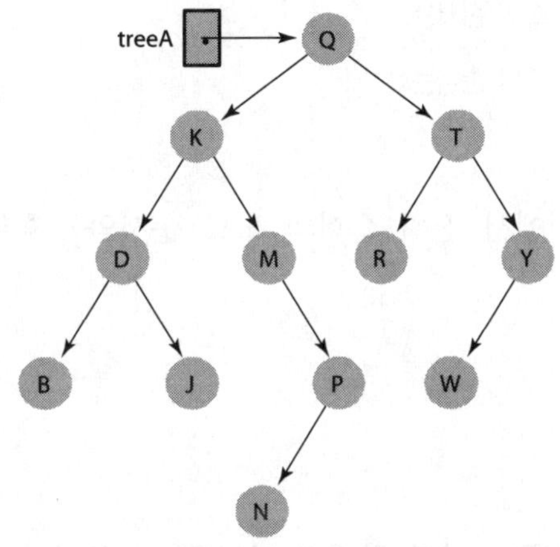


8. 위 그림 treeA에 관한 문제입니다. 아래 질문에 답하시오.

a. 노드 P의 조상 노드는 ?

b. 노드 K의 자손 노드는 ?

c. 노드 W가 속한 레벨에서 가질 수 있는 최대 노드 수는?

d. 노드N가 속한 레벨에서 가질 수 있는 최대 노드 수는?

e. 중위 순회할 때 노드의 순서는?

f. 전위 순회할 때 노드의 순서는?

g. 후위 순회할 때 노드의 순서는?

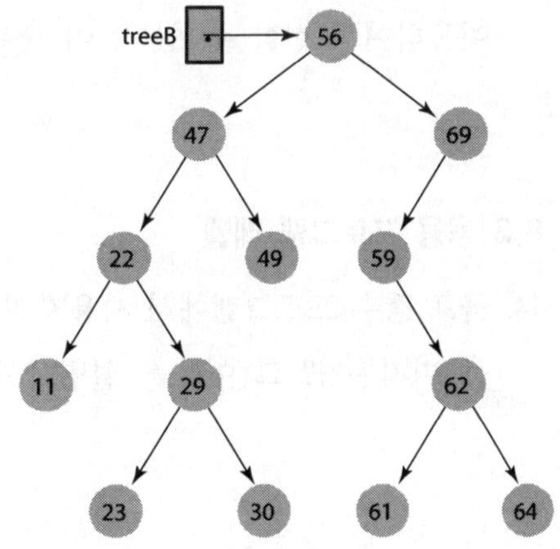

9. 위 그림 treeB에 관한 문제 입니다. 아래 질문에 답하시오.

   a. 트리 treeB 의 높이는?
   b. 레벨 3의 노드를 나열하시오
   c. 어떤 레벨에서 가장 많은 노드를 가질 수 있습니까?
   d. 동일한 노드를 가지면서 가장 높은 높이를 가지는 이진 검색 트리를 그리시오.
   e. 동일한 노드를 가지면서 가장 낮은 높이를 가지는 이진 검색 트리를 그리시오.
   f. 중위 순회할 때 노드의 순서는?
   g. 전위 순회할 때 노드의 순서는?
   h. 후위 순회할 때 노드의 순서는?

10. 이진 검색 트리에서 전위 순회의 노드 순서와 후위 순회의 노드 순서가 반대이다 (true/false)?

## 8.2 논리적 레벨

11. 정렬 리스트 ADT와 이진 검색 트리ADT 의 차이점을 기술하시오.

12. 이진 검색 트리에 중복 값을 허락하지 않는다고 가정하고 이진 검색 트리의 ADT를 수정하시오

13. 이 책의 이진 검색 트리의 연산에는 중복된 연산들이 있다. 즉 어떤 연산은 다른 연산을 이용하여 구현할 수 있다. 이 중복된 연산은 무엇이며 그 이유를 설명하시오.

## 8.3 응용 프로그램 레벨

14. 골프 점수 프로그램에서 사용자의 데이터 입력 순서는 이 프로그램의 출력 순서에 영향을 미치는가? 그 이유를 설명하시오.

15. 아래 시그네처에 맞게 메소드를 작성하시오. 이 메소드는 이진 검색 트리에서 인자로 받은 maxValue 보다 작거나 같은 원소의 수를 리턴해야 합니다.

```
int countless(BinarySearchTree tree, Comparable maxValue)
```

16. 아래 시그네처에 맞게 메소드를 작성하시오. 이 메소드는 이진 검색 트리에서 가장 작은 값을 갖는 원소를 리턴해야 합니다.

```
Comparable min(BinarySearchTree tree)
```

17. 아래 시그네처에 맞춰 메소드를 작성하시오. 이 메소드는 이진 검색트리에서 가장 큰 값을 갖는 원소를 리턴해야 합니다.

```
Comparable max(BinarySearchTree tree)
```

## 8.4 구현 레벨: 기본

18. LLObjectNode와 BSTNode 클래스의 유사점과 차이점을 기술하시오.

19. 고정 크기 이진 검색 트리라고 가정하면 BSTInterfac와 구현 코드을 어떻게 수정해야 합니까?

20. 이진 검색 트리 ADT에 getRoot 메소드를 정의하시오. 이 메소드는 루트 노드에 대한 참조를 리턴하며 비어 있는 트리이면 null을 리턴합니다.

## 8.5 순환 및 재귀 메소드 구현

21. size메소드의 재귀적 버전을 검증하기 위해 Three-Question메소드를 이용하시오.

22. 이진 검색 트리 ADT에 leafCount 메소드를 정의하시오. 이 메소드는 리프 노드 수를 리턴 합니다.

23. 이진 검색 트리 ADT에 singleParentCount메소드를 정의하시오. 이 메소드는 부모 노드가 한 개인 노드의 수를 리턴합니다.

24. 이진 검색 트리 ADT를 확장하여 similarTrees메소드를 생성할 것이다. 이 메소드는 두 이진 트리를 인자로 받아서 두 이진트리가 같은 모양이면 true, 아니면 false를 리턴한다. 단, 두 트리의 각 노드는 동일 수의 자식 노드를 가진다. 단, 노드의 키 값은 다르다.

a. similarTree 메소드를 적당한 주석과 함께 정의하시오

b. similarTree 메소드를 구현 하시오.

25. 이진 검색 트리 ADT에 아래와 같은 메소드를 추가 합니다. 이 메소드는 가장 작은 값을 가진 원소의 참조를 리턴합니다.

```
public Comparable min()
```

a. 이 메소드를 순환적 방식을 이용하여 디자인 하시오

b. 이 메소드를 재귀적 방식을 이용하여 디자인 하시오

c. 두 방식 중 어떤 방식이 더 효과적입니까? 설명하시오

26. 이진 검색 트리 ADT에 아래와 같은 메소드를 추가하려 합니다. 이 메소드는 가장 큰 값을 가진 원소의 참조를 리턴합니다.

```
public Comparable max()
```

a. 이 메소드를 순환적 방식을 이용하여 디자인 하시오

b. 이 메소드를 재귀적 방식을 이용하여 디자인 하시오

c. 두 방식 중 어떤 방식이 더 효과적입니까? 이유를 설명하시오

27. 이진 검색 트리 ADT에 다음과 같은 메소드를 추가하려 합니다. 이 메소드는 인자로 받은 원소 값 보다 같거나 작은 원소의 노드 수를 리턴합니다.

```
public int countless(Comparable maxValue)
```

a. 이 메소드를 순환적 방식을 이용하여 디자인 하시오

b. 이 메소드를 재귀적 방식을 이용하여 디자인 하시오

c. 두 방식 중 어떤 방식이 더 효과적입니까? 설명하시오

## 8.5 구현 단계 : 부가 연산

28. 페이지 584의 treeA에 아래와 같은 연산을 수행 한 후 변화된 treeA를 그리시오.

a. add node C.

b. add node Z.

c. add node Q.

d. remove node M.

e. remove node Q.

f. remove node R.

29. 아래와 같은 순서로 노드가 삽입될 때 이진 검색 트리를 그리시오.

50 72 96 94 107 26 12 11 9 2 10 25 51 16 17 95

30. 아래와 같은 순서로 노드가 삽입될 때 이진 검색 트리를 그리시오

50 72 96 50 107 26 50 729 2 10 2 50 107 17 95

연습문제 31-34는 페이지 584의 treeB에 관한 문제입니다.

31. 아래 노드를 검색을 할 때 필요한 경로를 쓰시오.

a. 키 값이 61인 노드 검색

b. 키 값이 28이 노드 검색

32. 키 값이 29, 59, 47인 노드를 삭제 후 treeB의 모습을 보이시오.

33. 키 값이 63, 77, 76, 48, 9, 10인 노드를 삽입한 후 treeB의 모습을 보이시오.

34. 키 값이 56, 49, 22, 59, 59, 59인 노드를 삽입한 후 treeB의 모습을 보이시오.

35. 이진 검색 트리의 키 값이 문자 스트링이라고 가정하자

a. 아래와 같은 순서로 원소를 삽입한 후 이진 검색 트리에 모습을 보이시오.

```
"hippopotamus" "canary" "donkey" "deer" "zebra" "yak" "walrus" "vulture" "penguin" "quail"
```

b. 아래와 같은 순서로 원소를 삽입한 후 이진 검색 트리에 모습을 보이시오.

```
"quail" "walrus" "donkey" "deer" "hippopotamus" "vulture" "yak" "penguin" "zebra" canary" "
```

c. 아래와 같은 순서로 원소를 삽입한 후 이진 검색 트리에 모습을 보이시오.

```
"zebra" "yak" "walrus" "vulture" "quail" "penguin" "hippopotamus" "donkey" "deer" "canary"
```

아래 이진 검색 트리에 관한  문제 36-39에 답하시오. 단 트리의 노드는 번호가 적혀있는데 이 번호는 키 값이 아니다.

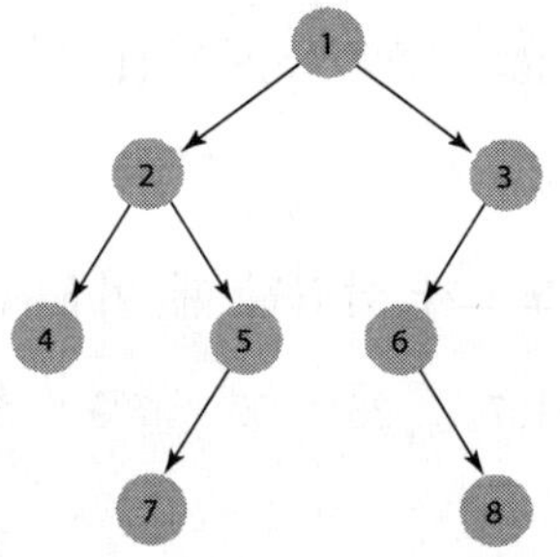


36. 원소 한 개를 삽입하려 한다. 이 원소의 키 값은 1번 노드 보다 작고 5번 노드보다 크다면 트리에 어느 위치에 삽입 되어야 하는가?

37. 1번 노드가 삭제된다면 그 노드의 키 값을 대체할 노드가 필요하다. 대체 노드는 어떤 노드인가?

38. 4 2 7 5 1 6 8 3 노드 순서는 어떤 순회 방식의 결과인가

39. 1 2 4 5 7 3 6 8 노드 순서는 어떤 순회 방식의 결과인가

40. 테스트 케이스를 만들어서 8.6섹션에서 개발한 테스트 드라이브를 이용하여 이진 검색 트리 ADT를 테스트 한다.

  a. 균형 이진 검색 트리에서 원소가 A,B,C인 루트 노드를 정확히 삭제
  b. A B C D E 순으로 삽입될 때 완전한 사향 트리가 형성
  c. C A E순으로 삽입된 트리에서 B C D에 대한 contains 확인

## 8.6 이진 검색 트리와 선형 리스트 비교

41. 100개의 정수 원소가 임의로 선택되어 각각 정렬된 연결 리스트와 이진 검색 트리에 삽입되었다고 가정하면 두 데이터 구조에서 원소의 검색 효율성을 big-O로 비교하시오.

42. 100개의 정수 원소가 오름 차순으로 각각 정렬된 연결 리스트와 이진 검색 트리에 삽입되었다고 가정하면 두 데이터 구조에서 원소의 검색 효율성을 big-O로 비교하시오.

43. 아래 시그네처에 맞게 메소드를 구현하시오. 이 메소드는 이진 검색트리와 정렬 리스트를 인자로 받아 두 자료 구조에 동일한 원소가 존재하는지 확인하는 메소드이다.

```
boolean matchingElements(BinarySearchTree tree,  SortedList list)
```

44. 7장에서 연결 리스트를 배열에 저장할 때 배열의 색인을 참조로 사용하여 비어 있는 노드에 대한 리스트를 관리할 수 있었다. 동일한 방법을 이용하여 이진 검색 트리를 배열에 저장할 수 있다. 빈 공간은 왼쪽 멤버를 통해 연결된다.

  a. 아래와 같은 순으로 원소가 저장될 때 배열의 모습을 보이시오.

```
Q  L  W  F  M  R  N  S
```

다음 빈 공간을 채우시오. 만약 빈 공간의 내용을 모르면 ?를 이용하시오.

| odes | .info | .left | .right |
|---|---|---|---|
| [0] | | | |
| [1] | | | |
| [2] | | | |
| [3] | | | |
| [4] | | | |
| [5] | | | |
| [6] | | | |
| [7] | | | |
| [8] | | | |
| [9] | | | |

| | |
|---|---|
| free | |
| root | |

b. B가 삽입되고 이 후 R이 삭제된 후 배열의 내용을 보이시오.

| odes | .info | .left | .right |
|---|---|---|---|
| [0] | | | |
| [1] | | | |
| [2] | | | |
| [3] | | | |
| [4] | | | |
| [5] | | | |
| [6] | | | |
| [7] | | | |
| [8] | | | |
| [9] | | | |

| | |
|---|---|
| free | |
| root | |

## 8.8 균형 이진 검색 트리

45. [그림 8.19(a)]의 트리를 후위 순회하고 그 결과를 배열에 저장한다. 그리고 다시 배열의 색인 순으로 삽입하면서 생성된 새로운 트리를 그리시오.

46. 아래는 원래 트리를 중위 순회한 결과를 보여주고 있다. 이 각각의 트리에 Balance 알고리즘을 적용해서 생성되는 트리를 그리시오.

a. 3 6 9 15 17 19 29

b. 3 6 9 15 17 19 29 37

c. 3 3 3 3 3 3 3 1 2 24 37

47. 인터페이스 BSTInterface 와 구현 클래스인 BinarySearchTree을 balance 메소드를 포함하도록 수정하시오.

## 8.9 이진 트리의 비연결 표현

48. 아래 예제 이진 트리를 고려해서 답하시오.

a. 어떤 트리가 이진 검색 특성을 정확히 유지하고 있는가

b. 완전 이진 트리는?

c. 포화 이진 트리는?

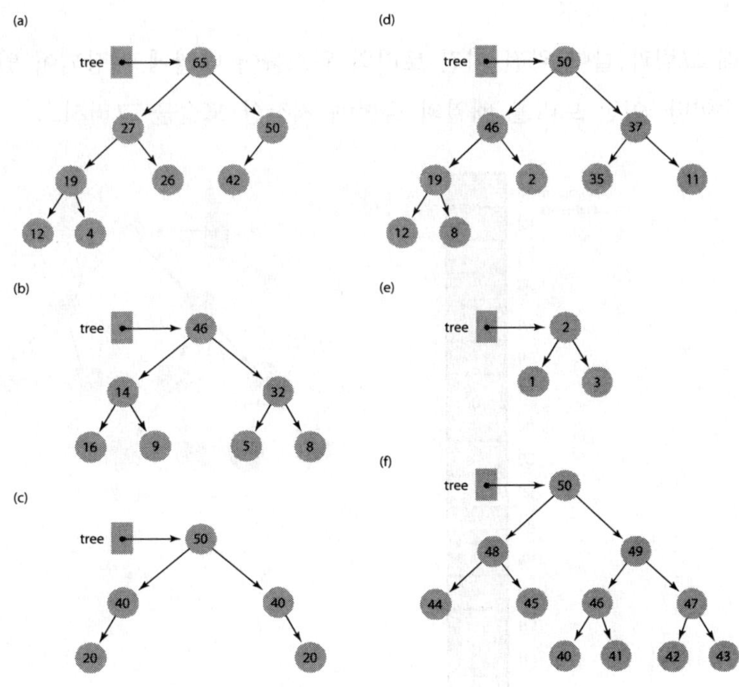

49. 아래 그림과 같이 이진 트리의 원소들이 배열에 저장되어 있다. 단 원소는 양의 정수이다.

a. 아래 트리가 완전 이진 트리가 아니므로 어떤 값을 더미 값으로 사용할 수 있는가?

b. 아래 이진 트리를 배열의 슬롯에 저장한 모습을 보이시오

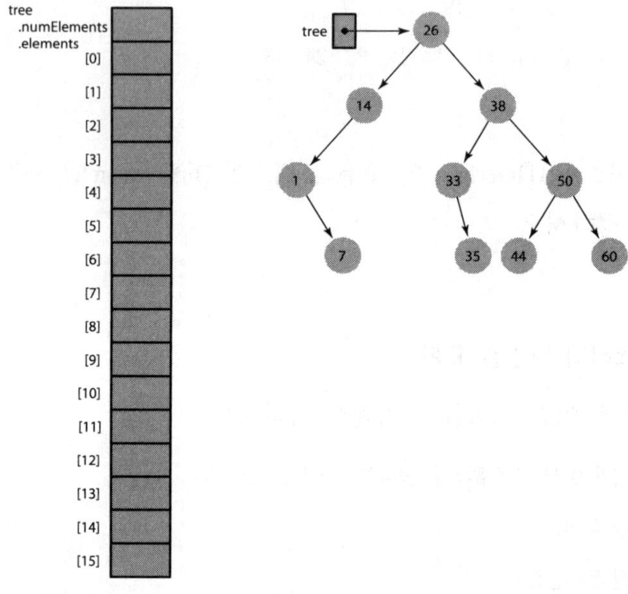


50. 아래 그림과 같이 완전 이진 트리의 원소들이 배열에 저장되어 있다. 단 원소는 양의 정수이다. 이진 트리를 배열의 슬롯에 저장한 모습을 그리시오.

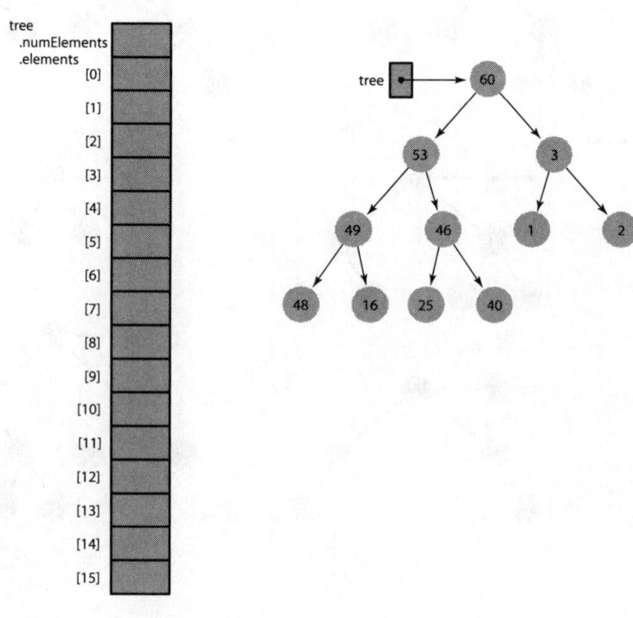

51. 아래 배열은 이진 트리의 원소를 저장되어 있다. 이 배열의 원소를 이용하여 대응되는 이진 트리를 그리시오.

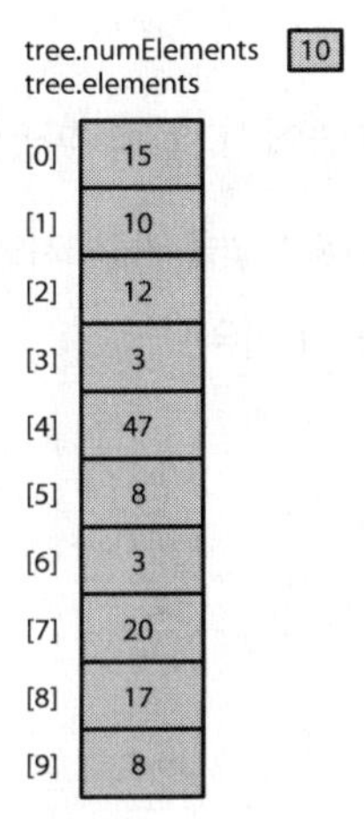


52. 완전 이진 트리가 treeNodes라는 배열에 저장되어 있다. 단 배열의 색인는 0부터 99이며 트리는 85원소를 가진다. 아래 질문에 true/false로 답하고 그 이유를 설명하시오.

a. treeNodes[42] 는 리프 노드이다.

b. treeNodes[4]는 한 개의 자식 노드를 가진다.

c. treeNodes[12]의 오른쪽 자식 노드는 treeNodes[25]이다.

d. treeNodes[7]을 루트 노드로 하는 서브트리는 4 레벨을 가지는 포화이진 트리이다.

e. 이 트리는 7레벨까지 포화 이진 트리이며, 8레벨은 몇 개의 원소만 가진다.

## 8.10 단어 빈도 분석기

53. WordFreq 클래스의 compareTo메소드에 선언된 other 객체의 목적을 설명하시오.

54. FrequencyList 프로그램에서 직접 사용된 클래스들을 나열하시오.

55. FrequencyList 프로그램을 아래와 같이 변경한 결과를 기술하시오.

a. Scanner 클래스의 useDelimiter 메소드 제거

b. String 클래스의 toLowerCase 메소드 제거

c. toLowerCase 메소드 호출을 toUpperCase 호출로 변경

d. else 문장에서 wordInTree.inc() 을 wordToTry.inc()로 변경

56. 단어 빈도 분석기 프로그램에서 입력 파일의 단어 수를 출력하려 한다.

a. 이 문제를 해결할 수 있는 두 가지 방법을 기술하시오

b. 어떤 방법이 좋다고 생각합니까. 그 이유는

c. 변경 사항을 구현하시오.

# 09 우선 큐, 힙, 그래프

이 장은 독자들이 아래와 같은 내용을 습득할 수 있도록 하는 것을 목표로 한다.

지식적 목표 (Knowledge Goals)

- 논리적 단계에서 우선 큐를 기술하고 대안에 대한 구현 방법을 기술한다.
- 힙과 reheap up 연산 그리고 reheap down 연산을 정의한다.
- 힙의 모양과 순서 속성들을 기술한다.
- 힙, 연결 리스트, 그리고 이진 검색 트리를 사용해서 우선 큐를 구현하고 비교한다.
- 그래프와 관련된 다음 용어의 정의한다.
  - 방향성 그래프
  - 무방향 그래프
  - 정점
  - 에지
  - 경로
  - 완전그래프
  - 가중치 그래프
  - 인접 행렬
  - 인접 리스트
- 깊이 우선 탐색과 넓이 우선 탐색 간의 차이점을 기술한다.
- 그래프를 위한 최단 경로 알고리즘을 기술한다.

기술적 목표 (Skill Goals)

- 힙으로 우선 큐를 구현
- 배열의 무연결 트리 표현을 이용한 힙의 구현
- 에지를 표현하는 인접 행렬을 이용한 그래프의 구현
- 인접 리스트를 이용한 그래프의 구현
- 보조 기억 장치로 스택을 이용한 그래프의 깊이 우선 탐색 전략의 구현
- 보조 기억 장치로 큐를 이용한 그래프의 넓이 우선 탐색 전략의 구현
- 최소 가중치를 갖는 에지에 접근하기 위해 우선 큐를 이용한, 그래프의 최단 경로 연산의 구현

지금까지, 각 자료 구조마다 한 가지 이상의 구현뿐만 아니라 그들의 사용과 연산에 대해서 논의하면서 여러 가지 기본적인 자료 구조를 깊이 검토하였다. 우리는 고급 언어에서 제공하는 내장(built-in)된 형태로부터 프로그래머-정의(programmer-defined) 데이터 구조들을 구성하였기 때문에, 이런 기본적인 데이터 구조들을 상이한 응용들의 요구에 적용한 다양한 변형들을 언급하였다. 8장에서 트리 구조-이진 탐색 트리-가 연결 구조에 저장된 데이터를 용이하게 탐색하는 방법을 보았다. 본 장에서, 다른 관련 구조들이 다양한 응용을 지원하기 위해 어떻게 정의되고 구현되는지 살펴본다.

# 9.1 우선 큐

우선 큐는 흥미 있는 접근 프로토콜을 가지는 추상 자료 형이다. 가장 높은 우선 순위의 요소만 접근이 가능하다. "가장 높은 우선 순위"는 응용에 따라서 다른 것을 의미할 수 있다. 예를 들어, 작은 회사에 비서가 한명 있다. 회사원들이 비서의 책상 위에 해야 할일들을 남겨 놓았을 때, 비서는 먼저 어떤 일을 해야 될까?

회사에서는 회사원들의 중요성에 따라서 그들의 작업을 처리한다; 비서는 부사장의 일을 시작하기 전에 시장의 일을 먼저 완성한다. 직원 프로그래머들의 일을 하기 전에 마케팅 이사의 일을 먼저 한다. 각 일의 우선 순서는 그일을 주관하는 회사원의 직위에 관련된다.

전화 응답 시스템에서, 전화는 걸려온 순서에 따라 응답하게 된다; 즉, 최고 우선 순위는 제일 오래 기다린 것이다. 그러므로 FIFO 큐는 우선 큐라고 고려될 수 있는데 우선 큐의 최고 우선 순위 요소는 가장 오랜 시간 큐에 있었던 요소이다..

가끔, 여러 컴퓨터가 공유하는 프린터는 출력할 량이 작은 작업부터 인쇄하도록 구성된다. 즉, 작은 페이지를 출력하는 사람이 양이 많은 출력이 완성될 때가지 기다릴 필요가 없다. 이런 프린터들에서는 작업의 우선 순위가 작업의 양에 관련된다. 양이 작은 작업이 우선이다.

우선 큐는 우선 순위에 따라 요소를 처리하는 응용에 유용한다.

## 논리적 단계

우선 큐 ADT를 위해 정의된 연산들은 요소들을 큐에 입력하는 것과 요소들을 큐로부터 출력하는 연산을 포함한다. 그리고 우선 큐가 비었는지 꽉 찼는지를 검사하는 연산도 포함한다. 이들 연산들은 5장에서 검토한 선입선출 큐에 대해 명세된 연산들과 매우 유사하다. enqueue 연산은 우선 큐에 주어진 요소를 추가한다. dequeue 연산은 가장 높은 우선 순위 요소를 우선 큐에서 제거하고 사용자에게 반환한다. 차이점은 우선 큐 ADT가 "선입, 선출" 방식을 따르지 않는다는 것이다; 대신에, 요소가 큐에 저장된 때와는 무관하게 항상 현재 큐에 있는 요소들 중에서 가장 높은 우선 순위의 요소를 반환한다. 다음은 PriQueueInterface라고 하는 자바 인터페이스의 명세이다.

```
//----------------------------------------------------------------------------
//PriQueueInterface.java            by Dale/Joyce/Weems            Chapter 9
//비교 가능 객체의 우선 큐를 구현하는 클래스를 위한 인터페이스
//----------------------------------------------------------------------------

package ch09.priorityQueues:

public interface PriQueueInterface
{
  boolean isEmpty();
  //우선 큐가 비어 있으면 true를 반환하며, 아니면 false를 반환한다.

  boolean isFull();
  //우선 큐가 꽉 찼으면 true를 반환하며, 아니면 false를 반환한다.

  void enqueue(Comparable element);
  //우선 큐가 꽉 찼으면 priQOverflowException을 실행한다.
  //그렇지 않으면 이 우선 큐에 요소를 추가한다.

  Comparable dequeue();
  //우선 큐가 빈 것이라면 priQUnderflowException을 실행한다.
  //그렇지 않으면 우선 큐에서 가장 높은 우선 순위의 요소를 제거하고 그 요소를 반환한다.
}
```

명세에 관련된 주의사항은 다음과 같다.

- 정렬 리스트와 이진 탐색 트리에서와 같이, 우선 큐는 클래스 Comparable의 객체를 갖고 있기 때문에 우선 순위에 의해 요소를 비교하고 순위를 부여하는 것이 가능하다. 전에 언급한 것처럼, Comparable 객체들을 포괄적 형태로 명시하지 않은 채 선언하였기 때문에 몇몇 컴파일러들은 compareTo 메소드를 호출할 때마다 검사되지 않은 메소드 호출로 간주하는 경고 메시지를 발생시킨다. 경고 메시지에 대한 이유를 알고 있으므로 그것을 충분히 무시할 수 있다. 코드는 계속해서 컴파일 될 것이다.

- 우선 큐는 인터페이스에 isFull 메소드를 포함할 것을 암시할 만큼 제한이 있다. 그러나 우리는 isFull 메소드가 항상 거짓(false)을 반환하도록 함으로써 이런 인터페이스를 구현하는 무제한 우선 큐를 만들 수 있다.
- 우선 큐는 중복 요소를 가질 수 있다. 즉, 같은 키 값을 갖는 요소를 가질 수 있다.
- 꽉 찬 우선 큐에 요소를 저장하거나 빈 우선 큐에서 요소를 제거하는 것은 검사하지 않고 예외처리를 하는 원인이 된다.

3장에서 확립된 표준 기법을 이용하여 예외를 정의한다. 다음은 우선 큐 클래스에 의해 사용된 두 개의 예외처리 클래스의 정의다.

```
package ch09.priorityQueues:

class PriQUnderflowException extends RuntimeException
{
  public PriQUnderflowException()
  {
    super();
  }
  public PriQUnderflowException(String message)
  {
    super(message);
  }
}

package ch09.priorityQueues;
class PriQOverflowException extends RuntimeException
{
  public PriQOverflowException()
  {
      super();
  }

  public PriQOverflowException(String message)
  {
      super(message);
  }
}
```

## 응용 레벨

5장에서 FIFO 큐 응용을 논의할 때, 다중 사용자 컴퓨터 시스템의 운영 시스템은 작업 큐를 통하여 생성된 순서에 의해 사용자 요청을 저장한다고 하였다. 그러한 요청들을 처리하는 다른 방법은 작업 요청의 중요도에 따라 처리하는 것이다. 즉, 회사 사장의 요청은 하위 프로그래머의 요청보다 높은 우선 순위가 된다. 유사하게, 대화식 프로그램은 다음날까지 요구되지 않는 보고서를 출력하는 작업보다 더 높은 우선 순위로써 설계되었을 수도 있다. 이러한 요청들을 효과적으로 처리하기 위해, 운영 시스템은 우선 큐를 사용할 수 있다.

우선 큐는 자료 정렬에도 유용한다. 요소 집합을 정렬하려면, 우선 큐에 요소를 저장하고, (가장 큰 요소부터 가장 작은 요소까지)그것을 정렬된 순서로 큐에서 출력하면 된다. 10장에서 우선 큐를 정렬에 어떻게 사용하는가를 자세히 설명한다.

## 구현 레벨

우선 큐를 구현하는 여러 가지 방법이 있다. 어떤 구현에서든, 가장 높은 우선 순위의 요소를 쉽고 빠르게 접근하기를 원한다. 이럴 때 가능한 기법을 간단하게 살펴보자.

### 무정렬 리스트

무정렬 리스트에서는 요소를 큐에 저장하는 것이 매우 쉽다: 단지 리스트의 끝에 삽입하면 된다. 그러나 큐로부터 요소를 가져오는 것은 가장 우선 순위가 높은 요소를 찾기 위해 전체의 리스트를 검색해야 된다.

### 배열기반 정렬 리스트

배열기반 접근 방법에서는 큐로부터 요소를 가져오는 것이 매우 쉽다: 단지 마지막의 리스트 요소를 반환하고 리스트의 크기를 줄이면 된다; dequeue는 O(1)연산이다. 그러나 큐에 요소를 저장하는 것은 비용이 많이 든다. 왜냐 하면 요소를 저장하기 적합한 위치를 먼저 찾아야 된다. 이진 탐색을 사용한다면 그것은 $O(\log_2 N)$의 단계이다. 새 요소의 공간을 만들기 위해 리스트의 요소를 이동하는 것은 O(N)의 단계이다.

### 참조기반 정렬 리스트

연결 리스트가 내림차순으로 정렬되어 유지된다고 하자. 참조기반 접근 방법으로 큐에서 요소를 가져오는 것은 단지 첫 번째 리스트 요소를 제거하고 반환을 요청하면 되고 이러한 연산은 단지 몇 단계만을 거친다. 그러나, 큐에 요소를 저장하는 것은 O(N)의 연산이다. 왜냐하면 삽입 위치를 찾는 동시에 리스트를 검색해야 된다.

### 이진 탐색 트리

이 접근 방법에서, enqueue 연산이 표준 이진 탐색 트리 insert 연산으로 구현된다. 연산은 평균 $O(\log_2 N)$의 단계가 요구된다. 트리의 기반 구조 구현을 사용한다고 가정하면, 가장 오른 쪽 트리 요소의 반환을 통해 dequeue 연산을 구현할 수 있다. 지금까지 추적해 간 참조를 기억하면서 오른쪽 하위 트리가 없을 때까지 오른쪽 하위 트리 참조를 아래로 추적해 간다. 추적해 간 참조에서 하나의 노드에 대한 트리 연결을 끊고 그 노드를 반환할 수 있다. 이것도 역시 평균 $O(\log_2 N)$의 연산이다.

이진 트리 접근 방법이 가장 좋은 방법이다. 왜냐하면 큐에 요소를 저장할 때나 제거할 때 모두 평균적으로 $O(\log_2 N)$의 단계를 요구한다. 트리가 경사진 트리라면 성능은 각 연산에 대해 O(N)로 저하된다. 9.2 절에서 힙이라 불리는 또 다른 접근 방법을 기술한다. 힙은 최악의 경우에도 $O(\log_2 N)$ 단계를 보장한다.

## 9.2 힙(Heap)

힙은 이진 트리를 사용하는 우선 큐를 구현한 것이다. 여기서의 이진 트리는 두 가지 특성을 충족하는데, 하나는 모양에 관한 것이고 다른 하나는 요소들의 순서에 관한 것이다. 모양 특성은 단순하게 언급된다: 트리는 완전 이진 트리여야 한다(8.9장 참조). 순서 특성을 말하자면, 트리에 있는 모든 노드는 저장된 값이 자식 노드에 있는 값보다 크거나 같아야 한다.

> **힙 heap** : 완전 이진 트리를 기반으로 우선 큐를 구현한 것으로서, 트리의 각 요소들은 자식 노드의 값보다 크거나 같은 값을 가진다.

이 구조에서는 뿌리 노드가 최대값을 가지기 때문에, 우리는 이 구조를 "최대값 힙"이라고 부르는 것이 더욱 정확하다. 또한, 각 요소들이 자식들의 값보다 작거나 같은 값을 가지기 때문에, "최소값 힙"이라고 부르기도 한다. 힙이라고 하는 용어는 추상 자료형-우선 큐와 기반 구조-모양과 순서 특성을 충족하는 트리를 위하여 사용된다.

힙은 컴퓨터의 자유 저장공간을 위한 동의어이다-동적으로 할당되는 자료를 위해 사용가능한 메모리 영역. 자료구조로서의 힙은 동일한 이름이지만 이와 같이 관련이 없는 컴퓨터 시스템 개념과 혼동되지 말아야 한다.

그림 9.1은 모양과 순서 특성 모두를 충족하도록 문자 "A"에서 "J"까지를 포함하는 두 개의 트리를 보여준다. 값들의 배치는  두 개의 트리에서 다르지만 모양은 열 개의 요소들이 완전 이진 트리를 구성한다는 점에서 동일하다. 두 트리는 동일한 뿌리 노드를 가진다. 값들은 여러 가지 방법으로 이진 트리에 저장될 수 있으며, 힙의 순서 특성을 충족한다. 모양 특성 때문에, 정해진 개수의 요소들을 가진 모든 힙 트리는 동일한 모양을 가진다. 순서의 특성 때문에, 뿌리 노드는 항상 트리에서 가장 큰 값을 가진다. 이것 때문에 우리는 디큐(dequeue) 연산을 효율적으로 구현할 수 있다. 마지막으로, 힙의 모든 부트리도 역시 힙이다.

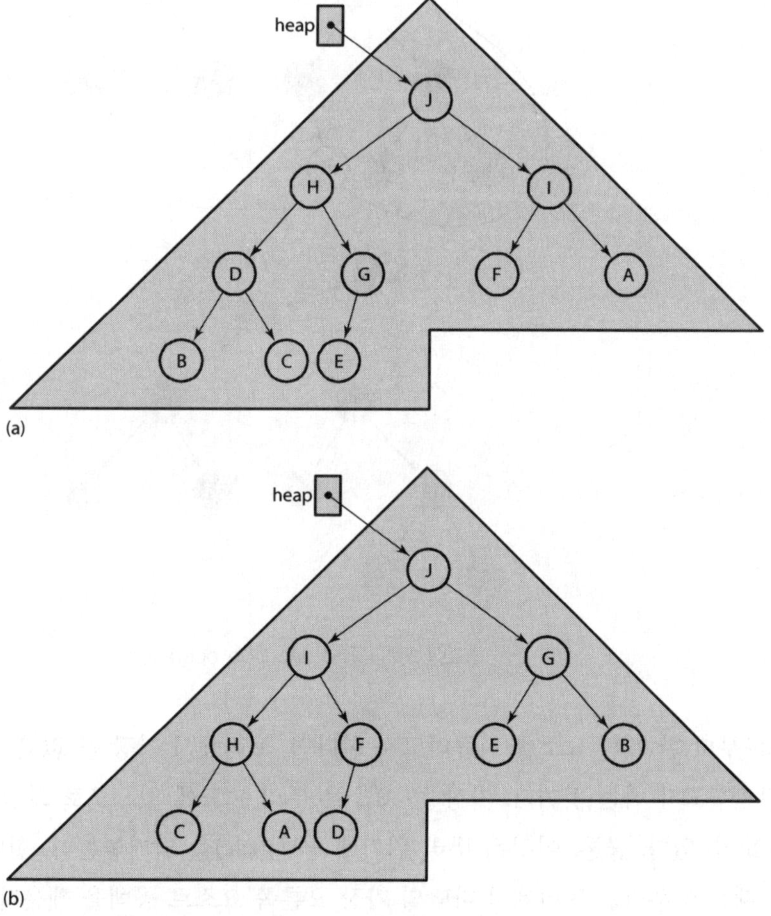


[그림 9.1] Two heaps containing the letters "A" through "J"

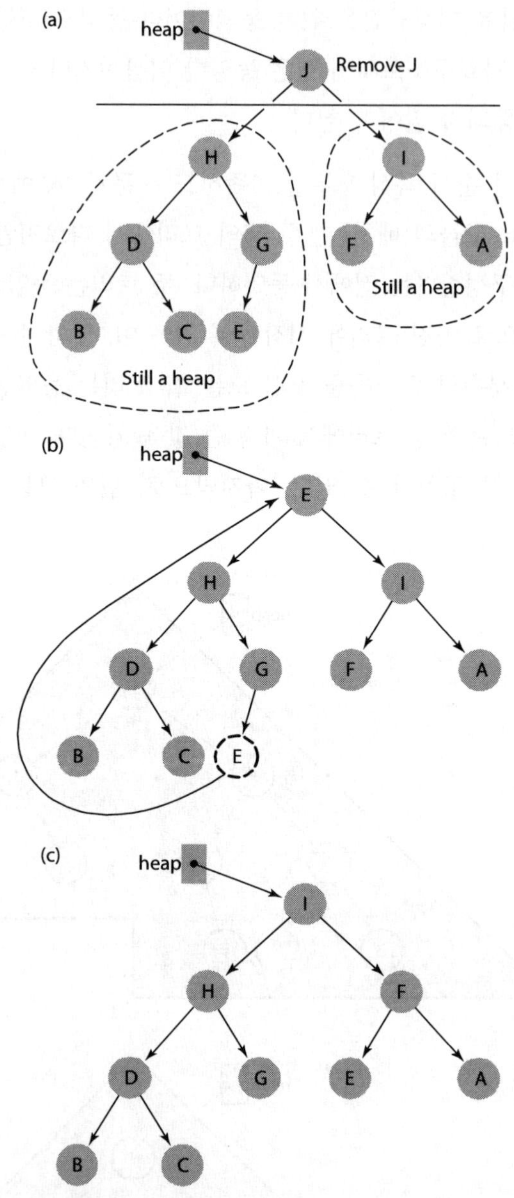


[그림 9.2] The dequeue operation

힙으로부터 한 개의 요소를 디큐하고자 한다면, 트리에서 가장 큰 값을 가진 요소를 삭제하고 반환하고자 하는 것이다. 가장 큰 요소는 뿌리 노드에 있으므로 그림 9.2(a)와 같이 쉽게 삭제할 수 있다. 물론, 이것은 뿌리 위치에 공백(hole)을 남겨놓는다. 힙의 트리가 완전해야 하기 때문에 우리는 트리에서 바닥의 가장 오른쪽 요소로 공백을 채운다. 이제는 구조가 모양 특성(그림 9.2(b))를 충족한다. 재배치되는 값은 트리의 바닥에서부터 오지만, 더 작은 값들이 있으므로, 결과적으로 트리는 더 이상 힙의 순서 특성을 충족하지 못한다.

이 상황은 표준 힙-지원 연산들의 하나를 암시한다. 힙 특성을 충족하는 주어진 이진 트리(단, 뿌리 위치는 공백)에서 이 구조에 요소를 삽입하면 다시 힙이 된다. 이 연산을 reheapDown이라고 하는데 뿌리 위치에서 시작하여 "공백"(빈 위치)을 아래로 이동하여 그 요소가 삽입될 수 있는 공백의 위치를 찾을 때까지 트리의 요소들을 위로 올려준다(그림 9.2.c 참조). 우리는 공백을 자식의 것과 교환했다고 말한다. releaseDown 연산은 다음의 규정을 가진다.

reheapUp (element)

| | |
|---|---|
| 효과 | 요소를 힙에 추가 |
| 사전조건: | 트리의 뿌리는 공백 |

힙에서 한 개의 요소를 디큐하기 위하여, 우리는 뿌리 요소를 삭제하고 반환하며, 바닥의 최우측 요소를 삭제하고, 힙에 저장하기 위하여 바닥의 최우측 요소를 reheapDown으로 넘겨준다.

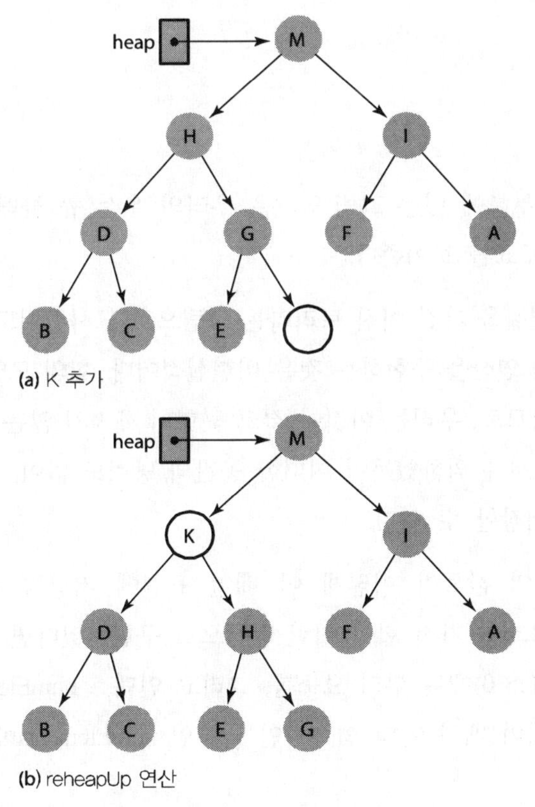


[그림 9.3] reheapUp 연산

하나의 요소를 힙에 앤큐한다고 가정하자. 어디에 넣어야 하나? 모양 특성에서 트리는 완전해야 하므로, 그림 9.3(a)에 표시된 대로, 트리에서 다음 바닥의 최우측에 새 요소를 넣어야 한다. 이제 모양 특성이 충족되지만, 순서 특성은 위반되었다. 이 상황은 다른 힙-지원 연산을 위한 필요성을 설명하는 것이다. 힙 특성을 충족하는 주어진 이진 트리에서(단, 마지막 위치가 공백이라는 것만 제외하고) 주어진 요소를 이 구조에 삽입하면 다시 힙이 된다.

트리에서 다음 바닥의 최우측 위치에 요소를 삽입하는 대신에 우리는 다른 공백이 거기에 있다고 가정할 수 있다. 우리가 적법하게 요소를 삽입할 수 있도록 그 위치(그림 9.3b 참조)에 공백이 있을 때까지 트리의 요소를 낮추는 동안 공백의 위치를 트리의 위로 떠오르게 한다.

reheapUp (element)

| | |
|---|---|
| 효과: | 힙에 요소 추가 |
| 사전 조건: | 트리의 마지막 색인 위치는 공백 |

## 힙 구현

본 장의 요약 부분에 있는 그림 9.17은 우리의 우선 큐 클래스와 인터페이스를 나타내는 UML 클래스 도표를 보여준다.

힙을 노드와 연결을 가진 이진 트리라는 그림으로 묘사했어도, 통상적인 연결 트리 표현법을 이용하여 힙 연산을 구현하는 것은 비현실적이다. 힙의 모양 특성은 이진 트리가 완전하다는 것을 말하므로, 우리는 이것이 결코 균형이 깨지지 않는다는 것을 알 수 있다. 따라서 우리는 8.9절에서 논의하였듯이 어떠한 공간의 낭비도 없이, 쉽게 트리를 잠재적인 링크를 가진 배열에 저장할 수 있다.

그림 9.4는 힙의 값들이 어떻게 이 배열 표현에 저장될 수 있는지를 보여준다. 만일 numElements 요소를 가진 힙이 이런 방식으로 구현되었다면, 모양 특성은 힙 요소들이 첫 번째 슬롯(인덱스 0)에는 뿌리 요소를, 그리고 인덱스 numElements - 1의 슬롯에는 마지막 잎 노드를 가지며 배열 안의 연속적인 슬롯인 numElements에 저장되었음을 말한다.

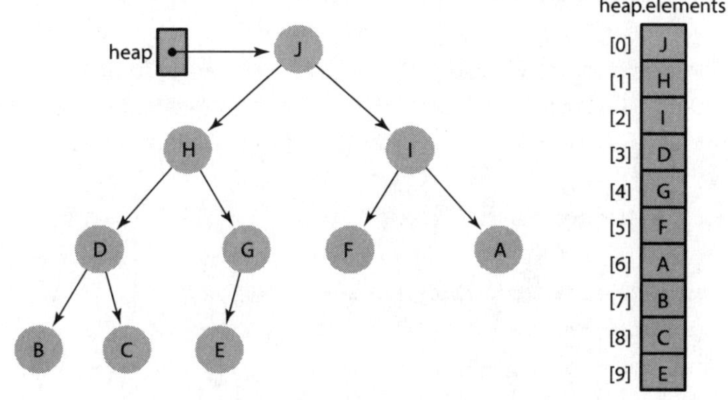


[그림 9.4] 배열 표현의 힙 값들

우리가 이러한 이진 트리의 표현을 사용할 때, 다음의 관계들이 index 위치에서 한 개의 요소를 갖고 있는 것을 상기하자.

- 만약 요소가 뿌리가 아니라면, 부모는 (index - 1) / 2 의 위치에 있다.
- 만약 요소가 왼쪽 자식을 가지면, 자식은 (index * 2) + 1의 위치에 있다.
- 만약 요소가 오른쪽 자식을 가지면, 자식은 (index * 2) + 2 의 위치에 있다.

이러한 관계들은 우리가 어떤 노드에서든 부모, 왼쪽 자식, 혹은 오른쪽 자식을 효율적으로 계산할 수 있게 해준다. 또한 트리가 완전하기 때문에 우리는 배열 표현을 쓰면서 공간을 낭비하지 않게 된다. 시간 효율성과 공간 효율성! 우리는 이러한 특징들을 힙 구현에 사용한 것이다.

다음은 우리의 Heap 클래스의 시작이다. 보다시피, Heap 클래스는 PriQueueInterface를 구현한다. 이것이 우선 큐를 구현하기 때문에 우리는 이를 ch09.priorityQueues 패키지에 넣는다. 또한 오직 생성자만이 기본적인 배열의 크기를 설정하는데 쓰이는 정수 인수를 요구함에 주목하자. isEmpty와 isFull 연산은 간단하다.

```
//----------------------------------------------------------------------------
// Heap.java                        by Dale/Joyce/Weems            Chapter 9
//
// 비교 가능한 객체들의 힙을 위한 모든 컨스트럭트들을 정의한다.
// 디큐 메소드는 힙의 가장 큰 값을 반환한다.
//----------------------------------------------------------------------------
```

```
public class Heap implements PriQueueInterface
{
   private Comparable[] elements;            // 우선 큐 요소들을 가지는 배열
   private int lastIndex;                    // 우선 큐의 마지막 요소의 인덱스
   private int maxIndex;                     // 배열의 마지막 위치의 인덱스

   public Heap(int maxSize)
   {
       elements = new Comparable[maxSize];
       lastIndex = -1;
       maxIndex = maxSize - 1;
   }

   public boolean isEmpty()
   // 우선 큐가 비어있을 경우 true를 반환한다. 그렇지 않을 경우 false를 반환한다.
   {
       return (lastIndex == -1);
   }

   public boolean isFull()
   // 우선 큐가 꽉 차있을 경우 true를 반환한다. 그렇지 않으면 false를 반환한다.
   {
       return (lastIndex == maxIndex);
   }
...
}
```

## 앤큐 메소드

다음으로 우리는 두 가지 변환자 중 더 간단한 방법인 앤큐 방법을 살펴본다. 만약 우리가 앞에서 규정한 reheapUp 도우미 메소드의 존재를 가정하면, 앤큐 메소드는 다음과 같다.

```
public void enqueue (Comparable element) throws PriQOverflowException
// 우선 큐가 꽉 차 있을 경우 PriQOverflowException를 실행한다.
// 그렇지 않으면 우선 큐에 요소를 추가한다.
{
   if (lastIndex == maxIndex)
       throw new PriQOverflowException("Priority queue is full");
   else
   {
       lastIndex++;
```

```
        reheapUp(element);
    }
}
```

만약 배열이 이미 꽉 찼다면, 우리는 적절하게 예외 처리를 한다. 그렇지 않으면 우리는 lastIndex 값을 증가시키고 reheapUp 메소드를 호출한다. 물론, reheapUp 메소드가 모든 흥미로운 작업을 맡아 한다. 좀 더 자세히 살펴보자.

reheapUp 알고리즘은 마지막 노드가 비어있는 트리로 시작한다. 이 비어있는 노드를 "공백"(hole)이라고 부르기로 하자. 우리는 이 공백을 element 요소가 힙의 순서 속성을 어기지 않으면서 공백에 위치될 수 있는 자리에 도달할 때까지 교체한다. 공백이 트리 위로 올라가는 동안, 요소들은 트리 아래쪽으로 내려가며 이전 공백자리들을 채우면서 대체한다. 이 상황은 그림 9.5에 표현되어 있다.

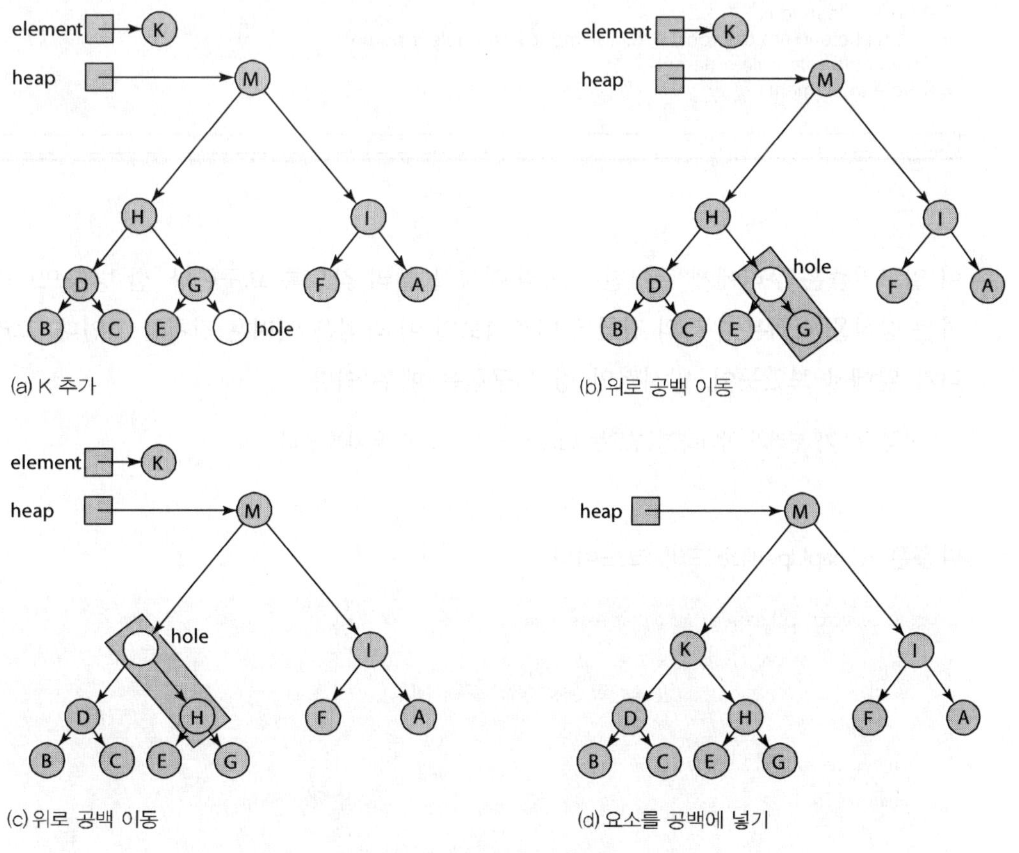


[그림 9.5] reheapUp 연산의 수행

힙의 뿌리 노드와 잎 노드 사이 노드들의 순서는 정렬된 연결 리스트로 보일 수 있다. 이것은 힙의 순서 속성에 의해 보장된다. reheapUp 알고리즘은 본질적으로 요소를 이 정렬된 연결 리스트에 삽입한다. 잎에서 뿌리로 경로를 따라 올라가면서 우리는 element의 값을 공백의 부모 노드의 값과 비교한다.

만약 부모의 값이 더 작다면 순서 속성에 위반될 것이기 때문에 element를 현재 공백에 넣을 수 없고 공백을 위로 올린다. 공백을 위쪽으로 올리는 것은 공백의 부모의 값을 공백의 위치에 복사해 넣는 것을 의미한다. 그러면 부모의 위치가 이용가능해지고 이것이 새로운 공백이 된다. 이 과정을 (1) 공백이 힙의 뿌리가 될 때까지 혹은 (2) element의 값이 공백의 부모노드의 값보다 작거나 같을 때까지 반복한다. 어떤 경우에서든 우리는 element를 공백의 위치에 안전하게 복사해 넣을 수 있다. 다음은 그 알고리즘이다.

```
reheapUp(element)
Set hole to lastIndex
while(the hole is not the root) AND (element > the hole's parent)
  Swap hole with hole's parent
Set hole to element
```

이 알고리즘은 우리에게 주어진 노드의 부모를 빨리 찾도록 요구한다. 한 방향으로만 순회하는 방식을 겪어본 우리의 경험에 비추어보면 이 작업은 어려운 것처럼 보인다. 그러나 우리가 앞에서 보았듯이, 암시적인 링크 구현은 매우 쉽다.

- 만약 요소가 뿌리가 아니라면, 부모는 (index - 1) / 2 의 위치에 있다.

다음은 reheapUp 메소드의 코드이다.

```
private void reheapUp(Comparable element)
// 현재 lastIndex 위치는 비어있다.
// 트리에 요소를 삽입하고 모양 속성과 순서 속성을 확인한다.
{
   int hole = lastIndex;
   while ((hole > 0)                                    // 공백이 뿌리가 아니다
       &&
      (element.compareTo(elements[(hole - 1) / 2]) > 0)) // 요소가 공백의 부모보다
                                                        // 작을 때
```

```
  {
      elements[hole] = elements[(hole - 1) / 2];       // 공백의 부모를 아래로 내린다
      hole = (hole - 1) / 2;                           // 공백을 위로 올린다
  }
  elements[hole] = element;                            // 요소를 마지막 공백에 넣는다
}
```

이 메소드는 자바의 && 연산자의 짧은 순회 특성을 이용한다. 만약 현재 공백이 힙의 뿌리라면, while 루프의 처음 반 부분은 다음 표현을 다룬다.

```
(hole > 0)
```

은 false 이고, 나머지 반

```
(element.compareTo(elements(hole - 1) / 2]) > 0))
```

은 계산되지 않는다. 만약 이것이 계산된다면, 실행 시간 "배열 접근 한계 초과" 오류를 일으킬 것이다.

## 디큐 메소드

마지막으로 dequeue 메소드를 살펴보자. enqueue 때도 그랬듯이, 도우미 메소드의 존재를 가정한다면(이 경우 reheapDown 메소드), dequeue 메소드는 매우 간단하다.

```
public Comparable dequeue() throws PriQUnderflowException
// 우선 큐가 비어 있을 경우 PriQUnerflowException을 실행한다.
// 그렇지 않으면 가장 높은 우선순위를 가진 요소를 우선 큐에서 제거하고
// 그것을 반환한다.
{
  Comparable hold;                    // 디큐되고 반환될 요소
  Comparable toMove;                  // 힙 아래로 내릴 요소

  if (lastIndex == -1)
      throw new PriQUnderflowException("Priority queue is empty");
  else
  {
      hold = elements[0];                       // 반환될 요소임을 기억하자
      toMove = elements[lastIndex];             // 요소를 힙의 아래로 내린다
      lastIndex--;                              // 우선 큐의 크기를 줄인다
      reheapDown(toMove);                       // 힙 속성들을 다시 저장한다
      return hold;                              // 가장 큰 요소를 반환한다
```

```
    }
}
```

만약 배열이 비어 있으면, 우리는 적절하게 예외 처리를 한다. 그렇지 않으면 우리는 먼저 종료 후 사용자 프로그램에 반환할 수 있도록 뿌리 요소(트리의 최대 요소)의 복사본을 만든다. 또한 마지막 배열 위치에 있는 요소의 복사본도 만들어둔다. 우리가 이 요소를 뿌리 요소에 의해 비워진 공백에 넣기 위해 사용한다는 것을 상기하고, 이것을 toMove 요소라고 부르기로 하자. 우리는 배열의 새로운 한계를 반영하기 위해 lastIndex 변수를 감소시키고 toMove 요소를 reheapDown 메소드에 넘긴다. 만약 이 메소드가 작업을 수행하면, 남은 일은 오직 저장된 이전 뿌리 요소의 값, hold 변수를 사용자에게 반환하는 것이다.

reheapDown 알고리즘을 좀 더 자세히 살펴보자. 여러 가지 면에서 그것은 reheapUp 알고리즘과 유사하다. 두 경우 모두, 트리 안에 "공백"이 있고, 트리가 힙으로 유지되도록 하기 위해 트리에 넣는 요소가 있다. 두 경우에서 모두 우리는 공백이 합법적으로 요소를 가질 수 있는 위치에 도달할 때까지 트리를 거쳐서 공백을(사실은 트리 요소들을 공백으로 이동한다) 이동한다. 그러나 reheapDown 연산은 공백을 트리 위쪽으로가 아닌 트리 아래쪽으로 움직이는 것이기 때문에 좀 더 복잡하다. 아래쪽으로 내려갈 때, 우리는 몇 가지 더 해야 할 결정들이 있다.

reheapDown이 처음 호출될 때, 트리의 뿌리는 공백으로 여겨질 수 있다. dequeue 메소드가 이미 hold 변수의 내용을 저장해 두었기 때문에 트리의 그 위치는 이용 가능하다. reheapDown이 해야 할 일은 공백이 요소로 대체될 수 있는 자리에 도달할 때까지 공백을 트리 아래쪽으로 이동하는 것이다. 그림 9.6을 보자.

우리가 공백을 움직이기 전에, 어디로 움직여야 할지 알 필요가 있다. 그것은 왼쪽 자식 혹은 오른쪽 자식으로 움직이거나, 그 자리에 그대로 있어야 한다. 다음의 정보를 제공하는 newHole이라는 또 다른 도우미 메소드가 있다고 가정하자. newHole의 명세는

```
private int newHole(int hole, Comparable element)
// 만약 공백의 어느 한쪽 자식이 요소 보다 크면, 더 큰 쪽 자식의 인덱스를 반환 한다
// 그렇지 않으면 공백의 인덱스를 반환한다.
```

공백의 인덱스가 주어지면, newHole은 공백의 다음 위치의 인덱스를 반환한다. 만약 newHole이 그것에게 전해진 것과 같은 인덱스를 반환한다면 우리는 그 공백이 그것의 마지막 위치에 있음을 알 수 있다. reheapDown 알고리즘은 공백의 다음 인덱스를 찾기 위해 반복적으로 newHole을 호출하고, 그 후 공백을 그 위치로 내려 보낸다. reheapDown 알고리즘

은 newHole이 그것에게 전해진 것과 같은 인덱스를 반환할 때까지 이를 계속한다. newHole의 존재는 reheapDown을 우리가 이제 그 코드를 만들어낼 수 있도록 단순화시킨다.

```
private void reheapDown(Comparable element)
// 현재 뿌리 위치는 비어있다.
// 트리에 요소를 삽입하고 모양 속성과 순서 속성을 확인한다.
{
  int hole = 0;                 // 현재 공백의 인덱스
  int newhole;                  // 공백이 옮겨가야 할 인덱스

  newhole = newHole(hole, element);          // 다음 공백을 찾는다
  while (newhole != hole)
  {
      elements[hole] = elements[newhole];          // 요소를 위로 올린다
      hole = newhole;                              // 공백을 아래로 내린다
      newhole = newHole(hole, element);            // 다음 공백을 찾는다
  }
  elements[hole] = element;                        // 마지막 공백을 채운다
}
```

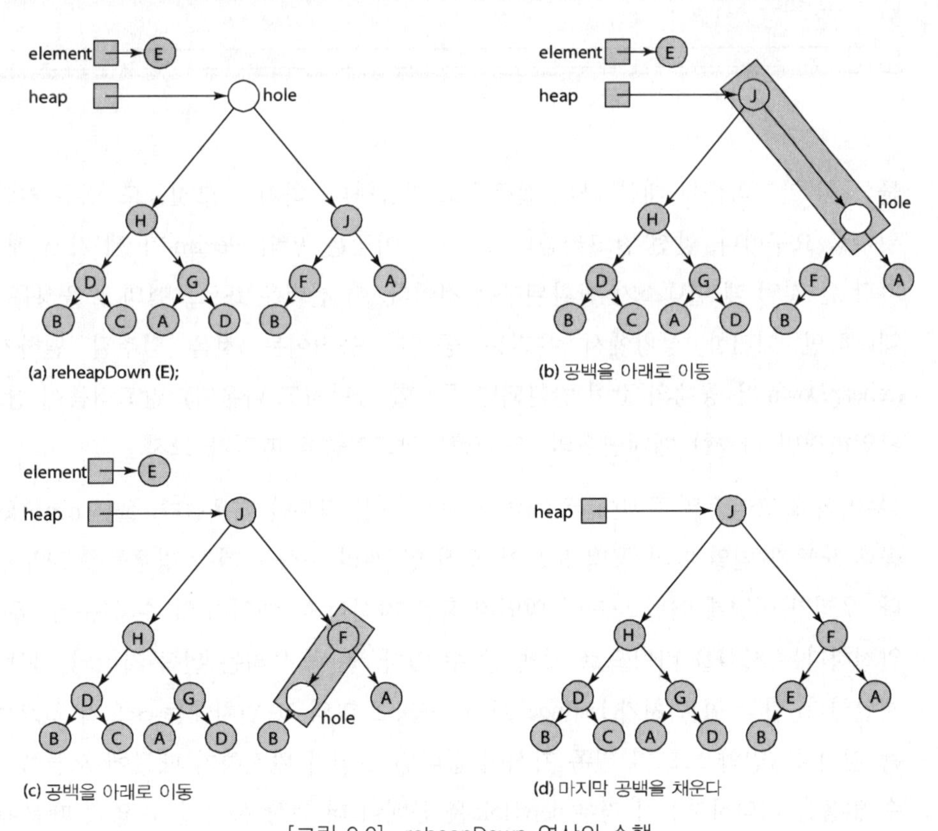


[그림 9.6] reheapDown 연산의 수행

이제 남은 것은 오직 newHole 메소드를 만드는 것이다. 이 메소드는 우리를 위해 꽤 많은 일을 한다. 다시 그림 9.6을 고려해보자. 주어진 초기 환경 설정에서 newHole은 J를 포함하는 노드(공백의 오른쪽 자식)의 인덱스를 반환해야 한다. J는 element(E)보다 크거나 공백 노드의 왼쪽 자식(H)보다 크다. 따라서 newHole은 세 개의 값(element 안의 값, 공백 노드의 왼쪽 자식, 그리고 공백 노드의 오른쪽 자식)을 비교해야 하고 가장 큰 값의 인덱스를 반환해야 한다. 생각해보자. 이것은 그렇게 어려워보이지는 않지만 알고리즘 형식으로 기술될 때 다소 어지러워 보인다.

```
Greatest(left, right, element) returns index
if (left < right)
   if (right <= element)
      return element
   else
      return right
else
if (left <= element)
   return element;
else
   return left;
```

물론 이 알고리즘에 대한 다른 접근들도 가능하다. 하지만 그것들도 모두 거의 같은 비교 횟수를 요구한다. 앞선 알고리즘의 한 가지 이점은, 만약 element가 세 가지 매개변수들 중 가장 큰 것일 때 인덱스가 반환된다는 것이다. 이 선택은 프로그램의 효율성을 증가시킨다. 왜냐하면 이러한 상황에서 우리는 공백이 움직이는 것을 멈추길 원하기 때문이다 (reheapDown 은 공백의 값이 반환되면 루프를 중단하고 나온다). 알고리즘이 잘 돌아가는지 확인하려면 다양한 매개변수의 조합으로 알고리즘을 따라가 보자.

우리의 알고리즘은 공백이 두 개의 자식을 가질 경우만 적용한다. 물론 newaHole 메소드는 공백 노드가 잎일 때와 공백 노드가 오직 한 개의 자식을 가질 경우들을 모두 다루어야 한다. 우리가 어떻게 어떤 노드가 잎인지 혹은 자식이 한 개인지 알 수 있을까? 우리의 트리가 완전하다는 사실을 바탕으로 쉽게 알 수 있다. 먼저, 우리는 왼쪽 자식의 예상되는 위치를 계산한다. 만약 이 위치가 lastIndex보다 크면, 트리의 그 위치에는 노드가 없으며 공백 노드는 잎이다. (만약 노드의 왼쪽 자식이 없다면 트리가 완전하기 때문에 오른쪽 자식도 가질 수 없음을 기억하자.) 이 경우 newHole은 공백이 더 이상 움직일 수 없기 때문에, 단지 공백 매개변수의 인덱스를 반환한다. 만약 왼쪽 자식의 예상되는 위치가 lastIndex와 같다면 노드는 단지 한 개의 자식을 갖고 newHole은 만약 그 자식의 값이 element의 값보다 클 때 그 자식의 인덱스를 반환한다.

다음은 newHole의 코드이다. 보다시피, 앞의 문단에서 기술된 접근 방식들을 확립하기 위해 연속된 if-else 문을 사용한다.

```
private int newHole(int hole, Comparable element)
// 만약 공백의 어느 한쪽 자식이 요소보다 크면, 더 큰 쪽 자식의 인덱스를 반환한다
// 그렇지 않으면 공백의 인덱스를 반환한다.
{
  int left = (hole * 2) + 1;
  int right = (hole * 2) + 2;

  if(left > lastIndex)
  // 공백의 자식이 없을 때
      return hole;
  else
  if (left == lastIndex)
      //공백이 오직 왼쪽 자식만 가질 때
      if (element.compareTo(elements[left]) < 0)
         // 요소가 왼쪽 자식보다 작을 때
              return left;
      else
         // 요소가 왼쪽 자식보다 크거나 같을 때
              return hole;
  else
  // 공백이 두 개의 자식을 가질 때
  if (elements[left].compareTo(elements[right]) < 0)
      // 왼쪽 자식이 오른쪽 자식보다 작을 때
      if (elements[right].compareTo(element) <= 0)
         // 오른쪽 자식이 요소보다 작거나 같을 때
              return hole;
      else
         // 요소가 오른쪽 자식보다 작을 때
              return right;
  else
  // 왼쪽 자식이 오른쪽 자식보다 크거나 같을 때
  if (elements[left].compareTo(element) <= 0)
      // 왼쪽 자식이 요소보다 작거나 같을 때
      return hole;
  else
```

```
        // 요소가 왼쪽 자식보다 작을 때
        return left;
}
```

## 힙 vs 우선 큐의 다른 표현들

우선 큐의 힙 구현은 얼마나 효율적인가? 생성자, isEmpty 그리고 isFull 메소드는 간단하므로 우리는 요소 삽입과 삭제 연산만을 살펴본다. enqueue와 dequeue 메소드는 모두 몇 개의 기본 연산들과 도우미 메소드의 호출로 이루어져 있다. reheapUp 메소드는 공백을 트리 위로 한 단계씩 옮김으로써 새로운 요소를 위한 자리를 생성한다. 완전 트리는 높이가 최소이기 때문에 기껏해야 잎 레벨 위로 $\log_2 N$ 개의 레벨이 있다. (N = 요소의 개수) 따라서 enqueue는 $O(\log_2 N)$의 연산을 한다. reheapDown 메소드는 dequeue 메소드에 의해 생성된 뿌리의 공백을 채우기 위해 발동된다. 이 연산은 공백을 트리 아래쪽으로 레벨 하나씩 옮긴다. 다시 기껏해야 $\log_2 N$ 레벨이 뿌리 아래쪽이 있고, 따라서 dequeue 역시 $O(\log_2 N)$의 연산을 한다.

[테이블 9.1] 우선 큐 구현들의 비교

| | enqueue | dequeue |
|---|---|---|
| Heap | $O(\log_2 N)$ | $O(\log_2 N)$ |
| Linked list | O(N) | O(1) |
| Binary search tree | | |
| Balanced | $O(\log_2 N)$ | $O(\log_2 N)$ |
| Skewed | O(N) | O(N) |

이 구현이 앞 절에서 이야기한 다른 방법의 구현들과 어떻게 비교되는가? 만약 우리가 우선 큐를 가장 큰 것에서 가장 작은 것으로 정렬된 연결 리스트로 구현하면, dequeue는 단지 첫 번째 노드를 리스트에서 제거할 것이고 이는 O(1)의 연산이 요구된다. 그러나 반대로 enqueue 연산은 적절한 삽입 위치를 찾기 위해 리스트 안의 모든 요소들을 탐색해야만 하고 이는 O(N) 연산을 요구한다.

만약 우선 큐가 이진 탐색 트리를 이용해 구현되었다면, 연산의 효율은 트리의 모양에 따라 달라진다. 트리가 풍성하면, dequeue와 enqueue 둘 다 $O(\log_2 N)$ 연산을 한다. 최악의 경우, 만약 트리가 연결 리스트로 퇴보하면 dequeue와 enqueue 둘 다 O(N) 효율을 갖는다. 테이블 9.1은 다양한 구현들의 효율성을 요약한 것이다.

전반적으로 이진 탐색 트리는 균형이 잡혔을 때 좋아 보인다. 그러나 이진 탐색트리는 연산의 효율을 감소시키는 경사진 트리(skewed tree)가 될 수 있다. 이와 대조적으로 힙은 항상 최소의 높이를 가진 트리이다. 힙은 선택된 요소에 임의로 접근하기에 좋은 구조가 아니지만, 우선 큐를 위해 정의된 연산들 중의 하나도 아니다. 우선 큐의 프로토콜 접근은 오직 가장 큰(혹은 가장 높은 우선순위의) 요소만이 접근될 수 있다고 규정한다. 연결 리스트는 이 연산의 좋은 선택권이지만(리스트가 큰 것에서 작은 것으로 정렬되었다고 가정할 때), 새로운 요소를 삽입할 위치를 찾기 위해 전체 리스트를 탐색해야 할 수도 있다. 따라서 우선 큐를 규정하는 연산으로는 힙이 훌륭한 선택이다.

## 9.3 그래프 개요

이진 트리는 계층이 존재하는 관계를 표현하는데 매우 유용한 도구이다. 즉, 노드는 많아야 한 개의 다른 노드(자신의 부모)에 의하여 가리켜지며, 각 노드는 최대한 두 개의 다른 노드들을(자신의 자식들) 가질 수 있다. 만약 우리가 각 노드에서 최대로 2개의 자식 노드를 가질 수 있다는 제한을 제거한다면, 다음의 그림과 같은 일반적인 트리를 가질 수 있다.

만약 우리가 각 노드에서 한 개의 부모 노드를 가질 수 있다는 제한을 제거한다면, 그래프라는 자료구조를 얻을 수 있다. 그래프는 정점(vertex)이라고 부르는 노드의 집합과 노드들을 연결하는 에지(또는 호)라고 부르는 선들의 집합으로 구성된다.

**그래프(graph)** : 노드들의 집합과 노드들을 서로 연결하는 에지들의 집합으로 구성된 자료구조.

**정점(vertex)** : 그래프에 있는 노드

**에지(edge 호(arc))** : 그래프에서 두 개 노드 사이의 연결을 표현하는 정점들의 쌍.

**무방향 그래프(undirected graph)** : 에지들이 방향을 가지지 않은 그래프

**방향성 그래프 (digraph)** : 각 에지가 한 정점에서 다른 정점(또는 같은)으로 방향이 주어진 그래프

에지들의 집합은 정점들 사이의 관계를 기술한다. 예를 들어, 정점들이 도시의 이름이라면, 정점들을 연결하는 에지들은 두 도시의 도로를 표현할 수 있다.

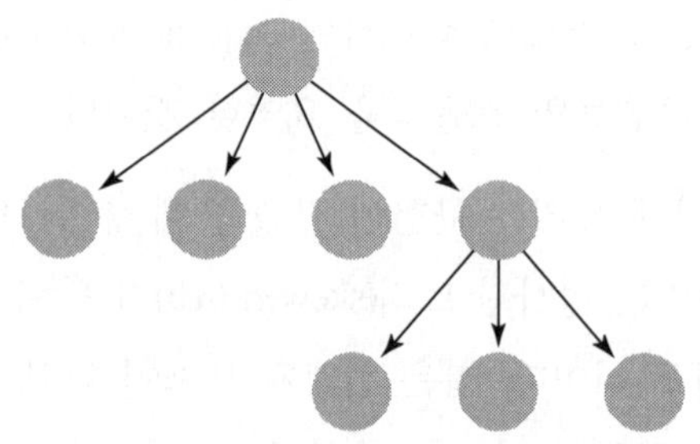

휴스턴과 오스틴 사이를 달리는 도로는 오스틴과 휴스턴 사이를 달리기 때문에 이 그래프의 에지들은 방향이 없다. 이것을 무방향 그래프라고 한다. 정점들을 연결하는 에지들이 한 도시에서 다른 도시로 비행하는 것을 표현하는 것이라면, 각 에지의 방향은 매우 중요하다. 휴스턴에서 오스틴으로 가는 비행기가 있다고 반드시 오스틴에서 휴스턴으로 가는 비행기가 있는 것을 의미하지 않는다. 에지들이 한 정점에서 다른 정점으로 가는 방향이 있는 그래프를 방향성 그래프(digraph)라고 한다.

프로그래머의 관점에서 보면, 정점들은 우리의 연구 주제가 사람, 집, 과목, 등 무엇인지를 의미한다. 그러나 수학적으로 정점들은 그래프 이론이 의미하는 추상적인 개념이다. 사실상, 형식적 수학의 큰 부분은 그래프와 관련되어 있다. 다른 컴퓨팅 과목에서 그래프를 분석하고 이들에 대한 이론을 증명하게 될 수도 있다. 본 교재에서는 그래프를 추상적 자료형으로 소개하고, 기본적인 용어들을 가르치고, 그래프를 구현하는 방법을 논의하고, 그래프를 다루는 알고리즘들이 어떻게 스택, 큐, 우선 큐들을 이용하는지를 기술한다.

형식적으로 그래프 G는 다음과 같이 정의된다.

```
G = (V,E)
```

여기서

```
V(G)는 정점들의 비어 있지 않은 유한한 집합이고
E(G)는 에지들의 집합(정점들의 쌍으로 기록된)
```

정점들의 집합은 집합 기호인 {} 중괄호 안에 이들을 열거함으로써 규정한다. 다음 집합은 그림 9.7(a)에 그려진 그래프의 4 정점들을 정의한다.

에지들의 집합은 에지들의 순서를 열거함으로써 규정된다. 각 에지는 괄호로 연결된 두 개의 정점들의 이름을 기록함으로써 표현된다.

(a) Graph1은 무방향 그래프

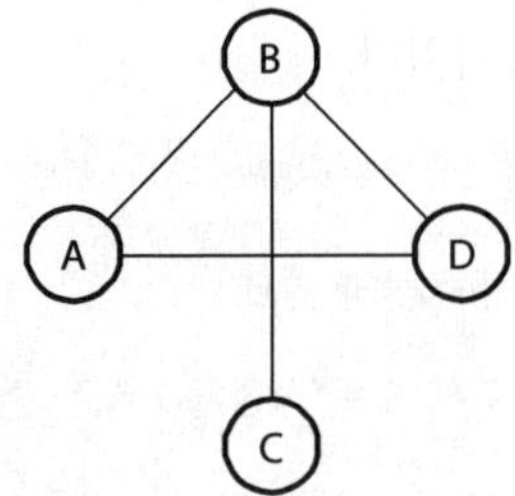


V(Graph1) = {A, B, C, D}
E(Graph1) = {(A, B), (A, D), (B, C), (B, D)}

(b) Graph2는 방향성 그래프

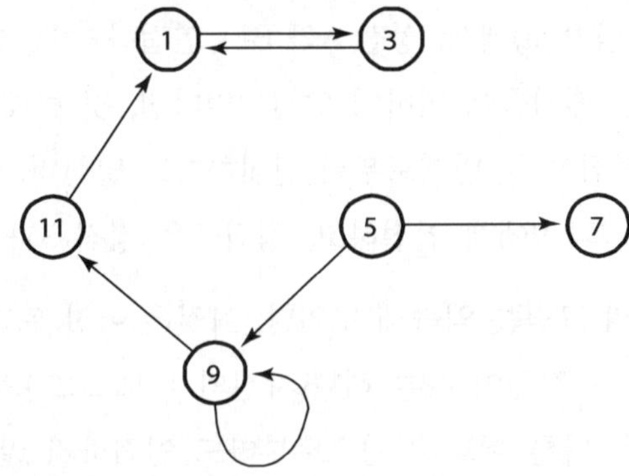


V(Graph2) = {1, 3, 5, 7, 9, 11}
E(Graph2) = {(1, 3), (3, 1), (5, 7), (5, 9), (9, 11), (9, 9), (11, 1)}

(c) Graph3는 방향성 그래프

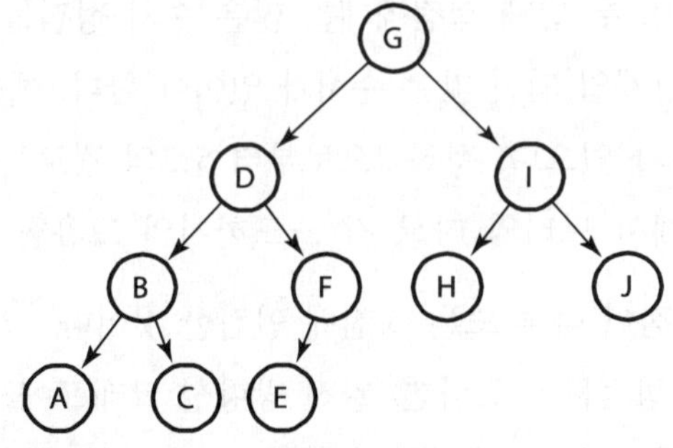


V(Graph3) = {A, B, C, D, E, F, G, H, I, J}
E(Graph3) = {(G, D), (G, J), (D, B), (D, F), (I, H), (I, J), (B, A), (B, C), (F, E)}

[그림 9.7] 그래프의 실례

그래프가 방향성 그래프라면, 에지의 방향은 먼저 열거된 정점에 의하여 표시된다. 예를 들어, 그림 9.7(b)의 에지(5,7)은 정점 5에서 정점 7로의 연결을 표현한다. Graph2에서는 에지(7,5)에 해당하는 것이 없다. 방향성 그래프의 그림에서, 화살표는 관계의 방향을 표시한다.

우리는 그래프에서 정점이나 에지들을 복제하지 않는다. 집합에서는 요소들의 반복을 허용하지 않기 때문에 이것은 정의에서 암시되었다.

**인접 정점(adjacent vertices)** : 그래프에서 한 에지에 의하여 연결된 두 개의 정점들

**경로(path)** : 그래프에서 두 노드들을 연결하는 정점들의 순서.

**완전 그래프(complete graph)** : 모든 정점들이 다른 모든 정점들과 직접 연결된 그래프

**가중치 그래프(weight graph)** : 각 에지가 값을 가지는 그래프

한 그래프에 있는 두 개의 정점들이 하나의 에지에 의하여 연결되었다면, 이들은 인접하다고 말한다. Graph1(그림 9.7a)에서, 정점 A와 B는 인접하지만, 정점 A와 C는 인접하지 않다. 만약 정점들이 방향성 에지들에 의하여 연결되었다면, 첫 번째 정점은 두 번째에 인접하다고 말하며, 두 번째 정점은 첫 번째로부터 인접하다고 말한다. 예를 들어, Graph2(그림 9.7b)에서, 정점 5는 정점 7과 9에게 인접하고, 정점 1은 정점 3과 11로부터 인접하다.

그림 9.7(c)의 Graph3의 그림은 익숙해 보인다; 이것은 이진 트리의 비연결 표현방식과 관련된 트리이다. 트리는 각 정점이 다른 하나(자신의 부모 노드)의 정점으로부터 인접되어 있으며, 한 정점(뿌리)은 다른 어느 정점으로부터도 인접하지 않은 방향성 그래프의 특별한 경우이다.

한 정점으로부터 다른 정점으로의 경로는 이들을 연결하는 정점들의 순서를 구성한다. 경로가 존재하기 위해서는, 두 번째 정점에게는 많은 수의 정점들이 있더라도 첫번째 정점으로부터는 에지들이 중단개입 되지 않는 순서가 있어야 한다. 예를 들어, Graph2에서는 정점 5에서 정점 3으로 경로가 있으나, 정점 3으로부터 5로의 경로는 없다. 트리에서, Graph3(그림 9.7c)과 같이, 뿌리에서 트리의 다른 각 노드까지의 고유한 경로가 있다.

완전 그래프는 모든 정점이 다른 모든 정점에 인접한 것이다. 그림 9.8은 두 개의 완전 그래프를 보여준다. N개의 정점들이 있다면, 완전 방향성 그래프에서는 N*(N-1)개의 에지가 있으며, 완전 무방향 그래프에서는 N*(N-1)/2개의 에지가 있다.

가중치 그래프는 각 에지가 값을 가지는 그래프이다. 가중치 그래프는 정점들 사이의 연결 값이 중요한 응용을 표현하는데 사용되며, 연결의 존재에는 관계가 없다. 예를 들어, 그림 9.9에 그려진 가중치 그래프에서는 정점들이 도시를 표현하고 에지들은 도시들을 연결하는 Air Buster Airline 항로를 표시한다. 에지에 부착된 가중치는 두 도시 사이의 항로 거리를 표시한다.

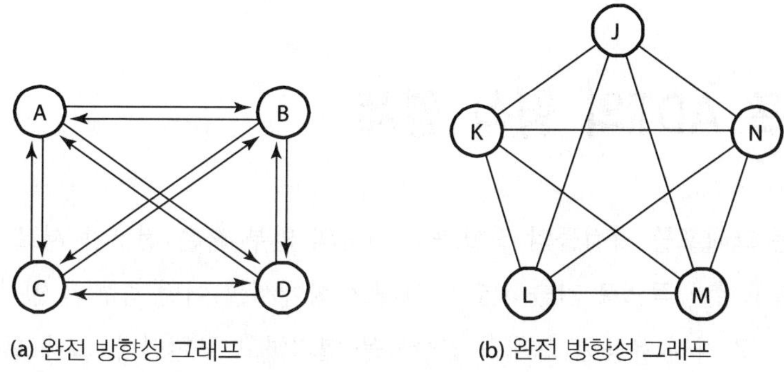

(a) 완전 방향성 그래프 (b) 완전 방향성 그래프

[그림 9.8] 두 개의 완전 그래프

덴버에서 워싱턴으로 갈 수 있는지 알아보기 위하여, 우리는 이들 사이의 경로를 찾는다. 여행길을 따라서 두 도시 사이의 거리를 합하여 전체 여행 거리가 결정된다면, 이들 사이의 경로를 구성하는 에지들에 부착된 가중치를 합산함으로써 전체 여행 거리를 계산할 수 있다. 두 정점들 사이에는 여러 개의 경로가 있을 수도 있다.

본 장의 마지막에서는 두 정점들 사이의 최단거리 경로를 찾는 방법에 대해 논의하기로 한다.

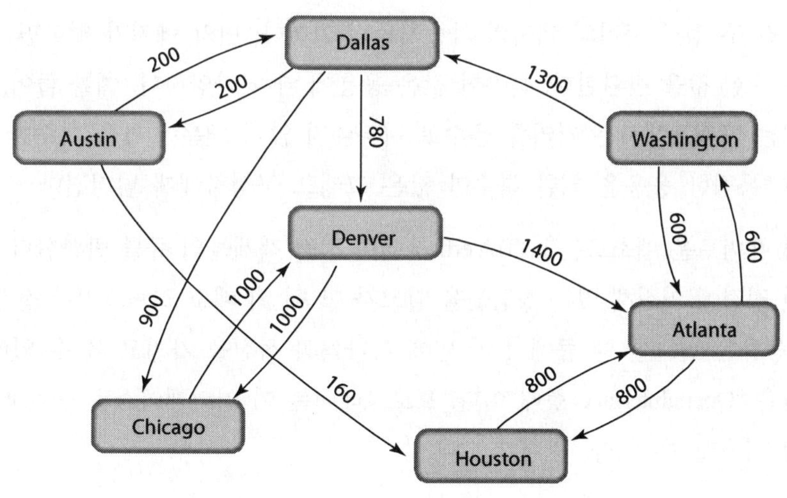


[그림 9.9] 가중치 그래프

# 9.4 그래프 ADT의 형식 명세

우리는 그래프를 정점들의 집합과 정점들의 일부 혹은 전부가 서로 연결되는 에지들의 집합이라고 추상적으로 기술하였다. 그래프 상에서는 어떤 종류의 연산들이 정의될까? 본 장에서는 몇 가지 유용한 그래프 연산들을 열거하고 구현한다. 그래프에는 많은 다른 연산들이 정의될 수 있다. 우리는 본 장의 뒷부분에서 기술하게 될 그래프 응용들에 유용한 연산들을 선택하였다.

그래프 ADT를 위한 명세는 11개의 공용 메소드(public method)를 포함한다. 예기한 대로, 명세는 그래프가 빈 그래프인지 꽉 찬 그래프인지를 검사하는 메소드, 그리고 정점들과 에지들을 추가하는 메소드를 포함한다. 그 다음에 일반적이지 않은 메소드들을 기술한다.

hasVertex 메소드는 인수 객체가 그래프에서 하나의 정점으로 사용되는지를 검사한다. 이것은 매우 중요한 문제이다. 왜냐하면 정점을 하나의 인수로 받는 다른 많은 메소드들이 전제조건으로 주어진 정점이 그래프 내에 존재한다고 가정하기 때문이다.

유사하게, weightIs 메소드는 주어진 에지가 그래프 내에 있는지를 검사한다. 이 메소드는 주어진 두 정점 사이의 에지의 가중치를 반환한다; 만약 에지가 없다면 그 사실을 알려 주는 특수한 값을 반환한다. 특수한 값은 응용에 따라 다양하다. 예를 들어, 에지가 거리를 나타내는 그래프에서는 거리를 음수로 나타내지 않기 때문에 -1을 특수한 값으로 사용할 수 있다. 특정한 응용을 위한 특수한 값은 그래프 구성자에게 넘겨진다.

가장 흥미로운 메소드는 getToVertices이며 정점 객체들의 큐를 반환한다. 하나의 응용이 주어진 정점에 인접해 있는 정점들을 알고자 할 때 이 메소드는 그러한 정점들을 큐로 반환한다. 응용은 필요할 때 큐에서 한 번에 하나씩의 정점을 가지고 올 수 있다. 이 메소드의 반환값은 “QueueInterface 형태”이다. 프로그래머는 이 인터페이스를 구현하는 임의의 큐 클래스를 사용할 수 있다.

“정점들을 구하는” 문제를 해결하는 또 다른 접근 방법은 자바 Iterator 객체를 반환하는 메소드를 사용하는 것이다. 6장의 “자바 수집 골격 목록(Java Collection Framework List)” 특징에서 반복을 설명하였다.

종종 응용이 그래프를 사용하려면 그래프를 순회해야 한다. 즉, 그래프의 정점들을 방문하고 각 정점에서 임의의 연산을 수행한다. 하나의 그래프에는 너무 많은 경로가 가능하기 때문에 순회 알고리즘이 임의의 정점을 한 번 이상 방문하는 것은 보기 드문 일이 아니다. 그런 경우에 일반적으로 이전에 그 정점을 방문했다는 것을 응용이 아는 것이 중요하다. 정점이 방문되었다는 것을 쉽게 인식하기 위해 인터페이스는 방문되었던 정점을 표시하는 것과 관련된 몇 가지 메소드를 포함한다. markVertex와 isMarked 메소드는 각각 정점을 표시하고 표시된 정점을 확인하는데 사용된다. clearMarks 메소드는 그래프에서 정점의 모든 방문 표시를 지운다; 이것은 새로운 순회를 준비하기 위해 사용된다. 마지막으로 getUnmarked 메소드는 방문 표시 되지 않은 정점을 반환한다. 이러한 기능은 응용이 모든 정점을 방문했는지 확실하지 않을 때 순회를 시작하거나 순회를 계속하기 위해서 유용하다.

```
//----------------------------------------------------------------
// WeightedGraphInterface.java    by Dale/Joyce/Weems    chapter 9
//
// 가중치 에지를 갖는 방향성 그래프를 구현하는 클래스를 위한 인터페이스.
// 정점들은 객체이고 방문되었다는 것이 표시될 수 있다.
// 에지의 가중치는 정수이다.
//
// 일반적인 전제조건 : addVertex와 hasVertex 메소드를 제외하고는 메소드에
// 인수로 넘겨진 임의의 정점은 이 그래프 안에 있다.
//----------------------------------------------------------------
package ch09.graphs;
import ch05.queues.*;
public interface WeightedGraphInterface
{
  boolean isEmpty();
  // 이 그래프가 빈 그래프라면 true를 반환하고, 그렇지 않다면 false를 반환

  boolean isFull()
  // 이 그래프가 꽉 찬 그래프라면 true를 반환하고, 그렇지 않다면 false를 반환

  void addVertex(Object vertex);
  // 전제조건 : 이 그래프는 꽉 찬 그래프가 아니다.
  //            정점은 이 그래프에 없다.
  //            정점은 null이 아니다.
  // 이 그래프에 정점을 추가

  boolean hasVertex(Object vertex);
  // 이 그래프가 정점을 포함한다면 true를 반환하고, 그렇지 않다면 false를 반환
```

```
void addEdge(Object fromVertex, Object toVertex, int weight);
// fromVertext부터 toVertex까지 인수 weight를 갖는 에지를 추가

int weightIs(Object fromVertex, Object toVertex);
// 만약 fromVertex부터 toVertex까지 에지가 존재한다면 에지의 가중치를 반환
// 그렇지 않다면 특정 "null-edge" 값을 반환

UnboundedQueueInterface getToVertices(Object vertex);
// 인수인 정점과 인접한 정점들의 큐를 반환

void clearMarks();
// 모든 정점들에 대한 방문표시들을 false로 설정

void markVertex(Object vertex);
// 정점에 대한 방문표시를 true로 설정

boolean isMarked(Object vertex);
// 만약 정점이 방문되었다면 true를 반환, 그렇지 않다면 false를 반환

Object getUnmarked();
// 방문되지 않은 정점이 존재한다면 반환 그렇지 않으면 null을 반환
```

## 9.5 그래프 응용

9.4절에서 주어진 그래프 명세는 가장 기본적인 연산들만을 포함하였다; 순회 연산들은 포함하지 않았다. 그래프는 다른 여러 가지 순서로 순회될 수 있다. 그러므로 순회를 고유 연산이라기 보다는 하나의 그래프 응용으로 다룬다. 그래프 명세에서 주어진 기본 연산들을 가지고 그래프 자체가 구현되는 방법과는 독립적으로 다른 여러 가지 순회들을 구현할 수 있다.

8장에서 우리는 트리의 가장 깊은 레벨로 가서 위로 순회하는 후위 트리 순회(postorder tree traversal)에 대해 설명하였다. 트리의 가장 깊은 지점의 가지까지 내려가서 위로 올라오는 전략을 깊이 우선(depth-first) 전략이라 한다. 트리에 있는 각 정점을 방문하는 또 다른 방법은 레벨 0(뿌리)의 각 정점을 방문하고 레벨 1의 각 정점을 방문하고 그 다음 레벨 2의 각 정점을 방문하여 마지막 레벨까지 방문하는 것이다. 레벨 단위로 방문하는 이러한 방법을 넓이 우선 전략이라 한다. 그래프에서는 깊이 우선 전략과 넓이 우선 전략 모두가 유용하다.

우리는 비행항로(airline) 예제에서 두 도시를 연결할 수 있는지 결정하는 문제에 두 전략을 사용하기 위한 알고리즘을 설명한다.

## 깊이 우선 탐색(Depth-First Searching)

그림 9.9의 그래프에서 우리가 대답할 수 있는 한 가지 질문은 "내가 가장 좋아하는 항공사에서 도시 X에서 도시 Y까지 항공 경로를 얻을 수 있는가?" 이다. 이것은 "그래프에서 정점 X에서 정점 Y까지 경로가 존재하는가?" 와 같은 질문이다. 깊이 우선 전략을 사용하여 startVertex로부터 endVertex까지 경로가 존재 하는 지를 결정하는 IsPath 알고리즘을 개발하자.

도시들을 탐색할 때 그들을 놓치지 않고 따라가는 방법이 요구된다. 깊이 우선 탐색으로 startVertex에 인접한 첫번째 정점을 조사한다; 만약 그것이 endVertex라면 탐색은 종료된다. 그렇지 않다면, 첫번째 정점에 인접하고 한 단계로 도달할 수 있는 모든 정점들을 조사한다. 이러한 정점들을 조사하는 동안 아직 조사되지 않은 startVertex에 인접한 나머지 정점들을 저장해야 한다. 만약 startVertex에 인접한 첫번째 정점으로부터 경로가 존재하지 않는다면 다시 되돌아가 두번째 정점, 세번째 정점 등으로 시도한다. endVertex가 발견되지 않는다면 뒤로 되돌아 가면서 하나의 경로를 찾을 때까지 순회하여야 하기 때문에 스택이 정점들을 저장하기 위한 좋은 구조이다. 다음은 사용하게 될 알고리즘이다 :

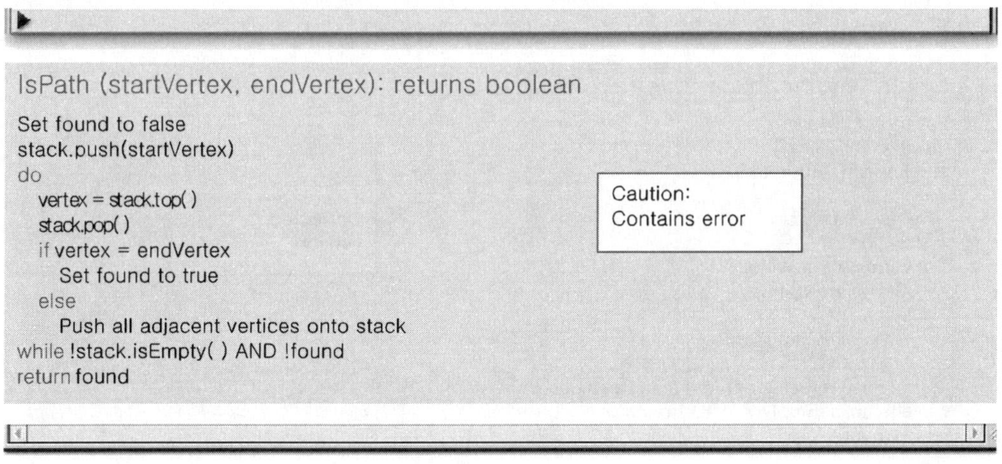

```
IsPath (startVertex, endVertex): returns boolean
Set found to false
stack.push(startVertex)
do
  vertex = stack.top( )
  stack.pop( )
  if vertex = endVertex
    Set found to true
  else
    Push all adjacent vertices onto stack
while !stack.isEmpty( ) AND !found
return found
```



이 알고리즘을 그림 9.9의 항공 경로 그래프에 적용하자. 우리는 Austin에서 Washington으로 가고자 한다. 출발 도시인 Austin을 스택에 push함으로써 탐색을 초기화한다(그림 9.10a). 루프의 초기에 스택으로부터 top 메소드를 사용해서 현재 도시인 Austin을 검색하고 pop 메소드를 사용해서 스택으로부터 Austin을 제거한다. Austin으로부터 직접 도달할 수 있는 도시는 Dallas와 Houston이다; 이 두 도시를 스택에 저장한다(그림 9.10b). 두 번째 반복의 초기에 스택으로부터 꼭대기에 있는 정점인 Houston을 제거한다. Houston은 우리의 목적지가 아니므로 그 곳으로부터 우리의 탐색을 다시 시작한다. Houston으로부터 Atlanta까지 단 하나의 항공편이 있을 뿐이다. Atlanta를 스택에 저장한다(그림 9.10c). 다시 스택으로부터 꼭대기에 있는 정점을 검색하고 제거한다. Atlanta는 목적지가 아니므로 그 곳으로부터 탐색을 계속한다. Atlanta에는 두 도시까지의 항공편이 있다: Houston과 Washington.

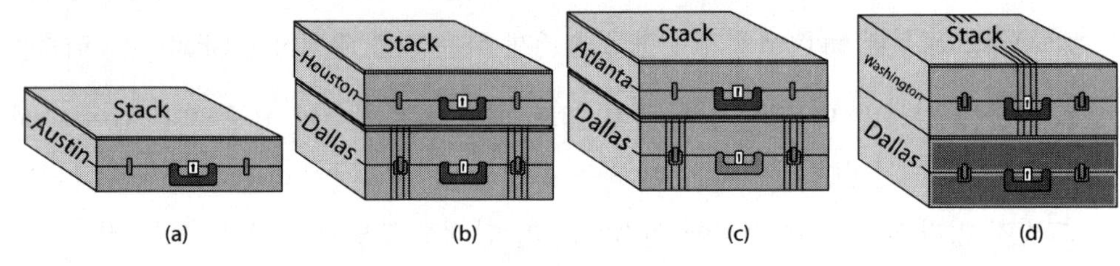


[그림 9.10] 항로를 저장하기 위해 스택 이용

그러나 Houston으로부터 왔기 때문에 이미 방문했던 그 도시로 다시 돌아가기를 원하지 않는다. 만약 돌아간다면 무한 루프에 빠질 것이다. 이 알고리즘에서 순환을 방지해야 한다. 이미 방문했던 도시를 두 번 탐색하지 않도록 표시해야만 한다. 다음은 수정된 알고리즘이다.

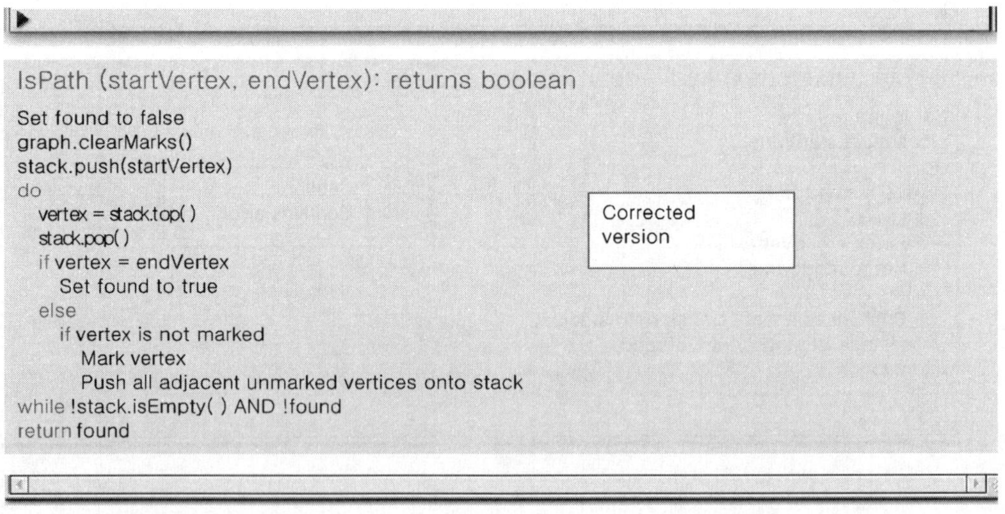

```
IsPath (startVertex, endVertex): returns boolean
Set found to false
graph.clearMarks()
stack.push(startVertex)
do
  vertex = stack.top( )
  stack.pop( )
  if vertex = endVertex
    Set found to true
  else
    if vertex is not marked
      Mark vertex
      Push all adjacent unmarked vertices onto stack
while !stack.isEmpty( ) AND !found
return found
```

Corrected version

이미 방문했던 도시들을 표시했다고 가정하고 예제를 계속하자. Houston은 이미 방문했으므로 무시한다. 두 번째 인접한 정점인 Washington은 방문하지 않았으므로 스택에 저장한다

(그림 9.10d). 다시 스택으로부터 꼭대기에 있는 정점을 검색하고 제거한다. Washington은 우리의 목적지이므로 탐색이 완료된다. 깊이 우선 탐색을 사용한 그래프의 검색된 에지들이 그림 9.11에 있다.

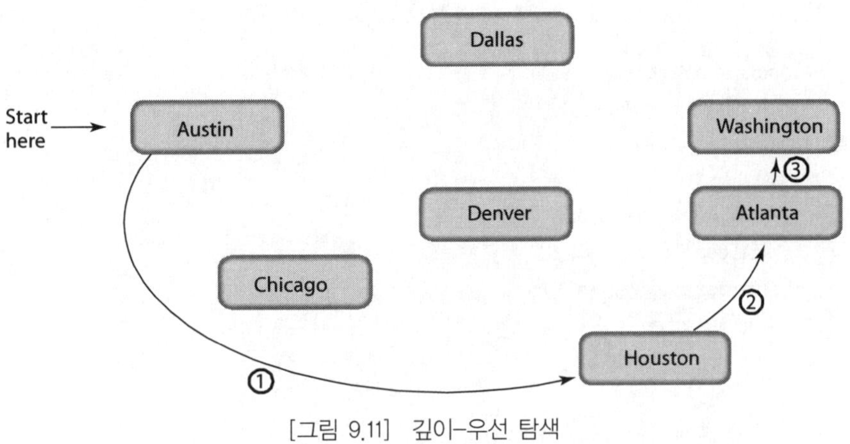


[그림 9.11] 깊이-우선 탐색

깊이 우선 탐색에서 Dallas로부터 검색하기 위해 되돌아 오기 전에 Houston에서 시작하는 모든 경로를 조사하면서 가장 먼 가지로 간다. 우리가 되돌아와야만 할 때 막다른 정점과 가장 가까운 가지로 간다.

즉, 하나의 경로에서 갈 수 있는 한 멀리 간 후에 목적지가 없다면 다른 가지를 선택한다.

메소드 isPath는 그래프 객체, 시작 정점 그리고 목표 정점을 받는다. isPath 메소드는 깊이 우선 전략을 사용하여 출발 도시에서 목적지 도시까지 하나의 경로가 존재하는지를 조사하고 탐색 시 방문했던 모든 도시의 이름을 보여준다. 메소드에 있는 어떤 것도 그래프의 구현에 의존적이지 않다. 메소드는 그래프 응용으로 구현된다; 메소드는 그래프가 표현되는 방법은 모른 채 그래프 ADT 연산들을 사용한다. 다음 코드에서, 스택과 큐의 구현은 외부에서 사용자 클래스로 가져왔다고 가정한다. (isPath 메소드는 교재의 나머지 부분의 코드에서 활용되는 UseGraph.java 응용에 포함된다.)

```
private static boolean isPath(WeightedGraphInterface graph,
                              Object startVertex,
                              Object endVertex)
// 그래프에서 startVertex로부터 endVertex까지 경로가 존재하면 true 반환
// 그렇지 않으면 false 반환. 깊이 우선 탐색 알고리즘 사용

{
  UnboundedStackInterface stack = new LinkedStack();
```

```
  UnboundedQueueInterface vertexQueue = new LinkedUnbndQueue();

  boolean found = false;
  Object vertex;
  Object item;

  graph.clearMarks();
  stack.push(startVertex);
  do
  {
    vertex = stack.top();
    stack.pop();
    if(vertex==endVertex)
      found = true;
    else
    {
      if (!graph.isMarked(vertex))
      {
        graph.markVertex(vertex);
        vertexQueue = graph.getToVertices(vertex);

        while(!vertexQueue.isEmpty())
        {
          item = vertexQueue.dequeue();
          if(!graph.isMarked(item))
          stack.push(item);
        }
      }
    }
  } while(!stack.isEmpty() && !found);
  return found;
}
```

## 넓이 우선 탐색(Breadth-First Searching)

넓이 우선 탐색은 더 깊은 레벨로 이동하기 전에 같은 깊이에 있는 모든 가능한 경로를 찾는다. 항공 예제에서 넓이 우선 탐색은 두 번에 도달할 수 있는 지점을 검사하기 전에 한 번에 도달할 수 있는 모든 가능한 지점을 검사한다. 대부분의 여행객들을 위해서는 이 전략이 항공편을 예약하기 위해 더 선호되는 전략이다.

깊이 우선 탐색에서는 막다른 지점에 왔을 때 가능한 가까운 지점으로 되돌아 가기 때문에 스택의 꼭대기에 있는 정점으로부터 또 다른 경로를 탐색한다. 넓이 우선 탐색에서는 가장 초기의 정점들로부터 시작되는 경로를 찾기 위해 가능한 멀리 위로 거슬러 올라간다. 초기 경로를 찾기 위해서 스택은 적절한 구조가 아니다. 왜냐하면 스택은 정점을 방문한 순서와는 반대로 정점들을 탐색하기 때문이다. 즉 가장 최근 경로가 꼭대기에 있다. 정점들을 검색된 순서로 탐색하기 위해서 FIFO 큐를 사용한다. 큐의 전면부에 있는 경로가 더 먼저의 정점으로부터의 경로이다; 큐의 후반부에 있는 경로가 더 나중의 정점으로부터의 경로이다.

깊이 우선 전략을 사용하기 위한 탐색으로 수정하기 위해 스택 연산에 대한 모든 호출을 유사한 FIFO 큐 연산으로 변경한다. Austin으로부터 Washington까지 경로를 탐색하기 위해 Austin으로부터 직접 도달할 수 있는 모든 도시 Dallas와 Houston을 큐에 입력한다(그림 9.12a). 그리고 나서 전단부 큐 요소를 큐로부터 가지고 온다. Dallas는 찾고 있는 목적지가 아니므로 아직 방문하지 않은 Dallas에 인접한 모든 도시 Chicago와 Denver를 큐에 입력한다(그림 9.12b). (Austin은 이미 방문했기 때문에 큐에 입력되지 않는다.) 다시 큐로부터 전단부 요소를 가지고 온다. 이 요소는 Austin으로부터 직접 갈 수 있는 또 다른 도시 Houston이다. Houston 역시 원하는 목적지가 아니기 때문에 계속해서 탐색한다. Houston으로부터 직접 도달할 수 있는 도시는 Atlanta 하나 뿐이다. Atlanta는 아직 방문되지 않았기 때문에 큐에 입력된다(그림 9.12c).

Washington에 한 번에 직접 도달할 수 없음을 알기 때문에 두 번에 도달할 수 있는 경로를 탐색하기 시작한다. Chicago를 큐로부터 가지고 온다. Chicago는 목적지가 아니므로 그것의 인접한 도시인 Denver를 큐에 입력한다(그림 9.12d). 지금 매우 흥미 있는 상황이 되었다: Denver가 큐에 두 번 입력되었다. 출발하는 항공편을 탐색할 때 도시를 큐에 입력하거나 큐로부터 가지고 온 후에 방문했던 도시를 표시하는가? 만약 도시를 큐로부터 가지고 온 후에만 도시를 표시한다면 같은 정점이 여러 번 큐에 입력될 수 있다(그래서 도시를 큐로부터 가지고 온 후에 표시하는지를 알아둘 필요가 있다).

다른 방법은 도시가 큐에 입력되기 전에 방문되었던 도시를 표시하는 것이다. 어떤 방법이 더 좋겠는가? 그것은 처리 목표에 달려 있다. 또 다른 경로들이 존재하는지 알기를 원할 때 도시를 한 번 이상 큐에 입력할 수 있다.

[그림 9.12] 경로 저장을 위한 큐 사용

예제로 다시 돌아가서: 큐에 Denver를 입력하고 다음 단계로 큐의 전단부에서 도시 하나를 읽는다. Denver는 목적지가 아니므로 방문되지 않은 Denver의 근접한 도시들을(단지 Atlanta뿐이다) 큐에 입력한다(그림 9.12e). 이러한 과정은 (Atlanta로부터) Washington이 큐에 입력되고 마침내 큐로부터 제거될 때까지 계속한다. 목적지가 발견되었다면 탐색은 종료된다. 이러한 탐색이 그림 9.13에 나타난다. 그림 9.13에서 에지상의 숫자는 탐색된 순서를 의미한다.

넓이 우선 탐색 방법에 대한 소스 코드는 스택을 FIFO 큐로 대체했다는 것을 제외하면 깊이 우선 탐색을 위한 코드와 동일하다. 또한 그 코드는 메소드 isPath2로서 교재의 남은 부분에서 활용가능한 UseGraph.java 응용에 포함된다.

```
private static boolean isPath2(WeightedGraphInterface graph,
                               Object startVertex,
                               Object endVertex      )
```

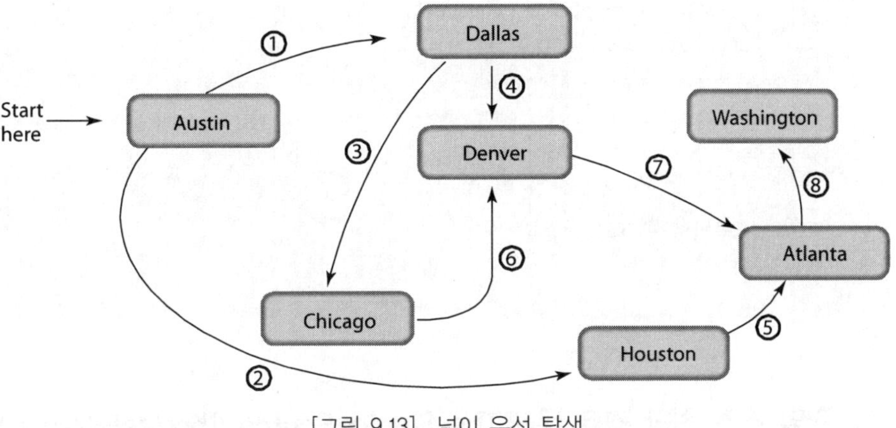


[그림 9.13] 넓이 우선 탐색

```
// startVertext로부터 endVertex까지 그래프에 경로가 존재한다면 true 반환
// 그렇지 않으면, false 반환.    넓이 우선 탐색 알고리즘을 사용한다.

{
  QueueInterface queue = new LinkedQueue();
  QueueInterface vertexQueue = new LinkedQueue();

  boolean found = false;
  Object vertex;
  Object element;

  graph.clearMarks();
  queue.enqueue(startVertex);
  do
  {
    vertex=queue.dequeue();
    if(vertex == endVertex)
      found = true;
    else
    {
      if(!graph.isMarked(vertex))
      {
        graph.markVertex(vertex);
        vertexQueue = graph.getToVertices(vertex);

        while(!vertexQueue.isEmpty())
        {
```

```
            element = vertexQueue.dequeue();
            if(!graph.isMarked(element))
               queue.enqueue(element);
         }
      }
   }
  }while(!queue.isEmpty() && !found);
  return found;
}
```

## 단일 소스 최단 경로 문제(The Single-Source Shortest-Paths Problem)

지금까지 설명했던 두 가지 탐색 연산으로부터 하나의 정점에서 또 다른 정점까지 여러 경로가 있음을 알았다. Austin으로부터 Air Buster가 운항하는 또 다른 도시 각각으로의 최단 경로를 찾는다고 가정하자. "최단 경로"란 에지들의 가중치 총 합이 가장 작은 값을 갖는 경로를 의미한다. Austin으로부터 Washington까지 다음 두 가지 경로를 고려하자:

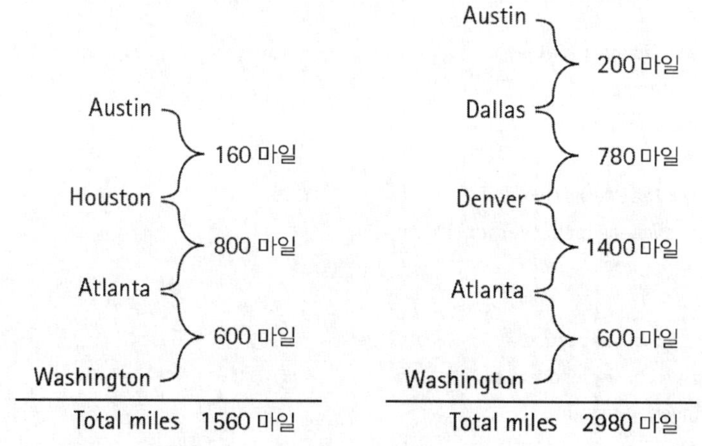


부수적으로 우리가 자주 애용하는 항공사의 마일리지를 모으려고 하지 않는다면 첫번째 경로를 더 선호할 것이 명백하다.

지명된 출발 도시로부터 그래프에 있는 모든 다른 도시까지 최단 경로를 나타내는 알고리즘을 개발하자 - 이번에는 출발 도시부터 목적지 도시까지의 경로를 탐색하는 것이 아니다. 이 전에 설명했던 두 가지 그래프 탐색에서처럼 나중에 처리할 도시들을 저장하기 위해 보조적인 자료 구조가 필요하다. 깊이 우선 탐색은 자료구조에 가장 최근에 입력되었던 도시를 검색함으로써 계속해서 앞으로 나아간다.

한 번의 비행으로 갈 수 있는지 찾고 그렇지 않으면 두 번의 비행, 세 번의 비행, 그 다음으로 계속해서 탐색해 간다. 막다른 정점에 도달했을 때에만 더 적은 비행 경로를 위해 뒤로 되돌아 간다. 그러한 접근 방법은 최단 경로 문제에 적합하지 않다.

넓이 우선 탐색은 자료 구조에서 가장 오래 저장되어 있던 도시를 검색함으로써 한 번의 비행으로 갈 수 있는 모든 도시, 두 번의 비행으로 갈 수 있는 모든 도시 그리고 그 다음으로 계속하여 탐색을 시도한다. 넓이 우선 탐색은 최소 비행으로 갈 수 있는 경로를 찾는다. 그러나 최소 비행은 반드시 최단 거리를 의미하는 것은 아니다.

이 접근 방법도 최단 경로 문제를 해결하기 위해 적합하지 않다.

깊이 우선 탐색이나 넓이 우선 탐색과 달리 최단 경로 탐색은 도시들 간의 마일을 표시하는 숫자(에지 가중치)를 사용해야 한다. 현재 정점과 거리상 가장 가까운 정점 즉, 최소 에지 가중치로 연결되는 정점을 검색해야 한다. 만약 최단 거리가 가장 높은 우선 순위가 된다면 우선 큐라는 가장 적합한 자료 구조를 사용할 수 있다.

우리가 작성한 알고리즘은 우선 큐를 사용한다. 우선 큐의 요소들에는 출발 도시부터 거리의 순서대로 항공편(에지)이 저장된다. 즉, 우선 큐의 요소들은 세 가지 속성을 갖는 객체들이다: fromVertex, toVertex, 그리고 distance. 이들 객체들을 정의하는 Flights라는 클래스를 사용한다. 클래스는 두 개의 항공편을 비교하기 위해(짧은 것이 더 좋다) distance 속성을 사용하면서 Comparable 인터페이스를 구현한다.

세 가지 속성을 인수로 받는 생성자를 제공하고 속성들을 위해 표준 메소드인 setter, getter 메소드를 제공한다. 코드는 support 패키지의 부분이다. 다음은 최단 경로 알고리즘이다:

```
shortestPaths(graph, startVertex)
graph.ClearMarks( )
Create flight(startVertex, startVertex, 0)
pq.enqueue(flight)
do
  flight = pq.dequeue( )
  if flight.getToVertex() is not marked
    Mark flight.getToVertex()
    Write flight.getFromVertex, flight.getToVertex, flight.getDistance
    flight.setFromVertex(flight.getToVertex())
    Set minDistance to flight.getDistance()
    Get queue vertexQueue of vertices adjacent from flight.getFromVertex()
    while more vertices in vertexQueue
      Get next vertex from vertexQueue
      if vertex not marked
        flight.setToVertex(vertex)
        flight.setDistance(minDistance + graph.weightIs(flight.getFromVertex(), vertex))
        pq.enqueue(flight)
while !pq.isEmpty( )
```

주의 :
미묘한 오류를 포함한다

최단 경로 탐색을 위한 알고리즘은 다음과 같은 세 가지 중요한 차이를 제외하면 깊이 우선 탐색과 넓이 우선 탐색에서 사용했던 알고리즘과 유사하다.

1. FIFO 큐나 스택보다는 우선 큐를 사용한다.
2. 목적지가 없어도 더 이상 처리할 도시가 없을 때만 멈춘다
3. 참조에 의한 저장 우선 큐(store-by-reference priority queue)를 사용하는 것은 올바른 사용이 아니다.

이 알고리즘을 코딩할 때, 미묘한 그러나 치명적인 오류를 만날 것이다. 이 오류는 “복사에 의해”가 아니라 “참조에 의해” 정보를 큐에 저장하는 것과 연관이 있다. 계속 진행하기 전에 오류를 발견할 수 있는지를 보기 위해서 알고리즘을 다시 한 번 보자.

참조에 의해 정보를 저장하는 것에 대한 위험을 언급했던 6장의 특징 부분을 상기하자. 특별히 그 부분에서는 우리에게 객체를 자료구조에 저장하고 저장된 객체를 수정할 때 신중하라고 경고했다. 만약 객체를 변경할 때 그 객체에 동일한 참조를 사용한다면, 그 변경은 자료 구조 안에 있는 객체에게 실행된다. 때때로 이러한 결과는 우리가 원하는 결과지만(8장의 사례 연구를 보자) 또 다른 경우에는 현재 예제에서처럼 문제를 야기시킨다. 이 알고리즘에서 잘못된 부분을 살펴보자.

```
while more vertices in vertexQueue
   Get next vertex from vertexQueue
   if vertex not marked
      flight.setToVertex(vertex)
      flight.setDistance(minDistance + graph.weightIs(flight.getFromVertex(), vertex))
      pq.enqueue(flight)
```

여러분들은 문제를 파악할 수 있는가? 알고리즘의 이 부분은 현재 정점에 인접한 정점들의 큐를 탐색하고 거기에서 발견된 정보에 근거하여 우선 큐 pq에 Flights 객체들을 입력한다. 변수 flight는 Flights 객체까지의 참조이다. 인접 정점들의 큐가 도시 Atlanta와 Houston과 관련된 정보를 저장하고 있다고 가정하자. 이 루프의 첫 번째에서, flight에 Atlanta와 관련된 정보를 입력하고 flight를 pq에 저장한다. 루프의 그 다음 번에서 flight에 의해 참조되는 Flights 객체를 수정한다. setter 메소드를 사용해서 Houston에 대한 정보를 포함하기 위해 객체를 갱신하고 그것을 다시 pq에 저장한다. 지금 pq는 Atlanta와 Houston에 대한 정보를 포함한다. 맞는가? 아니다. Houston 정보로 flight에 있는 정보를 변경할 때 그 변경은 pq상에 이미 존재하는 flight에 반영된다. flight 변수는 여전히 그 객체를 참조한다. 실제로, pq 구조는 지금 같은 flight로 두 개의 참조를 포함한다. 그리고 그 flight는 Houston 정보를 포함한다.

이 문제를 해결하기 위해서, pq상에 저장하기 전에 새로운 flight 객체를 생성해야 한다. 다음은 알고리즘의 수정된 버전이다 :

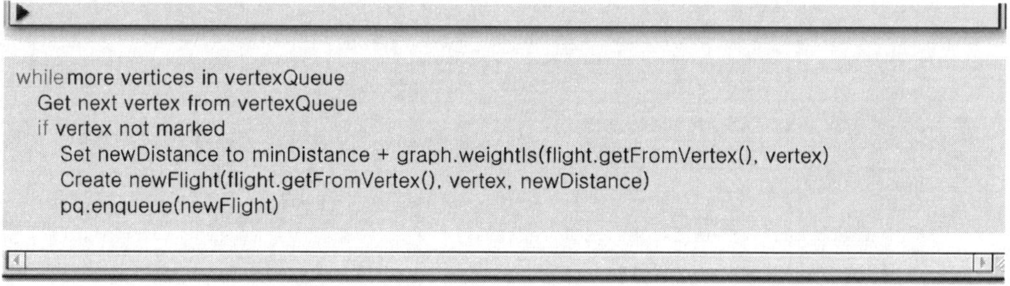

```
while more vertices in vertexQueue
   Get next vertex from vertexQueue
   if vertex not marked
      Set newDistance to minDistance + graph.weightIs(flight.getFromVertex(), vertex)
      Create newFlight(flight.getFromVertex(), vertex, newDistance)
      pq.enqueue(newFlight)
```

여기에 (UseGraph.java 응용에 포함된) 최단 경로 알고리즘을 위한 소스 코드가 있다. 전에처럼, 그 코드는 우선 큐와 큐의 구현을 가져다 사용한다고 가정한다. 우선 큐에 대해서 Heap 클래스를 사용한다. 더 높은 우선 순위를 나타내기 위해 더 작은 거리를 원하지만 Heap 클래스는 dequeue 메소드로부터 가장 큰 값을 반환하는 최대 힙을 구현한다. 이 문제를 해결하기 위해 새로운 힙 클래스인 최소 힙을 정의하는 방법도 있다. 그러나 더 쉬운 방법이 있다. 현재 힙 클래스는 힙 flight의 compareTo 메소드에 의해 반환되는 값들에 대해 어떤 값이 "더 큰 값이냐"에 대한 결정을 토대로 한다. 그러므로 만약 인수로 들어온 비행 거리가 더 작다면 현재 비행이 인수인 비행보다 "더 멀다"를 나타내는 것으로 Flights 클래스의 compareTo 메소드를 정의한다. 힙의 트리에 있는 모든 비행에 대해 flight.distance는 자식 노드에 있는 비행 각각의 거리 값보다 작거나 같다.

```
private static void shortestPaths(WeightedGraphInterface graph,
                                  Object startVertex)
// 그래프에서 startVertex부터 다른 모든 도달 가능한 정점까지
// 최단 경로를 작성하시오
{
  Flights flight;
  Flights saveFlight;                   // 우선 큐를 저장하기 위해서
  int minDistance;
  int newDistance;

  Heap pq = new Heap(20);               // 적어도 20개의 정점들이 있다고 가정
  Object vertex;
  UnboundedQueueInterface vertexQueue = new LinkedUnbndQueue();
  graph.clearMarks();
  saveFlight = new Flights(startVertex, startVertex, 0);
  pq.enqueue(saveFlight);

  System.out.println("Last Vertex Destination Distance");
  System.out.println("------------------------------");

  do
  {
    flight = (Flights)pq.dequeue();
    if (!graph.isMarked(flight.getToVertex()))
    {
      graph.markVertex(flight.getToVertex());
      System.out.println(flight);
      flight.setFromVertex(flight.getToVertex());
      minDistance = flight.getDistance();
      vertexQueue = graph.getToVertices(flight.getFromVertex());
      while (!vertexQueue.isEmpty())
      {
        vertex = vertexQueue.dequeue();
        if (!graph.isMarked(vertex))
        {
          newDistance = minDistance
```

```
                    + graph.weightIs(flight.getFromVertex(), vertex);
          saveFlight = new Flights(flight.getFromVertex(), vertex,
                                  newDistance);
          pq.enqueue(saveFlight);
        }
      }
    }
  }while(!pq.isEmpty());
}
```

위에 작성된 메소드로부터의 출력은 목적지 이전에 방문했던 마지막 정점과 마찬가지로 startVertex로부터 그래프에 있는 다른 정점들 각각으로의 총 최단 거리를 보여주는 도시의 쌍(에지)의 테이블이다. 하나의 정점을 인쇄하는 것은 해당 도시 이름을 인쇄한다는 것을 의미한다. 만약 graph가 그림 9.9에 있는 정보를 포함한다면, 다음의 메소드 호출은

```
shortestPaths(graph, startVertex);
```

startVertex가 Washington에 해당하므로, 아래와 같이 출력할 것이다.

```
Last            Destination         Distance
---------------------------------------------
Washington      Washington          0
Washington      Atlanta             600
Washington      Dallas              1300
Atlanta         Houston             1400
Dallas          Austin              1500
Dallas          Denver              2080
Dallas          Chicago             2200
```

Washington으로부터 각 목적지까지 최단 경로의 거리는 오른쪽에 있는 두 개의 컬럼에서 볼 수 있다. 예를 들어 Washington으로부터 Chicago까지 비행 거리는 총 2,200마일이다. 왼쪽의 첫 번째 컬럼은 탐색에서 어떤 도시에서 출발했는지를 보여준다. Washington으로부터 Chicago까지의 최단 경로를 계산해보자. 왼쪽 첫 번째 컬럼으로부터 그래프에 있는 마지막 정점까지 가기 위한 그 다음 정점은 Dallas이다. 중간 컬럼인 목적지 컬럼에서 Dallas를 볼 수 있다: Dallas 전의 정점은 Washington이다. 전체 경로는 Washington-Dallas-Chicago이다. (더 직접적인 경로에 대한 또 다른 항공 노선을 찾기를 원할 수도 있다!)

### 도달할 수 없는 정점들

지금까지의 모든 예제에서 우리는 그래프의 주어진 시작점에서 모든 다른 정점까지 도달할 수 있는가 만을 찾아왔다. 그런데 만약 사실이 그렇지 않다면 어떻게 해야 할까? 새로운 항공 노선을 묘사하고 있는 그림 9.14의 가중치 그래프를 고려해 보자. Washington과 Dallas 사이의 에지를 지웠다는 점만 제외하면 그림 9.9와 동일한 그래프이다. 만약 shortestPaths 메소드를 실행할 때 이 그래프를 이용하고 startVertex를 Washington으로 한다면, 다음과 같은 출력을 얻을 수 있다:

```
Last            Destination        Distance
--------------------------------------------
Washington      Washington         0
Washington      Atlanta            600
Atlanta         Houston            1400
```

새로운 그래프를 신중하게 살펴보면 Air Buster 항공사를 이용할 경우에 Washinton으로부터는 단지 Atlanta와 Houston까지만 도달할 수 있다는 것을 알 수 있다.

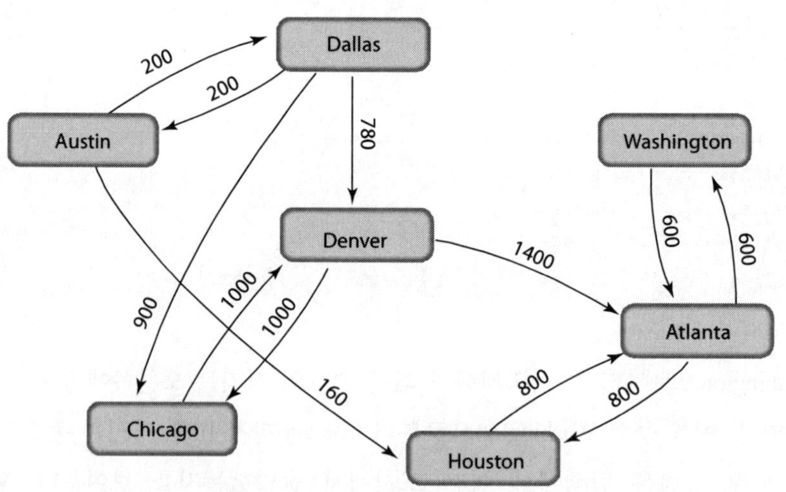


[그림 9.14] 항공사-항로 다리의 새로운 집합

도달할 수 없는 정점도 출력하도록 shortestPaths 메소드를 확장해 보자. 도달할 수 있는 정점들에 대한 정보를 발생한 후에 도달할 수 없는 정점들을 어떻게 결정할 수 있을까? 그것은 쉽다! 도달할 수 없는 정점은 도달했다는 표시가 없는 정점들이다. 단순히 임의의 정점들이 도달하지 않은 채로 남아 있는지 확인하는 것이 필요하다. Graph ADT는 이러한 상황을 위해 특별히 getUnmarked 라는 연산을 제공한다.

```
System.out.println("The unreachable vertices are:");
vertex = graph.getUnmarked();
while(vertex != null)
{
  System.out.println(vertex);
  graph.markVertex(vertex);
  vertex = graph.getUnmarked();
}
```

지금 shortestPaths를 호출하면 다음과 같은 출력을 얻을 수 있다:

```
Last            Destination         Distance
--------------------------------------------
Washington      Washington          0
Washington      Atlanta             600
Atlanta         Houston             1400
```

다음은 도달할 수 없는 정점들이다:

```
Austin
Chicago
Dallas
Denver
```

연습문제 27에서 여러분에게 그래프의 연결된 요소들의 개수를 세는 문제가 제시된다. 이것은 getUnmarked 메소드를 이용하는 또 다른 흥미있는 응용이다.

이것은 4장에서 설명했던 블록 세기 문제와 관련이 있다. 사실 이 두 문제는 논리적으로는 같은 문제이다.

# 9.6 그래프의 여러 구현 방법

## 배열을 기반으로 한 구현

본 장의 요약에 있는 그림 9.18은 배열을 기반으로 한 그래프 구현 클래스를 나타내는 UML 클래스 다이어그램을 보여준다.

**인접 행렬** : N 개의 노드로 구성된 그래프에 대해 그래프에 있는 모든 에지들의 존재 여부 (그리고 가중치)를 보여주는 N x N 테이블

그래프에 있는 정점들인 V(그래프)를 표현하는 간단한 방법은 배열을 사용하는 것이며 여기에서 배열의 요소는 정점을 나타낸다. 예를 들어, 정점들이 도시 이름을 나타낸다면 배열은 도시 이름을 나타내는 문자열을 저장한다. 그래프에 있는 에지들인 E(그래프)를 표현하는 간단한 방법은 인접 행렬 즉, 에지 값(가중치)들의 2차원 배열을 사용하는 것이다. 2차원 배열에서 하나의 가중치 값을 나타내는 색인 값은 에지에 의해 연결된 두 정점을 의미한다. 그러므로 하나의 그래프는 정수 변수인 numVertices, 일차원 배열인 vertices, 이차원 배열인 edges로 구성된다. 그림 9.15는 그림 9.9에서 보여준 7 개의 도시 사이에 Air Buster 항공의 그래프 구현을 보여준다. 간단히 하기 위해서 탐색 동안에 정점을 방문했는지 표시하는데 필요한 추가적인 boolean 자료는 생략했다. 그림 9.15에 나타난 도시 이름들이 알파벳 순서이기는 하나 이 배열의 요소들이 정렬되어야 할 필요는 없다.

그래프의 이러한 표현 방법에서 언제나

- numVertices는 그래프에 있는 정점들의 수이다.
- V(그래프)는 vertices[0]..vertices[numVertices-1]에 포함된다.
- E(그래프)는 2차원 배열 edges[0][0]...edges[numVertices-1, numVertices-1]에 포함된다.

도시 이름들은 graph.vertices에 저장된다. graph.edges에 있는 각 에지의 가중치는 비행에 의해 연결된 두 도시 사이의 공중 거리를 나타낸다. 예를 들어 graph.edges[1][3]에 저장된 값은 Austin에서 Dallas 사이의 직항이 있으며 그 거리는 200마일임을 말한다.

graph
.numVertices 7
.vertices

| | |
|---|---|
| [0] | "Atlanta " |
| [1] | "Austin " |
| [2] | "Chicago " |
| [3] | "Dallas " |
| [4] | "Denver " |
| [5] | "Houston " |
| [6] | "Washington" |
| [7] | |
| [8] | |
| [9] | |

.edges

| | [0] | [1] | [2] | [3] | [4] | [5] | [6] | [7] | [8] | [9] |
|---|---|---|---|---|---|---|---|---|---|---|
| [0] | 0 | 0 | 0 | 0 | 0 | 800 | 600 | | | |
| [1] | 0 | 0 | 0 | 200 | 0 | 160 | 0 | | | |
| [2] | 0 | 0 | 0 | 0 | 1000 | 0 | 0 | | | |
| [3] | 0 | 200 | 900 | 0 | 780 | 0 | 0 | | | |
| [4] | 1400 | 0 | 1000 | 0 | 0 | 0 | 0 | | | |
| [5] | 800 | 0 | 0 | 0 | 0 | 0 | 0 | | | |
| [6] | 600 | 0 | 0 | 1300 | 0 | 0 | 0 | | | |
| [7] | | | | | | | | | | |
| [8] | | | | | | | | | | |
| [9] | | | | | | | | | | |

(Array positions marked "•" are undefined)

[그림 9.15] 도시들 사이의 비행 경로 그래프를 나타내는 행렬

graph.edges[1][6]에 저장된 NULL_EDGE 값 0은 Austin에서 Washington 사이에 직항 노선이 없다는 것을 말한다. 이 그래프는 가중치가 공중 거리를 나타내는 가중치 그래프이기 때문에 에지 값의 유형은 int 이다. 만약 가중치 그래프가 아니었다면 에지 값의 유형은 boolean 이었을 것이고 인접 행렬의 각 위치에 두 정점 사이에 에지가 존재한다면 true가 존재하지 않는다면 false가 저장될 것이다.

다음은 클래스 WeightedGraph 정의의 시작 부분이다. 간단히 하기 위해서, 에지 값의 유형은 int라고 하고 null 에지는 0으로 표기한다고 가정한다.

```
//----------------------------------------------------------------
// WeightedGraph.java     by Dale/Joyce/Weem       9장
// 가중치 에지를 갖는 방향성 그래프를 구현한다.
// 정점들은 객체이고 방문되었다고 표시될 수 있다.
// 에지 가중치는 정수이다.
//
// 전제조건 : addVertex와 hasVertex 메소드를 제외하고 메소드에 인수로
// 넘겨지는 임의의 정점은 이 그래프 안에 있다.
//----------------------------------------------------------------
```

```
package ch09.graphs;

import ch05.queues.*;

public class WeightedGraph implements WeightedGraphInterface
{
  public static final int NULL EDGE = 0;
  private static final int DEFCAP+ 50;    // 디폴트 용량
  private int numVertices;
  private int maxVertices;
  private Object[] vertices;
  private int[][] edges;
  private boolean[] marks;   // marks[i]는 vertices[i]에 대한 표시이다

  public WeightedGraph()
  // 용량 DEFCAP 정점들을 갖는 그래프 객체를 생성
  {
    numVertices = 0;
    maxVertices = DEFCAP ;
    vertices = new Object[DEFCAP];
    marks = new boolean[DEFCAP];
    edges = new int[DEFCAP][DEFCAP];
  }

  public WeightedGraph(int maxV)
  // 용량 maxV를 갖는 그래프 객체를 생성
  {
    numVertices = 0;
    maxVertices = maxV;
    vertices = new Object[maxV];
    marks = new boolean[maxV];
    edges = new int[maxV][maxV];
  }
...
}
```

클래스 생성자는 vertices와 marks(정점이 표시되었는지를 나타내는 boolean 배열)에 대한 공간을 할당해야 한다. 디폴트 생성자는 vertices와 marks에 대해 DEFCAP = 50에 해당하는 공간을 할당한다. 인수를 갖는 생성자는 사용자에게 정점들의 최대값을 설정하도록 한다.

addVertex 연산은 정점을 배열 vertices의 빈 공간에 저장한다. 새로운 정점은 아직 에지가 없기 때문에 해당되는 2차원 배열의 위치를 NULL_EDGE(이 경우에는 0)로 초기화한다.

```
public void addVertex(Object vertex)
// 전제조건 : 이 그래프는 꽉 찬 그래프가 아니다.
//            정점은 이 그래프에 없다
//            정점은 null이 아니다.
//
// 그래프에 정점을 추가하시오.
{
  vertices[numVertices] = vertex;
  for (int index =0 ; index < numVertices; index++)
  {
    edges[numVertices][index] = NULL EDGE;
    edges[index][numVertices] = NULL EDGE;
  }
  numVertices++;
}
```

그래프에 에지를 추가하기 위해서 먼저 추가하고 싶은 에지를 정의하는 fromVertex와 toVertex를 정해야 한다. 이들 값은 addEdge 메소드의 인수가 되고 일반적인 Object 클래스이다. 물론, 클라이언트는 정점 객체들까지의 참조를 넘겨준다. 왜냐하면 그것이 Java에서 객체를 다루는 방법이기 때문이다.

지금 "참조에 의한" 그래프를 구현하고 있으므로 이 전략은 클라이언트를 위해 문제를 내포해서는 안된다. 정확한 행렬 슬롯을 색인하기 위해서 각 정점에 대응하는 vertices 배열에 있는 색인가 필요하다. 일단 색인들을 알면, 행렬에 에지 가중치 값을 설정하는 것은 간단하다. 다음은 이에 관련된 알고리즘이다:

```
addEdge(fromVertex, toVertex, weight)
Set fromIndex to index of fromVertex in V(graph)
Set toIndex to index of toVertex in V(graph)
Set edges[fromIndex, toIndex] to weight
```

각 정점의 색인을 찾기 위해서, 정점을 받아서 vertices에서 정점에 대한 위치(색인)를 반환하는 탐색 메소드를 작성하자. WeightedGraph 클래스의 시작 부분에 있는 주석에서 언급한 전제 조건에 근거해서 addEdge에 넘겨지는 fromVertex와 toVertex 인수들은 V(그래프)에 이미 존재한다고 가정할 수 있다. 이런 가정은 탐색 메소드를 간단하게 한다. 이 탐색 메소드를 보조 메소드인 indexIs로 구현할 수 있다. 다음은 indexIs와 addEdge에 대한 코드이다 :

```
private int indexIs(Object vertex)
// vertices에 있는 정점의 색인을 반환
{
  int index = 0;
  while (vertex != vertices[index])
      index++;
  return index;
}

public void addEdge(Object fromVertex, Object toVertex, int weight)
// fromVertex부터 toVertex까지 명시된 가중치를 갖는 에지를 추가
{
  int row;
  int column;

  row = indexIs(fromVertex);
  column = indexIs(toVertex);
 edges[row][column] = weight;
}
```

weightIs 연산은 addEdge의 거울에 비친 상(mirror image)이다.

```
public int weightIs(Object fromVertex, Object toVertex)
// 만약 fromVertex로부터 toVertex까지의 에지가 존재하면 에지의 가중치를
// 반환하시오; 그렇지 않다면 특정 "null-edge" 값을 반환하시오.
{
  int row;
  int column;

  row = indexIs(fromVertex);
  column = indexIs(toVertex);
  return edges[row][column];
}
```

우리가 주목할 마지막 그래프 연산은 getToVertices이다. 이 메소드는 인수로 정점을 받고 명시된 정점으로부터 인접한 정점들의 큐를 반환한다. 즉, 명시된 정점으로부터 한 단계로

얻을 수 있는 모든 정점들의 큐를 반환한다. 에지를 나타내는 인접 행렬을 사용한다면, 정점에 인접한 노드들을 결정하는 것은 간단한 문제이다. 단지 edges에서 적당한 행만큼 반복하기만 하면 된다; NULL_EDGE가 아닌 값이 발견되면 큐에 해당하는 정점을 추가한다.

```
public QueueInterface getToVertices(Object vertex)
// vertex로부터 인접한 정점들의 큐를 반환 한다
{
  UnboundedQueueInterface adjVertices = new LinkedUnbndQueue();
  int fromIndex;
  int toIndex;
  fromIndex = indexIs(vertex);
  for (toIndex = 0 ; toIndex < numVertices ; toIndex++)
    if (edges[fromIndex][toIndex] != NULL EDGE)
      adjVertices.enqueue(vertices[toIndex]);
  return adjVertices;
}
```

inFull, isEmpty, hasVertex와 표시하는 것과 관련된 연산들(clearMarks, markVertex, isMarked, 그리고 getUnmarked)의 작성을 연습문제로 남겨 놓았다.

## 연결 리스트 구현

인접 행렬로 그래프의 에지를 표현하는 방식의 장점은 속도와 단순함이다. 두 정점의 색인가 주어지면 그들 사이의 에지의 존재(또는 가중치)를 결정하는 것은 O(1) 연산이다. 인접 행렬을 사용하는 문제점은 공간 사용이 $O(N^2)$ 연산이라는 것이다.

여기에서 N은 그래프에 있는 정점들의 최대 수이다. 만약 정점들의 최대 수가 크다면 인접 행렬은 많은 공간 낭비를 하게 될 것이다. 사용되는 공간은 필요할 때 더 큰 배열을 동적으로 할당하는 것에 의해 최소화 될 수 있지만 그러한 접근은 시간면에서 비효율적일 수 있다. 과거에는 연결된 구조를 사용함으로써 실행 시 필요할 때 메모리를 할당함으로써 공간을 절약하려고 했다. 그래프를 구현할 때도 유사한 접근 방법을 사용할 수 있다.

인접 리스트는 연결된 리스트이고 각 정점에 연결된 정점들을 식별하기 위해서 하나의 정점마다 하나의 리스트를 사용한다. 리스트는 몇 가지 다른 방법으로 구현될 수 있다. 그림 9.16은 그림 9.9의 그래프에 대해 두 가지 다른 인접 리스트 표현법을 보여준다.

**인접 리스트** : 특정 정점과 연결된 모든 정점들을 식별하는 연결 리스트; 각 정점은 자신의 인접 리스트를 갖는다.

그림 9.16(a)에서 정점들은 배열에 저장된다. 이 배열의 각 요소는 에지 노드들의 연결 리스트까지 참조를 포함한다. 이들 연결 리스트에 있는 각 노드는 색인 숫자, 가중치, 인접 리스트에 있는 다음 노드까지의 참조를 포함한다. Denver에 대한 인접 리스트를 살펴보자. 리스트에 있는 첫 번째 노드는 Denver로부터 Atlanta(색인가 0인 정점)까지 1,400마일이고 Denver로부터 Chicago(색인가 2인 정점)까지 1,000마일이라는 것을 나타낸다.

그림 9.16(b)에 있는 배열을 사용하지 않는 구현을 보자. 배열 대신에 정점들의 리스트가 연결 리스트로 구현된다. 인접 리스트에 있는 각 노드는 정점의 색인가 아닌 정점의 정보까지의 참조를 포함한다. 그림 9.16(b)가 너무나 많은 참조들을 포함하기 때문에 각각의 참조가 가리키는 정점을 화살표로 표기하지 않고 텍스트로 묘사하였다.

연결된 리스트 방법을 사용하는 Graph 클래스 메소드의 구현은 프로그래밍 연습으로 남겨놓았다.

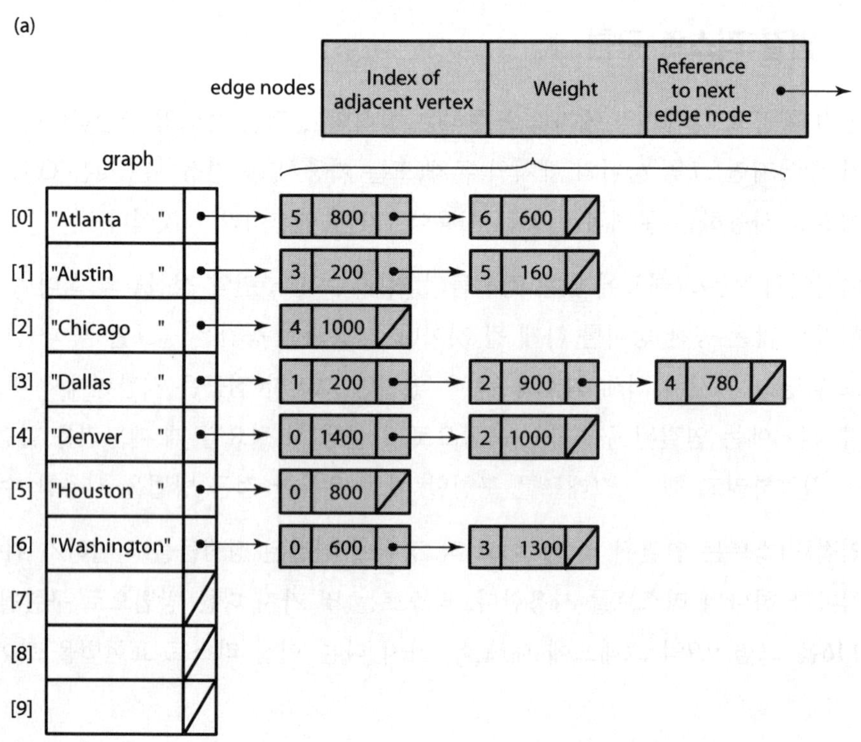

(b)

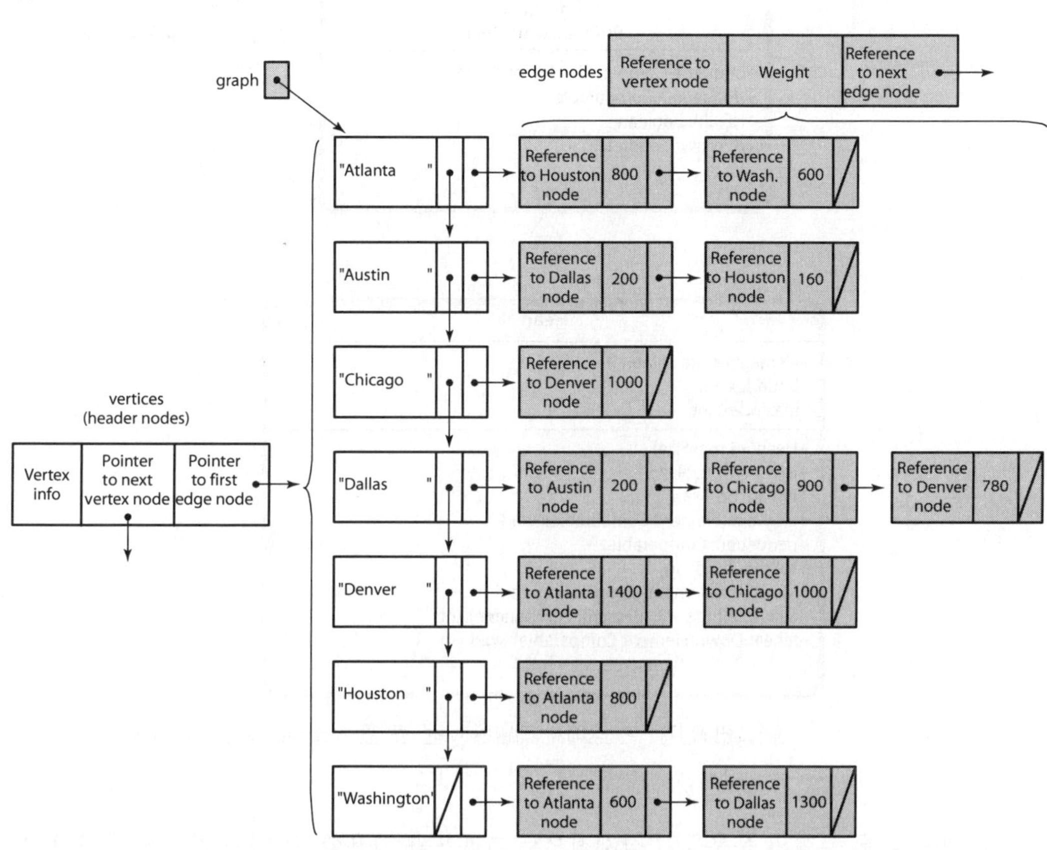


[그림 9.16] 그래프의 인접 리스트 표현

## 요약

본 장에서는 두 가지 자료 구조에 대해 설명하였다: 우선 큐와 그래프. 전자에 대해서는 특정 모양과 순서 속성을 갖는 이진 트리에 근거한 훌륭한 구현기법을 보았다. 대응하는 UML 다이어그램이 그림 9.17에 나와 있다. 후자에 대해서는 시간에 대해 효율적인 배열에 근거한 구현기법(그림 9.18에 UML 다이어그램이 나와 있다)을 보았으며 공간 효율적인 참조 기반의 구현기법을 설명하였다. 시간과 공간 효율이라는 타협안은 어떤 자료구조를 사용할 것인가를 선택할 때 핵심적인 고려사항이 된다.

그래프는 우리가 보아왔던 가장 복잡한 자료구조이다. 그래프는 매우 다목적인 도구이며 많은 실세계의 객체들과 상황들을 모델링하는데 좋은 방법이다.

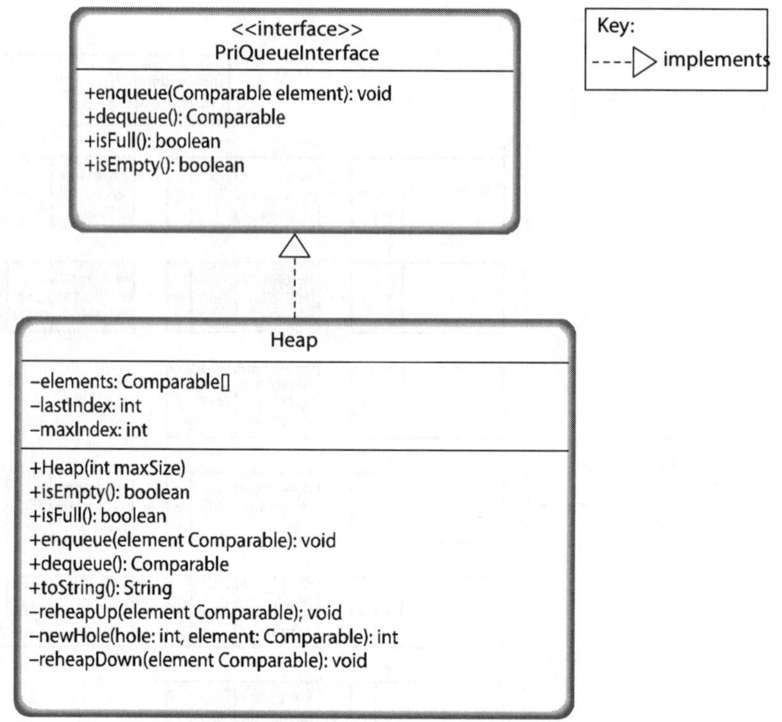


[그림 9.17] 본 장에서 개발된 우선 큐 관련 클래스와 인터페이스

많은 다른 유형의 응용들이 잠재적으로 그래프를 사용할 수 있기 때문에 다양한 변종이 존재하고 정의와 구현에 있어서 일반화 된 것들이 존재한다. 또한 그래프를 조작하고 탐색하기 위한 발전된 알고리즘들이 많이 개발되어 왔다. 그들은 일반적으로 알고리즘에 있어 고급 컴퓨터 과학 과정에서 자세히 다루게 된다.

## 연습문제

### 9.1 우선 큐

1. 우선 큐가 연결 리스트로 구현되어 있고 가장 큰 요소로부터 가장 작은 요소의 순으로 정렬되어 있다.

   a. 이러한 구현을 위해 필요한 선언부를 작성하시오.

   b. 이러한 구현을 사용해서 enqueue 연산을 작성하시오.

   c. 이러한 구현을 사용해서 dequeue 연산을 작성하시오.

2. 우선 큐가 이진 탐색 트리로 구현되어 있다.

   a. 이러한 구현을 위한 선언부를 작성하시오.

   b. 이러한 구현을 사용해서 enqueue 연산을 작성하시오.

   c. 이러한 구현을 사용해서 dequeue 연산을 작성하시오.

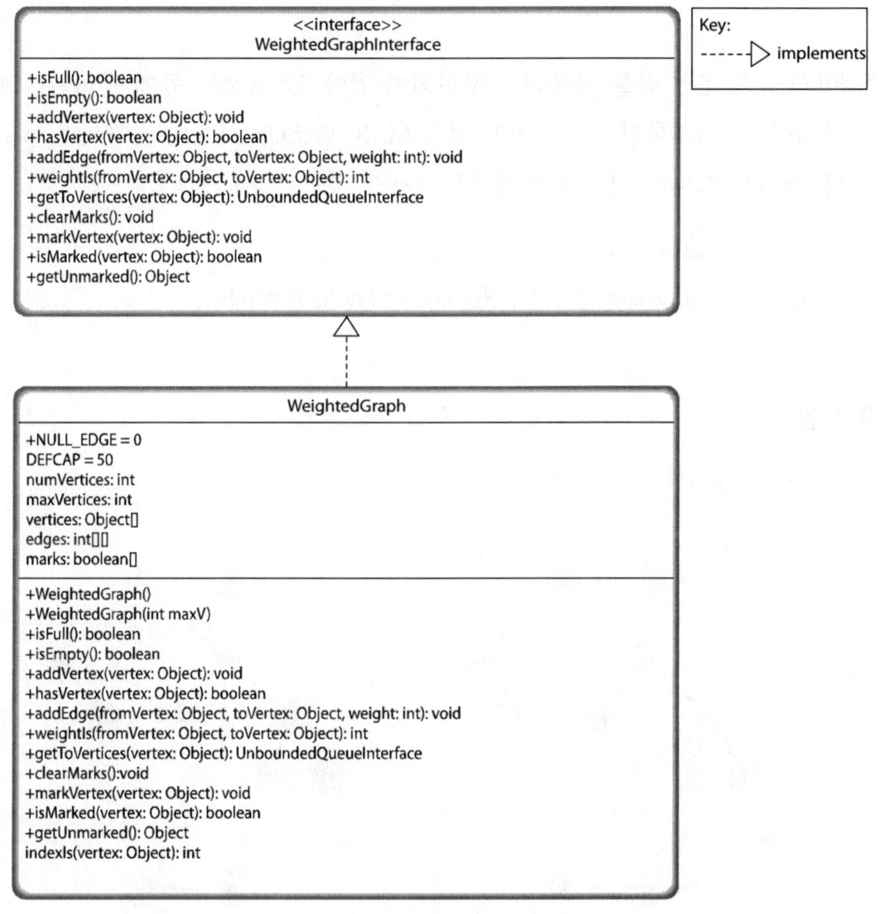


[그림 9.18] 본 장에서 개발된 가중치 그래프 관련 클래스와 인터페이스

3. 우선 큐가 순차적인 배열 기반 리스트로 구현되어 있다. 가장 높은 우선 순위 요소가 첫 번째 배열 위치에 있고 두 번째 우선 순위 요소가 두 번째 배열 위치에 있다.

   a. 이러한 구현을 위한 선언부를 작성하시오.

   b. 이러한 구현을 사용해서 enqueue 연산을 작성하시오.

   c. 이러한 구현을 사용해서 dequeue 연산을 작성하시오.

4. 스택이 우선 큐를 사용해서 구현되어 있다. 각 요소는 그것이 스택에 들어왔을 때 시간이 기록되어 있다. (기록된 시간은 0과 정수 MAX_VALUE 사이의 숫자이다. 하나의 요소가 스택에 push되는 때마다 다음번 가장 큰 숫자가 할당된다.)

   a. 가장 높은 우선순위 요소는 무엇인가?

   b. push, top, 그리고 pop 연산이 구현될 수 있는 방법을 설명하시오.

5. FIFO 큐가 우선 큐를 사용해서 구현되어 있다. 각 요소는 큐에 들어왔을 때의 시간이 기록되어 있다.(기록된 시간은 0과 정수 MAX_VALUE 사이의 숫자이다. 하나의 요소가 큐에 들어올 때마다 다음번 가장 큰 숫자가 할당된다.)

   a. 가장 높은 우선순위 요소는 무엇인가?

   b. enqueue 그리고 dequeue 연산이 구현될 수 있는 방법을 설명하시오.

## 9.2 힙

6. 다음 트리 중에서 어떤 것이 힙인가?

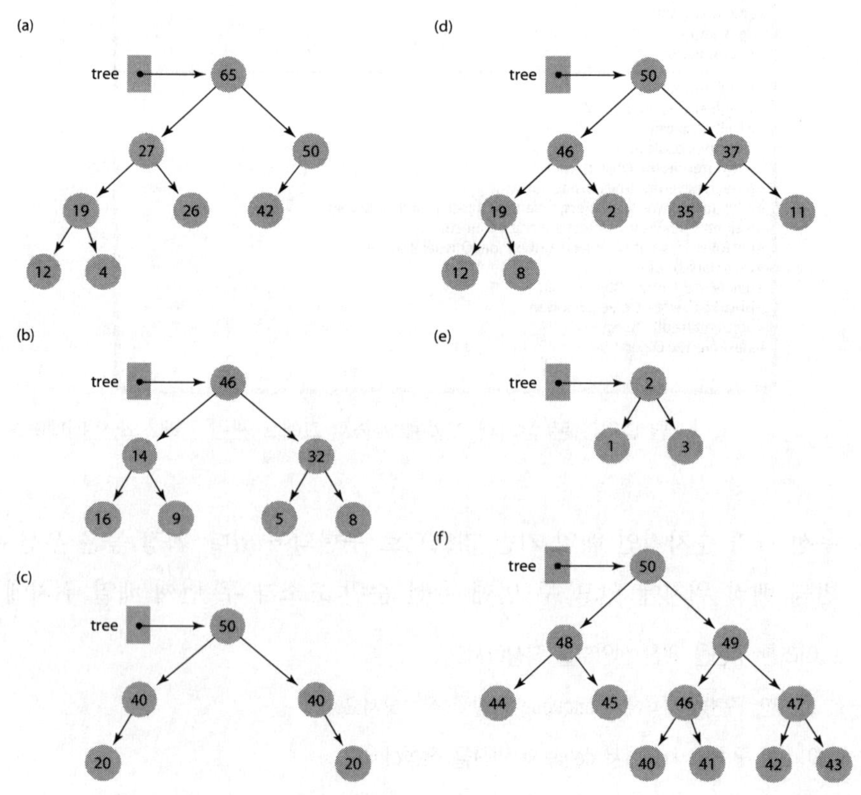

7. 힙의 이진 탐색 속성과 순서 속성을 만족하는 트리를 그리시오.

8. 최소 힙은 다음의 순서 속성을 갖는다: 각 요소 값은 그것의 자식 노드 각각의 값보다 작거나 같다. 본 장에서 주어진 힙 연산을 어떻게 수정해야 하는가?

9. 본 장에서 힙 보조 메소드인 reheapDown과 reheapUp의 반복 버전을 생성하였다.

 a. reheapDown의 재귀 버전을 작성하시오.

 b. reheapUp의 재귀 버전을 작성하시오.

 c. 이들 연산들의 재귀 버전을 Big-O 표기법을 사용하여 설명하시오.

10. 문자들을 포함하는 우선 큐가 배열에 저장된 힙으로 구현되어 있다. 전제 조건은 우선 큐가 중복된 요소를 포함할 수 없다는 것이다. 아래 그림에서처럼 현재 우선 큐에 10개의 요소가 있다. 힙의 속성을 만족하기 위해서 배열 7에서 9의 위치에 어떤 값이 저장되어야 할까?

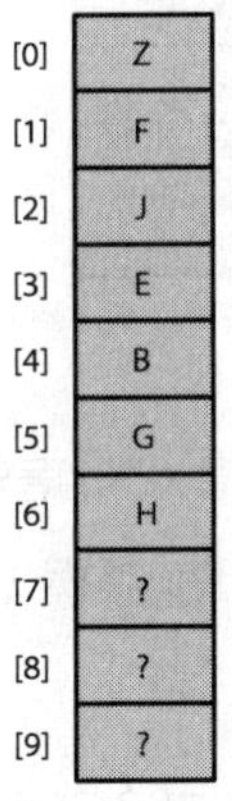


11. 우선 큐가 힙으로 구현되어 있다:

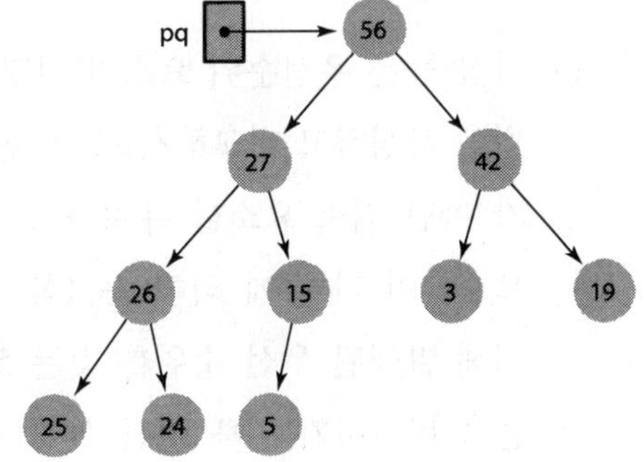

a. 다음 일련의 연산들을 수행한 후 이 힙이 어떻게 보일 것인가? 힙의 그림을 그려라.

```
pq.enqueue(28);
pq.enqueue(2);
pq.enqueue(40);
x = pq.dequeue(x);
 x = pq.dequeue(y);
 x = pq.dequeue(z);
```

b. (a)에 있는 일련의 연산을 수행한 후에 x, y, z의 값은 무엇일까?

12. 문자열들의 우선 큐가 힙을 사용해서 구현되어 있다. 힙은 다음과 같은 요소들을 포함한다.

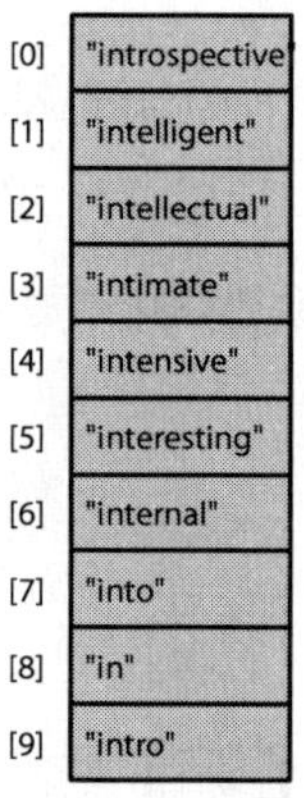


a. 우선 큐에서 그들의 우선 순위를 결정하기 위해 이들 문자열들의 어떤 특징이 사용되는가?

b. 문자열 "interviewing"을 추가함으로써 우선 큐는 어떤 영향을 받는지 보여라.

13. 가장 높은 우선순위 요소가 가장 작은 키 값을 갖는 요소인 우선 큐의 두 가지 구현 방법을 작성하고 비교하시오. 첫 번째 구현 방법은 최소 힙을 사용한다. 뿌리에 최대 요소가 아닌 최소 요소를 유지하기 위해 힙 연산들을 수정해야 한다. 두 번째 구현 방법은 요소들이 키 값에 의해 순서화되어 있는 선형 연결 리스트를 사용한다. 난수 발생기에 의해 발생된 우선 순위를 갖는 50개의 요소를 포함하는 자료 집합을 생성하시오. 연산들을 비교하기 위해 연산 실행 시 얼마나 많은 요소들을 접근하는지(힙 재구성의 경우에 비교하거나 또는 교환하는 경우) 셀 수 있도록 enqueue와 dequeue 연산들을 수정해야

한다. 50개의 실험 요소들을 enqueue하고 dequeue하는 드라이버를 작성하고 연산 실행 동안 접근되는 요소들의 수를 기록하시오. 작성한 드라이버를 각 구현 방법에 한 번 실행하시오.

**제출물**

- 두 가지 우선 큐 구현에 대해 명세와 구현 파일 내용
- 드라이버의 내용
- 실험 데이터 내용
- 두 가지 구현의 실행으로부터 얻어진 결과 내용
- 각 연산들을 실행할 때 접근되는 요소들의 수를 비교하는 보고서

## 9.3 그래프의 소개

연습문제 14, 15에서 무방향 그래프의 다음 내용을 사용하시오:

```
EmployeeGraph    = (V,E)
V(EmployeeGraph) = {Susan, Darlene, Mike, Fred, John, Sander, Lance, Jean, Brent, Fran}
E(EmployeeGraph) = {(Susan, Darlene), (Fred, Brent), (Sander, Susan), (Lance, Fran),
                   (Sander, Fran), (Fran, John), (Lance, Jean), (Jean, Susan), (Mike,
                   Darlene), (Brent, Lance), (Susan, John)}
```

14. EmployeeGraph의 그림을 그리시오.

15. EMployeeGraph에서 정점들 사이의 에지들에 의해 표현되는 관계를 가장 잘 표현한 절은 어떤 것인가?

   a. "works for"

   b. "is the supervior of"

   c. "is senior to"

   d. "works with"

연습문제 16~18에서 방향성 그래프의 다음 명세를 사용하시오.

```
ZooGraph     = (V,E)
V(ZooGraph)  = {dog, cat, animal, vertebrate, oyster, shellfish, invertebrate, crab,
                poodle, monkey, banana, dalmatian, dachshund}
E(ZooGraph)  = {(vertebrate, animal), (invertebrate, animal), (dog, vertebrate), (cat,
                shellfish), (oyster, shellfish), (poodle, dog), (dalmatian, dog), (dachshund,
                dog)}
```

16. ZooGraph의 그림을 그리시오.

17. ZooGraph에 있는 하나의 요소가 또 다른 요소까지 관계 X를 갖는다고 말하기 위해서 여러분들은 그들 사이에 경로를 찾는다. 인접 행렬 또는 그림을 사용해서 다음 진술이 옳은지를 보이시오.

a. dalmatian X dog

b. dalmatian X vertebrate

c. dalmatian X poodle

d. banana X invertebrate

e. oyster X invertebrate

f. monkey X invertebrate

18. 연습문제 17에서 관계 X를 가장 잘 묘사하는 절은 어떤 것인가?

a. "has a"

b. "is an example of "

c. "is a generalization of"

d. "eats"

연습문제 19와 20번을 위해 다음 그래프를 사용하시오

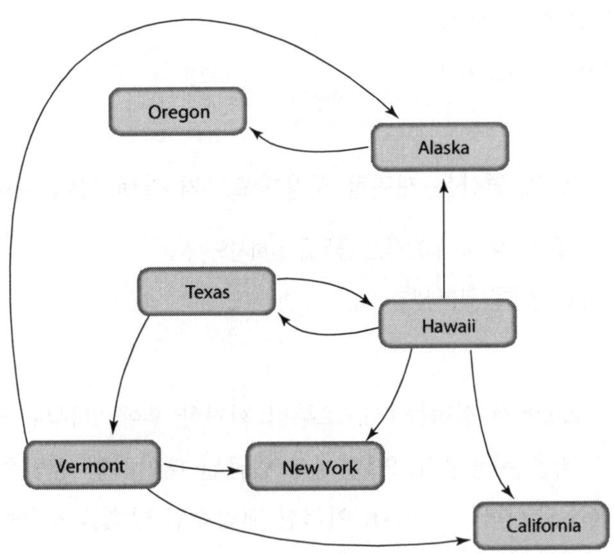


19. 위에 그려진 그래프를 형식 그래프 표기법을 이용하여 작성하시오.

```
V(StateGraph) =
E(StateGraph) =
```

20. 주 그래프에서

a. 그래프 안에 Oregon으로부터 임의의 다른 주까지 경로가 있는가?

b. 그래프 안에 Hawaii로부터 모든 다른 주까지 경로가 있는가?

c. 그래프 안의 어떤 주로부터 Hawaii까지 경로가 있는가?

## 9.4 Graph ADT의 정형 명세

21. 변환자 또는 관찰자로써 WeightedGraphInterface에서 정의된 메소드를 분류하시오.

22. Graph ADT에 대해 더 많은 연산들을 정의하는 것이 가능하다. WeightedGraphInterface에 여러분이 생각하기에 유용할 것 같은 연산 두 가지를 기술하시오.

## 9.5 그래프 응용

23. EmployeeGraph(예제 14에서 사용된)를 사용해서 Susan으로부터 Lance까지의 경로를 기술하시오.

a. 넓이 우선 전략을 사용할 것

b. 깊이 우선 전략을 사용할 것

24. 깊이 우선 탐색 연산은 재귀를 사용함으로써 스택 없이 구현될 수 있다.

a. 기본적인 경우를 말하시오. 일반적인 경우를 말하시오

b. 재귀 깊이 우선 탐색을 위한 알고리즘을 작성하시오.

25. isPath2 메소드에서 정점들을 큐로부터 제거한 후에 방문된 정점들을 표시하는 넓이 우선 탐색 방법을 사용한다. 9.5절에서 언급된 대안적인 방법은 정점들이 큐에 입력되기 전에 정점을 표시하는 것이다. 이러한 대안적인 방법을 사용하는 isPath3 메소드를 작성하시오. 여러분의 새로운 메소드를 useGraph 클래스에 포함시키고 여러분의 코드를 테스트하기 위해 사용할 수 있다.

26. shortestPaths 메소드는 그래프에서 두 정점 사이의 최소 거리와 관련 있다. 두 주어진 정점들 사이의 경로 상에 존재하는 에지들의 최소 값을 반환하는 minEdges 메소드를 작성하시오. 여러분의 새로운 메소드를 useGraph 클래스에 포함시키고 여러분의 코드를 테스트하기 위해 사용할 수 있다.

27. 비형식적으로, 그래프의 연결된 구성 요소는 그래프의 정점들의 부분 집합이다. 부분 집합에 있는 모든 정점들은 경로에 의해 서로 연결되어 있다. 예를 들어 다음 그래프는 세 가지 연결된 구성 요소로 이루어진다.

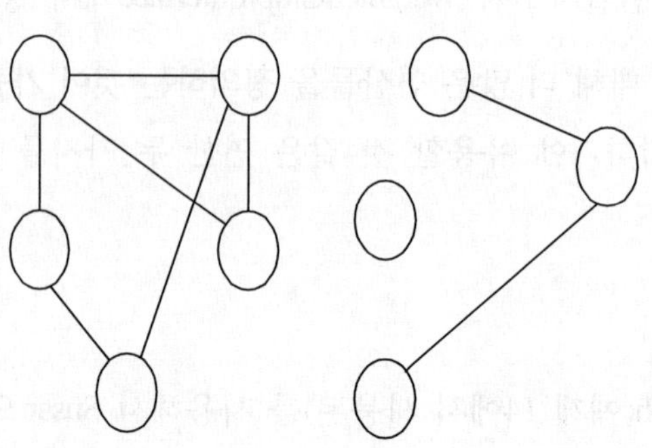

그래프에 존재하는 연결된 구성 요소의 수를 반환하는 numComponents 메소드를 작성하시오. 여러분의 새로운 메소드를 useGraph 클래스에 포함시키고 여러분의 코드를 테스트하기 위해 사용할 수 있다.

## 9.6 그래프의 구현

28. (연습문제 18에 나온) EmployeeGraph를 위한 인접 행렬을 그리시오. 알파벳 순으로 정점값들을 저장하시오.

29. (연습문제 16에 나온) ZooGraph를 위한 인접 행렬을 그리시오. 알파벳 순으로 정점들을 저장하시오.

30. WeightedGraph.java 파일에 메소드 isEmpty, isFull, clearMarks, markVertex, 그리고 isMarked에 대한 몸체를 작성하는 것으로 본 장에서 시작했던 가중치 Graph ADT의 구현을 완성하시오. 완성된 구현은 UseGraph 클래스를 사용해서 테스트하시오.

31. 본 장의 클래스 WeightedGraph는 두 정점이 하나의 에지로 연결되는지를 결정하는 boolean 연산 edgeExists를 포함하도록 확장된다.
    a. 이 메소드의 선언부를 작성하시오. 적절한 주석을 포함하시오.
    b. 본 장에서 개발된 인접 행렬 구현과 (a)에서 작성된 선언부를 사용해서 메소드의 몸체를 구현하시오.

32. 본 장의 클래스 WeightedGraph는 주어진 에지를 제거하는 removeEdge 연산을 포함하도록 확장된다.
    a. 이 메소드의 선언부를 작성하시오. 적절한 주석을 포함하시오.
    b. 본 장에서 개발된 인접 행렬 구현과 (a)에서 작성된 선언부를 사용해서 메소드의 몸체를 구현하시오.

33. 본 장의 클래스 WeightedGraph는 그래프로부터 정점을 제거하는 removeVertex 연산을 포함하도록 확장된다. 정점을 제거하는 것은 그래프에서 에지를 제거하는 것보다 더 복잡하다. 이 연산이 더 복잡한 이유를 설명하시오.

34. 그래프는 참조 또는 배열을 사용해서 구현될 수 있다. (연습문제 19에 나온) 주(state) 그래프에 대해:

    a. 이 그래프에서 에지들을 묘사할 인접 행렬을 그리시오. 알파벳 순서로 정점들을 저장하시오.

    b. 이 그래프에서 에지들을 묘사할 참조 인접 리스트 배열을 그리시오.

35. 그림 9.15에서처럼 배열에 저장된 정점들을 갖는 참조 기반 가중치 그래프 클래스를 설계하고 작성하시오. 여러분의 클래스는 WeightedGraphInterface를 구현해야 한다.

36. 그림 9.16에서처럼 연결 리스트에 저장된 정점들을 갖는 참조 기반 가중치 그래프 클래스를 설계하고 작성하시오. 여러분의 클래스는 WeightedGraphInterface를 구현해야 한다.

# 10 정렬 및 검색 알고리즘

이 장은 독자들이 아래와 같은 내용을 습득할 수 있도록 하는 것을 목표로 한다.

지식적 목표 (Knowledge Goals)

- 다음과 같은 정렬 알고리즘
  - 선택정렬 (Straight Selection Sort)
  - 버블정렬 (Bubble Sort - 2개의 버전)
  - 삽입정렬 (Insertion Sort)
  - 퀵정렬 (Quick Sort)
  - 병합정렬 (Merge Sort)
  - 힙정렬 (Heap Sort)
- Big-O 시간과 공간 요구사항에 따른 6개 정렬 알고리즘의 효율성 분석
- 다른 관점에서의 효율성 분석: 오버헤드(Overhead), 메소드 호출 시간 감소, 프로그래머 시간
- 다음 검색 알고리즘에 대한 설명 및 성능에 대한 논의

- 정렬되지 않은 리스트의 순차 검색 (Sequential Search)
- 정렬리스트의 순차 검색 (Sequential Search)
- 이진 검색 (Binary Search)
- 많은 부분이 정렬리스트의 검색

- 다음과 같은 용어 정의
  - 해싱 (Hashing)
  - 재해싱 (Rehashing)
  - 충돌 (Collisions)
  - Big-O 관점에서 검색 및 해싱 알고리즘의 효율성에 대한 논의
  - 선형 탐사 (Linear Probing)
  - 클러스터링 (Clustering)

기술적 목표 (Skill Goals)

- 다음 정렬 알고리즘 구현
  - 선택정렬 (Straight Selection Sort)
  - 버블정렬 (Bubble Sort - 2개의 버전)
  - 삽입정렬 (Insertion Sort)
  - 퀵정렬 (Quick Sort)
  - 병합정렬 (Merge Sort)
  - 힙정렬 (Heap Sort)
- 정렬 알고리즘 구현에 대한 안정성 결정
- 자바의 Comparator를 사용하여 객체들을 여러 개의 정렬 순서로 정렬하기
- 응용프로그램에 맞는 적절한 해싱 함수 설계 및 구현
- 해시 테이블의 충돌 해결 알고리즘 설계 및 구현

이 책의 많은 부분에서 우리는 리스트의 요소들을 정렬된 상태로 유지하는데 많은 어려움이 있음을 알 수 있었다. 예를 들어, 점수 순으로 정렬된 골프선수들, 거리 순으로 정렬된 항공노선, 오름차순으로 정렬된 숫자, 알파벳순으로 정렬된 단어 등이다. 물론 정렬하려는 목적 중 하나는 검색을 용이하게 하기 위함이다. 주어진 자료구조가 정렬되어 있다면 어떤 요소든지 빨리 찾을 수 있다.

이번 장에서는 여러 컴퓨팅 문제 중에서 기본이 되는 정렬과 검색 전략을 알아 보고자 한다. 10.1절은 정렬에 대한 소개를 한다. 10.2절에서는 간단한 정렬 알고리즘인 선택 정렬(Selection sort), 버블정렬(Bubble sort), 삽입정렬(Insertion sort)에 대해 알아본다. 10.3절은 좀 더 복잡하고 어렵지만 효율적인 알고리즘인 병합정렬(Merge sort), 퀵정렬(Quick sort), 힙정렬(Heap sort)에 대해 소개한다. 초반에는 알고리즘에 집중하기 위해 배열 내에 있는 정수를 정렬하는 것으로 가정한다. 10.4절에서는 일반적인 객체를 정렬하는 것을 다룬다. 10.5절은 검색에 대한 주제들을 소개하고, 10.6절에서는 특정 조건하에서 정보를 저장 및 추출하게 하는 해싱(Hashing)에 대해 자세히 알아본다.

# 10.1 정렬

정렬이 안 된 리스트의 요소들을 정렬하는 것은 당연하면서도 유용한 연산이다. 이번 장은 정렬 알고리즘뿐만 아니라 정렬된 리스트에서 특정 요소를 검색하는 알고리즘에 대해 설명한다.

다수의 요소들을 정렬하는 것은 극도로 시간이 많이 걸리므로 효율적인 알고리즘이 필요하다. 그러면 어떻게 효율성을 설명할 것인가? 리스트 요소간의 비교 연산 즉 2 개의 요소 중 어떤 것이 작은지를 비교하는 연산은 대부분의 정렬 알고리즘의 핵심이다. 정렬 알고리즘의 효율성을 측정하기 위해 요소간 비교연산의 횟수를 이용한다. 각 알고리즘에 대해 정렬될 리스트의 크기에 따른 비교연산의 횟수를 계산한 후, 이 계산결과를 바탕으로 Big-O 표기를 이용하여 알고리즘의 효율성을 설명한다.

각각의 알고리즘은 비교연산 외에도 다른 연산 즉 리스트 내 2개의 요소를 교환하는 연산을 포함한다. 요소를 교환하는 연산의 횟수 역시 알고리즘의 효율성을 측정하는 기준이다. 이 장의 연습문제에서는 알고리즘들을 다른 측정 방법으로 분석할 것을 요구한다.

효율성을 측정하는 다른 기준은 필요한 메모리 공간의 크기이다. 일반적으로 정렬 알고리즘을 고를 때 메모리 공간은 그리 중요한 요소가 아니다. 여기서는 메모리 공간이 고려될 필요가 있는 2개의 알고리즘만 알아 본다. 수행 시간과 메모리 공간 간의 상관관계는 정렬 알고리즘에 적용된다. 즉, 더 많은 공간을 사용하면 수행시간이 적고, 반대의 경우도 마찬가지이다.

**테스트 하네스** (A Test Harness) : 테스트 하네스 (Test Harness) 알고리즘 구현을 테스트하기에 유용하게 설계된 프로그램

정렬알고리즘에 대한 학습을 용이하게 하기 위해 우리는 표준에 따른 테스트 하네스 (A Test Harness) 즉 각 정렬 알고리즘을 검증할 수 있게 해주는 프로그램을 개발한다. 이 프로그램을 우리의 구현과 학습에만 사용하기 때문에 간단하게 만들 것이다. 이 프로그램은 Sorts라고 하는 하나의 클래스로 구성된다. 이 클래스는 50개의 정수를 저장할 수 있는 배열을 포함한다. 배열의 이름은 values이다. 그리고 다음과 같이 몇 개의 정적 메소드(Static method)를 정의한다.

- initValues : 배열 values를 0과 99사이의 임의의 정수로 초기화함; 자바 라이브러리에 있는 Math 클래스의 abs 메소드와 Random 클래스의 nextInt 메소드를 사용함.
- isSorted : 배열 values가 정렬되었는 지의 여부를 boolean 값으로 반환.
- swap : 배열내의 데이터 값을 교환하는 것은 대부분의 정렬 알고리즘의 기본임; 이 메소드는 values[index1]과 values[index2]의 값을 교환함; 여기서 index1과 index2는 이 메소드의 인수임.
- printValues : 배열 values의 내용을 System.out 스트림으로 출력함; 출력은 10개의 칸으로 맞춤.

다음은 테스트 하네스의 코드이다.

```
//----------------------------------------------------------------------------
// Sorts.java by Dale/Joyce/Weems Chapter 10
//
// Test harness used to run sorting algorithms.
//----------------------------------------------------------------------------

import java.util.*;
import java.text.DecimalFormat;

public class Sorts
{
```

```
static final int SIZE = 50;                  // size of array to be sorted
static int[] values = new int[SIZE];         // values to be sorted

static void initValues()
// Initializes the values array with random integers from 0 to 99.
{
  Random rand = new Random();
  for (int index = 0; index < SIZE; index++)
    values[index] = Math.abs(rand.nextInt()) % 100;
}
static public boolean isSorted()
// Returns true if the array values are sorted, and false otherwise.
{
  boolean sorted = true;
  for (int index = 0; index < (SIZE - 1); index++)
    if (values[index] > values[index + 1])
      sorted = false;
  return sorted;
}

static public void swap(int index1, int index2)
// Precondition: index1 and index2 are >= 0 and < SIZE.
//
// Swaps the integers at locations index1 and index2 of the values array.
{
int temp = values[index1];
values[index1] = values[index2];
values[index2] = temp;
}

static public void printValues()
{
  int value;
  DecimalFormat fmt = new DecimalFormat("00");
  System.out.println("The values array is:");
  for (int index = 0; index < SIZE; index++)
  {
    value = values[index];
    if (((index + 1) % 10) == 0)
      System.out.println(fmt.format(value));
    else
      System.out.print(fmt.format(value) + " ");
  }
```

```
        System.out.println();
    }

    public static void main(String[] args) throws IOException
    {
        initValues();
        printValues();
        System.out.println("values is sorted: " + isSorted());
        System.out.println();
        swap(0, 1);
        printValues();
        System.out.println("values is sorted: " + isSorted());
        System.out.println();
    }
}
```

이번 버전 Sorts에서 메인 메소드는 배열 values를 초기화 하고, 이 배열을 화면에 출력하고, isSorted 값을 출력하고, 배열의 첫 두 값을 교환하고, 다시 배열의 정보를 화면에 출력한다. 이 클래스로부터 나온 결과는 다음과 같을 것이다.

```
The values array is:
20 49 07 50 45 69 20 07 88 02
89 87 35 98 23 98 61 03 75 48
25 81 97 79 40 78 47 56 24 07
63 39 52 80 11 63 51 45 25 78
35 62 72 05 98 83 05 14 30 23

values is sorted: false

The values array is:
49 20 07 50 45 69 20 07 88 02
89 87 35 98 23 98 61 03 75 48
25 81 97 79 40 78 47 56 24 07
63 39 52 80 11 63 51 45 25 78
35 62 72 05 98 83 05 14 30 23

values is sorted: false
```

우리가 이번 장에서 정렬 알고리즘을 배워 나감에 따라 Sorts 클래스에 각 알고리즘을 구현한 메소드를 추가할 것이고, 메인 메소드에서 추가된 메소드를 호출하도록 수정할 것이다.

그리고 결과를 검사하기 위해 isSorted와 printValues 메소드를 사용할 것이다.

여기서는 정렬 메소드들이 이 테스트 하네스를 사용하도록 구현되므로 이 메소드들에서 정적 배열인 values를 직접 접근 할 수 있다. 하지만 일반적인 경우에는 각각의 정렬 메소드들이 정렬하려는 배열기반 리스트의 참조값을 인수로 받도록 수정하게 된다.

## 10.2 간단한 정렬

이번 절에서는 3가지의 간단한 정렬방법을 소개한다. 이 방법들은 복잡하지 않고 단순한 접근 방법이어서 간단한 정렬이라 한다. 이 방법들은 효율적이지는 않을 수 있지만, 쉽게 이해하고 구현할 수 있다.

### 연속적인 선택 정렬 (Straight Selection Sort)

만약 우리가 이름들이 적혀있는 종이를 받아서 알파벳 순서로 정렬해야 한다면, 아마도 다음과 같이 할 것이다.

- 알파벳 순서로 가장 첫번째로 오게 될 이름을 선택하고 다른 종이에 그것을 쓴다
- 원본 종이에서 그 이름을 지운다.
- 원본 종이의 이름이 다 지워질 때까지 1, 2 단계를 반복한다. 원본 종이가 다 지워지면 다른 종이에는 이름이 알파벳 순으로 정렬되어 있을 것이다.

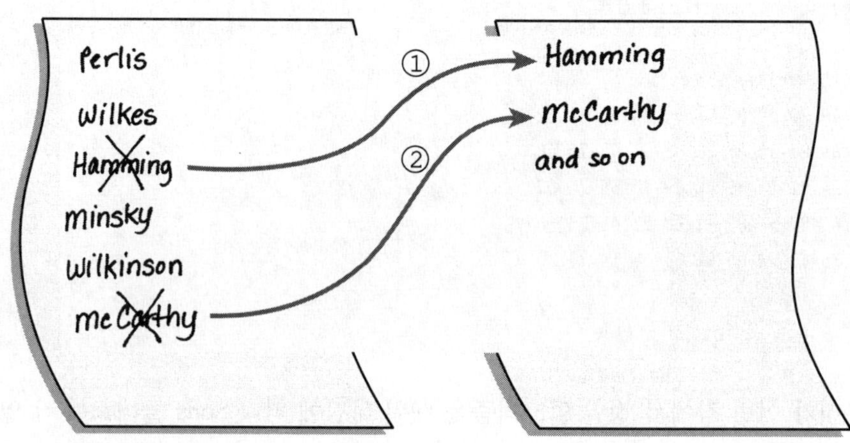

이 알고리즘은 컴퓨터로 프로그래밍 하는 것이 간단하지만, 한가지 단점이 있다. 메모리의 공간이 리스트 크기의 2배가 필요하다. 이는 분명히 낭비이다. 이를 해결하려면 약간의 수정이 필요하다. 즉 처음에 선택한 이름을 다른 종이에 쓰는 대신 원본종이의 첫 번째 위치에 있는 이름과 위치를 바꾸는 것이다.

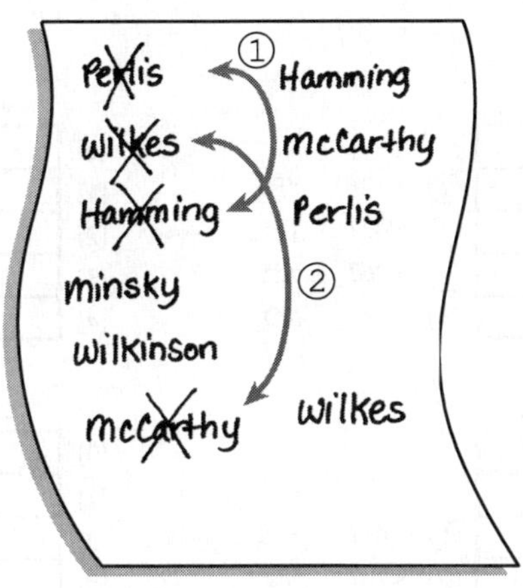


원본 종이가 다 정렬될 때까지 이러한 과정을 반복한다.

우리 프로그램에서는 손으로 쓰여진 이름들을 배열로 나타낸다. 다음은 좀더 형식적인 알고리즘이다.

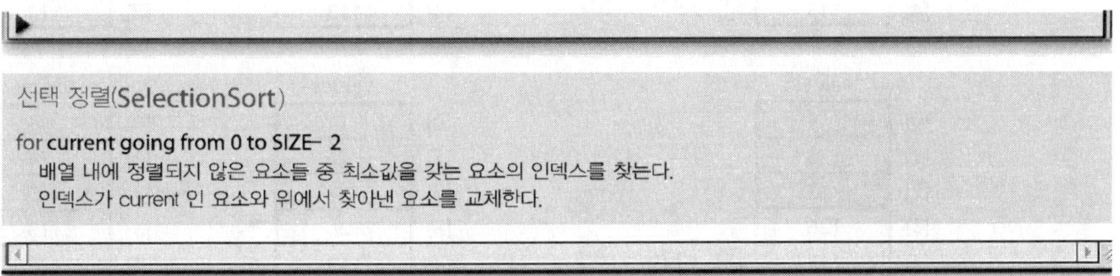

선택 정렬(SelectionSort)

```
for current going from 0 to SIZE– 2
    배열 내에 정렬되지 않은 요소들 중 최소값을 갖는 요소의 인덱스를 찾는다.
    인덱스가 current 인 요소와 위에서 찾아낸 요소를 교체한다.
```

그림 10.1은 5개의 요소로 구성된 배열을 정렬하는 과정을 보여준다. 그림의 각 단계는 for 루프가 한번 수행된 것을 보여준다. 첫 번째 부분은 "정렬이 안된 요소 중 가장 작은 것을 찾는 부분"이다. 즉 정렬이 안된 요소들을 계속 검사하여 지금까지 검사한 요소 중 가장 작은지 검사한다. 그림의 두 번째 부분은 교체될 예정인 두 개의 요소를 나타내고, 마지막 부분은 교체된 후의 모습을 보여준다.

이러한 과정 중에서 우리는 배열이 정렬된 부분과 정렬이 안된 부분으로 나눠짐을 볼 수 있다. 각 for 루프를 수행할 때마다 정렬된 부분은 한 개씩 늘어나고, 정렬이 안 된 부분은 한 개씩 줄어든다. 마지막 단계에서는 정렬된 부분이 두 개가 늘어나게 된다. 왜 그럴까? 마지막 요소를 제외한 배열의 모든 요소가 정렬이 되었다면, 마지막 요소는 당연히 정렬이 된 상태가 되기 때문이다. 따라서 for 루프가 SIZE – 1 에서가 아니라 SIZE – 2 에서 멈추게 되는 것이다.

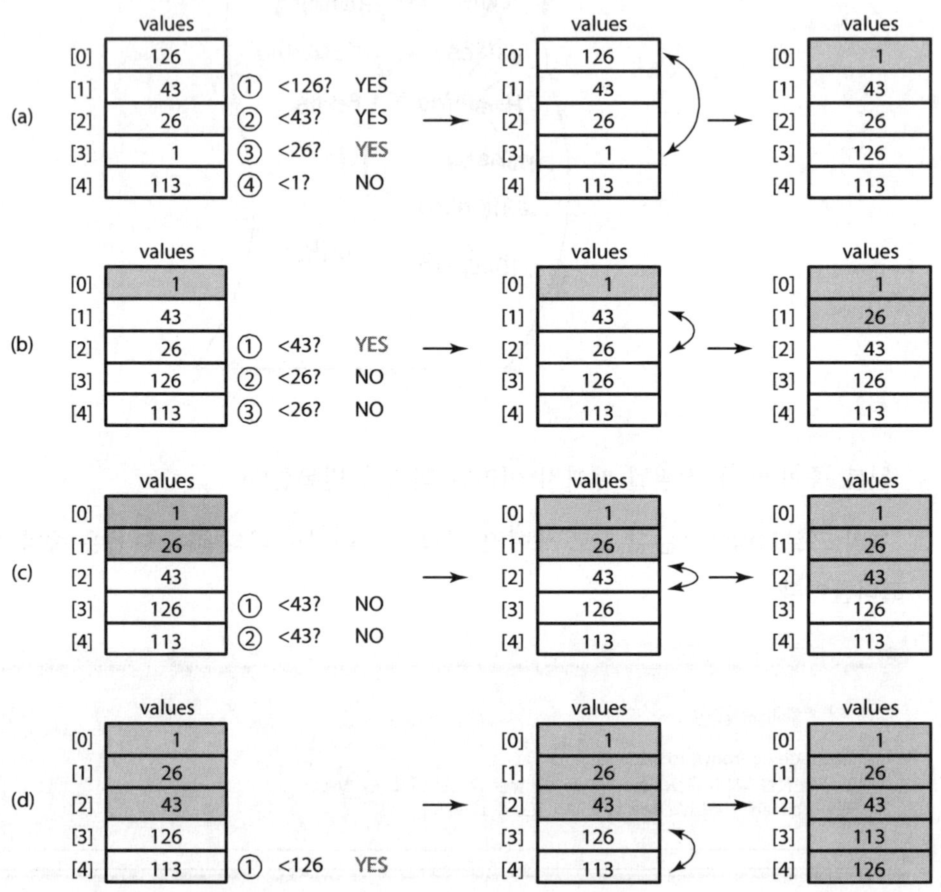


[그림 10.1] 선택정렬의 예 (음영으로 된 부분이 정렬된 부분)

이제 Sorts 클래스에 포함되는 selectionSort 메소드를 구현해보자. 이 메소드는 클래스 내에 있는 values 배열을 정렬한다. 또 배열 내 요소의 개수를 나타내는 상수 SIZE 를 접근한다. 여기서 selectionSort 메소드 내에 current 라는 변수를 정의하는데 이 변수는 배열의 정렬되지 않은 부분의 시작 색인을 나타낸다. 따라서 배열의 정렬되지 않은 부분은 current 색인부터 SIZE – 1 색인까지 이다. current 의 초기값을 배열의 첫 번째 색인(0)로 하고 시작한다. 그림 10.2는 선택정렬 수행 중에 있는 배열의 모습을 나타낸다.

정렬이 안된 부분에서 가장 작은 값을 찾기 위해 도우미 메소드를 사용한다. minIndex 메소드는 정렬이 안된 부분의 시작 색인와 마지막 색인을 받아 그 부분에서 가장 작은 값을 갖는 색인을 반환한다. 테스트 하네스 내의 swap 메소드 역시 사용된다.

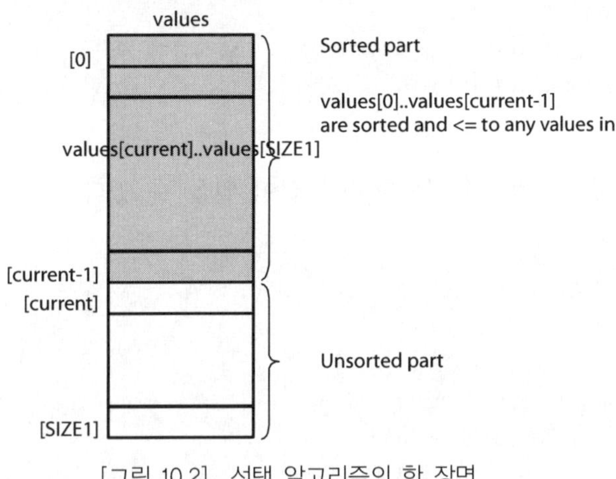


[그림 10.2] 선택 알고리즘의 한 장면

다음은 minIndex 메소드와 selectionSort 메소드의 코드이다. 이들은 메인 클래스를 포함하는 테스트 하네스 클래스 내에 직접 들어있기 때문에 정적 메소드(Static method)로 선언된다.

```
static int minIndex(int startIndex, int endIndex)
// Returns the index of the smallest value in
// values[startIndex]..values[endIndex].
{
  int indexOfMin = startIndex;
  for (int index = startIndex + 1; index <= endIndex; index++)
    if (values[index] < values[indexOfMin])
       indexOfMin = index;
  return indexOfMin;
}
static void selectionSort()
// Sorts the values array using the selection sort algorithm.
{
  int endIndex = SIZE - 1;
  for (int current = 0; current < endIndex; current++)
    swap(current, minIndex(current, endIndex));
}
```

이제 메인 부분을 바꿔보자:

```
initValues();
printValues();
System.out.println("values is sorted: " + isSorted());
System.out.println();
selectionSort();
System.out.println("Selection Sort called\n");
printValues();
System.out.println("values is sorted: " + isSorted());
System.out.println();
```

이 프로그램의 수행 결과는 다음과 같이 얻을 수 있다:

```
The values array is:
92 66 38 17 21 78 10 43 69 19
17 96 29 19 77 24 47 01 97 91
13 33 84 93 49 85 09 54 13 06
21 21 93 49 67 42 25 29 05 74
96 82 26 25 11 74 03 76 29 10

values is sorted: false

Selection Sort called

The values array is:
01 03 05 06 09 10 10 11 13 13
17 17 19 19 21 21 21 24 25 25
26 29 29 29 33 38 42 43 47 49
49 54 66 67 69 74 74 76 77 78
82 84 85 91 92 93 93 96 96 97

values is sorted: true
```

우리는 이와 같은 방법으로 모든 정렬 알고리즘을 검사할 수 있다.

### 선택정렬(Selection Sort)의 분석

이제 이 알고리즘을 수행하는데 필요한 작업량을 측정해보자. 우리는 비교 횟수를 배열 내의 요소의 개수인 SIZE 에 대한 함수로 표현할 수 있다. 간단히 이번 분석에서는 SIZE 를 N 이라고 한다.

비교연산은 minIndex 메소드 내에 있다. 우리는 selectionSort 메소드 내의 for 루프에서 minIndex 메소드를 N – 1번 호출한다는 사실을 알고 있다. minIndex 메소드 내에서 비교 연산의 횟수는 startIndex 값과 endIndex 값에 달려있다.

```
for (int index = startIndex + 1; index <= endIndex; index++)
  if (values[index] < values[indexOfMin])
    indexOfMin = index;
```

첫 번째 minIndex 호출에서 startIndex의 값은 0이고 endIndex의 값은 SIZE – 1 이므로, 총 N - 1번의 비교가 있다. 다음 호출에서는 N – 2번의 비교가 있다. 그리고 계속 반복하면 마지막에 오직 한 번의 비교가 있을 때까지 수행된다. 따라서 총 비교 횟수는 다음과 같다.

```
(N - 1) + (N - 2) + (N - 3) + · · · + 1 = N(N - 1)/2
```

N개의 요소를 갖고 있는 배열을 정렬을 하기 위해서는 선택정렬 알고리즘은 N(N – 1)/2 번의 비교가 필요하다. 배열 내의 값들이 어떻게 배치되었는지는 비교 연산 횟수에 전혀 영향을 미치지 않는다. 심지어 selectionSort 메소드를 호출하기 전에 이미 배열이 정렬되었다 해도, 이 방법은 여전히 N(N – 1)/2번의 비교 연산을 수행해야 한다. 표 10.1은 배열의 크기에 따른 비교연산의 횟수를 보여준다.

[표 10.1] 배열의 크기에 따른 비교연산의 횟수

| Number of Elements | Number of Comparisons |
|---|---|
| 10 | 45 |
| 20 | 190 |
| 100 | 4,950 |
| 1,000 | 499,500 |
| 10,000 | 49,995,000 |

그러면 이 알고리즘을 Big-O 표기로 어떻게 나타낼 수 있을까? N(N – 1)/2를 $\frac{1}{2}N^2$ - $\frac{1}{2}N$ 로 표현하면 복잡도를 간단히 구할 수 있다. Big-O 표기에서는 오직 $\frac{1}{2}N^2$ 만 고려한다. 왜냐하면 이 항은 N 의 1차항에 비해 매우 빨리 증가하기 때문이다. 게다가 상수 $\frac{1}{2}$을 생략하면 $O(N^2)$으로 표현할 수 있다. 그러므로 N 만큼 큰 개수인 경우 정렬 수행시간은 $N^2$에 비례하여 증

가한다. 표 10.1을 보면, 요소의 개수가 10배 증가하면, 비교 횟수는 100배 이상 증가함을 알 수 있다. 즉, 비교 횟수는 요소 개수 증가량의 제곱에 따라 증가함을 나타낸다. 이 표를 보면 왜 정렬 알고리즘이 중요한 주제인지를 알 수 있다. 예를 들어, selectionSort를 사용하여 1,000개의 요소를 가지는 배열을 정렬하면, 거의 50만 번의 비교 연산을 수행해야 한다.

선택정렬의 특징은 매 반복수행 때 마다 한 개의 요소를 적절한 위치에 배정하는 것이다. 선택정렬에서는 매 반복수행 때에 정렬이 안된 요소들 중 가장 작은 값을 찾아 그것을 올바른 위치에 놓는다.

만약 가장 작은 값을 찾는 대신에 가장 큰 값을 찾게 된다면 알고리즘은 내림차순으로 정렬된다. 아니면 SIZE – 1 부터 1까지 역순으로 반복 연산을 돌려서 첫 번째 요소를 배열의 끝으로 놓으면 역시 내림차순으로 정렬된다. 이런 접근 방법들이 변형된 선택정렬들이다. 이러한 변형 방법들 역시 작은 값 (또는 큰 값)을 찾아내는 선택정렬의 기본 개념을 따른다.

## 버블정렬 (Bubble Sort)

버블정렬은 최소(또는 최대)값을 찾는데 다른 방식을 사용한다. 각각의 반복 수행 때마다 정렬되지 않은 요소 중에서 가장 작은 요소를 제자리에 넣지만, 이 요소뿐만 아니라 다른 요소들의 위치까지도 바꾸게 된다.

첫 번째 반복 수행에서 배열에서 가장 작은 요소를 제일 처음에 놓는다. 이는 배열의 마지막 요소에서부터 시작하여 바로 위의 요소와 비교하여 아래 요소가 위 요소보다 작을 때마다 두 요소를 교체한다. 이러한 방법으로 가장 작은 요소는 배열의 상단으로 "솟아 오르게 (bubble up)"된다.

그림 10.3(a)는 5개 요소의 배열에서 첫 번째 반복 수행의 결과를 보여준다. 그림 10.3(b)에서 보이는 두번째 반복 수행에서는 같은 방법을 사용하여 배열 내의 정렬되지 않은 요소 중 가장 작은 요소를 배열의 두 번째 자리로 보낸다.

나머지 반복 수행의 결과는 그림 10.3(c) 와 그림 10.4(d)에 나타나 있다. 하나의 요소를 자기 자리에 가져다 놓으면서 배열의 다른 요소들의 위치를 변경시킬 수도 있다. 선택정렬과 마찬가지로 마지막 반복 수행에서는 마지막 두 개의 요소를 자기 자리에 놓게 된다.

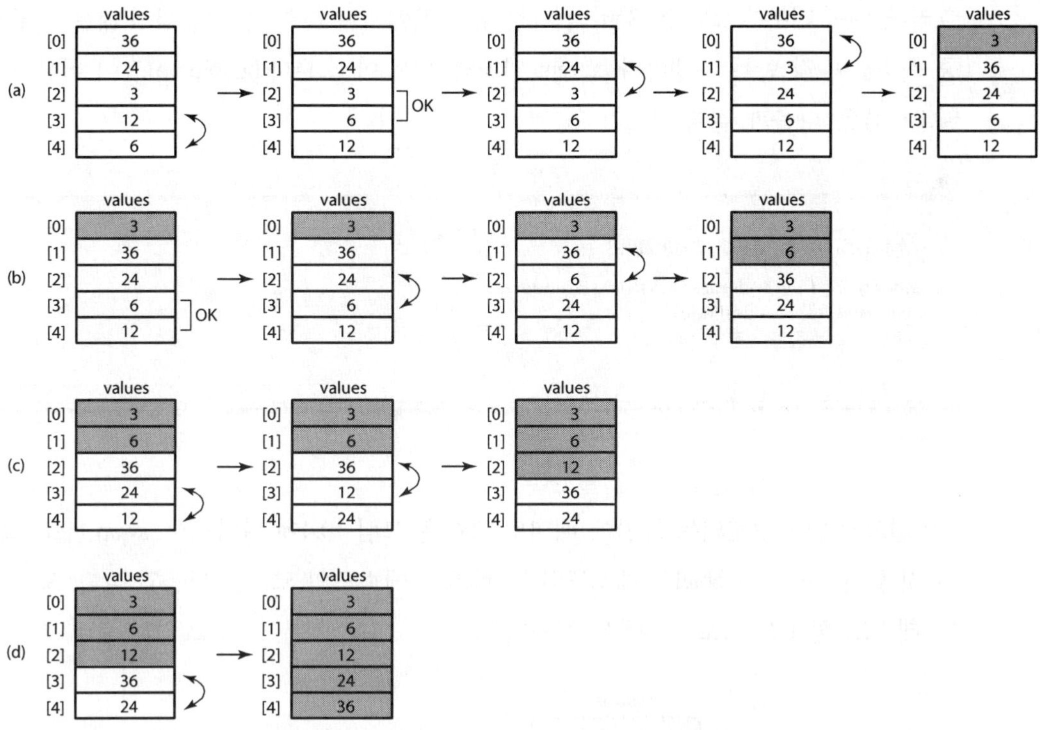


[그림 10.3] 버블정렬의 예 (음영으로 된 부분이 정렬된 부분)

다음은 버블정렬의 기본적인 알고리즘이다.

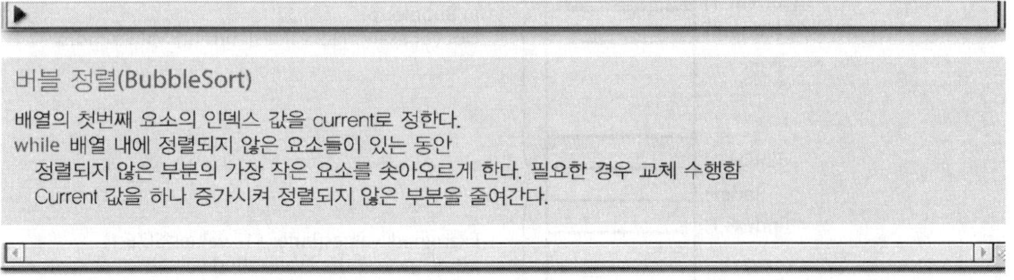

버블 정렬(BubbleSort)

배열의 첫번째 요소의 인덱스 값을 current로 정한다.
while 배열 내에 정렬되지 않은 요소들이 있는 동안
  정렬되지 않은 부분의 가장 작은 요소를 솟아오르게 한다. 필요한 경우 교체 수행함
  Current 값을 하나 증가시켜 정렬되지 않은 부분을 줄여간다.

전반적인 접근은 이전의 selectionSort 와 유사하다. 배열에서 정렬되지 않은 영역은 values[current] 부터 values[SIZE – 1] 까지 이다. current 값은 0 에서 시작하여 SIZE – 2 가 될 때까지 루프를 돈다. 루프를 한 번 돌 때마다 current 값은 하나씩 증가한다. 각각의 반복 연산을 하기 직전 current 색인까지는 정렬이 된 상태이고, 그 이후는 정렬이 안된 상태이며 이 부분의 요소들은 current 색인의 요소값 보다는 크거나 같다.

그러나 루프 내부는 selectionSort 와 다르다. 이곳에서는 배열 내 정렬되지 않은 부분의 요소 중 최소값이 각 반복 수행마다 current 위치까지 "솟아 오른다(bubble up)." 이 버블링 작업의 알고리즘은 다음과 같다.

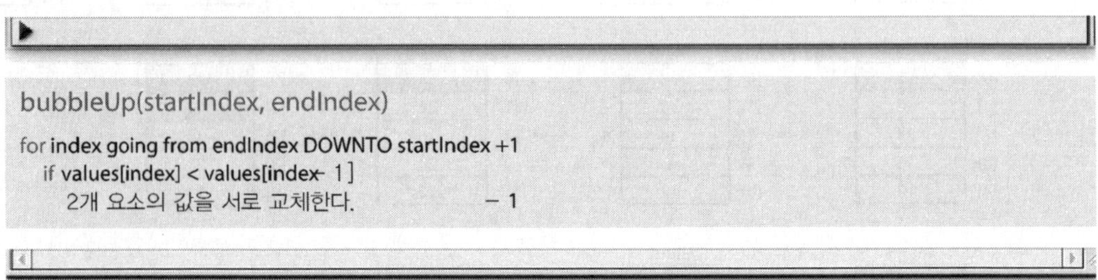

```
bubbleUp(startIndex, endIndex)
for index going from endIndex DOWNTO startIndex +1
   if values[index] < values[index- 1]
      2개 요소의 값을 서로 교체한다.          - 1
```

이 알고리즘이 수행되는 동안에 배열의 모습은 그림 10.4에 나타났다. swap 메소드는 이전의 것을 사용한다. bubbleUp 메소드와 bubbleSort 메소드의 코드는 다음과 같다. 코드는 우리의 테스트 하네스 프로그램에서 검사한다.

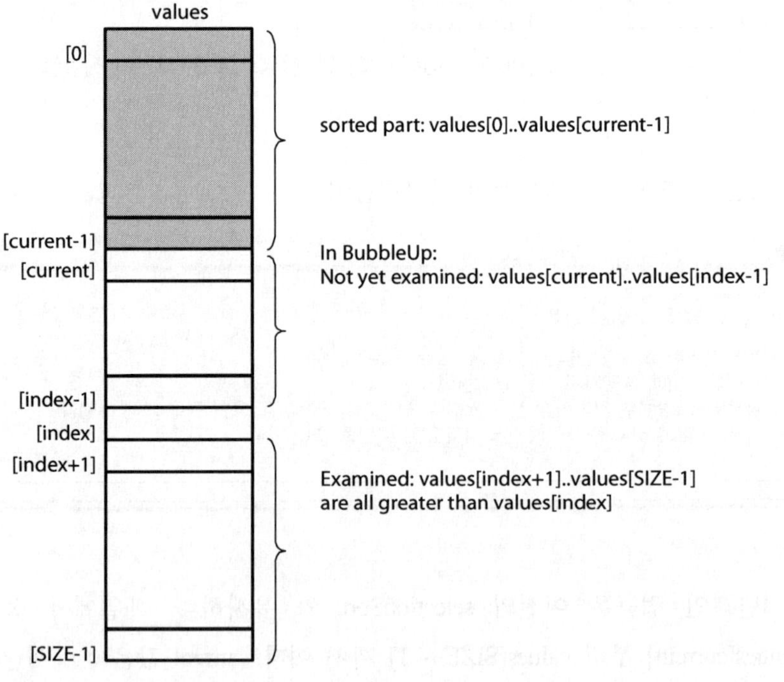


[그림 10.4] 버블정렬 알고리즘의 한 장면

```
static void bubbleUp(int startIndex, int endIndex)
// Switches adjacent pairs that are out of order
// between values[startIndex]..values[endIndex]
// beginning at values[endIndex].
{
  for (int index = endIndex; index > startIndex; index--)
    if (values[index] < values[index - 1])
      swap(index, index - 1);
  }
  static void bubbleSort()
  // Sorts the values array using the bubble sort algorithm.
  {
    int current = 0;
    while (current < (SIZE - 1))
    {
      bubbleUp(current, SIZE - 1);
      current++;
  }
}
```

### 버블정렬(Bubble Sort)의 분석

버블정렬은 선택정렬이랑 비슷하기 때문에 bubbleSort 의 성능 분석은 쉽다. 비교연산은 N - 1 번 호출되는 bubbleUp 에서 발생한다. 첫 번째에서 N – 1번 비교하고, 두 번째에서 N – 2번 비교하고, 계속해서 동일한 패턴을 보인다. 그러므로 bubbleSort 와 selectionSort 는 동일한 양의 비교 연산이 발생한다. 그러나 selectionSort 는 반복 수행당 한 번의 교체 연산이 발생하지만, bubbleSort 는 여러 번의 교체 연산이 발생한다.

이렇게 중간에 발생하는 교체 연산의 결과는 무엇을 나타낼까? 데이터의 쌍을 뒤죽박죽 섞음으로써 버블정렬은 여러 요소들이 자기 위치에 좀더 가까워질 수 있게 한다. 여기서 bubbleUp 이 N – 1 번 호출되기 전에 이미 정렬을 완료할 수도 있다. 그러나 이번 버전의 알고리즘에서는 배열이 이미 정렬되었다고 해도 정렬 작업은 멈추지 않고 계속 수행된다. 심지어 bubbleSort 가 호출되기 전에 이미 리스트가 정렬된 상태라도 아무런 변화를 주지 않는 결과를 가져오는 bubbleUp 을 N – 1 번 수행한다.

이런 문제를 해결하기 위해서 만약 bubbleUp 메소드가 수행 도중에 정렬이 완료되었다는 것을 알리는 boolean 플래그를 반환하게 한다면 불필요한 반복연산을 중지시킬 수 있다. bubbleUp 내부에 변수 sorted 를 정의하고 true 로 초기화한다. 그리고 나서 교체(swap) 연산이 발생하면 sorted 를 false로 변경한다. 만약 어떤 요소도 교체가 되지 않았다면 그 배열은 이미 정렬되었다는 사실을 알 수 있다. 이제 배열이 이미 정렬이 되었다면 오직 한 번의 bubbleUp 호출만이 필요할 뿐이다. 새로운 버전의 버블정렬의 코드는 다음과 같다.

```
static boolean bubbleUp2(int startIndex, int endIndex)
// Switches adjacent pairs that are out of order
// between values[startIndex]..values[endIndex]
// beginning at values[endIndex].
//
// Returns false if a swap was made; otherwise, returns true.
{
   boolean sorted = true;
   for (int index = endIndex; index > startIndex; index--)
      if (values[index] < values[index - 1])
      {
         swap(index, index - 1);
         sorted = false;
      }
   return sorted;
}

static void shortBubble()
// Sorts the values array using the bubble sort algorithm.
// The process stops as soon as values is sorted.
{
   int current = 0;
   boolean sorted = false;
   while ((current < (SIZE - 1)) && !sorted)
   {
      sorted = bubbleUp2(current, SIZE - 1);
      current++;
   }
}
```

shortBubble의 분석은 좀 더 어렵다. 만약 이미 오름차순으로 정렬된 배열로 수행을 시작하면 bubbleUp 메소드는 한 번만 호출될 것이다. 이것은 최상의 경우로써 shortBubble은 O(N)이다. 왜냐하면 오직 N – 1 번의 비교 연산이 발생하기 때문이다. 그러나 만약 내림차순으로 정렬된 배열로 shortBubble 메소드를 수행한다면 어떻게 될까? 이것은 최악의 경우(worst-case)이다. shortBubble은 bubbleSort나 selectionSort 만큼의 비교연산이 발생한다. 추가로 필요한 교체연산과 sorted 플래그를 계속 변경하는데 드는 오버헤드는 두말할 필요도 없다. 그렇다면 평균적인 경우를 어떻게 계산할 수 있을까? 첫 번째 bubbleUp 호출에서, current는 0이고, 총 SIZE – 1 번의 비교 연산이 발생한다. 두 번째 호출에서는 current는 1이고, 총 SIZE – 2 번의 비교 연산이 발생한다. 어떠한 경우라도 bubbleUp에서 비교 연산의 횟수는 SIZE – current – 1 이다. 여기서 SIZE 를 N 이라고 하고, shortBubble이 작업을 마칠 때까지의 bubbleUp 호출횟수를 K 라고 한다면, 전체 비교 연산의 수는 다음과 같다.

$$\underbrace{(N-1)}_{\text{첫 번째 호출}} + \underbrace{(N-2)}_{\text{두 번째 호출}} + \underbrace{(N-3)}_{\text{세 번째 호출}} + \cdots + \underbrace{(N-K)}_{\text{K 번째 호출}}$$

위 식은 다음과 같이 간단히 바꿀 수 있다.

$$(2KN - 2K^2 - K)/2$$

Big-O 표기에 따라 N 이 증가할수록 가장 빠른 속도로 증가하는 항은 2KN이다. 우리는 K 가 1과 N – 1 사이의 숫자인 것을 알 수 있다. 평균적으로 K 는 N 에 비례하기 때문에 2KN 은 $N^2$에 비례한다. 그러므로 shortBubble 알고리즘은 $O(N^2)$이다.

그렇다면 왜 우리는 $O(N^2)$이면서 별도의 데이터 이동이 필요한 버블정렬 알고리즘에 대해 언급을 할까? 수행 도중에 추가적인 교체 연산이 수행되기 때문에 버블정렬 알고리즘은 빠른 속도로 거의 대부분의 배열 요소를 정렬한다. 만약 shortBubble의 여러 변형 방법들을 사용하면 버블정렬은 매우 효율적일 수 있다.

## 삽입정렬 (Insertion Sort)

6장에서, 우리는 새로운 값들을 배열의 적당한 장소에 삽입함으로써, 정렬된 리스트를 만들었다. 우리는 배열을 정렬하는데 비슷한 방법을 쓸 수 있다. Insertion sort의 원리는 배열의 연속적인 요소들에 대해 이미 정렬된 요소들을 고려하여 적절한 곳에 삽입하는 것으로 꽤 간단하다. 이전에 언급된 정렬 방법을 가지고, 우리의 배열을 정렬된 부분과 정렬되지 않은 부분으로 나눈다.(연속적인 선택정렬 및 버블정렬과는 달리 정렬되지 않은 부분의 값이 정렬된 부분의 값보다 작을 것이다.)

처음에 정렬된 부분은 배열의 첫 번째 요소 하나만 가지고 있다. 그리고 나서, 배열의 두 번째 요소를 가지고, 정렬된 부분의 적절한 위치에 둔다. 이 때 Value[0] 과 value[1] 은 서로에 대하여 순차적이다. 그 다음으로 Value[2]의 값을 적절한 곳에 넣으면, Value[0]…

Value[2] 까지는 서로에 대해 순차적으로 된다. 이 과정을 모든 요소들이 정렬될 때까지 계속한다.

6장에서의 방법은 삽입할 지점을 배열 시작점으로부터 찾은 후, 요소를 삽입할 지점으로부터 새로운 요소의 공간을 만들기 위해서 한 공간씩 옆으로 이동시키는 것이다. 여기서 정렬된 배열의 끝부분을 시작으로 함으로써 검색과 이동을 합칠 수 있다. 우리는 values[current]와 바로 이전의 요소와 비교한다. 만약 현재의 요소가 이전의 요소보다 작을 경우, 우리는 두 요소를 바꾼다. 그 다음으로 value[current -1] 과 이전의 요소와 비교한 후, 필요할 경우 바꾼다. 이 과정은 값들을 비교해서 값들이 순차적이거나, 배열의 첫 번째 요소를 바꿀 경우 멈추게 된다.

이러한 접근에 대해 연습문제 6.32에서 다루어본다. 그림 10.5에 알고리즘을 기술한 과정이 나타나 있다. 그리고, 그림 10.6은 알고리즘이 수행되는 동안 배열의 스냅샷을 보여준다.

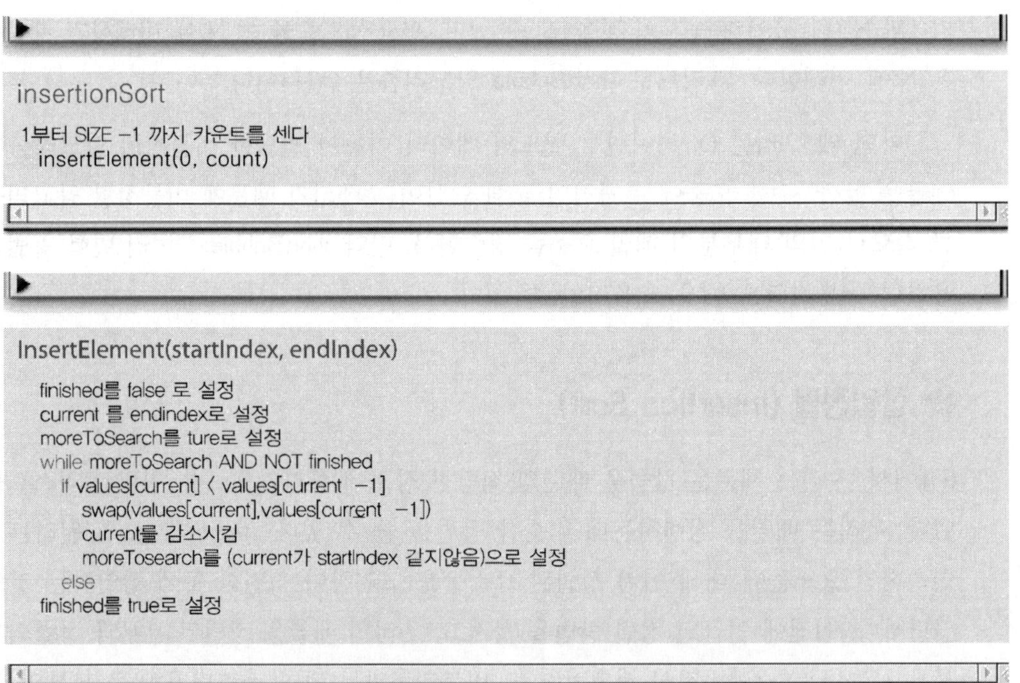

```
insertionSort
1부터 SIZE –1 까지 카운트를 센다
  insertElement(0, count)

InsertElement(startIndex, endIndex)
  finished를 false 로 설정
  current 를 endindex로 설정
  moreToSearch를 ture로 설정
  while moreToSearch AND NOT finished
    if values[current] < values[current –1]
      swap(values[current],values[current –1])
      current를 감소시킴
      moreTosearch를 (current가 startIndex 같지않음)으로 설정
    else
  finished를 true로 설정
```

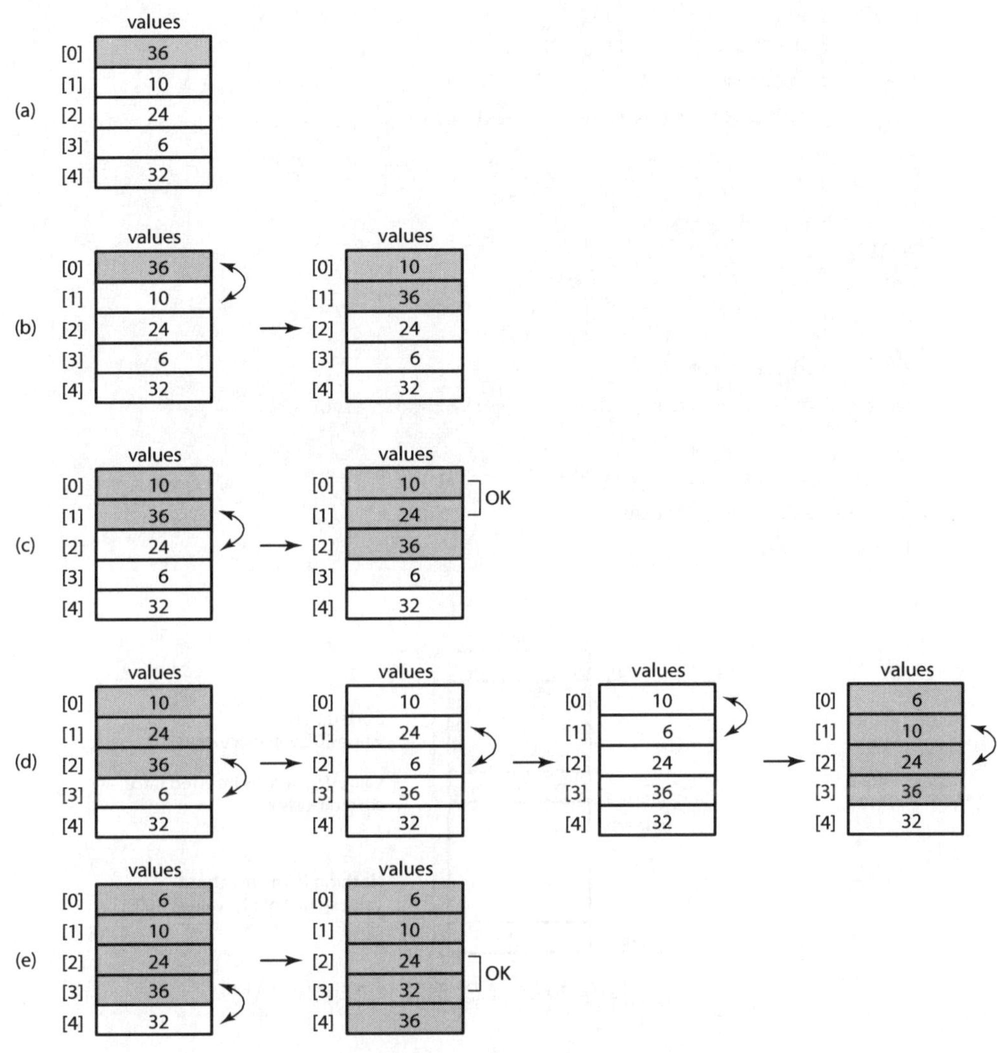


[그림 10.5] 삽입 정렬의 예

다음은 insertElement와 insertionSort의 코드화 된 버전이다.

```
static void insertElement(int startIndex, int endIndex)
// Upon completion, values[0]..values[endIndex] are sorted.
{
  boolean finished = false;
  int current = endIndex;
  boolean moreToSearch = true;
  while (moreToSearch && !finished)
  {
    if (values[current] < values[current - 1])
```

```
      {
        swap(current, current - 1);
        current--;
        moreToSearch = (current != startIndex);
      }
      else
        finished = true;
      }
    }

static void insertionSort()
// Sorts the values array using the insertion sort algorithm.
{
  for (int count = 1; count < SIZE; count++)
    insertElement(0, count);
}
```

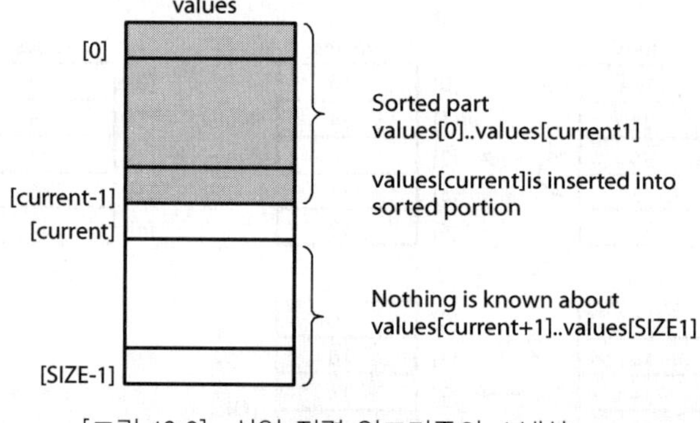


[그림 10.6] 삽입 정렬 알고리즘의 스냅샷

### 삽입정렬의 분석 (Analyzing the Insertion Sort)

일반적인 경우 이 알고리즘은 (시간복잡도) $O(N^2)$ 때문에, selectionSort과 bubbleSort의 경우와 흡사하다. 그러나 shortBubble, insertionSort 는 가장 최적의 경우를 가진다. 즉 데이터가 이미 오름차순으로 정렬되어 있다면 최소한의 비교횟수만 필요하다. 데이터가 오름차순으로 있을 때 insertElement는 N 번 호출된다. 그러나 요소간 교체는 필요 없으며, 각 요소에 대해 한번씩의 비교만 있을 뿐이다. 비교 횟수는 요소들이 배열상에서 역순으로 되어있을 때 가장 많게 된다.

만약 우리가 원래 데이터의 순서가 정렬된 것을 모른다면, selectionSort, shortBubble, insertionSort 은 $O(N^2)$ 만큼의 정렬하고, 큰 배열을 정렬하는 데 아주 많은 시간이 걸릴 것이다. N 값이 클 경우에 대해서도 좋은 효율을 보여주는 여러 정렬방법들에 대해 다음 절에서 설명하게 될 것이다.

## 10.3 O(Nlog₂N)의 정렬 (O(Nlog₂N) Sorts)

10.2에서 다룬 모든 정렬 알고리즘은 시간복잡도가 $O(N^2)$이다. 배열 크기가 증가함에 따라 $N^2$의 복잡도를 갖는 알고리즘의 수행시간이 엄청나게 빠르게 증가하는 것을 생각한다면 이보다 더 나은 알고리즘을 찾는 것이 중요할 것이다. 우리는 앞에서 $N^2$이 $\frac{1}{2}N^2 + \frac{1}{2}N^2$보다 많이 크다고 언급했다. 만약 배열을 두 부분으로 자를 수 있어서, 각각의 부분을 정렬한 후 다시 합쳐서 전체 배열을 구성한다면 많은 일을 줄일 수 있게 된다. 이 방법의 예는 그림 10.7에 나타나 있다.

이런 분할 후 정복 (divide and conquer) 의 아이디어는 다른 방식의 정렬 문제에 적용되었고, 이로써 정렬작업을 $O(N^2)$보다 더 효율적으로 할 수 있는 알고리즘들이 나오게 되었다. 실제로 여기 나오는 정렬 알고리즘의 카테고리는 $O(N \log_2 N)$ 이다. 우리는 3가지 알고리즘으로 병합정렬, 퀵정렬, 힙정렬을 예로 들게 될 것이다. 이러한 알고리즘들이 보다 나은 효율성을 보이는 이유는 선택, 버블 및 삽입 정렬 알고리즘에 비해 복잡한 알고리즘을 채용하였기 때문이다.

병합정렬(mergeSort)

배열을 반으로 자른다.
왼쪽 반쪽부분을 정렬한다.
오른쪽 반쪽 부분을 정렬한다.
정렬된 반쪽 부분들을 하나의 정렬된 배열로 병합한다.

### Merge Sort

병합 정렬 알고리즘은 위에서 얘기했던 아이디어를 직접 적용한 것이다. 둘로 나뉜 반쪽 부분들을 다시 합치는 것은 $O(N)$의 작업이다. 우리는 두 개의 반쪽 부분의 짝들을 연속적으로 비교하여 작은 값을 갖는 요소를 이미 합쳐진 요소들의 다음번 자리에 두는 것이다. 비록 각 반쪽에 사용되는 정렬 알고리즘이 $O(N^2)$일지라도, 우리는 전체 배열을 정렬하는데, 그림

10.7 에 나온 것 같이 약간의 개선된 점을 볼 수 있다. 실제로 mergeSort는 그 자신이 정렬 알고리즘이기 때문에 두 개의 반쪽을 정렬하는데 써야 한다. mergesort를 재귀 함수로 만들 수 있으며, 이 모듈은 다시 두 개의 하위배열을 정렬하기 위해 자기 자신을 호출할 것이다.

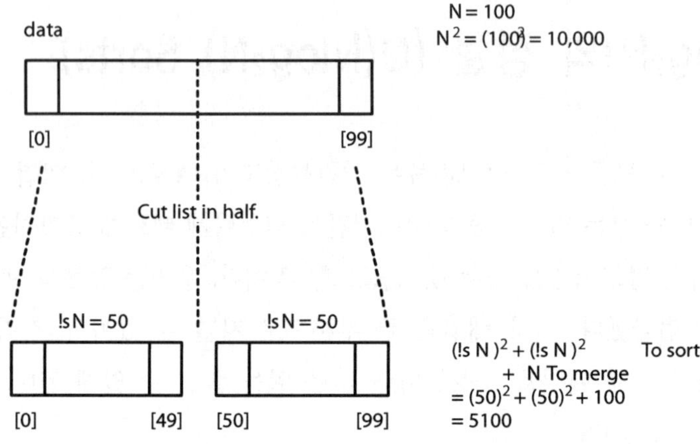


[그림 10.7] 분할 후 정복 (divide-and-conquer) 정렬의 원리

**mergeSort-Recursive**

배열을 반으로 나눈다.
왼쪽 반쪽을 mergeSort 한다
오른쪽 반쪽을 mergeSort 한다
두 개의 정렬된 반쪽 조각들을 하나의 정렬된 배열로 병합한다.

물론 이것은 일반적인 경우이다. 기본적인 경우에서는 mergeSort에서 재귀호출을 전혀 포함하지 않는다. 이번에는 약간 다른 형식으로 재귀 호출을 사용한 mergeSort 를 살펴보자. 초기화 함수로 mergeSort(0,SIZE-1) 을 호출한다.

Method mergeSort(first, last)

| | |
|---|---|
| 정의 : | 배열의 요소들을 오름차순으로 정렬 |
| 크기 : | last - first + 1 |
| 기본적인 경우 : | 크기가 2보다 작아지면, 아무것도 하지 않는다. |
| 일반적인 경우 : | 배열을 반으로 나눈다.<br>왼쪽 반쪽을 mergeSort 한다<br>오른쪽 반쪽을 mergeSort 한다<br>두 개의 정렬된 반쪽 조각들을 하나의<br>정렬된 배열로 병합한다 |

배열을 반으로 구분하는 것은 간단히 처음과 끝의 색인 사이상에서 중간점(Midpoint)을 찾는 일이다.

```
Middle = (first + last) / 2;
```

그런 후, 더 작은 인수를 사용하여 재귀적으로 mergeSort를 호출하도록 만들 수 있다.

```
mergeSort(first, middle);
mergeSort(middle + 1, last);
```

이제 두 개의 반쪽들을 병합하고, 끝내면 된다.

### 정렬된 반쪽들을 병합하기

이 정렬방법에서 중요한 일들은 병합 단계에서 일어난다. 먼저 두 개의 정렬된 배열을 병합하는 일반적인 알고리즘을 보자. 그러면, 하위배열의 특정한 문제점을 볼 수 있다.

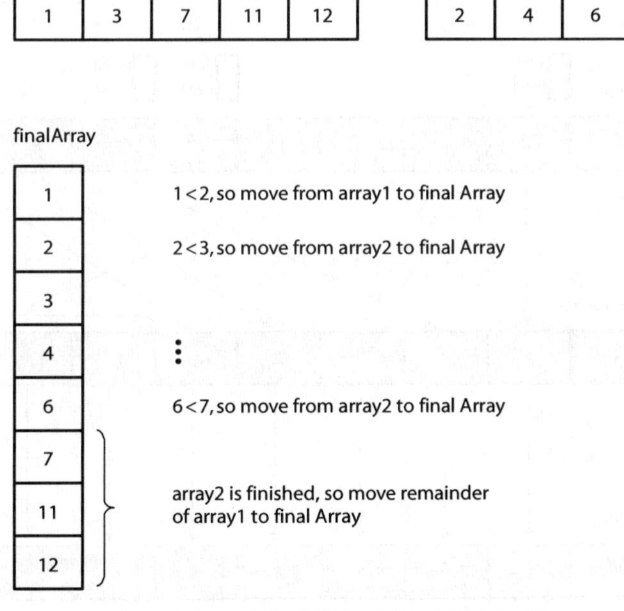


[그림 10.8] 두 개의 정렬된 배열을 병합하는 방법

두 개의 정렬된 배열들을 병합하기 위해, 우리는 요소들의 연속적인 짝들을 비교한다. 그리고 각 배열에서 하나씩 뽑은 짝 중에 작은 것을 "최종(final)" 배열로 옮긴다. 이렇게 한쪽

배열의 모든 요소를 옮기게 되면 병합작업을 멈추게 된다. 그리고 남은 한 쪽 배열의 모든 요소들을 최종 배열로 옮기면 된다. 그림 10.8에 일반적인 알고리즘이 나타나있다. 보는 바와 같이 병합될 두 개의 배열은 원본 배열의 하위배열이다. 그림 10.8에서는 array1과 array2를 finalarray에 병합한다. 이때 병합을 위해 사용하는 배열은 임시로 필요한 것이며, 병합단계를 마친 후에 임시 배열의 모든 요소들을 원본 배열로 복사하면 된다. 전체 과정은 그림 10.10에서 보여준다.

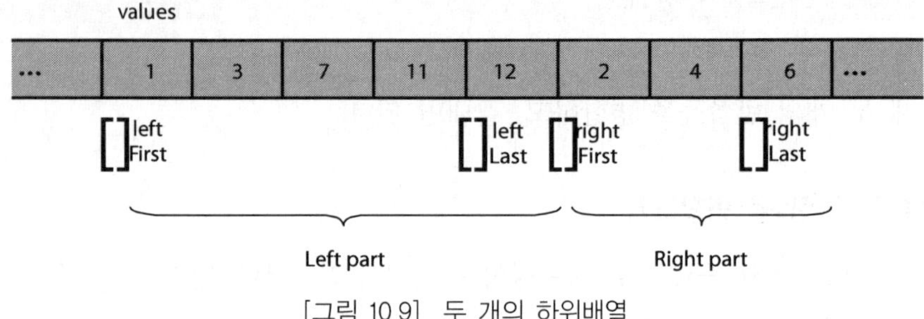


[그림 10.9] 두 개의 하위배열

values [left First] [left Last] [right First] [right Last]
... 1 3 7 11 12 2 4 6 ...
tempArray
... 1 2 3 4 6 7 11 12 ...
values
... 1 2 3 4 6 7 11 12 ...

[그림 10.10] 정렬된 반쪽들을 병합

병합을 위해 제작된 Merge 메소드는 다음과 같다.

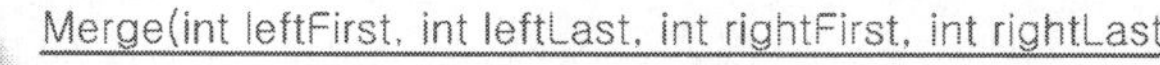
Merge(int leftFirst, int leftLast, int rightFirst, int rightLast)

| | |
|---|---|
| 방법 : | 두개의 정렬된 하위배열들을 하나의 정렬된 배열로 합친다. |
| 우선되어야 할 조건 : | Values[leftfirst] … Values[leftlast]가 정렬되어 있어야 한다<br>Values[rightfirst] … Values[rightlast]가 정렬되어 있어야 한다 |
| 나중의 조건 : | Values[leftfirst]…values[rightlast] 가 정렬되어 있어야 한다 |

Merge 메소드의 알고리즘은 다음과 같다.

Merge(leftFirst, leftLast, rightFirst, rightLast)

```
(지역 배열과 임시 배열 사용)
Index를 leftFirst로 설정
While left 반쪽에 요소가 더 있을 경우 AND right 반쪽에 요소가 더 있는 경우
  If values[leftFirst] < values[rightFirst]
    tempArray[index] 를 values[leftFirst] 로 설정
    leftFirst 증가
  else
    tempArray[index] 를 values[rightFirst] 로 설정
    rightFirst 증가
  index 증가

left 반쪽에 남이있는 요소들 tempArray로 복사
right 반쪽에 남이있는 요소들 tempArray로 복사
tempArray로부터 정렬된 요소들 다시 values로 되돌림
```

merge 함수의 코딩에서 우리는 왼쪽 반쪽와 오른쪽 반쪽에서 현재 위치를 가리키는 leftfirst와 rightfirst를 쓴다. 왜냐하면 이 변수들은 int 타입의 값이고 객체가 아니기 때문에, 이 인수를 참조하기보다는 merge 함수로 이 인수를 복사해서 전달한다. 이 인수들은 함수를 호출할 때마다 바뀐다. 그리고 인수들의 값의 변화는 원본 값에는 영향을 주지 않는다. 남아있는 요소들을 복사하는 반복루틴 역시 두 군데 모두에 포함되어 있다. 하지만 이 함수가 실행하는 동안, 두 군데의 반복루틴 중 하나는 절대 실행되지 않는다. 왜 그런 것인지 설명할 수 있겠는가?

```
static void merge (int leftFirst, int leftLast, int rightFirst, int rightLast)
// Preconditions: values[leftFirst]..values[leftLast] are sorted.
// values[rightFirst]..values[rightLast] are sorted.
//
// Sorts values[leftFirst]..values[rightLast] by merging the two subarrays.
{
   int[] tempArray = new int [SIZE];
```

```
   int index = leftFirst;
   int saveFirst = leftFirst;                    // to remember where to copy back

   while ((leftFirst <= leftLast) && (rightFirst <= rightLast))
   {
     if (values[leftFirst] < values[rightFirst])
     {
     tempArray[index] = values[leftFirst];
     leftFirst++;
   }
   else
   {
     tempArray[index] = values[rightFirst];
     rightFirst++;
   }
   index++;
}

   while (leftFirst <= leftLast)
   // Copy remaining elements from left half.
   {
     tempArray[index] = values[leftFirst];
     leftFirst++;
     index++;
   }

   while (rightFirst <= rightLast)
   // Copy remaining elements from right half.
   {
     tempArray[index] = values[rightFirst];
     rightFirst++;
     index++;
   }

   for (index = saveFirst; index <= rightLast; index++)
     values[index] = tempArray[index];
}
```

이전에 언급했듯이 많은 일이 병합 작업 중에 일어난다. 그래서, mergeSort 함수의 실제 내용은  짧고 간단하다.

```
   static void mergeSort(int first, int last)
```

```
  // Sorts the values array using the merge sort algorithm.
  {
  if (first < last)
  {
    int middle = (first + last) / 2;
    mergeSort(first, middle);
    mergeSort(middle + 1, last);
    merge(first, middle, middle + 1, last);
  }
}
```

### 병합정렬의 분석 (Analyzing mergeSort)

mergeSort 함수는 원본 배열을 두 부분으로 나눈다. 먼저 첫 번째 배열을 정렬한다. 그 다음 똑같은 방법으로 두 번째 반쪽을 정렬한다. 그 다음으로 최종적으로 두 개를 병합한다. 첫 번째 반쪽짜리 배열을 정렬하기 위해 나누고, 병합하는 같은 방법을 따른다. 두 번째 반쪽에 대해서도 같은 작업을 수행한다. 정렬 과정을 하는 동안 분할하는 연산과, 병합하는 연산 모두 섞인 채로 계속된다. 그러나 분할작업이 먼저 일어나고, 그 다음으로 병합하는 일이 따른다고 가정해도 알고리즘의 정확도에는 영향을 주지 않으며, 이렇게 하면 분석을 간단히 할 수 있다.

mergeSort 알고리즘을 보면 1개의 요소만을 가지는 N개의 하위배열이 될 때까지, 원본 배열(크기 N)을 계속해서 나눈다. 그림 10.11 은 16개의 요소를 가진 원본 배열을 보여준다. 하위배열의 크기가 1에 도달할 때까지 계속해서 배열을 반으로 나누기 위해 필요로 하는 총 작업의 복잡도는 O(N) 이다.

크기가 1인 각각의 하위배열은 분명히 정렬된 배열이다. 따라서 알고리즘의 실제 작업은 정렬된 작은 하위배열을 정렬된 큰 하위배열로 병합하는 작업이 된다. 각각 X와 Y의 크기를 갖는 두 개의 정렬된 하위배열을 하나의 정렬된 배열로 합치기 위해 사용하는 merge 연산은 O(X+Y)의 단계를 필요로 한다. 왜냐하면 병합 연산의 반복루틴에서는 leftFirst 색인나 rightFirst 색인을 개수만큼 하나씩 진행하기 때문이다. 이 색인값이 last 카운터 부분보다 커지면 정렬 과정을 멈추기 때문에 우리는 (leftLast – leftFirst + 1) + (rightLast – rightFirst + 1)만큼의 과정이 수행되는 것을 알 수 있다. 이 식은 정렬 과정이 수행되는 두 개의 하위배열의 크기를 합친 값이다.

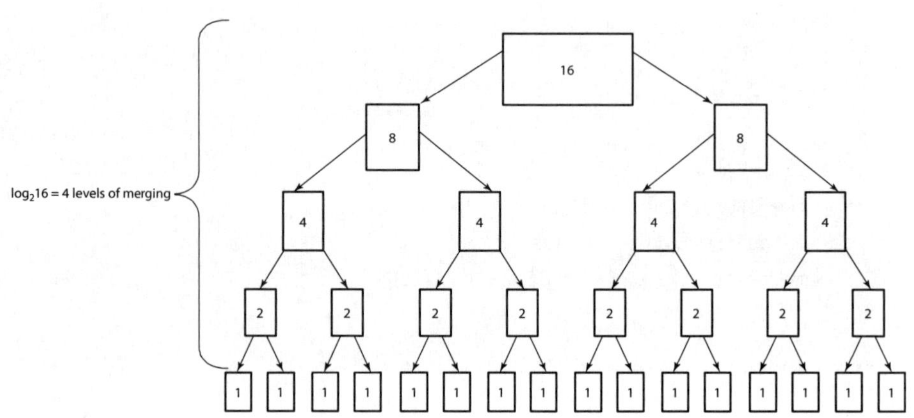


[그림 10.11] N = 16일 때 병합정렬 알고리즘의 분석

얼마나 merge 연산을 실행시켜야 하는가? 그리고 포함된 하위배열의 크기는 얼마인가? 이를 bottom up 방식으로 찾아보도록 하자. 크기 N을 가지는 원본배열은 결국에는 크기 1을 가지는 N개의 하위배열로 된다. 이 두 개의 하위배열을 크기 2의 하위배열로 합치기 위해 위 단락의 분석을 기반으로 O(1+1) = O(2) 만큼의 시간복잡도가 필요하다. 즉, 각 경우마다 작은 상수정도의 횟수이다. 우리는 병합 연산을 총 ½N번 수행해야 한다. (N개에 대한 하나의 요소를 가지는 하위배열을 가지고 있고, 한번에 하위배열을 두 개씩 합친다.) 그러므로 2개의 정렬된 요소를 갖는 하위배열로 만드는 단계의 총 횟수는 O(N)이다(2 * ½N = N 이므로). 이제, 이 과정을 4개의 요소를 가지는 하위배열을 만들기 위해 반복한다. 2개의 요소를 가지는 하위배열 2개를 병합하기 위해 4번의 단계를 거치는데 이런 병합연산을 총 ¼N번 수행해야 한다(2개의 ½N개 요소를 가지는 하위배열에 대해, 한번에 하위배열 두 개씩 합칠 수 있다). 그러므로 4개의 요소를 가지는 정렬된 하위배열을 만드는 단계의 총 횟수 또한 O(N)이 된다(4 * ¼N = N 이므로). 이런 식으로 각각의 단계를 병합하는데 있어서 각 단계마다 하위배열의 크기는 두 배로 늘어나고, 하위배열의 개수는 반으로 줄게 되므로, 각 단계마다 O(N)만큼이 필요하다고 결론지을 수 있다.

우리는 이제 각 단계의 병합을 수행하는데, O(N)만큼이 필요하다는 것을 알았다. 그러면 얼마나 많은 단계가 있는가? 병합 단계의 횟수는 원본 배열을 반으로 나눌 수 있는 횟수와 같다. 만약 원본 배열 크기가 N이면, $\log_2 N$ 단계를 가진다. (이것은 6.6 절의 이진 탐색 알고리즘의 분석과 같다.) 예를 들어 그림 10.11를 보면, 원본배열의 크기가 16이고, 병합의 단계의 횟수는 4이다.

$log_2N$의 단계를 가지고, 각 단계에서 O(N) 만큼 수행하기 때문에, 병합정렬 연산의 총 비용은 $O(Nlog_2N)$이다. 왜냐하면 나누는 부분은 O(N) 만큼만 들고, 병합 정렬 알고리즘이 $O(Nlog_2N)$ 만큼 드는 것으로 결론지어졌기 때문이다. 표 10.2에서 N의 큰 값, $O(Nlog_2N)$이 $O(N^2)$에 비해 나아졌음이 나와있다.

mergeSort의 단점은 정렬될 원본배열의 크기만큼 임시적인 배열을 필요로 한다는 점이다. 만약 배열이 크고 공간이 작다면, 이 정렬방법은 적절한 선택이 아니다. 다음 절에서 우리는 요소를 원본 배열에서 이동시키면서 임시적인 배열을 필요로 하지 않는 두 개의 $O(Nlog_2N)$ 정렬을 논의하겠다.

[표 10.2] $N^2$과 $Nlog_2N$의 비교

| N | $log_2N$ | $N^2$ | $N log_2N$ |
|---|---|---|---|
| 32 | 5 | 1,024 | 160 |
| 64 | 6 | 4,096 | 384 |
| 128 | 7 | 16,384 | 896 |
| 256 | 8 | 65,536 | 2,048 |
| 512 | 9 | 262,144 | 4,608 |
| 1,024 | 10 | 1,048,576 | 10,240 |
| 2,048 | 11 | 4,194,304 | 22,528 |
| 4,096 | 12 | 16,777,216 | 49,152 |

## 퀵 정렬 (Quick Sort)

병합정렬과 유사한 퀵 정렬은 본래부터 재귀적인 분할 후 정복(divide and conquer)알고리즘이다. 만약 기말시험에서 이름에 의해 정렬하도록 큰 스택이 주어지면, 우리는 다음과 같은 방법을 쓸 것이다(그림 10.12 참조). 테스트에서 스택을 A-L 과 M-Z의 두 부분으로 나눠질 때, 나누는 값으로 L을 뽑는다. (두 부분이 같은 번호를 포함하는 것은 필요하지 않다.) 다음으로 첫 번째 부분을 가지고, A-F와 G-L의 부분으로 다시 둘로 나눈다. A-F부분을 가지고, 또 다시 A-C 와 D-F 나눌 수 있다. 이 나누는 과정은 조각들이 쉽게 정렬되기 위해 충분히 작을 때까지 계속된다. 같은 과정이 M-Z 부분에도 적용된다.

마침내 모든 작은 정렬된 부분들이 모아져서 하나의 테스트들의 집합으로 만들어진다. 이 방법은 재귀적이다. 각 부분을 정렬하기 위해 부분들을 나누고, 더 작은 부분들에 대해 정렬을 똑같이 수행하는 것(작은 경우)들로 되어있다. 이 과정은 작은 부분이 더 이상 나눠질 필요가 없을 때까지 계속한다(기본적인 경우). quickSort 함수의 인수 목록들은 현재 수행중인 리스트의 부분에 반영된다. 우리가 이 호출에서 수행될 배열의 부분으로 정의된 first와 last 색인을 지났을 경우 . 초기의 quickSort 호출은 quickSort(0, SIZE - 1) 이 된다.

Method quickSort(first, last)

| | |
|---|---|
| 정의 : | 하위배열의 요소들 정렬<br>values[first]··· values[last] |
| 크기 : | last -first + 1 |
| 기본적인 경우 : | 사이즈가 2보다 작으면 아무것도 하지 않는다. |
| 일반적인 경우 : | 배열을 나누는 값에 따라 나눈다.<br>나누는 값보다 요소가 작거나 같은 경우 quickSort 한다.<br>나누는 값보다 요소가 큰 경우 quickSort 한다. |

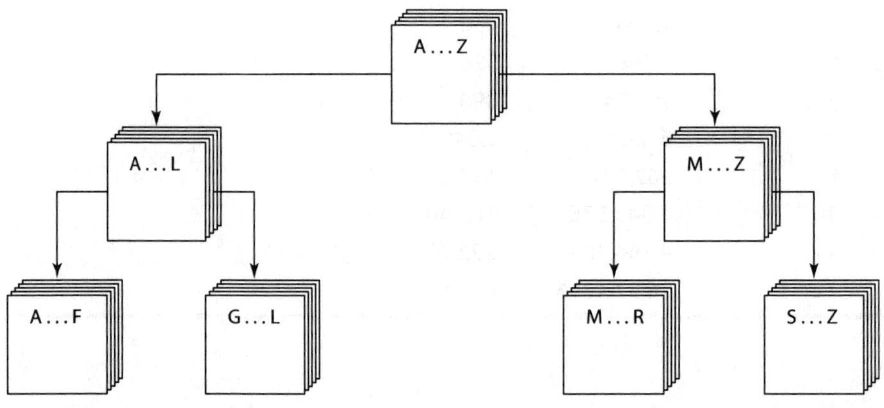


[그림 10.12] Ordering a list using the quick sort algorithm

quickSort

```
if values[first] ··· values[last]에서 요소가 하나 이상 있을 때
splitVal을 선택
        배열을 다음과 같이 나눈다.
                values[first] ··· values[splitPoint -1] <= splitVal
                values[splitPoint] = splitVal
                values[splitPoint+1] ··· values[last] > splitVal
왼쪽 하위배열을 quickSort 한다.
오른쪽 하위배열을 quickSort 한다.
```

여기서 볼 수 있듯이 알고리즘은 배열을 두 개의 하위배열로 나누기 위해 splitVal를 사용해서 나누는 값을 선택한다. 어떻게 splitVal 값을 선택하는가? 하나의 간단한 해결법은 values[first]에 있는 값을 나누는 값처럼 사용하는 것이다(더 나은 해결법은 나중에 보여줄 것이다).

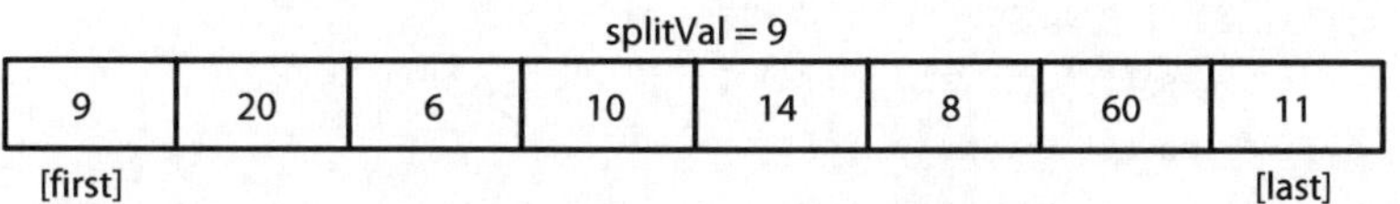


우리는 배열 요소들을 의도한 바대로 재배열해주는 split 함수를 만들었다. 모든 요소에 대해서 splitVal를 기준으로 배열의 왼쪽은 작거나 같고, 배열의 오른쪽은 splitVal보다 크다.

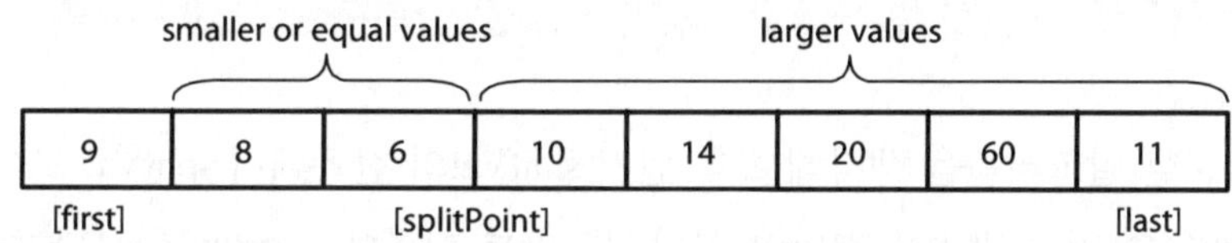


두 개의 하위배열은 splitPoint에서 만난다. 마지막 요소의 색인는 splitVal보다 작거나 같다. 나누는 과정이 끝나기 전까지 splitPoint의 값을 알지 못한다. 그 값은 split의 리턴값이 된다. 우리는 다음으로 splitVal 와 splitPoint 값을 교체한다.

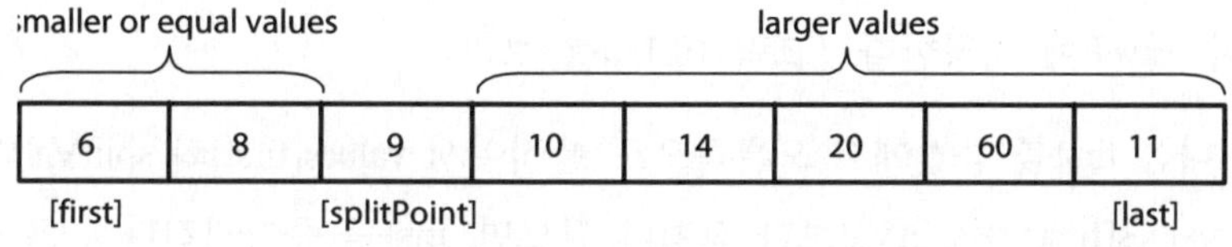


재귀적으로 호출되는 quicksort에서 일반적인 경우에는 문제의 양을 줄이기 위해 splitPoint라는 색인을 사용한다.

quickSort(first, splitPoint - 1)는 왼쪽 하위배열을 정렬한다. quickSort(splitPoint + 1, last)는 오른쪽 하위배열을 정렬한다. splitVal 값은 이미 values[splitPoint] 의 올바른 위치에 있다.

그러면 기본적인 경우엔 어떻게 되는가? 각각의 배열조각이 검사될 때 두 개의 요소 이하를 가지고 있을 때 더 이상 진행할 필요가 없다. 그래서 "values[first] .. values[last] " 에서 하나의 요소보다 더 있을 경우" 는 "if(first < last)"로 고칠 수 있다. 이렇게 해서 만들어진 quickSort 함수 코드는 다음과 같다.

```
static void quickSort(int first, int last)
{
   if (first < last)
   {
      int splitPoint;

      splitPoint = split(first, last);
      // values[first]..values[splitPoint - 1] <= splitVal
      // values[splitPoint] = splitVal
      // values[splitPoint+1]..values[last] > splitVal

      quickSort(first, splitPoint - 1);
      quickSort(splitPoint + 1, last);
   }
}
```

이제 분할 알고리즘을 생각해보자. 먼저 splitVal의 한쪽에서 splitVal 보다 같거나 작은 요소를 얻을 수 있는 방법을 찾아야 한다. 또 다른 한쪽에서 splitvVal보다 큰 값을 가지는 요소들을 얻는 방법을 찾아야 한다.

first와 last 색인들을 배열의 중간으로 이동시킴으로써, splitpoint의 잘못된 쪽에 있는 요소를 찾고, 바꾼다. (그림 10.3) 연산을 하는 동안 splitVal는 과정이 수행중인 하위배열의 first 위치에 남는다. 마지막 단계로, splitPoint값을 가지고 바꾼다. 그러므로, first의 원본 값을 지역변수 saveF에 저장한다. (그림 10.13a를 보라)

그런 다음 first를 중간에서 오른쪽으로 움직여서 values[first]와 splitVal의 비교를 시작한다. 만약 values[first]가 splitVal보다 작거나 같으면, first를 증가시킨다. 그렇지 않으면 first를 남겨두고 last를 중간으로 움직이게 한다. (See 10.13b)

이제 values[last] 와 splitVal를 비교한다. splitVal보다 크면 우리는 계속해서 last를 감소시킨다. 다른 경우 last를 그곳에 남겨둔다. (그림 10.13c 를 보라) 여기서 values[first]와 values[last]가 배열의 잘못된 쪽에 있는 것임이 명확하다. values[first]의 왼쪽과 values[last]의 오른쪽 요소들이 정렬되는 것은 필요하지 않다. 그것들은 단지 splitVal를 통해 배열의 좌측 또는 우측 중에 맞는 부분에 있게 된다. values[first]와 values[last]를 맞는 부분에 두기 위해, 두 요소를 바꾼다. 그런 다음 first를 증가시키고, last를 감소시킨다.(그림 10.13d 를 보라)

이제, splitVal보다 값이 커지기 전까지 first를 증가시키고, splitVal보다 작거나 같아지기 전까지 last를 감소시키는 작업을 반복한다. (그림 10.13e 를 보라)

언제 이 과정을 멈추면 될까? first와 last 서로가 만나게 될 때, 더 이상 바꾸는 것은 필요하지 않게 된다. 이들은 splitPoint에서 만난다. 이 위치는 last를 포함하고 splitVal이 속하며, values[saveF]를 values[last] 에서의 요소와 바꾼다. quickSort에 의해, 다음 재귀호출을 위한 splitpoint와 같이 사용될 last 색인는 함수로부터 반환된다.

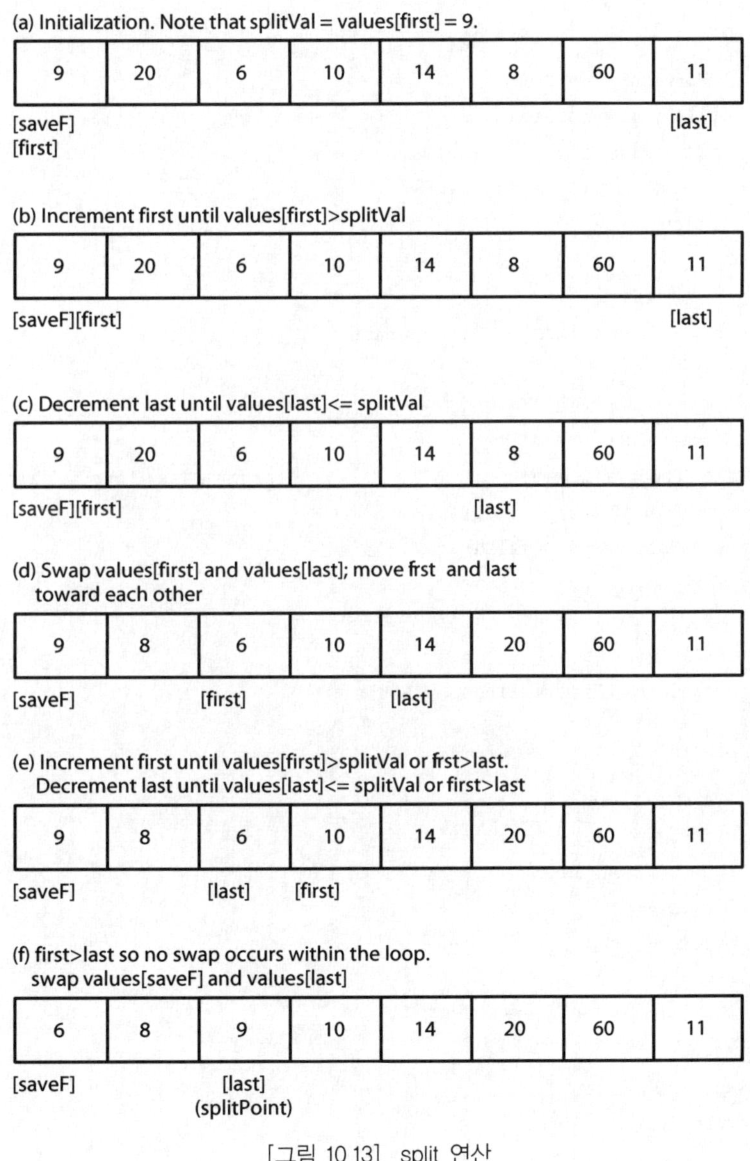


[그림 10.13] split 연산

```
static int split(int first, int last)
{
  int splitVal = values[first];
  int saveF = first;
  boolean onCorrectSide;

  first++;
  do
  {
    onCorrectSide = true;
    while (onCorrectSide)                          // move first toward last
      if (values[first] > splitVal)
        onCorrectSide = false;
      else
      {
        first++;
        onCorrectSide = (first <= last);
      }

  onCorrectSide = (first <= last);
  while (onCorrectSide)                            // move last toward first
    if (values[last] <= splitVal)
      onCorrectSide = false;
    else
     {
      last--;
      onCorrectSide = (first <= last);
     }

  if (first < last)
  {
     swap(first, last);
     first++;
     last--;
   }
  } while (first <= last);

  swap(saveF, last);
  return last;
}
```

만약 분할값이 원래의 배열조각에서 가장 큰 값이나 가장 작은 값이면 어떻게 되겠는가? 알고리즘은 맞게 동작하지만, 나누는 것이 한쪽으로 기울어지기 때문에 별로 빠르지 않게 된다.

이런 상황은 어떤 경우에 일어나게 될까? 퀵 정렬에서는 나누는 값을 선택하는 것과 배열에서 데이터의 원본 순서에 의존한다. 만약 우리가 values[first]를 나누는 값으로 사용하고, 배열이 이미 정렬되어 있다면, 나누는 것이 한쪽으로 쏠린다. 한쪽에는 하나의 요소를 포함하는 반면, 다른쪽에서는 나머지 요소들을 포함한다. 그러므로 방금 만들어 본 quickSort 함수는 빠른 정렬이 아니다. 여기서의 분할 알고리즘은 배열의 요소들이 무작위 순서일 때에 최적의 일을 하게 된다.

그러나, 정렬되기 원하는 배열이 이미 순서대로 정렬되어 있는 경우는 드물다. 만약 이런 경우에는 더 나은 계산을 위해, 나누는 값이 middle 값을 갖게 된다.

```
values[(first + last) / 2]
```

이 값은 values[first]와 같이 함수 시작 시에 바뀔 수 있다.

### 퀵 정렬(Quick Sort)의 분석

quickSort의 분석은 mergeSort의 분석과 유사하다. 먼저 처음으로 호출하면 배열의 모든 요소들은 나누는 값(split value)에 의해 비교되는데 이때에는 O(N) 만큼의 시간복잡도가 든다. 배열은 예를 들었던 두 개의 하위배열(반쪽일 필요는 없다)로 나눠지게 된다.

이 각각의 조각들은 둘로 계속해서 나눠지게 된다. 만약 각 조각이 거의 반으로 나뉘면, $0(N\log_2 N)$ 단계의 분할이 있다. 각 단계에서 우리는 O(N) 만큼의 비교를 한다. 그러므로 퀵 정렬은 이 장에서 논의하였던 $O(N^2)$ 정렬보다 빠른 $O(N\log_2 N)$의 알고리즘이다.

그러나 퀵 정렬이 언제나 빠르지는 않다. 나눠지는 부분이 배열의 거의 반일 때, 우리는 $\log_2 N$ 만큼의 조각을 가진다. 이미 보았듯이, 퀵 정렬의 나눔은 데이터의 순서(나누는 값의 선택하는 것)에 민감하다.

배열이 이미 정렬되어 있고, 우리가 만든 quickSort를 부르게 되면 어떻게 되는가? 나누는 것이 한쪽에 아주 치우치게 되고, 하나의 요소를 포함한 데이터와 나머지 모든 부분을 포함한 데이터를 가진 배열에 대해서 다시 quickSort 함수를 재귀 호출한다. 이런 상황은 모든 경우에 정렬이 느려지도록 만든다. 사실은 여기에 N-1 단계가 있고, 이 경우에는 quickSort의 복잡도는 $O(N^2)$이 된다.

이런 상황이 일어나는 경우는 드물다. 유추법에 의하면, 홀수로 이루어진 한 벌의 카드를 섞는 것을 고려하고, 그것이 정렬될 것이라고 보자. 물론 어떤 어플리케이션에서 우리는 정렬될 원본 배열이 정렬되거나, 거의 정렬되어있다는 것을 알 수 있을 것이다. 이런 경우에는 다른 나누는 알고리즘이나 shortBubble 같은 정렬알고리즘을 사용하기를 원할 것이다.

공간 요구사항에 대해서는 어떠한가? 퀵 정렬는 병합정렬에 비해 추가적인 공간을 필요로 하지 않는다. 지역변수 이외에 다른 추가적인 공간이 필요한가? 그렇다. 재귀적인 접근으로 퀵정렬을 다시 부른다. 재귀의 많은 단계들은 언제든지 시스템 스택에 저장된다. 평균적으로 알고리즘은 재귀적인 정보들을 갖고 있을 $O(\log_2 N)$만큼의 추가적인 공간과 최악의 경우 병합정렬과 마찬가지로, O(N)만큼의 추가적인 공간이 필요하다.

## 힙 정렬

선택 정렬에서 우리는 가장 작은 값을 배열에서 찾은 후, 정해진 위치에 삽입하는 과정을 반복하였다. 선택 정렬을 사용하는 또 다른 방법은 배열에서 최대값을 찾아내어 배열의 마지막 값과 바꾸고, 그 다음으로 큰 값을 찾아 바꾸는 작업을 반복하는 것이다. 이 선택 정렬 알고리즘은 반복해서 배열의 가장 큰 값을 찾기 위해 많은 시간을 소비한다.

9장에서 힙이라는 매우 특별한 자료 구조에 대해서 논의하였다. 우리는 힙의 어떤 위치에서 가장 큰 값이 있는지 알고 있다. 왜냐하면 힙은 루트 노드에 최대값이 존재하는 특징을 가지고 있기 때문이다. 여기서 힙의 이러한 특징을 이용하여 자료를 정렬할 수 있다. 힙 정렬의 전형적인 방법은 다음과 같다.

1. 루트(최대값)를 힙에서 때어내고, 그 장소에 넣는다.
2. 때어내고 난 나머지 값들에 대해 힙을 재구성한다.(이 때, 루트위치에 가장 큰 값을 넣는다.)
3. 더 이상 구성할 값들이 없을 때까지 반복한다.

이 알고리즘의 처음 부분은 선택 정렬과 비슷하게 보인다. 힙 정렬이 선택 정렬보다 속도가 빠른 부분은 두 번째 단계의 값들 중 가장 큰 값을 찾는 부분이다. 왜냐하면 힙은 최소 높이의 이진 트리를 보장하기 때문에, 선택 정렬(계산 복잡도 O(N))과 비교할 때 힙 정렬의 계산 복잡도는 $O(\log_2 N)$이므로 정렬 속도가 빠르다.

### 힙 만들기

지금까지는 힙이 아닌 정렬되지 않은 배열의 값에 대해서 다루고 있는 것처럼 보일지도 모른다. 힙을 다루기 위해, 정렬되지 않은 배열의 값들을 힙으로 변경하여야 한다.

힙이 정렬되지 않은 배열의 값들과 어떤 관련이 있는지 알아보자. 9장에서 힙이 배열로 어떻게 표현되는지 보았다. 힙의 값들이 배열에 있는 연속적인 위치를 선택한다는 것을 알고 있다. 사실, 정렬되지 않은 데이터를 가진 배열은 힙의 속성을 만족시킨다. 그림 10.14에 정렬되지 않은 배열과 그것에 동등한 트리를 보여준다.

여기서 정렬되지 않은 배열의 값들에 대해 힙의 순서 특징을 만족시킬 필요가 있다. 첫째로, 트리의 어떤 부분이 순서 특징을 만족하는지를 찾아. 모든 잎(leaf) 노드 – 단일 노드를 가지는 부분트리 – 는 전부 힙이다. 그림 10.15(a)에서 19, 7, 3, 100, 1은 단일 노드로 구성되어 있기 때문에 힙이다.

이제 그림 10.15(b)에서 2를 포함하는 첫 번째 nonleaf 노드을 보자. 이 부분트리는 힙이 아니지만, 거의 힙과 유사하다(이 부분트리의 루트 노드를 제외한 자식 노드들은 힙(heap)의 순서 특징을 만족한다). 우리는 어떻게 이 문제를 해결해야 할 지 알고 있다. 9장에서 만든 reheapDown 함수를 이용하면 된다. reheapDown함수는 (부분)트리의 노드들을 순회하면서 각 노드의 값들을 재정렬하여 힙의 특징을 만족하도록 한다. reheapDown함수는 현재 루트의 값과 부분트리의 값을 바꾼다.

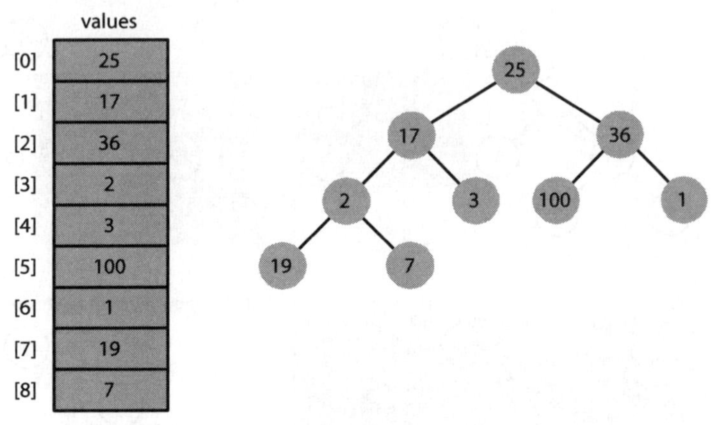


[그림 10.14] 정렬되지 않은 배열과 트리

이 방법은 모든 부분트리부터 시작하여 트리의 루트 노드에 도달할 때까지 반복한다. reheapDown 함수가 루트 노드에 도달한 후 트리는 힙의 순서 특징을 만족시켜야 한다. 그림 10.15는 힙 설계 과정을 보여주며, 그림 10.16은 배열의 변화 과정을 보여준다.

9장에서 reheapDown함수는 Heap클래스의 private으로 선언되었다. 9장에 선언된 reheapDown 함수는 힙에 삽입하는 매개 변수 하나만을 가지고 있다. 그것은 전체 트리에서 항상 동작한다. 즉, 색인가 0인 비어 있는 노드부터 시작하고 트리의 마지막 노드 색인가 lastIndex라고 가정하였다. 여기에서 reheapDown함수의 두 번째 매개 변수를 힙으로 만들어질 부분트리의 루트인 노드에 대해 각 색인을 가지는 Sort 클래스의 정적인 함수로 바꿀 것이다. 바꾸는 방법은 쉽다. 매개 변수로 루트를 넘겨 주면, reheapDown함수의 시작 부분에 다음 구문을 넣어 주면 된다.

```
int hole = root; // 현재 비어 있는 곳의 색인
```

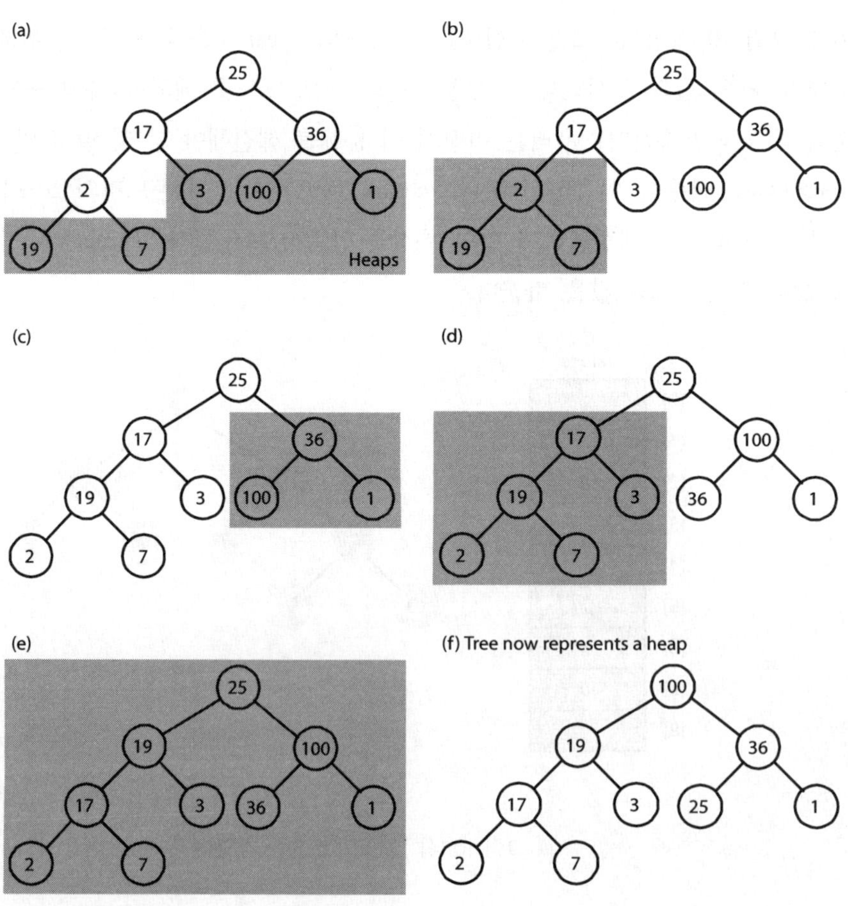


[그림 10.15] 힙을 만드는 과정

힙 설계 알고리즘은 다음과 같이 요약 된다.

```
buildHeap
for index going from 첫번째 nonleaf 노드 up to 루트 노드 까지 진행
   reheapDown(values[index], index)
```

| | [0] | [1] | [2] | [3] | [4] | [5] | [6] | [7] | [8] |
|---|---|---|---|---|---|---|---|---|---|
| Original values | 25 | 17 | 36 | 2 | 3 | 100 | 1 | 19 | 7 |
| After reheapDown index = 3 | 25 | 17 | 36 | 19 | 3 | 100 | 1 | 2 | 7 |
| After index = 2 | 25 | 17 | 100 | 19 | 3 | 36 | 1 | 2 | 7 |
| After index = 1 | 25 | 19 | 100 | 17 | 3 | 36 | 1 | 2 | 7 |
| After index = 0 | 100 | 19 | 36 | 17 | 3 | 25 | 1 | 2 | 7 |

Tree is a heap.

[그림 10.16] 배열의 바뀐 내용

루트 노드가 배열에서 어디에 저장 되는지 알고 있다(values[0]). 첫번째 nonleaf 노드는 어디에 있을까? 완전한 이진 트리에서 중간에 있는 노드이기 때문에, 첫번째 노드의 위치는 SIZE/2 – 1이다.

## 힙을 사용한 정렬

힙으로 정렬되지 않은 배열의 값들을 어떻게 정렬하는지 알아보자. 최초의 힙에 가장 큰 값을 어떻게 하면 쉽게 저장할 수 있는지 알고 있다(루트 노드에 있다). 배열을 힙으로 표현할 때, 가장 큰 값의 위치는 values[0]에 있다. 이 값은 배열의 values[SIZE-1]의 위치에 속하므로, 배열 2개의 값만 교환하면 된다. 왜냐하면 values[SIZE-1]은 배열에서 가장 큰 값을 가지고 있기 때문에(정확히 정렬된 값), 이 위치는 내버려 둔다. 현재 힙에 대한 values[0]부터 values[SIZE-2]까지의 집합에 대해서 취급하고 있다. 루트노드만 제외하고 이 값 전부가 힙의 순서 특징을 만족 시킨다는 것을 알고 있다. 이러한 조건을 바꾸기 위해 reheapDown 함수를 사용할 것이다. 그러나 원본 reheapDown 함수는 힙의 트리가 lastIndex 위치에 끝낸다고 추정했다. 여기서 다시 reheapDown함수가 매개 변수 3개가 있다고 재정의 해야 한다. 다시 한번 바꾸는 것은 쉽다. 바뀐 reheapDown 함수는 Sorts 클래스에 포함된다.

이 때 배열에 있는 가장 큰 값이 힙의 루트 노드에 있다는 것을 알고 있다. 그것의 정확한 위치에 이 값을 두기 위하여, values[SIZE-2]에 있는 값과 교환한다. 이제 2개의 가장 큰 값을 배열의 마지막 위치에 두면, values[0]부터 values[SIZE-3]에 힙의 값들이 있다. reheapDown함수를 다시 호출하면, 힙의 루트에는 3번째로 큰 값이 있다.

힙의 모든 값들이 정확한 위치(values[0]이 배열에 있는 가장 작은 단 하나의 값만 포함할 때 까지)에 올 때까지 반복한다. 이제 값들이 정확한 위치에 있으므로 배열의 가장 작은 값부터 가장 큰 값까지 완전하게 정렬되었다. 각각의 반복으로 정렬되지 않은 부분의 크기는 작고 정렬된 부분의 크기는 크게 된다. 알고리즘이 끝날 때 정렬한 부분의 크기는 원래 배열의 크기와 같아진다.

여기에 설명된 힙 정렬 알고리즘은 재귀 호출처럼 보인다. 전체 배열의 작은 부분과 매번 값을 교환하고 힙을 재구성한다. tail 재귀를 사용하기 때문에, 간단히 for 루프 같은 반복문을 사용할 수 있다. 노드 정렬 알고리즘은 다음과 같다.

Sort Nodes

```
for index going from 마지막 노드 up to 다음번 루트노드 까지 진행
    values[index]를 가진 루트 노드에 있는 값을 swap
    reheapDown(values[0], 0, index - 1)
```

heapSort함수의 첫번째는 힙을 설계하고 알고리즘을 이용하여 노드들을 정렬하는 것이다.

```
static void heapSort()
// Post: The elements in the array values are sorted by key
{
   int index;
   // Convert the array of values into a heap
   for (index = SIZE/2 - 1; index >= 0; index--)
      reheapDown(values[index], index, SIZE - 1);
   // Sort the array
   for (index = SIZE - 1; index >=1; index--)
   {
      swap(0, index);
      reheapDown(values[0], 0, index - 1);
   }
}
```

정렬 루프(for 루프)에서 반복을 통해 그림 10.16에서 만들어진 힙을 그림 10.17에서 어떻게 바뀌는지를 보여준다. 각 라인은 한 번의 연산 과정 후의 배열을 나타낸다. 어둡게 표시된 부분은 정렬된 값을 나타낸다.

heapSort함수는 정렬되지 않은 값들을 가진 단순한 배열을 오름 차순으로 정렬을 한다. 힙은 어디로 갔을까? heapSort함수에 있는 힙은 정렬 알고리즘의 임시적인 내부 구조이다. 이것은 정렬 과정을 보조하기 위해 만들어졌으나, 값의 정렬된 부분에 대해서 차례대로 줄인다. 함수가 끝날 때, 정렬된 부분은 배열을 채우고 힙은 완전히 사라진다. 9장에서 우선 순위 대기큐를 실행하기 위하여 힙을 사용했다. 힙 구조는 큐의 사용을 위한 구조였다. heapSort에 있는 힙은 자료를 유지하는 데이터 구조가 아니라 heapSort함수의 실행 중에 임시로 존재한다.

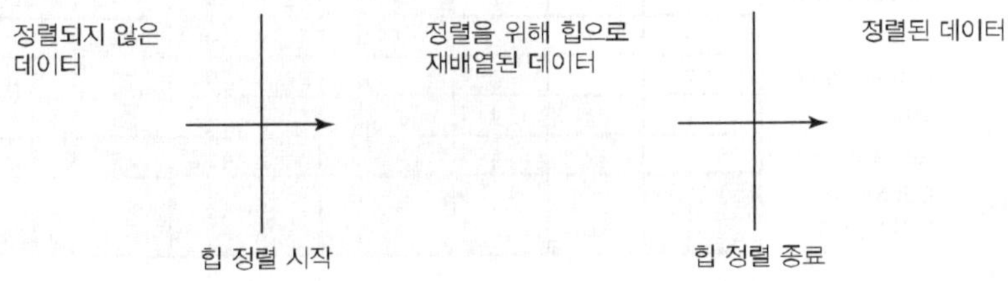


## 힙 정렬 분석

heapSort함수의 코드는 매우 짧다. 9장에서 만든 reheapDown 함수를 약간 수정한 정도이다. 몇몇 코드 라인에 약간의 수정을 해야 한다. 원본 배열의 모든 값들은 재정리되어 힙의 순서 특성을 만족시키고, 큰 값은 배열의 처음으로 이동되며, 아래의 위치에 즉시 삽입한다. 그림 10.17에서 보여지는 heapSort는 매우 효율적이다.

사실 작은 배열에서 heapSort는 비효율적이다. 그러나 배열이 커질수록 heapSort는 매우 효율적이다. 정렬 루프를 고려해보자. N-1 시간 동안 값들이 교환되고 힙을 재구성한다. 비교는 reheapDown에서 수행된다(실제로 그것을 도와 주는 함수는 newHole이다). N노드를 가진 완전한 이진 트리의 시간 복잡도는 $O(\log_2(n+1))$이다. 최악의 경우, 루트 값이 잎 노드 위치까지 떨어지는 경우, reheapDown함수는 $O(\log_2(n+1))$과 비교될 수 있다. N-1동안 반복하여 정렬하는데 걸리는 시간 복잡도는 $O(\log_2(n+1))$이다.

처음에 힙 구조를 만드는데 걸리는 시간인 O(N)에 정렬을 위한 반복루틴을 결합하면 힙 정렬이 $O(N\log_2 n)$의 비교작업이 필요함을 알 수 있다. 퀵 정렬과는 다르게 힙 정렬의 효율성은 처음의 배열 순서에 영향을 받지 않는다. 힙 정렬은 공간의 점유율에서도 효율적이다(단지

한 개의 배열만을 자료로 저장하기 위하여 이용한다). 힙 정렬은 일정한 여분의 공간만을 요구하기 때문이다. 힙 정렬은 우아하고, 빠르고, 튼튼하고, 공간 효율적인 알고리즘이다.

| | [0] | [1] | [2] | [3] | [4] | [5] | [6] | [7] | [8] |
|---|---|---|---|---|---|---|---|---|---|
| values | 100 | 19 | 36 | 17 | 3 | 25 | 1 | 2 | 7 |
| swap | 7 | 19 | 36 | 17 | 3 | 25 | 1 | 2 | 100 |
| reheapDown | 36 | 19 | 25 | 17 | 3 | 7 | 1 | 2 | 100 |
| swap | 2 | 19 | 25 | 17 | 3 | 7 | 1 | 36 | 100 |
| reheapDown | 25 | 19 | 7 | 17 | 3 | 2 | 1 | 36 | 100 |
| swap | 1 | 19 | 7 | 17 | 3 | 2 | 25 | 36 | 100 |
| reheapDown | 19 | 17 | 7 | 1 | 3 | 2 | 25 | 36 | 100 |
| swap | 2 | 17 | 7 | 1 | 3 | 19 | 25 | 36 | 100 |
| reheapDown | 17 | 3 | 7 | 1 | 2 | 19 | 25 | 36 | 100 |
| swap | 2 | 3 | 7 | 1 | 17 | 19 | 25 | 36 | 100 |
| reheapDown | 7 | 3 | 2 | 1 | 17 | 19 | 25 | 36 | 100 |
| swap | 1 | 3 | 2 | 7 | 17 | 19 | 25 | 36 | 100 |
| reheapDown | 3 | 1 | 2 | 7 | 17 | 19 | 25 | 36 | 100 |
| swap | 2 | 1 | 3 | 7 | 17 | 19 | 25 | 36 | 100 |
| reheapDown | 2 | 1 | 3 | 7 | 17 | 19 | 25 | 36 | 100 |
| swap | 1 | 2 | 3 | 7 | 17 | 19 | 25 | 36 | 100 |
| reheapDown | 1 | 2 | 3 | 7 | 17 | 19 | 25 | 36 | 100 |
| Exit from sorting loop | 1 | 2 | 3 | 7 | 17 | 19 | 25 | 36 | 100 |

[그림 10.17] Effect of recode on the array

# 10.4 정렬과 관련된 추가적인 고려 사항

이번 절에서는 기본형 데이터가 아닌 객체를 정렬하기 위해서 필요한 정렬 알고리즘의 효율성 및 알고리즘 안정성과 여기에 따른 특징들을 살펴보기로 한다.

## 알고리즘 검사

모든 정렬 알고리즘은 10.1절에 있는 테스트 하네스로 그 결과를 알 수 있다. 테스트 하네스에서는 무작위로 크기가 50인 배열을 만들어 정렬하고, 정렬된 결과 배열을 보여준다. 정렬이 성공하였다는 것을 결정하는 것은 쉽다. 정렬이 바르게 되었는지를 눈으로 확인하기 싫다면 Sorts 클래스의 isSorted 메소드를 호출하면 된다.

Sort 프로그램은 사용된 정렬 메소드의 정확함을 평가하는데 유용하다. 하지만 철저한 검사를 위해서는 정렬하려는 배열의 크기를 다양하게 만들어야 한다. 이를 위해 커맨드 라인 매개변수로 배열의 크기를 결정할 수 있도록 할 수 있다. 또한 원본 배열의 순서를 바꿀 수도 있는데, 예를 들면, 배열의 순서를 역순이 되도록 할 수 있다.

정렬된 배열을 만들어 내는지에 대한 검사 이외에도 알고리즘의 성능을 측정할 수 있다. 정렬을 시작하기 전에 2개의 변수 numSwaps와 numCompares를 0으로 초기화 한 다음 코드 내에서 각 변수값을 신중하게 증가시키면 된다. 이를 통해서 정렬을 실행하는데 얼마나 많은 비교와 교체 동작을 하는지 추적할 수 있다. 정렬이 끝난 후에 이 변수의 값들이 출력되면 예측한 결과와 비교할 수 있을 것이다. 만일 예측한 값과 다른 결과가 나왔다면 다시 코드 또는 사용된 정렬 이론을 면밀히 검토해야 한다.

## 알고리즘 효율성

### N이 작을 때

이 장에서 계속 살펴본 것처럼 정렬 알고리즘의 효율성은 비교횟수 계산을 통해 측정하였다. 이 값은 계산 시간을 대략적으로 예측하게 해 준다. 비교동작과 함께 수행되는 교체, 플래그값 추적 등의 다른 동작들도 알고리즘의 수행시간 비율에 영향을 미친다.

Big-O 평가에서는 상수값이나 작은 차수의 값들은 무시되는데, 그 이유는 N값이 큰 경우의 알고리즘 성능을 알고 싶기 때문이다. 일반적으로 $O(N^2)$ 종류는 비교작업 이외에도 추가적인 동작들이 필요하지만 이런 동작들이 차지하는 비율은 상당히 적은 편이다. 그에 비해서 $O(N\log_2 N)$ 정렬에서는 더 복잡하기 때문에 훨씬 더 많은 오버헤드로 인해 좀 더 많은 비율을 차지할 수도 있다. 이러한 상황은 N의 값이 작을 때 도리어 더 많은 시간이 걸리게 되는 원인이 되기도 한다. 이 경우, $N^2$ 값이 $N\log_2 N$보다 작지 않으며, 상수치를 갖는 연산들이 대부분의 시간을 차지하게 되어서 $O(N^2)$정렬이 $O(N\log_2 N)$정렬 보다 빠르게 수행되는 결과를 보여준다.

지금까지 우리는 $O(N^2)$ 및 $O(N\log_2 N)$의 복잡성을 가지는 정렬 알고리즘에 대해서 살펴보았다. 이 시점에서 이런 질문을 던질 수 있을 것이다. $N\log_2 N$ 보다 나은 정렬 알고리즘은 없을까? 답은 "없다"이다. 이미 이론적으로 증명된 바로는 키 값 비교를 기반으로 하는 정렬 알고리즘에 대해 $N\log_2 N$ 보다 더 나은 정렬 알고리즘은 없음이 확인되었다.

### 메소드 호출 수 줄이기

어떤 경우에는 효율성을 높이기 위해서 가능한 한 코드의 가독성을 희생시키더라도 라인

수를 줄이는 것이 바람직할 수도 있다. 예를 들어 다음 코드를 일관되게 사용해 왔었다.

```
Swap(index1, index2)
```

이 코드를 배열의 값 2개를 바꾸고 싶을 때, 우리는 메소드를 호출하는 대신 직접 코딩할 수 있다.

```
tempValue = values[index1];
values[index1] = values[index2];
values[index2] = tempValue;
```

교체 동작을 메소드로 구현하여 호출하면 코드가 단순하고 이해하기 쉬워진다. 하지만 당연히 메소드 호출은 정렬을 위해 계속 호출되기 때문에 오버헤드를 유발한다. 그러므로 실제 정렬 작업에서 이런 메소드 호출을 반복하는 코딩을 피하는 것도 필요하다.

재귀 정렬 메소드인 mergeSort와 quickSort 역시 유사한 상황을 제기한다. 이것들은 재귀 호출을 위해 오버헤드를 요구한다. 따라서 이 방법에 대해 재귀 호출을 하지 않는 버전의 메소드를 사용함으로써 오버헤드를 줄일 수 있다.

어떤 경우에는 최적화 컴파일러가 재배치 메소드를 호출하고, 인라인 확장으로 메소드를 수정하기도 한다. 이런 경우에는 프로그램 코드의 가독성과 효율성의 이득을 모두 얻게 된다.

**프로그래머 시간**

재귀 호출이 비효율적이라면 왜 이제까지 정렬 알고리즘에서 재귀 호출을 사용하는 버전을 설명했을까? 이는 효율성에 대한 여러 유형 중 한가지 선택이다. 지금까지 우리는 컴퓨터 시간을 줄이는 문제에 대해서만 신경 썼다. 하지만 컴퓨터가 점점 더 빠르고 저렴해지고 있기 때문에, 모든 컴퓨터 프로그래머들이 이런 방식을 따르지는 않는다. 사실 프로그래머들은 점점 비싸지고 있다. 그러므로 어떤 경우에는 프로그래머들의 시간은 알고리즘을 선택하고 구현함에 있어서 매우 중요한 고려사항이다. 이런 관점에 퀵 정렬의 재귀호출 버전 사용은 비재귀호출 버전 사용에 비해 바람직한다. 왜냐면 프로그래머가 재귀 호출의 정확한 동작을 예측할 수 있기 때문이다.

물론 프로그래머가 언어를 지원하는 라이브러리에 익숙할 경우, 프로그래머는 이미 제공된 정렬 루틴을 사용할 수 있다. 자바의 util package에 포함된 Arrays클래스에는 배열 정렬을 위한 여러 종류의 정렬 방법이 정의되어 있다. 비슷하게, 3.4장의 끝에 소개된 Java Collections Framework는 객체 컬렉션에 대한 많은 정렬 방법을 제공한다.

### 공간에 대한 고려 사항

또 다른 효율성에 대한 고려사항은 필요로 하는 기억장소 공간의 양이다. 작은 응용프로그램에서 기억 장소 공간은 정렬 알고리즘 선택에 있어 중요한 요인이 아니다. 큰 응용프로그램을 예로 들면, 자료의 대부분이 기가바이트를 가진 데이터베이스와 같은 곳에서 공간의 심각한 문제를 야기시킬지 모른다. 이미 추가적으로 일정한 여유 공간이 필요한 두 종류의 mergeSort와 quickSort를 살펴보았다. 시간과 공간의 트레이드 오프는 정렬에 대해서도 적용된다. 공간이 많을수록 시간이 적게 걸리며, 반대로 공간이 적은 경우에 시간이 많이 걸린다.

처리 시간이 정렬 알고리즘에 가장 자주 적용되는 요인이기 때문에, 우리는 이것을 상당히 고려했다. 당연히, 어떤 응용프로그램이든 프로그래머는 알고리즘을 선정하고 시작하기 전에 프로그램의 목표 및 필요조건을 결정해야 한다.

## 객체와 참조

지금까지는 알고리즘에 집중할 수 있도록 정수들의 배열을 정렬하는 것에만 제한하여 구현했었다. 같은 방식으로 객체 정렬을 할 수 있을까? 물론 약간의 특별한 고려사항이 필요하다.

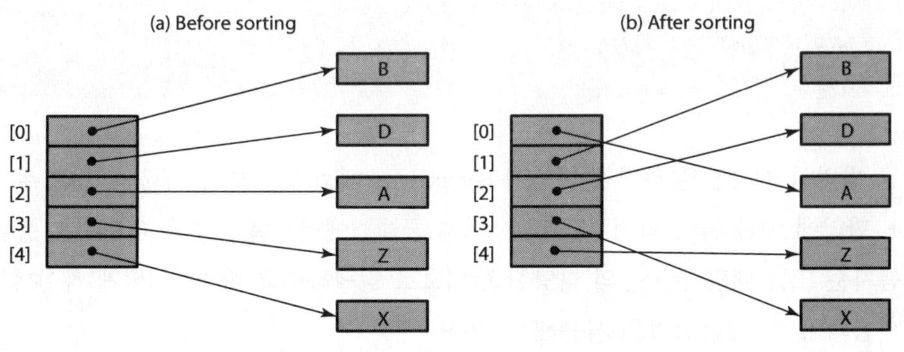


[그림 10.18] 참조를 위한 정렬 배열

객체 배열을 정렬할 때에는 객체 자신이 아니라 객체에 대한 참조만을 다룬다는 것을 명심해야 한다. 그림 10.18을 보라. 이 점은 어떤 알고리즘을 사용하더라도 전혀 영향을 미치지 않는다. 좀 더 설명하자면 예를 들어 색인 0과 1인 배열의 객체를 서로 교체할 때, 실제로 교체하는 것은 객체 자신이 아니라 객체에 대한 참조이다. 어떤 면에서 객체와 객체에 대한 참조를 똑같이 볼 수 있다.

## Comparable Interface의 사용

객체를 정렬할 경우, 우리는 두 개의 객체를 비교하고 어떤 것이 더 큰지를 결정한다. 자바 객체를 취급할 때 다음과 같은 두 가지 접근 방법이 사용된다.

첫번째 접근은 이전 장에서 이미 접했다. 객체 클래스의 compareTo, 또는 이와 유사한 동작을 통해서 필요한 비교작업을 수행할 수 있다. 이미 이 교과서에서 이런 방법을 사용했었다. 정렬 리스트, 이진 검색 트리, 우선순위 큐를 위해 우리는 자바의 Comparable 인터페이스를 구현한 객체를 이용했다. 실제로, Comparable객체를 사용한 이유는 compareTo 연산이 있기 때문이다. 그리고, 자바 프로그래머는 객체 비교를 위해 메소드를 만들 때, 모든 아규먼트를 Comparable타입으로 한다.

예를 들면, 여기에서 Comparable 타입의 정렬 객체인 bubbleUp이다.

```
static void bubbleUp(int startIndex, int endIndex)
// Switches adjacent pairs that are out of order
// between values[startIndex]..values[endIndex]
// beginning at values[endIndex].
{
  for (int index = endIndex; index > startIndex; index--)
    if (values[index].compareTo(values[index - 1]) < 0)
      swap(index, index - 1);
}
```

이 접근 방법의 제약점은 해당 클래스가 compareTo 메소드를 오직 하나만 가질 수 있다는 것이다. 만약에 예를 들어 학적부와 같은 객체 클래스에서 이름, 성적, 우편번호 등에 대해서 오름차순 또는 내림차순 등의 다양한 방법으로 정렬하려고 할 때 어떻게 해야 할까? 이 경우 다음과 같은 접근방법을 사용해야 한다.

## Comparator Interface의 사용

두 번째 접근 방법은 훨씬 더 많은 융통성을 지닌다. 자바 라이브러리는 Comparator에게 호출된 객체 비교와 관련 있는 다른 인터페이스를 제공한다. 이 인터페이스는 2개의 추상화 메소드로 정의 되어있다.

```
public abstract int compare(Object o1, Object o2);
// Returns a negative integer, zero, or a positive integer to
// indicate that o1 is less than, equal to, or greater than o2

public abstract boolean equals(Object obj);
// Returns true if this Object equals obj; false, otherwise
```

첫 번째 메소드 compare는 매우 단순한 compareTo메소드와 유사하다. 이 메소드는 2개의 인수를 받는다. 두 번째 메소드 equals는 Object클래스의 equals메소드와 같고, Object를 상속할 수 있다. 하지만 equals와 compareTo 메소드는 클래스에서 일관성을 갖는 것이 중요하다. 여기서는 equals 메소드는 언급하지 않겠다.

어떤 정렬을 구현하던지 간에 값들을 비교해야 한다. 지금까지의 메소드는 정수 비교를 위해 "<" 나 "<="를 사용하였다. 정수값 대신에 Comparable 객체를 정렬하는 경우에는 해당 인터페이스에 존재하는 compareTo 메소드를 사용할 수 있다. 한편으로는 Comparator 인터페이스가 지원하는 다양한 접근방법을 사용할 수 있다. 만일 정렬 메소드에 Comparator 객체인 comp를 인수로 전달하게 되면, 이 메소드에서는 comp.compare를 이용하여 두 객체 간의 상대적인 순서를 결정하여 정렬의 기반으로 삼게 된다. 다른 종류의 Comparator 객체를 전달한다면 다른 종류의 정렬 결과를 얻을 수 있을 것이다. 예를 들면 Comparator 객체 중 하나는 오름차순을 정의하고, 다른 하나는 내림차순을 정의할 수도 있다. 아니면 다른 Comparator 객체는 객체의 다른 속성에 근거한 순서를 정의할 수 있다. 이렇게 하면 단 하나의 정렬 구현을 가지고도 여러 가지 다른 종류의 순서로 정렬된 결과를 얻을 수 있다.

다음의 예를 보자. 지금 다루고 있는 주제에 집중하기 위해서 퍼블릭 변수를 갖는 단순한 circles 클래스를 정의하였다. Circles 정의를 보자.

```
package ch10.circles;
public class SortCircle
{
  public int xValue;
  public int yValue;
  public int radius;
  public boolean solid;
}
```

comparator객체에 정의된 SortCircle객체의 xValue의 기본 정의는 다음과 같다.

```
Comparator xComp = new Comparator()
{
   public int compare(Object a, Object b)
   {
      SortCircle circleA = (SortCircle)a;
      SortCircle circleB = (SortCircle)b;
      return (circleA.xValue - circleB.xValue);
   }
};
```

selectionSort메소드는 도우미 메소드인 minIndex와 함께 Comparator객체를 받아서 사용한다. (이전 버전의 selectionSort 와의 차이점을 밑줄로 표시하였다.)

```
static int minIndex(int startIndex, int endIndex, Comparator comp)
// Returns the index of the smallest value in
// values[startIndex]..values[endIndex].
{
   int indexOfMin = startIndex;
   for (int index = startIndex + 1; index <= endIndex; index++)
      if (comp.compare(values[index],values[indexOfMin]) < 0)
        indexOfMin = index;
   return indexOfMin;
}

static void selectionSort(Comparator comp)
// Sorts the values array using the selection sort algorithm.
{
   int endIndex = SIZE - 1;
   for (int current = 0; current < endIndex; current++)
      swap(current, minIndex(current, endIndex, comp));
}
```

다른 Comparator객체를 인수로 사용하게 되면 selectionSort 결과는 다른 정렬 순서를 보인다. 이 때문에 정렬 동작이 매우 다양해지게 된다. 단지 다른 Comparator객체를 사용하는 것으로만 circle 객체의 어떤 필드값에 대해서도 오름차순 또는 내림차순으로 정렬할 수 있으며, 심지어 circle 객체의 각 필드값에 대한 수식에 대해서도 정렬할 수 있다.

Sorts2 로 부르는 이 프로그램은 새로운 융통성을 제시해준다. 이 프로그램은 임의의 6개짜리 SortCircle 객체 배열을 생성하고, 출력하고, xValue에 의하여 정렬하고, 출력하고, yValue에 의하여 정렬하고 다시 출력한다. 프로그램을 주의 깊게 살펴보라.

```
//----------------------------------------------------------------------------
// Sorts2.java by Dale/Joyce/Weems Chapter 10
//
// Test harness used to run sorting algorithms that use Comparator.
//----------------------------------------------------------------------------

import java.util.*;
import java.text.DecimalFormat;
import ch10.circles.*;

public class Sorts2
{
     static final int SIZE = 6;                              // size of array to be sorted
     static SortCircle[] values = new SortCircle[SIZE];  // values to be sorted

     static void initValues()
     // Initializes the values array with random circles.
     {
       Random rand = new Random();
       for (int index = 0; index < SIZE; index++)
       {
     values[index] = new SortCircle();
     values[index].xValue = Math.abs(rand.nextInt()) % 100;
     values[index].yValue = Math.abs(rand.nextInt()) % 100;
     values[index].radius = Math.abs(rand.nextInt()) % 100;
     values[index].solid = ((Math.abs(rand.nextInt()) % 2) == 0);
   }
}

static public void swap(int index1, int index2)
// Swaps the SortCircles at locations index1 and index2 of array values.
{
  SortCircle temp = values[index1];
  values[index1] = values[index2];
  values[index2] = temp;
}

static public void printValues()
// Prints all the values integers.
{
```

```
   SortCircle value;
   DecimalFormat fmt = new DecimalFormat("00");
   System.out.println("The values array is:");
   System.out.println();
   System.out.println(" x y r solid");
   System.out.println("-- -- -- -----");
   for (int index = 0; index < SIZE; index++)
   {
      value = values[index];
      System.out.print(fmt.format(value.xValue) + " ");
      System.out.print(fmt.format(value.yValue) + " ");
      System.out.print(fmt.format(value.radius) + " ");
      System.out.print(value.solid);
      System.out.println();
   }
   System.out.println();
}

static int minIndex(int startIndex, int endIndex, Comparator comp)
// Returns the index of the smallest value in
// values[startIndex]..values[endIndex]
// based on the Comparator comp.
{
   int indexOfMin = startIndex;
   for (int index = startIndex + 1; index <= endIndex; index++)
      if (comp.compare(values[index],values[indexOfMin]) < 0)
         indexOfMin = index;
      return indexOfMin;
}

static void selectionSort(Comparator comp)
// Sorts the values array using the selection sort algorithm.
{
   int endIndex = SIZE - 1;
   for (int current = 0; current < endIndex; current++)
      swap(current, minIndex(current, endIndex, comp));
}

public static void main(String[] args)
{
   Comparator xComp = new Comparator()
   {
      public int compare(Object a, Object b)
```

```
        {
            SortCircle circleA = (SortCircle)a;
            SortCircle circleB = (SortCircle)b;
            return (circleA.xValue - circleB.xValue);
        }
    };
    Comparator yComp = new Comparator()
    {
        public int compare(Object a, Object b)
        {
            SortCircle circleA = (SortCircle)a;
            SortCircle circleB = (SortCircle)b;
            return (circleA.yValue - circleB.yValue);
        }
    };
    initValues();
    printValues();
    selectionSort(xComp);
    printValues();
    selectionSort(yComp);
    printValues();
  }
}
```

프로그램의 출력 결과는 다음과 같다.

```
The values array is:
x  y  r   solid
-- -- -- -----
37 83 82 true
46 25 71 false
43 73 62 true
08 67 40 false
69 68 70 true
20 95 15 false

The values array is:

x  y  r   solid
-- -- -- -----
08 67 40 false
20 95 15 false
```

```
37 83 82 true
43 73 62 true
46 25 71 false
69 68 70 true

The values array is:

x  y  r   solid
-- -- -- -----
46 25 71 false
08 67 40 false
69 68 70 true
43 73 62 true
37 83 82 true
20 95 15 false
```

Comparator 접근을 사용하기 위해 약간의 정렬 루틴을 수정하면 된다는 것을 알고 있다. Comparator를 인수로 받아서 적절하게 사용해야 한다. 이전 장들에서 만들어 본 리스트, 이진 검색 트리, 우선순위 큐 내의 요소들을 비교하고 포함하는 ADT들에 대해서도 같은 방식으로 변경해볼 수 있다. 이 ADT들이 가능한 한 일반적으로 사용될 수 있게 하기 위해서는 확실히 이러한 접근방법을 고려해야 한다.

그러나 Comparator에서 추가된 융통성은 성능에 영향을 미친다. 교체 연산을 별도의 메소드를 통해 처리함으로 인해 실행시간에 오버헤드가 증가되는 것처럼 메소드 내에서 비교 연산을 수행하는 것은 직접 비교하는 경우에 비해 많은 시간이 걸린다. 또한 Comparable 인터페이스 역시 compareTo 연산을 메소드 내에 포함하고 있지만, 대부분의 최적화 컴파일러는 메소드로부터 코드를 끄집어 내어 정렬 코드에 직접 삽입시킴으로 비용을 줄이고 있다. Comparator와 함께 다른 메소드들은 다른 시간에 사용되므로 동일한 최적화를 적용할 수는 없다.

## 안정성(Stability)

정렬 알고리즘의 안정성은 중복된 값들을 어떻게 처리하느냐에 달려있다. 물론 모든 중복된 값들은 마지막에 차례대로 나타난다. 예를 들어, A B B A의 리스트를 정렬한다면, A A B B가 된다. 그러나 마지막에 차례대로 나타난 중복된 값들의 상대적 순서는 그것들의 원래의 순서처럼 동일하다. 이러한 속성이 보장된다면, 그것은 안정적인 정렬이라 할 수 있다.

**안정적인 정렬** : 중복되는 것들의 순서를 유지하는 정렬 알고리즘

다양한 정렬들 중 우리는 정수 배열의 정렬에 관하여 살펴 보았다. 원시형(primitive type)들을 정렬할 때에는 안정성은 그리 중요하지 않다. 그러나 객체들을 정렬한다면 정렬 알고리즘의 안정성은 더욱 중요해진다. 비교 연산자에 의해 어떤 객체들 고유의 원래 순서를 유지해야 할 필요가 있다.

예를 들어 학생이라는 객체들을 가진 배열에서 이름, 우편번호, ID 번호를 값으로 갖는다고 생각해보자. 그 배열은 일반적으로 같은 값이 없는 ID 번호로 정렬되었을 것이다. 몇몇 경우에는 이름순으로 보기를 원할 수도 있다. 이러한 경우 이름을 비교할 것이다. 우편번호로 정렬하기 위해서도 마찬가지이다. 안정적인 정렬이라면 우선 이름의 알파벳 순서로, 그리고 우편번호의 순서로 두 번 정렬해야 한다. 안정적인 정렬은 맞는 요소를 찾았을 때 원래 요소의 순서가 유지되어야 한다.

이 책에서 논의했던 다양한 정렬 방법들 중, 오직 heapsort와 quicksort만이 원래부터 안정적이지 못하다. 그 밖의 다른 정렬 방법들의 안정성은 중복된 값들을 처리하는 코드에 달려있다. 몇몇 경우, '<' 나 '<=' 를 사용한 비교문에 의해 안정성이 결정된다. 이 장의 마지막에 있는 연습문제에서 여러 정렬 방법의 코드들을 살펴보고 안정적인지 결정해 보기 바란다.

물론 우리가 직접 우리의 정렬 방법으로 비교 연산을 통제할 수 있다면 하나 이상의 변수들을 사용해서 정렬 순서를 결정하도록 할 수 있다. 그래서 우편번호와 이름으로 학생들을 좀 더 효율적으로 정렬하기 위해 적당한 compareTo 메소드를 정의한다. (단순하게 이 코드는 이름 값들을 직접적으로 비교 가능하다고 가정한다)

```
if (postalcode < other.postalcode)
  return -1;
else
if (postalcode > other.postalcode)
  return +1;
else
// Postalcodes are equal
if (name < other.name)
  return -1;
else
if (name > other.name)
  return +1;
else
  return 0;
```

이러한 방법으로 배열을 딱 한 번에 정렬시킨다.

# 10.5 검색(Searching)

가끔은 어떤 구조에 저장된 요소들을 단 한번에 접근할 수가 있다. 예를 들어 배열 기반의 스택 ADT 구현에서 top에 있는 요소는 한 번에 접근할 수 있다. (top 메소드는 O(1)이다.) 색인이 있는 배열 기반의 리스트는 역시 한 번에 접근된다. O(1)의 시간이 필요하다. 그러나 많은 경우 한 번에 접근하는 것은 불가능하다. 특히 요소(element)들의 값들을 기반으로 한 것이 그렇다.

예를 들어 학생들의 성적이 포함된 리스트에서 Suzy Brown이라는 학생의 성적을 찾거나, ID 번호가 203557인 학생의 성적을 찾는 경우이다. 이러한 경우, 원하는 성적의 검색이 허락되는 검색 기술(searching technic)이 있다.

이번 절은, 리스트에서 "값(value)으로 검색"하는 기초적인 방법들을 살펴볼 것이다. 이런 방법들 중 일부(선형 검색, 이진 검색)는 이미 만나봤다. 10.6절에서는 값으로 검색할 때, 대부분 O(1)을 가지는 좀 더 진보된 방법의 해싱(hashing)을 살펴본다.

## 선형검색(Linear Search)

요소들을 리스트에 추가하는 법을 제외한 채, 효과적으로 요소들을 찾는 방법에 대해 논의할 수 없다. 그래서 검색 알고리즘에 관해 우리는 리스트의 삽입 연산과 연관하여 논의를 할 것이다. 가능한 빠르게 요소를 추가하지만, 검색 시간에 상관하지 않는다고 가정해보자. 요소를 배열 기반의 리스트(array-based list)나 연결 리스트(linked list)의 제일 마지막에 넣으면 된다. 둘 다 O(1)의 삽입 알고리즘이다. 그 리스트는 키 값이 아닌 시간에 의한 삽입 순서로 정렬되어 있다.

이 리스트에서 주어진 키로 검색을 한다면, 그것은 단순 선형(순차) 검색이다. 예를 들면 6장의 List 클래스에서 find 메소드를 사용한 선형 검색이다. 리스트의 첫 번째 요소를 시작으로, 원하는 요소가 나올 때까지 요소의 키를 순차적으로 검색하여 성공하거나 또는 리스트가 끝날 때까지 한다.

비교 숫자로 보면, 이 검색 방법은 요소가 N개 있을 때 O(N)이다. 최악의 경우, 우리가 찾는 요소가 리스트의 제일 마지막에 있거나 없을 경우, N개의 키를 비교하게 된다. 평균적으로 리스트 안의 어떤 요소라도 동일한 검색 확률을 갖는다면, N/2 만큼의 비교로 검색을 성공할 수 있다; 평균적으로 항상 리스트의 절반은 검색해야 한다는 것이다.

## 높은 확률 순서(High-probability Ordering)

리스트 안의 모든 요소들이 동일한 확률을 갖는다는 가정은 항상 옳지는 않다. 가끔 몇몇 요소들은 다른 요소들보다 더 높은 확률을 갖는다. 이에 더 향상된 검색 방법을 제안한다. 리스트의 시작 위치에 가장 자주 요청되는 요소를 넣는 것이다.15) 이 방법을 사용하면 대부분 최초 몇 번 만에 요소를 찾을 수 있고, 리스트 전체를 검색하는 일은 거의 없을 것이다.

리스트의 요소들이 순차적이지 않거나 그들간의 관계를 미리 알 수 없을 때, 리스트의 앞쪽에 가장 자주 쓰이는 요소들을 유지시키는 방법은 유용하다. 이것을 만들 수 있는 하나의 방법은 각 요소에 접근할 때 리스트의 앞쪽으로 옮기는 방법이다. 물론 이것이 자주 쓰일 것이라는 보장은 없다. 그러나 만약 그 요소가 다시 검색되지 않는다면 다른 요소들이 앞쪽으로 옮겨짐으로써 리스트의 끝 쪽으로 밀려날 것이다. 이러한 방법은 단지 몇 개의 포인터 변화만 요구하는 연결 리스트(linked list)로 구현하기 쉽다. 이것은 맨 앞에 공간(room) 하나를 추가함으로써 모든 요소들이 아래로 밀려나는 배열에는 적합하지 않다.

대안으로 요소들을 점차적으로 리스트의 앞쪽으로 옮기는 접근 방법은 연결 리스트나 배열 기반의 리스트에 둘 다 적합하다. 요소가 발견되면 그것과 교체해주면 된다. 리스트 검색이 계속될수록 가장 자주 쓰이는 요소들은 리스트 앞쪽에 그룹이 형성된다. 이 방법을 구현하려면 발견된 요소를 교환하기 위해 제일 마지막 요소와 교체하기 위한 알고리즘의 수정이 필요하다. 이러한 교환은 리스트 검색의 기대대지 않은 부작용이라 설명할 수 있다.

리스트의 제일 앞쪽에 많이 쓰이는 요소들을 유지하는 것은 최악의 경우(worst case)에 영향을 주지 않는다. 리스트의 제일 뒤에 있는 요소를 찾거나 없는 요소를 찾는다면, 여전히 N개를 비교해야 하며 O(N)이다. 성공적으로 검색했을 때 평균적인 성능은 향상된다. 이러한 확률 높은 순서(high-probability)는 몇 몇의 요소들이 다른 요소들보다 훨씬 자주 쓰인다는 가정에 있다. 이러한 가정이 잘못된다면, 다른 순서 방식의 향상된 효과적인 검색 기술이 필요하다.

리스트 내 요소들 간의 위치 관계가 검색의 효율을 증가시키는데 이것을 리스트의 자동 조직화(self-organizing) 또는 자동 조절(self-adjusting)이라 한다.

15) 이러한 접근은 오직 정렬되지 않은 리스트에서만 가능하다. 정렬되거나 색인이 있는 리스트에서는 사용할 수 없다. 왜냐하면 이러한 리스트들은 미리 요소의 위치가 결정되어 있기 때문이다

## 정렬리스트(Sorted Lists)

6.6절에 논의한 것처럼 "이진 검색 알고리즘(The Binary Search Algorithm)"은 리스트의 정렬 시, 좀 더 효율적인 검색 루틴이다.

리스트가 정렬되었다면, 더 큰 키 값을 갖는 요소들을 만날 때까지 모든 리스트의 요소를 검색하는 순차 검색은 더 이상 필요가 없다. 대신 지나쳐온 요소들의 논리적인 위치까지만 검색하면 된다. 다시 말하면, 찾고자 하는 값보다 큰 값을 갖는 요소를 만나기 전까지만 검색하면 되는 것이다.

정렬된 리스트에 대한 선형 검색의 장점은 요소가 존재하지 않다면 리스트 끝까지 가기 전에 검색을 멈출 수 있다는 것이다. 다시 말해 최악의 경우(worst case)에서 가장 큰 요소를 찾는 것은 여전히 N개의 비교를 해야 하는 O(N)이지만, 성공적인 검색을 하지 못한다 하더라도 평균적인 비교 횟수는 N번의 검색이 아닌 N/2이다.

선형 검색의 또 다른 장점은 단순성(simplicity)이다. 하지만 단점은 그것의 성능에 있다. 최악의 경우 N번을 비교해야 하기 때문이다. 리스트가 정렬되어 있고 배열에 저장되어 있다면 간단하기 때문에 최악의 경우(worst case) 검색 시간은 $O(\log_2 N)$으로 향상시킬 수 있다.

이진 검색은 매우 작은 리스트에서는 빠른 검색을 보장하지 못하다. 일반적으로 이러한 검색은 비교가 거의 없지만, 각각의 비교는 더 많은 계산을 한다. N이 매우 작을 때, 이러한 추가적인 작업은 더욱 두드러진다 (Big-O에서 근사치를 정할 때 상수와 더 작은 항들은 무시한다.) 예를 들어, 하나의 어셈블리 프로그램에서 선형 검색은 요소 당 5번의 비교가 필요하지만, 이진 검색은 35번이 필요하다. 따라서 16개의 요소가 있는 리스트의 선형 검색은 5 * 16 = 80 번이 필요하다. 이진 검색의 최악의 경우에는 4번밖에 비교를 하지 않지만, 요소 당 35번의 계산 때문에 140번이 걸린다. 이러한 경우 리스트 요소들의 수가 적다면 확실히 선형 검색이 적합하고 때때로 이진 검색보다 빠르다.

요소들의 숫자가 증가할수록 선형 검색과 이진 검색의 차이가 매우 빠르게 증가한다. 표 6.2를 보고 두 알고리즘의 증가율을 비교해보자.

이진 검색은 순차적으로 저장된 배열 리스트에 적합하다. 그렇다면 어떻게 효율적으로 연결 리스트의 중심점(midpoint)을 찾을 수 있을까? 우리는 이미 연결된 데이터 구조에서 이진 검색이 허락된 하나의 구조-이진 검색 트리를 알고 있다. 8장에서 이진 트리의 검색 연산에 대해 논의했다.

# 10.6 해싱(Hashing)

지금까지 키 값에 관해 순차적으로 정렬된 리스트를 유지함으로써 O(N)에서 O($log_2$N)으로 비교 복잡도를 낮추는데 성공하였다. 즉, 다시 말하면 첫 번째 요소들의 키 값은 두 번째 있는 것보다 작거나 같고, 두 번째 요소는 세 번째 있는 것보다 작거나 같다. 이보다 더 좋게 할 수는 없을까? 리스트의 요소에 대해 상수의 검색 시간을 갖는 O(1)의 검색 방법을 디자인 하는 것은 가능할까?

이론상 불가능하지는 않다. 작은 회사의 직원들 리스트로 예를 들어 보자. 100명의 직원들이 각각 ID를 0~99까지 갖고 있고, idNum이라는 키로 직원 정보에 접근을 한다. 배열에 요소들을 저장한다면 0~99까지 색인되어 있고, 배열의 색인을 통해 직원들의 정보에 즉시 접근 가능하다. 배열의 색인과 요소들이 1대 1로 대응한다. 그 결과 각 요소 키가 배열의 색인 역할을 한다.

실제로는 키 값과 요소들의 위치간에 완벽한 관계를 설정하거나 유지하기는 쉽지 않다. 유사하게 직원들의 개인키로 5자리 ID를 사용하는 작은 회사를 생각해보자. 키 값의 범위는 00000-99999이다. 단지, 직원들의 요소에 대해 완벽하게 하나만 존재하고 위치를 예상하기 위해 100개만 필요할 때, 10만개의 요소를 갖는 배열은 비현실적이다.

**해시 함수** : 리스트의 요소들에 대해 키를 사용하여 리스트 상에서의 위치를 확인하는 함수

**해시** : 리스트의 순서와 요소들의 접근에 대해, 특정 키와 연관된 상수를 사용하는 기법

**해시 테이블** : 해시를 사용하여 요소들을 저장하는 자료 구조

만약, 배열의 크기를 실제 필요한 만큼 줄이고 마지막 두 자리로부터 각 직원을 확인하도록 키를 사용한다면 어떨까? 예를 들어 53374의 직원은 employeeList[74]이고 81235번의 직원은 employeeList[35]이다. 앞에서 논의한 것처럼 요소들은 키 값에 의해 저장되지 않는다. 사실, 비록 키 값이 더 크더라도 83235번 직원의 정보는 53374번 직원보다 배열의 앞에 있다. 대신 요소들은 키 값에 대해 일부 함수 관계에 따라 저장된다.

이러한 함수를 해시 함수라 하고 이것을 사용한 검색 방법을 해시(hashing)이라 한다. 데이터 구조는 해시 테이블(hash table)을 기초로 한다.

이번 장의 논의를 단순화하기 위해, 우리가 검색하려는 정렬되지 않는 배열 기반의 리스트에 관해 세 가지 가정을 한다.

- 리스트의 요소들에 대해 배열을 유지하기 위한 공간이 충분하다.
- 리스트들의 요소들에 대해 대응되는 키는 유일하다.
- 리스트에 없는 요소들을 제거하거나 얻으려고 하지 않는다.

비록 이런 가정들이 중요하지 않지만, 수 많은 특별한 상황들에 대해 걱정할 필요를 없애주고 단순하게 해준다. 더군다나 해싱이 필요한 어플리케이션들에 대해 이러한 가정들은 일반적이다.

다시 해시 함수로 돌아가보자. 앞서 설명한 직원들 리스트의 경우, 해시 함수는 (idNum % 100) 이다. 그림 10.19처럼 키(idNum)는 100으로 나누고, 나머지는 배열의 직원요소들에 대한 색인으로 사용한다. 이 함수는 배열을 0~99까지 색인되어 있다고 가정한다. (MAX_ELEMENTS = 100) 이 방법은 키 값에 대해 색인으로 변환하는 것을 매우 단순하게 한다.

```
int hash()
// Returns an integer between 0 and MAX ELEMENTS - 1.
{
   return (idNum % MAX ELEMENTS);
}
```

여기서 hash는 리스트 요소들의 타입(class)에 관한 공개 메소드(public method)인 elementType 이며 idNum 는 elementType 의 인스턴스 변수로 가정한다. 예를 들어 리스트에 해싱을 사용해 원활히 접근하기 위해 새로운 Hashable이라는 인터페이스를 만들 수 있다.

```
// Objects of classes that implement this interface can be used
// with lists based on hashing.
{
   // A mathematical function is used to manipulate the key of an element
   // in a list to identify its location in the list.
   int hash();
}
```

우리는 객체들을 해시 기반의 리스트인 Hashable 인터페이스로 구현할 수 있다.

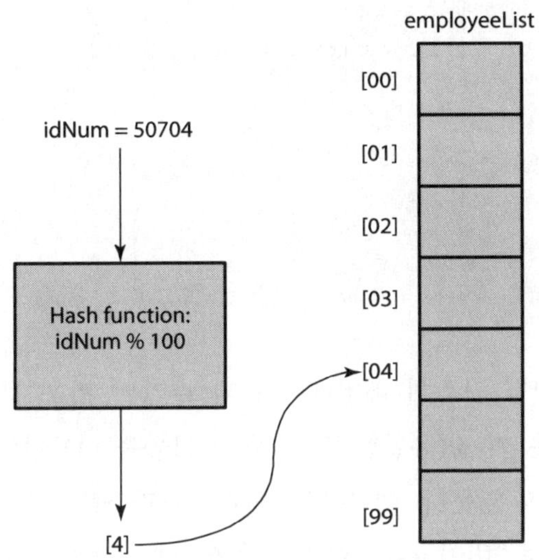


[그림 10.19] 배열에서 요소들의 위치에 대해 해시 함수를 이용해서 결정

해시 함수는 두 가지로 사용할 수 있다. 첫째, 리스트의 요소들에 접근하는데 사용한다. 해시 함수들의 결과는 우리가 찾기를 원하는 요소들의 정보를 말해준다. 각 리스트의 잠재적 요소들을 해시하여 유일한 위치를 찾을 수 있도록 가정한 리스트 메소드 get의 단순한 변형이 그 예이다.

```
public Hashable get(Hashable element)
// Returns an element e from this list such that e.equals(element).
{
  int location;
  location = element.hash();
  return (Hashable)list[location];
}
```

둘째, 해시 함수의 사용은 배열에 요소를 저장하기 위한 위치 결정을 위한 것이다. 만약 직원 리스트의 요소들이 6장의 add 연산을 사용해 리스트에 추가되었을 때(순차 배열 자리나 키 값에 의한 관계된 순서에 의해), 해시 함수를 이용해 그것들을 찾을 수 없다. 우리는 해시 함수에 따라 올바른 자리에 각각의 새로운 요소들을 넣을 수 있도록 add 연산을 만들어야 한다. 여기 새로운 버전의 add 연산이 있다. (해시 함수로부터 색인 값을 전달받는다고 가정한다.)

```
public void add (Hashable element)
// Adds element to this list at position element.hash().
{
   int location;
   location = element.hash();
   list[location] = element;
   numElements++;
}
```

그림 10.20은 add를 사용해 배열에 요소가 추가된 것을 보여준다. (12704, 31300, 49001, 52202, 65606 등은 키 값(유일한 ID 숫자) 정보들을 이용한다.) 이 메소드는 배열의 위치를 순차적으로 채우지 않는다. 왜냐하면 해시 값 3과 5를 갖는 키 값이 없기 때문에 [3]과 [5] 위치는 논리적으로 "비어있다". 이 방법은 6장에서 정렬되지 않은 리스트를 생성하는 방법과 다르다. 그 결과, 해시 함수는 어디에 요소를 추가할지 결정하는데 사용할 뿐, 요소를 찾는데 사용하지 않는다.

## 충돌(Collision)

유일한 해시 위치를 보장하지 않는 이 방법에 대해 반대할지도 모른다. 유일한 ID 숫자인 01234와 91234는 둘 다 "해시"하면 같은 위치인 list[34]이다. 이러한 충돌을 회피하는 문제는 좋은 해시 함수를 디자인 하는데 가장 큰 도전 과제이다. 좋은 해시 함수는 요소들을 배열에서 균일하게 분포시키는 것이다. "충돌 최소화"라 부르는 이유는 그것들의 충돌을 완전하게 피하기는 어렵기 때문이다.

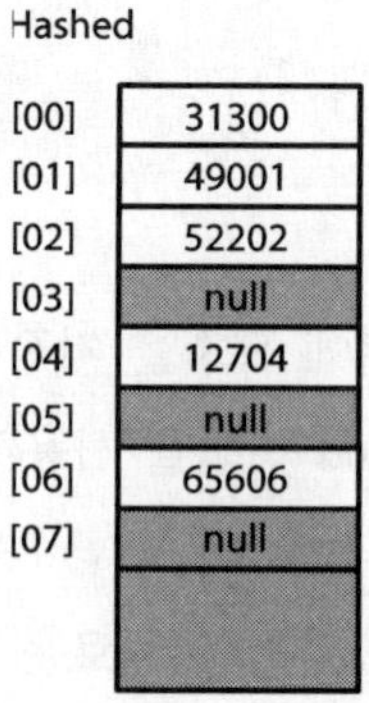

| Hashed | |
|---|---|
| [00] | 31300 |
| [01] | 49001 |
| [02] | 52202 |
| [03] | null |
| [04] | 12704 |
| [05] | null |
| [06] | 65606 |
| [07] | null |
| | |

[그림 10.20] 해시 함수에 기반한 요소 추가의 결과

**충돌** : 두 개 이상의 키가 같은 해시 위치에 생성되는 상태 결과

충돌이 발생했다고 가정했을 때, 어디에 요소들을 저장해야 할까? 다음으로 간단한 몇몇 충돌을 처리하는 알고리즘을 본다. 물론 이 방법들은 그것들을 발견한 다음 어디에 요소를 저장할지 결정한다.

### 선형 탐사(Linear Probing)

충돌을 해결하기 위한 단순한 방법은 충돌한 요소를 다음의 가능한 공간에 저장하는 것이다. 이러한 기술이 선형 탐사다. 그림 10.21에 묘사된 상황에서 우리는 키 ID 숫자가 77003인 직원 요소를 추가하길 원한다. 해시 함수 결과는 3이다. 그러나 이미 배열 자리에 50003 직원의 기록이 저장되어 있다. 4로 위치를 증가시키고 다음 배열의 자리를 검사한다. list[4]가 이미 사용 중이기 때문에 위치를 또 증가시킨다. 이번에 비어있는 자리를 발견하였기 때문에 새로운 요소를 list[5]에 저장한다.

**선형 탐사** : 해시 테이블 시작위치부터 해시 함수를 사용하여 순차적으로 검색하여 해시 충돌을 해결

키를 해시해서 그 값이 배열의 마지막 색인 번호이고, 그 공간이 사용 중이라면 어떻게 해야 할까? 배열을 환형 구조로 생각해서 배열의 처음부터 빈 자리를 찾도록 할 수 있다. 이러한 상황은 5장의 환형 배열 구조의 큐(queue)와 유사한다. 색인을 증가시켰을 때 % 명령을 사용한다. 비슷한 논리를 여기서도 사용할 수 있다.

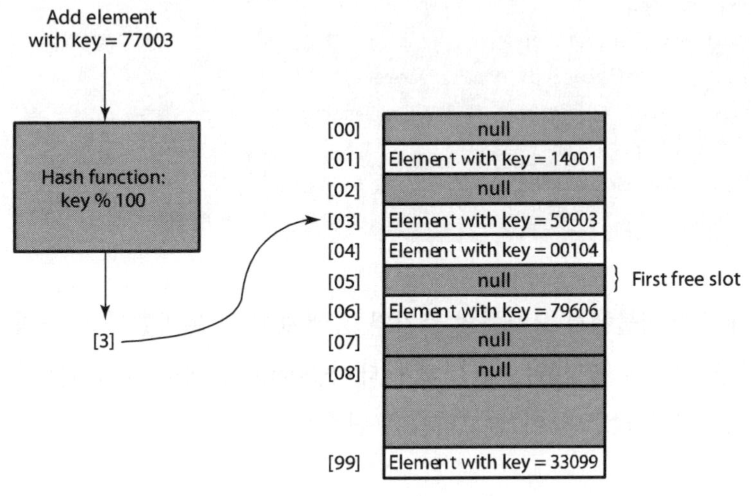


[그림 10.21] 선형 탐사를 사용한 충돌 처리

어떻게 배열 자리가 "비어있음"인지 알 수 있을까? 객체 배열이 있을 때 배열 자리의 값이 "null"인지 쉽게 체크할 수 있다.

다음 버전의 "add"는 새로운 요소를 저장할 공간에 대해 선형 탐사를 사용하여 쉽게 찾을 수 있다.

```
public static void add (Hashable element)
// Adds element to this list at position element.hash()
// or the next free array slot.
{
   int location;
   location = element.hash();
   while (list[location] != null)
      location = (location + 1) % list.length;
   list[location] = element;
   numElements++;
}
```

충돌 처리 기법을 사용한 요소 검색은 키로 해시 함수를 사용하며, 원하는 키와 실제 키에 대해 가리키는 위치에서 비교한다. 만약 키가 맞지 않으면 선형 탐사를 사용하여 배열의 다음 자리를 검사한다. 다음에 나오는 버전은 이 방법을 사용한 get 메소드를 보여준다. 해시된 리스트에 get 메소드를 불러 리스트 검사를 할 수 있다고 가정한다.

```
public static Hashable get(Hashable element)
// Returns an element e from this list such that e.equals(element).
{
   int location;
   location = element.hash();
   while (!list[location].equals(element))
      location = (location + 1) % list.length;

   return (Hashable)list[location];
}
```

비록 해시 테이블에서 요소들의 추가와 검색에 대해 논의했지만, 아직 테이블(contains)에서 요소들을 어떻게 결정하는지, 어떻게 테이블(remove)에서 제거되는지 언급하지 않았다. 충돌을 생각하지 않으면 이 알고리즘은 단순해진다.

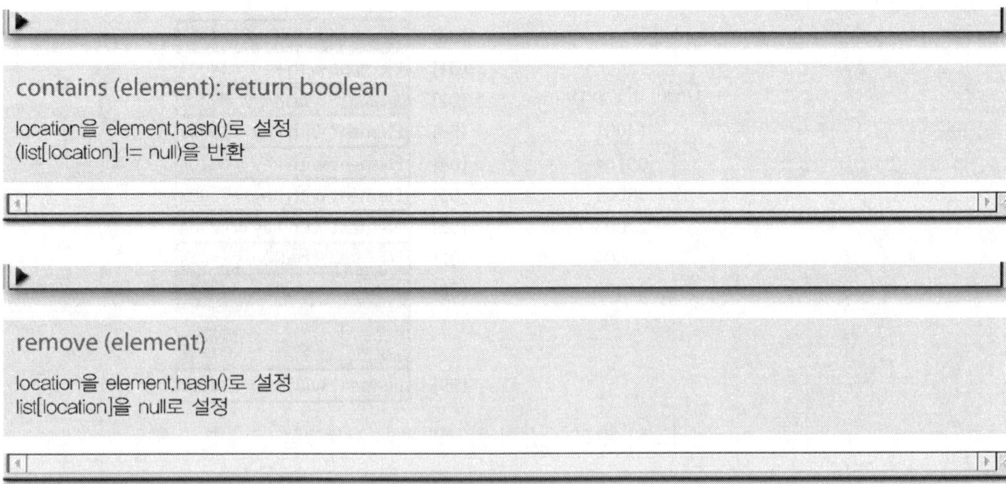
contains (element): return boolean

location을 element.hash()로 설정
(list[location] != null)을 반환

remove (element)

location을 element.hash()로 설정
list[location]을 null로 설정

그러나 충돌은 복잡한 문제이다. element.hash()안에서 요소들이 존재하는지 확신할 수 없다. 그렇기 때문에 remove 메소드는 테이블에서 요소가 제거되었다고 가정하고, 같은 접근으로 get 메소드를 사용할 수 있다. element.hash() 위치를 시작으로 조건에 일치하는 요소를 발견할 때까지 모든 배열 요소들을 검사한다. 시작 위치부터 전부 돌아 일치하는 것이 없을 경우 실패를 돌려줄 추가적인 검사가 필요하다.

예를 들어보자. 그림 10.22에서 배열에서 [5]번 자리의 키 77003을 제거하고 null로 설정하였다고 해보자. 키 42504를 요소로 추가적인 검색이 해시 위치에서 시작될 것이다. 이 자리의 요소는 찾고 있는 것이 아니므로 해시 위치를 [5]로 증가시킬 것이다. 삭제된 요소가 차지했던 이 자리는 지금 비어있지만, 다음 자리에 우리가 찾고 있는 기록이 있기 때문에 검색을 종료할 수 없다.

선형 탐사의 마지막에 리스트 요소가 비어있다고 해서 접근의 효율성을 심하게 손상시킨다고 가정할 수 없다. 비록 해시 테이블이 드문드문하게 존재한다고 할 때, 우리는 테이블에 요소가 존재하지 않는다고 결정하기 전에 모든 위치를 검사해야 한다. 이 문제는 우리들이 그 동안 공부했던 형태의 해시 테이블은 요소들이 삭제된 리스트를 구현할 때 가장 효율적인 데이터 구조라고 설명할 수 없는 문제이다.

Order of Insertion:
14001
00104
50003
77003
42504
33099

|  |  |
|---|---|
| [00] | null |
| [01] | Element with key = 14001 |
| [02] | null |
| [03] | Element with key = 50003 |
| [04] | Element with key = 00104 |
| [05] | Element with key = 77003 |
| [06] | Element with key = 42504 |
| [07] | null |
| [08] | null |
| | |
| [99] | Element with key = 33099 |

[그림 10.22] 선형 탐사의 해시 프로그램

### 군집(Clustering)

선형 탐사의 하나의 문제는 군집이라는 상황이다. 좋은 해시 함수는 배열의 색인 범위를 균일하게 분산시킨다. 처음에 배열에 요소들이 추가되고, 각 자리는 동일하게 채워진다. 시간이 지나면서 충돌이 발생하고 배열 안 요소들의 분포는 점점 균일하지 않게 된다. 요소들은 군집을 이루고, 복수의 키들이 하나의 해시 위치에서 경쟁하게 된다.

**군집 해시** : 테이블에서 하나의 해시 위치에 많은 요소들이 군집을 이루어 균일하지 않게 분산되는 경향

그림 10.22의 해시 테이블을 생각해보자. [8]번 자리에 해시 값 8 요소가 오직 하나 생성되었다. 다른 키의 해시 값이 3, 4, 5, 6, 7인 것들이 배열의 [7]번 위치에 삽입되었다. 배열의 [7]번 자리는 [8]번보다 5배나 많이 채워졌다. 군집은 리스트 연산의 효율성을 모순되게 한다.

### 재해싱(Rehashing)

선형 탐사의 기술이 재해싱을 통해 충돌을 해결하는 예를 살펴보자. 만약 해시 함수가 충돌이 발생할 때, 해시 값은 재해싱 함수로 새로운 해시 값을 계산하여 집어 넣는다. 이전의 절에서, 우리는 해시 값에 1을 더해 새로운 해시 값을 생성했고, 이 재해싱 함수를 사용했다.

**재해싱** : 요소들의 키 값이 아닌 원래의 위치에 대해 충돌을 해결하기 위해 해시함수를 이용해서 새로운 해시 위치 계산

```
( HashValue + 1 ) % MAX_ELEMENTS
```

선형 탐사를 사용해 상수(constant)와 배열의 크기(array-size)가 아무리 길어도 상대적 소수라면 재해싱으로 어떤 함수도 사용할 수 있다.

```
(HashValue + constant ) % array-size
```

예를 들어, 그림 10.23의 배열이 100개의 자리를 가질 때, 상수 3을 재해싱 함수에서 사용할 수 있다.

```
(HashValue + 3 ) % 100
```

(비록 100은 소수가 아니지만 3과 100은 상대적 소수이다. 그들간에는 1보다 큰 어떠한 약수도 없다.)

키 14001을 그림 10.23의 해시 테이블에 삽입하기 원한다고 가정해보자. 원래의 값으로부터 해시 함수를 통해 1의 값을 결과로 준다. 그러나 키가 44001인 요소가 이 자리를 사용 중이다. 다음 배열의 자리 결정을 하기 위해, 처음 해시 함수의 결과를 입력으로 재해싱 함수에 적용해보자 - (1 + 3 ) % 100 = 4. 배열 자리의 색인은 [4]이고 역시 이미 사용 중이고, 또 다시 가능한 자리를 찾을 때까지 재해싱 해보자. 그 때마다 이전의 계산된 값을 재해싱 함수의 입력으로 사용한다. 두 번째 재해싱은 (4 + 3 ) % 100 = 7이다. 7은 이미 사용중인 자리이다. 세 번째 재해싱은 ( 7 + 3 ) % 100 = 10이다. 이 색인 [10]의 배열 자리는 비어있기 때문에 그 곳에 새 요소가 추가된다.

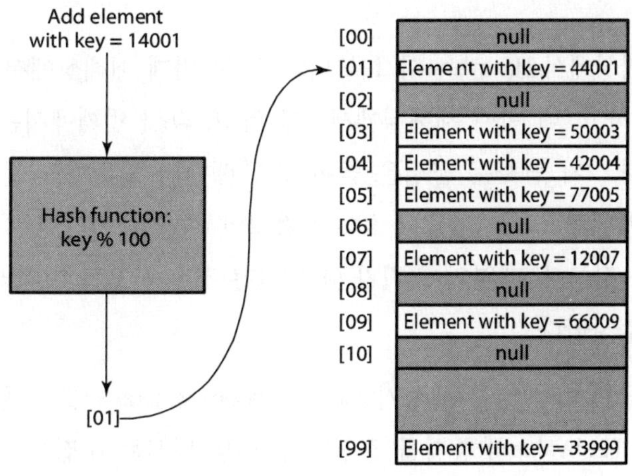


[그림 10.23] 재해싱을 이용한 충돌 처리

상수와 배열 자리의 숫자가 상대적인 소수인지 이해하기 위해 재해싱 함수를 살펴보자.

```
(HashValue + 2) % 100
```

우리는 그림 10.23의 해시 테이블에 키 14001의 요소를 추가하기 원한다. Key % 100 의 원래 해시 함수는 해시 값 1을 돌려준다. 이 배열 자리는 이미 사용 중이다. 재해싱 함수를 적용해 충돌 문제를 풀 때, 빈 자리를 찾을 때까지 연속된 홀수 색인을 검사한다. 모든 홀수 색인의 자리가 이미 사용 중이라면 어떤 문제가 발생할까? 이 재해싱 함수는 배열의 모든 범위의 색인을 포함할 수 없다. 만약 상수와 배열 자리의 숫자가 3과 100처럼 상대적 소수라면, 궁극적으로 배열의 모든 색인 범위를 성공적으로 재해싱 할 수 있다.

선형 탐사를 사용한 재해싱 함수는 군집을 제거할 수 없다. (비록 그림처럼 외견상 항상 나타나지 않더라도 말이다.) 예를 들어, 그림 10.23처럼 해시 값이 1, 4, 7 또는 10의 키가 생성된 어떤 요소들도 색인 [10]에 삽입될 수 있다.

**2차 탐사** : 재해싱 수식 (HashValue +/- $I^2$) % array-size 를 사용하여 해시 충돌 해결

**랜덤 탐사** : 의사 난수 해시 값을 생성한 후, 재해싱 함수를 사용하여 해시 충돌 해결

선형 탐사에서 각각의 연속적으로 적용되는 재해싱 함수에는 상수(보통 1)를 더한다. 2차 탐사(quadratic probing)라 불리는 다른 접근은 재해싱 함수를 몇 번이나 적용했는지에 따라 재해싱 결과가 나타난다.

```
( HashValue +/- I^2 ) % array-size
```

첫 번째 재해싱에서 Hashvalue에 1을 더하고, 두 번째 재해싱에서 1을 빼고, 세 번째 재해싱에서 4를 더하고, 네 번째 재해싱에서 4를 빼고, 다섯 번째에서는 9를 더하고, 이러한 과정을 계속 한다. 2차 탐사는 군집은 줄이지만, 배열의 모든 자리를 반드시 검사하지 않는다. 예를 들어 배열의 크기가 512나 1024처럼 2의 제곱 승이라면 비교적 거의 검사되는 배열 자리는 없을 것이다. 배열의 크기가 (4 * 어떤 정수 + 3)의 형태라면 2차 탐사는 배열의 모든 자리를 검사한다.

세 번째 접근은 의사 난수 생성기(pseudo-random generator)를 사용하여 각각의 재해싱 함수에 적용되는 Hashvalue의 증가를 결정한다. 랜덤 탐사는 군집을 제거하는데 아주 좋은 선택이지만, 지금까지 논의했던 다른 방법들에 비해 느리다.

### 버킷과 체인

충돌을 다루는 또 다른 대안은 다수의 요소들을 같은 공간에 해싱되도록 하는 것이다. 첫 번째 해결책으로 하나의 요소보다는 오히려 다수의 요소들을 포함하고 있는 슬롯에 대한 해시 공간을 각각 계산하는 것이다. 이러한 다수의 요소가 들어가있는 공간을 버킷이라고 부른다.

**버킷** : 특정한 해싱 장소를 가진 요소들의 집합

**체인** : 같은 해시 장소를 공유하는 요소들의 연결 리스트

그림 10.24는 각 각 3개의 요소가 들어갈 수 있는 버킷들의 해시 테이블을 보여준다. 이러한 접근을 사용함으로써, 일정한 지점까지 같은 해시 공간에 존재하는 중복된 엔트리들을 생성하여 충돌을 허용할 수 있다. 버킷이 가득 찼을 때는 충돌에 대해 다시 다루어져야 한다.

이러한 문제점을 피하는 또 다른 해결책은 요소의 실제적인 위치가 아닌 요소에 대한 연결 리스트와 동일한 색인을 해시값으로 사용하는 것이다. 각 각의 슬롯은 같은 해시 공간을 공유하는 요소들을 포함한다. 그림 10.25는 충돌에 대한 문제 해결을 나타내고 있다. 재해싱보다 오히려 간단하게 양쪽의 요소들이 해시 위치 [3]을 공유하게 한다. 현 위치의 배열에 존재한 엔트리는 양쪽의 요소를 포함한 연결 리스트에 대한 참조를 포함한다.

주어진 요소들에 대한 검색을 위해, 첫 번째로 키를 해싱함수에 적용한 후, 요소에 대해 차례대로 검색한다. 검색은 실제적인 해시값을 공유하는 요소들로 제한한다. 대조적으로, 만약 해싱한 슬롯과 다른 해싱 슬롯이 충돌로 인해 가득 찼다면 선형 탐사를 통해 추가 요소들을 검색해야 한다. 그림 10.26은 Chaining 과 hash-and-search 방법을 비교한다. 요소들은 다음과 같은 순서대로 추가된다.

```
45300
20006
50002
40000
25001
13000
65905
30001
95000
```

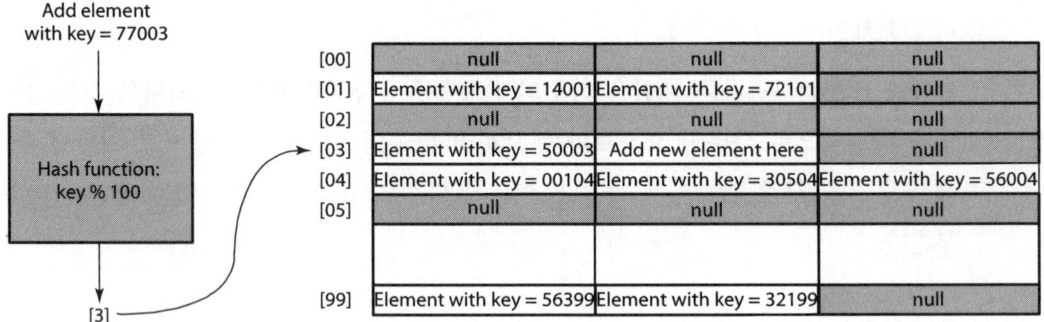


[그림 10.24] Handling collisions by hashing with buckets

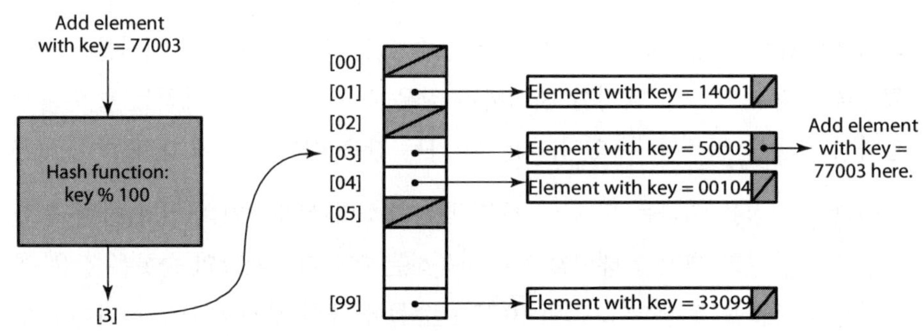


[그림 10.25] Handling collisions by hashing with chaining

그림 10.26(a)는 충돌 해결을 위한 선형 탐사 접근을 나타내고 있다; 그림 10.26(b)는 충돌된 요소들이 체인으로 연결된 결과를 보여준다. 키값 30001을 가지고 있는 요소를 찾아보자.

선형 탐사를 사용하면, 해싱 함수를 사용해 색인[1]을 얻을 수 있다. 리스트[1]에서 키값 30001을 가지고 있는 요소를 찾을 수 없기 때문에, 리스트[7]에서 요소를 찾을 때까지 연속적으로 검색한다. 이러한 방법은 7단계를 요구한다.

체인 접근법을 사용하면, 해시함수를 사용해 색인[1]을 얻을 수 있다. 다음단계로, 요구된 키를 가진 요소를 찾을 때까지 연결 리스트를 검색한다. 이러한 방법은 단지 두 단계를 필요로 한다.

체인의 또다른 장점은 해시 테이블로부터 요소들을 삭제하는 것이 간단하다는 것이다. 특정 체인에 대한 포인터를 가진 배열 슬롯의 색인을 얻기 위해 해시 함수를 이용한다. 그런 후 6장에서 나온 연결 리스트 알고리즘을 사용하여 체인내의 노드를 삭제할 수 있다.

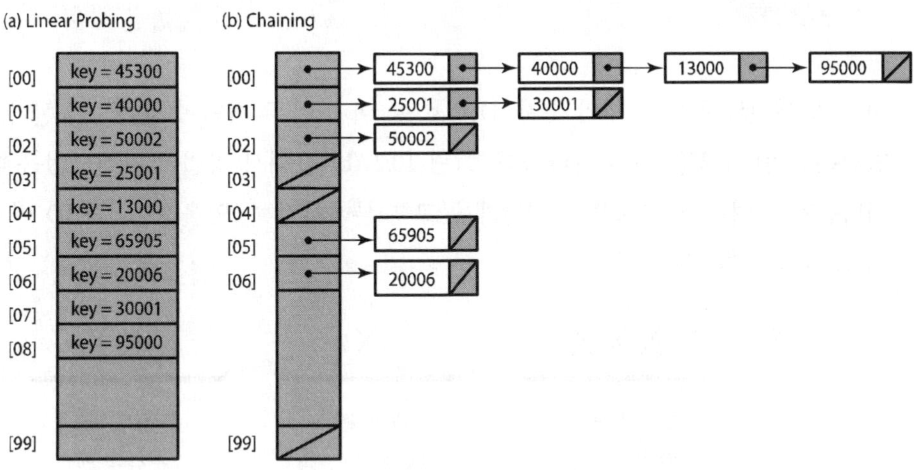


[그림 10.26] Comparison of linear probing and chaining schemes

## 좋은 해시 함수의 선택

충돌을 최소화하기 위한 방법으로 많은 수의 요소들이 사용하는 공간보다 더 많은 공간을 가진 데이터구조를 사용하는 것이다. 이렇게 함으로써 해시 함수의 범위가 증가한다. 실제적으로 충돌의 수를 줄이기 위해서 요구된 요소들의 수보다 더 큰 배열을 사용할 필요가 있다.(이 접근은 우연히 빈 배열 슬롯을 만났을 때, 계속해서 검색하기 위해 contains메소드를 사용하지 않는다고 가정한다.)

테이블 크기는 공간적인 측면과 시간적인 측면에서 고려되어야 한다. 해시 공간의 범위를 더 크게 하면 할수록, 두 개의 키가 같은 위치에 해싱될 가능성은 줄어든다. 물론, 많은 수의 빈 슬롯을 포함하고 있는 배열에 할당하는 것은 공간을 낭비하게 된다.

더 중요한 것은, 충돌을 최소화하기 위한 해시 함수를 디자인하는 것이다. 우리의 목표는 배열 전체에 대해 가능한한 한 개의 요소만 할당되도록 하는 것이다. 그러므로, 해시 함수는 유일한 키값을 만들어내야 한다. 일단 충돌을 허용한다고 하면, 배열이나 체인을 통한 검색, 재해싱을 통한 검색 등과 같은 몇 가지 검색 방법을 소개한다. 각 각의 요소를 한 번에 접근하는 것이 아니므로 검색은 O(1)이 아니다. 사실상 매우 불균형한 크기의 체인을 생성한다면 최악의 경우에 거의 O(N)이 될 것이다. 이러한 상황을 피하기 위해, 통계적인 키의 분배에 대해 알아야 한다. 어떠한 회사에서 사원정보가 6개의 숫자 ID 번호에 따라 정렬되어 있다고 가정하자. 100개의 체인(평균 체인당 5개의 요소가 들어갈 수 있음)을 구성하고 있는 해시 함수를 사용한다.

```
idNum % 100
```

여기서, 색인로써 여섯 개의 숫자 ID 번호 중 마지막 두 개의 숫자를 이용한다. 계획된 해시 방법은 그림 10.27(a)에 나타나있다. 그림 10.27(b)는 해시 방법이 구현되었을 때, 무엇이 생겨나는지 보여준다. 요소들을 어떻게 골고루 분배시킬 수 있을까? 회사 ID 번호는 세 개 값의 조합으로 할 수 있다.

| XXX | X | XX |
|---|---|---|
| 3개의 숫자.<br>유일한 번호<br>(000–999) | 1개의 숫자.<br>부서 번호(0–9) | 2개의 숫자.<br>고용된 해<br>(예. 89) |

해시 구조는 단지 해시 값 생성을 위하여 회사에 고용된 년도에 의존한다. 회사가 1987년에 설립되었기 때문에, 요소들의 대다수는 해시 테이블의 일부분에서 매우 불균형적으로 모이게 된다. 이러한 경우에 직원요소의 검색은 O(N)이다. 이것은 극단적인 예이지만, 해시 안에 키 값들을 예상하고 가능한 도메인을 완벽히 이해하는 것이 필요하다. 예제에서, 해시 함수를 위하여 처음 세 개의 숫자에 대한 몇 몇의 조합을 사용하는 것이 훨씬 더 좋다.

### 나눗셈 방법

가장 흔한 해시 함수는 해시 값을 계산하기 위해서 나눗셈(%)을 사용한다. 앞의 예제들에서 이러한 타입의 함수를 사용했다. 일반적인 함수는

```
Key % tableSize
```

우리는 이미 요구된 요소의 수보다 다소 더 큰 테이블을 만드는 아이디어를 언급했었다. 그렇게 되면, 해시 값의 범위가 증가한다. 추가적으로, 테이블 사이즈가 소수(prime)일 때 나눗셈 방법으로 더 좋은 결과를 만들 수 있다.

나눗셈 해시 함수의 장점은 간단하다는 것이다. 그러나 해시 값을 유일하게 하려면, 색다른 해시 함수나 더 복잡한 해시 함수를 사용할 필요가 있다.

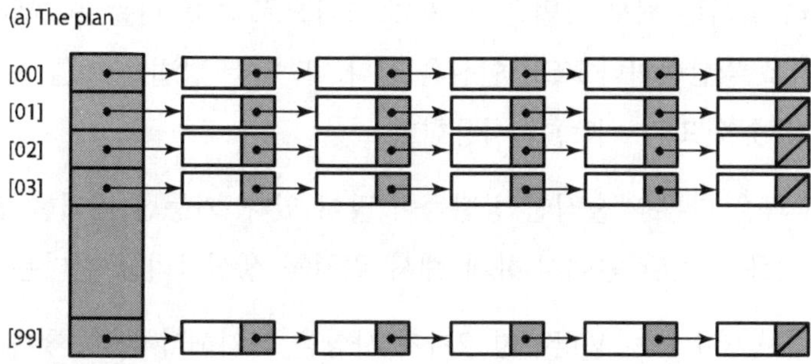


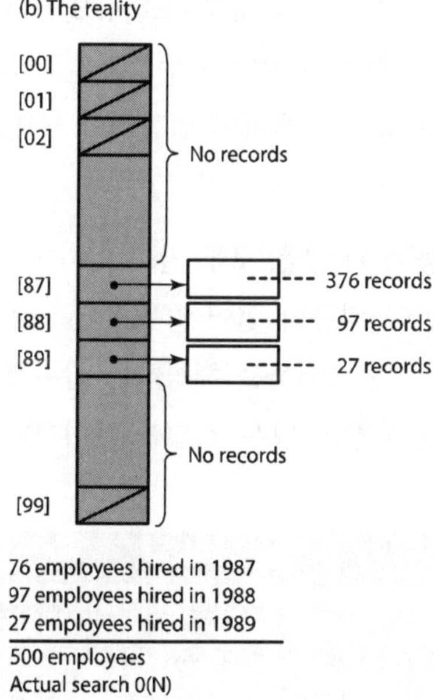


[그림 10.27] Hash scheme to handle employee elements

### 다른 해시 방법들

만약 요소의 키값이 정수가 아닌 문자열이라면 어떻게 해싱할 수 있을까? 한 가지 접근은 색인로써 사용될 수 있는 숫자를 생성하기 위해 문자열의 문자에 대한 내부 표현을 수학적인 조합으로 사용하는 것이다. (각 각의 유니코드 문자는 정수값으로 메모리에 표현되어 있다.)

**폴딩** : 해시 값을 몇 개의 조각으로 키를 나눈 후, 해시 값을 만들기 위해 이러한 조각을 결합하거나 XOR 연산을 하는 해시 방법

'폴딩'이라 불리는 해시 방법은 몇 개의 조각으로 키를 나눈 후, 해시 값을 만들기 위해 이러한 조각을 결합하거나 XOR 연산을 한다. 또 다른 방법은 키를 제곱한 후, 해시 값으로써 키의 특정 숫자(또는 비트)를 사용한다.

그 밖의 많은 다른 기술적인 방법들이 많이 있다. 가능한 이러한 방법의 대다수는 유일하고 랜덤(허용된 범위 안에서)하게 해시 위치를 생성하려고 한다는 것이다.

색다른 해시 함수를 사용한다면, 2가지 사항을 고려해야 한다. 첫째로, 함수 계산시 효율성이다. 해시 함수가 항상 유일한 키를 생성한다 할지라도 리스트의 절반을 검색하는 것보다 계산하는데 더 많은 시간이 걸린다면 좋은 선택은 아니다. 둘째로, 프로그래머 시간에 대한 고려이다. 극단적으로, 알려진 키 값의 모든 것에 대해 다소 유일한 해시값을 생성하는 별난 함수에 대해서 만약 나중에 가능한 키 값의 도메인이 수정됨으로 인해서 변경된다면 실패할 것이다. 프로그램을 수정해야 하는 프로그래머의 입장에서 보면, 또 다른 해시 함수를 발견하는데 많은 시간을 소비할 것이다.

마지막으로, 미리 일어날 시간에 가능한 키 값을 모두 알고 있다면, 완전한 해시 함수를 결정하는 것은 가능하다. 예를 들면, 만약 컴퓨터 언어에 저장된 단어들을 키값의 요소로써 사용한다면, 유일한 위치를 위한 각 각의 단어들을 해싱하는 함수를 찾아야한다. 일반적으로, 완전한 해시 함수를 찾기 위해서 굉장히 많은 작업을 해야한다.

### 자바의 해싱에 대한 지원

자바 라이브러리는 HashTable 클래스를 포함한다. HashTable 클래스는 테이블에 객체들을 저장하기 위해 사용된다. 사실상 HashSet과 같은 다른 클래스 모음을 포함하는데, HashSet 클래스는 추상클래스로 이번 장에서 설명한 접근하는데 장점을 가진 ADT 제공한다.
자바의 Object 클래스는 정수형 해시 코드를 반환하는 hashCode를 포함한다. 극단적으로, 모든 자바 객체는 Object객체로부터 상속되기 때문에, 모든 자바 객체는 해시코드와 연관되어 있다. 이것은 해시에 근거한 라이브러리 클래스의 안에서 사용하는 해시값이다. 객체를 위한 표준 자바 코드는 객체의 메모리 위치에 대한 함수이다. 결과적으로 동일한 내용물을 가지지만 서로 다른 객체를 관련시키기 위해 사용될 수 없다.
예를 들면, circleA와 circleB는 동일한 필드 값을 가졌다 할지라도, 같은 해시 코드를 갖지 못한다. 물론 circleA와 circleB가 같은 circle 객체를 참조한다면, 같은 메모리 참조를 가지고 있기 때문에 그들의 해시코드는 동일하다.
대다수의 응용에서, 메모리 위치에 근거한 해시코드는 사용되지 않는다. 그러므로, 흔히 사용되는 객체들(예를 들면 String 이나 Integer)을 정의하는 많은 자바 클래스는 객체의 내용에 근거해서 Object 클래스의 hashCode를 오버라이딩한다. 만약 자신의 프로그램에서 해시 테이블을 사용하고자 한다면, 비슷하게 진행해야 할 것이다.

## 복잡도

해싱에 대한 의논은 요소들의 추가와 삭제가 복잡도 O(1)을 가지는 리스트 구현을 찾기 위한 노력에서부터 시작해보자. 만약 해싱 함수가 결코 중복되어 발생하지 않고, 배열 크기가 리스트에 대해 기대되는 요소의 수와 비교해서 크면 우리는 목표에 도달한 것이다. 일반적으로 이러한 경우는 없다. 분명히, 요소의 수가 배열 사이즈에 근접하면 할수록 알고리즘의 효율성은 떨어진다. 해싱의 복잡도에 대한 정확한 분석은 이 책의 범위를 넘는 것이다. 비공식적으로 보면, 배열은 기대되는 요소의 범위를 크게 하면서 해싱 함수에 의해 생성된 충돌의 개수를 줄이면, 더욱 효율적인 알고리즘이 된다.

## 요약

이 장에서는 알려진 모든 정렬 알고리즘을 다루지 않았다. 대신, 몇 몇의 유명한 정렬 방법을 알아보았다. 여기서 분명한 것은 어떤 정렬 방법이 모든 응용에 대해서 최고의 선택인 것은 없다는 것이다.

더 간단히 말하자면, 일반적으로 $O(N^2)$ 정렬은 아주 작은 값인 N에 대해 복잡한 정렬일 때, 더 좋게 나타난다. 왜냐하면 $O(N^2)$ 정렬은 간단하면서, 작성하고 유지보수하는데 걸리는 프로그래머 시간이 비교적 적게 걸린다. 정렬을 향상하기 위해 특징을 추가한다면 알고리즘의 복잡도는 증가하고, 이들을 유지하기 위해 필요한 프로그래머 시간과 루틴에 의해 요구되는 작업량이 증가할 것이다.

정렬 알고리즘을 선택하는 또 다른 고려사항은 원본 데이터의 순서이다. 만약 데이터가 이미 정렬되어 있다면(또는 거의 정렬되어 있다면), shortBubble은 O(N)의 복잡도를 가지는 반면 몇몇 종류의 quickSort는 $O(N^2)$의 복잡도를 가진다.

항상 그랬듯이, 알고리즘을 선택하는 첫 번째 단계는 특정한 응용관점에서 보는 것이다. 이러한 노력은 꽤 선택의 폭을 줄인다. 그런 다음, 여러 가지 알고리즘에 대한 장, 단점을 이해하는 것은 정렬 방법을 선택하는데 있어서 도움을 준다.

표 10.3은 이장에서 나왔던 정렬 알고리즘에 대해서 Big-O 표기법으로 나타낸 것이다.

[표 10.3] Comparison of Sorting Algorithms

| Sort | Best Case | Average Case | Worst Case |
|---|---|---|---|
| | Order of Magnitude | | |
| selectionSort | $O(N^2)$ | $O(N^2)$ | $O(N^2)$ |
| bubbleSort | $O(N^2)$ | $O(N^2)$ | $O(N^2)$ |
| shortBubble | $O(N)$* | $O(N^2)$ | $O(N^2)$ |
| insertionSort | $O(N)$* | $O(N^2)$ | $O(N^2)$ |
| mergeSort | $O(N \log_2 N)$ | $O(N \log_2 N)$ | $O(N \log_2 N)$ |
| quickSort | $O(N \log_2 N)$ | $O(N \log_2 N)$ | $O(N^2)$ (depends on split) |
| heapSort | $O(N \log_2 N)$ | $O(N \log_2 N)$ | $O(N \log_2 N)$ |

*Data almost sorted.

정렬 알고리즘과 비슷한 검색 알고리즘을 보면, 주요 관심사는 효율성을 목표로 하는 것이다. 리스트에 대한 순차적인 검색은 O(N)의 복잡도를 가진다고 말할 수 있다. 왜냐하면 요소를 찾기 위해 최대 N번의 비교만큼이나 요구되기 때문이다. (N은 리스트에 있는 요소들의 수) 이진 검색은 $O(\log_2 N)$으로 고려될 수 있고, 만약 정렬이 되어 있다면, 배열에 근거한 리스트들에 대해서 적당하다. 이진 검색 트리는 연결 리스트 구조상에서 이진 검색을 허용하기 위해 사용된다. 해싱의 목적은 O(1)의 시간 효율성에 근접하는 검색 알고리즘을 찾는 것이다. 해시 위치에 대한 충돌 때문에, 약간의 검색 및 재해싱이 종종 필요하다. 좋은 해싱 함수는 충돌을 최소화하고 테이블을 통해서 요소들을 임의로 분산시킨다.

몇 가지 기본적인 정렬과 검색 기법에 익숙해지는 것은 중요하다. 프로그래밍상에서 이러한 기법을 몇 번이고 되풀이하고, 서로 다른 문제에 대한 적절한 해결책을 아는 것이 필요하다. 정렬과 검색의 복습은 우리에게 특정 알고리즘이 얼마나 많은 작업들에게 필요할지를 결정하는데 도움을 주는 측정도구인 Big O 평가를 시험해볼 기회이다. 구축 도구와 측정 도구 모두 적절한 프로그램의 해결책을 세우는데 필요하다.

## 연습문제

### 10.1 정렬

1. 정렬 메소드를 테스트하기 위한 테스트 하네스 프로그램은 이 책 부록의 나머지부분에서 제공한다. 이것은 Ch10 패키지에 있는 Sorts.java파일에 있다. 프로그램은 문자열 요소의 교체연산과 관련된 정렬 방법에 대한 모든 것을 사용하는 swap 메소드를 포함한다.

a. 정렬 메소드 프로그램을 호출한 후, 정렬 메소드에서 필요한 교체연산의 번호를 프린트하는 프로그램으로 수정하기 위한 접근방법을 설명하시오.

b. 당신의 접근방법으로 구현하시오.

c. selectionSort 메소드를 실행함으로써 당신의 새로운 프로그램을 테스트하시오. 이 때 프로그램은 49번의 교체 횟수가 나와야 된다.

## 10.2 간단한 정렬

2. 다중 선택 : 만약 원본 문자열의 값들이 이미 정렬되어 있다면, 선택 정렬을 사용해서 100개의 요소를 포함하고 있는 문자열을 정렬하는데 필요한 비교 횟수는 얼마나 되는가?

a. 10,000

b. 9,900

c. 4,950

d. 99

e. 답 없음

3. 총 비교 횟수보다 요소의 총 이동수에 근거한 선택정렬에 대해서 Big-O 복잡도를 결정하시오.

a. 최고의 경우에 대해서

b. 최악의 경우에 대해서

4. 만약 있다면, 어떤 경우에 선택정렬이 O($\log_2 N$)의 복잡도를 갖게 되는가?

5. 내림차순으로 정수들의 리스트를 정렬하기 위한 버블 정렬 알고리즘의 버전을 쓰시오.

6. 만약 있다면, 어떤 경우에 버블정렬이 O(N)의 복잡도를 갖게 되는가?

7. shortBubble을 사용해서 100개의 요소를 포함하고 있는 문자열을 정렬하는데 필요한 비교 횟수는 얼마나 되는가?

a. 최고의 경우에 대해서

b. 최악의 경우에 대해서

8. 다음의 정렬을 4번 반복한 후, 배열의 내용을 나타내시오.

| 43 | 7 | 10 | 23 | 18 | 4 | 19 | 5 | 66 | 14 |
|---|---|---|---|---|---|---|---|---|---|
| [0] | [1] | [2] | [3] | [4] | [5] | [6] | [7] | [8] | [9] |

a. selectionSort.

b. bubbleSort.

c. insertionSort

9. 정렬 함수가 파일로부터 읽은 100개의 정수 리스트를 정렬하는데, 모든 100개의 값들이 0이다. 이 때 다음과 같은 정렬이 사용된다면 Big-O에 의한 실행 비용은 얼마인가?

a. bubbleSort?

b. shortBubble?

c. selectionSort?

d. insertionSort?

10. 예제1에서 정렬 메소드에 의해 사용된 교체연산의 번호를 출력하기 위해 Sorts 프로그램을 작성했다. 이것에 대해 필요한 총 비교 횟수를 출력하는 것이 약간 더 어렵다. 정렬 메소드 안에서 카운터를 증가하기 위해 더 많은 설명을 포함해야 한다. 각각의 메소드를 위해서, 필요한 부분을 변경하고 테스트하시오. 그리고 50개의 랜덤 정수로 이루어진 배열을 정렬하는 Sorts프로그램의 총 교체 횟수와 비교 횟수를 작성하시오.

a. selectionSort swaps:________ compares:________

b. bubbleSort swaps:________ compares:________

c. shortBubble swaps:________ compares:________

d. insertionSort swaps:________ compares:________

## 10.3 O(N log2N) 정렬

11. 병합 정렬은 내림차순으로 1000개의 테스트 점수 배열을 정렬하는데 사용된다. 다음의 설명중 어느 것이 사실인가?

  a. 만약 원본 테스트 점수가 가장 작은 것부터 가장 큰 순으로 정렬되어 있다면, 정렬이 가장 빠르다.

  b. 만약 원본 테스트 점수가 완전히 랜덤하게 정렬되어 있다면, 정렬이 가장 빠르다.

  c. 만약 원본 테스트 점수가 가장 큰 것부터 가장 작은순으로 정렬되어 있다면, 정렬이 가장 빠르다.

  d. 원본 요소들의 순서와 상관없이 정렬은 똑같다.

12. 병합정렬에서 merge 메소드의 실행 전에 이미 정렬되어 있다면 연습문제 8의 배열의 값들이 어떻게 나오는지 보이시오.

13. 총비교 횟수보다 요소의 총 이동수에 근거한 병합정렬에 대해서 Big-O 복잡도를 결정하시오.

  a. 최고의 경우에 대해서

  b. 최악의 경우에 대해서

14. 병합정렬을 검증하기 위해 Three-Question 메소드를 사용하라.

15. 만약 있다면, 어떤 경우에 퀵정렬이 $O(N^2)$의 복잡도를 갖게 되는가?

16. 퀵 정렬에 대해서 어느 것이 사실인가?

  a. 비재귀적인 버전보다 재귀적인 버전이 더 빠르다

  b. 재귀적인 버전이 비재귀적인 버전보다 코드의 줄 수가 좀 많다.

  c. 비재귀적인 버전은 재귀버전보다 스택을 더 많이 필요로 한다.

  d. 단지 재귀적인 함수만이 프로그램될 수 있다.

17. 총비교 횟수보다 요소의 총 이동수에 근거한 퀵정렬에 대해서 Big-O 복잡도를 결정하시오.

a. 최고의 경우에 대해서

b. 최악의 경우에 대해서

18. 퀵정렬을 검증하기 위해 Three-Question 메소드를 사용하라.

19. 힙을 생성하고 힙을 사용해서 배열을 정렬하기 위한 알고리즘을 사용하라.

a. 적절한 힙을 구성하기 위해 재정렬되었을 때, 연습문제 8의 리스트에 있는 값에 대해 정렬 후의 값을 보여라.

b. 연속적으로 힙정렬이 실행된 후, 배열상에서 정렬부분의 4번째에 있는 값이 무엇인지 보여라.

20. 정렬 함수가 파일로부터 읽은 100개의 정수 리스트를 정렬하는데, 모든 100개의 값들이 0이다. 이 때 다음과 같은 정렬이 사용된다면 실행 비용(Big-O 표기법으로)은 무엇인가?

a. mergeSort?

b. quickSort? (기준값으로써 첫번째 요소를 사용)

c. heapSort?

21. 목록의 값들이 가장 작은 값부터 가장 큰 값 순으로 이미 정렬되어 있다고 가정하자. 다음의 정렬 알고리즘들 중 수행시간이 가장 긴 것과 가장 짧은 것은 무엇인가?

a. quickSort, (기준값으로써 첫 번째 요소를 사용)

b. shortBubble

c. selectionSort

d. heapSort

e. insertionSort

f. mergeSort

22. 매우 규모가 큰 배열의 요소들이 정렬되어 있다. 또한 프로그램은 제한된 메모리를 가진 PC상에서 실행되고 있다고 한다면, 어느 정렬이 가장 좋은 선택인가: 힙정렬인가 아니면 병합정렬인가?

그리고 그 이유는?

23. 참, 거짓을 말하고, 그 이유에 대해서 설명하시오.

a. 병합정렬은 힙정렬보다 수행하는데 공간을 더 많이 요구한다.

b. 퀵정렬(기준값으로써 첫 번째 요소를 사용)은 힙정렬보다 정렬된 데이터에 대해서 대부분 좋은 성능이 나온다.

c. 힙정렬의 효율성은 요소의 원래 순서에 영향을 받지 않는다.

24. 예제1에서 정렬 메소드에 의해 사용된 교체의 횟수를 출력하기 위해 Sorts 프로그램을 작성했다. 여기에 총비교 횟수를 출력하는 것은 약간 더 어렵다. 정렬 메소드 안에서 카운터를 증가하기 위해 더 많은 코드를 포함해야 한다. 다음의 메소드를 위해서, 필요한 변경을 하고 테스트하시오. 그리고 50개의 랜덤 정수로 이루어진 배열에 대해 정렬하는 Sorts프로그램의 총 교체 횟수와 비교 횟수를  작성하시오.

a. mergeSort    swaps:________        compares:________

b. quickSort    swaps:________        compares:________

c. heapSort    swaps:________        compares:________

## 10.4 더 많은 요소의 정렬 시 고려사항

25. 작은 값 N에 대해서, $O(N^2)$ 정렬에 대해 요구되는 단계의 총 횟수는 더 낮은 차수에 대한 총 횟수보다 작아야 한다. 아래에 나오는 수학적인 함수 f와 g, 각 각에 대해서, n > N, g(n) > f(n)이 되는 N을 결정하시오. 이것은 $O(N^2)$함수가 다른 함수들보다 항상 더 크다는 것을 나타낸다.

a. $f(n) = 4n \quad g(n) = N^2 + 1$

b. $f(n) = 3n + 20 \quad g(n) = \frac{1}{2}N^2 + 2$

c. $f(n) = 4\log_2 N + 10 \quad g(n) = N^2$

26. 정렬 알고리즘에서 자주 사용된 코드를 캡슐화하는데 사용되는 메소드(swap과 같은)에 대해 상대적으로 사용되는 인수들은?

27. 자신의 코드를 간략화하기 위해, 다음과 같은 형태의 재귀적인 메소드를 생성하시오.

```
if condition
```

```
do something
```

만약 조건이 거짓이라면, 재귀적인 메소드는 아무 일도 하지 않고 리턴된다. 추가적인 메소드 호출의 오버헤드를 피하기 위해서, 재귀 메소드를 호출하기 전에 조건에 대한 테스트를 수행함으로써, 더 많은 효율을 가져올 수 있다. 따라서 메소드는

```
do something
```

과 같이 되어야 한다.

이 예제는 퀵 정렬 메소드이다. 필요하지 않은 호출에 대한 오버헤드를 피하기 위해 어떻게 퀵 정렬을 변경해야 하는지 서술하시오. 퀵 정렬에 대한 처음 호출상에서 필요한 변경을 설명해야 한다는 것을 잊지 마시오.

28. 다음의 설명이 의미하는 바가 무엇인가: "프로그래머 시간은 효율적인 고려 대상이다." 또 다른 효율적인 고려 사항으로 볼 수 있는 비용적인 부분과 비교해서, 프로그래머 시간이 알고리즘의 선택을 판단하기 위해 사용되는 것은 어떠한 상황인지 예를 들어 설명하시오.

29. SortCircles의 배열을 정렬하기 위해, Sorts2 클래스를 수정하시오.

a. 오름차순으로

b. 원의 중심 위치에 근거해서 오른쪽에서 왼쪽으로, (좌표계는 왼쪽에서 오른쪽으로 값들이 증가한다.)

c. 0.0 지점으로부터 원의 거리를 잰다면, 가장 짧은 거리가 첫 번째로 나와야 한다.

30. Sorts2 클래스는 정렬을 공부하기 위해 사용하는 Sorts 알고리즘과 유사하다. 상수를 사용하는 것 대신에, Sorts2는 랜덤한 SortCircle 객체의 배열을 생성한다. 그런 후, 첫번째로 xValue로써 정렬하고, 그 후 yValue로써 정렬한다. Sorts의 isSorted 메소드와 유사한 Sorts2의 isSorted 메소드를 생성하시오. 여기서 Comparator 인수를 사용해야 한다. 이 새로운 메소드를 포함하기 위해 Sort2를 수정하시오; 루틴을 정렬하기 위해 호출 전과 호출 후에 대한 메소드를 저장하라.

31. 이 장에서 코딩된 정렬 알고리즘을 살펴보고, 어느 것이 안정적인지 결정하시오. 안정성을 결정하기 위해 대응되는 메소드의 키워드를 밝힌다. 만약 불안정한 알고리즘(퀵정렬이나 힙정렬이 아닌)이라면, 안정적으로 만들어라.

32. 각각 다음의 조건하에서는 사용되지 못하는 정렬 알고리즘은 어느 것인가?

a. 정렬은 안정적이어야 한다.

b. 공간이 매우 제한적이다.

## 10.5 검색

34. 다음의 표를 채우시오. 값들이 주어진 방법으로 값을 찾기 위해 필요한 비교의 총합을 나타내시오.

26, 15, 27, 12, 33, 95, 9, 5, 99, 14

| Value | Unsorted Array in order shown | Sorted Array, Sequential Search | Sorted Array, Binary Search | Binary Search Tree with elements added in the order shown |
|---|---|---|---|---|
| 15 | | | | |
| 17 | | | | |
| 14 | | | | |
| 5 | | | | |
| 99 | | | | |
| 100 | | | | |
| 0 | | | | |

35. 만약 정렬되지 않은 N개의 요소를 가진 배열에서 정렬된 요소의 색인을 알고있다면, 다음 중 요소를 찾기 위해 가장 좋은 알고리즘의 복잡도는 어느것인가?

a. O(1)

b. O(N)

c. $O(\log_2 N)$

d. O(N2)

e. O(0.5N)

36. 찾으려는 요소가 100개의 요소 안에 없다. 요소가 없다는 것을 알기 위해 순차적인 검색에서 필요한 비교의 총합에 대한 평균은 얼마인가?

a. 만약 요소가 완전히 정렬되어 있지 않다면?

b. 만약 가장 작은 값부터 가장 큰 값 순으로 정렬되어 있다면?

c. 만약 가장 큰 값부터 가장 작은 값 순으로 정렬되어 있다면?

37. 찾으려는 요소가 100개의 요소 안에 없다. 요소가 없다는 것을 알 위해 순차적인 검색에서 필요한 비교의 총합에 대한 최대값은 얼마인가?

a. 만약 요소가 완전히 정렬되어 있지 않다면?

b. 만약 가장 작은 값부터 가장 큰 값 순으로 정렬되어 있다면?

c. 만약 가장 큰 값부터 가장 작은 값 순으로 정렬되어 있다면?

38. 찾으려는 요소가 100개의 요소 안에 있다. 요소가 있다는 것을 알기 위해 순차적인 검색에서 필요한 비교의 총합에 대한 평균은 얼마인가?

a. 만약 요소가 완전히 정렬되어 있지 않다면?

b. 만약 가장 작은 값부터 가장 큰 값 순으로 정렬되어 있다면?

c. 만약 가장 큰 값부터 가장 작은 값 순으로 정렬되어 있다면?

39. 다음 문장들에 대한 답을 쓰시오. 단, 배열 안에 있는 요소들은 다음을 줄이는 가장 높은 확률로써 정렬되어 있다.

a. 목록에서 요소를 찾기 위해 필요한 비교의 총수

b. 요소가 목록 안에 없다는 것을 알기 위해 필요한 비교 횟수의 최대값

c. 요소가 목록 안에 없다는 것을 알기 위해 필요한 비교 횟수의 평균값

d. 요소가 목록 안에 있다는 것을 알기 위해 필요한 비교 횟수의 최대값

40. 다음 내용에 대해 참,거짓을 말하고, 그 이유를 설명하시오.

a. 정렬된 배열에 대한 이진 검색은 항상 순차적인 검색보다 빠르다.

b. 이진 검색은 $O(N \log_2 N)$의 알고리즘이다.

c. 이진 검색은 오름차순으로 정렬된 배열을 필요로 한다.

d. high-probability ordering 방법은 똑같이 요청될 것 같은 요소의 배열을 정렬하기 위해 좋은 선택은 아니다.

41. high-probability ordering의 아이디어를 사용하기 위해 자바로 된 단어 리스트의 요소를 어떻게 정렬해야 하는가?

## 10.6 해싱

연습문제 42-45에 대해서, 다음에 나오는 값들을 사용하시오.

```
66, 47, 87, 90, 126, 140, 145, 153, 177, 285, 393, 395, 467, 566, 620, 735
```

42. 해싱을 위한 나눗셈 방법과 충돌을 해결하기 위한 선형 탐사를 이용해서 20개의 해시 테이블의 값을 저장하시오.

43. 충돌 해결을 위한 재해싱을 이용해서 20개의 해시 테이블에 값을 저장하시오. 이 때 해시 함수로써 key % tableSize 를 사용하고 재해시 함수로써 (key + 3) % tableSize 를 사용하시오.

44. 각 각 세 개의 슬롯을 가진 열 개의 버킷에 대해 해시 테이블 안에 값을 넣으시오. 단, 버킷이 가득 찼을 때, 빈 슬롯을 가지고 있는 다음 버킷(순차적으로)을 사용하시오.

45. 열 개의 체인을 사용하는 해시 테이블에 대해 key % 10 함수를 이용하여 해시 테이블에 값을 저장하시오.

46. 다음의 테이블을 채우시오. 연습문제 42-45에 나타나 있는 해싱을 이용하여 각 각의 값을 찾기 위해 필요한 비교 횟수를 보이시오.

비교 횟수

| Value | Exercise 42 | Exercise 43 | Exercise 44 | Exercise 45 |
|---|---|---|---|---|
| 66 | | | | |
| 467 | | | | |
| 566 | | | | |
| 735 | | | | |
| 285 | | | | |
| 87 | | | | |

47. 다음 내용에 대해 참, 거짓을 말하고, 그 이유를 설명하시오.

a. 배열에서 요소의 위치를 결정하기 위해 해시 함수를 사용할 때, 추가된 요소의 순서는 결과적으로 배열에 영향을 주지 않는다.

b. 해싱이 사용될 때, 배열 크기의 증가는 항상 충돌의 수를 감소시킨다.

c. 해싱에서 버킷을 사용한다면, 충돌 해결에 대해 고심할 필요가 없다.

d. 해싱에서 체인을 사용한다면, 충돌 해결에 대해 고심할 필요가 없다.

e. 성공적인 해싱 설계를 위한 목표는 O(1)이다.

48. 다음 문장들에 대한 답을 쓰시오: N개의 버킷들 중 M개가 가득 찼을 때, 해시 테이블 안에 있는 요소를 찾기 위해 요구되는 비교 회수가

a. 항상 1이다.

b. 단지 N보다 약간 적다.

c. 단지 M에 대해 거의 N보다 적다면, 커질 것이다.

d. 대략 $\log_2 M$이다.

e. 대략 $\log_2 N$이다.

49. 사용자로부터 문자열을 반복적으로 입력받는 프로그램을 작성한 후, 문자열에 대해 String클래스에서 이미 정의된 hashCode를 사용하여 해시 코드를 출력하시오.

50. 100개의 정수 값을 가지는 데이터 집합을 생성하시오. 테이블의 크기가 7, 51, 151을 가지는 해시 테이블 안에 데이터 값을 저장하기 위해 나눗셈 해싱을 이용하는 프로그램을 생성하시오. 충돌을 해결하기 위해 선형 탐사 방법을 사용한다. 데이터 값들을 정렬한 후의 테이블을 출력하시오. 세 개의 서로 다른 해시 테이블 각 각에 있는 10개의 값들을 검색하시오. 이 때, 필요한 비교 횟수를 세어야한다. 테이블의 형태로 각 각의 필요한 비교 횟수를 출력한다. 작성한 프로그램에 대해 목록화한 후, 출력물에 대해서도 목록화한다.

# 부 록

- Appendix A
- Appendix B
- Appendix C
- Appendix D
- Appendix E
- Appendix F
  - F1 The Bounded Stack Interface
  - F2 The Bounded Stack Class
  - F3 The SapleApp Class

# Appendix A

## 자바 예약어

| | | | | |
|---|---|---|---|---|
| abstract | default | goto | package | this |
| assert | do | if | private | throw |
| boolean | double | implements | protected | throws |
| break | else | import | public | transient |
| byte | enum | instanceof | return | true |
| case | extends | int | short | try |
| catch | false | interface | static | void |
| char | final | long | strictfp | volatile |
| class | finally | native | super | while |
| const | float | new | switch | |
| continue | for | null | synchronized | |

# Appendix B

## 연산자 우선순위

다음 테이블에서, 연산자는 우선순위(내림차순)별로 그룹화 되어 있다. 그리고 수평선은 각각의 우선순위를 다음 번째 우선순위와 구별한다.

### 우선순위(내림 차순)

| 연산자(Operator) | 결합 (Assoc.*) | 피연산자 형 (Operand Type) | 연산자 수행 (Operation Performed) |
|---|---|---|---|
| . | LR | object,member | 객체 멤버 접근 |
| [ ] | LR | array,int | 배열 요소 접근 |
| ( args ) | LR | method, arglist | 메소드 실행 |
| ++,– | LR | variable | 후증가,후감소 |
| ++,– | RL | variable | 전증가,전감소 |
| +, - | RL | number | 단항 양수, 단항 음수 |
| ~ | RL | integer | bitwise complement |
| ! | RL | boolean | boolean NOT |
| new | RL | class, arglist | 객체 생성 |
| ( type ) | RL | type, any | Cast(형 변환) |
| *, / , % | LR | number, number | 곱하기,나누기,나머지 |
| +, - | LR | number, number | 더하기,빼기 |
| + | LR | string, any | 문자열 결합 |
| << | LR | integer, integer | 왼쪽 이동 |
| >> | LR | integer, integer | 부호확장으로 오른쪽 이동 |
| >>> | LR | integer,integer | 0으로 확장하여 오른쪽 이동 |
| <, <= | LR | number,number | 더 작음/ 더 작거나 같음 |
| >, >= | LR | number,number | 더 큼/ 더 크거나 같음 |
| instanceof | LR | reference,type | 형 비교 |
| == | LR | primitive,primitive | 같은 값 |
| != | LR | primitive,primitive | 다른 값 |
| == | LR | reference, reference | 객체끼리 같음 |

| != | LR | reference, reference | 객체끼리 다름 |
|---|---|---|---|
| & | LR | integer,integer | bitwize AND |
| & | LR | Boolean,boolean | boolean AND |
| ^ | LR | integer,integer | bitwise XOR |
| ^ | LR | boolean,boolean | boolean XOR |
| \| | LR | integer, integer | bitwise OR |
| \| | LR | boolean, boolean | boolean OR |
| && | LR | boolean, boolean | 조건 AND (짧은 순환 계산) |
| \|\| | LR | boolean,boolean | 조건 OR (짧은 순환 계산) |
| ? : | RL | boolean, any , any | 조건 연산자 |
| = | RL | variable, any | 할당 |
| *=, /=, %=, +=, -=, <<=, >>=, >>>=, &=, ^=, \|= | RL | variable,any | 연산을 할당 |

*LR은 좌우결합, RL은 우좌결합을 의미한다.

# Appendix C

## 기본 데이터 형

| 형 | 저장 값 | 기본 값 | 크기 | 값 범위 |
|---|---|---|---|---|
| char | 유니코드 문자 | 문자코드 0 | 16bits | 0 to 65535 |
| byte | 정수 | 0 | 8bits | -128 to 127 |
| short | 정수 | 0 | 16bits | -32768 to 32767 |
| int | 정수 | 0 | 32bits | -2147483648 to 2147483647 |
| long | 정수 | 0 | 64bits | -9223372036854775808 to 9223372036854775807 |
| float | 실수 | 0.0 | 32bit | +-1.4E-45 to +-3.4028235E+38 |
| double | 실수 | 0.0 | 64bit | +-4.9E-324 to +-1.797693134862315E+308 |
| boolean | true 또는 false | false | 1bit | NA |

# Appendix D

## 아스키(ASCII), 유니코드의 부분집합 (ASCII Subset of Unicode)

다음 차트는 유니코드의 부분집합인 ASCII(American Standard Code for Information Interchange)의 문자 순서를 보여준다. 각각의 문자의 내부적 표기는 10진법으로 보여주고 있다. 예를 들어, 문자 A는 65로 표현된다 공백(blank) 문자는 "□"로 표기 하였다.

| Left Digit(s) \ Right Digit | ASCII 0 | 1 | 2 | 3 | 4 | 5 | 6 | 7 | 8 | 9 |
|---|---|---|---|---|---|---|---|---|---|---|
| 0 | NUL | SOH | STX | ETX | EOT | ENQ | ACK | BEL | BS | HT |
| 1 | LF | VT | FF | CR | SO | SI | DLE | DC1 | DC2 | DC3 |
| 2 | DC4 | NAK | SYN | ETB | CAN | EM | SUB | ESC | FS | GS |
| 3 | RS | US | □ | ! | " | # | $ | % | & | ` |
| 4 | ( | ) | * | + | , |  | . | / | 0 | 1 |
| 5 | 2 | 3 | 4 | 5 | 6 | 7 | 8 | 9 | : |  |
| 6 | < | = | > | ? | @ | A | B | C | D | E |
| 7 | F | G | H | I | J | K | L | M | N | O |
| 8 | P | Q | R | S | T | U | V | W | X | Y |
| 9 | Z | [ | \ | ] | ^ | _ | ` | a | b | c |
| 10 | d | e | f | g | h | i | j | k | l | m |
| 11 | n | o | p | q | r | s | t | u | v | w |
| 12 | x | y | z | { | \| | } | ~ | DEL |  |  |

코드 00-31 ,127은 출력할 수 없는 제어 문자이다.

| | | | | | |
|---|---|---|---|---|---|
| NUL | Null character | VT | Vertical tab | SYN | Synchronous idle |
| SOH | Start of header | FF | Form feed | ETB | of transmitted block |
| STX | Start of text | CR | Carriage return | CAN | Cancel |
| ETX | End of text | SO | Shift out | EM | End of medium |
| EOT | End of transmission | SI | Shift in | SUB | Substitute |
| ENQ | Enquiry | DLE | Data link escape | ESC | Escape |
| ACK | Acknowledge | DC1 | Device control one | FS | File separator |
| BEL | Bell character(beep) | DC2 | Device control two | GS | Group separator |
| BS | Back space | DC3 | Device control three | RS | Record separator |
| HT | Horizontal tab | DC4 | Device control four | US | Unit separator |
| LF | Line feed | NAK | Negative acknowledge | DEL | Delete |

# Appendix E

## 이 책에서 사용된 자바 클래스와 인터페이스의 APIs

이 부록에서는 이 책에서 사용된 자바 클래스와 인터페이스, 그리고 그 외 유용한 Application programmer interface(APIs)를 나열 하였다. 해더 라인의 왼쪽에는 각각의 클래스/인터페이스의 이름을 보여주고, 오른쪽에는 해당 클래스/인터페이스를 포함하는 라이브러리 패키지의 이름을 나타낸다. 클래스/인터페이스의 요약설명과 일부 상수, 생성자, 메소드를 나열하였다. 자바 클래스 라이브러리에는 여기에 나온 것보다 더 많은 클래스와 인터페이스가 있다.

www.java.sun.com에서 자바 APIs를 조사해 볼 것을 권장한다.

| **ArrayList<E>** | **java.util** |
|---|---|

리스트처럼 다룰 수 있고, 동적으로 크기의 변경 가능한 배열의 구현이다. ArrayList의 기능은 배열과 유사하다. 사실 배열은 이 클래스에서 사용한 기본적인 구현 구조이다. ArrayList는 이 내부 배열의 크기를 나타내는 용량(capacity) 속성을 포함한다.

ArrayList는 자바 Collection Framework의 멤버이다. 자바 5.0에서는, 이 클래스는 제네릭을 지원한다; E는 컬렉션(collection)에 저장될 수 있는 데이터의 형태이다. 만약 생성할 때 E값이 지정되지 않았다면, 객체가 기본 값으로 지정된다.

### 생성자

`ArrayList( )`

초기 용량(capacity)을 10으로 ArrayList객체를 생성한다.

`ArrayList(int initialCapacity)`

지정된 초기 용량(capacity)으로 ArrayList 객체를 생성한다. initialCapacity가 음수일 경우 IllegalArgumentException이 발생한다.

### 메소드

```
boolean add(E element)
```

특정 요소(element)를 리스트의 끝에 추가 한다. 반환 값은 true이다.

```
void add(int index, E element)
```

요소(element) E를 이 리스트의 index 위치에 삽입한다. 나머지 요소는 “오른쪽으로” 이동된다. index가 올바른 범위가 아닐 경우, IndexOutOfBoundsException이 발생한다.

```
void clear( )
```

리스트의 모든 요소를 제거한다.

```
boolean contains(Object element)
```

이 리스트에 element가 있을 경우 true, 없을 경우 false를 반환한다.

```
void ensureCapacity( int minCapacity )
```

만약 현재 용량이 minCapacity보다 작을 경우, 용량을 minCapacity만큼 증가 시킨다.

```
void get(int index)
```

index위치에 있는 요소(element)를 반환한다. 해당 요소는 리스트에서 삭제 되지 않는다.

```
int indexOf(Object element)
```

이 리스트에서 첫 번째로 발견된 element의 색인을 반환한다. 만약 리스트에 element가 없을 경우 -1을 반환 한다.

```
boolean isEmpty( )
```

이 리스트가 비어 있으면 true, 아닐 경우 false를 반환한다.

```
Object remove(int index)
```

이 리스트에서 index에 위치한 요소를 반환하고 삭제한다.

```
Object set(int index, E newElement)
```

index에 위치한 기존 요소를 반환하고, newElement로 교체한다.

```
int size( )
```

이 리스트의 요소의 수를 반환한다.

```
void trimToSize( )
```

이 리스트의 용량(capacity)을 리스트의 현재 크기(size)로 설정한다.

| Character | java.lang |
|---|---|

자바 클래스 라이브러리는 각각의 기본 타입에 대한 래퍼(wrapper) 클래스를 제공한다. 래퍼 클래스는 기본 타입의 값을 Object변수에 저장 할 수 있게 한다.

Character은 char변수와 동일한 객체를 만드는 래퍼 클래스이다. 이것은 또한 characters로 작업하기 위해 유용한 변환 메소드와 유틸 메소드를 제공한다. Characters는 유니코드 표준 기반이다.

### 생성자

```
Character(char ch)
```

ch값을 가진 char변수에 해당하는 Character객체를 생성한다.

### 메소드

```
char charValue( )
```

이 Character값에 대응하는 char를 반환한다.

```
int compareTo(Character anotherCharacter)
```

이 Character와 인수의 Character를 숫자적으로 비교하고, 비교한 값이 작은 경우, 같은 경우, 또는 큰 경우, 각각 음수, 0(zero) , 양수를 반환한다.

```
boolean equals(Obect obj)
```

obj가 표현하는 char값과 이 Character객체의 값이 같은 경우 true, 아닐 경우 false를 반환한다.

```
int hashCode( )
```

이 Character를 위한 해시 코드값을 반환한다.

```
boolean isDigit(char ch)
```

인수가 숫자인 경우 true, 아닐 경우 false를 반환하는 정적메소드

```
boolean isLetter(char ch)
```

인수가 문자인 경우 true, 아닐 경우 false를 반환하는 정적메소드

```
boolean isWhitespace(char ch)
```

인수가 공백일 경우 true, 아닐 경우 false를 반환하는 정적메소드

```
char toLowerCase(char c)
```

인수 char의 소문자를 반환하는 정적메소드

```
String toString()
```

이 Character를 나타내는 String객체를 반환

```
char toUpperCase(char c)
```

인수 char의 대문자를 반환하는 정적메소드

```
Character valueOf(char c)
```

인수 c를 나타내는 Character 인스턴스를 반환하는 정적 메소드

Cloneable(interface) java.lang

Cloneable 인터페이스는 유일한 프로토콜이 있다 : Cloneable인터페이스를 선언 하는 것은 이 클래스의 객체에서 clone메소드를 안전하게 호출 할 수 있다는 것을 클래스 사용자와 약속한다. 이는 그 클래스에 대한 신뢰성 있는 clone메소드의 제공하거나 Object클래스의 clone메소드(객체의 메모리 표현상태를 그대로 복사하는 비트 복사 연산 )를 사용 할 수 있다는 것도 구현자가 보장한다. 만약 Cloneable 인터페이스를 구현하지 않는 클래스 객체의 clone메소드를 호출 할 경우 CloneNotSupportedException이 발생한다.

Comparable<T>(interface) java.lang

Comparable 인터페이스는 하나의 추상 메소드로 구성된다.

```
int compareTo(T o)
```

객체를 인수 객체와 비교하여, 객체가 비교 객체보다 작은 경우, 같은 경우, 큰 경우 각각 음수, 0, 양수를 반환한다.

Section 6.1 "Comparing Objects Revisited," **에 더 자세한 정보가 있다.**

이 인터페이스는 자바 Collections Framework의 멤버이다. 자바 5.0에서는 제네릭을 지원한다; T는 비교 될 수 있는 객체의 타입을 가리킨다. 인수의 객체 타입이 compareTo가 호출된 객체와 호환되지 않는 경우 ClassCaseException이 발생한다. Comparable를 구현한 클래스가 T를 지정하지 않을 경우, T는 기본값으로 객체를 가리키게 된다. 하지만 이 경우 많은 컴파일러는 compareTo메소드가 사용될 때 "unchecked warning"을 발생시킨다.

Comparator<T>(interface) java.util

Comparator인터페이스는 2개의 추상 메소드로 구성된다.

```
int compare(T o1, T o2);
```

o1과 o2를 비교하여, 작은 경우, 같은 경우, 큰 경우, 각각 음수, 0, 양수의 값을 반환한다.

```
boolean equals(Object obj);
```

이 객체와 obj를 비교하여 같은 경우 true, 아닐 경우 false를 반환한다.

Section 10.4 "More Sorting Consideration"에 더 자세한 정보가 있다.

이 인터페이스는 자바 Collections Framework의 멤버이다. 자바 5.0에서는 제네릭을 지원한다; T는 비교될 수 있는 객체의 타입을 가리킨다. 만약 compare 인수들의 타입이 각각 호환되지 않을 경우 ClassCastException이 발생한다. Compartor를 구현한 클래스가 T를 지정하지 않을 경우 T는 기본값으로 Object를 가리키게 된다.

| DecimalFormat | java.text |
|---|---|

숫자를 출력하기 위한 포멧팅 메소드를 제공한다.

### 생성자

```
DecimalFormat(String pattern)
```

인수 pattern의 형식으로 DecimalFormat 객체를 생성한다.

### 메소드

```
String format(double number)
```

이 객체의 DecimalFormat 패턴 형식에 맞게 number를 표현한 문자열을 반환한다. 이 메소드는 NumberFormat클래스로부터 상속된다.

DecimalFormat 객체에서 사용되는 공통적인 패턴 심볼

| 심볼 | 의미 |
|---|---|
| 0 | 필수 숫자. 이 위치에 있는 숫자 값이 0인 경우 0을 출력한다. |
| # | 숫자. 숫자가 0으로 시작되면 어떤 것도 출력하지 않는다. |
| . | 소수점 |
| , | 콤마 분리자 |
| % | 100을 곱하고 퍼센트 기호로 보여준다. |

| Exception | java.lang |
|---|---|

미리 정의된 모든 자바 예외(Exception)의 상위클래스. Exception 클래스의 모든 하위 클래스는 이 클래스를 public으로 상속 받는다. Section 3.3 "Exceptional Situations"에 좀더 자세한 내용이 있다.

### 생성자

`Exception( )`

기본 메시지로서 null문자열을 가진 Exception객체를 생성한다.

`Exception( String str )`

기본 메시지로서 str 문자열을 가진 Exception객체를 생성한다.

### 메소드

`String getMessage( )`

이 예외의 이유를 가리키는 메시지를 반환한다. 이 메소드는 Throwable클래스로부터 상속 받는다.

`void printStackTrace( )`

이 예외를 발생시킨 코드의 줄 번호를, 이 예외를 발생하게 한 연속된 메소드의 호출 내역과 함께 출력한다.

`String toSTring( )`

이 예외의 이유를 가리키는 메시지와, 예외 클래스 이름을 String으로 반환한다.

| FileInputStream | java.io |
|---|---|

파일로부터 바이트를 읽는다.

### 생성자

```
FileInputStream( String filename)
```

파일 이름을 나타내는 문자열(String)으로 FileInputStream을 생성한다. 해당 파일이 존재하지 않을 경우 FileNotFoundException이 발생 한다.

| FileOutputStream | java.io |
|---|---|

파일에 바이트를 쓴다.

### 생성자

```
FileOutputStream(String filename, boolean mode)
```

파일 이름을 나타내는 문자열로써 FileOutputStream을 생성한다; mode가 false경우 파일에 새로 쓰여지고; mode true인 경우 파일 끝에 추가 되어 쓰여진다. 파일 이름이 쓰기를 위해 열 수 없는 경우 FileNotFoundException이 발생 한다.

| FileReader | java.io |
|---|---|

텍스트 파일로부터 문자를 읽는다.

### 생성자

```
FileReader(String filename)
```

파일 이름을 나타내는 문자열로 FileReader객체를 생성한다. 파일이 존재하지 않거나 읽을 수 없는 경우 FileNotFoundException이 발생한다.

`FileWriter` `java.io`

텍스트 파일에 문자를 쓴다.

**생성자**

`FileWriter( String filename, boolean mode)`

파일 이름을 나타내는 String으로 FileWriter객체를 생성한다; mode가 false일 경우 파일에 새로 쓰여지고; mode가 true일 경우 파일 끝에 추가되어 쓰여진다. 파일 이름이 쓰기를 위해 열 수 없는 경우 IOException이 발생 한다.

`Integer` `java.lang`

자바 클래스 라이브러리는 각각의 기본 형에 대한 래퍼(wrapper) 클래스를 제공한다. 래퍼 클래스는 기본형 값을 객체변수에 저장 할 수 있게 한다. Integer는 int변수에 대해 동일한 객체를 생성하는 래퍼 클래스이다. Integer은 int변수와 동일한 객체를 만드는 래퍼 클래스다. 이것은 또한 Integer로 작업하기 위해 유용한 변환 메소드와 유틸 메소드를 제공한다.

**생성자**

`Integer(int i)`

int 변수 i의 값과 동일한 값을 갖는 Integer객체를 생성한다.

**메소드**

`int compareTo(Integer anotherInteger)`

인수로 받은 Integer와 이 Integer와 수치적으로 비교하여, 이 integer객체가 인수 객체보다, 작은 경우, 같은 경우, 큰 경우, 각각 음수, 0 , 양수를 반환한다.

`boolean equals( Object obj )`

Integer객체의 int값과 obj가 나타내는 int값이 같은 경우 true, 아닐 경우 false를 반환한다.

`int hashCode( )`

Integer를 위한 해시코드를 반환한다.

`int intValue( )`

Integer 값에 해당하는 int 값을 반환 한다.

`int parseInt( String s)`

String s를 해당하는 int값으로 변환하는 정적 메소드

`String toString( )`

Integer를 나타내는 String 객체를 반환한다.

`Integer valueOf( int i)`

인수 i를 나타내는 Integer 객체를 반환하는 정적 메소드

`Integer valueOf( String s )`

문자열 s를 Integer객체로 변환하여 반환하는 정적 메소드

| Iterable<T>(interface) | java.lang |
|---|---|

이 인터페이스를 구현한 클래스는 foreach 문과 함께 사용될 수 있다. 인터페이스는 하나의 추상 메소드로 되어있다.

`Iterator<T> iterator( ) :`

T 타입의 요소 collection에 사용 할 수 있는 Iterator를 반환한다.

이 인터페이스는 자바 5.0에서 새로 추가 되었다. 이 것은 제네릭을 지원한다; T는 되풀이 되어 반복될 수 있는 객체의 타입을 가리킨다. Interable 구현에서 T가 지정되지 않으면, 기본값으로 Object를 지정한다.

| Iterator<E> (interface) | java.util |
|---|---|

이 인터페이스를 구현한 클래스의 객체는 되풀이 되어 반복 할(iterated through) 수 있다. 하나 하나씩 방문 할 수 있는 객체로 표현되어 수집된 요소(element)는 이 인터페이스에 의해 요구되는 메소드를 사용한다. 이러한 메소드는 밑에 설명 되어 있다.

`boolean hasNext( ) ;`

이 반복에서 방문하기 위한 요소(element)가 더 있다면 true, 아닐 경우 false를 반환한다.

`E next( )`

이 반복에서 E타입의 다음 번째 요소를 반환한다.

`void remove( )`

이 모음들 중에서 반복을 통해 가장 최근에 방문한 요소를 제거 한다.

이 인터페이스는 자바 Collections Framework의 멤버이다. 자바 5.0에서는 제네릭을 지원한다; T는 반복될 수 있는 객체의 타입을 가리킨다. Iterator를 구현한 클래스가 T를 지정하지 않을 경우 T는 기본값으로 Object를 가리키게 된다

| Math | java.lang |
|---|---|

일반적인 수학 계산을 수행하기 위한 메소드를 제공한다. 모든 메소드는 정적이다.

미리 정의된 정적 상수

| | | |
|---|---|---|
| E | double | 자연로그의 지수 , 근사치는 2.78 |
| PI | double | 파이, 원주율, 근사치는 3.14 |

## 정적 메소드

`dataTypeOfArg abs( arg )`

인수 arg의 절대값을 반환한다. 인수는 double, float, int, long가 올 수 있다.

`double log( double a )`

arg의 자연로그값을 반환한다. 예를 들어 log(1)은 0을, log(Math.E)는 1을 반환한다.

`dataTypeOfArgs max( argA, argB )`

2개의 인수 중 큰 것을 반환한다. 인수로 double, float, int, long 타입이 올 수 있다.

`dataTypeOfArgs min( argA, argB )`

2개의 인수 중 작은 것을 반환한다. 인수로 double, float, int, long 타입이 올 수 있다.

`double pow( double base, double exp )`

base를 exp 제곱승한 값을 반환 한다.

`double ramdom( )`

0보다 크거나 같고, 1보다 작은 임의의 수를 반환한다.

`int round( float a )`

인수와 가장 가까운 정수(integer)를 반환 한다.

`double sqrt( double a )`

a의 제곱근을 구하여 반환 한다.

| NumberFormat | java.text |
|---|---|

통화, 퍼센트, 그 외 다른 포멧에서 숫자 포멧을 위한 메소드를 제공한다. 이 클래스는 생성자가 없다.

### 메소드

`String format( double number )`

이 메소드를 호출하는 NumberFormat객체의 형태에 따라 number를 문자열로 표현하여 반환한다.

`NumberFormat getCurrencyInstance( )`

통화를 출력하기 위한 형태의 객체를 생성하는 정적 메소드

`NumberFormat getPercentInstance( )`

퍼센트 출력을 위한 형태의 객체를 생성하는 정적 메소드

| Object | java.lang |
|---|---|

이 클래스는 자바 클래스 트리의 루트이다. 모든 다른 클래스는 Object로부터 상속된다; 모든 다른 클래스의 상위 클래스이다.

### 생성자

`Object( )`

Object 클래스의 새로운 인스턴스를 생성한다.

### 메소드

`Object clone( )`

이 객체를 비트 순서로 복사하여 객체를 생성하고 반환한다. 더 많은 정보는 Cloneable 부분을 참고하라.

`boolean equals( Object obj )`

obj와 이 Object가 같은 객체를 표현하면 true, 아닐 경우 false를 반환한다.

`int hashCode( )`

이 Object를 위한 해시코드를 반환한다

`String toString( )`

이 Object를 표현한 String객체를 반환한다.

| ObjectInputStream | java.io |
| --- | --- |

파일로부터 직렬화된 객체를 읽는다. Section 6.8 "Storing Objects/Structures in File,"에 더 자세한 정보가 있다.

### 생성자

```
ObjectInputStream( InputStream in )
```

Inputstream in으로부터 ObjectInputStream을 생성한다. 상황에 따라 IOException이 발생 할 수 있다.

### 메소드

```
void close( )
```

input stream을 닫는다.

```
Object readObject( )
```

input stream으로부터 다음 번 객체를 읽고 반환한다. 읽어오는 객체는 반드시 Serializable인터페이스를 구현한 클래스의 인스턴스이어야 한다. 파일의 끝에 도달 했을 때, EOFException이 발생한다. 또한 상황에 따라 IOException과 ClassNotFoundException이 발생 할 수 있다.

| ObjectOutputStream | java.io |
| --- | --- |

파일에 직렬화된 형태로 객체를 기록한다. 더 자세한 정보는 Section 6.8 "Storing Objects/Structures in Files,"에 있다.

### 생성자

```
ObjectOutputStream( OutputStream out )
```

OutputStream out으로부터 ObjectOutputStream객체를 생성한다. IOException이 발생할 수 있다.

### 메소드

```
void close( )
```

output stream을 닫는다.

```
void writeObject( Object obj )
```

이 output stream에 obj 객체를 기록한다. 기록하는 객체는 반드시 Serializable 인터페이스를 구현한 클래스의 인스턴스이어야 한다. 상황에 따라 InvalidClassException, NotSerialzableException, IOException이 발생 할 수 있다.

| PrintWriter | java.io |
|---|---|

기본 데이터 타입과 문자열(String)을 텍스트 파일에 쓴다.

### 생성자

```
PrintWriter( OutputStream os )
```

OutputStream객체로부터 PrintWriter객체를 생성한다.

### 메소드

```
void close( )
```

PrintWriter객체와 연결된 자원을 해제한다.

```
void print( boolean b )
```

boolean b를 OutputStream으로 출력한다.

```
void print( char c )
```

char c를 OutputStream으로 출력한다.

```
void print( double d )
```

double d를 Outputstream으로 출력한다.

```
void print( int i )
```

int i를 OutputStream으로 출력한다.

```
void print( String s )
```

String s를 OutputStream으로 출력한다.

```
void println( boolean b )
```

boolean b를 OutputStream으로 출력하고, 개행시킨다.

```
void println( char c )
```

char c를 OutputStream으로 출력하고, 개행시킨다.

```
void println( double d )
```

double d를 OutputStream으로 출력하고, 개행시킨다.

```
void println( int i )
```

int i를 OutputStream으로 출력하고, 개행시킨다.

```
void println( String s )
```

String s를 OutputStream으로 출력하고, 개행시킨다.

| Random | java.util |
|---|---|

연속된 의사-랜덤(pseudo-random) 숫자를 제공한다. 연속된 숫자는 초기 씨드(Seed)를 기초로 한다. 같은 씨드를 가지고 2개의 인스턴스를 생성했을 때, 같은 연속된 번호를 생성한다. Math클래스의 random메소드를 참고하라

### 생성자

`Random( )`

시스템 상태에 의존적인 씨드를 이용하여 새로운 랜덤숫자 발생기(random-number generator)를 생성한다.

`Random( long seed )`

seed를 씨드 값으로 랜덤숫자 발생기(random-number generator)를 생성한다.

### 메소드

`int nextInt( )`

의사-랜덤(pseudo-random)수를 반환한다.

`int nextInt( int n )`

0(포함)부터 n(포함하지 않음)까지의 숫자 사이의 의사-랜덤(pseudo-random)수를 반환한다.

| Scanner | java.util |
|---|---|

파일 또는 input stream으로부터 읽는 것을 지원한다. Scanner객체는 input stream의 내용을 토큰으로 잘라 내고, 요청을 할 때, 토큰을 한번에 반환한다. 토큰 분리자가 지정되지 않았을 경우, Scanner는 표준공백을 분리 토큰으로 가정한다.

### 생성자

`Scanner( InputStream source )`

source로부터 Scanner객체를 생성한다. source가 System.in인 경우 생성된 Scanner객체는 자바 콘솔로부터 읽는다.

```
Scanner( File source )
```

파일로부터 Scanner객체를 생성한다.

**메소드**

```
boolean hasNext( )
```

input stream에 다른 토큰이 존재할 경우 true, 아닐 경우 false를 반환한다.

```
boolean hasNextBoolean( )
```

input stream의 다음 번 토큰을 boolean으로 읽을 수 있으면 true, 아닐 경우 false를 반환한다.

```
boolean hasNextByte( )
```

input stream의 다음 번 토큰을 byte로 읽을 수 있으면 true, 아닐 경우 false를 반환한다.

```
boolean hasNextDouble( )
```

input stream의 다음 번 토큰을 double로 읽을 수 있으면 true, 아닐 경우 false를 반환한다.

```
boolean hasNextFloat( )
```

input stream의 다음 번 토큰을 float로 읽을 수 있으면 true, 아닐 경우 false를 반환한다.

```
boolean hasNextInt( )
```

input stream의 다음 번 토큰을 int로 읽을 수 있으면 true, 아닐 경우 false를 반환한다.

```
boolean hasNextLong( )
```

input stream의 다음 번 토큰을 long으로 읽을 수 있으면 true, 아닐 경우 false를 반환한다.

```
boolean hasNextShort( )
```

input stream의 다음 번 토큰을 short으로 읽을 수 있으면 true, 아닐 경우 false를 반환한다.

String next( )

input stream에서 다음 번 토큰을 문자열로 반환한다.

boolean nextBoolean( )

다음 토큰을 boolean형으로 반환한다. 상황에 따라 InputMismatchException이 발생한다.

byte nextByte( )

다음 토큰을 byte로 반환한다. 상황에 따라 InputMismatchException이 발생한다.

double nextByte( )

다음 토큰을 double로 반환한다. 상황에 따라 InputMismatchException이 발생한다.

float nextFloat( )

다음 토큰을 float로 반환한다. 상황에 따라 InputMismatchException이 발생한다.

int nextInt( )

다음 토큰을 int로 반환한다. 상황에 따라 InputMismatchException이 발생한다.

String nextLine( )

입력 줄에서 남은 부분을 반환한다.

long nextLong( )

다음 토큰을 long으로 반환한다. 상황에 따라 InputMismatchException이 발생한다.

short nextShort( )

다음 토큰을 short로 반환한다. 상황에 따라 InputMismatchException이 발생한다.

Scanner useDelimiter(Pattern pattern)

stream에서 토큰 구분을 위해 pattern이 가르키는 문자로 Scanner를 설정한다.

```
Serializable (interface)                                    java.io
```

Serializable 인터페이스는 추상 메소드가 없다. 이 인터페이스를 구현하는 클래스는 간단히 선언 하는 것으로 이 인터페이스를 구현한다. 이 인터페이스의 구현은 클래스의 직렬화를 가능하게 한다. 더 자세한 내용은 6.8 "Storing Object/Structures in Files,"에 있다.

```
String                                                      java.lang
```

연속된 문자열을 저장, 검색, 관리하는 것을 제공한다. String 객체는 불변이다(immutable) – 한번 생성되면, 변하지 않는다. 문자열의 값을 변경하는 String클래스 메소드는 없다. 대신 변경이 발생 할 때 마다 새로운 String 객체를 생성한다.

자바 언어는 String클래스를 사용하기 위한 몇 개의 간단한 방법(shortcut)을 제공한다. 자바는 모든 기본 타입에 대한 리터럴(literals)을 제공한다.(예를 들어, -154 는 int형에 대한 리터럴이고, true는 boolean타입에 대한 리터럴이다) 그래서 자바는 리터럴 문자열 메커니즘(literal string mechanism)을 제공한다. 리터럴 문자열을 지시하기 위해서는 단순히 연속된 문자열을 쌍따음표로 감싼다. – 예를 들어 "this a literal string". 리터럴 문자열은 String 클래스의 객체로 표현된다.

두 번째 간단한 방법(shortcut)은 삽입 문자열 결합 피연자의 제공이다. String 클래스는 2개의 문자열을 연결해 새로운 문자열을 만드는 concat메소드를 제공한다. 하지만 이 연산자는 매우 자주 사용하기 때문에 언어에서도 피연산자(operand), + 를 제공한다. 예를 들어 s1, s2와 s3가 모두 String변수일 경우 다음 두 문은 동일하다.

```
s3 = s1.concat(s2);     s3 = s1 + s2;
```

### 생성자

`String( String str )`

str의 값을 가진 String객체를 생성한다.

`String( )`

빈 String객체를 생성한다.

`String( char [ ] charArray )`

char 배열의 문자를 포함하는 String객체를 생성한다.

**메소드**

`char charAt( int index )`

String에서 index가 가리키는 위치의 문자를 반환한다. 첫 번째 색인는 0이다.

`int compareTo( String str )`

두 개의 String값을 비교한다. str과 비교하여 작은 경우 음수, 같은 경우 0, 큰 경우 양수를 반환한다.

`String concat( String str )`

문자열의 끝에 str문자열을 결합한 문자열을 반환한다.

`boolean equals( Object str )`

두 개의 문자열을 비교하여 같은 경우 true , 아닐 경우 false를 반환한다.

`boolean equalsIgnoreCase( String str )`

대문자 소문자 구별 없이 두 개의 문자열을 비교하여 같은 경우 true, 다른 경우 false를 반환한다.

`int indexOf( char searchChar )`

문자열에서 첫 번째로 발견된 searchChar의 색인을 반환한다.

`int indexOf( String substring )`

문자열에서 첫 번째로 발견된 substring의 색인을 반환한다.

`int length( )`

문자열의 길이를 반환한다. ( 문자의 수 )

`String replace( char oldChar, char newChar )`

문자열에서 발견된 모든 oldCahr를 각각 newChar로 교체하고 그 결과 문자열을 반환한다.

`String substring( int startIndex, int endIndex )`

문자열에서 startIndex 색인부터 endIndex 색인 전까지의 부분 문자열을 반환한다.

`String toLowerCase( )`

문자열의 모든 문자를 소문자로 변환하여 반환한다.

`String toUpperCase( )`

문자열의 모든 문자를 대문자로 변환하여 반환한다.

| System | java.lang |
|---|---|

System 클래스의 모든 메소드와 변수는 정적이다. 시스템 클래스는 인스턴스화 될 수 없다.

이 클래스는 시스템의 표준 입력, 출력, 에러 스트림에 접근하고, 컴퓨터 시스템 내부의 각종 속성을 결정하는 방법을 포함한다.

### 상수

`System.out`

System클래스의 out 클래스 상수는 표준 출력 디바이스를 나타낸 PrintStream 객체이다. 다음 PrintStream 메소드는 자바 콘솔에 출력 하기 위해 System.out 래퍼런스를 사용하여 호출 할 수 있다.

### 메소드

`void print(argument)`

표준 출력 다바이스에 argument를 출력한다. argument는 보통 어떤 기본 데이터 타입 또는 String객체이다.

```
void println(argument)
```

표준 출력 디바이스에 argument를 출력하고 개행을 출력한다. argument는 보통 어떤 기본 타입이 또는 String객체이다.

System.in 과 System.out도 마찬가지로 표준 입력과 에러 스트림을 나타낸다.

**메소드**

```
void exit( int status)
```

현재 실행되는 자바 가상머신을 종료하는 정적 메소드이다.

# Appendix F

## A generic Stack(제네릭 스택)

섹션 3.2 "Collection Elements,"에서 collection(스택, 큐, 리스트, 트리, 그래프)에 저장 할 수 있는 요소의 타입에 대해 조사하였다. 이 책에서는 스택, 큐, 정렬되지 않은 리스트, 그래프를 위해 Object타입의 요소를 사용하고, 정렬리스트, 이진 검색 트리를 위해 Comparable타입의 요소를 사용하여 적용하였다. 이런 접근의 이유는 섹션 3.2에서 설명하였다.

자바 5.0에서 제네릭이 도입되었다. 자바 제네릭은 섹션 3.2의 "Generic Collections,"에서 그 특징을 검토하였다. 자바 클래스 라이브러리에 정의된 모든 collection은 현재 제네릭을 사용한다. 제네릭을 이용하여 우리는 타입을 인수처럼 사용할 수 있다. 이것은 요소의 타입을 결정 하는 것을 컴파일 시간 전까지 미룰 수 있기 때문에, collection을 정의할 때 매력적인 접근법을 제공한다. 제네릭 접근법은 이 책에서 사용한 방법보다 더 타입 안전성(type safety)을 제공한다.

예를 들어 우리의 ADT 스택에서, 스택의 인터페이스를 생성할 때, 스택의 요소를 Object 클래스로 제한한다. 3장의 Balanced 클래스 응용 예제는 스택에 Integer객체를 저장하고 가져오기 위해 사용한다. 상속 계층에서 Object는 Integer의 위에 존재하기 때문에 이러한 사용은 적합하다. 다시 말해 Integer는 Object이다. 비록 우리가 Integer객체만 저장하는 Balanced 클래스를 신중히 작성한다고 하더라도 시스템은 어떤 타입의 객체라도 저장하는 것을 허락한다. 이것은 타입 안전성이 없는 것이다.

우리가 제네릭을 사용한다면, 스택의 요소를 보통 클래스<T>로 가리키는 명시되지 않은 클래스로 유지하는 것을 정의할 수 있다. Balanced클래스는 Integer인수를 이용해서 Integer객체만 저장할 수 있는 스택을 인스턴스화 할 수 있다. 만약 우리가 그 스택에 다른 클래스의 객체를 저장하려고 한다면 컴파일러는 문법오류를 발생 할 것이다.

"Generic Collections,"의 주요 특징을 이유로, 이 책에서 collection을 정의할 때 제네릭을 사용하지 않기로 결정했다. 그러나 이 부록에서는 bounded 스택 ADT를 가지고 어떻게 제네릭을 사용할 수 있는지 보여준다. 이런 접근법은 모든 Collection ADT의 제네릭 버전을 위한 기초로 사용할 수 있다.

## F.1 The Bounded Stack Interface

3장에서 사용된 공격 선에 따르면, 먼저 bounded 스택과 unbouned스택 모두에서 사용되는 공통적인 스택 인터페이스를 정의한다. 이 부분과, 이 부록의 나머지 부분에서는 제네릭 버전의 클래스와 인터페이스가 3장에서 개발된 인터페이스와 클래스와 다른 점을 강조한다.

```
//----------------------------------------------------------------------------
// StackInterface.java         by Dale/Joyce/Weems              Appendix F
//
// Interface for a class that implements a stack.
// A stack is a last in, first out structure.
//----------------------------------------------------------------------------

package appendixF.stacks

public interface StackInterface<T>
{
  void pop() throws StackUnderflowException;
  // Throws StackUnderflowException if this stack is empty;
```

```
  // otherwise, removes top element from this stack.

  T top() throws StackUnderflowException;
  // Throws StackUnderflowException if this stack is empty;
  // otherwise, returns top element from this stack.

  boolean isEmpty();
  // Returns true if this stack is empty; otherwise, returns false.

}
```

다른 부분이 많지 않다. 해더의 <T>는 이 인터페이스가 제네릭 클래스로 구현될 수 있는 것을 가리킨다. <T>는 제네릭 타입을 나타낸다.

아이디어는 이 인터페이스의 제네릭 본성을 유지하면서 인터페이스를 구현하는 클래스를 제공하는 것이다. 클라이언트 클래스에서 <T>를 명시할 것이고, 컴파일러는 이 정보를 사용하여 명시한 타입의 버전의 클래스와 인터페이스를 생성 할 것이다.

앞의 인터페이스를 통해 top메소드가 T 클래스의 요소를 반환하는 것을 알 수 있다. 만약 타입 정보가 제공 되지 않으면, T는 기본적으로 Object가 된다. 즉 제네릭 스택의 기본 행동은 3장에서 개발한 스택과 동일하다. : 이것은 Object 클래스의 요소로 작동한다.

다음으로 앞에서 제공된 인터페이스를 확장한 bounded 스택을 위한 인터페이스를 정의한다.

스택을 만들기 위해 사용한 전략과 동일한 방법을 사용한다. 이 단계는 제네릭의 사용이 필요하지 않다. – 이것은 단지 스택 클래스를 조직하는 것을 어떻게 결정하는가에 대한 부분이다.

```
//----------------------------------------------------------------------------
// BoundedStackInterface.java       by Dale/Joyce/Weems           Appendix F
//
// Interface for a class that implements a stack of <T> with a bound
// on the size of the stack. A stack is a last in, first out structure.
//----------------------------------------------------------------------------

package appendixF.stacks

public interface BoundedStackInterface<T> extends StackInterface<T>
{
```

```
  void push(T element) throws StackOverflowException;
  // Throws StackOverflowException if this stack is full;
  // otherwise, places element at the top of this stack.

  boolean isFull();
  // Returns true if this stack is full; otherwise, returns false.

}
```

앞에서와 마찬가지로 <T>는 제네릭 클래스에 의해 이 인터페이스가 구현 될 수 있다는 것을 가리킨다. push 메소드에서 요구한 서명(signature)에서, T는 스택에 push되는 요소의 타입을 가리키기 위해 사용되었다. T타입의 요소만이 스택에 추가 될 수 있다. T는 아직 명시화 되지 않았고, 클라이언트 클래스가 나오기 전까지 명시화 되지 않을 것이다.

## F.2 The Bounded Stack Class

다음은 제네릭 bounded 스택을 구현한 클래스이다.

```
//----------------------------------------------------------------
// ArrayStack.java       by Dale/Joyce/Weems            Appendix F
//
// Implements BoundedStackInterface<T> using an array to hold the
// stack elements.
//
// Two constructors are provided: one that creates an array of a
// default size and one that allows the calling program to
// specify the size.
//----------------------------------------------------------------

package appendixF.stacks

public class ArrayStack<T> implements BoundedStackInterface<T>
{
  protected final int DEFCAP = 100;             // default capacity
  protected T[] stack;                          // holds stack elements
  protected int topIndex = -1;                  // index of top element in stack

  public ArrayStack()
  {
```

```
    stack = (T[]) (new Object[DEFCAP]);
  }

  public ArrayStack(int maxSize)
  {
    stack = (T[]) (new Object[maxSize]);
  }

  public void push(T element)
  // Throws StackOverflowException if this stack is full;
  // otherwise, places element at the top of this stack.
  {
    if (!isFull())
    {
      topIndex++;
      stack[topIndex] = element;
    }
    else
      throw new StackOverflowException("Push attempted on a full stack.");
  }

  public void pop()
  // Throws StackUnderflowException if this stack is empty;
  // otherwise, removes top element from this stack.
  {
    if (!isEmpty())
    {
      stack[topIndex] = null;
      topIndex--;
    }
    else
      throw new StackUnderflowException("Pop attempted on an empty stack.");
  }
  public T top()
  // Throws StackUnderflowException if this stack is empty;
  // otherwise, returns top element from this stack.
  {
    T topOfStack = null;
    if (!isEmpty())
      topOfStack = stack[topIndex];
    else
      throw new StackUnderflowException("Top attempted on an empty stack.");
    return topOfStack;
```

```
  }

  public boolean isEmpty()
  // Returns true if this stack is empty; otherwise, returns false.
  {
    if (topIndex = = -1)
      return true;
    else
      return false;
  }

  public boolean isFull()
  // Returns true if this stack is full; otherwise, returns false.
  {
    if (topIndex = = (stack.length - 1))
      return true;
    else
      return false;
  }
}
```

이 클래스는 해더에서 나열된 제네릭 파라메터 <T>를 받아 들이는 것을 볼 수 있다. 섹션 3.6에서 개발한 ArrayStack 클래스와 비교하면, 모든 Object가 T로 변경되었고, 객체(object)의 스택을 구현 한 것에 반해 이 클래스는 T(아직 결정 되지 않은)의 스택을 구현하였다. T는 bounded 스택을 사용하는 클라이언트 클래스에서 명시될 것이다.

하지만 2개의 생성자에서는 단순히 Object를 T로 변경하는 것이 아니다. 이 두 생성자에 초점을 맞춰, 원래의 ArrayStack 클래스는

```
public ArrayStack(int maxSize)
{
  Stack = new Object[maxSize];
}
이고,
제네릭 ArrayStack는
public ArrayStack( int maxSize )
{
  Stack = ( T[ ] )( new Object[maxSize]);
}
```

이다.

자바 5.0의 제네릭 구현 방법 때문에 제네릭 타입의 배열을 생성하는 것은 불가능하다. 간단히 다음과 같이

```
new Object[maxSize]
```

를

```
New T[maxSize]
```

로 변경 할 수 없다.

Object 클래스의 배열로 배열을 선언 하는 대신, 타입 검사를 수행하는 것을 확실히 하기 위해, 배열의 요소를 T클래스로 캐스팅 한다. 비록 이러한 방법이 다소 서툴고 컴파일 경고를 발생 시키지만, 이것은 자바 5.0에서 선호하는 제네릭 collection 생성 방법이다.

## F.3 The SapleApp Class

다음 예제 코드는 어떻게 제네릭 스택이 사용되는지 보여준다. 이 스택은 Integer 클래스의 스택과 Song클래스의 스택으로 선언되고, 인스턴스화되고, 사용된다. Integer 객체는 Integer 클래스의 스택(프로그램에서 int값은 자동적으로 Integer 객체로 캐스팅 된다)에 넣을 수 있고, Song객체는 Song클래스의 스택에 넣을 수 있다.

```
//----------------------------------------------------------------------
// SampleApp.java           by Dale/Joyce/Weems             Appendix F
//
// Example use of generic stacks.
//----------------------------------------------------------------------

import support.*;
import appendixF.stacks.*;

public class SampleApp
{
  public static void main(String[] args)
  {
    Integer myInt;
    BoundedStackInterface<Integer> intStack;          // Here we specify a
```

```
                                                    // stack of Integers
    intStack = new ArrayStack<Integer>(5);

    intStack.push(5);
    intStack.push(13);
    myInt = intStack.top();
    System.out.println(myInt);

    Song song1 = new Song("The Wanderlust", 211);
    Song song2 = new Song("The Spoken Wheel", 133);
    BoundedStackInterface<Song> songStack;          // Here we specify a
                                                    // stack of Songs
    songStack = new ArrayStack<Song>(5);
    songStack.push(song1);
    songStack.push(song2);
    System.out.println(songStack.top());
  }
}
```

이 프로그램의 결과는

```
13
The Spoken Wheel 2:13
```

과 같다.

프로그램의 마지막 부분에 Integer를 Song스택에 넣는 코드를 삽입한다고 가정해 보자:

```
songStack.push(myInt);
```

프로그램을 컴파일 한다면 다음과 같은 에러 메시지를 보게 된다.

```
SampleApp.java:32:push(support.Song) in appendix.stacks.BoundedStackInterface
<sup-port.Song> cannot be applied to (java.lang.Integer)
```

근본적으로 Song스택에 Integer를 넣을 수 없다. 제네릭 방법의 타입 안전성의 특징은 스택에 잘못된 타입의 값을 넣는 것을 허락 하지 않는다.

Java

# 색 인

**(ㄷ)**



**(ㄹ)**



**(ㅁ)**



**(ㅂ)**

## (ㅅ)

## (ㅇ)



## (ㅈ)

## (ㅊ)



## (ㅋ)

(ㅌ)



(ㅍ)



(ㅎ)



(A)

## (B)



## (C)



## (D)

## (E)



## (F)



## (G)



## (H)



## (I)

## (J)



## (L)



## (M)



## (N)



## (O)



## (P)



## (Q)

## (U)



## (V)



## (W)



## (2)

## 저자 약력

가나다 순

### 박성한 교수

1970년 한양대학교 공대 전자공학과 졸업 (학사)
1973년 서울대학교 전자공학과 대학원 (석사)
1984년 University of Texas at Austin,
전기 및 컴퓨터공학과 졸업 (Ph.D.)
1974년 1978년 경북대학교 전자공학과 전임강사
1984년 ~ 1986년 LG전자 중앙연구소 수석연구원
1986년 ~ 현재 한양대학교 전자컴퓨터공학부 교수
1995년 ~ 1997년 한양대학교 공학대학 학장
1998년 ~ 1999년 경기테크노파크 초대 원장
98년 현재 한국공학한림원 정회원
2003년 대한전자공학회 회장
2005.10 현재 세계공학기술단체연합회(WFEO)
정보통신위원회 위원장

### 이병욱 교수

연세대학교 공학사
George Washington University 전자계산학 석사
중앙대학교 전자계산학 박사
City University of New York 객원교수
현대상선(주) 전산부장
전 경원대학교 교수협의회장, 학술정보원장,
소프트웨어대학 학장, 한국인터넷정보학회 부회장
1985.3 – 현재 경원대학교 소프트웨어학부 교수

### 이복주 교수

1986년 서울대학교 컴퓨터공학과 학사
1987년 ~ 1990년 SDS 연구원
1992년 University of South Carolina 컴퓨터학과 석사
1996년 Texas A&M University 컴퓨터학과 박사
1997년 ~ 2000년 AT&T Senior Member of
Technical Staff
2000년 ~ 2001년 한국정보통신대학교(ICU) 조교수
2001년 ~ 현재 단국대학교 컴퓨터공학과 조교수, 부교수

### 유관희 교수

Department of Computer Science, Chonbuk National University (B.S.)
Department of Computer Science, KAIST (M.S.)
Department of Computer Science, KAIST (Ph.D)
1988.1 ~ 1997.8 DACOM Corporation, Senior Researcher
1997.1 ~ 1997.8 KAIST, Computer Science, Adjunct
Professor
1997.8 ~ 현재 Chungbuk National University, Computer
Education, Professor
2003.7 ~ 2005.2 CMU Robotics Institute, Visiting
Professor

### 조완섭 교수

1996년 한국과학기술원 전산학과 공학박사
1987.2 ~ 1990.12 한국전자통신연구원
1996.2 ~ 1997.2 행망주전산기본부 연구원
국제경영정보시스템학부
경영정보학 전공 부교수
1997–현재 충북대학교 경영정보학과 부교수

### 허신 교수

1969년 3월 ~ 1973년 2월 서울대학교 전기공학 공학사
1977년 9월 ~ 1979년 5월 Univ. of Southern California
전산학 공학석사
1979년 9월 ~ 1986년 5월 Univ. of South Florida
전산학 공학박사
1986년 ~ 1988년 The Catholic Univ. of America 조교수
1988년 ~ 1998년 한양대학교 부교수
1998년 ~ 현재 한양대학교 교수
2006년 한국정보과학회 부회장

**1판 2쇄 인쇄** 2009년 9월 1일
**1판 2쇄 발행** 2009년 9월 5일

**지 은 이** Nell Dale · Dan Joyce · Chip Weems.
**역 자** 박성한 · 이병욱 · 이복주 · 유관희 · 조완섭 · 허 신
**발 행 처** 도서출판 **그린**
**발 행 인** 윤덕우
**주 소** 서울시 서대문구 연희동 219-20
**전 화** 02-333-2574/5 **팩스** 02-333-2561
**출판등록** 제 8-161호(1995년 5월 3일)
**홈페이지** www.greenpress.co.kr
E-MAIL greenpress@greenpress.co.kr

**ISBN** 978-89-5727-095-0
**가격** 35,000원